Meinen Lesern

Heinz G. Konsalik

Buch

Der Ethnologe und Reiseschriftsteller Hans Rathenow beschließt, zum Abschluß seiner Studien über chinesische Minderheiten nach China zu reisen. In Kunming wird er am Flughafen von der ihm vom staatlichen Reisebüro zugeteilten Dolmetscherin Wang Liyun, einer zierlichen, außerordentlich hübschen jungen Frau, erwartet.

Schon am nächsten Tag brechen Rathenow und Liyun zusammen mit einem Fahrer ins Innere des Landes auf. Während der Reise kommen sich Rathenow und Liyun immer näher, und es entwickelt sich eine Liebe, die alles, was sie trennt, bedeutungslos erscheinen läßt. Und keiner der beiden bemerkt, daß sie während der ganzen Zeit beobachtet und überwacht werden. Doch von wem und warum? Und welche Rolle spielt der mächtige chinesische Geschäftsmann Kewei Tuo in diesem undurchsichtigen Spiel?

Erst beim Abflug nach Deutschland erkennt Rathenow, in welche Falle er getappt ist. Doch seine Liebe zu Liyun läßt ihn zum willenlosen Spielzeug in den Händen einer verbrecherischen Organisation werden, die der Mafia an Grausamkeit weit überlegen ist und auch in Deutschland immer mächtiger wird: der »Triaden«.

Wird es Hans Rathenow gelingen, den Fängen der Verbrecher zu entkommen? Wird seine Liebe zu Liyun doch noch Erfüllung finden? In München, im Berner Oberland und auf Gomera kommt es zu einem dramatischen Finale . . .

Autor

Heinz G. Konsalik, 1921 in Köln geboren, begann schon früh zu schreiben. Der Durchbruch kam 1958 mit der Veröffentlichung des Romans »Der Arzt von Stalingrad«. Konsalik, der national und international erfolgreichste deutsche Autor der Gegenwart, hat über hundertfünfzig Bücher geschrieben, die in viele Sprachen übersetzt wurden. Die Weltauflage beträgt über 80 Millionen Exemplare. Ein Dutzend Romane wurden verfilmt.

Eine Übersicht über die als Goldmann-Taschenbücher erschienenen Werke von Heinz G. Konsalik finden Sie am Schluß dieses Bandes.

HEINZ G. KONSALIK

Der schwarze Mandarin

Roman

GOLDMANN

Ungekürzte Ausgabe

Umwelthinweis:
Alle bedruckten Materialien dieses Taschenbuches
sind chlorfrei und umweltschonend.
Das Papier enthält Recycling-Anteile.

Der Goldmann Verlag
ist ein Unternehmen der Verlagsgruppe Bertelsmann

Genehmigte Taschenbuchausgabe 10/98
Copyright © 1994 bei Hestia Verlag KG, Rastatt, Autor und AVA GmbH
Umschlagentwurf: Design Team München
Umschlagfoto: Transglobe/Power Stock
Druck: Elsnerdruck, Berlin
Verlagsnummer: 42926
JE · Herstellung: Stefan Hansen
Made in Germany
ISBN 3-442-42926-9

7 9 10 8

Für Ke,
der ich verdanke,
China zu lieben –
und nicht nur China

In jedem Jahr
sind die Blüten gleich,
nur die Menschen
ändern sich.

Liu T'ing-tschi

PROLOG

Er hieß Timothy Evans und war ein fröhlicher, freundlicher Mensch, der das Leben liebte. In seinem großen Bekanntenkreis gab es kaum jemanden, der ihm Unhöflichkeit oder Grobheit hätte nachsagen können. Probleme löste er auf seine eigene elegante Weise, indem er mit einem Lächeln um die etwas weiblichen Lippen sagte: »Das sieht alles nur so verworren aus. Sehen wir einmal hinter die Dinge, denn oft ist die Kehrseite attraktiver als die Vorderseite ... wie bei vielen Frauen!« Und dann gelang es ihm immer, eine verblüffende Lösung für das Problem zu finden. Es war einfach unmöglich, ihm böse zu sein oder seinen Charme zu übersehen.

Seine etwas rundliche Figur ließ eine gewisse Gemütlichkeit ahnen. Ein brauner Haarkranz, durchsetzt von einigen grauen Fäden, umzog seinen Kopf. Aber das Auffälligste an ihm waren seine Augen – groß und blau. Der Blick dieser Augen flößte Vertrauen ein; sie beherrschten sein Gesicht. Seine Frau Ethel – eine Schönheit im klassischen Sinne – riet ihm immer wieder, sich die Haare färben zu lassen, aber er antwortete darauf nur: »Ich bin 55 Jahre, und das soll man sehen! Jedes graue Haar ist eine neu gewonnene Erkenntnis.«

Zweimal im Jahr verließ er die Chefetage seiner Maschinenfabrik in Birmingham, um dem englischen Regen- und Nebelwetter zu entfliehen. »Ich bin ein Sonnenfanatiker«, sagte er von sich selbst, »und daß ich in England geboren bin, ist vielleicht das einzige Unglück in meinem Leben. Mein Traum war immer, in der Welt herumzufahren, an den schönsten Küsten im warmen Sand zu liegen, die Geheimnisse fremder Völker zu enträtseln, um am Ende meines Lebens sagen zu können: Ich kenne diesen Planeten, der Erde heißt! Statt dessen hat mir mein Vater eine Maschinenfabrik vererbt mit der Verpflichtung, sie auszubauen, und das tue ich jetzt seit dreißig Jahren.«

Es sollte resigniert klingen ... aber immerhin beschäftigte Evans jetzt 3675 Menschen, bezahlte sie weit über Tarif und hatte für sie eine Wohnsiedlung gebaut. Von seinen Leuten wurde er intern »Papa Timi« genannt, und darauf war er stolz.

Doch zweimal im Jahr erfüllte er sich seinen Traum: eine Art gemäßigter Abenteurer in fernen Ländern zu werden. Aus dem Gentleman im mittelblauen Zweireiher wurde ein Mann, der sich von vielen Konventionen befreite und der sechs Wochen lang ein Leben führte, das seine Frau Ethel nicht mit ihm teilen wollte. Er schlief in den Baumhütten der Papuas, aß gebratene Würmer am Rio Xingu bei den Indianern oder Hammelinnereien bei den Nomaden in der arabischen Wüste und saß im Outback von Australien mit den Aborigines auf der roten Erde und bemalte mit ihnen Baumrinden.

Dieses Jahr im Mai war Evans nach China gekommen. In die Volksrepublik China, die gegenwärtig dabei war, sich zu einer großen Wirtschaftsmacht zu entwickeln. Er hatte diese Entwicklung schon in Peking gesehen, wo Hochhäuser, Supermärkte, Wohnkolonien, Luxushotels, Restaurants, Büropaläste und breite betonierte Straßen mit einer fanatischen Arbeitswut aus dem Boden gestampft wurden, als gelte es, nach Maos Tod und dessen Isolation vom Westen nun in kürzester Zeit die so hochnäsigen Kapitalisten mit dem Schwung des Sozialismus zu beeindrucken und als Wirtschaftspartner zu gewinnen.

Auch Evans mischte bei diesem Aufbau eines neuen China mit wie so viele Firmen des ehemals verhaßten Westens. Völlig unerwartet – Evans hatte sich nie darum bemüht,

Kontakt mit China aufzunehmen – traf ein Schreiben des chinesischen Handelsministeriums bei ihm in Birmingham ein. In sehr höflichem Ton erlaubte man sich die Anfrage, ob eine Verhandlung über den Bau von Maschinen für nahtlos gezogene Stahlröhren möglich sei. Das war eine Spezialität der Firma Evans & Sons, wie die Firma immer noch hieß.

China. Dieses Land stand noch nicht auf Evans' interner Reiseliste. Er kannte Indien, Birma, Thailand und Japan, aber um China hatte er immer einen großen Bogen gemacht. Warum, das konnte er selbst nicht erklären. Und jetzt dieses Angebot ... Evans sagte sofort zu. Drei gewichtige Gründe machten ihm seine Zusage leicht: Erstens würde ein gemeinsames Projekt mit den Chinesen auch für seine Firma große finanzielle Vorteile bringen, zweitens konnte er die Reise als Geschäftsreise absetzen, und drittens hatten ihn das geheimnisvolle China und seine über 4000 Jahre alte Kultur seit seiner Kindheit fasziniert.

Auch bei dieser interessanten Reise hatte es Ethel abgelehnt, ihn zu begleiten. »China!« hatte sie mit hochgezogenen Augenbrauen gesagt. »O nein. Verschone mich mit China! Ich habe davon genug im Fernsehen gesehen! Diese Menschenmengen ...«

»1,3 Milliarden –«

»Entsetzlich! Ich fahre in dieser Zeit lieber nach Ischia und lasse mein Rheuma behandeln. Aber du mußt hin, Timothy, das sehe ich ein. Die Chinesen sollen Millionenaufträge vergeben. Papa« – das war Evans' Vater – »wäre stolz auf dich.«

Der China-Trip erwies sich als erfolgreich. Drei Tage lang verhandelte Evans mit einer Gruppe sehr höflicher Beamter. Die Menge der gewünschten Lieferungen überstieg seine kühnsten Erwartungen, weil sie die bisherige Kapazität seiner Firma weit überschritt. Aber da er kein ängstlicher Mensch war, unterschrieb er einen Vorvertrag.

Am vierten Tag seines Peking-Aufenthaltes bat er seine Geschäftspartner:

»Ich möchte mehr von China sehen, Gentlemen. Etwas Besonderes. Ich habe vor der Reise einige Reiseführer über

Ihr schönes Land gelesen. Da ist zum Beispiel der Steinwald bei Kunming. Ein Landschaftswunder ...«

»Kein Problem, Sir.« Der Vorsitzende der Verhandlungsrunde machte sich einige Notizen. »Von Peking fliegt jeden Tag eine Maschine der West-South-Air Lines nach Kunming. Wir werden Ihre Ausflüge zusammen mit dem CITS, dem China International Travel Service, organisieren. Gestatten Sie uns die Ehre, Sie während Ihres China-Aufenthalts als unseren Gast zu betrachten?«

»Das kann ich kaum annehmen.« Evans zierte sich zunächst ein wenig, aber dann dachte er an die Informationen in den Reiseführern. Asiaten sind leicht zu beleidigen, hatte er dort gelesen. Ein gerngesehener Gast erhält alle Privilegien eines Oberhauptes der Familie. Schlägt er diese Ehre aus, ist es, als wenn man dem Gastgeber ins Gesicht spuckt.

»Es ist uns eine Ehre ...«, wiederholte der freundliche Beamte, und Evans war einverstanden.

Am fünften Tag seines China-Aufenthalts flog Evans in die Hauptstadt der Provinz Yunnan, nach Kunming. Am Flughafen Wu Jian Ba, einer ehemaligen Militärflugbasis, wurde er von einem Dolmetscher des Reisebüros empfangen und zum Hotel »Goldener Drache« gebracht. Es war ein sehr schönes Touristenhotel, das Zimmer wohnlich eingerichtet und sauber, sogar ein Farbfernsehgerät stand auf einer Kommode. Evans duschte sich, zog einen hellbeigen Anzug an und ging hinunter ins Restaurant. Daß ihn ein kleiner, unscheinbarer Mann nicht aus den Augen ließ und immer in seiner Nähe war, seit er in Kunming gelandet war, fiel ihm nicht auf. Auch jetzt saß dieser Mann zwei Tische von Evans entfernt und aß eine Nudelsuppe mit Hühnerfleisch. Nach jedem Löffel voll Suppe gab er einen Laut von sich, der wie ein rülpsendes Seufzen klang und höchste Wonne ausdrückte.

Ein paarmal sah Evans zu dem Genießer hinüber, aber der schmächtige Chinese schien völlig in seine Suppe versunken zu sein. Daß er während des Essens Evans mit halbgeschlossenen Lidern genau beobachtete, fiel diesem nicht auf. Auch achtete er nicht darauf, daß der Chinese sofort aufhörte zu essen, als Evans die Restaurantrechnung abzeichnete, sich erhob und hinüber in die Bar ging. Dort trank er zwei schottische Malzwhiskys. In Gedanken war er schon bei seinem morgigen Ausflug in den Steinwald. Er hatte sich über dieses einmalige Naturwunder genau informiert und freute sich auf die Fotos, die er später Ethel zeigen würde. Und da er an Ethel dachte, wehrte er auch die drei »Damen« ab, die nacheinander an seinen Tisch traten. Es waren wirklich schöne Mädchen, zierlich wie Porzellanpüppchen, in Seidenkleidern mit langen Schlitzen, die ihre schlanken Beine bei jedem Schritt freigaben.

Der kleine Chinese folgte Evans nicht in die Bar. Er ging zu einem Telefon in der großen Hotelhalle und sprach ein paar schnelle Sätze in den Hörer. Dabei nickte er wie eine Puppe mit einem Spiralhals und sagte am Schluß:

»Sie können kommen, Zweiter Herr ... Mister Evans benimmt sich genauso, wie Sie es erwartet haben. Er lehnt sogar Sun Li, unsere Schönste, ab.«

Der Gesprächspartner schien zufrieden. »Man kann dem Hohen Rat vertrauen«, sagte er mit deutlicher Ehrfurcht in der Stimme. »Du kannst nach Hause gehen, Sha Zhenxing. Dein Auftrag ist erledigt.«

»Mein Dank ist ewig, Zweiter Herr.« Sha verbeugte sich vor dem Telefonapparat, als blickte er dem großen Yu Haifeng direkt in die Augen. Zweihundert Yuan habe ich verdient, dachte er dabei. Ein normaler Monatslohn für einen Tag Beobachtung. Gelobt sei der Hohe Rat, daß er nicht verlangt hat, Mr. Evans zu töten. Aber auch dagegen hätte sich Sha Zhenxing nicht gewehrt. Für einen einfachen Mord mit einer dünnen Stahlschlinge oder einem beidseitig geschliffenen Messer bekam man – gesegnet sei der Hohe Rat – eintausend Yuan. Das war der Tarif. Wie lange konnte man davon leben? Auf dem Nachtmarkt hinter dem Hotel »Di Guo Fan Dian«, den Reisenden als das Luxushotel »Kings World Hotel« bekannt, kostete ein gutes Abendessen mit Hühnerflügelchen und Reis nur zwei Yuan. Mit tausend Yuan konnte man sich also fünfhundert Abende satt essen. Geliebte Brüder, das Leben war schön, wenn man den Mächtigen dienen durfte.

Yu Haifeng wandte sich an den Mann, der neben ihm in einem niedrigen Sessel saß und ihn fragend ansah. Er trank grünschimmernden Tee. Neben der Teeschale stand ein kleines Glas mit Pflaumenwein. Yu straffte sich im Sitzen, seine Stimme wurde so ehrfurchtsvoll wie vorher Shas am Telefon.

»Mister Evans hat Sun Li abgelehnt«, sagte er, »eines unserer schönsten Mädchen. Ein Mann mit Charakter. Es wird schwer werden, ihn für unser Geschäft zu gewinnen.«

»Er wird einen Freundschaftsdienst nicht verweigern, eben weil er Charakter besitzt.« Cheng Zhaoming nahm einen Schluck des würzigen Pflaumenweins, setzte darauf die hauchdünne, bemalte Teeschale an den Mund und kostete den Tee genüßlich, ehe er ihn hinunterschluckte. »Ich werde selbst mit ihm sprechen, in einer Stunde schon. Vertrauen wir auf Shen Jiafu, er hat sich noch nie geirrt. Und die Berichte aus Beijing klingen hoffnungsvoll.«

Yu Haifeng nickte zustimmend. Allein die Nennung des Namens Shen Jiafu flößte ihm unbedingten Gehorsam ein und ließ ihn auf jede Kritik und jeden Widerspruch verzichten. Was Shen sagte, war wie ein Gesetz. Wer die Ehre hatte, in seiner Umgebung zu leben, gab seinen eigenen Willen ab, als hänge man einen Mantel an einen Haken. Und jeder, der das durfte, zählte sich zu den Glücklichen, den Auserwählten und Erhobenen. Shen Jiafu zu dienen war eine unvergleichlich höhere Aufgabe, als etwa Sekretär des erhabenen Großen Vorsitzenden Mao Tse-tung zu sein. Mao regierte China, aber Männer wie Shen scheffelten das Geld, ohne daß es jemand merkte. Und wer auch nur ein Wort darüber verlor, etwa beim Zusammensein mit einer nackten, glatthäutigen Frau, wo Männer soviel Unbedachtes sprechen, den fand man kurze Zeit danach erstochen, erwürgt oder mit abgetrenntem Kopf in einem verfallenen Schuppen in der Altstadt.

Cheng Zhaoming trank seinen Tee und den Pflaumenwein aus, blickte auf seine goldene Armbanduhr, ein Mitbringsel aus Hongkong, und erhob sich aus dem Sessel. Sofort sprang Yu Haifeng auf und machte eine leichte Verbeugung.

»Darf ich Ihnen Glück wünschen, Herr Cheng«, sagte er untertänig.

»Wünschen Sie Mr. Evans Glück.«

»Er wird auf Ihren Vorschlag eingehen.«

»Wenn er ein kluger Mann ist ...«

»Nehmen wir es an.« Cheng verließ das Haus; es war im traditionellen Stil gebaut, mit einem Innenhof, den eine hohe Mauer von der Straße trennte. Ein massives, breites Holztor führte nach draußen. An der Außenmauer hingen rote und gelbe handgemalte Plakate oder Spruchbänder, die dem Besitzer des Hauses langes Leben, Glück und Schutz vor bösen Geistern wünschten. Auch das war Tradition. Ein Haus ohne Wunschsprüche war ein verfluchtes Haus.

Im Innenhof wartete ein schwarzes Auto auf Herrn Cheng. Ein bekanntes deutsches Fabrikat mit einem für den normalen Chinesen astronomischen Preis. Solche Wagen fuhren sonst nur die höheren Parteifunktionäre, und die Partei bezahlte auch einen Chauffeur.

Natürlich wurde der große schwarze Wagen von Cheng Zhaoming ebenfalls von einem Chauffeur gefahren. Es war ein junger Mann in hellbrauner Hose und weißem Hemd, der eine rote Baseballmütze trug, obwohl er nie einen Baseballschläger in der Hand gehabt hatte. Aber es gehörte jetzt zum Stil der jungen Generation in China, so westlich wie möglich zu wirken, von den Jeans über Joggingschuhe bis eben zur Baseballkappe.

Der Chauffeur, den Cheng nur mit dem Vornamen Shijie anredete, sprang sofort auf und stürzte auf den Wagen zu, riß die hintere Tür auf und verbeugte sich. Er hatte bisher im Schatten unter dem abgestützten Vordach des Waschhauses gesessen, Nüsse gekaut und in einem farbigen Magazin aus Hongkong gelesen, das wunderschöne nackte Mädchen in sehr intimen Positionen zeigte. So ein Magazin war zwar verboten, galt als dekadente Pornographie, und der Besitz wurde hart bestraft, aber einen Chauffeur des Herrn Cheng schleppte kein Polizist mit hartem Griff ab. Deshalb hatte Shijie auch keine Angst, denn die Magazine stammten aus dem Besitz des Herrn Cheng, der mit solchen Fotos ab und zu weibliche Gäste animierte. Zeitungsmeldungen, vor allem aus Guangzhou, die über auf frischer Tat ertappte Pornohändler berichteten, die öffentlich im Fußballstadion mit einem Genickschuß hingerichtet wurden, überflog Herr Cheng mit großem Desinteresse. Er kannte höchste Parteigenossen, deren Freizeitvergnügen es war, im trauten Kreis die neuesten Pornofilme aus Hongkong vorzuführen, oftmals vor geladenen jungen Mädchen. Ein solches Wissen macht immun gegenüber dem Gesetz und steigert den eigenen Wert bis zur Unverwundbarkeit.

Shijie gab sich deshalb auch keine Mühe, das bunte Magazin zu verstecken. Er faltete es in der Mitte zusammen und steckte es in das Handschuhfach des Autos.

Cheng Zhaoming ließ sich auf das Polster des Rücksitzes fallen und setzte eine Sonnenbrille mit dunklen Gläsern auf. Es war ein warmer Abend. Kunming, die Stadt des ewigen Frühlings, bereitete sich auf einen heißen Sommer vor, wenn der Mai schon so drückend war.

»Wohin, Herr Cheng?« fragte Shijie und beobachtete Cheng im inneren Rückspiegel.

»Zum Jin Long Fan Dian.«

Der Chauffeur nickte, wartete, bis eine alte Frau, die sich um die Wäsche kümmerte, das große schwere Holztor aufgestoßen hatte, und fuhr dann hupend auf die Straße. Das Heer der Radfahrer wich dem schweren Auto in einem Bogen aus. Für einen Herrn Cheng galten keine allgemeinen Verkehrsregeln.

Als Shijie in die Auffahrt des Hotels »Goldener Drache« einbog und vor dem überdachten gläsernen Eingang bremste, hatte sich Timothy Evans gerade in das Abendcafé gesetzt. Er hörte einer schönen, langhaarigen, jungen Pianistin zu, die auf einem schwarzen Flügel ein Medley klassischer Klavierstücke spielte. Erstaunt blickte er auf, als plötzlich ein eleganter Chinese an seinen Tisch trat und in einwandfreiem Englisch fragte:

»Sir, darf ich auf dem freien Stuhl an Ihrem Tisch Platz nehmen ...?«

Evans war so in das Klavierspiel versunken, daß er sich

nicht einmal wunderte – es gab schließlich genug leere
Tische im Lichthof des Cafés. Er sagte nur:

»Aber bitte, der Stuhl ist ja frei.«

»Ich danke Ihnen, Sir.« Cheng setzte sich Evans gegenüber. Unaufgefordert brachte ein Kellner im weißen Dinnerjackett ein großes Glas frisch gepreßten Orangensaft. Im
»Goldenen Drachen« kannte man den reichen Herrn Cheng,
seine Vorliebe für Wodka-Orange und junge Mädchen, die
gerade dem Kindesalter entwachsen waren.

»Eine hübsche Frau«, sagte Cheng und deutete zu der Pianistin. »Wenn sie nur so gut spielen würde, wie sie aussieht.«

»Mir gefällt es!« Evans sah sich seinen Tischnachbarn jetzt
genauer an. Ein gepflegter Mann in einem Maßanzug, weißem Hemd und dezenter Krawatte. Trotz der feuchten
Schwüle des Abends hatte er den Schlipsknoten nicht gelok-
kert. Evans, im offenen Hemdkragen, wirkte dagegen geradezu proletarisch. »Auf jeden Fall gibt sie sich alle Mühe ...«

So begann ein schicksalhaftes Gespräch, das Evans in
nachhaltige Verwirrung stürzen sollte ...

Kunming, die Hauptstadt der Provinz Yunnan mit 3,5 Millionen Einwohnern, ist auch für den, der meint, China zu
kennen, eine Reise wert. Auch hier entwickelt sich das neue
China mit Luxushotels, Bürohäusern, Supermärkten, breiten
Straßen, aber in der Altstadt, in den engen Gassen, im
Gewimmel der Menschen, bei den Hunderten von Garküchen und Verkaufsständen, auf dem Vogelmarkt und bei den
auf der Straße sitzenden Schuhmachern, Fahrradreparateu-
ren und Ohrputzern erlebt man noch das alte China, das sich
seit Jahrhunderten kaum verändert hat. Hier taucht der
Europäer ein in eine Welt, die er kaum versteht. Das »Wunder Asien« wird greifbarer, dieses für ihn bisher so geheimnisvolle und verschlossene China. Hier kannte man die
Buchdruckerkunst mit beweglichen Lettern schon lange,
bevor Gutenberg sie in Mainz »erfand«. Seit über 1000 Jahren schon brannte man die kunstvollsten bemalten Vasen aus

edelstem Porzellan, als der Alchimist Böttger in Sachsen durch Zufall das Porzellan »erfand«. Hier wurden schon die schönsten Seidenstoffe gewebt, als die westliche Welt kratziges Leinen und dicke Wolle trug, und während die Germanen noch ihren süßen Met brauten, brannte man im Fernen Osten schon die wunderbarsten Obstschnäpse und Liköre.

Einen Hauch dieses Jahrtausende alten, immer noch geheimnisvollen Chinas, das auch heute noch so viele Rätsel aufgibt und die Europäer das Staunen lehrt, spürt man, wenn man sich durch die engen Straßen der Altstadt von Kunming drängt, mitgerissen vom Strom der unendlichen Menschenmenge, umgaukelt von Stimmengewirr und miteinander verschmelzenden Gerüchen.

Genau das wollte Evans erleben. Darauf freute er sich. Wer einmal in Peking oder Shanghai übernachtet hat und sagt, er kenne China, der ist ein Narr. Noch weniger weiß er von diesem grandiosen Land, wenn er zum Shopping in Hongkong gewesen ist. China, das Land mit der 4000jährigen Kultur, wird kein Westmensch jemals begreifen.

Pünktlich um neun Uhr kam, wie verabredet, der vom Reisebüro CITS mit der Betreuung des besonders empfohlenen Gastes Evans betraute Fremdenführer in das Hotel »Goldener Drache«. Aber Evans wartete nicht in der großen Eingangshalle, saß auch nicht unter der Lichtkuppel des Cafés oder im angrenzenden Frühstücksraum, doch an so etwas war der Fremdenführer gewöhnt. Eine »Langnase«, wie man einen Westler in China nennt, kommt entweder zu früh oder zu spät, da wundert sich keiner mehr. Noch weniger nimmt man es ihm übel – Höflichkeit ist ein Grundpfeiler der chinesischen Kultur. Aber als Evans nach einer halben Stunde immer noch nicht aufgetaucht war, ging der Mann vom Reisebüro hinüber zur Rezeption und fragte nach ihm.

Der Chefportier Guo Hongbin, der natürlich jeden Reiseleiter und Dolmetscher des staatlichen Reisebüros kannte, setzte eine geheimnisvolle Miene auf. Aha, dachte Shen Geping, der Fremdenführer. Er hat ein Hürchen auf dem Zimmer. Schweigen wir, seien wir großzügig, drücken wir die Augen zu wie Hongbin, der auch nichts gesehen hat. Ein biegsames, glatthäutiges Körperchen ist natürlich wichtiger als Long Men, das Drachentor, oder Qiong Zhu Si, der Bambustempel.

Aber überraschenderweise sagte Guo Hongbin: »Mr. Evans hat eine Besprechung. Ich kann ihn nicht stören. Ding Zhitong ist bei ihm ...«

»Ding Zhitong?« Shen Geping starrte den Chefportier verwundert an. »Was hat Mr. Evans ihm zu erzählen?«

»Wie soll ich das wissen? Ding hat verlangt, daß ich ihn aus dem Frühstücksraum hole. Jetzt sitzen sie in der leeren Bar.«

»Etwas Amtliches?«

»Deine Fragen wehen gegen den Wind. Geh hin zu ihnen und sage: ›Ihr ehrenwerten Herren, ich verzehre mich in Neugier: Was habt ihr da zu flüstern?‹«

Shen verzog das Gesicht, als habe er Essig getrunken, bedankte sich höflich, ging zurück in die Halle und setzte sich auf eines der Sofas, die in den Nischen standen.

Was will Ding Zhitong von einem Engländer, der gestern nach Kunming gekommen ist und noch nie in China war? Shen kannte Ding seit langem ... Ding war Polizeikommissar, einer von der geheimen Sektion, die sich nur mit Sonderfällen befaßte. Mit Mord, mit Rauschgifthandel, mit Bandenverbrechen ... Was hatte Mr. Evans damit zu tun? War Evans gar kein Fabrikant aus Birmingham? War er in einer besonderen Mission nach China gekommen und tarnte sich als biederer Geschäftsmann?

Shen Geping spürte eine innere Unruhe in sich. Soll ich mein Büro anrufen, dachte er, und von dem geheimnisvollen Treffen erzählen? Wenn Ding Zhitong sich mit einem unserer Gäste beschäftigt, dann sollte man wachsam sein und möglichst zehn Ohren besitzen. Gerade weil es Ding ist, der erfolgreichste Verbrecherjäger von Kunming ... Man kann kaum mehr zählen, wie viele Gauner er in den letzten Jahren zum Hinrichtungskommando geführt hat. Aber dann sagte Shen sich, daß es klüger sei, nichts zu sehen und nichts zu hören und nichts zu sprechen wie die drei berühmten Affen. Halte es mit der alten chinesischen Volksweisheit: Was das

Auge nicht sieht, darüber ärgert sich das Herz nicht ... Nicht mit mir spricht Ding, sondern mit Mr. Evans. Warten wir also, bis das Gespräch zu Ende ist. Geduld ist die Zierde des Weisen.

Dann verließ Polizeikommissar Ding das Hotel. Als er an Shen Geping vorbeiging, glaubte Shen, in Dings Gesicht große Nachdenklichkeit zu erkennen. Auch Evans, der wenig später aus der Bar in die Halle kam, schien ein wenig betroffen zu sein. Er blieb mitten im Foyer stehen und sah sich suchend nach seinem Reiseleiter um. Da stimmt etwas nicht, sagte sich Shen und sprang auf. So sieht kein Mann aus, der sich freut, die Schönheiten Kunmings zu besichtigen. Was kann es sein, das Evans mit dem gefürchteten Ding Zhitong zusammenführte?

Shen Geping trat mit höflichem Lächeln zu Evans. »Mr. Evans?« fragte er.

»Ja, das bin ich.« Evans' Miene hellte sich auf. »Sie kommen von CITS? Am Flughafen hat mich aber jemand anders abgeholt.«

»Wir haben eine große Englisch sprechende Abteilung, Sir. Ich bin Ihnen für die gesamte Reise durch Yunnan zugeteilt worden. Mein Name ist Shen Geping. Heute sehen wir uns Kunming an, morgen fahren wir nach Shi Lin, dem Steinwald.«

»Darauf freue ich mich besonders«, sagte Evans fröhlich, und seine innere Anspannung ließ deutlich nach.

»Morgen stelle ich Ihnen das Programm vor, das unser Büro speziell für Sie ausgearbeitet hat. Als Gast des Außenhandelsministeriums«, Shen machte eine ehrfurchtsvolle Pause, »ist es uns eine Ehre, Sie betreuen zu dürfen. Vor dem Hotel wartet ein Wagen.«

»Oh, ich bin gut zu Fuß!« sagte Evans und lächelte. »Ich bin schon durch den Dschungel von Borneo gewandert.«

»Das ist etwas anderes, Sir. Kunming ist eine große Stadt, und die Sehenswürdigkeiten liegen weit auseinander.«

»Aber ich möchte einmal über den Vogelmarkt gehen. Und den Fleischmarkt möchte ich auch besuchen. Ich will sehen, ob dort tatsächlich geschlachtete Hunde verkauft werden.«

»In Kunming findet man die nur selten.«

»Es ist also nicht nur ein Gerücht?« fragte Evans naiv. Er hatte in Illustrierten Bilder von an Haken hängenden Hunden gesehen und war entsetzt gewesen.

Daraus war eine heftige Diskussion entstanden. Er hatte damals zu Ethel, seiner Frau, gesagt: »Sieh dir das an! Ein so altes Kulturvolk ... und ißt Hunde.« Und Ethel antwortete – wie immer in etwas belehrendem Tonfall, schließlich hatte sie Pädagogik studiert: »Wir essen Kälber, Schafe, Rinder, Schweine, Ziegen, Hasen, Kaninchen, Gänse, Hühner und so weiter ... wo ist da der Unterschied? Warum nicht Hund?«

»Der Hund ist der treueste Freund des Menschen. Ich fresse doch keinen Freund auf.«

»Ein Kaninchen kann auch ein Freund sein, und trotzdem töten wir es.«

An dieses Gespräch dachte Evans jetzt, als Shen ihm bestätigte, daß Hund zu den Delikatessen der chinesischen Küche gehörte.

»Hund schmeckt gut«, sagte Shen ungerührt. »Aber wir in Yunnan haben andere Vorlieben. Sie werden es sehen, wenn wir am Abend über den Markt gehen. Eine Spezialität sind Schweinefüßchen, und wer einen Gast ehren und verwöhnen will, der kocht oder brät Fischköpfe. Und dann haben wir noch die ›tausendjährigen Eier‹ ...«

»Aufhören!« rief Evans mit gespieltem Entsetzen. »Mir wird übel! Essen Sie auch so was?«

»Ich habe nur wenig Gelegenheit, mir Fischköpfe zu leisten. Sie sind sehr teuer.«

»Bei uns werden sie weggeworfen.«

»Ich weiß es.« Shen lächelte wie verzeihend. »Bei uns heißt es: Wer einen Kopf ißt, der wird die Klugheit des Kopfes bekommen. Und wer an seiner Leber leidet, soll die Leber eines Tigers essen. Oder das Herz des Tigers, um so mutig zu werden wie er.«

»Jetzt ist mir klar, warum es in China kaum noch Tiger gibt. Mr. Sheng ... ihr Chinesen seid doch moderne, aufgeklärte Menschen!«

»Es gibt Traditionen, die man nicht ablegen sollte, oder die Seele wird krank.«

»Wir werden euch nie verstehen!« sagte Evans und schüttelte den Kopf. »Ihr zeigt der staunenden Welt ein rasantes Wirtschaftswachstum ... und eßt Fischköpfe und Hunde. Mr. Shen, ich bin gespannt, welche Überraschungen China noch für mich bereithält ...«

»Ich werde Sie nicht enttäuschen, Sir.« Shen Geping zeigte wieder sein höfliches Lächeln. »Wenn Sie wieder in England sind, werden Sie viel Interessantes erzählen können. Vielleicht –« sein Lächeln verstärkte sich – »werden Sie dann einiges Ihnen jetzt noch Fremde verstehen können.«

»Vielleicht ... aber es wird für uns immer eine andere Welt bleiben.«

»Natürlich«, sagte Shen und dachte daran, daß es ja auch ein Unglück wäre, wenn China sein Gesicht verlieren und dem Westen immer ähnlicher würde.

Sie verließen das Hotel »Goldener Drache«. Zwei Pagen in roter Uniform rissen die breite Glastür auf und verbeugten sich. Evans trat hinaus in die Wärme. Sie war doppelt spürbar, denn die Klimaanlagen des Hotels arbeiteten vorzüglich. Wer aus der Kühle der Halle in die Sonne trat, dem schlug die Hitze wie ein Gluthauch entgegen.

»Verdammt warm ist es hier!« sagte Evans, der jetzt schon schwitzte.

»Für Kunming ist es ein normaler Tag. Ja, ein wenig kühl ...«

»Soll das ein chinesischer Witz sein?« Evans holte tief Luft. »Ist das der Wagen?«

»Ja, Sir.«

In der Auffahrt des Hotels wartete ein Toyota-Geländewagen. Der Fahrer lehnte an der offenen Tür, kaute Sonnenblumenkerne und spuckte die Schalen auf die Straße. Keiner nahm daran Anstoß. Auch die Boys an den Glastüren nahmen keine Notiz davon, daß der Eingang des Hotels bespuckt wurde.

Als Shen Geping und Evans das Hotel verließen, stellte der Fahrer sein Kauen von Sonnenblumenkernen ein. Ein letztesmal hustete er einen Batzen Schleim hoch und spuckte ihn auf den Rasen neben sich. Auch dies schien niemanden sonderlich aufzuregen, und Evans erinnerte sich daran, einmal gelesen zu haben, daß normalerweise überall in China Spucknäpfe herumstünden. Ihm war aufgefallen, daß das neue China diese alte Tradition wohl auch abgeschafft hatte. Die auf Steinsäulen überall herumstehenden bunt bemalten Gefäße erfüllten, wenn es denn so gewesen war, diesen Zweck schon lange nicht mehr. Sie quollen inzwischen über von leeren Coladosen, Zigarettenschachteln und anderem Müll. Doch das hinderte niemanden daran, den Müll einfach daneben zu werfen; die Straßenarbeiter würden ihn schon irgendwann mit ihren Blechkarren abholen.

Evans trat an den Wagen heran.

Shen Geping wartete, bis Evans in den Toyota gestiegen war, und setzte sich dann neben den Fahrer. Er brauchte nicht anzugeben, wohin er fahren sollte; es war immer die gleiche Tour, hundertmal erprobt: Jing Dian, der Goldene Tempel, Dong Wu Yuan, der Zoo, Da Guan Lou, der See-Park, und als Krönung des Tages Xi shan, der Westberg, und Long Men, das Naturwunder des Drachentores.

Als Shen Geping Evans am Abend ins Hotel brachte, war dieser sehr müde. Shen verabschiedete sich mit einer höflichen Verbeugung. »Morgen um neun Uhr«, sagte er dabei. »Sie werden vom Steinwald begeistert sein, Sir. Er ist einmalig auf der Welt.«

»Das habe ich gehört.« Evans hatte es eilig, in die Bar zu kommen und ein Bier zu trinken. Sein Hals war trocken. »Bis morgen ...«

»Bis morgen, Sir.«

Evans trank drei Bier. Das Gebräu schmeckte etwas süßlich, nicht so herb und säuerlich wie das Porterbier in England, denn das chinesische Bier wird nicht aus Hopfen gebraut, sondern aus Reis oder Mais. Aber es löschte seinen Durst und spülte den Staub weg, den er während des Ausflugs hatte schlucken müssen.

Die Nacht verbrachte er in bleiernem Schlaf. Als ihn der telefonische Weckdienst aufscheuchte, brauchte er einige

Zeit, um sich zurechtzufinden. Ach ja ... Kunming. Ich bin ja in Kunming. Gleich geht es los in den sagenhaften Steinwald.

Evans war gerade mit seiner Morgentoilette fertig geworden, als das Telefon klingelte. Die Rezeption.

»Sie werden erwartet, Sir«, sagte eine helle Männerstimme.

»Jetzt schon?« Evans blickte auf seine Armbanduhr. »Ich habe doch noch fast eine Stunde Zeit.«

»Das weiß ich nicht. Ich habe nur den Auftrag, Sie zu unterrichten, daß Sie in der Halle erwartet werden.«

Klick. Der Mann an der Rezeption hatte aufgelegt. Evans zog eine leichte, weiße Leinenjacke an. Ein Blick aus dem Fenster ließ ahnen, daß es wieder ein sehr warmer Tag werden würde. Shen Geping muß warten, dachte er. Erst wird gefrühstückt! Ein gutes Frühstück lasse ich mir nicht nehmen.

Mit dem Lift fuhr Evans hinunter in die Hotelhalle. Er wollte abschwenken zum Frühstücksraum, als ihm zwei Herren, korrekt in graue Anzüge, Hemd und Krawatte gekleidet, entgegenkamen. Sie machten einen unauffälligen, aber eleganten Eindruck.

»Mr. Evans?« fragte der Ältere von ihnen mit ehrfurchtsvoller Höflichkeit.

»Ja.« Evans sah sich um. »Ich dachte, Herr Shen Geping holt mich ab. Wir wollten zum Steinwald.«

»Daran hat sich nichts geändert. Es ist uns eine große Ehre, Sie in den Steinwald zu führen.«

»Sie kommen vom Reisebüro CITS?«

»Ja.« Der Ältere räusperte sich. Der andere Chinese, etwas kleiner, grinste verhalten.

»Ich war mit Herrn Shen um neun Uhr verabredet.« Evans blickte diesmal provozierend auf seine Armbanduhr. »Jetzt ist es erst kurz nach acht.«

»Ich dachte, damit wir uns nicht abhetzen müssen.« Der elegante Chinese nahm seine dunkle Sonnenbrille ab. Er hatte tiefbraune, kalte Augen und einen Blick, der Evans irgendwie unsympathisch war. »Mein Name ist Kewei Tuo.«

Er zeigte auf den Kleineren. »Und das ist Sha Zhenxing ... ein Spezialist. Wir können uns auf ihn verlassen.« Kewei Tuo zeigte auf die großen Glastüren der Halle. »Können wir fahren, Sir?«

»Ich habe noch nicht gefrühstückt, meine Herren«, antwortete Evans tadelnd. »Ich habe Hunger.«

»Wir werden unterwegs bei einem guten Restaurant anhalten. Es ist für Sie bestimmt von Interesse zu sehen, wie Chinesen frühstücken. Immer eine warme Suppe, Reis oder Nudeln. Ein Tag, der nicht mit einer heißen Suppe beginnt, ist für uns nur ein halber guter Tag. Gehen wir?«

Was er da redet, ist Quatsch, dachte Evans. Ob ich nun hier im Hotel frühstücke oder unterwegs ... Aber er vermied es, darüber zu diskutieren. Du bist Gast in diesem Land, dachte er. Das 3. Ministerium für Maschinenbau ist dein Gastgeber. Auch darüber hatte Evans gestaunt ... es gab sieben Ministerien für Maschinenbau in Beijing. Was tun sie nur den ganzen Tag, diese sieben Minister mit einem Heer von Beamten? dachte Evans. In diesem Land ist wirklich alles anders. In England kommt man mit einem Wirtschaftsministerium aus.

»Wie lange fährt man zum Steinwald?« fragte Evans.

»Drei Stunden, Sir.«

»Ich dachte, es wäre näher.«

Kewei Tuo lächelte, ohne daß sich der Ausdruck seiner Augen veränderte. Nur die Mundwinkel zogen sich ein wenig nach oben ... ein kaltes Lächeln.

»Entfernungen sind in China kein Thema. Auch die Zeit nicht. Die meisten tragen eine Uhr nur als eine Art Schmuck ... was die Zeiger sagen, ist nicht so wichtig. Wir sind keine Sklaven der Uhr.«

Sie verließen das Hotel »Goldener Drache«. Wieder rissen zwei Boys die großen Glastüren auf, wieder prallte, trotz des frühen Morgens, Evans gegen eine Wand aus Hitze. Erstaunt blieb er stehen; in der Auffahrt wartete ein schmucker, schwarzer VW-Santana. Er war wahrscheinlich in Shanghai montiert worden, im ersten westlichen Autowerk des sich wandelnden Chinas.

»Ist das unser Wagen?« fragte Evans.

»Ja, Sir.«

»Gestern hatten wir einen Toyota-Geländewagen.«

»Wir dachten, ein Santana ist bequemer.«

»Ohne Chauffeur?«

»Herr Sha Zhenxing wird uns fahren.«

Der kleinere Chinese nickte, und sein Gesicht strahlte, als habe man ihn mit einem Geschenk beglückt.

»Dann also los!« Evans trat an den Wagen heran. Er riß die Beifahrertür auf, aber Kewei öffnete die hintere Tür. »Sie sitzen hinten, Sir!« sagte er. »Da haben Sie mehr Platz. Bitte ...«

Evans nickte, stieg in den Wagen und legte seine Kamera in den Schoß. Es war eine teure Spiegelreflex-Kamera einer weltbekannten Firma, mit einem Zoomobjektiv 35–110 mm. Evans legte beide Hände wie schützend über den Apparat. Was hatte diese Kamera nicht schon alles gesehen: den Regenwald in Brasilien, den Ayers Rock in Australien, die Pipeline in Alaska, den Kilimandscharo in Afrika, den Fudschijama in Japan.

Sha Zhenxing klemmte sich hinter das Lenkrad, ließ den Motor an und drückte mit der anderen Hand auf einen Knopf. Die Hintertüren wurden lautlos verriegelt. Evans war eingeschlossen. Aber der hatte nichts bemerkt. Er lehnte sich in das Polster zurück, die Hände immer noch wie ein schützendes Dach über die Kamera haltend, und blickte hinaus auf das Verkehrschaos aus Fahrrädern, Karren, Lastwagen, Radtaxis, Autotaxen und Menschen.

Menschen. Menschen. Menschen. Ein Gewimmel von Beinen, Leibern, Armen und Köpfen, das an der großen Kreuzung von Beijing Lu, der breiten Prachtstraße zum Hauptbahnhof, und der Huan Cheng Lu, die man auch 1. Ring nannte, zu einem unentwirrbaren Knäuel wurde. Dazwischen, von allen Seiten, die hupenden Autos, die sich in der Mitte der Kreuzung ebenfalls zu einem – so schien es – verschlungenen Knäuel zusammenballten. Es gab zwar Ampeln und zwei Polizisten in einem Türmchen zur Überwachung des Chaos, aber es gab Stunden, da sie resignierten. Evans starrte aus dem Fenster.

»Wahnsinn«, sagte er.

»Der normale Verkehr in Kunming.« Kewei Tuo drehte sich zu ihm um. »Erstaunlich, daß trotzdem so wenig passiert. Wir reagieren schnell ...«

Dabei lächelte er wieder geheimnisvoll. Evans erkannte den Doppelsinn der Worte nicht ... er war fasziniert von dem Straßengewühl und den Menschenmassen.

»Können wir einen Augenblick anhalten?« fragte er.

»Nein.«

»Ich möchte das alles fotografieren.«

»Später, wenn wir zurückkommen.«

Sha Zhenxing umfuhr mit lautem Hupen das Gewühl, ohne jemanden anzurempeln und zu verletzen. Evans, selbst kein ängstlicher Autofahrer, nickte ein paarmal beifällig.

»Bravo! Sie fahren hervorragend, Herr Sha.«

»Danke, Sir.«

Sie erreichten die Straße, die hinaus nach Shi Lin, dem Steinwald, führte, kamen in der Vorstadt von Kunming an einigen Lokalen vorbei, aber Shan hielt nicht an, sondern brauste daran vorbei. Evans legte Kewei die Hand auf die Schulter.

»Denken Sie an das Frühstück?«

»Wir haben umdisponiert. Wir werden im Hotel am Eingang zum Steinwald essen.«

Evans seufzte. »Bis dahin bin ich tot!« sagte er mit gespielter Verzweiflung.

»Bis dahin nicht. Mit dem Sterben dauert es noch ein Weilchen.« Kewei Tuo drehte sich wieder zu Evans um. »Eines kann ich Ihnen, solange Sie leben, garantieren: Verhungern werden Sie nicht.«

Auch diesen Doppelsinn erkannte Evans nicht. Er dachte nur: Das ist eine eigenwillige Gastfreundschaft. Ein staatliches Reisebüro wie die CITS sollte sich bemühen, einem Gast jegliche Annehmlichkeiten zu bieten, zu denen auch ein gutes Frühstück gehört. Und außerdem bin ich vom 3. Maschinenbau-Ministerium eingeladen, das alles bezahlt! Sollte ich etwas energischer werden?

Nein! Du bist in einem fremden Land! Du hast mit Menschen zu tun, die eine andere Mentalität haben als du. Sie denken anders, sie handeln anders, sie sind immer für Überraschungen gut ... also halt den Mund, Timothy! Im Restaurant des Hotels kannst du dann deinen Ärger hinunterspülen. Aber am Abend, beim Abschied, bekommen die beiden keinen Yuan Trinkgeld!

Sha war wirklich ein guter Fahrer; schon nach zweieinhalb Stunden erreichten sie den Eingang zum Steinwald, vorbei an einem See, der von bizarren Felssäulen umgeben war. Kewei Tuo und Evans stiegen aus. Auf der Straße vor der Einfahrt in den Naturpark standen in einer langen Reihe überdachte Verkaufsstände, in denen von aus Holz geschnitzten Schildkröten – als Symbol langen Lebens – bis zu handgewebten, prachtvollen Wandbehängen, vom bunt bedruckten T-Shirt bis zu herrlichen Jadefiguren oder kleinen Kunstwerken aus Marmor alles angeboten wurde, was Touristen als Andenken mitnehmen. Evans nahm die Kamera und fotografierte das bunte Treiben.

Kewei Tuo machte Sha Zhenxing ein heimliches Zeichen. Sha, der noch im Wagen saß, fuhr an und stellte den Santana in den Schatten einer Mauer. Hier saßen die Händler, die sich keinen eigenen Stand leisten konnten, meist alte Frauen oder junge Mütter, neben sich die in bunte Tücher gewickelten Säuglinge. Und auch hier scharten sich die Touristen um sie.

Kewei Tuo konnte nicht verhindern, daß Evans auch ihn fotografierte, und er hielt ihn auch nicht davon ab. Evans wußte ja nicht, daß es von Kewei Tuo bisher kein Foto gab – und es würde auch keines geben ... der Film, den Evans jetzt verknipste, würde nie entwickelt werden.

»Jetzt aber ran an das Frühstück.« Evans blickte fröhlich auf seine Uhr. Halb elf. So spät hatte er noch nie gefrühstückt.

Sie betraten die Straße zum Hotel, aber Kewei schwenkte nicht ab, sondern kaufte die Eintrittskarten für den Steinwald. Evans blieb abrupt stehen. Er ärgerte sich. Nein! Nicht mit mir! Jetzt will ich erst frühstücken, und dann wird ein kühles Bier gezischt. Bier! Gott, laß Bier regnen! Meine

Kehle brennt. Mich werden keine zehn Pferde daran hindern, mich jetzt an einen gedeckten Tisch zu setzen ...

Aber Kewei war plötzlich von einer seltsamen Ungeduld. Vor dem Hotel stand eine große Reisegruppe aus Österreich und hörte den Erklärungen ihres Reiseleiters zu, eine Gruppe Amerikaner wartete auf ihren Dolmetscher, der an der Eintrittskasse einen Streit angefangen hatte. Kewei jedenfalls schob sich an den Streitenden vorbei zur Kasse und löste die Karten.

»Gehen wir!« sagte er, als er zu Evans zurückkam.

»Erst ins Hotel!«

In die Auffahrt bogen zwei große Busse ein. Das alltägliche Leben im Steinwald ... Menschen, Reisegruppen, ein kleines Heer von Touristen. Zuviel für Kewei – er konnte sie jetzt nicht brauchen.

»Im Steinwald haben wir ein sehr gutes Restaurant«, sagte er überzeugend. Es gab aber nur ein paar Erfrischungsstände mit bunt geschmückten Reiteseln, die man für einen kurzen Rundritt auf dem Platz mieten konnte. Auch einige Kamele standen dort und – eine Attraktion – vier Zebras. Es waren keine echten Zebras, sondern kleine Pferdchen, die von findigen Bauern weiß und mit schwarzen Streifen bemalt waren. Auf den Fotos – viele Touristen ließen sich auf den »Zebras« fotografieren – sah man das nicht. Und niemand fragte danach, woher die Zebras kamen, denn in China hat es sie nie gegeben.

Evans amüsierte sich köstlich darüber, setzte sich auf eines der angemalten Zebras und ließ ein Foto machen. Die werden in Birmingham staunen. Zebras in China. Total verrückt. Sein Frühstück vergaß er dennoch nicht.

»Wo ist das Restaurant?« fragte er, als er von dem »Zebra« kletterte.

»Weiter drinnen ... fast in der Mitte des Steinwalds.« Kewei Tuo ging voraus, Sha Zhenxing folgte als letzter. Um sie herum schnatterten zahlreiche Touristen und knipsten alles, was nach Steinsäulen aussah. Und das war die Attraktion ... ein unübersehbares Gewirr von glatten, von Wind und Sonne geschliffenen, kahlen bizarren Urgesteinsäulen, ein Wald aus grauen Felsen, der höchste 40 Meter hoch. Schmale Wege schlängelten sich durch Schluchten, in Stein gehauene Treppen erschlossen immer neue Eindrücke, und die Menschen in diesem Steinwald kamen sich wie verloren vor, erdrückt von der gewaltigen und formenreichen Schönheit der Felsen und der in der Sonne glänzenden Steinsäulen.

Ab und zu blieb Kewei stehen, um Besuchergruppen vorbeizulassen. »Viele dieser Gebilde haben einen Namen«, sagte er und zeigte Evans eine Doppelsäule, die nach oben hin wieder zusammengewachsen war. »Das da ist ›Zwei Vögel, die sich küssen‹. Und dort, ja, das links neben dem runden Felsen, heißt ›Der Phönix kämmt seine Flügel‹.«

»Ich sehe auf einem Felsen eine Art Tempel. Ist das das Restaurant?« fragte Evans.

»Da kommen wir nachher hin.« Kewei ging weiter durch das Labyrinth der Steinsäulen und achtete darauf, nicht mit anderen Gruppen zusammenzukommen. Ohne daß Evans es bemerkte, wich er von den allgemeinen Touristenpfaden ab, zwängte sich durch enge Durchgänge und erklärte weiter die bizarren Felsgebilde.

»Hier sehen Sie das Nashorn«, sagte er. »Und dort leuchtet die Lotosblüte. Und blicken Sie nach links ... da sind Mutter und Sohn ...«

Evans schaute, fotografierte und strengte sich an, die Gebilde mit den Namen zu identifizieren. »Nashorn«, sagte er. »Mutter und Sohn – da muß man verdammt viel Phantasie haben, so eine Säule danach zu benennen.«

»Wir haben viel Phantasie, Sir!« sagte Sha Zhenxing hinter ihm. »Wir kleiden die Welt in Poesie.«

»Das haben Sie gut und treffend gesagt.« Evans wischte sich mit einem Taschentuch den Schweiß aus dem Gesicht. An einem Rinnsal tauchte er das Tuch in das kalte Wasser und kühlte seinen Nacken und seine Stirn. »Dieser Steinwald ist wirklich sehenswert. Aber jetzt möchte ich ein Bier. Dann können wir weiterwandern ...«

»Wie Sie wünschen, Sir.« Kewei ging wieder voraus. Sie waren jetzt ganz allein, denn sie hatten den Teil des Steinwalds betreten, der für die Touristen gesperrt war. Nur etwa ein Drittel des Naturwunders war der Allgemeinheit zugänglich.

Nur selten kam ein Geologe oder ab und zu ein Gärtner in dieses gesperrte Gebiet. Wer sich hier verlief, wurde nie gefunden und suchte vergeblich nach einem Ausgang aus dem Irrgarten der Steinsäulen.

Kewei, Evans und Sha zwängten sich durch enge Felsspalten, manche so schmal, daß der etwas füllige Evans sich quer hindurchquetschen mußte. Er sah nicht, daß sie sich immer mehr von dem Aussichtstempel und dem freigegebenen Teil entfernten und in ein Gebiet kamen, das noch kein Tourist betreten hatte. Als sie auf einen kleinen Platz kamen, eingerahmt von in Jahrtausenden glattgeschliffenen Felsen, blieb Kewei stehen. Sha, immer im Rücken von Evans, steckte die Hände in die Hosentaschen. Jetzt merkte auch Evans, daß sie vom normalen Weg abgekommen waren. Er sah sich im Kreis um und wischte sich wieder den Schweiß aus den Augen.

»Haben wir uns verlaufen?« fragte er.

»Nein.« Keweis Stimme klang wie ein Peitschenschlag. Evans sah ihn verblüfft an. Was ist los? dachte er. Natürlich haben wir uns verlaufen. Er will es nur nicht zugeben.

»Wir sind vom Weg abgekommen...«, sagte er, fast tröstend.

»Ja.« Wieder ein Peitschenschlag.

»Macht nichts ... kehren wir um!«

»Nein!«

»Nicht? Wieso denn?« Evans sah sich wieder um. Shan war drei Schritte zurückgetreten und grinste ihn an. »Sie kennen doch Ihren Steinwald...«

»Wie ein Mann seine Geliebte ... es bleiben immer Geheimnisse.« Keweis Poesie verwirrte Evans jetzt.

»Heißt das: Sie wissen keinen Weg aus dem Steinlabyrinth? Herr Kewei, ich komme um vor Durst und Hunger...«

»Das wäre ein falscher Tod, Mr. Evans.« Das »Sir« fiel weg, auch die Höflichkeit verschwand. »Es wäre auch gegen meinen Plan.«

»Wie soll ich das verstehen?« Evans kühlte wieder mit

dem nassen Taschentuch seinen Nacken, aber die Feuchtigkeit war warm geworden. »Was für einen Plan?«

»Sie zu töten!« sagte Kewei wie beiläufig, als erklärte er: Das da, dieser Felsen, heißt ›Der Elefant‹.

Evans zog das Kinn an. Er liebte zwar den britischen Humor, aber das hier war zuviel. »Das war ein dummer Witz, Herr Kewei!«

»Bitte, legen Sie Ihre Fröhlichkeit ab, und begreifen Sie den Ernst Ihrer Lage.«

Evans begriff immer noch nicht. Wie sollte er auch? Zwei Dolmetscher des staatlichen Reisebüros CITS führten ihn in den Steinwald und hatten sich verlaufen. Jungs, so was kann doch vorkommen. Wieso ist die Lage ernst? Und was heißt hier töten?

»Nehmen Sie das mit vor Durst sterben nicht so wörtlich«, lachte er verlegen. »So war es nicht gemeint. Ein Glas Bier, und ich bin wieder topfit! Bei uns sagt man: Durst ist schlimmer als Heimweh ...«

Er lachte kurz auf, aber Kewei und Sha verzogen keine Miene.

»Bei uns sagt man«, entgegnete Kewei mit eisiger Ruhe: »›Der Verräter trägt sein Haupt in den Händen.‹ Leider haben wir offiziell das Schwert abgeschafft, eine uralte Tradition ist damit erloschen. Aber der Sinn des Spruches ist geblieben.«

Evans schüttelte den Kopf. »Ich begreife den Sinn nicht. Was hat das mit unserem Ausflug in den Steinwald zu tun?«

»Hier hört Sie keiner, wenn Sie schreien ... hier findet Sie keiner, wenn Sie tot sind ... hier sind Sie für immer verschollen.«

Evans starrte Kewei Tuo verständnislos an. Er spürte ein merkwürdiges Gefühl in seiner Brust, aber noch immer war er der Ansicht, daß alles nur ein makabrer Scherz war.

»Ich habe nicht die Absicht, hier zu sterben«, sagte er mit gespielter Fröhlichkeit. »Gehen wir und suchen wir den Ausgang!«

»Wir bleiben!«

»Meine Herren!« Evans erhob die Stimme etwas. »Ich muß schon sagen ... Nichts gegen Ihr Reisebüro, aber ich habe mir eine Betreuung doch anders vorgestellt.«

»Schimpfen Sie nicht auf unser hervorragendes Reisebüro. Es ist vorbildlich.« Kewei betrachtete Evans wie ein Schneider, der Maß nimmt. »Ein Irrtum Ihrerseits ... wir sind nicht vom CITS.«

Evans brauchte einen Augenblick, um zu begreifen, was er gehört hatte. Dann wiederholte er irritiert: »Was? Sie kommen nicht vom CITS?«

»Nein.«

»Ja, was denn? Wer sind Sie?«

Evans wich zurück, aber dabei prallte er gegen Sha Zhenxing, der jetzt dicht hinter ihm stand. Keweis kalter Blick glitt über Evans. Er sah, wie der Engländer plötzlich erstarrte. Sha hatte ihm den Lauf einer Pistole in den Rücken gedrückt, und Evans spürte sie deutlich.

»Sind ... sind Sie verrückt geworden?« war alles, was Evans mit krächzender Stimme hervorstoßen konnte. »Was wollen Sie von mir?«

»Ihr Leben ...«

»Ich schreie!«

»Ich habe Ihnen schon gesagt: Hier hört Sie niemand. Wir sind weit weg von der normalen Welt ... eine Urwelt hat keine Ohren.«

»Mein Gott, was habe ich Ihnen getan? Wollen Sie mein Geld? Da haben Sie einen Fehler gemacht, das Geld liegt im Tresor des Hotels!«

»Ich mache nie einen Fehler.« Kewei schüttelte den Kopf, als wolle er sich bestätigen. »Wenn Sie mir eine Million Dollar bieten würden oder noch mehr, Sie können Ihr Leben nicht zurückkaufen. Sie *müssen* sterben.«

»Aber warum? Warum? Wenn Sie kein Geld wollen, was dann?«

»Es genügt, daß wir uns kennengelernt haben. Daß Sie mir ins Gesicht gesehen haben und mich jederzeit identifizieren können. Jetzt werden Sie fragen: Was habe ich verbrochen, womit habe ich den Tod verdient, wofür werde ich sterben müssen? Sie sehen mich fassungslos an ... kennen Sie die Antwort auf diese Frage wirklich nicht?«

»Sie sind ein Irrer!« schrie Evans auf. »Ein Irrer! Oder Sie verwechseln mich.«

»Erinnern Sie sich, Mr. Evans: Sie hatten vorgestern im Hotel Besuch. Ein Herr namens Cheng Zhaoming setzte sich am Abend an Ihren Tisch und plauderte mit Ihnen über unsere schöne Pianistin.«

»Ist das ein Verbrechen?«

»Herr Cheng bat Sie dann später, für ihn ein kleines Paket nach Hongkong mitzunehmen, wenn Sie wieder abreisten.«

»Ja. Ein Mann würde mich dort erwarten.«

»Richtig. Und was antworteten Sie?«

»Ich will es mir überlegen ... das habe ich gesagt.« Evans spürte, wie ihm jetzt der kalte Schweiß ausbrach. Er sah die Szene wieder vor sich: Der elegante freundliche Chinese. Die Bitte mit dem Paket. Sein Mißtrauen. Warum schickt er es nicht mit der Post? Was soll ich da aus China hinausschmuggeln? Will er mich zum Handlanger einer verbotenen Tat machen, mich, den Ahnungslosen, die gutgläubige »Langnase«, wie man uns in China nennt? Man liest so viel in den Zeitungen, daß Ausländer mißbraucht werden, weil man sie weniger streng kontrolliert als die Inländer. Und dann hatte er geantwortet: »Reden wir morgen darüber. Ich überlege es mir über Nacht.« Und dann war der vornehme Herr Cheng gegangen, nachdem sie noch einen Kognak getrunken hatten. Einen chinesischen Kognak aus Sichuan, der etwas süßlich schmeckte, aber angenehm in der Kehle brannte.

»Aber Sie haben nicht überlegt«, sagte Kewei. In seiner Stimme lag leichter Tadel. »Sie haben sofort die Polizei gerufen, und am nächsten Morgen hatten Sie eine Besprechung mit dem Kommissar Herrn Ding Zhitong.«

»Ja.«

»Er hat Ihnen bestimmt gesagt, daß in dem Paket, das Sie nach Hongkong bringen sollten, Heroin wäre. Sie mußten ihm Herrn Cheng beschreiben ... und wir mußten Herrn Cheng darauf sofort nach Shanghai schicken.«

»Sie?« Evans schluckte mehrmals. Sein Hals war jetzt so

trocken, daß jedes Wort nur noch wie ein Krächzen klang. Er wollte zurückweichen, aber da war in seinem Rücken Sha Zhenxing, der die Pistole fester gegen seinen Körper drückte. »Ich ... ich hielt es für meine Pflicht...«

»Sie sprechen von Pflicht, das bringt uns näher. Meine Pflicht ist es, diesen Verrat zu sühnen. Wir haben Ihnen vertraut. Sie haben Cheng gesehen, Sie haben ihn und seine Bitte an Sie der Polizei verraten. Ich sagte es schon: Der Verräter trägt sein Haupt in den Händen. Mr. Evans, Sie *müssen* sterben ...«

»Aber das ist doch Wahnsinn!« Evans heulte plötzlich auf wie ein getretener Hund. Er faltete die Hände und hielt sie Kewei entgegen. Es war nicht nur ein Flehen ... es war nackte Verzweiflung. »Ich wollte in diesem Land in keine Verwicklungen geraten. Ich bin ein Gast des 3. Maschinenbau-Ministeriums. Ich werde einen Auftrag Ihrer Regierung über 5 Millionen Dollar bekommen. Maschinen zum Ziehen nahtloser Röhren. Und das soll nur der Anfang sein, hat man mir zugesichert. Der Minister persönlich.«

»Wen interessiert das?« sagte Kewei wie angeekelt. »Sie haben uns verraten, das allein geht mich etwas an!«

»Man wird mich suchen!« schrie Evans verzweifelt.

»Aber nicht finden. In unserem riesigen Land kann man spurlos verschwinden.«

»Herr Kewei...«

»Sie können gar nicht mehr weiterleben, Mr. Evans. Sie haben mein Gesicht gesehen, es gibt nur wenige Auserwählte, die es gesehen haben. Ich würde mein Gesicht verlieren, wenn ich Sie nicht töte. Und Sie kennen meinen Namen, den richtigen. Warum sollte ich ihn vor einem bereits toten Mann verstecken? Der Hohe Rat hat Ihren Tod beschlossen.«

»Wer ... wer ist der Hohe Rat?« stotterte Evans. Er wollte vor Kewei auf die Knie fallen und um sein Leben betteln. Aber er wußte, daß es vergeblich sein würde.

»Haben Sie schon von den Triaden gehört?«

»Triaden? Nein. Was ist das?«

»Das ist eine Bruderschaft tapferer Männer, über die ganze Welt verstreut, deren Ziel es ist, diese Welt heimlich zu beherrschen. Wir haben überall unsere Kader, Büros und Niederlassungen, ob in Amerika oder Europa, Asien oder Australien, und jede Gruppe hat ihren Statthalter. Auch in Birmingham, Mr. Evans. Ich bin der Triadenchef von Kunming und der Provinz Yunnan. Und nun kennen Sie mich ... ist das nicht Grund genug, Sie zu töten?«

»Ich ... ich ... Herr Kewei, ich schwöre, Sie nie gesehen zu haben. Ich schwöre es! Bei allem, was mir heilig ist ...« Nun sank Evans doch auf den felsigen Boden, kniete vor Kewei Tuo und hob flehend beide Hände. Er zitterte wie Espenlaub. »Glauben Sie mir doch: Ich habe Sie nie gesehen! Ich werde kein Wort sagen! Ich schwöre es ... bei Gott, haben Sie doch ein Einsehen ... Ich will alles vergessen ... ich habe schon alles vergessen ... Bitte ...«

»Meine Ehre kennt keine Kompromisse.« Kewei nickte Sha Zhenxing zu. Evans hörte, wie hinter seinem Rücken ein leises Knacken ertönte. Die Pistole war entsichert und schußbereit. »Sie haben uns verraten. Wir mußten Herrn Cheng in Shanghai verstecken. Sie haben uns großen Schaden zugefügt. Kommissar Ding ist von Ihnen alarmiert worden. Er ist eine große Gefahr für uns. Sie glauben doch an Gott?«

»Ja! Ja!« brüllte Evans, und sein Körper wand sich, als befinde er sich in heftigen Krämpfen.

»Ihr Gott verspricht Ihnen den Himmel, die ewige Seligkeit.« Kewei hob grüßend die rechte Hand. »Ich wünsche Ihnen eine gute Fahrt in die Ewigkeit, Mr. Evans.«

Sha Zhenxing handelte ohne Zögern. Er setzte die Pistole in Evans' Nacken und drückte ab. Der peitschende Knall verlor sich in den Felsen.

Evans fiel mit dem Gesicht auf den Boden, zuckte noch einmal, aber das war nur ein Reflex seiner Nerven und Muskeln. Seinen Tod spürte er nur als heißen Schlag im Nacken.

Sha steckte die Pistole wieder in die Tasche und blickte zufrieden zu Kewei hinüber. Er wartete auf ein Lob. Und wirklich sagte Kewei Tuo:

»Ein guter Schuß, Zhenxing. Du bist ein braver, treuer, williger Bruder. Aber auch ein gefährlicher Zeuge. Sha, Buddha, der Erleuchtete, wird dich in die Arme schließen.«

Plötzlich hatte auch Kewei eine Pistole in der Hand. Er zog sie blitzschnell aus der Rocktasche und schoß, bevor Sha überhaupt reagieren konnte. Er traf Sha genau ins Herz. Sha fiel gegen eine Steinsäule und krümmte sich ... aber schon, als er die Erde berührte, war er tot.

Kewei Tuo schob die dünne Unterlippe vor. Es war ein Gesetz der Triaden, daß der »Statthalter« nie selbst tötete ... er ließ töten. Aber heute hatte Kewei keine andere Wahl. Es durfte keinen Zeugen geben ... vor allem nicht Zhenxing, von dem man sagte, er sei ein schwatzhafter Mensch.

Im Strom einer großen Reisegruppe aus Taiwan, die von einem Reiseleiter des CITS geführt wurde, verließ Kewei den Steinwald und fuhr in dem schwarzen Santana zurück nach Kunming. Vorher aß er noch an einem Stand einen heißen Pfannkuchen und trank dazu ein Glas Limonade.

Er war mit sich zufrieden.

Timothy Evans blieb vermißt.

Das Hotel zeigte sein Verschwinden an, das Reisebüro geriet in Aufruhr, aus Birmingham wurde Ethel, Evans' Frau, eingeflogen, die Polizei verhörte alle, die mit Evans zusammengekommen waren, auch den Genossen Minister in Peking. Man erfuhr nur von dem Portier des Hotels »Goldener Drache«, daß Mr. Evans das Hotel gegen acht Uhr früh in Begleitung zweier Herren verlassen hatte.

Zwei Herren! Waren es Mörder gewesen? Wo sollte man eine Leiche suchen?

Herr Ding Zhitong, der Kommissar, den man ebenfalls verhörte, sprach es ganz deutlich aus, allerdings hinter verschlossenen Türen und schon gar nicht vor Ethel Evans:

»Er hat uns einen Wink gegeben. Er sollte ein Paket Heroin nach Hongkong bringen. Das hat er uns verraten ... und das war sein Tod! Wir sind sicher, daß die Triaden Rache genommen haben ...«

Die Triaden.

Ein Wort, das man voller Ehrfurcht, aber dennoch zähneknirschend aussprach.

Ein Wort, das es eigentlich nicht geben durfte ...

Gärtner, die sechs Wochen später im gesperrten Teil des Steinwalds Unkraut jäteten, fanden auf einem kleinen Felsenplatz zwei Leichen. Sie waren nicht mehr zu identifizieren. Wilde Hunde, Ameisen, Frettchen und Geier hatten die Körper zerrissen und aufgefressen – zuerst die Gesichter, dann die Eingeweide.

Einer der Gärtner übergab sich bei diesem schrecklichen Anblick. Die Leichen wurden einen Tag darauf im Krematorium von Kunming verbrannt. Niemand dachte an Evans – es waren ja zwei Tote.

Timothy Evans blieb verschollen – – –

ERSTER TEIL

Die Senator Lounge der Lufthansa im Flughafen von Hongkong ist ein langgestreckter, etwas schmaler Raum, der
schwer zu finden ist. So war auch Hans Rathenow fast zwanzig Minuten umhergeirrt, bis er die Tür der Lounge fand und
die ihm genannte Kennzahl in eine Tastatur neben dem Eingang drückte.

Nun saß er in einem tiefen Sessel, trank Orangensaft,
gemischt mit ein wenig Wodka, und knabberte an Keksen,
die auf der Selbstbedienungstheke lagen. Bis zum Weiterflug
nach Kunming hatte er noch über eine Stunde Aufenthalt. Er
blätterte in einer deutschen Illustrierten, die er am Flughafen
Frankfurt gekauft hatte. Während des Nachtfluges nach
Hongkong hatte er nicht darin gelesen. Zuerst hatte ihn der
Film auf der Bordleinwand interessiert – es war ein Mafia-
Krimi aus den USA –, dann hatte er eine halbe Flasche Bur-
gunder getrunken, und schließlich hatte er den Sitz weit
nach hinten geklappt und war eingeschlafen.

Es war seine dritte Reise in die Volksrepublik China. Seine
erste Begegnung hatte noch unter dem Eindruck einer starren kommunistischen Diktatur gestanden. Mao hatte noch
gelebt, Tschu En-lai die Regierungsgeschäfte besorgt, die
Chinesen waren in den blauen Mao-Anzügen und Ballon-
mützen herumgelaufen. Die »Blauen Ameisen«, wie sie der
Westen nannte, hatten das eintönige Bild in Stadt und Land
beherrscht. Damals war es schwer gewesen, überhaupt nach
China hineinzukommen. Tourismus lehnte Mao ab; riesige

Gebiete waren für Ausländer überhaupt gesperrt; Ausnahmen – wie ausgewählte Fernseh-Teams – wurden von politischen Kommissaren begleitet und bewacht. Es gab nur wenige Zeitungen. Die meisten Mitteilungen wurden auf riesige Plakate gedruckt, die man »Wandzeitungen« nannte und die an jeder großen Mauer klebten. China war ein weithin abgeschirmtes Riesenland, ein Land, von dem die westliche Welt nur sehr wenig wußte. Ab und zu sah man im Fernsehen Bilder von prunkvollen Aufmärschen und Massenversammlungen, ein Meer von roten Fahnen und Bildern von Mao, dem »Gott« eines Landes, in dem sich eine der ältesten Hochkulturen aller Völker entwickelt hatte. Mit völligem Erstaunen sah man im Westen, wie Millionen Chinesen begeistert ein kleines rotes Buch in den Händen schwenkten, die »Mao-Bibel«, nach deren Weisheitssprüchen und politischen Ermahnungen eine Milliarde Menschen lebte.

Es war ein beschwerlicher Weg durch die gefürchtete chinesische Bürokratie gewesen, ein Visum für dieses Land zu bekommen. Hans Rathenow war es nach einem Vierteljahr Warten und dem Einreichen vieler Fragebogen gelungen, diese Besuchserlaubnis zu bekommen, aber das war schon alles. Ansonsten war ihm jeder Schritt in China vorgeschrieben, und ein Abweichen von der staatlich diktierten Reiseroute wurde als Versuch der Spionage bestraft. Und ohne einen Reisebegleiter der kommunistischen Partei lief überhaupt nichts.

Immerhin konnte Rathenow damals die Vorzeigestädte Peking, Shanghai, Kanton und Guilin besuchen, aber das, was er eigentlich gewollt hatte – die chinesischen Minderheiten, Völker, die im Laufe der Jahrhunderte von China aufgesogen worden waren, kennenzulernen –, blieb unerfüllbar. Das Ur-China war Sperrgebiet für jeden Ausländer.

Die zweite Reise unternahm Rathenow kurz nach Maos Tod. Schon damals war er erstaunt gewesen über die rasante Entwicklung ins Moderne. Nur noch wenige trugen die Anzüge der »Blauen Ameisen«, die Kinder liefen schon in bunten Kleidern herum, die Frauen – Rathenow kannte sie nur in Hosen und einfarbigen dunklen Jacken – wagten es, wenn auch noch zögernd, farbige Röcke und Blusen zu tragen und zeigten – wie Modeschöpfer es nennen – Bein. Auch die Haare waren nun individuell frisiert, es gab nicht mehr nur eine Einheitsfrisur. Am auffälligsten aber war, daß die Frauen jetzt sogar Lippenstift, Puder und Make-up benützten. Man holte nach, was unter Mao verboten war. Selbst das Wagnis, in einem Bikini am Strand zu liegen, scheute die »Neue Fraulichkeit« nicht, obwohl es damals noch Verhaftungen wegen unmoralischen Benehmens gab und die Partei gegen den Verfall der Sitten wetterte. So war etwa das Küssen in der Öffentlichkeit ein Verbrechen, das sofort bestraft wurde. Gefühle gehören ins Haus, nicht auf die Straße. Noch war Mao, der von Gott Auserwählte, der die Erde verlassen hatte, der große Vorsitzende, der China vom Kapitalismus befreit und einen Bauern-und-Arbeiter-Staat geschaffen hatte. Und dennoch: Das Leben war anders geworden, das spürte Rathenow sofort, als er in Peking landete. Es war, als könnten die Menschen endlich richtig durchatmen und sich auf ihre eigene Persönlichkeit besinnen.

Bei dieser zweiten Reise waren schon viele bisher gesperrte Gebiete freigegeben worden. Der Tourismus begann sich zu entwickeln. Auch Rathenow konnte nun die Jangtse-Schluchten besuchen, die alte Kaiserstadt Xian und Nanchang mit seinem riesigen Seengebiet, aber zu den Minderheiten in Yunnan, zu den Bai, Dong, Miao, Naxi und Yi kam er nicht. »Bald«, sagte der Dolmetscher, der ihn begleitete, und hob die Schultern. »Bald … Es ist noch viel zu tun in China. Wir müssen erst aufräumen …«

Nun – bei seiner dritten Reise in das »Land der Mitte« – war alles anders geworden. Es gab keine Schwierigkeiten mehr mit dem Visum, fast ganz China war »offen« für westliche Besucher, die strenge Abgrenzung zur übrigen Welt war aufgehoben. Außer den großen Staatsbetrieben wurde die Wirtschaft immer mehr privatisiert. Firmen, Geschäfte, Läden, Supermärkte, Im- und Exporthäuser waren häufig schon in Privatbesitz übergegangen, allerdings, und das würde sich wohl nie ändern, unter der Kontrolle und den wachen Augen der kommunistischen Partei. Der Aufbau eines Konsummarktes hatte begonnen, und das in einem atemberaubenden Tempo. Fremde Investoren pumpten Milliarden Dollar in den neu entdeckten Markt. Ein gigantischer Aufschwung zeichnete sich ab.

Trotzdem hatte Rathenow bei der chinesischen Botschaft in Bonn vorsichtshalber angefragt, ob es möglich sei, für ihn als Einzelreisenden einen individuellen Reiseplan aufzustellen, der vor allem einen Besuch in den Gebieten der Minderheiten vorsehen sollte. Er nannte auch die Namen der Gebiete und Städte, die ihn besonders interessierten, darunter Chengdu, Kunming, Dali und Lijiang bis hinauf zum Hengduan Shan an der Grenze zu Tibet.

Die Antwort aus Bonn kam erstaunlich schnell. Genehmigt. Ein genauer Reiseplan wird in Peking von der Zentrale der CITS ausgearbeitet und an das staatliche Reisebüro in Kunming weitergegeben. Es beständen für dieses Gebiet keine Einreisebeschränkungen. Einzig ein Besuch der Provinz Xizang (Tibet) war nur mit einer Sondergenehmigung von Peking möglich. Aber nach Tibet wollte Rathenow auch gar nicht. Ihn interessierten vor allem die Kulturen der Bai und Naxi.

Schon kurz nachdem er die Anträge eingereicht hatte, konnte Rathenow von München nach Frankfurt und dann weiter mit der LUFTHANSA nach Hongkong fliegen.

»Paß auf dich auf, Hänschen!« sagte Dr. Freiburg, als sich Rathenow von ihm verabschiedete. Dr. Freiburg war Facharzt für Innere Medizin und seit dem Studium mit Rathenow befreundet. Sie hatten dieselbe Universität besucht... Freiburg wurde eine Kapazität auf dem Gebiet der Kreislauferkrankungen, Rathenow entwickelte sich zu einem anerkannten Anthropologen und Ethnologen. Er hatte einige Bücher geschrieben, hauptsächlich Reiseberichte und -erzählungen, die – da er spannend zu schreiben wußte – überall mit Begeisterung aufgenommen wurden, da sie den Lesern das jeweilige Land, das beschrieben wurde, so lebendig nahebrachten. Die Ideen holte er sich auf seinen vielen Forschungsreisen, die er als Ethnologe immer wieder unternahm, und nicht nur sein Buch »Das Geheimnis der philippinischen Wunderheiler« wurde zu einem Bestseller. Von seiner Tante hatte er eine prunkvoll eingerichtete Villa und auch ein wenig Bargeld geerbt, so daß er sich, zusammen mit dem Honorar, das er für seine Bücher bekam, ganz seinen Forschungen widmen konnte. Sein neuer Plan, an dem er seit vier Jahren intensiv arbeitete, war die Erforschung der chinesischen Minderheiten in Yunnan, einer südlichen Provinz, in der allein 24 verschiedene Völkerschaften mit noch erhaltenen eigenen Kulturen leben. Der Mittelpunkt dieser ethnischen Vielfalt war die Provinzhauptstadt Kunming, etwa doppelt so groß wie Berlin und doch im Westen kaum bekannt.

»Ich lege es dir ans Herz«, fuhr Dr. Freiburg fort, »verliebe dich nicht in eine der kleinen, süßen Chinesinnen! Ich weiß, daß die meisten europäischen Männer davon träumen, eine Asiatin im Bett zu haben ...«

»Und davor warnst du mich?« Rathenow sah seinen Freund belustigt an. »Du gönnst mir auch gar nichts.«

»Erstens«, Dr. Freiburg hob den Finger, »hast du Durchblutungsstörungen, jede außergewöhnliche Belastung des Herzens ist schädlich. Zweitens bist du jetzt 58 Jahre alt, also kein junger Hüpfer mehr. Drittens wirst du kaum den erotischen Anforderungen einer jungen Chinesin gewachsen sein.«

»Oha! Ich protestiere!«

»Und viertens wäre es eine Sensation für die Öffentlichkeit, wenn der berühmte Hans Rathenow mit einer Chinesin nach München zurückkommt. Die Presse wird sich überschlagen.«

»Darauf pfeife ich! Das wäre schließlich meine Privatsache. Wäre, sage ich.«

»Barbara ist seit zwölf Jahren tot. Hans, du bist gefährdet.«

Barbara, Rathenows Frau, war vor zwölf Jahren nach einer simplen Gallenblasen-Operation gestorben. Es war ein Schicksalsschlag gewesen, von dem sich Rathenow nie erholt hatte. In den vergangenen zwölf Jahren hatte es für ihn keinerlei Affären mit anderen Frauen gegeben, und Dr. Freiburg, der Spötter, hatte einmal gesagt: »Wenn das mit dir so weitergeht, wirst du eines Tages heiliggesprochen: der keusche Heilige Hans.«

»Hast du kein anderes Thema?« fragte Rathenow jetzt etwas ärgerlich.

Dr. Freiburg lachte kurz auf und schenkte dann für sich und Rathenow einen zwanzig Jahre alten Kognak ein. »Prost, Alter! Auf dich und deine wilden Völker!«

»Du hast ja keine Ahnung! Es gibt keine Wilden mehr!« Rathenow leerte das Glas in einem Zug. »Hast du auch noch einen vernünftigen Ratschlag? Als Arzt?«

»Ja. Sauf nicht zuviel in China! Sie sollen da einen höllischen Schnaps haben, Mao Tai heißt er. Laß die Finger davon! Denk an deine Durchblutungsstörungen.«

»Halt den Mund!« Rathenow stellte das Glas auf den Tisch. »Also ... bis in fünf Wochen. Du wirst als Arzt nichts an mir auszusetzen haben.«

»Mach's gut, Hans.«

Dr. Freiburg umarmte seinen Freund.

Das war vor zwei Tagen gewesen. Jetzt saß Rathenow also in der LUFTHANSA-Senator-Lounge, las in einer Illustrierten, trank den zweiten Wodka mit Orangensaft und nickte dankbar, als die Lounge-Stewardeß ihm zwei Päckchen mit Keksen brachte. Sie war ein hübsches, kurvenreiches Geschöpf mit langen blonden Haaren.

»Wo fliegen Sie hin?« fragte sie.

»Mit der Dragon Air nach Kunming.«

»Dann haben Sie noch über eine Stunde Zeit. Möchten Sie etwas essen?«

»Nein, danke. Ich esse nachher im Flugzeug.«

»Die chinesischen Fluglinien sind nicht berühmt für ihr Essen.«

»Ich weiß. Ich bin heute das drittemal in China. Um so besser werde ich in Kunming essen.«

Die Stewardeß entfernte sich wieder und setzte sich hinter die kleine Theke im Hintergrund der Lounge. Kunming ... da möchte ich auch mal hin, dachte sie. Die Stadt des ewigen Frühlings. Ein Stück wirkliches China.

Rathenow knabberte die Plätzchen und lehnte sich zurück. Der Flug nach Hongkong war doch ein wenig anstrengend gewesen.

Verdammt, 58 Jahre sind doch kein Alter! Reiß dich zusammen, Hans. Man ist so jung, wie man sich fühlt, das ist eine alte Weisheit, und ich fühle mich im Vollbesitz meiner Kräfte.

Ich werde euch allen beweisen, wie unverwüstlich Hans Rathenow noch ist...

Das Büro des China International Travel Service (CITS) von Kunming liegt in der breiten, von Menschen wimmelnden Huan Cheng Nan Lu, einer Straße, die in die Altstadt führt, wo das Leben noch so abläuft wie vor hundert Jahren. Es ist ein großes Reisebüro mit über 120 Angestellten, die Touristen aus allen Ländern betreuen und deren Sprache sprechen. Englisch steht an erster Stelle, dann folgen Japanisch und Französisch, aber auch ein »German Dept.« hat man aufgebaut, um den Gästen aus Deutschland, Österreich und der Schweiz die Schönheit von Yunnan zeigen und erklären zu können. Cai Qiang war der Chef der deutschen Sektion. Er trug, wie 80 Prozent aller Stadtchinesen, eine Brille, war von schlanker, fast dürrer Gestalt und sprach ein vorzügliches Deutsch, das er auf der Fremdsprachenuniversität von Wuhan gelernt hatte. Seine Hauptaufgabe war es, die Reiserouten der Touristengruppen auszuarbeiten und die jeweiligen Reiseleiter zu bestimmen. Dann wurden die Pläne weitergegeben an das Marketing Dept., das für die Hotelunterkünfte und Restaurants sorgte und den genauen Zeitplan festlegte. Dadurch lief die China-Reise einer ausländischen Gruppe fast mit preußischer Disziplin und Pünktlichkeit ab. Es war der Stolz des Reisebüros, wenn man hinterher hörte: »Es hat alles vorzüglich geklappt!«

Cai Qiang hatte an diesem Morgen die Reiseleiterin Wang Liyun zu sich rufen lassen. Er saß hinter seinem mit Papieren überfüllten Schreibtisch und sah nur kurz auf, als Liyun ins Zimmer kam. Sie hatte erst gestern eine Schweizer Gruppe verabschiedet, die sich sehr großzügig zeigte – was selten war. Das in der Gruppe gesammelte Trinkgeld betrug

340 Yuan, das Monatsgehalt eines Arbeiters. Liyun war mit den Schweizern zwei Wochen unterwegs gewesen und hoffte nun auf zwei Tage Freizeit. Sie blickte ihren Chef erwartungsvoll an. Im stillen freute sie sich über die Möglichkeit, an einem der freien Abende tanzen zu gehen. Ihr Freund Shen Zhi, ein Journalist bei der Zeitung in Dali, wollte kommen. Da Liyun immer auf Reisen war, Shen Zhi andererseits nicht sehr oft frei hatte, um nach Kunming zu fahren, sah man sich nur selten. Um miteinander zärtlich zu sein, mußte man hinaus zum Seepark fahren. Für den kommenden Freitag aber hatte Shen Zhi ein Zimmer besorgt; ein Freund war bereit, seine kleine Wohnung zur Verfügung zu stellen. »Aber nur von zwei bis fünf Uhr nachmittags!« hatte er zu Shen gesagt. »Ich gehe in der Zeit ins Kino. Mehr kannst du nicht von mir verlangen. Drei Stunden sind eine gute Zeit für die Liebe.«

»Ich habe hier einige Schreiben liegen, Liyun«, sagte Cai Qiang und sah sie an. »Von der Schweizer Gruppe. Sie war zufrieden mit dir. Sehr zufrieden. Andere Reiseleiter in anderen Provinzen waren nicht so gut. Besonders dein Deutsch haben sie gelobt und deine Fröhlichkeit. Ich bin stolz auf dich.«

»Danke, Herr Cai.« Liyun lächelte. Jetzt wird er mir gleich zwei Tage frei geben, dachte sie. Er ist sonst sehr geizig mit Lob, dafür um so großzügiger mit Tadel.

»Du bist die Beste der deutschen Sektion! Aber bilde dir darauf nichts ein. Ich habe es von dir erwartet.« Cai Qiang senkte den Blick, beschäftigte sich wieder mit den Papieren und zog aus dem Stapel ein paar Blätter heraus, die in einer dünnen Plastikhülle steckten. Liyun wartete auf weitere Worte. Das kann doch nicht alles sein, dachte sie. Daß sie die Beste der deutschen Sektion war, wußte sie. Schon beim Studium der Germanistik und deutschen Literatur an der Universität von Chongqing gehörte sie zu den ersten der Seminare; ihre Arbeit zur Erlangung des Magistergrades hatte Heinrich Heine zum Thema. Ihr eigentliches Berufsziel war Lehrerin und später Dozentin gewesen, aber da die kommunistische Partei ihr Studium und ihren Lebensunterhalt im

Studentenheim bezahlte, bestimmte die Partei auch, wo sie nach Abschluß der Studien eingesetzt werden sollte. Es war ein Glücksfall, daß das staatliche Reisebüro CITS in ihrer Heimatstadt Kunming gerade zu dieser Zeit dringend nach deutschen Dolmetschern suchte, weil immer mehr deutsche Reisegruppen Yunnan besuchten. So wurde Liyun in die deutsche Sektion des CITS überwiesen, und sie hatte es bisher nicht eine Stunde lang bereut. Ein freies Leben war es, das auf sie wartete.

Liyuns Eltern, die vorher in Dali wohnten, hatten einen Ruf an die Hochschulen von Kunming bekommen. Ihr Vater war Professor für chinesische Literatur, ihre Mutter Professorin für die gleiche Disziplin geworden. Sie hatten eine schöne Wohnung erhalten und waren geachtete Genossen. Aber Liyun zog nicht zu ihren Eltern. Sie teilte sich mit einer Kollegin eine kleine eigene Wohnung, deren Besitzer das Reisebüro war. Und sie hatte Shen Zhi kennengelernt, den jungen Journalisten, als dieser noch bei der Kunminger Zeitung arbeitete, und sich Hals über Kopf in ihn verliebt.

Als Cai Qiang schweigend weiter in den Papieren blätterte, nahm sie allen Mut zusammen und fragte:

»Herr Cai, ich war jetzt über zwei Wochen unterwegs. Kann ich zwei Tage frei haben?«

»Nein!« sagte Cai knapp. Liyun zuckte zusammen.

»Aber bisher haben Sie mir ...«

»Es handelt sich um eine Ausnahme.«

»Shen Zhi kommt am Freitag.«

»Vergiß es!« Cai blickte wieder auf. Natürlich wußte beim CITS jeder, daß zwischen Liyun und Zhi eine große Freundschaft bestand. Cai hatte ihn sogar persönlich kennengelernt, und er hatte den jungen, strebsamen Mann kritisch beobachtet und damals zu Liyun gesagt:

»Zhi ist ein begabter Mann. Er hat eine gute Zukunft vor sich. Ich schätze, wir werden dich nicht mehr lange im Reisebüro haben. Ihr werdet bald heiraten.«

»Ich weiß es nicht, Herr Cai.«

»Du liebst ihn doch.«

»Ja, aber meine Eltern sind dagegen. Er hat eine Stelle in Dali angenommen.«

»Das ist wahrhaftig ein Problem. Du wirst in Dali nicht arbeiten können. Du wirst in Kunming wohnen, Shi in Dali ... und dazwischen liegen 400 Kilometer. Er kann dich nur jedes Wochenende besuchen.«

»Auch das nicht. Eine Fahrt mit dem Bus kostet 30 Yuan, und er soll ein Monatsgehalt von nur 150 Yuan bekommen. Höchstens einmal im Monat kann er kommen, und dann nur für ein paar Stunden. Die Fahrt dauert mindestens neun Stunden hin und neun Stunden zurück, und er bekommt nur am Sonntag frei und muß am Montag wieder in der Redaktion sein. Wieviel Zeit bleibt dann für uns? Deshalb sind meine Eltern dagegen! Das sei keine Ehe, sagen sie. Das würde uns nur unglücklich machen.« Inzwischen hatte Shen Zhi seinen Job in Dali längst angetreten.

»Zhi will also schon am Freitag kommen?« fragte Cai.

»Er hat Sonderurlaub bekommen, Herr Cai. Wir haben uns über sechs Wochen nicht gesehen. Ich freue mich auf Freitag.«

Cai Qiang räusperte sich, nahm seine Brille ab, putzte sie mit seiner Krawatte und setzte sie wieder auf. Dabei vermied er es, Liyun anzusehen ...

»Es tut mir leid«, sagte er dann. »Ich bedauere es wirklich ...«

»Was bedauern Sie, Herr Cai?«

»Dein Freitagstreffen fällt aus.«

»Nein! Bitte nicht, Herr Cai!«

»Ich habe keine Macht, es zu ändern.«

»Was können Sie nicht ändern?«

»Ein wichtiger Besuch kommt nach Kunming. Ein VIP aus Deutschland. Ein sehr bekannter Ethnologe, der auch erfolgreich Bücher geschrieben hat. Unsere Botschaft in Bonn hat sich an unser Außenministerium gewandt, das wiederum an das Kulturministerium und der Kulturminister an unsere CITS-Zentrale in Beijing (wie Peking auch genannt wird). In Beijing wurde auch der ganz individuelle Reiseplan ausgearbeitet und uns durchgefaxt. Hier ist er.« Cai schob Liyun die

Plastikhülle über den Tisch. »Lies das, Liyun! Der Gast soll die beste Betreuung erfahren. Und die Beste bist du. Was kann ich anderes tun? Die kleinste Beschwerde in Beijing, und ich muß mich verantworten. Was das bedeutet, weißt du. Der Besuch ist eine Art Staatsangelegenheit. Nur du kannst das übernehmen.«

»Kang Sujie hat frei, Herr Cai.«

»Sujie! Ihr Deutsch ist gegen dein Deutsch nur ein Gestammel. Außerdem liegen in diesem Jahr schon drei Beschwerden gegen sie vor: Widerworte, politische Äußerungen und ein schamloser Flirt mit einem Reisenden. Ich werde sie bestrafen müssen: einen Monat keine Gruppenbetreuung, keine Prämien, nur das Grundgehalt, und sie muß schriftlich Selbstkritik üben und mir vorlegen.« Cai hob wie bedauernd beide Hände. »Du siehst, du mußt den VIP übernehmen. Du mußt mir helfen. Shen Zhi läuft dir nicht weg.«

»Ich werde ihn dann wieder einen Monat nicht sehen. Dann ist es fast ein Vierteljahr.«

»Sei froh darüber!« Cai lachte einmal kurz auf. »Wenn du später verheiratet bist, wirst du dich freuen, ihn mal eine Zeitlang nicht zu sehen. So ist das bei Ehepaaren, die immer zusammen sind.« Cai zeigte auf die Plastikhülle. »Sieh dir das durch.«

»Wann kommt er?«

»Donnerstag um 15 Uhr. Von Hongkong mit der Dragon Air.«

»Und wie lange bleibt er?«

»Drei Wochen.«

Liyuns Gesicht wurde schmal vor Traurigkeit. »Und immer muß ich dabeisein?«

»Du wirst dem Gastgeber China Ehre machen, daran solltest du denken. Nicht an Zhi. In meinem Bericht nach Beijing werde ich dich lobend erwähnen, und du wirst eine gute Prämie bekommen.«

»Wie heißt er denn?« Liyun zog die Hülle vom Tisch und blickte auf das erste Blatt. »Rathenow. Dr. Hans Rathenow ... der berühmte Ethnologe und Reiseschriftsteller?« fragte sie erstaunt.

»Du kennst ihn?«

»Wir haben auf der Universität im Deutsch-Seminar Auszüge aus seinem Buch ›Das Geheimnis der philippinischen Wunderheiler‹ gelesen. Handelt es sich um diesen Rathenow?«

»Der muß es wohl sein.« Cai hob die Schultern. »Wenn sich sogar die Minister darum kümmern.«

»Ich ... ich habe Angst«, sagte Liyun mit kleiner Stimme.

»Du und Angst? Das wäre etwas Neues.«

»Ein so berühmter Mann! Wie spricht man ihn an? Wie benimmt er sich? Ist er arrogant, eitel, mürrisch, mit nichts zufrieden, meckert an allem herum?«

»Wer weiß das? Laß dich überraschen!«

»Berühmte Männer sind immer schwierig.« Liyun nahm die Plastikmappe an sich und drückte sie an ihre Brust. »Ich *muß* also ...?«

»Ja. Es gibt keine andere Möglichkeit.« Cai lächelte Liyun ermutigend zu. »Kopf hoch, Mädchen. Er wird dich nicht fressen. Also: Donnerstag, 15 Uhr, Flughafen. Und noch eins: Der Reiseplan ist endgültig. Keine Änderungen. Vor allem im Lande der Yi und Mosuo. Ich staune, daß Herr Rathenow es überhaupt betreten darf. Das wäre vor einem Jahr noch unmöglich gewesen. Viel Glück und Erfolg, Liyun.«

»Danke, Chef.«

Liyun verließ das Zimmer, ging hinüber in das Reiseleiter-Büro, setzte sich auf einen Plastikstuhl und begann, den Plan durchzulesen. Aber sie nahm kaum auf, was sie las. Ihre Gedanken waren beschäftigt mit Fragen. Was ist Hans Rathenow für ein Mensch? Soll ich ihm sagen, daß ich seine Bücher kenne? Wie alt ist er? Ist er noch kräftig genug, die vorgeschlagene Reise durchzustehen? Es wird eine schwere Tour werden. Oben bei den Mosuo gibt es kaum ausgebaute Wege. Die Dörfer liegen über 3000 Meter hoch, der Lugu-See ist einer der schönsten, aber auch einsamsten Seen von Yunnan. Wird er das durchhalten? Ein Geburtsdatum steht nicht im Plan. Wenn er nun ein alter Mann ist, was kann ich tun, damit er soviel wie möglich sieht? Und wenn er nachher sagt: »Das habe ich mir alles anders vorgestellt!« ist das wie ein Tadel, der erste, den Herr Cai in meine Papiere schreiben muß.

Und je mehr sie darüber nachdachte, um so größer wurde die Angst in ihr und die Scheu vor diesem berühmten Mann.

Dann besann sich Liyun auf die uralten Charaktereigenschaften der Chinesen: Leiden, ohne zu klagen. Das Schicksal in Demut hinnehmen. Blick in das Blau des Himmels, und die Unendlichkeit ist dein.

Sie wurde ruhiger und las weiter in dem außergewöhnlichen Plan.

Pünktlich um 15 Uhr landete die Maschine der Dragon Airline in Kunming. Das war selten: Die meisten Flugzeuge der chinesischen Luftlinie, die den Inlandsverkehr besorgte, hatten Verspätung. Man sprach schon gar nicht mehr darüber. Die »Dragon« aber war eine Hongkong-Gesellschaft, die Wert auf gutes Image legte und es auch pflegte.

Rathenow war nicht verwundert über den alten Flughafen Wu Jian Ba. Er hatte sich vorher genau informiert und gelesen, daß es der frühere Militär-Flughafen gewesen war, den man, als Kunming zu einem wichtigen Handelsplatz geworden war, mit billigen Mitteln umgebaut hatte. Ein ganz moderner, riesiger Flughafen, direkt daneben, war im Bau – eine kühne Konstruktion mit modernsten Einrichtungen, der schönste und größte Airport von ganz Südchina. Heute aber drängte sich noch alles durch die schmutzigen Gänge und Wartesäle und staute sich vor den Paß- und Zollkontrollen. Die Zollbeamten waren sehr genau. Fast jeder Koffer mußte geöffnet und über einen langen Tisch geschoben werden. Auch die Polizei war anwesend und ließ besonders ausgebildete Hunde nach Rauschgift schnüffeln oder untersuchte die vielen Tüten, in denen die chinesischen Reisenden ihre in Hongkong gekauften Waren transportierten.

Rathenow zeigte seinen Flugschein vor, seinen Paß und ein auf chinesisch geschriebenes Begleitschreiben aus Beijing, das ihm die Botschaft in Bonn zusammen mit dem Paß geschickt hatte. Es war eine Art Passierschein, eine Aufforderung an jeden kontrollierenden Beamten, Herrn Hans Rathenow jede Hilfe zuteil werden zu lassen.

Der Zollbeamte las das Schreiben sehr lange und gründlich durch, schien von den vier Stempeln aus Beijing beeindruckt zu sein, verzichtete darauf, die Koffer zu öffnen, und winkte stumm zur Tür.

Mach den Weg frei! Nimm deinen Koffer, und mach Platz! Hinter dir wartet eine ganze Schlange von Menschen.

Rathenow nahm Paß und Schreiben, steckte sie in seine Rocktasche und wuchtete die zwei schweren Koffer vom Tisch. Betroffen sah er, wie ein Chinese, der vor der Tür eine Schar ihn erwartender Verwandter begrüßen wollte und sich dabei ein paar Schritte von der Kontrolle entfernte, brutal von einem Polizisten zurückgerissen und in den Abfertigungsraum zurückgestoßen wurde. Der Chinese, ein mittelalter, kleiner Mann in einem grauen Anzug, nahm die Behandlung ohne Protest hin. Er winkte seinen Verwandten zu und stellte sich wieder in die Reihe. Bloß den Mund halten, Genosse, die Polizei ist stärker als du.

Einen Augenblick blieb Rathenow stehen und sah den Polizisten an. Der erwiderte kalt seinen Blick. Geh weiter, »Langnase«! sagten diese Augen. Auch du bist nicht geschützt, weil du ein Ausländer bist! Bei uns herrscht Ordnung!

Rathenow sah sich nach einem Gepäckträger um. Fehlanzeige. Träger gab es nur beim Abflug bis zur Abfertigung, dann mußte man seine Koffer selber schleppen. In Hongkong dagegen gab es – wie auf allen großen Airports – Kofferwägelchen oder Gepäckträger.

Rathenow zog also seine Koffer, die mit kleinen Rollen versehen waren, neben sich her zum Ausgang und blieb dort stehen. Eine gewisse Spannung stieg in ihm auf: Wer holt mich ab? Ist es wieder, wie bei meinen beiden vorausgegangenen Besuchen in China, ein höflicher, junger, linientreuer Dolmetscher, geschult in der Disziplin der Partei?

Nanu, dachte er, als er keinen Chinesen mit dem Schild CITS in der hoch erhobenen Hand sah. Niemand holt mich ab? Das fängt ja gut an. Ich weiß zwar, daß ich im Hotel Jing Long Fan Dian (Goldener Drache) wohnen werde, trotzdem wäre es gut gewesen, man hätte mich dorthin gebracht. Er sah sich nach einem Taxi um, aber gerade, als er winken wollte, kam ein zierliches, mit einer weißen Bluse und einem einfarbigen roten Rock bekleidetes Mädchen auf ihn zu. Die langen, schwarzen Haare wurden hinten von einer roten Schleifenspange zusammengehalten, ihr zartes Gesicht mit den hervorstehenden Backenknochen, der kleinen Nase und den schmalen, aber schön geschwungenen Lippen wurde von den mandelförmigen dunkelbraunen Augen beherrscht. Sie konnte nicht älter als achtzehn sein.

»Sind Sie Dr. Hans Rathenow?« fragte das zauberhafte Geschöpf mit heller Stimme. Ihr Deutsch war fast akzentfrei.

»Ja. Der bin ich.« Rathenow spürte plötzlich, wie sich sein Herzschlag beschleunigte. Er starrte das Mädchen an und dachte: Mein Gott, ist sie schön. Über ihr liegt der Glanz der Jugend. Leute, mit diesem Empfang bin ich sehr zufrieden. »Sie kommen vom Reisebüro CITS?« fragte er.

»Ja. Ich begrüße Sie in Kunming. Willkommen in der Stadt des ewigen Frühlings.«

Das klang gut einstudiert; es war die Floskel, mit der man alle Touristengruppen begrüßte.

»Danke.« Rathenow lächelte das Mädchen an. Er meinte es ehrlich, als er sagte: »Bei so einem Empfang glaube ich an den ewigen Frühling.«

»Der Name Kunming bedeutet ewiger Frühling.« Das klang etwas abweisend. Vorsicht, Hans ... ein junges chinesisches Mädchen kann man schnell in Verlegenheit bringen. Sie ist an solche Komplimente nicht gewöhnt. »Einen Augenblick noch, Herr Rathenow. Der Chauffeur mit dem Wagen kommt sofort. Er hat dort drüben auf dem Parkplatz gewartet. Hatten Sie einen guten Flug?«

Wieder so eine Floskel. Rathenow nickte.

»Es war ruhig. Wir flogen über einer Wolkendecke, erst kurz vor Kunming riß der Himmel auf. Leider habe ich kaum etwas vom Land gesehen.«

»Um so mehr werden Sie auf unserer Tour sehen.«

»Unsere Tour? Heißt das, daß ...«

»Ja. Ich habe den Auftrag, Sie als Reiseleiterin zu begleiten. Mein Name ist Wang Liyun ...«

»Wang Liyun – ein schöner Name.«

»Nichts Besonderes. Wang heißen Millionen bei uns.«

Neben ihnen hielt mit knirschenden Bremsen ein Geländewagen mit Allradantrieb. Er war ziemlich neu, vor einer Stunde rundum gewaschen, und glänzte weißlackiert in der Sonne. Der Fahrer stieg aus, begrüßte Rathenow auf chinesisch, griff nach den Koffern und wuchtete sie in den Gepäckraum.

»Das ist Wen Ying, unser Fahrer«, sagte Liyun. »Er wird uns drei Wochen lang herumfahren, wie im Plan vorgesehen.«

»Ich habe noch keinen Plan gesehen.«

»Ich gebe ihn Ihnen im Hotel. Können wir fahren?«

»Natürlich.«

»Sie wollen keine Fotos machen?«

»Von diesem alten Flughafen?«

»Die meisten Touristen fotografieren alles, sogar auf den Boden spuckende Männer.«

»Das wäre ein Motiv ... aber ich sehe keinen Spuckenden.«

Es war der Augenblick, da Liyun zum erstenmal lachte. Ihr mädchenhaftes Gesicht verzog sich, in den Augenwinkeln und neben der Nase erschienen winzige Lachfältchen. Die Augen sprühten Fröhlichkeit ... sie sah hinreißend aus.

Rathenow stieg hinten in den Wagen ein, Liyun setzte sich neben Wen Ying, den Fahrer. Sie warf ihre langen, zusammengebundenen Haare über die Schulter, und Rathenow sah, daß ihre Fingernägel diskret mit farblosem Lack überzogen waren. Ich bin jetzt das drittemal in China, dachte er. Aber solch ein zauberhaftes Geschöpf habe ich bisher noch nicht gesehen. Bisher habe ich immer behauptet, die schönsten Mädchen würden in Singapur leben, aber diese Liyun ist noch viel schöner.

Er lehnte sich zurück, blickte aus dem Fenster auf die Menschenmassen, auf die vom Verkehr total verstopften Straßen und sagte zu sich: Hans, du bist ein Idiot! Denk an etwas anderes! Denk daran, daß du die Naxis besuchen willst und die Mosuo, wo heute noch die Frauenherrschaft üblich ist. Das sagenhafte Matriarchat, das letzte Überbleibsel einer uralten, rätselhaften Kultur, deren Ursprung noch im dunkeln liegt. Denk an die Bai und die Miaos, an die Drei Pagoden von Dali, an die Schneeberge bei Lijiang, den geheimnisvollen Lugu-See nahe der Grenze zu Sichuan, denk an das Männerland der Yi, wo die Frauen krumm sind vom Lastentragen – und nicht an dieses Mädchen. Erstaunlich nur, wie gut Deutsch sie spricht und daß sie so jung schon eine solche Stellung hat. Reiseleiterin ... wie das klingt, wenn man sie ansieht.

Das also ist der berühmte Hans Rathenow, dachte Liyun und starrte durch die Windschutzscheibe auf das Straßengewirr. Er ist so ganz anders, als ich ihn mir vorgestellt habe. Nicht eingebildet, nicht hochnäsig, nicht in den Stolz des Erfolgreichen gekleidet. Er macht einen ganz normalen Eindruck. Er ist höflich und witzig – und er ist eine auffallende Erscheinung mit den weißen Haaren, den blauen Augen, der muskulösen Figur, den breiten Schultern, den für Männer kleinen, gepflegten Händen und dem elastischen Gang. Und er hat eine schöne Stimme, die einem durch und durch geht. Und erst sein Blick, der jede Frau wie ein Pfeil trifft. Wie alt mag er sein? Seine weißen Haare sagen nichts darüber aus – er kann fünfzig oder auch sechzig sein. Nennt man so einen Mann in Europa einen schönen Mann?

Sie senkte den Kopf und blickte in ihren Schoß. Was geht das mich an? Er ist ein kluger und berühmter Mann, und wenn ich ihn in den nächsten Wochen durch die Länder der Minderheiten führe, wird sich zeigen, was für ein Mensch er ist. Und überhaupt – was kümmert es mich, wie er ist? Er ist ein Tourist, ein VIP, und ich habe die ehrenvolle Aufgabe, ihn zu begleiten und ihm alles zu zeigen, was er sehen will. Ehrenvoll – ja, man muß ihn mit großer Ehre ansehen. Die Zentrale in Beijing erwartet einen guten Bericht.

Während der Fahrt zum Hotel »Goldener Drache« gingen ihr viele Gedanken durch den Kopf, aber merkwürdigerweise dachte sie nicht einen Augenblick mehr an Shen Zhi, den

Journalisten in Dali. Sie dachte nicht mehr an Freitag und das Tanzen in der Diskothek, sie dachte nur noch an den berühmten Mann hinter ihr, der so ganz anders war als in ihrer Phantasie. Wie sagte Lao-tse: »In den Gedanken schläft schon das wahre Ich«.

Kurz vor dem Hotel beugte sich Rathenow nach vorn und berührte ihre Schulter. Wie unter einem elektrischen Schlag zuckte es durch ihren Körper.

»Ich habe eine Frage«, sagte er. Sie spürte seinen Atem in ihrem Nacken; es war ein völlig fremdes Gefühl.

»Bitte, Herr Rathenow.«

»Wie darf ich Sie anreden? Wang oder Liyun?«

»Wie Sie wollen ...«

»Wie haben die anderen Touristen Sie angesprochen?«

»Sie sagten: Frau Wang ...«

»Also dann: Frau Wang.«

Rathenow lehnte sich wieder auf seinen Sitz zurück. Frau Wang! Welch eine Anrede für ein so blutjunges Mädchen. Frau ... es fiel ihm schwer, das zu sagen. Er hätte sie lieber Liyun genannt.

»In China hat doch jeder Name seine Bedeutung«, sagte Rathenow. »Was bedeutet Wang?«

»Ein normaler Familienname.« Liyun drehte den Kopf zu ihm und sah in seine aufreizend blauen Augen. »Man kann ihn sinngemäß übersetzen mit ›Der König‹.«

»Und Liyun?«

»Das heißt ›Das schöne Mädchen‹.«

»Bravo! Ihre Eltern müssen Hellseher gewesen sein ... Sie haben den richtigen Namen. Goldrichtig! Sie könnten gar nicht anders heißen als Liyun.«

»Bevor ich geboren wurde, hat meine Mutter eine Wahrsagerin gefragt. Sie hat den Namen vorgeschlagen.«

»Auch wenn ich nicht an Wahrsagerei glaube – hier hat sie die Wahrheit gesehen! Darf ich Sie vielleicht doch Liyun nennen?«

»Gern ...« Sie sah ihn mit ihren dunklen Mandelaugen an und drehte sich dann schnell wieder um. Sie spürte, wie Röte in ihre Wangen kroch, und sie schämte sich dafür. Du bist ein dummes, dummes Weib, sagte sie zu sich. Sieh ihm nicht in die Augen! Reagiere nicht auf solche Worte! Denk immer daran: Er ist ein VIP, ein berühmter Mann! Und: Männer reden oft solch dummes Zeug ... hör nicht hin! Aber es fiel ihr schwer, sich daran zu halten.

Sie atmete auf, als das hohe Gebäude des Hotels »Goldener Drache« vor ihnen auftauchte, sie die Auffahrt hinaufdonnerten und mit laut quietschenden Bremsen unter dem weiten Vordach vor den Glastüren hielten. Rathenow beugte sich wieder nach vorn.

»Muß ich für unsere Reise eine extra Lebensversicherung abschließen?« fragte er. »Der Fahrer ist ja lebensgefährlich.«

»Wen Ying ist der beste Fahrer, den wir haben.«

»O Himmel! Darauf muß man sich einstellen.«

»Bei Wen Ying ist noch nie etwas passiert.«

»*Noch* nicht! Es ist nur eine Frage der Zeit.«

»Haben Sie Angst, Herr Rathenow?«

»Nicht direkt ... aber ich möchte mein nächstes Buch über China noch schreiben.«

Der Fahrer war sitzen geblieben; zwei Boys des Hotels luden die Koffer aus und trugen sie ins Innere. Das war ihre und nicht Wen Yings Aufgabe. Am Flughafen war das anders gewesen, da gehörte das Gepäcktragen zum Empfang. Aber hier im Hotel war es die Pflicht der Pagen. Man soll niemandem die Arbeit wegnehmen! Auch in einer kommunistischen Gesellschaft herrscht eine strenge Hierarchie. Jedem das Seine – es gibt viele Möglichkeiten, Maos Ideen auszulegen.

Immerhin bewegte sich Wen jetzt vom Lenkrad weg, ging um den Wagen herum und öffnete die hintere Tür. Rathenow stieg aus. Es war ein warmer Nachmittag, brütende Hitze lastete auf den Menschenmassen, dem Staub der Straßen, den Tausenden Fahrrädern und Karren, den stinkenden Lastwagen. Vor dem Hotel war die Luft etwas reiner. Hier schossen in einem großen runden Brunnen aus fünf Fontänen Wassersäulen in die Luft, die einen Schleier bildeten zwischen Straße und Eingang. So hätte es zumindest sein sollen – aber wenn von fünf Fontänen nur drei armselig plätschern und nur zwei in den blauen Himmel sprühen, verfehlt der Brunnen seinen Zweck. Um es vorwegzunehmen: Als Rathenow nach drei Wochen wieder zum Hotel kam, plätscherten die drei Fontänen noch immer vor sich hin.

Liyun sah sich nach Rathenow um. Sie war drei Schritte voraus zu den großen Glastüren gegangen. Zwei Boys in roter Livree hielten sie auf.

»Ich komme!« rief Rathenow ihr zu. »Was machen die Männer in den weißen Kitteln, die an der Mauer vor dem Hotel sitzen?«

»Es sind Masseure. Blinde Masseure. Viele Chinesen lassen sich zwischendurch massieren. Das ist eine alte Tradition, genau wie die Ohrputzer.«

»Wie wer?« fragte Rathenow verblüfft.

»Ohrputzer. Ich zeige sie Ihnen morgen. Ein sauberer Chinese legt Wert auf freie Ohren. Auch das ist Tradition. Hören, Sehen und Riechen, und du kennst die Welt, sagt einer unserer Philosophen.«

»Ihr Chinesen habt wohl für alles einen Spruch?«

»Die Lehren unserer Weisen sind wie Stöcke für einen mühsamen Weg. Sie begleiten uns immer, und wir stützen uns auf sie.«

»Das haben Sie ganz zauberhaft gesagt, Liyun.«

Sie betraten den »Goldenen Drachen« und gingen zu der langen Theke der Rezeption. Dort kannte natürlich jeder die Reiseleiterin Wang Liyun. Die meisten Touristengruppen wohnten in diesem Hotel; jeden Tag brachten Busse einen Schwall von Reisenden, die meisten Taiwaner oder Japaner. Die Gruppen aus Europa hatten sich in den letzten beiden Jahren fast verdoppelt, nachdem sich China dem Tourismus geöffnet hatte. Seltener waren die Amerikaner, sie kamen oft nur als Einzelreisende und wohnten amerikatreu in dem neu gebauten Holiday Inn, mitten in der Stadt. Das hatte gerade für sie einen großen Vorteil: Vor dem Inn standen in Gruppen die Schwarzgeldhändler. Je nach Börsenlage bekam man von ihnen für einen Dollar acht oder zehn Yuan, das Doppelte des staatlichen Kurses an den Banken. Das war zwar streng verboten, aber sogar unter den Augen patrouillierender Polizisten wurden die Tauschgeschäfte abgewickelt. Man sprach natürlich nie darüber, wieviel Yuan ein cleverer Geldwechsler dem Auge des Gesetzes zahlte. In China gibt es keine Korruption – das ist die Lebensart der Kapitalisten!

Der Empfangschef vom »Goldenen Drachen« kümmerte sich persönlich um Rathenow. Er nahm den Paß entgegen und das Schreiben aus Beijing, suchte die Reservierungskarte aus einem Karteikasten und legte den Meldeblock vor. Er war in chinesischer und englischer Sprache gedruckt, die üblichen Fragen, aber als Rathenow ihn ausfüllen wollte, zog Liyun ihn zu sich herüber.

»Das mache ich«, sagte sie und nahm einen Kugelschreiber von der Theke. Sie setzte den Namen, die Paßdaten und das Ankunftsdatum ein und blickte dann auf. »Ihre Adresse in München, Herr Rathenow?«

»Grünwald bei München, Akazienweg 19.«

»Wir haben in Kunming auch Akazien. Ein schöner Baum.«

»Nur stehen am Akazienweg in München keine Akazien mehr.«

»Warum?«

»Irgendein Holzkäfer oder Parasit hat die Bäume krank gemacht, sie mußten gefällt werden.«

»Das ist schade.«

»Dafür stehen jetzt Kastanien da. Auch die sehen schön aus, vor allem, wenn sie blühen.«

»In Kunming haben wir wenig Kastanien.« Liyun beantwortete die Fragen im Anmeldebogen und warf dann einen schnellen Blick zur Seite auf Rathenow. »Sind Sie verheiratet?«

»Nein. Meine Frau starb vor zwölf Jahren. An einer dummen Gallenblasen-Operation.«

»Oh, das tut mir leid.«

»Sie hieß Barbara«, sagte Rathenow völlig unmotiviert. Und er ärgerte sich sofort darüber.

»War sie eine schöne Frau?« Die Frage war Liyun unwillkürlich entschlüpft, und auch sie ärgerte sich sofort. Noch mehr regte sie auf, daß sie spürte, wie Röte in ihr Gesicht stieg.

»Sehr schön.« Rathenow blickte auf die schwarzen, seidigen Haare neben sich. Liyun hatte den Kopf tiefer über den Meldeblock gesenkt. Ihre Verlegenheit hielt länger an, als sie sollte. Du bist so dumm, beschimpfte sie sich innerlich. Was geht dich das an? Sie machte neben der Frage einen Strich, aber sie konnte nicht verhindern, daß sie bei Rathenows »Sehr schön« einen kleinen Stich in der Herzgegend spürte. Und sie zuckte zusammen, als Rathenow fortfuhr: »Sie war groß und blond, und jeder bewunderte sie. Sie, Liyun, sind genau das Gegenteil: schwarz und klein und zart, wie eine Elfe. Das darf ich doch sagen? Wenn nicht ... bitte ich um Entschuldigung.«

»Angenommen.« Sie schob den Block zu dem Empfangschef, der Rathenow Paß und Empfehlungsbrief zurückgab.

»Sie haben Zimmer 412, Sir«, sagte er dabei. »Eine Suite. Ist es recht so?«

»Ich lasse mich überraschen.«

Liyun ging zwei Schritte zurück und hielt Rathenow die Schlüssel und den Hotelpaß hin. »Möchten Sie gleich auf Ihr Zimmer – oder gehen wir zuerst in die Café-Halle?«

»Bestimmen Sie, Liyun.«

»Sie sind der Gast, dessen Wünsche ich erfüllen soll.«

»Gut! Dann trinken wir erst einen Kaffee und essen ein großes, großes Eis mit viel Schlagsahne. Mögen Sie Eis?«

»Sehr gerne.«

Sie gingen durch die weite Halle bis zu dem überdachten Lichthof, wo Tische und gemütliche Sesselgruppen standen und eine rund gebaute Bar, die nicht nur Kaffee, sondern auch alle anderen Getränke ausgab. Eine Kellnerin im traditionell engen, geschlitzten, hellblauen Kleid kam an den Tisch, als sich Liyun und Rathenow gesetzt hatten.

»Bestellen Sie«, sagte Rathenow. »Das ist sicherer. Ich erinnere mich da an eine Witzzeichnung, die ich mal in einer Illustrierten gesehen habe: Da sitzt ein Ehepaar in einem vornehmen Restaurant, und der Ober serviert auf einem Silbertablett einen Schuh. Und die Gattin sagt: ›Und du willst wirklich perfekt Französisch sprechen?‹«

Liyun lachte hell auf ... es war ein Lachen, das Rathenow

tief im Innern berührte. Er sah sie an, wie sie im Sessel saß, sich zurücklehnte, den Kopf zurückwarf. Beim Zurücklehnen spannte sich die dünne weiße Bluse – sie war sicherlich aus feinster Seide –, und er dachte mit prüfendem Blick: Sie hat kleine, runde, feste Brüste – ist das ein Wunder bei dieser Jugend?

Sein Blick wanderte weiter, über ihren Leib, den weiten Rock, der die Schenkel nur ahnen ließ, den Rocksaum, der etwas hochgerutscht war beim Sitzen und die Beine bis zu den Knien freigab. Gerade Beine mit schlanken Waden und zierlichen Fesseln und einem schmalen kleinen Fuß in flachem Riemchenschuh aus einem gelben Ledergeflecht. Die Haut schimmerte in einem hellen Cremeton, als sei sie nur wenig der Sonne ausgesetzt. Liyun schien wenig Gelegenheit zu haben, sich zu sonnen. Oder, fragte er sich, galt bei ihr noch das uralte chinesische Schönheitsideal: Eine schöne Frau muß blaß sein. Undenkbar ... sie ist ein moderner Mensch. Sie hat ein selbstbewußtes, selbstsicheres Auftreten. Für sie gilt nicht mehr, was Jahrtausende in China galt: Du bist eine Frau und damit ein Mensch ohne Rechte. Du hast zu gehorchen. Ein Mensch der niedrigsten Klasse. Nur ein Junge ist ein vollständiger Mensch, er zeugt die Kinder, du darfst sie nur austragen. Nein, dachte Rathenow, Liyun gehört zur neuen Generation nach Mao, der Generation, in der die Frauen endlich ihren eigenen Wert erkennen.

Und wieder ärgerte sich Rathenow über sich selbst. Sieh Liyun an, und freue dich über ihren Anblick! Statt dessen wälzest du in Gedanken wieder ethische Probleme. Bist du bereits so verknöchert, Dr. Hans Rathenow? Sieh doch, sieh ... sie lacht noch immer, und sie ist so schön.

Plötzlich brach Liyuns Lachen ab. Sie beugte sich wieder nach vorn. Nur in ihren Augen spiegelte sich noch die Fröhlichkeit.

»Darf ich Ihnen jetzt den Plan zeigen, Herr Rathenow?« fragte sie.

»Ich bin seit drei Wochen gespannt darauf, wohin ich darf.«

»Es ist ein schönes Programm, aber sehr anstrengend.«

»Ich bin kein gichtiger Greis, Liyun.«

»Nein, das sind Sie nicht. Aber von Dali bis zum Lugu-See bei den Mosuo sind es mindestens vier Tage durch eine ganz wilde Gegend. Felsenstraßen, staubige Wege, in den Bergen versteckte arme Dörfer ...«

»Damit habe ich gerechnet. Ich habe in Deutschland die Karten genau studiert, ich weiß, was mich erwartet. Und darauf freue ich mich!«

»Hier ist der Plan.« Liyun streckte ihm die Plastikhülle hin. Er nahm sie, holte die Bogen aus der Hülle und blätterte in den Papieren. Liyun beobachtete ihn schweigend: seine Mimik, seine Augen, seinen Mund. Ab und zu wölbte er die Unterlippe vor ... jetzt ist er unzufrieden, dachte sie. An seiner Nase bildet sich eine Falte. Was ärgert ihn so? Es ist der beste Plan, den wir je gemacht haben, ausgearbeitet von der CITS-Zentrale in Beijing. Cai Qiang hätte nie gewagt, so einen Plan von sich aus zusammenzustellen. Es ist die erste Reise, die zu den Yi und Mosuo führt. Dort ist bis heute noch kein Europäer gewesen, nur einige kleine Forschungsteams der Japaner und Amerikaner. Aber die wurden von Gelehrten aus Beijing begleitet, nicht von uns aus Kunming. Und es waren Fernsehteams, nie ein einzelner Mann wie Rathenow.

Liyun wartete, bis Rathenow die Blätter auf den runden Tisch legte. Sie blickte ihn voll Spannung an.

»Sehr gut.« Rathenow wartete, bis die Kellnerin die beiden Riesenportionen Eis und den Kaffee serviert hatte. »Aber irgendwie kommt er mir unvollständig vor. Ich dachte, wir kommen auch zum Qinghai-Tibet-Plateau und zum ›Berg der Löwen‹?«

»Der ›Berg der Löwen‹ ist ein Heiligtum der Mosuo. Dort beten sie zur göttlichen Mutter Guanyin. Vielleicht wollte Beijing ihre religiösen Gefühle nicht verletzen, wenn ein ... ein Fremder die Gottheit besucht.«

»Das wird es sein.« Rathenow schob die Papiere zusammen und steckte sie wieder in die Plastikhülle.

»Wann geht es los?« fragte er burschikos, als sei er wirklich zwanzig Jahre jünger.

»Ich hole Sie morgen früh um acht Uhr ab, mit einem Toyota-Geländewagen.«

»Den der Todesfahrer Wen Ying fährt ...«

»Ich garantiere Ihnen, daß Ihnen nichts passiert.« Sie lachte mit heller Stimme. »Sie sollen doch noch viele Bücher schreiben.«

»So ist es!« Rathenow sah auf seine Armbanduhr. »Was machen wir jetzt?«

»Ich fahre nach Hause, und Sie erholen sich von den Flügen. Sie waren lange unterwegs. Sind Sie nicht müde?«

»Nicht in Ihrer Gegenwart.«

»Und deshalb gehe ich. Sie sollen sich ausschlafen. Ab morgen werden die Tage hart, und wir werden nicht in Luxushotels schlafen. Der ›Goldene Drache‹ ist das letzte, bis wir nach Kunming zurückkommen.«

»Ich habe es auf dem Plan gesehen. Ab und zu schlafen wir in Gästehäusern der Partei. Darauf freue ich mich besonders.«

»Erwarten Sie keinen Luxus.«

»Wo Mao geschlafen hat, kann ich auch schlafen.«

Sie lachte wieder und ging mit ihm zum Ausgang. Die Boys rissen die Glastüren wieder auf; sie traten aus der klimatisierten großen Halle hinaus in die Hitze, die Rathenow traf wie eine Faust. Er begleitete Liyun um den runden Brunnen mit den drei schlaffen Fontänen herum zur Einfahrt und blieb dort stehen. Links, an der Straßenmauer des Hotels, saßen die blinden Masseure. Einige hatten Kunden und kneteten ihnen die Rückenmuskeln und die Schultern durch.

»Wie kommen Sie nach Hause?« fragte Rathenow. »Werden Sie abgeholt?«

»Nein.« Liyun trat an die Straße und winkte. Ein Fahrradtaxi hielt an, ein Fahrrad, an das man ein schwankendes Wägelchen mit zwei Kunstledersitzen gekoppelt hatte. Sie kletterte hinein und gab Rathenow die Hand. Eine kleine, schmale Hand, die man nicht zu drücken wagte. »Gute Nacht, Herr Rathenow.«

»Gute Nacht, Liyun.« Rathenow hielt ihre Hand noch

einen Augenblick fest, aber dann entzog sie sie ihm mit einer erstaunlichen Kraft.

»Träumen Sie gut«, sagte sie plötzlich.

»Träumen?«

»Es heißt, was ein Fremder in der ersten Nacht in China träumt, das erfüllen die Götter.«

»Und Sie glauben daran?«

»Sie nicht?«

»Nein. Bei uns gibt es das Sprichwort: Träume sind Schäume.«

»Und bei uns sagt man: Der Traum ist ein Gesang des Herzens. Ich habe manches geträumt, was dann wirklich Wahrheit wurde. Oder ich habe geträumt, was später zu Wünschen wurde.«

»Und die Alpträume?«

»Auch sie bekamen nachher einen Sinn. Ich glaube an Träume.«

»Wenn Sie das sagen. Liyun ... Ich werde mich bemühen, das, was ich heute nacht träumen werde, zu deuten. Ich erzähle es Ihnen morgen früh.«

»Vergessen Sie nicht: acht Uhr. Ich warte in der Halle.«

»Ich werde pünktlich sein.«

Liyun winkte, rief dem Fahrradfahrer zu: »Fahr los!«, und sie winkte so lange, bis sie um die Straßenecke bogen und in der Menge der Fahrräder verschwanden.

Rathenow blickte wieder auf seine Uhr. Schon 19 Uhr ... essen wir jetzt ein wenig, und dann sofort ins Bett. Liyun, du hast recht – ich bin hundemüde. Aber so etwas gibt man nicht zu. Ein Mann will immer Stärke zeigen.

Er ging zurück ins Hotel, blieb in der Halle vor einem Hinweisschild stehen und wunderte sich. Nanu, sie haben hier sogar ein russisches Restaurant! Das ist genau das richtige: Eine Tasse Borschtsch, gefüllte Pelmini und ein Glas Wein – das schafft die willkommene Bettschwere.

Und während er zu dem russischen Restaurant ging, dachte er an Liyun, an ihre zarte Hand, die dünnen Fesseln, die schlanken Beine und die kleinen, runden Brüste unter der weißen Seidenbluse.

Was ist mit dir, Hans Rathenow? Darf ich mich nicht mehr für ein Zauberwesen interessieren, in allen Ehren natürlich? Zwischen Ansehen und Anfassen liegt ein himmelweiter Unterschied.

An dem Rezeptionstresen lehnte ein schmächtiger Chinese. Er beobachtete, wie Rathenow von draußen ins Hotel kam, wie er in das russische Restaurant ging und sich setzte. Dann winkte er den Rezeptionschef zu sich und schob 20 Yuan über den Tisch.

»Wer ist der Fremde?« fragte er.

»Welcher?«

»Der große mit den weißen Haaren.«

»Ein VIP-Gast, Herr Cheng. Aus Deutschland. Mit Empfehlungen vom Kulturministerium in Beijing. Ein ganz wichtiger Gast.«

»Wie lange bleibt er?«

»Nur eine Nacht. Er wird morgen nach Dali fahren.«

»Name?«

»Dr. Hans Rathenow. Aus München.«

»Ein verrückter Name. Man kann ihn kaum aussprechen.« Cheng Zhaoming nickte dem Empfangschef zu, er schien im Hotel bekannt zu sein. Wer kannte Cheng nicht? Er war ein guter Gast an der Bar und oft im »Goldenen Drachen«.

»Was ist er von Beruf?«

»Er ist Ethnologe und schreibt Bücher über seine Reisen. So steht es in dem Schreiben aus Beijing. Jeder, der mit ihm bekannt wird, soll ihm helfen. Ein wirklich wichtiger Mann.«

»Ich danke dir, Danzhai.«

Cheng stieß sich von der Theke ab, ging hinüber zu einem der in der Halle hängenden Wandtelefone und nahm den Hörer ab. Dann wählte er eine Nummer und wartete, bis sich der Angerufene meldete.

»Hier ist Cheng Zhaoming«, sagte er mit verhaltener Stimme. »Herr Shen, ich glaube, ich habe einen interessanten Mann entdeckt. Ein Deutscher. Ein Reiseschriftsteller und Gelehrter. Reist als Gast des Kulturministeriums herum, mit einem persönlichen Schreiben des Ministers. Er könnte uns sehr nützlich sein ...«

»Kümmere dich um ihn und berichte mir dann.« Shen Jia-fus Stimme klang etwas zweifelnd. »Das ist mir zu heiß. Ich werde mit Kewei Tuo darüber sprechen. Auf jeden Fall: Versucht alles über ihn herauszubekommen, was man von ihm weiß. So was wie mit dem Engländer darf nicht noch einmal passieren. Kewei Tuo mußte um sein Gesicht kämpfen. Das vergißt er nicht so schnell ...«

»Ich werde mich bemühen, den Großen Rat zufriedenzustellen.«

Cheng hängte ein und ging hinüber ins russische Restaurant. Er setzte sich an einen Tisch in der Nähe von Rathenow, bestellte ein Bier und eine Nudelsuppe mit Hühnerfleisch und sah sich den weißhaarigen Herrn genauer an. Das wäre ein Mitarbeiter, dachte er. Seriöser und unauffälliger kann keiner sein – ein Mann, der großes Vertrauen einflößt. Ein Mann, der ohne Einschränkung glaubwürdig erscheint. Ein Mann, dem man alles glaubt. Shen Jiafu, wenn es gelingt, ihn an unsere Brust zu drücken, sind wir wie Fischer, die den größten Fisch im See gefangen haben, den es jemals dort gab. Aber freuen wir uns nur verhalten ... die Entscheidung wird Kewei Tuo allein treffen.

Rathenow blätterte wieder in dem Reiseplan, während er seinen Borschtsch löffelte. Es war kein Borschtsch, wie er ihn in Moskau gegessen hatte, aber er schmeckte trotzdem gut.

Cheng beobachtete Rathenow und hätte zu gern gewußt, was in den Papieren stand. Aber es war zu auffällig, wenn er sich an seinen Tisch setzte – es waren noch viele Tische frei. So wartete er, bis Rathenow aufstand, die Rechnung unterschrieb, die Papiere zusammenraffte und zum Lift ging.

Cheng bezahlte schnell und folgte ihm. Aber er kam einen Augenblick zu spät; der Lift schloß sich gerade, aber er sah, daß er im vierten Stockwerk hielt. Ärgerlich ging er zur Rezeption zurück. Danzhai, der Empfangschef, sah ihn mürrisch an.

»Wann soll Herr Rathenow geweckt werden?« fragte Cheng.

»Was geht das Sie an, Herr Cheng?« erwiderte Danzhai abweisend.

»Ich habe dir 20 Yuan gegeben.« Cheng lächelte, aber es war ein böses Lächeln. »Dafür solltest du höflicher sein. Also ... wann?«

»Um sieben Uhr.«

»So früh?«

»Ich habe dir gesagt, sie wollen nach Dali.«

»Sie? Wer ist sie? Wer begleitet ihn? Jemand von CITS?«

»Ja. Wang Liyun.«

»Ein Mädchen?« Cheng blickte Danzhai zweifelnd an. »Du belügst mich, mein Freund. Einen so wichtigen Mann wird Cai Qiang selbst begleiten.«

»Liyun hat mit ihm aber hier in der Halle und im Café verhandelt.«

»Das junge Mädchen, das bei ihm saß – das war Wang Liyun?«

»Das war sie.«

Cheng ließ sich überzeugen. Er war sogar sehr zufrieden mit der Auskunft. Auch Shen Jiafu würde diese Freude mit ihm teilen ... ein Europäer, der drei Wochen lang mit einer so hübschen Chinesin unterwegs ist, wird wie warmes Wachs zu kneten sein. Auch wenn Liyun das keuscheste Mädchen der Welt sein sollte, sie wird in einem Mann wie Rathenow einen See der Gefühle hinterlassen, in dessen silberner Fläche er sich immer wieder spiegeln und betrachten wird.

Nach diesen poetischen Gedanken – wie viele Chinesen schrieb auch Cheng Zhaoming heimlich Gedichte, die er sorgsam unter einem lockeren Dielenbrett seines Zimmers versteckte – verließ er das Hotel, stieg in ein Taxi und fuhr davon. Danzhai sah ihm mit gerunzelter Stirn nach. Er traute diesem Cheng nicht, rein vom Gefühl her, aber es gab nichts Nachteiliges, was man über ihn sagen konnte. Er war ein guter Gast und geizte nicht mit Yuans, wenn er eine Auskunft brauchte.

Wie er diese Auskünfte verwertete, das wußte keiner. Warum auch? Eine Frage war nicht strafbar. Neugier, die Yuan-Scheine hinblättert, soll man nicht hindern.

So streichelte Danzhai sein Gewissen, riß sich aus seinen

Gedanken los und wandte sich drei Taiwanern zu, die nach einem Zimmer fragten.

Das Hotel war besetzt; es war nur noch eine große Suite frei mit drei Betten.

Die Taiwaner nahmen sie. Mit einem Lächeln zahlten sie den irren Preis.

Die Nacht in einem großen chinesischen Hotel, vor allem in einer Großstadt wie Kunming, kann zu einem Abenteuer werden.

Nicht, daß die Betten durchgelegen sind – sie sind bestens gepflegt. Auch die Badewäsche und die Bettwäsche sind einwandfrei, blitzsauber und gebügelt. Nicht von ungefähr gelten chinesische Wäscher als die besten der Welt. Ihr Fleiß ist geradezu sagenhaft und für einen Deutschen nahezu unverständlich. Jede europäische und amerikanische Gewerkschaft würde glatt von Ausbeutung sprechen, aber für einen chinesischen Wäscher gehört ein blitzsauberer, korrekt gefalteter Wäscheberg zu seiner Ehre.

Das ist es also nicht, was eine Nacht in einem Hotel mit vielen ausländischen Gästen zu einem Abenteuer werden läßt, aber ...

Rathenow zog sich aus, stellte sich unter die Dusche, ließ erst warmes, dann kaltes Wasser über seinen Körper laufen und sah dann in den Spiegel.

Er sah einen Mann mit weißen Haaren, die eigentlich einen Schnitt nötig hatten, ein rundes, glattes Gesicht, fast faltenfrei, mit einem schmalen Mund. Trotz seiner glatten Haut kam er sich alt vor, auch wenn er sich bemühte, das nicht zu zeigen, und einen noch kräftig-männlichen Schwung zur Schau stellte. Nach außen hin gab er sich unverwüstlich, aber manchmal, in bestimmten Streßsituationen, mußte er sich sagen: Übertreib es nicht, Rathenow. Du bist 58 Jahre alt! Du bist ein Baum, an dem schon einige Blätter welken, und wenn du morgens aufstehst, tut dir ab und zu das Kreuz weh, und wenn du längere Strecken läufst, spürst du es in den Waden. Nach Weißwein bekommst du Sodbrennen, und zwei Kartoffelknödel liegen dir noch zwei Tage lang im Magen. Und wenn dir eine schöne Frau begegnet, hast du plötzlich lähmende Hemmungen. Du bist unsicher geworden, Alter. Du traust dir selbst nicht mehr. Und das ist eigentlich das Niederschmetterndste, was einem Mann passieren kann.

Liyun. Welch eine Schönheit! Alter, wärest du doch zwanzig Jahre jünger! So wird sie für dich nur wie eine kleine Göttin sein, die du ansehen und fotografieren darfst – aber nie wirst du die Hand nach ihr ausstrecken können. Du würdest dich bei ihr nur lächerlich machen! Daran denke immer, wenn sie dich drei Wochen lang durch unbekannte Gebiete führt. Du bist für sie ein großer Herr und kein Reiseabenteuer. Du bist ein alter Mann! Eingebildeter Affe, gib es doch zu.

Er zog einen dünnen Schlafanzug mit kurzer Hose an, schaltete den Farbfernseher ein, sah sich zehn Minuten eines historischen chinesischen Films an, in dem jeder Darsteller ein Meister des Kung-Fu war, und knipste dann den Fernseher und das Licht aus.

Das Duschen hatte ihn erfrischt, aber auch müde gemacht; schon nach wenigen Minuten schlief er ein.

Das Klingeln des Telefons neben ihm auf dem Nachttisch weckte ihn. Bevor er den Hörer abhob, blickte er auf die Uhr.

Zwei Minuten vor 23 Uhr. Wer, um alles in der Welt, rief um diese Zeit an?

Rathenow hob ab: »Rathenow.«

Aber dann stockte er, setzte sich auf und hielt den Hörer näher an sein Ohr.

Im Telefon zwitscherte eine Stimme wie ein Vögelchen.

»Mister Germany ...« Sie sprach englisch, aber mit chinesischer Zunge. Das klang dann so: »Mistel Gelmany?« Rathenow mußte lächeln.

»Ja«, antwortete er, ebenfalls auf englisch. »Gibt es etwas Besonderes?«

»Viel Besondeles, Mistel.« Das Stimmchen kicherte. »Haben Sie 40 Yuan?«

»Natürlich. Wofür?«

»Kann ich kommen auf Ihl Zimmel?«

»Wenn Sie etwas zu berichten haben, schieben Sie einen Zettel unter die Tür. Ich liege schon im Bett.«

»Ich lege mich dazu, Mistel Gelmany. Zwei Stunden 40 Yuan, ganze Nacht nul 80 Yuan. Dalf ich kommen?«

»Nein.« Rathenow sagte es ohne Zögern und Nachdenken. »Ich habe keinen Bedarf an einer 80-Yuan-Nacht.«

»Sie wissen nicht, was ich kann.« Das Zwitschern wurde eindringlicher. »Kennst du die chinesische Schaukel? Die Zungen-Pilgel-fahlt? Oder Leuchtendel Blütenstengel kommt zu Tianlin? Ich heiße Tianlin ... Mach mit mil Aufgehende Sonne und Jadeflötenspiel. Tianlin kann alles ... und dann welde ich dich mit walmem Öl massielen. Du wilst diese Nacht nie velgessen. Laß Tianlin kommen ... nul 60 Yuan ganze Nacht.«

»Ich weiß zwar nicht, was das alles ist, aber es hört sich interessant an.«

»Tianlin kommt!« rief das Stimmchen begeistert.

»Nein! Nein!« Rathenow unterbrach sie eilig. »Bleib da! Es ist umsonst.«

»Nicht umsonst. 60 Yuan.«

»Ich meine, es hat keinen Sinn, weiter zu verhandeln. Ich brauche dich nicht. Ich will schlafen!«

»Mit Tianlin?«

»Nein!« Jetzt schrie er es in das Telefon. »Nein!«

Er warf den Hörer zurück auf die Gabel und rutschte wieder unter die dünne Decke. Über der Tür summte leise die Klimaanlage.

Wie hat sich China verändert, dachte er. Das wäre bei Mao unmöglich gewesen. Huren im Hotel ... Die demokratische Freiheit beginnt, sich über diese Umwege nach China zu schleichen. Früher wäre jeder Versuch der Prostitution sofort von der Polizei vereitelt worden. Kein Mädchen hätte es gewagt, in einem Hotel einen Gast anzusprechen. Wie sich in kurzer Zeit die Moral wandelt. Zuerst die Moral!

Er dachte noch eine Weile an das Vogelstimmchen und schlief schließlich wieder ein.

Zum zweitenmal weckte ihn das Klingeln des Telefons – es war ein Uhr nachts.

Rathenow nahm ab, schon vorsichtiger, und sagte nur: »Ja.«

»Hier ist Qiong«, antwortete eine Mädchenstimme. Sie sprach ein besseres Englisch als Täubchen Tianlin und kicherte auch nicht so kindisch. Sie schien eine real denkende Frau zu sein.

»Was wollen Sie?« fragte Rathenow grob. »In mein Bett? Wieviel Yuan?«

»Bis zum Morgen 100 Yuan.«

»Das ist Nepp! Ich habe ein Angebot von 60 Yuan.«

»60 Yuan – was kann sie dafür schon bieten?«

»Zungenpilgerfahrt. Aufgehende Sonne. Jadeflötenspiel und noch mehr ...«

»Sie ist eine Anfängerin. Ich zeige dir die Riff-Koralle und das Prenkhi. Du wirst glücklich sein ...«

»Das glaube ich nicht.« Rathenow hob wieder seine Stimme. »Häng das Telefon ein, und verschwinde, oder ich rufe den Hotel-Manager!«

»Du ungewaschenes Arschloch!« Klick. Das Gespräch war beendet.

Rathenow legte den Hörer zurück. Das war ein Profi, dachte er. Gott helfe dem, der ihr in die Finger fällt. Mao, wenn du das sehen könntest! Und was, zum Teufel, ist eine Riff-Koralle ...?

Er war kaum wieder eingeschlafen, als ihn das Telefon zum drittenmal weckte. Ich nehme nicht ab, dachte er wütend. Verdammt noch mal, so einen Aufmarsch und Hartnäckigkeit von Huren habe ich selbst in Manila nicht erlebt. Aber dann riß er doch den Hörer von der Gabel und bellte wieder: »Nein!« Eine Beschreibung der Liebeskünste wartete er nicht mehr ab; er warf den Hörer sofort wieder zurück.

Fünfmal wurde Rathenow in dieser ersten Nacht in Kunming durch das Telefon geweckt, und der tollste Anruf war der letzte, morgens gegen vier Uhr. Zum erstenmal meldete sich eine Männerstimme. Rathenow legte deshalb nicht sofort auf.

»Sir«, sagte der Mann in holprigem Englisch. »Es ist sehr spät, aber nicht zu spät, um die Honigwonne zu genießen ...«

»Was wollen Sie?« Rathenow war versucht, das Telefon jetzt, jetzt sofort an die Wand zu werfen. »Ich rufe die Polizei!«

»Warum Polizei? Sir, es wird das schönste Erlebnis Ihres Lebens sein. Ich habe eine Schwester. Nur 50 Yuan ...«

»Ende!« brüllte Rathenow, aber der Mann sprach weiter.

»Sie ist dreizehn Jahre alt, ein süßes, kleines Mädchen, Brüstchen wie eine Kamelienknospe ... und sie ist eine Meisterin im China-Bad und in der anmutigen Stellung der ›Vereinigung der Eisvögel‹. Das alles für 50 Yuan. Es gibt kein besseres Angebot! Sir, hat schon mal ein dreizehnjähriges Vögelchen auf Ihnen geflattert? Sie werden es nie vergessen ...«

»Ich kann verstehen, wenn man Schweine wie Sie in ein Straflager steckt!« sagte Rathenow, und seine vorher erregte Stimme war jetzt kalt wie Eis. »Auch wenn unsere westlichen Politiker über chinesische Methoden empört sind, hier wäre Empörung angebracht, und ich bejahe sie.«

»Es geht nicht um Politik, Sir, es geht um die Honigwonne. Für nur 50 Yuan ...«

Rathenow legte auf. Die Nacht hatte für ihn nur noch drei Stunden. Um sieben Uhr klingelte zum sechstenmal das Telefon, aber diesmal war es die Zentrale. Eine freundliche Frauenstimme sagte: »Sieben Uhr, Sir. Guten Morgen.«

Das ist pure Ironie, dachte Rathenow und schob sich aus dem Bett. Er kam sich vor, als habe er die halbe Nacht durchgesoffen oder wirklich die »Vereinigung der Eisvögel« ausprobiert. Voller Unlust schlurfte er ins Badezimmer, duschte sich wieder, rasierte sich und streckte seinem Spiegelbild die Zunge heraus. Nachdem er sich angezogen hatte, packte er seinen Koffer.

Statt des korrekten Anzuges von gestern trug er eine khakifarbene Baumwollhose, ein gleichfarbiges Baumwollhemd und eine weite Safarijacke mit vielen Taschen, in die er Filme für den Fotoapparat und zwei Wechselobjektive steckte. Er zog bequeme Schnürschuhe aus Rindsleder mit einer dicken

Gummi-Profil-Sohle an. Darin hatte er Erfahrung. Ein fester, derber Lederschuh hatte ihm vor vier Jahren in Papua-Neuguinea das Leben gerettet, als eine Giftschlange ihm in den Fuß gebissen, aber das dicke Leder nicht hatte durchdringen können.

Er rief bei der Rezeption an, sagte, man könne die Koffer abholen, und fuhr dann mit dem Lift nach unten in die große Hotelhalle. Es war jetzt Viertel vor acht, und er hatte kaum Zeit für ein anständiges Frühstück.

Frühstücke wie ein König, heißt es. Rathenow wußte schon von seinen zwei vorhergehenden Reisen, daß man in China sogar wie ein Kaiser frühstückt und daß diese Mahlzeit immer warm sein muß: eine Nudel- oder Reissuppe, Dampfbrötchen – und der Tag fängt für einen Chinesen mit innerer Zufriedenheit an. Ein am Morgen gefüllter Bauch hält den Motor den ganzen Tag in Schwung, als sei ein Sonnenstrahl in die Suppe gefallen.

Rathenow zog dennoch ein europäisches Frühstück vor.

Er eilte in den Frühstücksraum, bestellte Kaffee und Toast und nahm sich am Büfett zwei Scheiben gekochten Schinken, dazu ein Päckchen Butter und ein Glas Orangensaft. Ihm fiel in dieser Eile nicht auf, daß Cheng Zhaoming ihm gefolgt war und an einem Nebentisch Platz nahm. Er bestellte nur eine Kanne Yunnan-Tee, diesen grünen, würzigen, belebenden Tee, den man in Kunming zu jeder Tageszeit trinkt.

Rathenow wußte, daß man in den ärmeren Gegenden rundum sogar oft nur heißes Wasser trinkt, wenn man keinen Tee hat. Hauptsache, es ist heiß. Kalten Tee trinken zu müssen ist für einen Chinesen grauenhaft, und daß eine »Langnase« sogar Eistee trinkt, ist ihm absolut unverständlich.

Rathenow hatte gerade seine zweite Toastschnitte mit Butter beschmiert, als Liyun in das Frühstückszimmer kam. Sie setzte sich zu Rathenow an den Tisch.

»Guten Morgen. Haben Sie gut geschlafen? Haben Sie auch geträumt?« fragte sie.

»O Gott, diese Nacht! Zunächst bitte ich um Vergebung, daß ich nicht um acht Uhr in der Halle auf Sie warte, sondern noch beim Frühstück bin ...«

»Es kommt auf eine Viertelstunde nicht an.«

»Diese Nacht! Fünfmal bin ich geweckt worden. Und immer waren es Mädchen, die sich für 60 Yuan zu mir ins Bett legen wollten.«

»Ich muß mich schämen für meine Landsleute. Verzeihen Sie. Ich hätte es Ihnen gestern abend sagen sollen, ich habe es vergessen. Seitdem immer mehr Touristen zu uns kommen, sind die Hühnchen eine Plage geworden.«

»Hühnchen?«

»So nennen wir die Huren ...«

»Was es auch sei: China ist immer poetisch!« Rathenow lachte laut.

»Natürlich ist Prostitution in China streng verboten und wird verfolgt. Gerade, weil sie überhandnimmt. Vor allem in den großen Hotels, in denen Ausländer und Reisegruppen wohnen, veranstaltet man häufig Razzien. Dann wird jedes Zimmer durchsucht, vor allem die Zimmer der Ausländer, und wenn die Polizei ein ›Hühnchen‹ bei einem Touristen erwischt, wird es sofort verhaftet und mitgenommen. Auch der Hotelmanager wird bestraft, aber nur mit einer hohen Geldstrafe. Das ›Hühnchen‹ aber wird in ein Arbeitslager gebracht. Meistens ist das eine Hühnerfarm ...«

»Eine Hühnerfarm?« Rathenow lachte wieder laut. »Ein ›Hühnchen‹ kommt zur Strafe auf eine Hühnerfarm! Liyun, ihr Chinesen habt ja wirklich Sinn für Humor!«

Er ließ sich die Rechnung bringen, zeichnete sie ab und stand auf. Als sie den Frühstücksraum verließen, folgte ihnen Cheng Zhaoming. Rathenow fiel es nicht weiter auf. Im Hotel herrschte jetzt um diese Zeit reger Publikumsverkehr. Eine Reisegruppe aus England hatte sich in der Halle versammelt und wartete auf ihren Reiseleiter.

Während Liyun und Rathenow zum Ausgang gingen, entschuldigte sich Liyun noch einmal. Sie war sehr verlegen.

»Bitte, verzeihen Sie die gestrige Nacht«, sagte sie und sah Rathenow dabei nicht an. »Sie werden jetzt drei Wochen lang nicht mehr belästigt werden. In Dali oder Lijiang wird es niemand wagen, und in den Gasthäusern der Minderheiten schon gar nicht. Das gibt es nur in den Großstädten.«

»Liyun, machen Sie sich keine Vorwürfe. Sie sehen doch, ich habe es überstanden. Ich komme auf keine Hühnerfarm.« Bei diesem Gedanken lachte er wieder, aber Liyun blickte ihn nun doch ernst an.

»Auch Sie wären bestraft worden.«

»Wie? Fünf Schläge mit dem Bambusstock auf den blanken Hintern?«

»Sie hätten 2000 Yuan zahlen müssen.«

Rathenow rechnete es schnell in Dollar um – das wären zum offiziellen Kurs immerhin 600 Dollar gewesen. Ein stolzer Preis für eine ›Honigwonne‹.

»Das hätte ich überlebt«, sagte er fröhlich.

»2000 Yuan sind ein Jahresgehalt für einen chinesischen Lehrer.«

»Auch das wird sich bald ändern, je mehr China sich dem Westen öffnet.«

»Ob das gut ist? Viele werden ihren Charakter, ihr Gesicht verkaufen.«

»Sie sind eine überzeugte Kommunistin, Liyun, nicht wahr?«

»Ich bin unter Mao aufgewachsen, die Partei hat mich studieren lassen, ich muß dankbar sein. Aber ich bin nie eine Fanatikerin gewesen. Meinen Vater haben die Roten Garden bei der Kulturrevolution geschlagen, angespuckt, er mußte die Straßen kehren, die Toiletten ausleeren, mußte eine hohe, spitze Mütze tragen, wurde verhöhnt, mußte in einem Holzverschlag neben der Schule auf der Erde schlafen, und nur Glück und einige Freunde verhinderten, daß man ihn wie viele Intellektuelle tötete. Er überlebte, aber mit einem seelischen Knacks. Ich habe das als Kind alles miterlebt. Mein geliebter Vater, ein wehrloser, geschundener Körper, jede Stunde in Gefahr, erschossen oder erschlagen zu werden. Und ich liebe meine Heimat trotzdem. Nach Maos Tod ist vieles anders, viel besser geworden. Der Kommunismus hat für uns eine andere Bedeutung gewonnen, er ist menschlicher geworden ...«

»Menschlicher?« Rathenow blieb abrupt stehen. »Trotz der Todesstrafen und Zwangsarbeitslager? Trotz der Verfolgung Andersdenkender, der Unterdrückung von Meinungs- und Pressefreiheit? Das nennen Sie menschlich?«

Liyun blickte zu ihm auf – es war ein Blick, der Unverständnis ausdrückte.

»Ihr Volk besteht aus rund 80 Millionen Menschen«, sagte sie langsam. »Und es erstickt in Kriminalität. Wir sind 1,3 Milliarden Menschen. Wie wollen Sie da Ordnung halten ohne ein eisernes staatliches Regiment? Ohne Einheit unter einer politischen Idee wäre China ein alles vernichtender Vulkan, die Hölle der Menschheit, ja, ihr Untergang. Können Sie sich vorstellen, was es bedeuten würde, wenn wir 200 Millionen Kriminelle hätten? 200 Millionen Kriminelle, die vom Gesetz ›gestreichelt‹ werden, wie es bei Ihnen der Fall ist? Können Sie sich das vorstellen? So viele Verbrecher, wie Mitteleuropa Einwohner hat?«

»Auch unsere Gesetze sind streng, Liyun.«

»Streng?« Sie sah Rathenow an, als habe er etwas völlig Idiotisches gesagt. »Wenn ein Mann bei Ihnen ein kleines Mädchen mißbraucht und es hinterher ermordet, es ertränkt oder erwürgt oder erstickt oder sogar zerstückelt, bekommt er zehn Jahre Gefängnis, weil ein guter Anwalt erzählt, daß der Mann einen seelischen Schaden hat. Ist das Gesetz?«

»Ja ... weil er einen seelischen Schaden hat. Bei Ihnen wird er sofort hingerichtet.«

»Sofort! Und öffentlich im Sportstadion.«

»Und das nennen Sie menschlich? Liyun, wie können Sie so etwas gutheißen? Als moderner, aufgeklärter Mensch?«

»Hinter uns steht eine Kultur von über 4000 Jahren. Und in diesen über 4000 Jahren hat es immer geheißen: Blut fordert Blut! Denn das ist Gerechtigkeit! Ihr seht es als finsterstes Mittelalter, aber eure Gesetze sind nichts als eine Kapitulation vor einem humanen Menschenwahn! Ordnung entsteht nicht durch Streicheln, sondern durch einen harten Griff ... weil der Mensch beherrscht werden muß und nicht fähig ist, eigenverantwortlich zu leben!«

»Da werden wir uns nie einig werden, Liyun«, sagte Rathenow ernst. »Ihnen fehlt die Vergebungslehre des Christentums.«

»Ihr Christentum! Darauf beruft sich alles! Vor allem die Humanität! Aber wie heißt es in eurer Bibel? Auge um Auge, Zahn um Zahn ...«

»Mein Gott, Liyun, was verstehen Sie davon?«

»Ich habe Germanistik studiert und meinen Magister gemacht«, antwortete sie schlicht.

»Das Welt- und Sozialbild ist einem ständigen Wandel unterworfen ...«

»Dann berufen Sie sich bitte nicht auf Ihr Christentum. Das sollte unwandelbar sein!«

»Gehen wir!« Rathenow setzte sich wieder in Bewegung. »Wir wollen nicht diskutieren, sondern unbekannte Gebiete besuchen. Ach, ja, noch eine Frage ...«

»Bitte.«

»Wir werden in Gegenden kommen, die weitgehend unbekannt sind. Sie sollen mich dahin führen, aber diese Gebiete sind doch auch für Sie Neuland, nicht wahr?«

»Nein. Unser Reisebüro CITS von Kunming hat vor einem Jahr vor allem das Land der Mosuo und den Lugu-See besucht. Wir waren mit vier Geländewagen dort. Zwanzig Personen, an der Spitze unser oberster Chef, Herr Fu Huang. Es war auch für uns ein Erlebnis. Aber wir haben uns alles angesehen und dann überlegt, wie man das Gebiet touristisch erschließen kann. Es ist eine wunderbare geheimnisvolle beeindruckende Gegend. Wer einmal dort war, kann sie nie mehr vergessen. Unsere Seelen umschließen ihre Schönheit. In unseren Träumen sehen wir sie wieder.«

»Ihr chinesischen Lyriker! Ich freue mich auf den Lugu-See und das Frauenland der Mosuo.«

Sie traten hinaus unter das Vordach des Hotels. Der Toyota des CITS wartete; die Boys hatten Rathenows Koffer eingeladen; Wen Ying, der Fahrer, stand an der offenen Tür. Er grinste Liyun und Rathenow wie ein alter Vertrauter entgegen. Sein von Sonne und Wind gegerbtes Gesicht verzog sich dabei in tausend Falten.

Mit Erstaunen sah Rathenow, daß, eingeklemmt zwischen seinen Koffern, ein großer Vogelkäfig im Gepäckraum stand. Liyun bemerkte seinen fragenden Blick.

»Wir haben noch einen Gast auf der Fahrt«, sagte sie und lachte hell. »Ying hat seinen Vogel mitgenommen. Drei Wochen Trennung von seinem Vogel – das hält er nicht aus.«

»Ich weiß, daß die Chinesen große Vogelliebhaber sind. Hunderte von Märchen und Gedichten besingen den Vogel ... von der Nachtigall bis zum heiligen Phönix. Ich habe nichts dagegen, daß Ying seinen Vogel mitschleppt.«

»Es ist ein Kampfvogel.«

»So ähnlich wie ein Kampfhahn oder Kampfhund?«

»So ähnlich.«

»Ich habe auf den Philippinen einmal einen Hahnenkampf gesehen – einmal und nie wieder. Bestialisch ist das. Mit rasiermesserscharfen Stahlkrallen an den Füßen zerfetzen sie sich!«

»Bei uns ist das anders. Die Vögel haben keine Messer an den Füßen. Sieger ist der, der seinen Gegner ermüdet und auf den Rücken wirft. Es gibt keine Toten oder Verletzten. Yings Vogel hat schon viele Kämpfe gewonnen. Deshalb liebt er ihn so.«

Sie stiegen in den Wagen – Rathenow auf den Hintersitz, Liyun wieder vorne neben Wen Ying. Der Fahrer schloß die Türen, kurbelte sein Fenster hinunter und spuckte erst einmal hinaus auf die Erde. Dann rieb er sich die Hände, als wolle er sagen: Das gibt eine Tour! drehte den Zündschlüssel um, der Motor heulte auf, und dann gab Ying Gas und sauste die Auffahrt hinunter zum weit offenen Tor des Hotelvorplatzes. Mit lautem Hupen ordnete er sich in den starken Morgenverkehr ein, als sei er der einzige auf der Straße. Rathenow schloß unwillkürlich einen Moment die Augen.

»Das kann ja heiter werden!« sagte er dabei laut.

Liyun drehte sich zu ihm um. »Keine Angst ...«

»Ich muß gestehen: Ich habe Angst!«

»Ying hat noch nie einen Unfall gehabt.«

»Das sagten Sie schon. Trotzdem – kann er nicht vorsichtiger fahren?«

»Dann kommen wir nicht vorwärts. Nur der Starke gewinnt das Leben, heißt es.«

»Mehr als 4000 Jahre chinesische Kultur.« Rathenow

drückte sich seufzend in die Polster. »Ich lasse mich überraschen. Der CITS arbeitet hoffentlich mit guten Versicherungen zusammen.«

»Wir fahren gleich durch bis nach Dali.«

»Nicht erst Kunming?« Rathenow blickte aus dem Fenster auf das Gewimmel von Menschen und Fahrzeugen, auf die Geschäfte und Garküchen, Straßenhändler und Marktstände.

»Auf dem Programm steht Kunming als letzte Station nach der Rückkehr aus dem Norden. Wir dachten, eine Großstadt ist Ihnen nicht so wichtig wie die Minderheiten.«

»Stimmt! Dann los nach Dali!«

»Neun Stunden Fahrt, Herr Rathenow. Aber die Straße gehört noch zu den besten in Yunnan.« Liyun lächelte Rathenow wieder an, ein Lächeln, das er wie ein Streicheln auf der Haut empfand. Er wehrte sich gegen dieses Gefühl. »Und die interessanteste.«

»Ich lasse mich überraschen.«

Die Ausfallstraße von Kunming nach Westen mündete in eine breite, mehrspurige Straße, die noch im Ausbau war, aber schon befahren werden durfte. Neben ihr ging die alte Straße weiter, jetzt tiefer gelegen und voller Löcher.

»Unsere neue Autobahn!« sagte Liyun stolz. »Kunming-Dali. Sie wird wie der neue Flughafen von Kunming ein Vorbild sein. Wir tun in Yunnan viel für den Fortschritt. Unsere Parteifunktionäre sind sehr fleißig.«

»Sie sind doch eine begeisterte Kommunistin.«

»Ich liebe mein Land ...«

Auch wenn die Autobahn nicht fertig war, eins gab es schon: eine Mautstelle, die Gebühren für die Benutzung kassierte. Wen Ying bezahlte, steckte die Quittung unter die Sonnenblende und spuckte wieder kräftig aus dem Fenster. Liyun schien das nicht zu stören, aber Rathenow war froh, nicht neben Ying zu sitzen.

Nach etwa hundert Kilometern Fahrt über die Autobahn bog man wieder ab auf die alte Straße und tauchte in Staub und Schlaglöcher ein.

»Jetzt geht es erst richtig los, was?« fragte er.

»Ja.« Liyun drehte sich wieder zu ihm um. »Wir fahren

jetzt über die berühmte Burma-Straße. Haben Sie schon darüber gelesen?«

»Natürlich. Die Burma-Straße wurde im Zweiten Weltkrieg von den Amerikanern und den Chinesen durch den Dschungel geschlagen, um eine Nachschubstraße im Kampf gegen die Japaner in Burma zu haben. Berüchtigt wurde sie, als China im Vietnam-Krieg über diese Straße Waffen und Munition an die Vietcong lieferte. Nur dadurch konnte Ho Chi Minh überleben! Die Straße, die die Amerikaner bauten, wurde der Untergang der Amerikaner in Südost-Asien. So makaber kann Weltgeschichte sein.« Rathenow beugte sich wieder etwas zu Liyun nach vorn. »Mir ist noch etwas aufgefallen.«

»Was?«

»Ihre neue Autobahn hat vier Spuren. Für Autos! Aber wer fährt auf ihr? Ochsenkarren, Eselskarren, Fahrräder, sogar Büffel werden auf ihr getrieben.«

»Warum wundert Sie das?«

»Eine Autobahn ist für Autos da, für sonst nichts! Auf unseren Autobahnen würde sofort die Polizei eingreifen.«

»Bei Ihnen ist ein anderer Verkehr als bei uns. Das ist eine neue breite Straße, und noch gehört sie jedem. Das wird sich ändern, bestimmt. Im Jahre 2000 wird Kunming die Welt-Metropole des Tourismus sein. Yunnan ist die schönste Provinz Chinas, unser Hinterland im Süden und Westen der Provinz wird, wenn wir es erschlossen haben, alle Sehnsüchte der Fremden erfüllen. Es ist malerisch, geheimnisvoll und exotisch, blühende Landschaften, Felder voller Früchte, Urwälder und der majestätische Mekong, der Schicksalsfluß. Leider fahren wir in die entgegengesetzte Richtung, nach Norden. Sie müssen noch einmal nach Yunnan kommen, Herr Rathenow, um unseren Süden kennenzulernen. Meine Heimat kann kein Gedicht beschreiben – es gibt keine Worte dafür.«

»Ihre Heimat, Liyun?«

»Ja. Ich bin in Dali geboren. Im alten Königreich von Nanzhao. Erst der große grausame Kublai-Khan konnte es erobern und vernichten und die Bai zwingen, Chinesen zu werden. Ich bin vom Stamme der Bai ...«

»Ahnte ich es doch!« Rathenow sah sie mit einem Blick an, den sie bis ins Innerste zu spüren vermeinte. »Sie sind keine Han-Chinesin, Liyun. Ihre großen, mandelförmigen Augen, der Schnitt Ihres Gesichts, Ihre langen, schlanken Beine sind etwas Besonderes. Sie wissen, daß Sie ein sehr schönes Mädchen sind.«

Liyun schwieg. Es gehörte sich nicht, darauf eine Antwort zu geben. Ein anständiges Mädchen hört die Worte, aber es reagiert nicht darauf. Schon gar nicht, wenn eine »Langnase« sie ausspricht. Verlegen drehte sie sich wieder um und starrte auf die staubige Straße.

Nachdem sie die Autobahn verlassen hatten, kamen sie eine Stunde später in ein Land, in dem sich in den letzten 3000 Jahren nicht viel geändert zu haben schien. Kleine Dörfer mit Dächern, die man mit Steinplatten gedeckt hatte, Wände aus Holz, Lehm und Stroh, rechts der Straße Gemüse- und Reisfelder, die in Terrassen an den Berghängen angelegt waren. Büffel zogen die Holzpflüge und hochrädrigen Karren, Gestalten mit breiten, aus Reisstroh geflochtenen Hüten standen gebückt in den Feldern, Entenherden watschelten am Rande der Tümpel entlang, Strohschütten in fast künstlerischer Form säumten die Wege, Steinbrüche flimmerten in der Sonne, eng zusammengerückte Hütten bildeten Dorfgemeinschaften, und entlang der Burmastraße, vor oder hinter den Siedlungen, arbeiteten weißbestäubte Menschen an den großen Rundöfen der Kalkbrennereien.

»Jedes Dorf hat seine eigene Kalkbrennerei«, erklärte Liyun, und Ying fuhr etwas langsamer, damit Rathenow sie genauer betrachten konnte. »Das macht sie unabhängig, wenn sie bauen oder ihre Felder düngen wollen. Und sehen Sie die rötlichen, blaßrosa Steine? Sie werden zu Mehl zermahlen und der Sojamilch zugesetzt. So entsteht unser Tofu. Haben Sie schon mal Tofu gegessen?«

»Ja. Ich war schon zweimal in China.«

»Sie kennen die Großstädte. Das Tofu auf dem Lande ist anders.«

»Ich sehe es. Hier ißt man sogar Steine.«

»Steinmehl! Und unser Reis ist der beste.«

»In Yunnan ist alles besser, nicht wahr?« Rathenow lächelte. »Ihr Nationalstolz, Liyun ... ich bewundere Sie.«

Sie wandte sich fast schroff ab und starrte wieder vor sich auf die Straße. Eselskarren, Büffelgespanne und uralte Lastwagen – ein Wunder, daß sie überhaupt noch fahren, dachte Rathenow –, vor allem aber die kleinen, zweirädrigen Traktoren, die mit einer Lenkstange von auf schwebenden Stahlsitzen hockenden Bauern gefahren wurden und mit Steinen, Gemüse oder Kohlen schwer beladene Karren hinter sich herzogen, verstopften fast die Straße. Ying bahnte sich wie ein Slalomfahrer wild hupend einen Weg durch dieses Gewirr, und wenn es auch dauernd so schien, als stoße er jetzt mit entgegenkommenden Lastwagen zusammen – es gelang ihm immer, eine Lücke zum Ausweichen zu finden.

Rathenow hatte sich in den vergangenen Stunden daran gewöhnt – er hatte keine Angst mehr. Ying fährt mit dem Schutz der Götter, dachte er ergeben. Und außerdem: Er will ja auch weiterleben...

Dieser Verkehr auf der Straße, ein sichtbares Zeichen des Fortschritts, zerstörte dennoch nicht das Bild der Dörfer und der Landschaft. Es war, als würde auch hier die alte Kultur das Moderne in sich aufsaugen, als sei in den lehmgelben oder mit Kalk gestrichenen Häusern die Zeit einfach stehengeblieben. Rathenow sah aus dem Fenster hinüber zu den Dörfern mit ihren engen Gassen und den Treppen, die sich den Hügel hinaufzogen, Steintreppen, in Jahrhunderten abgenutzt und wie glattgeschliffen. Um diese Zeit waren die Häuser fast menschenleer, nur ab und zu sah er eine alte Frau oder einen gebeugten Greis, die vor dem Haus Wäsche aufhängten oder einfach in der Sonne saßen, auf roh zusammengezimmerten Holzbänken oder auf großen, flachen Steinen. Einige der Alten trugen noch die blauen Mao-Anzüge und die blauen Kappen. Mit der wunderbaren Ruhe eines erfüllten Lebens blickten sie über die Straße und auf die Felder und Reistümpel. Nun arbeiteten die Söhne, die Schwiegertöchter und die Enkel auf dem Land, das sie alle ernährte. Diese gute, heilige Erde, die nach Maos Tod nun ihnen gehörte und nicht mehr der Kommune.

Die Sonne brannte vom Himmel, je mehr es auf Mittag zuging. In einer größeren Ortschaft bat Liyun Wen Ying anzuhalten. Ying bremste so plötzlich, daß Rathenow fast nach vorn geschleudert worden wäre. Die Hitze hatte ihn schläfrig gemacht. Er war eingenickt und wurde nun unsanft geweckt.

»Was ist?« fragte er und blickte aus dem Fenster.

Sie hatten vor einer Reihe von Verkaufsständen gehalten. Auf den langen Tischen unter den über Holzstangen gespannten Planen lagen Mandarinen, riesige Wassermelonen, Birnen und Lychees. Andere Stände waren überfüllt mit Gemüse und großen Ballen von Reis- und Glasnudeln; auf ein paar Tischen sah man Fleisch von Rindern, Schweinen und Ziegen. Ein paar Kalbsköpfe lockten die Fliegen an, Schweinsfüße und Ohren, Kalbsmägen und Innereien lagen in Blechschüsseln, an großen Haken hingen dicke Speckseiten – so viel Fett hatte Rathenow seit seiner Kindheit nicht mehr gesehen. In Deutschland, dachte er, ist heute nur ein mageres Schwein noch ein gutes Schwein. Fett ist fast unverkäuflich. Hier aber galt noch die alte Formel: Je fetter das Schwein, um so wertvoller. Fett ist Lebenskraft.

»Haben Sie keinen Hunger?« fragte Liyun und öffnete die Tür.

»Nicht besonders.«

»Aber ich.«

»Dafür habe ich einen Elefantendurst.«

Wieder erklang Liyuns Lachen. »Elefantendurst!« rief sie und hüpfte aus dem Wagen. »Das habe ich noch nie gehört. Wir können hier Limonade, Wasser und Coca-Cola trinken.«

»Hier gibt es Cola? Hier?« Rathenow stieg ebenfalls aus. »Man sagt immer, die größten Eroberer waren Alexander der Große, Dschingis-Khan und die Türken. Welch eine Geschichtsfälschung! Der größte Eroberer ist Coca-Cola!«

Liyun war an einen Obststand getreten und kaufte einen großen Beutel Mandarinen und zwei große Stücke Melone. Ying schlenderte hinüber zu einer dampfenden Garküche. Sie bot Nudeln, Reis und Gemüse in einer scharfen Soße an. Es roch köstlich. Rathenow hob schnuppernd die Nase.

»Jetzt bekomme ich auch Hunger!« sagte er. »Eine kräftige Nudelsuppe, die würde ich gern essen.«

»Ich möchte Ihnen abraten, bei einer Garküche zu essen. Es ist nichts für Europäer.« Liyun schüttelte den Kopf. »Essen wir lieber Obst. Am Abend sind wir ja in Dali. In einem sehr schönen Familienrestaurant.«

»Liyun, ich habe in Hongkong schon ein paarmal in einer Garküche gegessen.«

»Hongkong! Das sind doch Garküchen für Touristen! Sehen Sie die Fleischstückchen neben dem Kessel? Das könnte Hund sein.«

»Danke! Soviel Hunger habe ich nun auch nicht.«

»Wenn Sie ganz großen Hunger haben – wir kommen noch in eine Kleinstadt, ungefähr auf der Hälfte des Weges nach Dali. Sie heißt Chu Xiong. Dort gibt es ein Hotel mit guter Küche. Und Bier! Sogar Tsingtao-Bier, das beste in China.«

»Diesmal nicht aus Yunnan!« sagte Rathenow, nur, um Liyun ein wenig zu reizen. Aber auf diese Provokation ging sie nicht ein. Sie kaufte an einem Stand Gebäck – Plätzchen, Reismehl-Fladen und eine Tüte mit bunten Zuckerbonbons.

Ying stand unterdessen an der Garküche, schlürfte eine Reissuppe mit Gemüse und Fleisch und trank zwei Dosen Cola. Sie waren nicht gekühlt, denn Kühlschränke waren nicht üblich hier. Es gab zwar elektrisches Licht über Leitungen, die an langen Holzmasten hingen, und auf vielen Hausdächern sah man Fernsehantennen – ein seltsames Zusammentreffen von Urzeit und Neuzeit –, aber nur wenige besaßen einen Kühlschrank, meist nur der Bürgermeister, der Parteibeauftragte und die Dorfapotheke.

»Setzen wir uns in den Wagen, da ist Schatten«, sagte Liyun und ging Rathenow voran. »Wollen Sie eine Cola ... sie ist aber nicht gekühlt.«

»Nein! Entsetzlich! Die Wassermelone genügt.«

Sie setzten sich nach hinten nebeneinander, Liyun packte die Mandarinen und die Reisfladen aus und begann, die Mandarinen zu schälen. Sie zerteilte sie und reichte Rathenow die einzelnen Stücke.

»Danke«, sagte er. »Ich hätte sie auch selber schälen können.«

»Warum? Ich bin dafür da, für Sie zu sorgen.«

Sie reichte ihm auch das Melonenstück und legte ein Stück Papier darunter, damit der Saft nicht auf seine Hose tropfte. Dann brach sie die Reisfladen in zwei Teile und steckte sie in das Melonenfleisch.

»Guten Appetit.«

Rathenow biß in die Melone und dann in den Reisfladen. »Es erfrischt wunderbar.« Liyun schälte die zweite Mandarine und legte sie zerteilt auf die Tüte. Aber sie aß sie nicht. »Warum essen Sie nicht?« fragte er.

»Zuerst sollen Sie zufrieden sein.«

»Ich bin mehr als zufrieden! Und Sie hatten doch den größten Hunger.«

Sie zögerte, aß dann die Mandarine und zwei Plätzchen, die offenbar sehr süß waren, denn sie hatten eine rosa Zukkerglasur, und Rathenow wußte, daß die Chinesen sehr süßes Gebäck schätzen.

Ying kam von der Garküche zurück, zufrieden und satt. Er rülpste laut, schnaufte auf und spuckte einen ordentlichen Brocken neben das Vorderrad. Rathenow verzog sein Gesicht. »Kann er das nicht irgendwo anders tun?« fragte er. »Appetitanregend ist das nicht.«

»Was soll man tun?«

»Ihm das sagen.«

»Er würde das nicht verstehen, und außerdem wäre er beleidigt. Es beeinträchtigt seine Individualität.«

»Du lieber Himmel, seit wann gibt es im Reich Maos Individualität?«

»Herr Rathenow, vergessen Sie doch bitte Mao! Es gibt ein neues China.«

»Und wodurch unterscheidet es sich vom alten China?«

»Schon dadurch, daß Sie zu den Mosuo dürfen.«

Das war ein Argument. Rathenow konnte ihm nicht widersprechen, aß sein Melonenstück, den Rest des Reisfladens und noch eine Mandarine, die Liyun für ihn schälte. Wen Ying war hinter sein Lenkrad geklettert, aber vorher hatte er seinen großen schwarzen Kampfvogel noch mit Körnern gefüttert und ihm in das Trinkschälchen am Gitter etwas Cola geschüttet. Der Vogel tauchte mit Begeisterung seinen Schnabel hinein.

Rathenow schüttelte stumm den Kopf. Coca-Cola für einen Vogel – das sollte man den Coca-Managern melden. Das fehlte noch in ihrer Werbung.

»Können wir weiterfahren?« fragte Liyun. Sie reichte Rathenow aus einem Päckchen ein Erfrischungstuch aus Zellstoff. Er putzte sich die Hände ab, sie nahm es zurück und steckte es in einen Papiersack, in dem sie die Abfälle sammelte.

»Nanu?« sagte Rathenow, um sie wieder zu provozieren. »Nicht einfach raus aus dem Fenster? Das ist doch hier so üblich.«

»Ich habe eine gute Erziehung gehabt.« Sie verknotete den Papiersack, stellte ihn zur Seite und setzte sich wieder nach vorn neben Ying. »Fahr los!«

Ying hupte mehrmals, gab Gas und hüllte die Stände in eine Staubwolke ein. Ein paar Händler schrien hinter ihm her, aber Wen lachte nur, überholte zwei Ochsenkarren und blickte sich kurz nach Rathenow um. Na, wie mach ich das? Herr Langnase, *so* fährt man Auto! Ganz knapp überholte er einen Lastwagen mit Baumstämmen, quetschte sich an dem entgegenkommenden Traktor vorbei und hatte dann wieder die Straße für sich allein.

Nach einer Stunde erreichten sie Chu Xiong. Eine »kleine« schöne Stadt voller Geschäfte und Tempelchen mit einem Marktplatz, auf dem in einem umzäunten Rondell ein bunt bemalter Pavillon stand. Gegenüber dem Platz stand ein großes Gebäude, in dessen Hof Ying hineinfuhr.

»Das Hotel!« sagte Liyun. »Hier können Sie gut essen. Wir haben eine Stunde Zeit. Ying ist sehr gut gefahren.«

Sie stiegen aus, Liyun ging in das Hotel, bestellte das Essen. Wen setzte sich zu dem Mann an der Rezeption in einen geschnitzten Sessel und sagte: »Wenn ich ein Bier bekomme, bin ich dein Freund.« Rathenow ging hinaus auf den Platz, fotografierte den schönen Pavillon und einen kleinen Jungen, der sich an das Gitter hockte. Wie bei allen chinesischen Kindern war seine Hose hinten geschlitzt, und er brauchte den Schlitz nur auseinanderzuziehen.

Rathenow machte einige Bilder, und der Junge grinste ihn unbefangen an. Warum ihn der Fremde fotografierte, verstand er nicht. Es war die natürlichste Sache der Welt, sich irgendwo hinzuhocken, wenn es im Inneren drückte.

Liyun war Rathenow gefolgt und stand vor dem Pavillon – ein wirklich schönes Bild.

Rathenow hob die Kamera. »Darf ich Sie fotografieren?« fragte er.

»Ja ... gern ...«

»Es wird ein besonderes Bild, Liyun.«

Sie sah ihn mit einem leichten Lächeln an, neigte den Kopf etwas nach links, stellte sich in Positur, wie es die meisten tun, wenn sie fotografiert werden, und Rathenow drückte den Auslöser. Klick!

Es war wirklich ein besonderes Bild: Die hölzern dastehende, schöne Liyun und neben ihr der pinkelnde Junge mit seinem offenen Hosenschlitz. Und dahinter der bunte Pavillon mit seinen rot lackierten, zierlichen, geschnitzten Säulen, Ornamenten und vergoldeten Drachen.

Rathenow hatte Glück, daß Liyun diese Bild-Komposition nicht bemerkte – sie hätte sich nie mehr von ihm fotografieren lassen.

»Und jetzt an den Tisch!« rief Rathenow und hängte den Fotoapparat über die Schulter. »Was haben Sie bestellt, Liyun?«

»Für Sie ein Steak mit Gemüse und chinesischen Pilzen. Zum Nachtisch eingelegte Lychees.«

»Und für Sie?«

»Eine Nudelsuppe mit Hühnerfleisch.«

»Was wäret ihr Chinesen ohne Nudeln!« Er lachte, hakte sich bei Liyun unter und merkte nicht, wie peinlich ihr das war. In aller Öffentlichkeit Arm in Arm mit einem Fremden! Aber sie entzog sich ihm nicht, um ihn nicht zu beleidigen, nur ihr zartes Gesicht färbte sich leicht rot.

So gingen sie über die Straße hinüber ins Hotel, und

Liyun war froh, als man den etwas düsteren Speisesaal betrat. Im Gegensatz zu draußen war es hier wohltuend kühl. Sieh an, dachte Rathenow, sie haben hier sogar eine Klimaanlage. Der Fortschritt marschiert ...

Ein Kellner in schwarzer Hose und weißem Hemd geleitete sie an ihren Tisch.

Rathenow freute sich auf sein Essen: ein Steak mit Gemüse und Pilzen.

Gleich nach der Abfahrt von Liyun und Rathenow vom Hotel »Goldener Drache« rief Cheng Zhaoming bei Shen Jiafu an. Der stellvertretende »Direktor« der Organisation hörte sich geduldig an, was sein Beobachter ihm mitteilte.

»Wir werden sie in Dali und Lijiang beobachten«, sagte er nach dem Bericht. »Wir haben Erkundigungen über Wang Liyun eingeholt. Sie ist ein braves Mädchen, untadelig, sittsam, keine Affären, schon gar nicht mit Touristen, einen Freund hat sie, einen Journalisten, aber der lebt in Dali, eine Bekanntschaft von ihrer Studienzeit her, anscheinend nichts Ernstes. Vater und Mutter sind Professoren, sie hat noch eine ältere Schwester und einen jüngeren Bruder, der Architektur studiert ... eine gute Familie. Wir glauben nicht, daß sie sich in den Deutschen verlieben könnte. Aber warten wir es ab. Wir haben noch andere Möglichkeiten ...«

»Und welche Aufgaben soll ich jetzt erfüllen, Herr Shen?« Es klang demütig und unterwürfig. Cheng verneigte sich vor dem Telefon.

»Beobachte weiter das Hotel und melde uns interessante Gäste, wie bisher.«

»Es sind zwei Amerikaner eingetroffen.«

»Kein Interesse. Amerika wird von Hongkong aus bearbeitet. Uns geht es um Leute aus Mitteleuropa. Aber keine Engländer mehr. Die ›Direktion‹ in Birmingham ist versorgt. Aber Amsterdam sucht noch und vor allem München und Frankfurt. Sieh dir die Deutschen genau an, Zhaoming.«

»Es sind im Augenblick zwei deutsche Gruppen hier, darunter zwei Ärzte, zwei Zahnärzte, drei Fabrikanten, acht Handwerker und ein Bierbrauer.«

»Hände weg davon, sie sind ungeeignet.«

»Einer ist ein Metzger, Herr Shen.«

»Wer Tiere schlachtet, kann kein Menschenblut sehen – das ist eine alte Weisheit. Es gibt Ausnahmen, sicherlich, aber es sind eben Ausnahmen.«

»Für Samstag ist eine Gruppe Schweizer im Hotel angemeldet, Herr Shen.«

»Das ist interessant! Aus Zürich liegt auch eine Anfrage bei der Zentrale in Hongkong vor. Noch etwas?«

»Am Montag kommt eine Gruppe aus Rußland.«

»Vergessen, sofort vergessen! Nichts für uns! Aber genau beobachten, mit wem sie Kontakt aufnehmen! Mach Fotos von den Russen. Und wenn einer von ihnen ein ›Hühnchen‹ mit aufs Zimmer nimmt, gib der Polizei einen Wink!«

»Ich verstehe, Herr Shen.« Cheng machte wieder eine Verbeugung vor dem Telefon. »Die Russen sind unsere internen Feinde.«

»Nenn das nicht so, Zhaoming! Für unsere ›Firma‹ sind sie keine Partner. Die Politik geht uns nichts an.«

Cheng hängte ein. Er hatte große Ehrfurcht vor Shen Jiafu. Die rechte Hand von Kewei Tuo, dem Vorsitzenden des Hohen Rates – und daß er seine rechte Hand war, hieß auch, daß man mit ihr tötete. Es war eine Lebensversicherung, sich mit Herrn Shen gut zu verstehen und seinen Befehlen zu gehorchen.

Cheng verließ das Hotel »Goldener Drache«, setzte sich in einen kleinen japanischen Wagen, der auf dem Innenparkplatz des Hotels stand, und fuhr hinaus zum Flughafen. In einer Stunde landete eine Maschine der Südwest-Air-Lines aus Beijing. Sie gehörte zur staatlichen CAAC, der China Air Lines, die den innerchinesischen Verkehr besorgte.

Mit ihr kamen Gruppen, die nicht alle im »Goldenen Drachen« wohnten, sondern auch im »Kunming-Hotel« oder im Holiday Inn oder im »Grüner-See-Hotel«. In allen Hotels hatte Cheng seine Informanten, und alle glaubten ihm, wenn er erzählte, er handele mit verbotenen Antiquitäten und seltenen Jadeschnitzereien. Dafür hatte jeder Verständnis, vor allem, wenn man zum fünffachen Normalpreis verkaufte. Für einen Fremden, der in Dollar rechnete, war das noch billig, und die wenigsten unterzogen sich der anstrengenden Mühe, verbissen zu feilschen. Ab und zu zahlte Cheng sogar an seine Vertrauten in den Hotels Prozente, obwohl er nichts verkauft hatte, nur, damit sie nicht nachdenklich wurden. Diese Yuan bekam er von der »Firma« wieder. Es waren Betriebsausgaben.

Es war also wichtig, am Flughafen zu sehen, wer von den Hotelbussen abgeholt wurde und aus welchem Land sie anreisten.

Die »Firma« war wie ein großes Netz, das sich über alle legte ...

Rathenow und Liyun aßen im Hotel zu Mittag.

Rathenow war zufrieden. Das Steak war gut, ein mächtiges Stück Fleisch, allerdings durchgebraten.

Als er eine Bemerkung darüber machte, sagte Liyun: »In China wird Fleisch immer gekocht oder gut durchgebraten. Wir können es nicht ertragen, wenn wir sehen, wie die Europäer rohes Fleisch oder Tatar essen. Ein noch blutiges Steak, aus dem der Saft herausläuft, ist für uns eine Art von Kannibalismus.«

Das Gemüse und die Pilze waren wunderbar, und die Abschlußsuppe – in China wird die Suppe als Krönung der Mahlzeit nach der Hauptspeise gereicht – war ein Gedicht. In dieser Suppe hatten Gemüse, Pilze, gekochtes Fleisch und Gewürze stundenlang vor sich hin geköchelt, ein konzentrierter Sud, der einfach köstlich schmeckte.

Und Liyun erzählte: »Ich habe für Sie extra eine solche Suppe bestellt, denn ein Chinese würde unbedingt eine Fischsuppe vorziehen, in der man Fischköpfe gesotten hat. Überhaupt sind Fischköpfe, gekocht oder gebraten, in einer scharfen Soße, das begehrteste und auch teuerste Gericht. Bei einem Besuch in der Familie oder einer Einladung in ein

Restaurant bekommt der Gast als Zeichen der besonderen Verehrung zuerst die Fischköpfe. Es wäre eine Mißachtung seiner Person und seiner Würde, wenn man das vergessen würde. Aber ich dachte, es ist Ihnen so lieber.« Rathenow war ihr dankbar, daß sie auf diese »Ehre« verzichtet hatte.

Nach einer Stunde brachen sie wieder auf.

Wen Ying saß schon im Auto, als Liyun und Rathenow aus dem Hotel kamen. Er hatte für den noch weiten Weg bis Dali vorgesorgt ... in einer hohen Schüssel mit kaltem Wasser, in dem sogar Eisstückchen schwammen, lagen vier Flaschen Reisbier und eine Flasche Mao Tai. Rathenow warf einen kritischen Blick in die Wanne.

»Mao Tai«, sagte er zu Liyun. »Das kenne ich vom letztenmal. Das ist doch ein höllisch scharfer Schnaps.«

»Ja.«

»Und das will er, mit den vier Bier, während der Fahrt saufen? Wenn er die Flasche entkorkt, steige ich aus!«

»Ying ist daran gewöhnt. Er braucht das.«

»Prost Mahlzeit ...«

»Ohne Alkohol wird er müde, und das ist gefährlich. Mit Alkohol ist er munter und fährt wie keiner in China.«

»Genau das glaube ich!«

»Im positiven Sinne.« Liyun zog die Autotür zu. »Sie haben wenig Vertrauen zu uns.«

»Ich möchte die Minderheiten sehen und nicht die chinesische Erde, zwei Meter unter der Oberfläche.«

Dann verließen sie Chu Xiong, das »kleine« schöne Städtchen, das mit immerhin 800 000 Einwohnern – größer also als Stuttgart und Düsseldorf – für China wirklich eine kleine Stadt ist.

Die Straße wurde wieder staubig und enger, kaum daß sie die Stadt verlassen hatten. Sie stieg an und schlängelte sich später in waghalsigen Serpentinen einen Gebirgszug hinauf. Zweimal hielt Ying an, wie er es von anderen Fahrten nach Dali gewöhnt war, und Rathenow blickte in ein Tal von zauberhafter Schönheit, auf Reisterrassen und Seen, die von Wäldern umgeben waren, auf Felsenschluchten, die Schwindelgefühle auslösten, und auf kleine Tempel hoch oben auf den Bergkuppen, zu denen keine Straße führte. Dorthin konnte man nur zu Fuß. An der höchsten Stelle der Serpentinen zeigte Liyun auf ein Denkmal gegenüber auf einer Felsnase.

»Das ist das Denkmal für die Erbauer der Straße«, erklärte sie. »Es hat bei dem Bau viele Tote gegeben, aber sie ist ein kleines Wunder geworden. Die meisten Touristen sind ganz begeistert und wollen das Denkmal unbedingt fotografieren. Machen Sie kein Foto?«

»Nur mit Ihnen im Vordergrund.«

»Ja, gern.«

Liyun stellte sich wieder in Positur. Wie gewohnt: gerade Haltung, die Beine zusammengepreßt, den Kopf etwas zur Seite geneigt, ein angedeutetes Lächeln um die Lippen.

»Lachen Sie mal, Liyun!« sagte Rathenow.

»Warum?«

»Weil Sie so schön aussehen, wenn Sie lachen. Ihre Augen leuchten dann.«

Liyun gab keine Antwort, aber sie tat genau das Gegenteil von dem, was er wollte. Sie preßte die Lippen aufeinander und sah an Rathenow vorbei auf die Felsen. Ein ernstes, abweisendes Gesicht.

Das war falsch und dumm von mir, dachte Rathenow. Junge, du weißt doch, daß eine wohlerzogene Chinesin solche Reden mit Abwehr bestraft. Er machte zwei Bilder und hängte dann die Kamera wieder um. Liyun trat von der schönen Aussicht weg. Ohne daß er es bemerkte, warf sie einen langen Blick auf Rathenow, und in ihren Augen stand ein Leuchten, dessen sie sich, wenn sie es im Spiegel hätte sehen können, geschämt hätte. Ein Blick, der den ganzen Mann umfaßte.

Rathenow, der vorausgegangen war, kam vom Auto zu Liyun zurück.

»Er säuft!« sagte er. »Ying trinkt den Mao Tai aus der Flasche!«

»Diese Bergstraße ist mühsam und erfordert große Konzentration.« Jetzt lachte Liyun doch, es war kein Fotoapparat auf sie gerichtet. »Um so besser kommen wir wieder ins Tal.«

Als sie in den Wagen stiegen, saß Wen Ying wieder hinter dem Lenkrad, die Schnapsflasche lag wieder im kühlenden Wasser der Plastikwanne. Ying sah zufrieden aus, von Müdigkeit keine Spur. Sein großer, schwarzer Vogel im Kofferraum gab einige knarrende Laute von sich, als ahne er das Glücksgefühl seines Herrn.

Die Gebirgsstraße senkte sich ziemlich steil hinab in ein weites Tal. Die ersten Dörfer klebten an den Hängen, braungelb mit grauen Dächern. Ein Bus kam ihnen keuchend entgegen, und Ying mußte den Wagen bis dicht an den Abgrund lenken, eine Zentimeterarbeit, und Rathenow wurde sehr still und spürte plötzlich etwas vom Fatalismus eines Asiaten: Wenn es geschehen soll, dann geschieht es eben. Schicksal...

Aber der Bus und Ying kamen langsam aneinander vorbei, und dann gab Ying wieder kräftig Gas.

Rathenow atmete auf. »Bravo!« rief er. »Bravo, Ying! Sie sind wirklich ein Meisterfahrer!«

»Sehen Sie – er hat das geahnt!« Liyun drehte sich zu ihm um. »Deshalb der Schluck aus der Flasche.«

»Ich kapituliere.«

Nach dem Verlassen des Gebirges lag die Burma-Straße wieder in gewohntem Staub vor ihnen. Nach einer weiteren Stunde erreichten sie das Städtchen Nan Hua, wo eine Straße nach Norden abzweigte. Und am Rande von Nan Hua war heute Markt. Ein Labyrinth von Ständen mit ihren flatternden Plastikdächern, flachen Bauernwagen mit Gemüse, Tischen mit Nägeln, Werkzeugen, Blechkannen und großen Thermosflaschen, hinter denen die Verkäufer auf einem Hocker saßen, still und würdevoll und ohne das in Europa gewohnte Marktgeschrei, zog sich einen kleinen Hügel hinauf. Es gab genau abgegrenzte Abteilungen: den Töpfermarkt mit einem Riesenangebot an Vasen, Einmachtöpfen, Kübeln, Schalen und bunt bemalten Nacht- und Spucknäpfen, den Kleidermarkt, die Reihen der Schuhverkäufer, das Viertel der Fleischer und der Gewürzhändler, die Tische der Schuhmacher, Fahrradreparateure und Popcorn-Bäcker. Unter einem Segeltuch saß ein »Zahnarzt«, vor sich einen Haufen gezogener Zähne als Beweis seiner Kunstfertigkeit, und wartete auf

Patienten, die er sofort behandelte. Zwei lange Standzeilen in der Mitte des Marktes bildeten das Viertel der Garküchen, von denen ein würziger Duft über alles wehte und zum Essen einlud. Und dazwischen ein Gewimmel von Menschen, ein Drängen und Schieben durch die Budengassen, den Hügel hinauf und hinunter, ein berauschendes Bild aller Farben, und irgendwo in diesem Menschenhaufen spielte jemand melancholisch auf einer Flöte.

»Wunderbar!« sagte Rathenow. »Einfach wunderbar.«

Sie waren ausgestiegen, standen neben dem Wagen und ließen das bunte, hin und her wogende Leben an sich vorbeiziehen.

»Das ist China!« Ein wenig Stolz klang in Liyuns Stimme mit.

»Sagen wir besser, auch *das* ist China. Gehen wir über den Markt, Liyun?«

»Wenn Sie möchten.«

»Haben wir noch soviel Zeit?«

»Ja. Ying wird einfach schneller fahren bis Dali.«

»Gott steh mir bei!« Rathenow hob die Kamera und fotografierte die Marktbuden und einige markante Menschenköpfe. Hinter ihnen fuhr ein großer Lastwagen auf, kippte die Ladeluke herunter und begann, Kohlen zu verkaufen. Es war aus dem Bergwerk grob gehauene Kohle, kleine und große Brocken, zu denen sich jetzt einige Bauern mit ihren Karren drängten, gezogen von den kleinen Einhandtraktoren. Rechts von ihnen lag ein Berg aus China-Kohl neben einem Stand mit Gewürzen und Tofu-Blöcken.

Rathenow und Liyun stürzten sich in die Menge, ließen sich von der Menschenmasse mitreißen, schoben sich an den Ständen vorbei. Vor einer Kleiderbude blieb Liyun plötzlich stehen und zeigte auf eine im Wind flatternde Bluse. Sie war aus gelber Seide, mit Blumen in allen Farben bestickt.

»Die ist sehr schön«, sagte Liyun.

»Es kommt darauf an, wer sie trägt.«

»Zum Beispiel ich.«

»Das kann ich erst beurteilen, wenn ich die Bluse an Ihnen sehe.«

Liyun sagte zu der Verkäuferin ein paar schnelle Worte. Die Frau mit einem zerknitterten Gesicht holte die Bluse von der Leine und reichte sie Liyun hin.

»Alles Handarbeit«, sagte Liyun und hielt die Bluse an ihren Oberkörper. »Wie gefällt sie Ihnen?«

»Sie ist wie für Sie gearbeitet. Sie sehen darin wie eine Prinzessin aus, wie ich sie auf vielen Bildern Ihrer Maler gesehen habe. Darf ich Ihnen die Bluse schenken, Liyun?«

Sie antwortete nicht, gab der Händlerin die Bluse zurück und fragte nach dem Preis. Die Frau warf einen schnellen Blick auf Rathenow, schätzte ihn ab und war überzeugt, daß die »Langnase« die Bluse bezahlen würde. Das konnte ein gutes Geschäft werden.

»150 Yuan«, sagte sie.

Liyun sah sie an, als sei sie bespuckt worden. »Bist du verrückt?« erwiderte sie dann. »Ich zahle dir 40 Yuan dafür. Pack sie ein.«

»Es ist die beste Bluse, die ich habe.«

»Darum zahle ich dir auch 40 Yuan!«

»Genossin!« Die Händlerin faltete die Hände vor ihrer Brust. Ihr nettes gegerbtes Gesicht war von vielen Falten durchzogen. »Schwester! Ich muß vier Kinder ernähren.«

»Du hättest mehr auf die Partei und die Familienplanung hören sollen! Vier Kinder sind ein Luxus, aber ich zahle dir keine Luxuspreise. Wieviel also?«

»Weil dir die Bluse so gut steht – 100 Yuan.«

Die Frau sah Rathenow wieder an, als erwarte sie von ihm Hilfe. Aber Rathenow verstand natürlich kein Wort, er konnte kein Chinesisch, und schon gar nicht diesen Dialekt.

Liyun schüttelte energisch den Kopf. »Weil du vier Kinder hast – 50 Yuan.«

»Willst du mich vernichten?« Die Frau nahm die Bluse und hängte sie wieder an die Leine. Rathenow sah es mit Erstaunen.

»Was ist?«

»Zu teuer!«

»Man kann doch handeln.«

»Das habe ich ja getan. Sie will aber nicht. Gehen wir.«

»Schade. Sie sahen so verführerisch aus.«

Liyun wandte sich ab und wollte weitergehen. Das war der Augenblick, in dem die Frau die Bluse wieder von der Leine holte.

»Du bist grausam«, sagte sie mit dumpfer Stimme. Es waren gut einstudierte Worte. »Nimm sie, die Bluse. 50 Yuan! Möge sie dir mehr Glück bringen als mir!« Sie steckte die Bluse in eine dünne Plastiktüte und hielt sie Liyun hin.

Liyun bezahlte, bevor Rathenow begriff, daß der Handel abgeschlossen war. Er kam zu spät mit seinen Yuan, die er aus einer der Rocktaschen zog. War das auch wieder falsch? dachte er erschrocken. Darf man einer bezaubernden Chinesin nichts schenken? Vielleicht ist es noch zu früh – wir kennen uns ja erst zwei Tage. Ist die Annahme eines Geschenks eine Art von Vertrautheit? Liyun, ich wollte dich nicht beleidigen. Ich bin eben ein Trottel!

»Wieviel wollte sie haben?« fragte er.

»150 Yuan.«

»Und wieviel haben Sie bezahlt?«

»50 Yuan.«

»Gratuliere – Sie sind eine zähe Feilscherin.« Er rechnete schnell nach und schüttelte den Kopf. »50 Yuan – das sind nach deutschem Geld 15 DM. Für eine handbestickte Bluse 15 DM! Das ist ja geradezu unglaublich.«

»Sie hat trotzdem genug verdient. Was kostet bei Ihnen so eine Bluse?«

»Auf der Maximilianstraße in München bestimmt 600 DM. Und das wäre noch günstig!«

»Ihr seid eben Kapitalisten. Ihr kauft die Blusen bei uns zu Tausenden – da werden sie noch billiger – und verkauft sie dann für 600 DM! Und das nennt ihr freie Marktwirtschaft!«

»Jeder will verdienen: die Reederei, die die Container von China herüberbringt, der Importeur, der Großhändler, das Modegeschäft, das Finanzamt...«

»Ich glaube nicht, daß ich in Europa glücklich sein könnte. Verzeihen Sie, Herr Rathenow, ich wollte Ihr Land nicht beleidigen.«

Sie drängten sich wieder durch die Menschenmassen, bis Rathenow einen langen Tisch mit einer Fülle von altem Krimskrams entdeckte. Brillengestelle lagen neben angerosteten Eisenbügeleisen, die mit einem glühenden Pflock beheizt wurden, handgefertigte Silberarmbänder und kunstvolle Haarspangen und -nadeln lagen in kleinen Häufchen herum, alte Öllampen und Scheren, handgeschmiedete große Nägel und Zangen, alte Figuren aus Bronze und gebranntem Ton, Ketten aller Größen und Längen, bedruckte Lederbeutel und Gürtelschnallen aus Messing. Und zwischen all diesem Kram lag eine Opiumpfeife aus schwarzem Holz mit einem Mundstück aus geschnitzter grüner Jade.

Rathenow blieb stehen und griff nach der Pfeife. Er hielt sie dicht an seine Augen und sah, daß in das Jademundstück Zeichen eingeschnitzt worden waren.

»Ob sie wirklich alt ist?« fragte er. »Oder hat man sie auf alt getrimmt, für die Touristen?«

»Das wird eine echte alte Opiumpfeife sein.« Liyun nahm sie ihm aus der Hand und hielt sie ebenfalls dicht vor die Augen.

»Da ist etwas eingeschnitzt«, sagte Rathenow.

»Ich entziffere es gerade. Ja, sie ist über 100 Jahre alt. Aus der Ch'ing-Dynastie, die man auch die Mandschu-Dynastie nennt. Und ein Spruch ist eingeritzt: ›Die Zeit von hundert Jahren ist nicht mehr als ein kurzer Schlaf.‹«

»So ist es. Ich nehme die Pfeife.«

»Erst handeln ...«

»Darin sind Sie unschlagbar.«

Er nahm Liyun die Opiumpfeife aus der Hand und legte sie auf den Tisch zurück. Der Händler, ein gelbhäutiger alter Mann mit einem breiten Reisstrohhut auf dem schütteren grauen Haar und in einem verschlissenen Mao-Anzug, blickte Rathenow verwundert an. Warum nimmst du die Pfeife nicht? hieß dieser Blick. Das ist ein seltenes Stück. Mein Großvater hat noch daraus geraucht. Sieh dir nur das Mundstück an – es ist ein Kunstwerk! Wo bekommst du noch eine solche Opiumpfeife?

»Ich gebe dir 60 Yuan dafür«, sagte Liyun, so, als sei der Preis endgültig.

Der Alte leckte sich über die schmalen Lippen und bleckte die Zähne. Ihm fehlten zwei Vorderzähne.

»Tochter«, sagte er mit schwankender Greisenstimme, »du hast kein Gefühl für Alter und Kunst. 200 Yuan, sonst brauchen wir nicht weiterzureden ...«

»Ehrwürdiger Onkel ... ich erhöhe auf 80 Yuan. Das ist mein letztes Wort.« Liyun nahm die Pfeife vom Tisch und reichte sie Rathenow.

»Mein Urgroßvater und mein Großvater ...«, murmelte der Greis.

»Selig mögen sie sein. Wer, außer mir, gibt dir schon 100 Yuan für solch eine verfluchte Pfeife?«

»Sagtest du 100 Yuan, Tochter?«

»Ja, das sagte ich.«

»Die Klugheit siegt, denn sie ist die größte Kraft. Ich freue mich, daß gerade du das Erbe meiner Vorfahren kaufst.«

Rathenow war bei dem Handel zwei Schritte vom Tisch zurückgetreten und hatte an dem rauchgeschwärzten Pfeifenkopf gerochen. Ein süßlicher Duft zog in seine Nase, und es schien, als saugten sich seine Schleimhäute gierig voll. Sieh an, dachte er, aus dieser Opiumpfeife ist vor kurzem noch geraucht worden. Dieser Duft hält sich nicht über hundert Jahre. Er ist frisch, als habe man die Pfeife gestern aus der Hand gelegt. Auch an dem wunderschönen, geschnitzten grünen Jade-Mundstück klebte ein Hauch von Süße. Rathenow ließ die Opiumpfeife schnell sinken, als sich Liyun zu ihm umdrehte.

»Sie gehört Ihnen«, sagte sie.

»Wie kann ich Ihnen danken?«

Sie gab keine Antwort, griff in ihre bunt bestickte Umhängetasche, die sie immer um den Hals trug, und bezahlte den Alten. Er zählte langsam und mit Würde die Scheine nach und nickte dann. Erst nach dem Abzählen streckte der Greis die Hand aus und wickelte die Pfeife in feines, dünnes Seidenpapier.

»Wieviel schulde ich Ihnen, Liyun?« fragte Rathenow.

»100 Yuan.«

»Sagen Sie bloß, Sie haben für dieses Goldstück nur 100 Yuan bezahlt?«

»Nicht einen Fen mehr.«

»Das sind ja nur dreißig Deutsche Mark!«

»Es ist das Gehalt für einen halben Monat eines chinesischen Arbeiters. So müssen Sie rechnen, nicht mit kapitalistischen Zahlen.«

Der Rundgang über den brodelnden Markt dauerte eine Stunde. In einer Straße mit Stoffhändlern kaufte sich Liyun noch von einem dicken Ballen Stoff für ein Sommerkleid, hellblaues Leinen mit weißen Tupfen und einer Spitzenkante.

»Können Sie auch nähen?« fragte Rathenow.

»Nein, ich habe eine gute Schneiderin in Kunming. Fürs Nähen bin ich zu unbegabt.«

Als sie zurückkamen, wartete Wen Ying neben dem Wagen. Ying rauchte eine Zigarette und hatte eine Flasche Bier in der Hand. Als er Rathenow und Liyun sah, schnaufte er röchelnd auf und befreite sich von einem dicken Schleimpfropfen.

»Gott sei Dank, den wären wir los!« sagte Rathenow sarkastisch und stieg in den Wagen. Er blickte noch einmal über den Bauernmarkt. Das ist das echte China ... nur wenige lernen es kennen. Wer in Shanghai über den Bund, die Prachtstraße, gebummelt ist und nachher erzählt, er kenne China, der ist ein Narr. China beginnt dort, wo hundert Jahre wie ein kurzer Schlaf sind ... so wie es auf dem Pfeifenmundstück eingeritzt ist.

Von dem süßen Geruch und dem Verdacht, daß noch vor kurzem aus der Pfeife Opium geraucht worden war, sagte er Liyun nichts.

Das war ein Fehler, wie sich herausstellte.

Luo Huanqing lagerte mit seiner zwölf Mann starken Soldatengruppe unmittelbar an der Burma-Straße zwischen den Orten Nan Hua und Midu. Bis Dali waren es noch 136 Kilometer, die Straße stieg leicht an, links und rechts standen hohe Bäume, grau vom Staub, den die Lastwagen aufwirbelten. Drei Soldaten der Gruppe standen am Straßenrand und beobachteten mit geübtem Blick jeden Wagen, der an ihnen vorbeifuhr. Ab und zu hielten sie einen Lastwagen an und kontrollierten ihn, wühlten in der Ladung herum und verhörten den Fahrer. Zu diesem Zwecke kamen den dreien immer fünf weitere Soldaten zu Hilfe, die entsicherten Maschinenpistolen im Anschlag, während Leutnant Luo den Verkehr um die Sperre herumleitete. Auch zwei Privatautos wurden angehalten, aber sie durften sofort weiterfahren ... es handelte sich um Parteifunktionäre. Sie zu kontrollieren konnte zu ungeahnten Schwierigkeiten führen. Leutnant Luo grüßte dann immer besonders stramm, sagte: »Verzeihen Sie, Genossen!« und winkte sie weiter.

Es war eine der üblichen Kontrollen auf der Burma-Straße. War sie früher berüchtigt als Nachschubweg für die Vietcong, so war sie jetzt ebenso berüchtigt als Lebensader der Rauschgifthändler. Über diese Straße werden Heroin und Kokain geschmuggelt, Opium und eingedickter Mohnsaft, aus dem dann das Rauschgift destilliert wird.

Deshalb wird die Burma-Straße auch besonders sorgfältig kontrolliert. Auf Heroinschmuggel steht die Todesstrafe. Unwiderruflich, gnadenlos, im Schnellgerichts-Verfahren, das Urteil wird sofort vollstreckt. Die Schmuggler aus dem Goldenen Dreieck, wo die Rauschgiftbosse sitzen, unangreifbar, umgeben von einer bestens ausgebildeten Privatarmee, die sogar über Panzer und Raketenwerfer-Batterien verfügt, wissen, welches Risiko sie eingehen, wenn sie – getarnt als biedere Spediteure – ein paar Kilo der wertvollen Ware unter den anderen Gütern verstecken. Es gibt ganze gut durchorganisierte Banden, die, schwer bewaffnet, die Burma-Straße mit eigenen Wagen befahren. Gepanzerte Lastwagen, die jedem Beschuß trotzen. Sie sind selten, aber wenn sie ihr Ziel erreichen, haben die Bosse im Goldenen Dreieck Millionen von Dollar verdient. Der alte chinesische Spruch: »Paß auf deinen Kopf auf, denn bald gehört er mir!« schreckt sie nicht ab. Wer Heroin oder Opium nach China schmuggelt, ist bereit, sein Leben in Zahlung zu geben – allerdings nicht, ohne den Versuch zu unternehmen, sich den Weg freizuschießen.

Die Patrouille des Leutnants Luo Huanqing hatte an diesem Tage kein Glück. Die Wagen wurden offensichtlich von entgegenkommenden Lastern gewarnt. Ein Blinken mit den Scheinwerfern hieß: Genossen, ein paar hundert Meter weiter steht Militär. Ein paar Wagen bogen daraufhin in eine kleine Querstraße ein und warteten dort im Schutze des Waldes. Auch Rathenows Fahrzeug wurde angeblinkt. Wen Ying hieb auf das Lenkrad und fluchte. »O Ta Ma de!«

»Was sagte er?« fragte Rathenow. Liyun verzog den Mund.

»Oh, Scheiße! Ein Lastwagenfahrer hat uns gewarnt.«

»Vor wem?«

»Polizei- oder Militärkontrolle. Wir sind hier auf der Heroinstraße.«

»Ich hoffe, Ying hat kein Rauschgift unter dem Vogelkäfig versteckt.« Es sollte ein Witz sein, aber Liyun blieb ernst.

»Wenn sie uns anhalten, werden Sie leider unhöfliche Chinesen kennenlernen. Die Soldaten der Burma-Straßen-Kontrolle sind nicht sehr höflich. Ich weiß nicht, warum.«

Ying fuhr in vermindertem Tempo weiter, um die Soldaten nicht durch eine Staubwolke zu beleidigen. Er rechnete damit, daß man seinen Wagen nicht anhielt, zumal das Firmenzeichen der CITS an die Vordertüren gemalt war. Dieses Zeichen kannte jeder – eine stilisierte Weltkugel mit drei dicken Breitengraden und darüber die Buchstaben CITS. Darunter der Name nochmals in chinesischer Schrift.

Aber Wen irrte sich.

Leutnant Luo Huanqing sah den Toyota-Geländewagen schon von weitem kommen und zog das Kinn an den Uniformkragen. Ein Geländewagen ist immer verdächtig. Mit ihm kann man querfeldein flüchten und allen Kontrollen davonfahren. Er hatte es schon einmal erlebt ... ein solcher Wagen einer anderen japanischen Autofirma verließ vor der Sperre plötzlich die Straße und preschte in einem Höllentempo quer über die Felder. Sie hatten ihm hinterhergeschossen, aber nicht getroffen. Später erfuhr er, daß in Kunming 30 kg Heroin angekommen waren, aber sofort wieder verschwanden. Ein V-Mann der Polizei hatte es berichtet.

Das hatte Luo Huanqing nicht vergessen. So etwas sollte ihm nie wieder passieren. Als er nun von weitem den Toyota kommen sah, schwenkte er die Maschinenpistole vor seiner Brust und schrie seiner Truppe zu: »Anhalten! Genau durchsuchen!« Dann hob er den rechten Arm, und drei Soldaten neben ihm richteten ihre Waffen auf den heranbrausenden Wagen.

»Wenn er von der Straße fährt oder nicht anhält, sofort schießen!« brüllte Leutnant Luo. Er wedelte mit dem Arm durch die Luft und stellte sich mitten auf die Straße.

Ying bremste ab. Wieder sagte er aus voller Brust: »Oh, Scheiße!« und hielt genau zwei Meter vor Leutnant Luo. Sofort umringten die Soldaten den Wagen.

Rathenow hatte unterdessen seinen Paß aus der Jackentasche geholt und auch das Empfehlungsschreiben des Ministeriums in Beijing. Liyun kramte alle Papiere des Reisebüros aus ihrer Umhängetasche.

Mit ernster Miene trat Luo an den Wagen und streckte die Hand aus.

»Papiere!« befahl er kurz.

Liyun hatte das Fenster heruntergekurbelt und reichte ihm die Unterlagen hinaus. Der Leutnant warf nur einen kurzen Blick darauf und nickte zu Rathenow hinüber.

»Wer ist das?«

»Ein berühmter Gast aus Deutschland, ein VIP, den die CITS betreut. Wir fahren nach Dali, dann weiter nach Lijiang und hinauf zu den Mosuo an den Lugu-See.«

Rathenow gab Liyun seinen Paß und den Brief, sie reichte sie weiter an Luo, der das Schreiben und die Ausweispapiere sehr genau durchlas. Die Stempel aus Beijing und der Name des stellvertretenden Kulturministers machten keinen Eindruck auf ihn. Beijing ist weit ... hier ist Yunnan! Weiß man, ob nicht alles Fälschungen sind? Es ist ja bekannt, daß die Heroinbosse mit gefälschten Pässen reisen, und besonders verdächtig sind da die Ausländer. Sie kommen an jeden Paß heran, es ist nur eine Frage des Geldes. Und Geld haben sie genug.

Leutnant Luo steckte die Papiere in seine Uniformtasche.

»Aussteigen!« befahl er.

»Warum?« Liyun sah ihn entgeistert an. »Sie sehen doch, daß Herr Rathenow ein berühmter Mann ist.«

»Aussteigen!« Die Stimme wurde schärfer. Zwei Soldaten rissen die Türen auf und winkten energisch.

»Was wollen sie?« fragte Rathenow.

»Wir sollen aussteigen.«

»Nun, steigen wir aus. Nur keine Komplikationen.« Rathenow verließ das Auto, und Liyun folgte ihm widerwillig. Auch Ying stieg aus, spuckte auf die Straße und lehnte sich dann ergeben an den Kühler. »Fragen Sie den Offizier, was er von uns will.«

Liyun sprach mit Luo. Eine laute Unterhaltung, die sich wie ein Streit anhörte.

»Er will den Wagen untersuchen«, sagte sie wütend. »Einen Wagen des CITS! Das gibt eine Beschwerde! Leider nützt sie wenig! Das Militär hat Sonderrechte.«

Unterdessen hatten zwei Soldaten den Toyota besetzt und durchsuchten ihn. Sie beließen es nicht bei der üblichen Kontrolle, sondern nahmen sogar die Sitze heraus, montierten das Reserverad ab, krochen unter das Auto und untersuchten die Achsen. Rauschgift kann man überall verstecken.

Leutnant Luo wickelte die Opiumpfeife aus dem Seidenpapier – es war der erste Fund, den ein Soldat ablieferte.

»Woher?« fragte er und hielt die Pfeife hoch.

»Auf dem Markt in Nan Hua gekauft«, sagte Liyun.

»Auf dem Markt!« Es klang spöttisch. Luo schnupperte an dem Pfeifenkopf. Der süße Duft des Opiums wehte ihm in die Nase. »Daraus ist vor kurzem noch geraucht worden.«

»Unmöglich! Die Pfeife ist über hundert Jahre alt!«

»Aber nicht der, der sie geraucht hat! Fragen Sie den Herrn Ausländer, woher er das Opium hat!«

»Er hat nie Opium gehabt.«

»Können Sie das beweisen?«

»Ja, er ist erst seit zwei Tagen in China.«

»Aha! Dann hat er sie gestern noch geraucht.«

»Wir haben die Pfeife vor zwei Stunden erst gekauft.«

»Wer soll das glauben? Beweise!« Luo gab die Pfeife an einen der Soldaten weiter. »Wir werden das untersuchen! Auf dem Markt, haha!« Er straffte sich und hob die rechte Hand. »Folgen Sie uns! Sie sind verhaftet!«

»Das ist verrückt!« schrie Liyun. Ihre Stimme war schrill geworden. »Sie wollen einen vom Ministerium bevorzugten Gast aus Deutschland verhaften?«

»Ob Deutschland, Amerika oder Japan – Drogenhändler sind international.«

»Drogenhändler? Herr Rathenow soll ein Drogenhändler sein? Welch ein Wahnsinn!«

»Das werden wir überprüfen. Sie kommen mit in die Kaserne von Midu.«

»Was sagt er?« fragte Rathenow. Ihm fiel die zitternde Erregung von Liyun auf. In dem Augenblick, als Luo an dem Pfeifenkopf schnupperte, hatte er schon geahnt, daß es Schwierigkeiten geben würde.

»Wir sind verhaftet!« Liyuns Stimme schwankte vor Empörung. »Er verdächtigt Sie, Opium geraucht zu haben! Ich werde in Midu sofort mit unserem Reisebüro telefonieren. Ausgerechnet Sie behandelt man so ...«

»Irgendwie hat der Offizier aber recht.«

Liyun starrte Rathenow verständnislos an. Sie war einfach sprachlos. Endlich fragte sie: »Was meinen Sie damit?«

»Im Pfeifenkopf ist noch der Geruch von Opium.«

»Natürlich.«

»Frisches Opium! Nicht hundert Jahre alt.«

»Woher ... woher wissen Sie das?«

»Man riecht es. Ich habe es auf dem Markt sofort gemerkt.«

»Und Sie haben mir nichts gesagt? Herr Rathenow, wir werden in große Schwierigkeiten kommen. Natürlich wird man den alten Mann auf dem Markt nie finden, und man wird behaupten, daß *Sie* geraucht haben oder die Pfeife sogar aus Europa mitgebracht haben, um hier Opium auf seine Reinheit zu prüfen. Und um Drogen zu kaufen.«

»So dämlich kann doch keiner sein!«

»Sagen Sie das mal einem chinesischen Offizier! Sie kommen sofort vor ein Militärgericht!«

»Da wird die deutsche Botschaft in Beijing eingreifen.«

»Das kann lange dauern. Bis dahin werden Sie in einem Gefängnis sitzen. Wissen Sie, was ein chinesisches Gefängnis bedeutet?«

»Ich ahne es.« Rathenow sah hinüber zu Leutnant Luo. Er sprach mit seinen Soldaten, die natürlich nichts mehr gefunden hatten. Aber der Toyota war fast in seine Bestandteile zerlegt. Ying stand neben seinem Wagen und grunzte, als einer der Soldaten zu ihm sagte: »Du kannst ihn wieder einräumen.«

»Wer ihn auseinandergenommen hat, kann ihn auch wieder zusammensetzen«, antwortete Ying. Der Soldat trat in drohender Haltung näher.

»Widersprich nicht. Tu, was man dir befiehlt!«

»Hast du mir etwas zu befehlen? Ein Scheißer bist du! Ein aus dem Hals stinkendes Großmaul! Ein in der Hose gebliebener Furz!«

Der Soldat starrte Ying an und schien nicht zu begreifen, was er gehört hatte. So etwas gab es nicht, so etwas hatte man noch nie erlebt. Jemand stellt sich hin und verhöhnt das Militär! Ein Bauernlümmel spuckt gegen die Elite des Volkes!

Der Soldat hob seine Maschinenpistole, um Ying den Kolben an den Kopf zu schlagen. Aber Luo, der sich zufällig umdrehte, verhinderte das. »Laß das!« schrie er. »Soldat Xu Maolin, tritt drei Schritte zurück!«

»Er hat mich beleidigt, Genosse Leutnant!« rief Xu empört.

»Das werden wir alles in der Kaserne von Midu klären. Fertig machen zum Abrücken!«

Ying hatte sich dazu entschlossen, doch den Wagen wieder in Ordnung zu bringen und sich nicht länger zu widersetzen. Er wußte: Sie waren immer die Stärkeren. Wer in China eine Uniform trägt, wird und muß respektiert werden. Ein Uniformträger ist ein Privilegierter! Die Uniform allein schon hebt ihn von der übrigen Menschheit ab. Wer eine Uniform beleidigt, den trifft die ganze Härte des Gesetzes.

Zunächst stellte Ying seinen Vogelkäfig mit dem schönen schwarzen Kampfvogel an den Rand der Straße und begann, die Sitze wieder in die Halteschienen zu montieren. Das dauerte natürlich eine Zeitlang. Da half kein Schimpfen von Leutnant Luo und keine Drohung des Soldaten Xu Maolin. Je mehr man Ying antrieb, um so langsamer arbeitete er, und als er sagte: »Genossen, wenn ihr es schneller könnt, dann greift mit zu!«, ließ man ihn in Ruhe.

Unterdessen verhandelte Liyun noch einmal mit Leutnant Luo Huanqing. Sie wies auf das Empfehlungsschreiben des Ministeriums hin, auf die hohe Stellung des Gastes und die ihm eingeräumten Sonderrechte, aber Luo entgegnete mit der Sturheit eines dienstEifrigen Offiziers: »Wie dem auch sei, Genossin: Wie will man in Beijing wissen, ob der Fremde Opium raucht oder nicht? Kann man ihm das ansehen? Kann man nicht auch ein Ministerium täuschen? Laufen nicht genug Gauner mit weißem Kragen herum? Das sind die Schlimmsten! Die Ehrenmänner, die in Wirklichkeit das Volk betrügen! Was wissen *Sie* von dem Fremden? Daß er ein berühmter Gelehrter ist und erfolgreich Bücher schreibt in Europa, in Deutschland. Was bedeutet das schon? Viele Künstler sind drogensüchtig, das weiß man doch. Und aus dieser Opiumpfeife, die wir bei ihm gefunden haben, ist noch vor kurzem geraucht worden. Das riecht man!«

»Aber nicht von Herrn Rathenow!« rief Liyun.

»Können Sie das beweisen?«

»Ich wiederhole es zum hundertsten Mal: Wir haben die Pfeife vor einigen Stunden auf dem Bauernmarkt von Nan Hua gekauft.«

»Das behaupten Sie! Wer kann das bezeugen?«

»Wen Ying, unser Fahrer.«

»Wen Ying haben wir verhört – er weiß von nichts. Er hat am Wagen gewartet.«

»Das stimmt.«

»Na also!«

»Aber wir gingen ohne Pfeife zum Markt und kamen mit Pfeife zurück, das kann er bezeugen.«

»Wen Ying ist kein guter Zeuge, er ist überhaupt kein Zeuge! Er lügt, weil er im Dienst des CITS ist! Er würde alles beschwören! Deshalb nehmen wir Sie mit zur Kaserne. Dort wird sich alles klären. Der Genosse Oberst Dong Tingzao wird das entscheiden oder eine Klage weitergeben! Wir lassen uns nicht täuschen! Wir sind hier nicht in Beijing!«

Liyun und Leutnant Luo stritten sich noch eine Weile herum, bis Rathenow zu ihnen trat.

»Es hat doch keinen Sinn, Liyun«, sagte er einsichtig. »In der Kaserne wird sich alles aufklären. Von mir aus sollen sie die verdammte Pfeife behalten.«

»Darum geht es jetzt nicht mehr.« Liyun schüttelte wild den Kopf, ihre langen schwarzen Haare wehten über ihr Gesicht. »Sie müssen beweisen, daß Sie keine Drogen genommen haben.«

»Das ist doch einfach.«

»So? Wie denn?«

»Ich habe nie Drogen genommen! In meinem ganzen Leben nicht! Das kann ich beschwören!«

»Schwören! Was bedeutet schon ein Schwur? Man wird Sie auslachen und als Gegenbeweis die Pfeife hinhalten! Mein Gott, warum haben Sie mir auf dem Markt nicht gesagt, was Sie gerochen haben? Ich hätte die Pfeife sofort zurückgegeben!«

»Ich nicht! Darum habe ich ja den Mund gehalten. Ich bin mir keiner Schuld bewußt.«

»Aber für Leutnant Luo sind Sie schuldig.«

»Luo ist ein Idiot.«

»Das mag stimmen, aber er hat die Macht, uns zu verhaften! Unser ganzer Reiseplan kommt durcheinander. Bis man seinen Irrtum zugibt, kann es Tage dauern ... wenn man es zugibt, denn: Ein chinesischer Offizier irrt sich nicht! Er verliert sonst sein Gesicht. Ich sage es Ihnen voraus: Es wird schwierig werden.«

»Ihre CITS-Zentrale wird helfen. Im Notfall die deutsche Botschaft.«

»Darauf hoffen Sie bloß nicht! Man wird Ihre Botschaft gar nicht unterrichten. Das regelt das Militär allein. Oder glauben Sie wirklich, man will diplomatische Aktivitäten wegen einer dummen Opiumpfeife?«

»Wenn mir Unrecht geschieht, muß das bereinigt werden.«

»Ihnen geschieht kein Unrecht. Sie haben eine Opiumpfeife, aus der geraucht worden ist. Vor kurzem noch! Nach chinesischem Recht sind Sie schuldig.«

»Liyun! Jetzt sprechen Sie wie der hirnlose Leutnant.«

»Ich sage Ihnen nur, was Sie erwarten könnte! Aber ich habe noch die Hoffnung, daß dieser Oberst Dong Tingzao vernünftiger ist als Luo. Doch selbst wenn ... wir werden heute Dali nicht mehr erreichen! Wir werden in der Kaserne von Midu bleiben müssen.«

»Wir können doch auch in der Nacht nach Dali fahren. Die Hotelzimmer sind ja bestellt.«

»Nein.«

Rathenow blickte Liyun verständnislos an. »Wir haben in Dali kein Hotel?«

»Ein Hotel haben wir, aber wir können nicht nachts fahren.«

»Gibt es hier ein Nachtfahrverbot?«

»Das nicht, aber Ying fährt nicht in der Nacht – er hat Angst vor den bösen Geistern.«

»Was hat er? Angst? Böse Geister? Das ist doch Unsinn!«

»Für Ying nicht. Er behauptet, er hätte auf einer Nachtfahrt nach Chengdu den ›Geist der kalten Winde‹ gesehen und später den ›Dämon der verfluchten Seelen‹. Seitdem weigert er sich, nachts zu fahren.«

»Das ist doch nur eine Ausrede für seine Faulheit. Mit solchen Tricks drückt er sich.«

Bis dahin hatte Luo ruhig zugehört, obwohl er kein Wort verstand. Jetzt griff er ein.

»Was sagt der Fremde?« fragte er herrisch.

»Herr Rathenow sagt, daß er unter chinesischer Gastfreundschaft etwas anderes versteht als die Behandlung, die er hier erfährt. Er wird darüber in europäischen Zeitungen schreiben.«

»Was geht mich Europa an!« Luo Huanqing, der schneidige Leutnant, winkte wegwerfend mit der Hand. »Hier geht es um Drogen. Wir kämpfen dafür, daß China ein sauberes Land bleibt! Oder sind Sie anderer Ansicht, Genossin?«

»Natürlich nicht.«

»Also – was wollen Sie? Geben Sie endlich Ihren Widerstand auf!«

Einer der Soldaten, der auf der linken Seite der Straße auf einem kleinen Steinhügel stand und sie mit einem Fernglas kontrollierte, hob den linken Arm.

»Genosse Leutnant«, schrie er, »es kommen zwei Polizeiwagen!«

»Sehr gut!« Luo schien froh zu sein, jetzt die Verantwortung abgeben zu können. »Die Polizei kann sie nach Dali bringen. Sie ist die richtige, die zuständige Behörde. Sie wollten doch nach Dali?« Seine Stimme wurde spöttisch, und er lächelte sogar. Zum erstenmal. »Nun kommen Sie hin, sogar unter Polizeischutz!«

Die beiden Polizeiwagen, Geländefahrzeuge aus russischer Produktion und geliefert, als zwischen der Sowjetunion und China noch Freundschaft herrschte, näherten sich in schneller Fahrt der Militärsperre. Drei Soldaten Luos standen auf der Straße und winkten. Halt! Halt! Genossen, hier gibt's Arbeit...

Aber die Polizisten dachten nicht daran, die Geschwindigkeit zu vermindern oder gar anzuhalten. Mit heulenden Sirenen preschten sie heran. Die Soldaten sprangen zur Seite und gaben die Straße frei. Sie sind in einem wichtigen Einsatz, dachte Luo.

Als die beiden Polizeiwagen auf gleicher Höhe mit den Soldaten waren, gaben sie noch mehr Gas; gleichzeitig hoben die Insassen plötzlich Maschinenpistolen und begannen, auf das Militär zu feuern. Drei Soldaten schrien auf und wälzten sich auf der Straße, Ying hechtete von seinem Wagen weg und warf sich über seinen Vogelkäfig, um das wertvolle Tier zu schützen, Rathenow riß Liyun hinter einen Baum und drückte sie auf den Boden. Dann warf er sich über sie und hielt sie fest.

Luo reagierte sofort. »Feuer!« brüllte er. »Feuer! Haltet sie auf! Feuer!«

Er selbst kniete neben dem Toyota und schoß mit seiner MP den vorbeirasenden Polizeiwagen nach. Die Soldaten lagen seitlich an der Straße und feuerten; der einzige, der noch stand, war der Soldat auf dem Steinhügel, der die Polizei gemeldet hatte. Auch er schoß nun, nachdem er seinen Schrecken überwunden hatte. Er zielte genau und traf die Hinterräder des letzten russischen Jeeps. Das Fahrzeug schlingerte und schleuderte und prallte dann gegen eine Böschung.

»Ich habe sie!« schrie der Soldat. »Ich habe sie!«

Während der erste Wagen in rasender Fahrt die Burma-Straße hinunterjagte, sprangen vier Polizisten aus dem zerstörten Jeep. Leutnant Luo richtete sich auf und hob wieder die MP. Aber bevor er schießen konnte, stellten sich die »Polizisten« zu einem kleinen Kreis zusammen, reichten sich die Hände, rissen ihre Waffen empor und erschossen sich gegenseitig. Sie fielen übereinander, vier Leiber, von Kugeln durchsiebt.

Sie kürzten den Tod damit ab ... kein Verhör, keine Folter, keine öffentliche Hinrichtung im Fußballstadion von Kunming. Der Tod war ihnen sicher – warum vorher noch die Qualen?

Luo ging auf den kleinen Menschenhaufen zu, die MP schußbereit im Anschlag. Aber die Polizisten rührten sich nicht mehr. Eine große Blutlache breitete sich auf der Straße aus. Während die anderen Soldaten sich um die drei Verwundeten kümmerten und sie von der Straße zogen, spreizte Luo vor den Toten die Beine und feuerte ein ganzes Magazin auf die Leichen ab. Es war ein Ausdruck ohnmächtiger Wut, völlig sinnlos, aber es löste seine innere Spannung.

Als die letzten Schüsse gefallen waren, rollte sich Rathenow von Liyuns Körper zur Seite und blieb neben ihr liegen. Sie hatte die Augen geschlossen, die Lippen fest aufeinander gepreßt, als wolle sie ein Schreien unterdrücken. Sie lag auf dem Rücken, die Arme von sich gespreizt, die Beine aneinander gepreßt, ihre Brust hob und senkte sich stoßweise.

Rathenow sah sie an, und ein verrückter Gedanke überwältigte ihn: Sie liegt da, als hätte man sie vergewaltigt. Ja, ich habe auf ihr gelegen, aber ich hatte keine Zeit zu denken. Ich habe nur eins gedacht: Ihr darf nichts passieren. Es war eine Reflexhandlung...

Liyun seufzte leise auf, drehte den Kopf zu ihm und öffnete die Augen. Ihr Blick suchte ihn, und als sie sah, daß er neben ihr im Staub und Unkraut lag und jetzt in den wolkenlosen, blauen Himmel starrte, drehte sie sich ganz zu ihm um und stützte sich auf die Unterarme.

»Sie haben sich über mich geworfen...«, sagte sie mit einer fast kindlichen Stimme.

»Um Sie zu schützen.«

»Man ... man hätte Sie erschießen können.«

»Das wäre Schicksal gewesen.«

»Nein! Sie haben sich als Kugelfang auf mich geworfen. Warum?«

»Das war doch selbstverständlich.«

»Selbstverständlich, daß Sie für mich sterben könnten?«

»Daran habe ich in diesen Sekunden nicht gedacht. Ich habe nur gedacht: Du mußt sie retten! Genaugenommen: Ich habe gar nichts gedacht. Ich habe aus einem Reflex heraus gehandelt. Es war wie damals im Krieg: Deckung! Ich war bei Kriegsende zwölf Jahre alt. Meine Eltern hatten mich zu einem Onkel nach Dresden geschickt, weil sie glaubten, dort sei ich sicher vor Luftangriffen. Und in Dresden erlebte ich den fürchterlichen Bombenangriff der Engländer, bei dem Tausende von Menschen zerrissen wurden, in den Kellern erstickten oder als lebende Fackeln durch die Straßen rannten. Berge von verkohlten Leichen lagen auf den Plätzen, zusammengeschrumpft zu schwarzen Klumpen. Auch ich wurde im Keller im Haus meines Onkels verschüttet. Alle meine Verwandten starben, nur ich überlebte, weil ich, eben aus einem Reflex heraus, an einen Betonpfeiler kroch, der das Kellergewölbe hielt. Seltsam... Aber jetzt ist ja alles vorbei. Sie leben.«

Rathenow richtete sich auf, saß neben Liyun auf der Erde, zog die Beine an und blickte über die Felder, auf denen in langen, geraden Reihen der Kohl grünte. Ein Bauer mit einem breiten Hut aus geflochtenem Reisstroh stampfte über ein abgeerntetes Feld hinter einem Holzpflug her, gezogen von einem dicken Wasserbüffel. Ruhig zog er seine Furchen, als sei auf der nahen Straße nichts geschehen. Wen Ying hatte sich aus dem Unkraut erhoben und schleppte seinen Vogelkäfig zurück zum Wagen. Sein Gesicht glänzte vor Schweiß, aber er war glücklich. Seinem geliebten Vogel war nichts geschehen. Leutnant Luo kniete neben den Verwundeten und alarmierte die Kaserne von Midu.

»Einen Sanitätswagen!« schrie er in das Funksprechgerät. »Wir haben drei Verwundete! Überfall von Drogenschmugglern in Polizeiuniform. Vier Schmuggler sind tot. Ein Wagen ist durchgekommen in Richtung Kunming! Ein Jeep sowjetischer Bauart mit vier Mann. Wir brauchen dringend einen Krankenwagen! Dringend!«

Von dem zerstörten Jeep kamen jetzt zwei Soldaten zurück. Sie brachten drei Jutesäcke mit, einen großen Lederbeutel und zwei Koffer aus Bambusrohr. Leutnant Luos Miene hellte sich auf. Ein Teilerfolg, aber immerhin ein Erfolg. Verlust: drei Verwundete, aber dennoch ein Gewinn.

Liyun blieb im Gras liegen und sah Rathenow stumm an. Nur ihre dunklen Mandelaugen sprachen; ihre Blicke streichelten ihn wortlos. Rathenow bemerkte es nicht – er sah hinüber auf den ruhig pflügenden Bauern, den keine Schießerei auf der Straße aus der Ruhe bringen konnte.

Als er plötzlich zu sprechen begann, zuckte sie zusammen.

»Ich stelle wieder einmal fest«, sagte Rathenow, »schon die ersten Tage in China sind lebensgefährlich. Wenn das so weitergeht, haben wir ja noch viel vor uns ...«

»Es tut mir so leid.« Liyun senkte den Blick. »Ich bin seit drei Jahren Reiseleiterin, und nie ist etwas passiert. Was heute geschehen ist, ist einfach unvorstellbar – ausgerechnet mit Ihnen!«

»Ich ziehe das Abenteuer auf mich wie ein Magnet die Nägel. Wo ich auch hinkomme, immer geschieht etwas. Zuletzt in Alaska. Da wohnte ich in einem Farmhaus an einem einsamen See, den man nur mit einem kleinen Wasserflugzeug erreichen konnte. Und was passiert? Beim Morgengrauen bricht ein riesiger Bär in das Haus ein, tappt in die Küche, reißt den Kühlschrank auf und frißt dem Farmer das ganze Hirschfleisch weg! Als er wieder abmarschierte, hinterließ er eine total verwüstete Küche. ›Ich lebe jetzt seit zwölf Jahren hier am See!‹ erzählte mir der Farmer. ›So etwas ist mir noch nicht passiert. Das ist der erste Bär, der bei mir einbricht.‹ Logisch – ich war ja da.«

»Zufall ...«

»Nein. Andere Reisende kommen in fremde Länder, und es passiert gar nichts. Höchstens, daß sie mal Durchfall bekommen wegen des fremden Essens. Wenn ich in den gleichen Ländern aufkreuze, dann geschieht plötzlich etwas absolut Außergewöhnliches. Liyun –« Rathenow legte eine Hand auf ihren Oberschenkel. Sie rührte sich nicht, aber sie spürte die Berührung bis ins Innerste. Sie mußte die Augen schließen. »Es werden drei aufregende Wochen werden ...«

Von den Verwundeten kam Leutnant Luo Huanqing zu ihnen. Rathenow und Liyun erhoben sich aus dem staubigen Gras. Ying setzte den letzten Sitz in den Wagen und stellte seinen Vogelkäfig wieder neben Rathenows Koffer. Die Verletzten lagen am Straßenrand, klaglos, obwohl sie starke Schmerzen hatten. Die anderen Soldaten gaben ihnen aus Feldflaschen Tee zu trinken. Tee ist in China ein Wundermittel, er hilft sogar gegen Schmerzen.

Luo blieb vor Rathenow stehen, griff in seine Uniformtasche, holte Rathenows Paß heraus und hielt ihn ihm hin. Rathenow starrte ihn ungläubig an.

»Nehmen Sie ihn sofort!« sagte Liyun. »Kein Zögern!«

Er nahm den Paß an sich und steckte ihn in eine der Taschen seiner Jacke. Luo wandte den Kopf zu Liyun, und er war freundlicher und ruhiger, als man es nach diesem Überfall erwartet hätte.

»Übersetzen Sie, Genossin«, sagte er. »Aber genau.«

»Ja.«

Luo blickte Rathenow wieder an. »Da sehen Sie«, sagte er betont, »warum wir sehr mißtrauisch sein müssen. Sie haben es heute selbst erlebt. Ihr Leben war nichts wert. Wir haben

115

in dem zerschossenen Jeep über zweihundert Pfund Heroin gefunden! Das hat einen Marktwert von mehreren Millionen Dollar.«

»Und dabei waren es Polizisten!« entgegnete Rathenow, als Liyun übersetzt hatte.

»Die Drogenschmuggler arbeiten mit allen Tricks. Seit neuestem tragen sie Polizeiuniformen. Erst vor einer Woche wurde uns mitgeteilt, daß die falschen Polizisten im ganzen Land immer mehr zunehmen. In 17 Provinzen wurden 96 geheime Fabriken von unserer echten Polizei gestürmt und geschlossen. In diesen Fabriken wurden falsche Uniformen hergestellt. Bei der Razzia wurden 58 000 Uniformen beschlagnahmt! Woran sollen wir erkennen, ob sie echt oder falsch sind? Das ist ein großes Problem in China, vor allem auf dem Land, wo jeder, der eine Polizeiuniform trägt, mit besonderer Ehre behandelt wird.« Luo Huanqing räusperte sich. »Ihr Europäer solltet euch mal Gedanken darüber machen. Wenn die Kerle mit dem ersten Jeep, der auch voller Heroin steckt, durchkommen – und das werden sie, wenn sie auf die Dörfer ausweichen –, landet das Gift auf dem freien Markt und zerstört Tausende von Menschen. Warum will man in Europa nicht verstehen, daß die Todesstrafe eine gerechte Strafe ist? Für uns ist ein indirekter Mörder genauso schuldig wie ein aktiver Mörder.« Er nickte Rathenow zu, während Liyun übersetzte. »Ich hebe Ihre Verhaftung auf. Sie können weiterfahren nach Dali.«

»Wir bedanken uns, Genosse Leutnant«, sagte Liyun. Sie hatte es eilig und zog Rathenow an der Hand zum Wagen. »Kommen Sie! Schnell, ehe er es sich anders überlegt. Er hat einen Millionenfund gemacht und ist im Augenblick großzügig. Das kann sich blitzartig ändern. Kommen Sie!«

Auch Ying hatte die neue Situation sofort erfaßt. Er stürzte hinter das Lenkrad, startete den Motor, und kaum daß Liyun und Rathenow im Wagen saßen, gab er Vollgas und raste mit aufheulendem Motor davon.

Luo Huanqing sah ihnen nach, wölbte die Unterlippe vor und ging zurück zu den drei Verwundeten. Er nahm wieder das Funkgerät und schrie hinein, als sich die Zentrale der Kaserne von Midu meldete.

»Verdammt! Wo bleibt der Sanitätswagen? Meine Soldaten verbluten auf der Straße! Bewegt eure Ärsche!«

»Es sind zwei Wagen unterwegs!« schrie der Telefonist zurück. »Aber sie sind keine Phönixe, sie haben keine Flügel!«

»Ist die Straße nach Kunming gesperrt?«

»Das weiß ich nicht. Da müssen Sie die Kommandantur fragen.«

Luo schaltete ab. »Arschloch!« sagte er aus tiefstem Herzen. Und dann beugte er sich über die drei Verwundeten und legte ihnen abwechselnd die Hand auf die Stirn. »Es wird alles gut. Ihr werdet überleben. Sie sind unterwegs, sie müssen gleich kommen. Ihr seid tapfere Kameraden, ihr werdet einen Orden bekommen. Trinkt noch etwas Tee, das tut gut. Ich bin stolz auf euch!«

Es war das erstemal, daß Leutnant Luo so etwas sagte.

Spät am Abend, es war schon lange dunkel, und der Mond schien, erreichten sie endlich Dali, die sagenhafte Stadt der Bai, den Königssitz des alten Königreiches Nanzhao. Dali, die Stadt der drei Pagoden am Erhai-See, das Zentrum der Fundstelle des wunderschönen hellgrau-weiß geäderten Marmors, der auf Erden seinesgleichen sucht. Die Stadt, in der sich Jahrtausende alte Kulturen begegneten und vermischten: die Karawanen aus Sichuan, die Yaktrecker aus Tibet, die Gespanne aus Burma und vom Mekong, die Nomaden und Händler aus Vietnam, Thailand und Baoshan, die Soldaten des großen Kublai-Khans und die Seidenkarawanen aus dem Inneren Chinas. Aus Indien brachten wagemutige Kaufleute Brokatstoffe und Kupfergerät; Jade, Salz, Tee, Reispapier, Feuerwerkskörper und seltene Vögel wurden mit den langen Trecks in alle Himmelsrichtungen gebracht; auf der Bonan-Route, die Gebirge und Dschungel, Urwälder und Sümpfe durchzog, stauten sich seit Jahrhunderten die Gespanne ... und sie alle machten Rast in Dali, bevor sie wieder in die Wildnis eintauchten.

Ying stoppte den Wagen. Vor ihnen ragte das mächtige »Südliche Tor« auf, der Eingang in die Stadt. Links und rechts des Tores zogen sich Reste der alten Stadtmauer hin, einer Mauer aus dicken Felssteinen, für die Ewigkeit gebaut. Vom Tor aus führte die Hauptstraße in schnurgerader Richtung auf den Ausgang Dalis zu, das »Nördliche Tor«, wo seit Tausenden von Jahren die Route nach Lijiang begann. Hier zweigte auch die Burma-Straße ab und zog sich in einem weiten Bogen durch das Gebirge bis zur Grenzstadt Wanding, ehe sie im burmesischen Dschungel verschwand.

»Das ›Südliche Tor‹«, erklärte Liyun. Trotz aller überstandenen Strapazen merkte man ihr keine Müdigkeit an. Rathenow dagegen sehnte sich nach einem Bier, einem guten Essen und einem Bett. »Sehen Sie die beiden riesigen Löwen links und rechts vom Tor?«

»Ja.«

»Sie sind aus feinstem Marmor gehauen. Niemand weiß, wie alt sie sind. Erst vor zehn Jahren wurden sie entdeckt. Als man bei einem Hausbau den Keller ausschachtete, grub man die Löwen aus. Die Stadtverwaltung setzte sie darauf hier an das Tor. Und oben auf dem Tor hat man neuerdings ein Tee-Haus eingerichtet.«

»Das mit dem schönen, geschnitzten Dach?«

»Ja. Es ist nach Bai-Art rot lackiert. Wir werden das Tee-Haus morgen besuchen und die Bai-Tee-Zeremonie erleben.«

»Ist sie so ähnlich wie in Japan?«

»Nein, völlig anders. Lassen Sie sich überraschen, Herr Rathenow.«

Ying wollte weiterfahren, durch das Tor auf die Hauptstraße, als sich von einem Steinhaufen neben dem rechten Marmorlöwen eine kleine Gestalt in langen Hosen und einer blauen Jacke mit Blumenmuster löste. Ein junges Mädchen kam auf den Wagen zu. Ying bremste sofort.

»Ha! Das ist Hua!« rief Liyun und riß die Tür auf. Ihre Stimme jubelte. »Hua!«

»Wer ist Hua?«

»Die Reiseleiterin von CITS für Dali. Wie schön. Sie hat auf uns gewartet.«

Liyun sprang aus dem Wagen, die beiden Mädchen umarmten sich. Tadelnd sagte Hua:

»Ihr kommt fast vier Stunden zu spät. Wo habt ihr so gebummelt? Ich hatte Angst, daß euch etwas passiert ist. Da bin ich vom Büro zum Tor gelaufen, um auf euch zu warten. Vorher hatte ich Schwierigkeiten mit dem Hotel – sie wollten die Zimmer weiter vergeben. Aber nun ist alles klar.«

»Danke, Hua.« Liyun wandte sich zu Rathenow, der nun auch ausgestiegen war und ein paarmal auf der Stelle trat, um seine müden Beine zu ermuntern. »Hua wird uns in Dali betreuen. Sie wird für alles sorgen. Es ist alles gut organisiert, wie immer bei CITS!«

»Einschließlich beschossen zu werden«, sagte Rathenow sarkastisch. Er kam auf Hua zu, gab ihr die Hand und blickte in ihr etwas breites Gesicht mit den geschlitzten Augen. Liyun ist schöner, dachte er.

»Ich werde ihr nachher erzählen, was wir erlebt haben«, sagte Liyun. »Sie wird es morgen früh sofort nach Kunming melden. Herr Fu Huang, unser oberster Chef in Kunming, wird den Skandal weitergeben nach Beijing. Leutnant Luo Huanqing wird eine böse Zeit haben.«

»Ich freue mich, Sie kennenzulernen, Hua.« Rathenow lächelte Hua zu, sie lächelte höflich zurück.

»Sie heißt Frau Pan«, sagte Liyun korrigierend. »Hua ist der Vorname.« In ihrer Stimme klang ein leichter Tadel mit.

»Also dann: Frau Pan. Ich beneide Sie, Frau Pan. Sie durften Liyun umarmen …«

»Sie versteht Sie nicht«, unterbrach Liyun ihn. »Gott sei Dank! Sie spricht nur Englisch.«

»Ich kann es auf englisch wiederholen.«

»Lassen Sie das bitte sein, Herr Rathenow.« Es klang steif und abweisend. »Steigen wir wieder ein. Hua – Frau Pan – wird uns zum Hotel führen.«

Sie stiegen wieder in den Wagen, und diesmal setzte sich Hua neben Ying auf den Vordersitz. Wen Ying begrüßte sie mit einem breiten Lächeln und begutachtete ihre Seidenbluse unter der offenen blauen Jacke.

»Mein singendes Vögelchen, sind deine BHs alle in der Wäsche?« fragte er anzüglich und grinste unverschämt.

»Fahr los, du Affe. Frage ich, ob du eine Unterhose anhast?«

»Darüber können wir später reden. Pfirsichblüte, du siehst aus, als hättest du lange keinen Mann gehabt.«

»Halt dein Maul und fahr!« rief ihm Liyun grob zu. Und zu Rathenow gewandt, sagte sie: »Ich wundere mich, daß Ying durch die Dunkelheit gefahren ist, trotz der bösen Nachtgeister. Das hat er seit drei Jahren nicht mehr getan.«

»Ich sage Ihnen ja, Liyun: Mit mir erlebt man immer ungeahnte Dinge. Glauben Sie es jetzt?«

»Nein. Ich vermute vielmehr, daß Ying Essen und Schnaps von weitem riecht, so wie ein Adler aus großer Höhe eine Maus entdeckt ...«

»Essen! Bekommen wir überhaupt noch etwas zu essen, um diese Zeit?«

»Wir sind angemeldet. Der Koch wartet auf uns, und wenn es Mitternacht wird. Ein Gast ist in China eine ehrenwerte Person. Auf ihn wartet man gern, sonst beleidigt man ihn.«

Ying fuhr an. Sie durchquerten das »Südliche Toro« und waren schon bald in einer riesigen Menschenmasse. Ying mußte langsam fahren, er hupte ein paarmal, aber das machte auf die Leute auf der Straße keinerlei Eindruck. Vor allem die Radfahrer, die wie alle Chinesen ohne Licht durch die Dunkelheit fuhren, machten den Weg nicht frei und strampelten vor dem Auto über die Straße. Ying fluchte, aber alles Fluchen half nichts, und außerdem war Wen Ying daran gewöhnt: Wenn er hupte, begannen die Radfahrer zu klingeln. Es waren große, schrille Klingeln, die alle anderen Geräusche übertönten – Klingeln ist die Leidenschaft der chinesischen Radfahrer.

»Sind Sie müde?« fragte Liyun, weil Rathenow so still geworden war.

»Ein bißchen. Sie nicht?«

»Nein.«

»Wir waren jetzt über zwölf Stunden unterwegs. Und außerdem bin ich schon 58 Jahre alt. Wie alt oder besser jung sind Sie, Liyun?«

»Fünfundzwanzig ...«

»Unmöglich. Sie lügen. Sie sind höchstens neunzehn!«

»Dann hätte ich nicht acht Semester Germanistik studieren können. Rechnen Sie nach. Übrigens: Ich lüge nie.«

»Nie?«

»Nie!«

»Was haben Sie für einen Eindruck von mir?«

»Sie sind ein berühmter Mann und anders, als ich befürchtet hatte.«

»Danke. Das freut mich. Und weiter ...?«

»Weiter nichts.« Liyun sah ihn groß an. So abweisend ihre Worte klangen, ihre schönen Augen sprachen eine andere Sprache. »Ich kenne Sie ja erst zwei Tage. Können Sie einen Menschen nach zwei Tagen schon beurteilen?«

»Ja. Das Erkennen kann wie ein Blitz sein. Wie ein Blitzeinschlag, der alles Gewesene vernichtet.«

Liyun blickte auf ihre Hände im Schoß und hob die Schultern. »Ich habe Angst vor Blitz und Donner«, sagte sie so leise, daß Rathenow sie kaum verstand. »Ich bin ein Mensch, der die Sonne liebt. Es müßte immer Frühling um mich sein, immer der Duft frischer Blüten. Ein Blitz ist grausam, ist Zerstörung.«

»Sie haben recht, Liyun.« Rathenow legte seine Hand auf ihren Arm, sie zog den Arm sofort zurück. »Verzeihen Sie, ich bin ein dummer Mensch ...«

»Guten Morgen! Haben Sie gut geschlafen?«

Hundertmal der gleiche Spruch, eingeübt wie ein Tanzschritt, und auch heute begrüßte Liyun mit dieser Floskel Rathenow und ärgerte sich sofort, daß ihr nichts anderes eingefallen war als diese Platitüde.

Sie trafen sich in der Halle des »Dali-Hotels«, in dem Hua die Zimmer bestellt hatte. Es war ein nüchterner Zweckbau mit einem großen, durch eine Mauer von der Straße abgetrennten Vorhof und einer Toreinfahrt, in der Tag und Nacht ein Wachposten saß. Im Erdgeschoß dieses Wächterhauses hatte man einen Souvenirladen eingerichtet, in dem es neben Puppen in Bai-Tracht, gehämmertem Silberschmuck und bunten, aber schlecht gedruckten Ansichtskarten auch das süße Gebäck, Bonbons und sogar Schuhe und Strümpfe gab, außerdem aus Reisstroh geflochtene Umhängetaschen, Jadeschnitzereien und die unvermeidlichen Tusch-Rollbilder unbekannter Landschafts- und Schriftenmaler, die wie in einer Fabrik am Fließband gezeichnet werden. Es gab kaum einen Touristen aus dem Westen, der nicht mindestens eins dieser »Kunstwerke« als typisch chinesisch mit nach Hause brachte.

Für Dali war das »Dali-Hotel« eine Art Luxusbau. Der große Speisesaal und vor allem die von der Eingangshalle abgehende Bar waren etwas Besonderes; die Preise waren so hoch, daß ein normaler Chinese es sich kaum leisten konnte, in dieses Hotel zu gehen. Wer kann schon 100 Yuan für ein Abendessen ausgeben, wenn man nur 250 Yuan im Monat verdient? Bemerkenswert für ein Großhotel aber war vor allem: Hier gab es keine »Hühnchen«, die abends in der Bar herumsaßen und auf sexhungrige Touristen warteten. Die allgegenwärtige Polizei paßte höllisch auf, daß diese Großstadtsitten in Dali gar nicht erst einrissen.

»Ich habe gut geschlafen!« antwortete Rathenow. Er bewunderte im stillen Liyuns zarte Schönheit. Sie trug eine bunt bestickte weite Baumwollbluse, enge hellblaue Jeans, die ihre schlanke, zarte Figur diskret betonten. Die Füße steckten in weiß-blau gestreiften Leinenschuhen mit einer dicken Profilsohle. Sie ist ein Püppchen, dachte Rathenow. Wirklich ein süßes, lockendes Püppchen. Ihr Anblick läßt das Herz klopfen und weckt Sehnsucht. Liyun, wenn ich zwanzig Jahre jünger wäre ..., aber ich bin ein Mann von 58 Jahren, an der Grenze zum Alter. Mir bleiben nur das Anschauen und meine geheimen Gedanken.

»Ich habe geträumt«, fuhr er fort, »das ist äußerst selten. Ich träume sonst nie.«

»War es ein schöner Traum?«

»Ich habe von Ihnen geträumt ...«

Liyun antwortete nicht darauf, nur ihr Gesichtsausdruck wurde strenger.

»Gehen wir in den Frühstücksraum«, sagte sie, »wir haben heute ein volles Programm. In einer halben Stunde kommt Hua uns abholen.«

»Ich habe geträumt, daß Sie einen Freund haben. Wir saßen irgendwo auf einer Holzbank, und Ihr Freund überraschte uns – welch ein Blödsinn. Er war eifersüchtig wie Othello und probierte an mir seine Kung-Fu-Künste aus. Ich flog durch die Luft – und wachte auf. Der Traum war so realistisch, daß ich beim Erwachen noch alle Knochen spürte. Haben Sie einen Freund, Liyun?«

»Ja. Hier in Dali.«

»Welch ein Zufall!«

»Er ist Journalist.«

»Werden Sie ihn heiraten?« Eine Frage, die ihn plötzlich schmerzte.

»Ich weiß es nicht. Gehen wir frühstücken!«

»Sie lieben ihn?«

»Ich ... Vielleicht ja ...«

»Bei der richtigen Liebe gibt es kein Vielleicht.«

»Hua wird gleich kommen.«

Liyun wandte sich ab und ging in Richtung Speisesaal davon. Rathenow folgte ihr mit zusammengekniffenen Lippen. Was hast du dir eigentlich dabei gedacht? fragte er sich. Natürlich hat sie einen Freund! Sie ist 25 Jahre alt – in diesem Alter sind die meisten Chinesinnen verheiratet und haben ein Kind. Es ist erstaunlich, daß Liyun noch keine eigene Familie hat. Auf was oder wen hat sie bis jetzt gewartet? Rathenow, du bist wirklich ein alter Narr!

Aber das Frühstück schmeckte ihm nicht mehr. Während Liyun eine Nudelsuppe löffelte, aß er nur ein Dampfbrötchen mit Butter und einer widerlich süßen Marmelade, trank zwei Tassen grünen Yunnan-Tee und warf ab und zu einen Blick auf Liyun. Ihr langes, schwarzes Haar war zurückgekämmt und wurde von einem Plastikreif gehalten. Erst jetzt fiel ihm auf, daß sie eine andere Frisur hatte.

»Sie waren beim Friseur?« fragte er.

»Ja. Gestern abend.«

»Nach dem Essen? So spät?«

»Ich habe eine Freundin, die arbeitet in einem Friseurgeschäft.«

Sie löffelte weiter ihre Nudelsuppe und vermied es, Rathenow anzusehen. Er hat es bemerkt, dachte sie. Er beobachtet mich genau. Er hat einen Blick, den man förmlich auf der Haut spürt. Einen Blick, der jede Frau schwach werden lassen könnte ... Aber nicht dich, Liyun, nicht dich! Sag es dir immer wieder: Nicht dich! Er ist ein Ehrengast, weiter nichts. Ein Gast – kein Mann! Ein völlig neutrales Etwas!

Hua kam in den Speisesaal. Liyun atmete auf und winkte ihr zu. Es war wie eine Erlösung.

Hua trat an den Tisch und setzte sich auf den noch freien Stuhl. Rathenow erhob sich formvollendet und begrüßte sie. Er sprach englisch mit ihr, was in Liyun wieder Ärger aufkommen ließ, denn sie sprach kaum ein paar englische Worte.

»Frau Pan, ich begrüße Sie«, sagte Rathenow höflich und gab Hua die Hand. »Ich bin gespannt, wie Ihr Programm für heute aussieht. Liyun deutete schon an, daß es umfangreich ist.« Er setzte sich wieder.

»Das kommt auf Sie an.« Hua lächelte Rathenow zu und lehnte sich auf ihrem Stuhl zurück. Sie trug keinen Büstenhalter, die kleinen Brustwarzen drückten sich durch die dünne Seidenbluse. Ihr Haar war kurz geschnitten, eine Art Pagenkopf mit Fransen über der Stirn.

Als habe er auf ein Stichwort gewartet, kam nun auch Wen Ying zum Frühstück, aber er setzte sich abseits an einen Tisch. Ein Fahrer hat Distanz zu wahren gegenüber einem so berühmten Gast. Das ist eine Grundregel in China. Der Gast ist wie ein König, und mit einem König setzt man sich nicht an einen Tisch.

»Wo fangen wir an?« fragte Rathenow und ließ seinen Blick auf Huas Brustspitzen verweilen. Es war eine Provokation, die Liyun innerlich in einen wilden Aufruhr versetzte.

»Ich denke, wir fahren zuerst zum Erhai-See, dann zu den Drei Pagoden und dann zum Teehaus über dem ›Südlichen Tor‹. Wenn Sie wollen, können wir auch mit einem Boot nach Guan Ying fahren. Das ist eine Insel im Erhai-See, die ›Göttin-Insel‹. Dort gibt es einen wunderschönen Tempel, der der Göttin geweiht ist. Vor allem junge Ehepaare lassen sich zu diesem Tempel bringen und bitten die Göttin, ihnen zu helfen, ein Kind zu bekommen. Möglichst einen Sohn. Man sagt, ihre Wünsche werden meistens erfüllt.«

Liyuns Miene hatte sich verdüstert. Etwas spitz fragte sie: »Was erzählt Hua da?«

»Sie hat mir erklärt, wie man einen Sohn zeugt«, antwortete Rathenow mit Genuß.

»Dann soll sie das erst mal vormachen!«

»Kann ich ihr das sagen?«

»Das überlasse ich Ihnen!« Es tat Liyun in der Seele gut weiterzusprechen. »Sie hat einen Freund ... einen Deutschen. Einen Fabrikanten aus Hannover. Er war schon dreimal in Dali und hat sie besucht. Sie hat ihn bei einer Führung kennengelernt.«

»Und sie hat mit ihm geschlafen?«

»Fragen Sie sie selbst.«

»Ich werde mich hüten. Aber wenn ein Mann dreimal von Hannover nach Dali fliegt, um sie zu sehen, dann ist das nicht ganz ohne! Da läuft was.«

»Das geht uns nichts an.«

Sie sagt »uns« – Rathenow registrierte das genau. Uns – Er spürte ein Glücksgefühl, das ihm das Atmen schwer machte. Er wandte sich wieder Hua zu, die Gott sei Dank kein Wort verstanden hatte. Nun sprach er wieder englisch.

»Natürlich machen wir die Bootsfahrt zu der ›Göttin-Insel‹«, sagte er.

»Wollen Sie auch um einen Sohn beten?« fragte Hua ungeniert zurück.

»Dazu bin ich zu alt, Frau Pan.«

»Alt? Sie sind ein Mann, wie man ihn sich wünscht!«

Rathenow verzog den Mund zu einem breiten Grinsen. Schade, daß Liyun das nicht verstand. Wie hätte sie darauf reagiert?

»Sie haben keine Kinder?« erkundigte sich Hua.

»Leider nicht. Meine Frau ist vor zwölf Jahren gestorben. Wir hatten eigentlich nie Zeit, an Kinder zu denken.«

»Dann müssen Sie doch zur Göttin beten und sie bitten,

Ihnen eine neue Frau zu schicken, mit der Sie einen Sohn bekommen können.«

»Ich will's versuchen. Wann nehmen wir das Boot zur Insel?« Rathenow kam in eine ausgelassene Stimmung. Hua, du bist ein kleines Aas!

»Nach den Drei Pagoden.« Hua strahlte ihn an. Liyun sah es genau und ballte unter dem Tisch die Fäuste. Ich möchte ihr das freche Gesicht zerkratzen, dachte sie voll Wut. Diese lockenden Augen – draufschlagen möchte ich! Und dabei nennt sie sich meine Freundin ...

Sie erhob sich abrupt und blickte auf Rathenow hinunter. »Gehen wir! Es ist schon wieder viel zu spät.«

Ying, der sie von seinem Tisch aus beobachtete, erhob sich ebenfalls, ging hinaus und machte den Wagen fahrbereit. Er riß die Türen auf. Dann lehnte er sich an die Motorhaube und wartete auf seine Gäste.

Die Fahrt zum Erhai-See war kurz, der Blick vom schilfbestandenen Ufer überwältigend. Eine Menge Fischerboote lag bereits auf dem stillen stahlblauen Wasser. Frieden lag über diesem Bild, eine verträumte Schönheit, die selbst Rathenow gefangennahm.

»Wo ist die Insel?« fragte er Hua.

»Dort drüben am Horizont ... der grüne Streifen.«

»Und wo liegen die Ausflugsboote?«

»Wir mieten uns ein privates Boot.«

»Dann los!«

»Vorher erst die Drei Pagoden.« Hua lächelte ihn wieder aufreizend an. »Oder haben Sie es so eilig mit einem Sohn?«

»Nicht direkt. Ich bin geübt im Warten. Außerdem gehört zu einem Kind eine Frau.«

»Haben Sie da Schwierigkeiten?«

Das war eine Frechheit, aber eine aufreizende. Rathenow ging darauf ein. Mein lieber Fabrikant in Hannover, dachte er nur, wenn diese heiße Katze Hua dir treu ist, will ich Rumpelstilzchen heißen! Paß auf, Junge, daß dir nicht ein Geweih wie bei einem Fünfzehnender wächst.

»Bisher nicht«, antwortete er. »Aber Frau ist nicht gleich Frau. Zur Mutter gehört mehr als eine Bettgenossin.«

Liyun, die neben ihnen stand und Huas Blicke genau verfolgte, nahm sich' in diesen Augenblicken fest vor, Englisch zu lernen. Das Gespräch zwischen den beiden mußte sehr anregend sein, denn Rathenow war in einer ausgelassenen Stimmung. Liyun begann Hua zu hassen und war bereit, sie aus dem Kreis ihrer Freundinnen zu streichen. Man muß sich schämen, sagte sie sich. Jawohl, schämen muß man sich! Wie sich diese Zicke benimmt! Wie sie mit den Augen rollt! Wie sie sich über die schiefen Lippen leckt. Wie sie ihre jämmerlichen Brustwarzen durch die Bluse drückt! Ekelhaft! Hua, du Schlange, ich hasse dich!

»Fahren wir zu den Pagoden!« sagte Liyun fast im Befehlston. Ying, der drei Schritte hinter ihnen stand, lief zum Wagen zurück und öffnete die Türen.

Wer nach Dali kommt und nicht die Drei Pagoden besucht, hat ein Wunder an Schönheit verpaßt. Auf einem Hügel, den man über eine breite Marmortreppe ersteigt, stehen drei unterschiedlich große, in den wolkenlos blauen Himmel ragende runde reichverzierte Steintempel mit einer sich zuspitzenden Kuppel. Mit jedem Schritt spürt man, wie man der Gottheit näherkommt, wie der Mensch selbst klein und kleiner wird, um dann, die Pagode hinaufblickend, zu erkennen, daß er nur wie ein Staubkorn ist, völlig unwichtig und bedeutungslos, als wollten die Tempel sagen: Falte die Hände, Mensch, und verneige dich vor der Allmacht. Und lerne, daß Demut ein Flügel ist, der dich hinaufträgt in den ewigen Frieden.

Am Vormittag, wenn die Sonne noch etwas schräg steht, spiegeln sich in dem Teich zu Füßen der Heiligtümer die Drei Pagoden im glasklaren Wasser wie die Finger Gottes, die zeigen: Sieh, Mensch, erkenne, Mensch: Nicht dir gehört alles, sondern alles ist Gottes Besitz.

Ergriffen stand Rathenow vor diesem Bild.

»Unvorstellbar!« sagte er nach einer ganzen Weile. »Einfach unfaßbar! Zu welchen Wunderwerken ein Mensch fähig ist, wenn er glaubt. Wir haben unsere Dome, ihr habt eure Tempel, die Inkas hatten ihre Götterpyramiden und die Ägypter ihre Grabkammern. Sie alle knieten vor Gott – und schlachteten sich doch gegenseitig ab. Bis heute hat sich nichts daran geändert. Die Menschheit lernt nie aus dem Vergangenen. Warum kann Schönheit nicht Frieden gebären? Warum vernichten wir, was unvergänglich sein sollte? Wenn man hier steht, begreift man die ganze Tragik des Menschen.«

Er sagte es auf deutsch, und nur Liyun verstand ihn. Sie hatte unzählige Male mit Touristengruppen an dem Spiegelbild der Drei Pagoden im Teich gestanden und viele Ahs und Ohs gehört und Hunderte Touristen gesehen, die wie wild fotografierten und dabei ununterbrochen redeten.

Und immer hatte Liyun dabei gedacht: Sie begreifen gar nicht, was sie sehen, vor wem sie stehen; ob sie einen kackenden Hund fotografieren oder die Drei Pagoden, ist ihnen egal.

»Sie sind der erste, der so redet«, sagte sie zu Rathenow.

»Wirklich? Ich kann nicht anders, ich empfinde es so. Ich bin gefangen von dieser Schönheit.«

Hua aber drängte ungeduldig zur Weiterfahrt. »Wir haben noch soviel anzusehen«, sagte sie, »und die Zeit bleibt nicht stehen.«

»Leider. Man müßte sie anhalten können.«

»Dann gäbe es keine Entwicklung.«

»Ob das immer von Vorteil ist? Ich wollte mir noch eine Marmorfigur kaufen.«

»Und mit sich herumschleppen? Drei Wochen lang? Sie kommen auf dem Rückweg doch wieder nach Dali.« Ihre listigen Augen blitzten ihn an. »Darauf freue ich mich schon heute.«

»Wirklich?«

»Bei so etwas lüge ich nicht.«

»Aber sonst können Sie lügen?«

»Ab und zu, wenn es sein muß.«

Sie drehte sich mit einem kecken Schwung herum und ging zurück zum Wagen. Liyun zog die Augenbrauen zusammen. Wie sie mit dem Arsch wackelt! Wie sie auf ihren krummen Beinen wippt! Du bist nicht mehr meine Freundin, Hua. Endgültig!

Sie fuhren wieder quer durch Dali – zum »Nördlichen Tor« hinein und durch das »Südliche Tor« hinaus. An beiden Einlässen wurde Ying von der dort Wache stehenden Polizei angehalten, denn es ist verboten, mit dem Auto durch die Altstadt zu fahren – nur mit einer Sondergenehmigung geht das. Wen Ying hatte sie natürlich, zeigte sie vor und durfte passieren. Außerhalb des »Südlichen Tores« hielt er auf einem Parkplatz, wo auch eine Reihe Busse mit Touristen warteten.

Während der Fahrt durch die Stadt hatte Ying mit einem breitem Grinsen auf Hua neben sich geschaut und gesagt: »Er ist wohl dein Typ, der Deutsche?«

»Halt's Maul!« hatte ihn Hua angeherrscht. Aber Ying kümmerte das gar nicht.

»Er ist ein berühmter Herr.«

»Das weiß ich.«

»Was willst du mit ihm? Juckt es dich so sehr?«

»Sau!«

»Denk an deinen deutschen Freund, den Fabrikanten.«

»Du Ekel! Leck mir doch den Hintern!«

Hua knirschte mit den Zähnen, aber sie behielt die Beherrschung. Nur als sie vor dem Tor ausstiegen, zischte sie Ying an: »Du hast jetzt zwei Stunden frei. Geh zu einer Hure!« Dann wandte sie sich mit strahlendem Gesicht zu Rathenow um. »Wir besuchen jetzt das Tee-Haus! Von dort oben hat man einen wirklich schönen Blick über die ganze alte Stadt. Es wird Ihnen gefallen.«

»Mir gefällt alles, was Sie mir zeigen«, antwortete Rathenow fröhlich. »Ich lasse mich gern überraschen.«

Ein Blitzen aus Huas Augen dankte ihm für diese charmante Anzüglichkeit. Liyun atmete tief durch, aber sie freute sich dennoch auf die Teestunde.

Ein Mädchen wies ihnen einen Tisch an, von dem aus sie die Altstadt überblicken konnten ... das verschachtelte Häusermeer mit den engen Gassen und Nebenstraßen, die Geschäfte mit den bunten Reklameschildern, die dampfenden Garküchen, die schweren Karren, die von Männern an dicken Stricken gezogen wurden, die Frauen, die Bündel, Säcke oder gefüllte Körbe auf dem Kopf trugen ...

»Trinken wir Tee?« fragte Liyun.

»In einem Tee-Haus, was sonst?« antwortete Rathenow.

»Es gibt viele Touristen, die trinken auch hier Cola oder Bier.«

»Das sind Banausen!«

»Tee auf Bai-Art?«

»Wennschon, dennschon!«

Liyun bestellte bei der Kellnerin, einem hübschen Mädchen, das in seiner Bai-Tracht wie eine lebende Folklorepuppe aussah. Schon nach kurzer Zeit wurden die Schalen gebracht, aber Liyun hielt Rathenows Hand fest, als er danach greifen wollte.

»Noch nicht«, sagte sie. »Ich muß erst erklären.«

»Ich bin ganz Ohr.«

»Die ›Bai-Tee-Zeremonie‹, das heißt, es werden drei verschiedene Sorten Tee in drei Tassen serviert. Der bittere Tee, der süße Tee und der saure Tee. Und jeder Tee hat seine Bedeutung. Der bittere Tee verkörpert das junge Leben. Um es zu genießen, muß man hart arbeiten; es sind bittere Jahre, die einem bevorstehen, bis man sein Leben geordnet hat. Der süße Tee steht für den Lebenssommer. Der Mensch beginnt, die Früchte seiner Arbeit zu ernten, sein Leben ist schön und erfolgreich, er kann stolz auf sich und seine Familie sein. Das Leben schmeckt süß auf seiner Zunge, er schmeckt die Gnade des Himmels. Der saure Tee verkörpert das Alter. Nun hält der Mensch Rückschau auf sein Leben, erkennt Fehler und Irrtümer und muß sich selbst verzeihen. Sauer ist das Symbol des Alters. Nichts gibt es, was man rückgängig machen könnte. Es bleibt die Erkenntnis: So hast du gelebt. Nun bleibt dir nur noch die innere Ruhe, auf die Ewigkeit zu warten.« Liyun holte tief Luft. »Das ist die ›Bai-Tee-Zeremonie‹. Vor Ihnen steht jetzt der bittere Tee der Jugend.«

»Darüber bin ich Gott sei Dank hinaus.« Rathenow setzte die hauchdünne, kunstvoll bemalte Porzellanschale an die Lippen. Es war wirklich ein bitterer Tee, der ein wenig nach Geräuchertem schmeckte.

Kaum hatte er die Tasse ausgetrunken, brachte das Bai-Mädchen die zweite Schale. Den süßen Tee. Rathenow probierte ihn – das süßliche, blumige Aroma überraschte ihn. Es war ein Tee voller Lebensfülle und Reife.

»Und jetzt der saure Tee!« sagte er und stellte die Schale leer zurück auf den Lacktisch. »Jetzt kommt mein Tee – das Getränk der alten Knacker.«

»Sie sind nicht alt«, sagte Liyun. »Zu Ihnen paßt der süße Tee.«

Kaum hatte sie es ausgesprochen, bereute sie diesen Satz schon wieder. Er gab einen Teil ihrer ganz persönlichen Gedanken preis.

Das Bai-Mädchen brachte die dritte Tasse. Den sauren Tee. Rathenow schnupperte daran, aber er roch nichts. Doch schon der erste kleine, vorsichtige Schluck überzeugte ihn: Der Tee schmeckte wirklich säuerlich. Es schien, als habe man vor dem Aufguß zwei Tropfen Essigessenz in das heiße Wasser geträufelt und dann die Teeblätter übergossen. In Wahrheit war es eine Mischung aus verschiedenen Teesorten und getrockneten sauren Kräutern.

»Das ist er!« sagte Rathenow und setzte die Tasse ab. »Der saure Tee. Er gehört zu mir. Die erste Tasse war mir zu bitter und weckte nur Erinnerungen an eine schwere Jugend, die zweite Tasse war mir zu süß, zu zufrieden, zu glatt, zu üppig, aber der saure Tee sagt: Sieh, das war dein Leben: Arbeit, Mühe, Erfolg, Liebe, Lüge und Stolz, Frohsinn und Traurigkeit, Sehnsucht und Erfüllung. Nun bist du alt und etwas weise geworden und weißt, was Leben bedeutet. Blick in die Vergangenheit, erkenne die Gegenwart, und hoffe auf die Zukunft! Genieße die Früchte aller Mühen, und gib deine Weisheit an die Jungen weiter!« Rathenow blickte Liyun an. Er sah, daß sie ihm atemlos zuhörte. »Ich stehe an der Schwelle des Alters, deshalb ist der saure Tee mein Tee.«

»Warum wollen Sie alt sein?« fragte Liyun nach einer Weile des Schweigens.

»Ich will nicht, aber ich kann die Zeit nicht anhalten. Man muß sich damit abfinden, alt zu werden. Die wenigsten Menschen können das, sie haben Angst vor dem Alter.«

»Sie nicht?«

»Nein. Man muß das Unvermeidliche gelassen und mit

Würde hinnehmen und zufrieden sein mit dem, was man im Leben erreicht hat.«

»Und Sie haben keine Wünsche mehr?«

»Wünsche? Oh, einen ganzen Sack voll! Ein Mensch, der keinen Wunsch mehr hat, ist seelisch bereits tot. Wünsche sind der Motor des Lebens, auch wenn man im Alter weiß, daß nur ein Bruchteil davon erfüllt werden kann. Man muß auswählen, sortieren, überlegen, was noch möglich ist, und ohne Klage verzichten können. Das ist die Weisheit des Alters. Man muß erkennen, daß man an eine Grenze gekommen ist, die man nicht überschreiten kann.«

»Sie sprechen wie ein hundertjähriger Greis. Warum denken Sie jetzt schon an den Tod?«

»Das fragen *Sie* mich? Ist es nicht gerade in Yunnan Sitte, daß man sich mit 60 Jahren einen Sarg kauft und ihn auf einen Ehrenplatz im Zimmer stellt? Die immerwährende Mahnung: Denk an dein Ende. Bereite dich vor für die letzte Reise.«

»Das gibt es nur noch auf dem Land. Eine Tradition, die ausstirbt. Die heutige Jugend ist anders.«

»Sie sagen es, Liyun – die Jugend. Ich gehöre nicht mehr dazu.« Rathenow schob die leere Teeschale über den kleinen Lacktisch. »Ich möchte noch eine Tasse sauren Tee.«

»Nein!« Liyun schüttelte den Kopf mit einer Wildheit, die Rathenow nie in ihr vermutet hätte. »Sie bekommen den süßen Tee! Sie sind kein alter Mann, der vor seinem Sarg sitzt. Sie sind wie der Sommer, in dem das ganze Land mit Blüten übersät ist.« Und in diesem Augenblick bereute sie ihre Worte nicht mehr. Sie winkte dem Bai-Mädchen und rief laut: »Noch einen süßen Tee!«

Rathenow wollte antworten, aber nun schaltete sich Hua ein. Sie hatte die ganze Zeit geschwiegen und zugehört, obwohl sie nichts verstand. Ärgerlich sagte sie jetzt:

»Liyun, ich möchte wissen, worüber ihr euch unterhalten habt. Ich sitze ja wie doof herum.«

»Ich habe Herrn Rathenow die Zeremonie erklärt und mit ihm darüber diskutiert. Weiter nichts.«

»Wo sollen wir zu Mittag essen?«

»Das ist deine Aufgabe. Du bist für Dali zuständig.«

»In der Alten Stadt. Oder fahren wir wieder zum See? Dein Liebling will noch auf die ›Göttin-Insel‹ fahren.«

»Er ist nicht mein Liebling«, sagte Liyun steif, »sondern ein berühmter Gast, den ich betreuen soll.«

»Es gibt da viele Arten der Betreuung.«

»Ich heiße Wang Liyun und nicht Pan Hua! Laß diese dummen Reden!«

»Er ist ein schöner, interessanter Mann ...«

»Wenn du meinst. Du hast ja große Erfahrung mit Männern.«

»Er mag dich.«

»Dummheit!«

»Ich kann es in seinen Augen lesen. Wie er dich anblickt ... Ich würde rot werden.«

»Du kannst nicht mehr rot werden.« Liyun starrte auf Huas dünne Seidenbluse.

Liyun zahlte die Rechnung, als das Bai-Mädchen die zweite Tasse süßen Tee brachte, und Rathenow schlürfte ihn gehorsam. Sie sagt, ich sei noch nicht alt, dachte er und spürte ein merkwürdiges Glücksgefühl. Wie ein Sommer voller Blumen ... ist es wirklich so? Habe ich im Laufe der vergangenen Jahre einen Teil meines Selbstbewußtseins verloren? Rathenow, kokettierst du nicht mit deinem Alter, um dann genußvoll Komplimente zu hören über dein jugendliches Aussehen? Die Eitelkeit des alternden Mannes, der zwanzig Jahre jünger sein möchte? Was ich da vorhin gesagt habe, Liyun, daß ich keine Angst habe vor dem Alter – alles Blödsinn! Natürlich habe ich Angst vor dem Alter. Ich tue alles, um das Altern von mir wegzuschieben. Jeden Morgen schwimme ich in meiner Schwimmhalle in Grünwald zehn Bahnen, boxe am Punchingball drei Runden und jogge durch den Wald. Ich spiele Tennis und Golf. Ich rauche nicht mehr, und auch das Saufen habe ich reduziert, ich ernähre mich naturbewußt und biologisch. Und einmal im Jahr lasse ich in einem Sanatorium eine Entschlackungskur über mich ergehen, um alle Giftstoffe aus meinem Körper auszuschwemmen. Nein, ich will nicht alt werden! Ich will noch mithalten können.

Er trank den süßen Tee jetzt mit größtem Genuß. Liyun, du hast recht: Vom Leben liegt noch eine gute Strecke vor mir, und ich hoffe, daß sie noch voller Überraschungen ist.

Als sie wieder hinunter vor das »Südliche Tor« kamen, wartete Wen Ying schon vor seinem Wagen.

»Wohin?« fragte er, als alle eingestiegen waren.

»Zurück zum See. Zur Insel. Vorher essen wir bei Xie Fatang.«

»Ich habe deinen Rat befolgt.« Ying grinste Hua an. »Ich war bei Tianlin.«

»Wer ist Tianlin?«

»Du kennst sie nicht? Du mußt sie kennen. Ein wunderschönes Hühnchen. Sie hat mir Dinge beigebracht, von denen ich keine Ahnung hatte. Kennst du Prenkhi? Die rhythmische Schaukel? Natürlich kennst du sie. Ich habe Tianlin gefragt, wo sie das alles gelernt hat, und sie hat geantwortet: Hua hat es mir beigebracht.«

»Du sollst fahren!« schrie Hua ihn an. »Du bist ein Schwein!«

Rathenow wandte sich zu Liyun. »Was hat sie?« fragte er. »Warum schreit Hua so?«

»Ying ist auf dem rechten Ohr etwas schwerhörig«, sagte Liyun geistesgegenwärtig. »Ab und zu muß man ihn anbrüllen. Ihm ist bei einem Neujahrsfeuerwerk das Trommelfell geplatzt ...«

Ying startete den Motor und fuhr vom Parkplatz weg auf die Umgehungsstraße zum Erhai-See.

Nach dem Mittagessen bei Xie Fatang, einem am See gelegenen, für die Touristen »typisch chinesisch« eingerichteten Gasthaus mit vielen Schnitzereien an Decken und Wänden, rot, blau und golden lackiert, mit riesigen Panoramabildern an den Wänden und runden Fransenlampen mit goldenen Troddeln an der Decke, mit Götterstatuen und bunt bemalten Drachen und einem großen Gemälde, das Deng Xiaoping zeigte, wie er gütig lächelnd auf alle hinunterblickt, wurde es zu spät, um noch hinüber zur »Göttin-Insel« zu fahren.

Das Essen zog sich lange hin. Xie selbst sorgte für den Ablauf des Servierens und ließ sieben verschiedene Gänge bringen: kaltes, scharf gewürztes Fleisch, Hühnerstückchen, gesäuertes Gemüse, Bohnen und Bambussprossen in Öl und dann das Gericht aus dem riesigen Wok, den er mit Gemüse und verschiedenem Fleisch füllte und dazu zehn verschiedene Soßen bereithielt. Es gab auch gebackene Bananen, Ananasscheiben und Lychees und natürlich ein großes Holzfäßchen mit körnigem Reis. Dazu gab es Tsingtao-Bier aus Flaschen, das beste Bier, das es in China gibt. Etwas abseits, auf einem kleinen Nebentisch, stand zur Verdauung eine Flasche Mao Tai. Sogar in einem Eiskübel... Xie wußte, was »Langnasen« lieben.

Nach dem Essen lehnte sich Rathenow zurück. Er war bis obenhin satt.

»Das war köstlich!« sagte er zu Liyun. »Soviel habe ich lange Zeit nicht gegessen. Was sage ich: Essen! Es war ein Fressen! Ich kann kaum noch aufstehen, so voll bin ich. Sparen wir uns die Fahrt zur Insel. Ich schlage vor, das holen wir nach, wenn wir wieder nach Dali zurückkommen.«

»Wie Sie wollen, Herr Rathenow.« Liyun übersetzte Hua seinen Wunsch, und Hua machte ein enttäuschtes Gesicht.

»Schade!« sagte sie auf englisch. »Sie wollen also keinen Sohn...«

»Ich habe ausgerechnet: Wenn mein Sohn zehn Jahre alt ist, bin ich 69! Und jeder wird sagen: Hast du einen lieben Opa! Das hört man nicht gern. Und wenn er zwanzig ist, bin ich 79! Da wird's schon lächerlich. Frau Pan, das mit dem Sohn überlege ich mir noch.«

Ying brachte sie zurück zum »Dali-Hotel«. Er war froh, den Rest des Tages frei zu haben. Für Hua war ihre Führung durch Dali damit beendet, aber als Rathenow ihre Hand drückte, sagte sie:

»Sie fahren morgen früh weiter nach Lijiang. Ich komme zum Frühstück vorbei und verabschiede mich.«

»Das würde mich freuen.«

»Sie sind sehr nett, Herr Rathenow.«

»So bin ich immer.«

Hua sah ihn wieder an mit ihrem lockenden Blick und verließ dann das Hotel.

»Was hat sie gesagt?« fragte Liyun ärgerlich.

»Sie kommt morgen zum Frühstück.«

»Das ist nicht nötig! Ihr Auftrag ist heute zu Ende!«

»Sie möchte Abschied nehmen. Sie sagt, ich sei sehr nett.«

»Das sagt sie zu jedem! Das hat sie eingeübt. Es bedeutet nichts.«

»Sie sind also der Ansicht, daß ich nicht nett bin?«

»Das habe ich nicht gemeint.« Liyun wurde sehr verlegen. Eine leichte Röte stieg in ihre Wangen, sie konnte es nicht verhindern. »Hua ist manchmal unmöglich. Verzeihen Sie ihr!«

»Ich habe Hua nichts zu verzeihen. Ich finde sie auch nett.«

Liyun schluckte diese Bemerkung ohne Gegenrede, nur ihr Gesicht bekam wieder diesen abwehrenden Ausdruck. »Haben Sie für heute noch Pläne?« fragte sie kühl.

»Nein. Sie?«

»Auch nicht.«

»Ich werde mich ein wenig aufs Ohr legen und verdauen.« Rathenow sagte es geradezu jungenhaft lässig. »Was werden Sie tun?«

»Ich gehe etwas einkaufen. Und ich werde eine Freundin besuchen. Ich habe viele Freundinnen hier, ich bin ja in Dali in die Schule gegangen.«

»Dann wünsche ich Ihnen viel Vergnügen, Liyun.«

»Ich Ihnen auch.« Er gab ihr die Hand, aber ihr Händedruck war vorsichtig und schlaff. Ich bin nicht Hua, dachte sie wieder. Ich lasse meine Hand nicht in seiner liegen.

»Wann treffen wir uns wieder?«

»Am Abend, hier in der Halle. Sagen wir: um 19 Uhr. Zum Abendessen gehen wir in ein kleines, schönes Familienlokal in der Altstadt.«

»O Gott, reden wir jetzt nicht vom Essen! Liyun, was habe ich alles in mich hineingeschlungen?«

»Das Beste, was Xie Fatang zu bieten hatte.«

»Auch Hundefleisch?«

»Nein. Das hat Hua abbestellt. Auch die Fischköpfe haben Sie nicht bekommen.«

»Danke.« Rathenow verzog seine Lippen. »Ich hätte sie sowieso nicht gegessen.«

»Also dann ... bis 19 Uhr. Schlafen Sie gut.«

Rathenow zögerte, aber dann drehte er sich doch um, ging zum Lift und fuhr hinauf in sein Zimmer. Es war eine kleine Suite mit zwei Badezimmern und zwei kleinen Fernsehapparaten – eigentlich gedacht für vier Personen. Aber die Einrichtung war einfach, nur das nötigste Mobiliar: zwei Kleiderschränke, zwei etwas zerschlissene Sessel, zwei fleckige Tische mit den obligaten Zweiliter-Thermoskannen voll heißem Wasser, davor in einer Glasschale die Beutel mit Yunnan-Tee. Das war alles. Am besten war das Bett, und eine Augenweide waren die Badezimmer. Sie waren gekachelt mit wunderschönem Dali-Marmor, auch die Waschbecken und die Badewannen bestanden aus Marmor. Nur warmes Wasser gab es nicht.

Rathenow zog sich aus, duschte sich trotz des kalten Wassers gründlich und ging dann ins Bett. Er schlief sehr schnell ein, bis jetzt zufrieden mit diesem Tag.

Liyun blieb noch in der Halle des Hotels und führte ein langes Telefongespräch. Ihr Gesicht strahlte dabei.

Was keiner von ihnen wahrgenommen hatte – wer achtet auch schon darauf? –, war ein schmächtiger Chinese in guter, städtischer Kleidung. Er war ihnen überallhin gefolgt – zu den Pagoden, zum Tee-Haus auf dem »Südlichen Tor«, zu Xie Fatangs Restaurant, zum See, zum Hotel. Er war immer in ihrer Nähe gewesen, wie ein Schatten. Der Mann fuhr einen kleinen schwarzen japanischen Wagen und benahm sich so unauffällig, daß man ihn einfach übersehen mußte.

Als Liyun das Hotel verließ, ging er ans Telefon und rief in Kunming an.

»Herr Shen«, sagte er sehr ehrfurchtsvoll, »ich bin jetzt im ›Dali-Hotel‹. Herr Rathenow ist auf sein Zimmer gegangen. Ich glaube, Sie haben recht gehabt.«

»Ich habe immer recht«, antwortete Shen Jiafu knapp.

»Morgen werden sie weiterfahren nach Lijiang, sagte der Portier. Soll ich ihnen folgen?«

»Nein. Ich werde unseren Mann in Lijiang verständigen. Sonst noch etwas?«

»Ich glaube, Herr Rathenow hat sich in Wang Liyun verliebt.«

»Das haben wir gehofft. Wie benimmt er sich?«

»Wie ein älterer Mann sich einem jungen Mädchen gegenüber benimmt. Er ist wie ein Pfau, der sein Rad schlägt. Es ist lustig anzusehen.«

»Und Wang Liyun?«

»Sie ist sehr zurückhaltend.«

»Das wird sich ändern.«

»Sind Sie sich da so sicher, Herr Shen?«

»Ja! Ich habe dir doch gesagt: Ich irre mich nie.«

»Was soll ich weiterhin tun?«

»Bleib im Hotel, und beobachte sie weiter, bis sie morgen nach Lijiang fahren. Dann ist deine Aufgabe beendet. Du hörst wieder von uns.«

»Jawohl, Herr Shen.« Der schmächtige Chinese machte vor dem Telefon eine Verbeugung und legte dann auf. Er war stolz. Es ist schließlich eine Ehre, von Shen Jiafu gelobt zu werden. Wenn man gute Arbeit leistet, kann man Hoffnung haben, aufzusteigen und wichtigere Aufgaben zu übernehmen. Das große Ziel, sein Traum, dem er nachhing, war Hongkong. Die weltumspannende Zentrale, von der aus der »Höchste Rat« die »Armee der Verschworenen« regierte. Hongkong – ein Wunsch, der einen Menschen verändern kann. Aber dafür muß man fleißig sein und vor allem gehorchen, bedingungslos, ohne Hemmungen, ohne die Last des Gewissens. Man muß töten können, als schneide man in ein Stück Fleisch.

Und er war bereit zu töten – wenn es der Auftrag erforderte ...

Pünktlich um 19 Uhr fuhr Rathenow mit dem Lift hinunter in die Hotelhalle. Liyun war schon da. Sie saß auf einer mit dicken Kissen belegten Marmorbank neben der Rezeption.

Sie hatte sich umgezogen, trug ein langes, an beiden Seiten geschlitztes Kleid, das ihre langen schlanken Beine beim Gehen freigab. Es war ein enges Kleid, das ihre schlanke Figur reizvoll betonte. Auch die Haare hatte sie verändert. Sie trug sie jetzt eingeschlagen, gehalten von einer großen Spange, die eine breite Schleife aus roter Seide zierte. Sie sah reifer aus so, nicht mehr wie ein ganz junges Mädchen. Jetzt war sie eine junge Frau, sich ihrer Schönheit bewußt. Sie hatte sich diskret geschminkt: blaßrote Lippen, getuschte Wimpern, etwas Rouge auf den Wangen, die Lider mit einem Hauch Graubraun bestäubt. Als sie sich von der Marmorbank erhob, hielt Rathenow einen Augenblick den Atem an.

Sie ist wie ein Gedicht der alten Meister, dachte er.

Ein Vers fiel ihm ein, den er einmal gelesen hatte, geschrieben von dem Dichter Li Tai-pe im Jahre 731 zur Tang-Dynastie:

> Schlägt Regen auf dein Licht,
> er kann's nicht löschen,
> bläst Wind auf deinen Glanz, er wird nur reiner.
> Und flögest du empor in Himmelsferne,
> dem Monde nah wärst du der Sterne einer.

»Ich kann Sie auch mit Pünktlichkeit nicht überraschen«, sagte er, als er vor Liyun stand, bemüht, einen burschikosen Ton zu treffen. »Und dabei habe ich mich bemüht, vor Ihnen dazusein.«

Sie lachte. »Pech gehabt! Wie haben Sie geschlafen? Haben Sie wieder geträumt?«

»Nein, dazu war ich zu vollgefressen! Ich muß geschnarcht haben wie ein alter Hund. Immer, wenn ich zuviel gegessen habe, zittern die Wände, so schnarche ich!«

»Woher wissen Sie das? Sie schlafen doch.«

»Man hat es mir gesagt.«

»Wer? Eine Frau?«

»Ja. Und ich habe zu ihr gesagt: Sei froh, wenn ich schnarche. Wenn ich stumm neben dir läge, wäre ich tot.«

»Welch ein Gedanke! Bitte schnarchen Sie lange weiter!«

»Ihr Kleid ... haben Sie das immer im Gepäck, Liyun?«

»Nein. Es gehört einer Freundin. Ich habe es mir für den heutigen Abend nur geliehen.«

»Das war eine fabelhafte Idee. Mit diesem Kleid und dieser Frisur sehen Sie ganz anders aus.«

»Aber ich bin es!« Sie lachte wieder. Überhaupt machte sie den Eindruck, als sei sie an diesem Abend völlig verändert, freier, glücklicher.

»Ich habe noch gar keinen Hunger«, sagte er mit gepreßter Stimme. »Müssen wir jetzt schon essen gehen? Gibt es in Dali nicht ein Lokal, wo man tanzen kann?«

»Später. Hier in der Bar. Aber die Band fängt erst um 21 Uhr an zu spielen. Sie können doch nicht nüchtern bleiben!«

Nüchtern, dachte er. Ich bin betrunken von deiner Schönheit, merkst du das nicht, Liyun? Ich kann ja kaum noch normal atmen.

»Draußen wartet ein Taxi auf uns«, fuhr sie fort. »Es bringt uns zu Xu Pingbo. Er ist der beste Koch von Dali. Ein kleines Restaurant in einem blühenden Garten. Von der Straße aus sieht man es nicht, nur eine alte Mauer und ein kleines Hinweisschild. Aber wie Xu Pingbo kocht, ist hohe Kunst. Frau Xu und zwei Töchter bedienen die Gäste, und wenn alle satt sind und Herr Xu gut gelaunt ist, sitzt er an der Tür und singt unsere Volkslieder. In der Bai-Sprache. Und die Töchter begleiten ihn mit Laute und Flöte. Das ist sehr romantisch.«

»Für Touristen.«

»Auch für uns. Wer von uns Jungen kennt noch die Bai-Sprache? Wir haben nur Han gelernt.«

Das Gasthaus von Xu Pingbo lag wie eine blühende Oase zwischen den Häuserreihen der Alten Stadt. Xu empfing Rathenow und Liyun wie alte Freunde, schüttelte ihnen mit breitem Lächeln die Hände, stellte Rathenow seine Frau und seine Töchter vor und geleitete sie an ihren Tisch. Das Lokal war fast leer, aber die anderen Tische waren gedeckt, vor allem eine lange Tafel, die an der Hinterwand stand. Vier Chinesen saßen an zwei Tischen ... drei an dem einen, ein einzelner Herr an dem anderen – ein schmächtiger, korrekt in einen Anzug gekleideter Mann. Er sah kaum auf, als Xu mit seinen Ehrengästen vom Hof hereinkam, aber aus den Augenwinkeln beobachtete er sie genau. Herr Shen hat wirklich recht, dachte er. Wang Liyun hat sich herausgeputzt, als ginge sie zu einer Hochzeit.

Das Essen, das die beiden Töchter auftrugen, war unglaublich gut und vielfältig. Xu zauberte Gerichte, die Rathenow noch nie probiert hatte, und er fragte auch nicht mehr, woraus sie bestanden. Man soll genießen, ohne nachzudenken, dachte er. Ist es wichtig, ob der köstlich gewürzte Braten vom Hund oder von einer Schlange ist? Und die gesottenen Schwimmhäute von Enten und die wunderbar gewürzte Suppe von ausgekochten Hühnerköpfen schmeckten ihm ausnehmend gut.

»Hua hat Glück«, sagte Liyun plötzlich und griff mit ihren Stäbchen nach einem Fleischstückchen. Rathenow aß mit Besteck, das er während seiner Reise immer bei sich trug. Er versuchte es zwar zuerst immer wieder, mit Stäbchen zu essen, aber es gelang ihm einfach nicht.

»Glück? Wieso?«

»Ihr Freund aus Hannover hat sie nach Deutschland eingeladen. Jetzt wartet sie auf die Genehmigung des Antrags. Ich beneide sie. Mich lädt keiner nach Deutschland ein.«

»Würden Sie denn gerne nach Deutschland kommen?«

»Oh, das wäre wundervoll. Deutschland muß ein sehr schönes Land sein. Wir haben im Studium viel davon gehört und gelesen. Die Loreley, der Rhein, Hamburg, der Schwarzwald, die Küsten der Nord- und Ostsee, das Ruhrgebiet, Bayern ... wir haben oft im Germanistischen Seminar davon geträumt. Wir haben doch alle Ihre großen Dichter gelesen, moderne Romane und auch Reiseberichte eines gewissen Hans Rathenow.«

»Jetzt flunkern Sie, Liyun!«

»Nein. Ehrlich. Ich habe einige Ihrer Bücher gelesen – ›Das Geheimnis der philippinischen Wunderheiler‹ zum Beispiel und vieles mehr.«

»Unglaublich. Davon hatte ich keine Ahnung. Sie wußten also, wer ich bin, als Sie mich in Kunming abholten?«

»Natürlich, und ich war mächtig gespannt auf Sie. Nun sitzen Sie mir gegenüber – kaum zu glauben.« Sie griff mit ihren Stäbchen wieder nach einem Stück Gemüse. »Und nun hat Hua das Glück, in Ihr Land zu kommen.«

»Würden Sie nach Deutschland kommen, wenn ich Sie einlade, Liyun?«

Sein Herz schlug wie ein Hammer in seiner Brust. Antworte! rief es in ihm. Antworte, sag ja, bitte, bitte, sag ja! Warum zögerst du, Liyun?

»Sie würden mich einladen, Herr Rathenow?« fragte sie endlich.

»Nicht würde ... Ich lade Sie hiermit ein! Ich werde sofort nach meiner Rückkehr den Antrag stellen und alles Nötige veranlassen. Es wird keine Schwierigkeiten geben – ich werde dem Kulturminister persönlich schreiben. Werden Sie kommen?«

»Ja ... gern. Aber das haben schon viele Deutsche zu mir gesagt, und ich habe nie wieder von ihnen gehört. Und Sie? Sind Sie wieder in Deutschland, haben Sie mich vergessen.«

»Wie könnte ich Sie vergessen? Ein heiliger Schwur: Ich lasse Sie nach Deutschland kommen.«

Sie nickte, blickte auf ihre kleine Reisschale und sagte dann mit einer ganz merkwürdigen, kindlichen Stimme: »Ihnen glaube ich ...«

Das war der Augenblick, da all seine Bedenken sich in Luft auflösten. Er wußte nur eines: Jetzt wirst du sie küssen. Du kannst nicht anders, nichts hält dich mehr zurück. Du mußt sie küssen. Liyun, ich bin verrückt.

Aber bevor er sie an sich ziehen konnte, gab es draußen im Hof einen großen Lärm, und dann stürmte eine große Gruppe in das Lokal und besetzte die lange Tafel an der Wand. Eine deutsche Touristengruppe mit einem deutschen Reiseleiter und einer chinesischen Dolmetscherin vom Reisebüro CITS. Liyun kannte sie natürlich und winkte ihr lachend zu.

»Eine Kollegin von mir«, erklärte sie Rathenow. »Die Gruppe kommt auch aus Kunming.«

Rathenow stand auf und ging auf den deutschen Reiseleiter zu. »Ich bin auch Deutscher«, sagte er.

»Willkommen in China!« Der Reiseleiter war ein noch junger Mann, der Rathenow jetzt die Hand schüttelte. »Wie gefällt Ihnen China?«

»Ich muß Ihnen etwas sagen. Sie werden es nicht verstehen, aber ich bin Ihnen dankbar.«

»Wofür?«

»Sie haben mich gerettet. Sie und Ihre Gruppe.«

»Gerettet? Wieso?«

»Sie werden es nicht verstehen. Noch einen schönen Abend und viel Vergnügen. Das Essen bei Xu ist eine Offenbarung. Lassen Sie sich überraschen.«

Er ging zu Liyun zurück und setzte sich wieder. Dabei sah er auf seine Armbanduhr. »Es ist fast 22 Uhr – im Hotel hat der Tanz längst begonnen. Fahren wir zurück?«

Seine plötzlich wieder nüchtern klingende Stimme erschreckte Liyun. Habe ich etwas falsch gemacht? fragte sie sich. Er ist auf einmal so verändert. Ist ihm das Essen nicht bekommen? Was ist mit ihm geschehen?

Sie sprang auf, und Xu stürzte auf sie zu. Er stellte keine Rechnung aus, das regelte er später direkt mit der CITS. Und ein Trinkgeld nahm er nicht an, nicht von Liyun – das hätte ihn beleidigt. Liyun mochte er gern. Wenn sie eine Gruppe nach Dali führte, brachte sie die Touristen immer zu ihm.

Er begleitete Rathenow und Liyun bis vor die Toreinfahrt, wo das Taxi geduldig gewartet hatte. Wer bestellt in der Altstadt von Dali schon ein Taxi? Xu verbeugte sich vor Rathenow, wünschte ihm den Segen aller Götter und Geister und wieselte dann zurück in seine Küche. Die deutsche Gruppe wartete auf ihr Essen.

Aus der Hotelhalle klang die Tanzmusik bis auf die Straße, als das Taxi in den Vorplatz einbog. Einige junge Paare drängten sich durch die beiden Türen.

»Da ist ja allerhand los!« sagte Rathenow. »Die spielen sogar einen Boogie.«

»Wir können alle modernen Tänze. Sogar die neuesten aus Amerika. Wir lernen sie von den Filmen, die zu uns kommen.«

»Das neue China. Bei Mao war das nicht möglich.«

»Absolut unmöglich sogar.« Liyun sah Rathenow von der Seite an. »Können Sie gut tanzen?«

»Ich weiß nicht. Ich gebe mir jedenfalls große Mühe.«

»Was sagen die Frauen dazu?«

»Sie waren zufrieden. So schlecht kann ich also gar nicht sein. Sie werden es ja sehen und mir dann die Wahrheit sagen.«

»Das werde ich bestimmt.«

Sie betraten das Hotel und gingen durch die Hotelhalle in die Bar. Sie war gestopft voll, die Band hämmerte mit ohrenbetäubender Lautstärke, auf dem Tanzparkett drängten und schoben sich die Paare hin und her.

»Ob wir hier noch einen Platz bekommen?« fragte Rathenow zweifelnd.

»Ich habe bestellt.« Liyun sah sich nach allen Seiten um. Sie suchte den Tisch. Aus einer Ecke kam ein Chinese auf sie zu: groß, sportlich, gepflegt, eine schöne Erscheinung. Liyun atmete auf.

»Das ist Herr Shen Zhi«, sagte sie zu Rathenow. »Mein Freund.«

Zhi und Rathenow sahen sich kurz an, dann streckte Zhi die Hand aus. Sein Händedruck war kräftig. Seine Augen, mandelförmig wie die Augen von Liyun, blickten dabei auf das Mädchen. Er war ein Bai und stolz darauf, anders auszusehen als die Masse.

»Ich freue mich«, sagte Zhi in perfektem Englisch. Er hatte es während seines Studiums in Peking bei einem Sekretär der britischen Botschaft gelernt, der sein nicht gerade üppiges Gehalt durch Privatstunden aufbesserte.

»Liyun hat mir von Ihnen erzählt«, fuhr Zhi in seiner höflichen Begrüßung fort.

»So? Hat sie das?« Rathenows Antwort klang steif, ja fast ablehnend.

»Sie sind ein bekannter Reiseschriftsteller aus Deutschland.«

»Ich bin in erster Linie Ethnologe. Das Schreiben ist eine Art Hobby von mir.«

»Ein sehr erfolgreiches. Man kennt Ihren Namen sogar in China.«

»Sie auch?«

»Ich bin Journalist.«

»Ich weiß.«

»Sportjournalist. Mein Arbeitsfeld sind die Sportstadien, da kenne ich mich aus.«

»Jeder hat sein Spezialgebiet. Sie lesen keine Bücher?«

Das war schon eine provokante Frage oder – sportlich ausgedrückt – ein Schlag in die Magengrube. Zhi nahm ihn hin. Er schien es gar nicht zu bemerken.

»Das ist Liyuns Spezialgebiet. Sie ist viel klüger als ich. Sie kann tagelang lesen und behält sogar, was sie gelesen hat. Und dann erzählt sie es mir.« Er lachte kurz auf. »So erspare ich mir das Lesen. Ich gebe zu: Ich war gespannt darauf, Sie kennenzulernen.« Und dann schlug Zhi zurück, kalt, trocken und genau auf den Punkt: »Als Liyun mich heute mittag vom Hotel aus anrief und sagte, wir gehen zusammen zum Tanzen in die Bar, da habe ich alles andere abgesagt.«

Der Hieb saß und hinterließ Wirkung bei Rathenow. So also ist das, dachte er, und sein erster Impuls war, sich umzudrehen und die beiden allein zu lassen. Deshalb das Kleid, deshalb die neue Frisur, deshalb das Make-up, deshalb die freudige Stimmung – sie hat das alles für ihn getan, nicht für mich. Du bist ein Idiot, Rathenow, ein alter, vertrottelter, der Senilität entgegenschwankender Clown. Hast du wirklich gedacht, sie interessiert sich für dich? Du bist für sie ein bevorzugter Gast aus Deutschland, weiter nichts. Was hast du sonst von ihr erwartet? Nimm dir den nächsten Spiegel, und blick hinein! Was siehst du da? Einen weißhaarigen Kerl, der ihr Vater sein könnte.

»Was stehen wir hier herum?« fragte Liyun in Rathenows zerstörerische Gedanken hinein. »Zhi, hast du einen guten Tisch bekommen?«

»Dort in der Ecke. Der einzige Platz, wo man sich noch bewegen kann. Darf ich vorausgehen?«

Er wartete keine Antwort ab, faßte Liyun unter und schob sich mit ihr durch das Gedränge der Tanzenden. Rathenow folgte ihnen wie ein Hund seinem Herrn.

Ich werde mich mit Magenbeschwerden entschuldigen

und gehen, nahm sich Rathenow vor. Was soll ich hier? Hinauf aufs Zimmer, Mao Tai mitnehmen und mich besaufen. Das bleibt mir übrig von allen dummen Illusionen.

Aber er verabschiedete sich nicht. Er folgte den beiden, starrte auf Zhis breite muskulöse Schultern und auf seinen rechten Arm, der sich um Liyuns Hüfte legte. Er spürte einen schmerzhaften Stich in der Herzgegend.

Zhi wartete, bis sich Liyun an den Tisch gesetzt hatte. Manieren hat er, dachte Rathenow giftig.

Es war ein runder Tisch mit einer geschliffenen Marmorplatte. Rathenow machte es sich auf dem Stuhl mit der hohen geschnitzten Lehne bequem und bemühte sich, charmant wie immer zu sein. Liyun schien im Glück zu schwimmen; ihre Augen leuchteten, ihre rot geschminkten Lippen vibrierten, ihre kleinen zarten Finger spielten mit dem bemalten Kerzenleuchter aus Porzellan.

»Liyun hat mir auch von Ihnen erzählt«, nahm Rathenow den Kampf auf.

»Hat sie das?« Zhi tätschelte Liyuns Hand und sah sie liebevoll an. »Was hat sie erzählt?«

»Wenig. Nur, daß es Sie gibt.«

Shen Zhi nahm den neuen Schlag gelassen hin. Er bestellte bei dem Kellner eine Flasche chinesischen Weißwein, der besser war als sein Ruf, fruchtig und trocken. Aber bevor der Kellner die Flasche brachte und entkorkte, schlug Zhi wieder zurück. Mit dem feinen Gespür des Asiaten erkannte er, daß dieser Deutsche in Liyun mehr zu sehen begann als eine ihm zugeteilte Reiseleiterin. Drei Wochen lagen vor ihnen, drei Wochen in der Einsamkeit im Hochland des Mosuo-Volkes. Es war kein guter Gedanke für Shen Zhi.

»Hat Liyun Ihnen erzählt, daß wir heiraten wollen?« fragte er leichthin.

»Zhi, das geht doch Herrn Rathenow nichts an«, fiel sie ihm ins Wort. »Außerdem haben wir nie so deutlich darüber gesprochen.«

Warum leugnest du? dachte Rathenow und spürte wieder den Druck in der Brust. Natürlich wirst du ihn heiraten, Kinder bekommen und eine treue chinesische Mutter sein. Ich brauche doch nur in deine Augen zu schauen, um zu sehen, wie glücklich du bist, heute neben Zhi sitzen zu können. Eine strahlende junge Frau ... Und dann dachte er: Verdammt, du Muskelprotz, nimm deine Hand von ihren Händen! Hör auf, sie zu streicheln! Heb dir das für später auf. Später! Was wird später sein? Der Druck in seiner Brust verstärkte sich.

»Wir haben nie darüber gesprochen, Zhi. Bitte, laß das.«

Sie sagte es auf chinesisch, und Zhi antwortete in Englisch, damit auch Rathenow es verstand. Das fiel ihm plötzlich auf. Er sah Liyun wie strafend an und fragte:

»Ich denke, Liyun, Sie können kein Englisch?«

»Nur ein bißchen.« Jetzt sprachen sie wieder Deutsch. »Aber was Zhi sagt, verstehe ich immer. In jeder Sprache. Er fragt immer das gleiche: ›Wann heiraten wir?‹«

»Wann heiraten Sie denn wirklich, Liyun?«

»Darüber haben wir heute schon einmal gesprochen.«

»Da wichen Sie mir aus. Sie sagten: Vielleicht. Jetzt habe ich Zhi kennengelernt und habe keine Zweifel mehr: Er paßt zu Ihnen. Er ist ein attraktiver Mann.«

»Sprecht ihr von mir?« fragte Zhi. »Ich habe meinen Namen gehört.«

»Ich habe Liyun gefragt, wann Sie heiraten.«

»Sofort – wenn sie will.«

»Aber sie will doch!«

»Sehen Sie das so?«

»Da gibt es gar keine Zweifel.«

»Vielleicht reden Sie einmal mit ihr. Ein Jahr lang sage ich nichts anderes: Wann heiraten wir?«

»Ich soll für Sie den Brautwerber spielen? Ist das nicht etwas sonderbar?«

»Warum? Liyun hört auf andere mehr als auf mich. Sie will immer zeigen, wie stark, wie selbstständig, wie unabhängig sie ist ... und dabei sucht sie doch nur Zärtlichkeit. Geborgenheit und Zärtlichkeit.«

Du mußt es wissen, dachte Rathenow grimmig. Du hältst sie ja im Arm! Aber warum sagt sie »vielleicht« und läßt sich nicht fallen in diese Geborgenheit und Zärtlichkeit? Du wirst bestimmt ein guter Ehemann sein, du bist stark und selbstsicher und hast als Journalist Bildung und Klugheit. Du paßt zu ihr. Aber mich zu bitten, für dich um Liyuns Hand anzuhalten, ist eine Zumutung

»Vielleicht machen Sie etwas falsch, Zhi?« sagte er.

»Was denn? Bitte, geben Sie mir einen Rat. Sie sind so viel älter und erfahrener.«

Du Saukerl, tobte es in Rathenow. Ich bin kein weiser Greis, der dir im Sand mit einem Stöckchen vorzeichnet, wie du dich auf Liyun legen sollst. Ich bin noch jung. Jünger, als ihr alle denkt! Natürlich versage ich beim 100-Meter-Lauf und beim Turnen am Reck, aber von dieser Art von Sport habe ich nie viel gehalten. Aber ich kann schwimmen, ich spiele Tennis und Golf – Handicap 19 –, das mach mir erst einmal nach. Muskeln sind nicht alles.

»Ich kann Ihnen nicht raten«, sagte Rathenow und zwang sich dazu, höflich zu sein. »Das müssen Sie schon allein machen. Ich kenne Liyun ja kaum. Wie wird sie reagieren, wenn ich ihr sage: Heiraten Sie Zhi?«

»Ich weiß es nicht. Aber eine Antwort muß sie Ihnen ja geben. Versuchen Sie es, bitte!«

Rathenow war ehrlich verblüfft. Er meint's wirklich so. Er sucht Hilfe. Er läuft wie durch ein Labyrinth und findet den Ausgang nicht. Fast hätte er Mitleid gehabt mit ihm, aber dann sah er Liyun an, und der Anflug von Loyalität verschwand.

Liyun beugte sich etwas über den Tisch und klopfte mit der Faust auf die Marmorplatte.

»Über was redet ihr da?« fragte Liyun in diesem Augenblick auf chinesisch. »Zhi, es ist unhöflich, sich zu unterhalten, und ich verstehe kein Wort davon.«

»Es ist wirklich eine schwierige Situation.« Zhi hob sein Glas. Der Kellner hatte mittlerweile den Wein gebracht. »Er kann kein Chinesisch, du kein Englisch, ich kein Deutsch. Einer muß immer nur zuhören. Was kann man tun«

»Ich könnte ja übersetzen ...«

»Es gibt Dinge, die kann man nur unter Männern besprechen.«

»Und ihr habt solche ›Dinge‹ besprochen?«

»Im ... weitesten Sinne ...«

»Dann komm wieder näher, und laß uns trinken!« Liyuns Stimme klang heiser. Zhi schmerzte dieser Spott, und im stillen dachte er: Warte nur, bis wir verheiratet sind. Dann ist es vorbei mit deinem Hohn. Du wirst deinen Mann ehren und ihm nicht widersprechen, du wirst ihm gehorsam sein, denn er ist das Haupt der Familie, und sein Wort ist in seinem Haus Gesetz. So ist es Tradition, und was unsere Eltern und Großeltern und alle Ahnen als Fundament des Zusammenlebens heiligten, ist auch für uns gut. Sag nicht, wir sind moderne Menschen mit gleichen Rechten – das ist ein Schlagwort, das du falsch verstehst. Es muß Ordnung sein auf der Welt im Großen und in der Familie im Kleinen. Ohne eine Mauer hält kein Dach. Meine Liebe zu dir ist groß, Liyun, aber ich werde nie der Sklave deiner Launen sein.

Zhi atmete tief auf, straffte sich und hob sein Glas.

»Mögen Sie immer gesund bleiben!« sagte er und blickte dabei Rathenow an. »Möge Glück, Freude, Erfolg immer an Ihrer Seite stehen. Ein langes Leben wünsche ich Ihnen und die Erfüllung Ihrer Träume!«

Liyun stand von ihrem Stuhl auf. »Stehen Sie auch auf!« sagte sie zu Rathenow. »Das war ein Trinkspruch. Bei uns stehen danach alle auf und heben ihr Glas.«

Rathenow erhob sich und hob sein Glas. »Was hat er gesagt?«

»Das übersetze ich Ihnen später.« Sie stießen die Gläser aneinander und tranken einen Schluck. »Jetzt müssen Sie einen Spruch sagen.«

»Ich? Warum?«

»Das ist bei uns so üblich. Eine alte Sitte. Man antwortet auf eine Ehrung.«

»Er hat mich geehrt? Na, dann nur zu.« Er sah Zhi an. Wie nur ein Boxer seinen Gegner vor der letzten Runde ansieht, so blickte Rathenow in Zhis Augen. »Ich erhebe mein Glas mit tiefer Freude, Gast in Ihrem schönen Land zu sein. Ich bewundere Schönheit, wo immer ich ihr begegne, und nehme sie mit in meinem Herzen. Es gibt Schönheit, bei der die Worte versagen. Hier in China habe ich eine gesehen, die nie mehr aus meinem Gedächtnis verschwinden wird. Zum Wohle!«

Liyun übersetzte den Spruch, nur den letzten Satz ließ sie weg. Rathenow, dem das natürlich nicht aufgefallen war, wartete auf die Wirkung seiner Worte. Jetzt muß er reagieren, dachte er. Das muß er verstehen, wenn er nicht Stroh im Kopf hat.

Aber Zhi, der in Liyuns Übersetzung nur das Lob auf China hörte, hielt Rathenow begeistert sein Glas hin und trank es dann in einem Zug leer.

Rathenow war verblüfft. Ein verdammt harter Bursche. Ich hätte bestimmt anders reagiert.

Ein Verdacht kam plötzlich in ihm auf. Als sie sich wieder gesetzt hatten, wandte er sich an Liyun.

»Haben Sie alles übersetzt?«

»Das haben Sie doch gehört.«

»Alles?«

»Natürlich nicht wörtlich, das geht nicht. Aber sinngemäß – Sie haben gut gesprochen.«

»Finden Sie? War es nicht zu persönlich?«

»Nein. Sie haben China gelobt und seine Schönheit, so wie Sie sie sehen.«

Rathenow gab es auf. Hat auch sie nicht verstanden, was ich damit ausdrücken wollte? War das noch nicht deutlich genug? Ich kann doch nicht zu ihr sagen: Liyun, seit drei Tagen denke ich nur an dich, sehe ich nur noch dich.

Zhi riß ihn aus seinen Gedanken. »Tanzen wir?« fragte er. »Das ist ein toller Fox.«

»Bitte ...« Rathenow blieb sitzen. Zhi schüttelte den Kopf.

»Sie zuerst. Dem Gast gebührt die Ehre des ersten Tanzes.«

Rathenow erhob sich und verbeugte sich vor Liyun. Du niederträchtiger Kerl, dachte er, als sich Liyun bei ihm einhakte und er sie zur Tanzfläche führte. Das ist dir eine Freude, was? Liyun in meinem Arm zu sehen und zu wissen: Sie gehört mir. Fühlst du dich so sicher? Hast du keine Angst, nur ein bißchen Angst? Sieh uns zu! Ich werde jetzt einen Tanz hinlegen, daß sich dir die Haare sträuben.

Er umfaßte Liyuns schlanken Körper. Zum erstenmal fühlte er sie, fühlte ihre Nähe, spürte den Druck ihrer Hände auf seinem Rücken und in seiner Hand, und als er eine unverhoffte Drehung machte, fiel sie gegen ihn, und er genoß den Druck ihrer Brust und ihrer Hüfte. Seine Kehle wurde ihm eng, sein Mund trocknete aus, und er dachte: Hör auf! Geh zurück an deinen Tisch! Die Knie zittern dir, und du machst dich lächerlich! Du Narr! Du Narr! Du Narr!

Aber er tanzte weiter. Während die vielen jungen Paare um sie herum den wilden Tanzstil der modernen Zeit bevorzugten, sich umeinander drehten und die Körper zuckten, tanzten Liyun und Rathenow eng umschlungen und fast auf der Stelle. Was die Band spielte, welchen Rhythmus und welchen Tanz, nahmen sie nicht wahr; ihre Körper bewegten sich nach einem eigenen Gesetz, nach einer Melodie, die nur sie hörten.

Eine nüchterne Bemerkung Liyuns holte Rathenow auf die Erde zurück.

»Sie tanzen gut«, sagte sie. »So ganz anders als wir. Aber es ist schön – man fühlt sich so geborgen.«

»Ich kann auch anders tanzen«, sagte er, aber er tat genau das Gegenteil und zog sie noch enger an sich. »Ich kann auch mit Puddingbeinen um Sie herumhüpfen.«

Sie lachte laut, bog sich in seinen Armen nach hinten, und er spürte wieder ihre Brüste und ihren Leib. »Puddingbeine! Herrlich! Das muß ich mir merken. Zhi tanzt immer nur mit Puddingbeinen.« Sie hörte nicht auf zu lachen, auch als die Musik endete und Rathenow sie zurück zum Tisch führte. Zhi grinste ihnen entgegen, ohne zu wissen, warum sie so hemmungslos lachte.

Von da an wechselten sie sich ab. Einmal Zhi, einmal Rathenow, mal Tango, mal Boogie, Cha-cha-cha, zweimal sogar so etwas wie ein Walzer, aber was die Band daraus machte, beleidigte Rathenows Ohren und sein Musikgefühl. Es blieb nicht aus, daß Rathenow ins Schwitzen geriet, während man Zhi nichts anmerkte. Er wirkte frisch, als habe er sich gerade für den Abend umgekleidet. Ich möchte deine

Jugend aus dir rausreißen, dachte Rathenow. Ja, ich gebe es zu, mir tun die Füße weh, von Tanz zu Tanz werde ich unsicherer, vorhin habe ich Liyun dreimal auf die Zehen getreten, und gleich bin ich wieder dran und muß so tun, als sei ich begeistert. Dabei schwimme ich unter dem Anzug förmlich weg. Es ist erstaunlich, daß mir der Schweiß noch nicht in die Schuhe gelaufen ist.

Er blickte auf seine Uhr und hatte guten Grund, die Tortur abzubrechen.

»Wißt ihr, wie spät es ist?« fragte er, als Liyun und Zhi von der Tanzfläche zurückkamen. Sie kamen eng untergefaßt, was Rathenow bestärkte, den Abend zu beenden.

»Wir kennen keine Uhr!« rief Liyun ausgelassen. »Heute haben wir frei.«

»Heute ist bereits gestern. Es ist ein Uhr! Der neue Tag hat begonnen. Uns steht die Fahrt nach Lijiang bevor.«

»Noch einen Tanz – mit Ihnen – zum Abschluß. Es war ein wunderschöner Abend.« Liyuns Mandelaugen bettelten. Es war unmöglich, ihr die Bitte abzuschlagen.

Die Band setzte wieder ein, Liyun zog Rathenow an der Hand zur Tanzfläche und schmiegte sich an ihn. Ein Slowfox, der Tanz für Verliebte. Liyun lag in seinen Armen, hatte die Augen geschlossen, die Lippen leicht geöffnet, und ihr mädchenhaftes Gesicht schien wie aus Porzellan.

Plötzlich, in dem Augenblick, als Rathenow sich wünschte, diese Lippen, diese Lider, diese Nase küssen zu dürfen, öffnete sie die Augen und fragte:

»Wie finden Sie Zhi?«

Welch grausame Ernüchterung.

»Was soll ich Ihnen sagen?« antwortete er gepreßt.

»Welchen Eindruck macht er auf Sie?«

»Ist das so wichtig?«

»Für mich ist es wichtig.«

»Er ist ein netter, sportlicher, gutaussehender Bursche mit Manieren und Toleranz. Er wird seinen Weg machen.«

»Und weiter?«

»Was weiter? Das ist alles.«

»Nur Lob, nichts Negatives?«

»Dazu kenne ich ihn zuwenig. Das müssen Sie besser wissen. Der erste Eindruck jedenfalls ist positiv.«

»Danke. Es war sehr interessant.«

»Was?«

»Ihre Ansichten. Ihre Beurteilung.«

»Was ist daran so interessant?«

»Für mich – vieles.« Sie löste sich aus seiner Umarmung und achtete bei den letzten Takten deutlich auf Distanz. Als sie zurückgingen zum Tisch, hakte sie sich nicht wieder bei ihm ein. »Gehen wir!« sagte sie, als sich Shen Zhi erhob. »Ich bin müde.«

Es klang nüchtern und geradezu geschäftlich. Ende der Vorstellung. Vergessen Sie Ihre Garderobe nicht. Gute Nacht!

Sie verließen die Bar, gingen hinaus in den Vorhof, und Zhi reichte Rathenow die Hand.

»Es war ein schöner Abend«, sagte er wieder auf englisch. »Ich freue mich wirklich, Ihre Bekanntschaft gemacht zu haben. Wir sehen uns wieder, wenn Sie aus dem Norden zurückkommen?«

»Vielleicht.«

»Gute Nacht!«

»Gute Nacht!«

Liyun reichte Rathenow die Hand, und er nahm sie ganz vorsichtig und hielt sie fest.

»Schlafen Sie gut«, sagte sie mit der unpersönlichen Stimme einer Reiseleiterin, wenn sie ihre Gruppe verabschiedet. »Morgen, nein, heute um acht Uhr Frühstück.«

»Ich werde pünktlich sein. Auch Ihnen, Liyun, eine gute Nacht.« Erst nach einigen Augenblicken ließ er ihre Hand los.

Zhi ging über den Platz und schloß einen kleinen japanischen Wagen auf. Als Journalist gehörte er zu den Bevorzugten, die ein Auto zugeteilt bekommen. Er öffnete die Tür und wartete. Langsam kam Liyun auf ihn zu und stieg ein.

Sie fährt mit ihm, durchfuhr es Rathenow. In diesem Augenblick war er wie gelähmt. Sie hat ein Zimmer im Hotel, aber sie steigt in seinen Wagen. Sie fährt mit ihm in seine Wohnung! Und dann bumsen sie bis zum Morgengrauen.

Es war ein gemeiner Gedanke, aber Rathenow konnte nur noch so denken. Er sah ihren schlanken, mädchenhaften weißen Körper, wie er unter dem des muskelbepackten Mannes fast erdrückt wurde. Er hörte förmlich ihr Seufzen und Stöhnen. Und plötzlich hatte er das Gefühl zu ersticken. Er drehte sich um und stürzte zurück ins Hotel.

Mit freudigem Abschiedshupen fuhr Zhi durch die Toreinfahrt. Aber Rathenow hörte das schon nicht mehr. Er flüchtete in den Lift, hieb mit beiden Fäusten gegen die Kabinenwand, als er nach oben schwebte, und dachte: Was hast du denn erwartet, du Rindvieh? Was, bitte, hast du erwartet? 58 Jahre und noch so dämlich!

In der Halle erhob sich ein schmächtiger Chinese, der bisher auf einer Marmorbank gehockt hatte. Er kochte vor Wut. Als er in die Bar gewollt hatte, hatte man ihm keinen Tisch gegeben. »Alles besetzt. Genosse, sehen Sie doch, sie stehen an den Wänden, so voll ist es.« Auch der Geschäftsführer des Hotels, den er rufen ließ, konnte ihm nicht helfen.

»Ich gebe Ihnen 100 Yuan für einen Tisch!« hatte der kleine Chinese gebrüllt. »Ich *muß* hinein.«

»Heute bekommen Sie für 1000 Yuan keinen Platz!« Der Hotelmanager hob bedauernd die Arme.

»Dann stellen Sie mir einen Stuhl hinein.«

»Wir haben auch keine Stühle mehr. Die brauchen wir im Speisesaal. Wenn Sie vielleicht im Speisesaal Platz nehmen.«

»Das ist ein Scheißladen«, schrie der kleine Chinese. »Und Sie sind ein Scheißkerl! Wir werden uns das merken.«

»Wir? Erwarten Sie noch Gäste? Kommen noch mehr?« fragte der Manager ahnungslos. »Ich bedaure ...«

So setzte sich also der Mann, der Rathenow wie ein Schatten folgte, auf die Marmorbank neben der Rezeption und wartete geduldig, bis Liyun und Rathenow sich verabschiedeten. Dann ging auch er zu seinem Wagen, der neben Zhis Auto parkte, und fuhr ihnen nach.

Es war eine furchtbare Nacht für Rathenow.

Nein, keine »Hühnchen« boten sich an, um ihn mit chinesischen Liebesspielen zu verwöhnen. Auch der Lärm auf dem Flur hätte ihn nicht gestört, wo morgens um drei Uhr vier Chinesen laut darüber diskutierten, ob das riesige Mao-Denkmal in Lijiang noch zeitgemäß sei oder besser abgerissen werden sollte, und auch das Türenknallen zu den anderen Zimmern hätte er noch hinnehmen können. Aber er konnte einfach nicht schlafen. Rathenow wälzte sich im Bett, stand auf, legte sich wieder hin, brühte sich einen Tee auf, ging zum Fenster und blickte auf einen begrünten Innenhof, wanderte im Zimmer herum, stieg wieder ins Bett und sprang wieder auf, weil sein Herz raste und ihm das Atmen schwerfiel. Wenn er sich bewegte, ging es ihm besser. Ab und zu blieb er stehen, starrte gegen die grün gestrichene Wand, seufzte und hieb mit der Faust dagegen. Dann saß er wieder in dem kleinen Sessel neben dem Teetischchen, starrte vor sich hin und steigerte sich in den Gedanken hinein: Ich breche die Reise ab. Ich fliege übermorgen von Kunming nach Hongkong zurück. Nur noch die neunstündige Rückfahrt von Dali, und dann adieu, Liyun, für immer adieu. Ich will nie mehr von dir hören, ich will dich vergessen, ich werde alle Fotos von dir zerreißen.

Jetzt bumsen sie, dachte er. Jetzt kommt auch der Muskelberg ins Schwitzen.

Er stöhnte auf. Ich werde verrückt. Ich möchte alles zerstören: das Zimmer, die Möbel, das Haus, die ganze Welt und mich!

Irgendwann schlief er dann doch ein, im Sessel sitzend, den Kopf auf der Brust. Als ihn der Weckdienst aufschreckte, schüttelte er sich wie ein Hund, der aus dem Wasser steigt.

»Rathenow, du bist der größte Ochse, der herumläuft!« sagte er laut ins Zimmer hinein. »Das Leben ist nun mal so und die Wahrheit oft bitter wie Zyankali. Schluck sie, und dann Schluß damit. Was geht dich diese Liyun an?«

Merkwürdigerweise war er kein bißchen müde, als er um Viertel vor acht Uhr hinunter in die Hotelhalle fuhr. Schon vom Lift aus sah er, daß Liyun noch nicht da war. Natürlich, dachte er. Wie kann es anders sein? Wenn man die ganze Nacht herumturnt, ist der Morgen grausam. Das Aufstehen ist eine Qual.

Er kaufte sich an der Rezeption die »China Daily«, eine Zeitung in englischer Sprache, und blätterte lustlos darin. Als er den Lift hörte – es war Punkt acht Uhr –, blickte er unwillkürlich auf.

Mit einem strahlenden Lächeln kam Liyun auf ihn zu. Aus dem Lift. Frisch und munter, wieder in ihren hautengen, hellblauen Jeans und einer bunten Bluse. Rathenow kniff die Lippen zusammen. Sie sind zäh, die Asiatinnen, das weiß man. Sie haben eine Energie, die uns in Staunen versetzt. Kein Stäubchen Müdigkeit klebt an ihr, sie sprüht vor Fröhlichkeit.

Doch dann begriff er, daß sie aus dem Lift gestiegen war und nicht von draußen ins Hotel kam. Wieso das?

»Guten Morgen!« rief Liyun, als sie vor ihm stand.

Rathenow unterbrach sie etwas barsch. »Bevor Sie pflichtgemäß fragen: Haben Sie gut geschlafen? – Nein!«

»Oh! Warum nicht? Sie waren doch so müde.«

»War ich das?«

»Das Tanzen hat Sie angestrengt – ich habe es bemerkt.«

»Ich bin aus dem Training. Wann habe ich zuletzt getanzt? Ich kann mich nicht erinnern. Aber ich habe mir vorgenommen, wieder mehr für mich zu tun. Ich glaube, ich habe in den letzten Jahren allerhand verpaßt.«

»Sie waren in so vielen exotischen Ländern.«

»Immer allein mit meinen Kameras und einem Tonband. Ehrlich, ich habe nichts vermißt – bis gestern abend. Seitdem weiß ich, daß sich einiges ändern muß.« Er blickte über ihren Kopf mit den wieder lang über die Schulter fallenden Haaren hinweg zum Lift. »Sie haben im Hotel geschlafen?«

Liyun sah ihn an, als verstände sie die Frage nicht. »Ich habe doch hier mein Zimmer«, sagte sie dann.

»Verzeihung, das hatte ich vergessen.« Rathenow war geistesgegenwärtig genug zu sagen: »Ich dachte, Sie hätten bei – einer Freundin geschlafen. Sie haben doch so viele Freundinnen in Dali. Haben Sie mir selbst erzählt.«

»Wenn ich als Reiseleiterin unterwegs bin, schlafe ich immer da, wo auch meine Gäste schlafen. Mit Ausnahme von Kunming, da habe ich eine eigene kleine Wohnung. Zusammen mit einer Kollegin«, fügte sie schnell hinzu.

Rathenow wurde unsicher. Was war die Wahrheit? Liyun war doch in Zhis Wagen gestiegen und mit ihm weggefahren. Er hatte das doch nicht geträumt, und von zwei Flaschen Wein zu dritt ist man auch nicht so betrunken, daß man Halluzinationen hat. Sie ist doch mit ihm weggefahren!

»Gehen wir frühstücken?« sagte sie, verwundert über seine Haltung und sein Benehmen. »Ying wird gleich mit dem Wagen kommen.«

Rathenow blickte auf seine Uhr. »Wollen wir nicht warten, bis Hua kommt?«

»Sie kommt nicht.«

»Wieso? Sie hat versprochen, daß sie ...«

»Sie kommt um neun Uhr, da sind wir längst weg. Ich habe ihr eine falsche Abfahrtszeit genannt.«

»Liyun!«

»Sie kann sehr lästig sein«, sagte sie und wandte sich ab.

Er ging ihr nach und setzte sich an den kleinen runden Marmortisch, bestellte bei der Kellnerin, einem Bai-Mädchen, ein europäisches Frühstück und eine kleine Flasche Mineralwasser. Selbstverständlich gehörten auch die obligatorischen Dampfbrötchen dazu.

»Meine Kehle ist wie ausgetrocknet«, sagte er. »Ich habe in der Nacht bestimmt noch einen Liter Tee getrunken.«

»Deshalb konnten Sie nicht schlafen.«

»Ja, bestimmt deshalb.«

O Liyun, wenn du wüßtest ...

Sie bekam ihre morgendliche Nudelsuppe und ein Kännchen grünen Tee. Die Dampfbrötchen rührte sie nicht an.

»Sie trinken gern grünen Tee?«

Liyun sah von ihrer Suppenschüssel auf. »Ja, fast immer. Er ist gesund.«

»Was soll daran gesund sein? Für mich schmeckt er wie grünes Wasser. Nur im Tee-Haus – das war guter Tee.«

»Das ist auch etwas Besonderes. Die Chinesen in Yunnan

bevorzugen den grünen. Er wird sogar als Medizin getrunken bei Magenschmerzen und Kopfweh, Übelkeit und bei Erregungszuständen.«

»Befinden Sie sich heute morgen in einem Erregungszustand?« fragte er anzüglich. Sie ging nicht darauf ein, löffelte ihre Suppe, als habe sie die Frage nicht gehört. Dann blickte sie auf ihre Armbanduhr, deren Zifferblatt sie nach innen am Handgelenk trug. »In zehn Minuten fahren wir los.«

»Sie wollen wohl unbedingt vermeiden, daß Hua uns sieht, wenn sie früher kommen sollte.«

Liyun antwortete wieder nicht, sondern zeigte stumm auf die Tür zum Speisesaal. Dort stand Wen Ying und grinste zu ihnen herüber.

»Er kann warten!« sagte Rathenow aufsässig.

»Wir haben bis Lijiang viereinhalb Stunden Fahrt vor uns. Wenn wir noch einige Bai- und Naxi-Dörfer besichtigen, wird es Nachmittag, bis wir in Lijiang sind.« Sie winkte Ying zu. Er nickte und verschwand in der Halle.

»Sie sind unerbittlich, Liyun!« sagte er.

»Ich bin für Sie und die Durchführung unserer Reise verantwortlich. Geht etwas schief, muß ich darüber Rechenschaft ablegen. Das gibt in meinen Personalakten einen Minuspunkt.«

»So streng ist man bei Ihnen?«

»Der CITS hat den Ruf, zuverlässig zu sein. Gehen wir?«

»Wie Sie befehlen, Liyun.«

Sie verließen das Hotel, Rathenows Koffer waren schon zum Auto gebracht worden, Ying saß hinter dem Steuer.

Neben dem Vogelkäfig stand nun eine kleine Kiste mit einem Riegel und einem geschnitzten Deckel. Liyun zeigte darauf, als sie in den Wagen stiegen.

»Unser Mittagessen«, sagte sie. »Wir kommen zwar durch die Stadt Jianchuan, aber ich möchte Ihnen nicht zumuten, dort zu essen.«

»Das verstehe ich nicht.«

»Ich möchte nicht, daß Sie sich den Magen verderben. Als Europäer ...«

»Moment mal!« Rathenow setzte sich kerzengerade auf

und klopfte zur Verstärkung seiner Worte auf die Lehne des Vordersitzes. »Wir wollen ein für allemal eines festhalten: Ich bin nicht als Luxusreisender nach China gekommen, um nur in ausgesuchten Hotels zu wohnen und in Touristenrestaurants zu essen. Ich schlafe auch auf der Erde, wenn es sein muß.«

»Ich habe den Auftrag, Sie so gut wie möglich zu betreuen. Sie sind ein berühmter Mann.«

»Liyun, bitte nicht diese Bezeichnung. Sie ist dumm. Verzeihung. Ich bin nicht aus Zucker, weder zerbrechlich noch verweichlicht noch verwöhnt. Ich habe schon andere Abenteuer überlebt. Dies ist dagegen fast schon eine Vergnügungsfahrt.«

»Sie werden sich wundern.«

»Das hoffe ich! Darum bin ich ja hier. Was ist in der Kiste?«

»Kaltes Huhn, Obstsalat, Brot, Eier, eine Ananas, eine Thermosflasche mit Tee, Mineralwasser, Gebäck ...«

»Wie in einem Picknickkorb! Liyun, Sie haben eine völlig falsche Meinung von mir. Was bin ich in Ihren Augen?«

»Ein berühmter ...«

»Liyun! Vergessen Sie endgültig dieses Wort!«

»Ich werde mir Mühe geben. Können wir jetzt fahren?«

»Ja. Schnell. Sonst sieht uns Hua doch noch!«

Das ärgert sie, dachte er zufrieden. Mit ihrem »berühmt« baut sie einen Schutzwall zwischen sich und mir auf. Die Nacht mit Zhi muß sie ungemein beeindruckt haben. Rathenow, richte dich danach. Keine dämlichen Gedanken mehr.

Wen Ying startete, hupte und bog in die Straße ein, vorbei an vier Naxi-Frauen, die auf den Bus warteten. Sie trugen lange dunkelblaue Gewänder und auf dem Rücken bestickte, gesteppte Polsterplatten als Schutz vor den schweren Lasten, die sie zu Hause tragen mußten. Wie bei den Mosuos war auch bei den Naxis die Frau das Oberhaupt der Familie, und sie verrichtete auch die schwere körperliche Arbeit.

In der Hotelhalle stand der kleine Chinese wieder am Telefon und sprach mit Kunming.

»Sie fahren jetzt ab, Herr Shen«, sagte er ehrfurchtsvoll.

»Unser Mann in Lijiang ist verständigt.« Shen Jiafu war zufrieden. »Irgendwelche besonderen Vorkommnisse?«

»Keine. Aber sie scheinen Streit zu haben.«

»Das ist nicht gut. Aber das kann sich schnell ändern. Du bist ein guter Beobachter. Wir sind zufrieden mit dir.«

»Ich danke Ihnen, Herr Shen, und verneige mich vor Ihnen.«

Er tat es wirklich. Eine tiefe Verbeugung am Telefon. Shen Jiafu legte wortlos auf. Für ihn waren die kleinen Zuträger nur Geschmeiß, auf das man leider nicht verzichten konnte. Die Überwachung war das Fundament aller Aktionen. Man muß den Menschen genau kennen, den man für seine Zwecke einspannen will.

Die Straße nach Lijiang war um diese Zeit staubig wie alle Straßen der Region, uneben, teilweise sogar unbefestigt, einfach festgewalzter Boden, der nie vom Frost aufgebrochen wurde, denn hier gab es keinen Frost, keinen Schnee, kein Eis. Der Winter zeigt sich nur im Kalender. Wieder kamen ihnen Bauernwagen entgegen, gezogen von den kleinen, tuckernden Traktoren; Ochsenkarren und Säcke tragende Esel wurden immer wieder zur Seite gedrängt. Manchmal begegneten ihnen Entenherden und Schweine mit eigenartigen Köpfen und platten Nasen, wie sie Rathenow noch nie gesehen hatte. Anders als in den Städten sah man nur wenige Fahrräder. Die kleinen Dörfer lagen dicht nebeneinander, vom Erhai-See nur durch die Straße getrennt. Am Ufer hockten die Frauen und wuschen die Wäsche. Draußen, auf dem leicht gekräuselten See, trieben die Fischerboote in der Morgensonne, selbstgebaute Kähne, die am Heck eine aus Holz und Stroh gezimmerte Überdachung trugen, unter der die Fischer saßen, Tee und Reis kochten oder schliefen, während die Boote langsam über das Wasser dümpelten. Für manche Fischer war der Kahn ihr einziges Zuhause. Sie lebten nur auf dem Wasser, und Fisch war oft ihre einzige Nahrung.

Ungefähr fünfzehn Kilometer hinter Dali klopfte Liyun dem Fahrer auf den Arm. Ying sah sie erstaunt an, fuhr an die Seite und hielt an. Neben ihnen lag ein altes Bai-Dorf an einem kleinen Hang, ein sauberes Dorf mit festen Häusern, Ziegeldächern und Treppengassen. Zwei uralte Lastwagen standen an einer Stelle, an der die Straße etwas breiter war.

»Das ist das Dorf Er Yuan«, sagte Liyun. »Übersetzt heißt das: ›Quelle des Sees‹.«

»Was wäre China ohne Poesie!« Rathenow blickte aus dem Fenster. »Gibt es hier etwas Besonderes?«

»Hier ist mein Vater geboren.«

»Der Herr Professor ...«

»Er war Vollwaise und bettelarm. Er wuchs bei einem Onkel auf, der sich durch die Familientradition dazu verpflichtet fühlte. Die Partei hat dann später für seine Ausbildung gesorgt. Während des Studiums war er Funktionär an der Universität von Kunming. Interessiert Sie das?«

»Aber sehr.«

»Sollen wir aussteigen und Er Yuan besichtigen? Es wohnt noch eine Tante von mir im Dorf. Die könnten wir besuchen.«

»Ich bin dabei!«

Sie stiegen aus. Ying blieb beim Wagen und rauchte eine Zigarette. Über einen Weg aus dicken Steinplatten und vielen Treppen aus rundgeschliffenen Seesteinen stiegen sie im Zickzack den Hügel hinauf, bis sie vor einem typischen Bai-Haus standen. Eine Mauer zum Weg, ein Tor, dahinter ein Innenhof und dann das Haus. Im Hof blühten Azaleen und Lilien, ein Kamelienbaum stand neben einem uralten, ummauerten Brunnenschacht, der schon sehr lange nicht mehr benutzt wurde, denn inzwischen hatte man eine Wasserleitung gebaut.

Liyun trat in den Innenhof und blickte sich um. Sie war seit zwei Jahren nicht mehr hiergewesen – nichts hatte sich verändert. Hier war die Zeit stehengeblieben. Die Steinmauern bröckelten; auf dem Dach wuchs Unkraut, nur die Stromleitung bewies, daß die Neuzeit auch in Er Yuan eingezogen war.

»Hier hat mein Vater als Kind gespielt«, sagte Liyun fast

andächtig. »Das war vor 55 Jahren – es ist alles noch so, wie Vater es beschrieben hat.«

Aus der Tür des Hauses kam eine alte, gebückte Frau in schwarzem Kleid und schwarzer Leinenhose darunter. Das ergraute Haar war im Nacken zu einem Knoten gebunden. Sie trug eine randlose Brille mit dicken Gläsern. Aufmerksam musterte sie die beiden Besucher.

»Das ist Tante Song Fuli«, sagte Liyun und winkte mit beiden Armen. »Hallo, Tante Fuli! Tante Fuli – erkennst du mich nicht?«

»Wang Liyun.« Die alte Frau blieb in der Tür stehen. »Sei gegrüßt, mein Töchterchen. Welch eine Freude, dich zu sehen. Komm näher, komm näher.« Sie umfaßte Liyuns Kopf, als sie vor ihr stand, und küßte sie auf die Stirn. »Du siehst aus wie eine Pfirsichblüte. So sieht ein glücklicher Mensch aus. Bist du glücklich?«

»Ja, Tante Fuli.«

»Und wen bringst du als Gast mit?« Tante Fuli nickte zu Rathenow hinüber, der ein paar Schritte abseits stehengeblieben war.

»Einen berühmten Mann.«

»Liyun!« rief Rathenow strafend. Er ahnte, was sie sagte.

»Den ich durch Yunnan führe bis zu den Mosuos. Ein Gelehrter. Ich ... ich möchte dich um etwas bitten ...« Und zu Rathenow gewandt, sagte sie: »Tante Fuli ist das, was ihr eine Wahrsagerin nennt. Sie kann die Zukunft voraussagen. Viele Bauern kommen zu ihr, um zu erfahren, wie die Ernte wird. Sogar aus Dali kommen Leute. Hier in der Gegend heißt es, sie habe eine direkte Verbindung zu den Göttern. Wenn sie weissagt, sprechen die Götter durch sie. Möchten Sie, daß Tante Fuli Ihnen die Zukunft verrät?«

»Nein. Erstens glaube ich nicht daran, und zweitens will ich gar nicht wissen, was kommen wird. Ich lasse mich lieber überraschen.«

»Ich werde sie bitten, mir die Zukunft vorauszusagen. Darf ich?«

»Sie fragen mich? Es ist *Ihre* Zukunft. Ich bin gespannt, was Tante Fuli sieht.«

»Um was willst du mich bitten?« fragte die alte Frau.

»Erklär mir die Zukunft, Tante Fuli.«

»Kommt ins Haus.«

Sie betraten das Haus, das von außen größer aussah, als es im Inneren war. Hier gab es nur einen großen, zentralen Raum, der Wohnzimmer und Küche in einem war. Zwei Türen im Hintergrund führten zu zwei Schlafkammern. Ein Badezimmer oder eine Toilette gab es nicht. Man wusch sich in einer Emailleschüssel, und menschliche Bedürfnisse wurden in einen Porzellannachttopf erledigt, der mit bunten Drachen und Vögeln bemalt war. Rathenow fiel besonders auf, daß Tante Fuli nicht in einer der Kammern schlief, sondern ihr flaches Bett mit den Decken links neben der Tür aufgestellt hatte, Ruhestatt und Wachposten zugleich. Neben dem uralten, aus Flußsteinen gemauerten offenen Herd mit Abzug durchs Dach und den Ketten, an die man früher die Kessel hängte, stand ein moderner elektrischer Herd – der einzige Luxus, den Rathenow im ganzen Haus sah. Alles andere schien aus vergangenen Jahrhunderten zu stammen: der rechteckige Tisch, die niedrigen Stühle, eine Bank an der Wand, eine Art Küchenschrank, eine schmale Truhe, kunstvoll geschnitzt, und auf der Truhe, auf einer roten, bestickten Decke, ein Foto von Mao in einem runden Bambusrahmen. Vor dem Bild stand eine Porzellanvase mit einer frischen Blume. Das Auffälligste aber war: An der Wand zwischen den beiden Türen zu den Kammern, also im Blickfeld, wenn man das Haus betrat, und damit an einem Ehrenplatz, stand ein reich verzierter Sarg aus dunkelrotem Eisenholz. Hier, bei Tante Fuli, war die Tradition noch lebendig. Vergiß nicht, die Tage zu zählen, sie werden immer weniger.

Tante Fuli setzte sich an den Tisch, Liyun neben sie, während Rathenow ihnen gegenüber auf der Holzbank Platz nahm. Die alte Frau starrte Rathenow an, stand dann wieder auf, ging in die Küchenecke, holte die in keinem Haushalt fehlende 2-Liter-Thermoskanne und zwei halbhohe dicke Gläser, füllte sie mit Tee und schob sie ihren Gästen zu. Grüner Landtee. Die Höflichkeit gebietet es, einen Gast mit Tee zu begrüßen, sonst ist er nicht willkommen.

Gleichzeitig brachte sie ein kleines Jutesäckchen mit und legte es auf den Tisch. Liyun und Rathenow tranken den heißen Tee mit kleinen Schlucken.

Tante Fuli schnürte das Säckchen auf und schüttete einen Haufen kleiner, geschliffener Steine in verschiedenen Farben auf die Tischplatte. Liyun blickte hinüber zu Rathenow.

»Darin liest sie die Zukunft. Aus der Anordnung der Farben schließt sie auf die Ereignisse, die in fernen Zeiten stattfinden.«

»Bei uns gibt es Wahrsagerinnen, die lesen die Zukunft aus dem Kaffeesatz. Und viele glauben das.«

»Ich auch.«

»Liyun, Sie sind doch ein modernes Mädchen!«

»Was hat das damit zu tun? Seit Jahrtausenden wird die Zukunft schon aus den Steinen gelesen. Tante Fuli ist eine der wenigen, die diese Kunst noch beherrschen. Früher wurde sie von den Schamanen ausgeübt. Die Schamanen waren für unsere Ahnen der Mittelpunkt ihrer Kultur. Einer von ihnen sagte vor langer Zeit einmal den Untergang des Bai-Königreiches voraus, aber niemand schenkte ihm Glauben. Wegen dieser Prophezeiung wurde er dann hingerichtet – und dann kam Kublai-Khan und zerstörte das Reich. Warum lächeln Sie, Herr Rathenow? Sie müssen noch viel lernen, um uns Chinesen wirklich zu verstehen.«

»Ich glaube, wir werden euch nie ganz verstehen. Ihr lebt in einer eigenen Welt. Jenseits unseres Denkens. Das fasziniert uns ja so.« Rathenow straffte sich. Tante Fuli hatte die Steine mit beiden Händen aufgenommen und schüttelte sie jetzt. »Achtung! Es geht los!« sagte er respektlos. »Gleich werden wir wissen, was Wang Liyun noch alles erwartet.«

Liyun sah ihn lange nachdenklich an.

Die alte Frau öffnete die Hände, die bunten Steine fielen auf den Tisch und verteilten sich. Tante Fuli schloß die Augen, ihr Gesicht wurde trotz der vielen Falten plötzlich schön. Es schien wie von innen beleuchtet. Mit leiser singender Stimme sagte sie:

»Ehrt ihn, ehrt ihn,
den offenbaren Gott!
Sein Wille ist schwer!
Sagt nicht: Er ist so hoch und fern.
Er steigt empor und schwebt herab,
und täglich schaut er unser Tun.

Ich bin noch jung,
ein unerfahrener Tor.
Doch Tag für Tag
streb ich empor nach weisheitsvollem Licht.
Helft tragen mir die Last!
Zeigt mir des Lebens Offenbarung!«

»Das ist aus dem Schi-Djing der Dschou-Dynastie«, flüsterte Liyun Rathenow zu. »Zwölfhundert Jahre vor eurer Zeitrechnung.«

Fasziniert starrte Rathenow auf Tante Fulis Hände. Sie schwebten mit gespreizten Fingern über den bunten Steinen, feine zartgliedrige Hände, die nichts Greisenhaftes an sich hatten. Und mit der gleichen singenden Stimme, als käme sie aus weiten Fernen wie ein Gesang der Winde, sagte sie: »Du bist gespalten wie ein Baum, den der Blitz zerteilt hat. Aber die Wurzel hat er nicht erreicht, hat er nicht vernichtet. Aus ihr wird neues Grün sprießen und ein schöner, großer, starker Baum wachsen. Aber nicht auf dieser Erde, nicht im Boden der Heimat. Fern von hier wird er seine Zweige in den Himmel strecken und hoffen, daß Regen und Sonne, Wind und Stille ihn nie verlassen. Glück und Gefahren wird er sehen, aber er wird aufrecht stehen und Schutz geben allen, die unter seinen Blättern liegen. Und er wird alt werden und alle anderen Bäume überragen, und alle werden sagen: ›Wie schön ist er. Wie gnädig sind die Götter, die soviel Schönheit schenken.‹ Und aus dem Stamm wird ein neues Bäumchen wachsen, damit es ein ewiges Leben wird bis zum Untergang der Welt. Die ferne Fremde wird zur neuen Heimat werden, aber er wird bleiben, was er war und ist: ein Baum aus dem Schoß der Himmelserde ...«

Tante Fuli ließ die Hände sinken, öffnete die Augen und schob die Steine zurück in das Jutesäckchen. Rathenow atmete auf; obwohl er nichts verstanden hatte, hatte die eintönig singende Stimme ihn verzaubert.

»Was hat sie gesagt?« fragte er Liyun, die stumm und mit halb geschlossenen Augen dasaß. Nur ihre Lider zitterten. Sie schrak zusammen, als Tante Fuli sie ansprach.

»Hast du alles verstanden? Hast du es begriffen?«

»Ja, Tante Fuli. Ich danke dir.« Ihre Stimme klang klein und kindlich. »Aber ... verzeih einem ungebildeten Mädchen ... ich kann es nicht glauben. Ich werde China nie, nie verlassen. Es wächst kein neuer Baum in der Fremde.«

»Die Steine lügen nicht. Der Wartende ist klüger als der Schnelle.« Sie stand von ihrem Holzhocker auf, ging zum Herd und holte die Thermoskanne mit Tee. Rathenow wischte sich über die Augen. So etwas Verrücktes, dachte er. Fast hätte sie mich mit ihrem Singsang hypnotisiert. Die Schamanen waren verdammt clevere Burschen! Mit ihrer Stimme lullten sie die Zuhörer ein. Bei vielen alten Naturvölkern habe ich das erlebt ... bei den Papuas und bei den Aborigines, bei den Buschmännern und bei den Hunzas, bei den Yanomamis und sogar in Kasachstan. Trotzdem ist es immer wieder tief beeindruckend – und darin ist ihr Erfolg begründet!

»Was hat sie gesagt?« fragte er Liyun wieder.

»Sie sagt ...«, Liyun zögerte eine Sekunde, »... sie sagt, ich werde bald heiraten.«

»Bravo! Und das war alles?«

»Ja.«

»So wenig mit so vielen Worten?«

»Im Chinesischen wird vieles umschrieben.«

»Ich weiß. Blumige Bilder.«

»So ist es. Noch einen Tee?«

»Bitte.«

»Er wird Ihnen guttun.«

Er trank und starrte dabei auf den Tisch. Sie wird bald heiraten. Glücklicher Shen Zhi! Ich wünsche dir, daß du in der Hochzeitsnacht einen Herzinfarkt bekommst. In ihren

Armen. Rathenow! Was hast du dir geschworen? Nie wieder solche Gedanken. Sollen sie doch glücklich werden in Dali. Was geht dich das an?

Tante Fuli war durch den Blick in die Zukunft sichtlich erschöpft. Sie brachte ihre Besucher bis an das Tor, umarmte Liyun, gab ihr einen Kuß auf die Stirn und nickte Rathenow zu. Er verbeugte sich leicht und ging hinüber zu Ying, der am Auto gewartet hatte. Liyun folgte ihm und winkte noch einmal der Tante zu.

Er ist wütend, stellte sie zufrieden fest. Er geht voraus und läßt mich einfach stehen. Das hätte er sonst nie getan. Das ist seine kleine Rache, aber eher soll mein Mund verfaulen, als daß ich ihm sage, was Tante Fuli in der Zukunft gesehen hat. Außerdem stimmt es nicht – kein Wort wird sich erfüllen, nicht ein einziges Wort. Es gibt keinen Baum, den ein Blitz spaltet...

Sie stiegen in den Wagen und fuhren weiter. Lange Zeit blieben sie stumm, ein quälendes, böses Schweigen, das auch Liyun nicht unterbrechen wollte.

Fang du an, dachte sie. Sag ein Wort! Ich kann es nicht aushalten, dieses Schweigen. Sie blickte aus dem Fenster auf die Straße, auf den Erhai-See, auf die vorbeiziehenden Dörfer und auf drei Wasserbüffel, die ein Bauer mühsam über die Straße trieb. Das wilde Hupen Yings überhörte er mit bewundernswerter Ruhe. Er blickte nicht einmal auf zu dem Wagen. Genosse, ein Büffel ist wichtiger als du – er ernährt mich. Du lebst von dem Geld, das andere dir geben.

Endlich, nach einer halben Stunde, brach Rathenow das gespannte Schweigen.

»Wie lange bleiben wir in Lijiang?«

»Nur einen halben Tag. Zu den Mosuos gibt es nur eine schmale, unbefestigte Straße. Sie führt durch die Felsen, gefährlich nah an tiefen Abgründen vorbei. Da kann auch Ying nicht schnell fahren. Wir brauchen mindestens einen Tag bis zum Lugu-See. Aber wer kommt schon zu den Mosuos? Eine ›Langnase‹ war dort noch nie.«

»Dann werde ich eine Sensation sein?«

»So ähnlich. Ein unbekanntes Menschenwesen. Als wir

vom Reisebüro zum erstenmal den Lugu-See besuchten, wurden sogar wir bestaunt, schon wegen unserer städtischen Kleidung. Und dabei sind wir doch auch Chinesen. Ich bin gespannt, wie sie sich Ihnen gegenüber verhalten.«

»Verdammt, ich freue mich! Menschenfresser sind sie ja nicht.«

»Bei den Mosuos regieren die Frauen, das wissen Sie doch.«

»Frauen sind oft grausamer als Männer. Dafür gibt es Beispiele ...«

Jetzt meint er mich – Liyun drehte sich um und blickte wieder nach vorn. Wenn er wüßte, was zwischen Zhi und mir in der vergangenen Nacht gewesen ist! Vielleicht sage ich es ihm später – nein, ich werde es ihm nie sagen. Nie!

Wie vorausgesagt, erreichten sie nach viereinhalb Stunden Lijiang, die Stadt der Naxis, eine autonome Enklave innerhalb Yunnans mit einer Selbstverwaltung, die aber von der Provinzregierung in Kunming beaufsichtigt wird. Majestätisch ragen die immer mit Schnee bedeckten Yulong-Berge in den blauen Himmel. Nach Süden setzen sie sich in zwei niedrigen Bergketten fort, die eine weite Hochebene einrahmen. Das Land ist durchzogen von vielen schmalen Bächen, in denen das Schmelzwasser aus dem Gebirge fließt und die Felder bewässert. Soweit das Auge reicht, reiht sich Feld an Feld, unterbrochen von großen Weideflächen, auf denen Schafe, Ziegen und Yaks, die tibetanischen Bergrinder, weiden. Die Gärten an den Häusern blühen mit verschwenderischer Farbenpracht. Lijiang, die Blumenstadt, wird durchzogen von Kanälen, und wer hierherkommt, darf nicht versäumen, den 10 000blütigen Kamelienbaum aus der Ming-Dynastie zu bewundern. Er blüht jedes Jahr – seit über 620 Jahren.

Ying hielt auf einem Parkplatz zum Eingang der Altstadt an. Hier hineinzufahren war unmöglich. Die Gassen waren zu eng, die Kanäle ließen kein Ausweichen zu, außerdem waren die Wege lehmig und voller Steine. Es gab nur eine ausgebaute Straße, die zum Stadtamt, dem Rathaus, führte, aber die durften nur die Besitzer der Marktstände, die der

Verwaltung gegenüber aufgebaut waren, nutzen. Zwei Jeeps der Polizei standen ständig vor dem einzigen mehrstöckigen Steinhaus der Altstadt. Hier konzentrierte sich auch das Gewimmel der Bewohner – der Markt war Einkaufs- und Informations-Zentrale des alten Lijiang. Das neue Lijiang zeigte sich als eine Anhäufung von grauen oder gelben Industriehäusern, seelenlos, schmucklos, eine häßliche Arbeitersiedlung.

»Fahren wir zuerst ins Hotel?« fragte Liyun.

»Sie sind mein Führer. Ich beuge mich Ihrer Entscheidung.«

»Dann gehen wir einmal quer durch die Altstadt, solange es noch hell ist. Hier wird es schneller dunkel als in Dali oder Kunming. Das Hotel heißt ›Lijiang-Gasthaus‹ und ist das beste in der Stadt. Dort wohnen auch die Funktionäre und Gäste der Regierung, wenn sie Lijiang besuchen. Ein sauberes Hotel, aber ein Bau aus der Mao-Zeit, ohne Komfort.«

»Hören Sie auf mit Komfort, Liyun! Können wir nicht irgendwo privat schlafen? Dort, in der Altstadt?«

»Das ist nicht vorgesehen. Der Plan kommt aus Peking und Kunming – ich muß ihn einhalten. Es ist ja alles bezahlt.«

»Und wenn ... Ich würde die paar Yuan zahlen, wenn ich einmal bei einer chinesischen Familie schlafen könnte.«

»Das werden Sie bei den Mosuos sowieso. Dort gibt es keine Hotels. Die werden erst gebaut, wenn der neue Flugplatz in Lijiang fertig ist und Fremde in dieses Land kommen.«

»Furchtbar! Dann stirbt auch die uralte Kultur der Mosuos. Das ist der Wahnsinn des Fortschritts: Wo er Fuß faßt, zerstört er das Alte. Übrig bleiben ein paar Denkmäler – Tempel, Brücken, Teiche, Tore. Und um die Tempel herum rasen die Autos wie auf der Autobahn.«

»In China nicht. China wird nicht sterben. Unser Stolz auf die Vergangenheit ist stärker als bei anderen Völkern. Selbst Mao mit seiner Kulturrevolution hat es nicht geschafft, die Tradition zu zerstören.«

»Das sagen Sie mal amerikanischen oder deutschen Industriebossen, die in China investieren wollen – und werden. Ein Beispiel ist doch Ihr Kunming. Die Viertel der Altstadt werden ›saniert‹, niedergerissen, und an ihrer Stelle wachsen Bürohäuser und Superhotels in den Himmel, werden breite Straßen angelegt, Supermärkte und Wohnkolonien. In ein paar Jahren gibt es das alte Kunming nicht mehr. Es wird Chicago oder Boston, Köln oder Frankfurt gleichen. Man nennt das Wirtschaftswunder. Wo Geld regiert, gibt es keine Ewigkeit. Da sind die Bankkonten der einzige Lebenssinn. Mein Gott, Liyun, bin ich ein glücklicher Mann, daß ich noch das ursprüngliche China sehen darf!«

Sie gingen durch die Altstadt von Lijiang, vorbei an Kanälen und an das Wasser gebauten, aus Lehm, Stroh, behauenen Steinen und aus Holzgeflecht gebauten Häusern, und dazwischen flatterte Wäsche an langen Leinen, spendeten die Teestuben Schatten und dampften die Garküchen. Entenherden schwammen in den Kanälen, die Handwerker saßen draußen auf den Gassen vor ihren Werktischen, die Naxi-Frauen, viele noch in Tracht, schleppten Säcke und Körbe, Steine und Holz, und in den kleinen Gärten meckerten Ziegen, blökten Schafe oder lag ein fettes Schwein im aufgewühlten Lehm.

Eine Stunde lang wanderten sie durch die Altstadt, fuhren dann hinaus zum »Schwarzen Drachensee«, den ein kleiner Park umgab, durch den man zum »Tempel der fünf Phönixe« kam. Über den See spannte sich eine wunderschöne Brücke aus kunstvoll behauenem Marmor, ebenso berühmt wie der 10 000blütige Kamelienbaum oder der alte Lama-Tempel auf der gegenüberliegenden Bergseite. Und dahinter stieg der 5596 Meter hohe Yulong Yueshan aus der Hochebene, der Schneeberg, dessen weißer Glanz sich im See widerspiegelte. Wie kann man eine solche Schönheit vergessen?

Rathenow schob seine Kamera vor die Brust. »Stellen Sie sich vor den See, Liyun. Bitte. Ein solches Bild ist einmalig. Darf ich Sie fotografieren?«

Und wieder sagte sie: »Ja – gern.«

Sie stellte sich in Positur und lächelte Rathenow zu – sie wirkte wie ein Zauberwesen vor dieser Kulisse.

»Danke.« Rathenow ließ die Kamera sinken. »Schon wegen dieses Fotos lohnt es sich, Tausende von Kilometern zu fahren, aber ich werde dieses Foto nie veröffentlichen.«

»Warum nicht?« Sie kam auf ihn zu und blieb nahe vor ihm stehen.

»Es gehört mir, nur mir allein! Keiner soll es sehen! Es ist ein Bild, auf dem ich eine Seele fotografiert habe. Die Seele Chinas.«

»Auch ich bekomme es nicht?«

»Sie holen es sich in Deutschland ab ...«

Es war seit Dali das erstemal, daß er wieder davon sprach. Liyun versuchte ein Lächeln, aber es mißlang ihr. Sie spürte einen Druck in der Brust, der ihr das Atmen schwermachte.

»Ob das jemals möglich ist?« fragte sie leise.

»Ich werde alles versuchen, alle Verbindungen spielen lassen. Vor allem bei der deutschen Botschaft in Beijing.«

»Und wenn es nicht gelingt?«

»Dann komme ich wieder nach Kunming, um Ihnen das Bild persönlich zu bringen.«

»Das würden Sie tun?«

»Zweifeln Sie daran?«

Könnte ich jetzt doch sagen, was ich fühle, dachte er und zwang sich dennoch dazu, vernünftig zu sein. Sie wird mich auslachen oder entgeistert anschauen. Was hat Tante Fuli geweissagt? Sie wird bald heiraten. Und sie glaubt daran, sie hat nicht widersprochen, also wird es wahr. Halt den Mund, Rathenow! Sei kein Phantast. Sie ist deine Reiseleiterin, weiter nichts.

»Fahren wir zurück?« fragte Liyun und wandte sich ab. Sie deutete Rathenows Schweigen falsch. Er hält gern große Reden, dachte sie. In München wird er alles vergessen haben. Sie biß sich auf die Lippen und stapfte Rathenow voraus zum Ausgang des Parks, wo Ying wartete.

»Zum Hotel!« sagte sie grob. Ying starrte sie verblüfft an. Was ist los, Lotusblüte? Warum so wütend? Ich bin doch ein guter, sanftmütiger Mensch. Bell mich nicht so an!

»Sofort!«

Kaum, daß Rathenow und Liyun saßen, raste Ying wie ein

Rennfahrer los. Vor dem Hotel, einem nüchternen Zweckbau, in dem früher nur herumreisende Parteifunktionäre
wohnten, die nach Maos Worten ein Beispiel an Genügsam-
keit geben sollten, hielt Ying mit quietschenden Bremsen.

»Wir sind da«, sagte er überflüssigerweise.

Rathenow ahnte, was Ying meinte. »Ich war nahe daran,
um mein Leben zu beten. So fährt ja kein Irrer!«

»Aber Sie sehen – es passiert nichts.«

Im Gegensatz zu Dali kam aus dem Hotel kein Träger, der
das Gepäck übernahm. Zwar kamen mittlerweile viele Reisegruppen aus allen Ländern nach Lijiang, aber für deren Koffer sorgten die Reiseleiter oder die Fahrer der Busse. Außerdem wunderte man sich hier, daß die »Langnasen« ihr
Gepäck nicht selbst ins Haus trugen, was für Chinesen
selbstverständlich war. Wenn ein Genosse Parteisekretär seinen Koffer schleppt, kann das auch ein Deutscher.

Ying lud Rathenows Koffer aus, trug sie in die nüchterne,
etwas heruntergekommene Hotelhalle, knallte sie vor der
Rezeptionstheke auf den Boden und blickte dann Liyun an.

»Ist noch etwas zu tun?« fragte er mit zornigem Blick.

»Nein. Du kannst den Wagen wegfahren.«

»Ich werde nicht mehr gebraucht?«

»Du hast frei bis morgen früh.«

»Willst du nicht Mao besuchen?«

Rathenow verstand nur Mao und sah Liyun fragend an.

»Was ist mit Mao?«

»Ying fragt, ob wir das Mao-Denkmal besuchen. Wollen
Sie?«

»Wenn es sich lohnt.«

»Es ist eines der letzten großen Mao-Denkmäler Chinas
und vielleicht das schönste.«

»Und es steht noch?«

»Niemand in Lijiang würde es abreißen. Man ist stolz darauf. Mao war ein paarmal in der Stadt.«

»Und hat hier in diesem Hotel gewohnt?«

»Ich weiß es nicht. Aber ich glaube, ja.«

»Dann möchte ich heute sein Zimmer haben.«

»Das geht nicht. Für die Partei sind besondere Zimmer

ständig reserviert. Sie werden frei gehalten, auch wenn man sie eigentlich für Touristen braucht. Ich habe schon mehrmals in Personalzimmern geschlafen, ohne Dusche und Toilette. Aber wenn der neue Flughafen fertig ist, wird es auch in Lijiang ein modernes Hotel geben. Der Fortschritt kommt nach Lijiang.«

Wahrend sich Ying mürrisch entfernte, verhandelte Liyun mit dem Mann an der Rezeption und kam dann mit einem Schlüssel zurück.

»Sie haben Glück«, sagte sie. »Sie bekommen tatsächlich ein Funktionärszimmer. Sie sind eben ein berühmter Mann. Dafür hat unser Reisebüro gesorgt.« Sie musterte Rathenows große Koffer. »Ich helfe Ihnen, das Gepäck auf Ihr Zimmer zu tragen.«

»Auf gar keinen Fall! Meine Koffer schleppe ich allein.«

»Ich bin kräftiger, als ich aussehe.«

»Daran zweifle ich nicht. Wann fahren wir zum Mao-Denkmal?«

»Nach dem Abendessen machen wir einen Spaziergang dorthin, einverstanden?«

»Einverstanden.«

Rathenows Zimmer war ein großer Raum mit Bad und WC, aber in der Einrichtung äußerst bescheiden. Die Übergardine war an einer Seite aus den Gleitern gerissen, und auch die Jalousie hing schief, als er sie hinunterließ. Dafür stand ein Fernsehapparat auf einer abgestoßenen Kommode und natürlich die Riesenthermoskanne mit heißem Wasser.

Rathenow duschte, spülte den Staub der Straße ab, suchte aus dem Koffer einen hellgrauen Anzug und ein frisches hellblaues Hemd. Auf eine Krawatte verzichtete er, sondern er ließ den Hemdkragen offen.

In ciner Telefonzelle in der Hotelhalle hob ein langer, schmächtiger Chinese im blauen Anzug mit Mao-Kragen den Hörer ab. Er lehnte sich an die Wand und sah auf eine Reisegruppe aus Taiwan, die gerade das Hotel stürmte.

»Sie sind da!« sagte er, als sich der Teilnehmer meldete. »Sie sind auf ihre Zimmer gegangen.«

Shen Jiafu in Kunming hatte schon lange auf diesen Anruf

gewartet und antwortete jetzt erleichtert: »Endlich! Ich habe mir Sorgen gemacht. Es hätte einen Unfall geben können. Sie sind vier Stunden zu spät. Wo waren sie?«

»Das weiß ich nicht.«

»Hast du sie nicht auf der Straße erwartet?«

»Herr Shen, ich hatte den Auftrag, im Hotel auf sie zu warten.«

»Dann bleibst du jetzt immer in ihrer Nähe! Wo sie auch hingehen, du bist dabei.«

»Ich habe verstanden, Herr Shen. Ich melde Ihnen alles. Soll ich ihnen auch zu den Mosuo folgen?«

»Nein. Das könnte auffallen. Wir haben einen Mann in Zhongdian, der übernimmt das. Merke dir jede Kleinigkeit! Ob er den Arm um sie legt, wie er mit ihr spricht, wo er sie fotografiert – alles ist wichtig! Jede Intimität, auch eine angedeutete.«

»Ich werde versuchen, Sie nicht zu enttäuschen, Herr Shen.«

Der Mann im blauen Anzug legte auf. Er trat aus der Telefonzelle, setzte sich in einen Sessel in der Halle und zündete sich eine Zigarette an.

Nach dem Abendessen – es gab gebackenes Huhn mit verschiedenen Gemüsen, Reis und die übliche Suppe am Schluß – machten sich Liyun und Rathenow auf den Weg zum Mao-Denkmal.

Sie gingen die breite Hauptstraße der Neustadt hinunter und standen dann vor dem Monument. Es war wirklich eines der größten und schönsten Denkmäler Maos, die es in China gibt oder gegeben hat. In Überlebensgröße grüßte der Große Vorsitzende von einem weißen Marmorsockel die Stadt, von der Straße abgegrenzt durch eine weiße Marmormauer. Jeder Chinese mußte sich angesichts dieser Größe klein und elend vorkommen.

»So wird ein Mensch zum Gott gemacht!« sagte Rathenow. »Und 1,2 Milliarden Chinesen haben es geglaubt.«

»War es bei Ihrem Hitler anders?« Liyuns Stimme klang herausfordernd. »Auch Sie haben alles geglaubt.«

»1943, als ich in das Jungvolk – so hieß damals die Jugendorganisation ...«

»... bei uns die Jungen Pioniere.«

»... richtig, da war ich zehn Jahre alt. Muß ein Zehnjähriger nicht glauben, was alle Erwachsenen sagen und bejubeln? Sie waren doch unsere Vorbilder. Wir Kinder waren begeistert von den Uniformen, den Fahnen, den Standarten, den Aufmärschen, den Heil-Rufen, dem ›Führer, wir folgen dir!‹. Aber *mein* Hitler – das war er nicht.«

»War Ihr Vater ein Nazi?«

»Ja. Sogar ein begeisterter, geradezu fanatischer Nazi. Und als ich ein Jahr später Pimpfenführer wurde, platzte er fast vor Stolz. Und das in einem Jahr, als jeder Vernünftige wußte oder zumindest ahnte, daß der Krieg verloren war. Aber die Mehrzahl der Deutschen war immer noch von Hitler wie hypnotisiert. Das will bloß keiner der Alten mehr hören. Nun bin ich selbst alt und kann beurteilen, in welchem Wahn wir gelebt haben. Sie waren auch bei den Jungen Pionieren, Liyun?«

»Ja – und ebenso begeistert wie Sie.«

»Und jetzt?«

»Ich habe der Partei viel zu verdanken.«

»Das sagten Sie bereits.«

»Hat Ihr Vater nach dem Krieg seinen Irrtum eingesehen?« fragte Liyun.

»Ich ... ich nehme es an.« Rathenow blickte empor zu Mao. »Er hat sich im August '45 das Leben genommen.«

»Oh, das wußte ich nicht.« Sie senkte den Kopf. »Verzeihung.« Sie wandte dem Denkmal den Rücken zu. »Ich ... ich möchte gehen.«

Sie gingen durch die abendliche Dunkelheit zurück zum Hotel. In einiger Entfernung bummelte der lange, schmächtige Chinese hinter ihnen her. Er registrierte, daß sich Liyun bei Rathenow einhakte und sie über die Straße gingen wie ein Liebespaar. Von hinten sah es jedenfalls so aus.

»Ich habe auch eine Frage, Liyun«, sagte Rathenow.

»Bitte ...«

»Sind Sie noch Kommunistin?«

»Warum nicht? Was soll sich geändert haben? Mit Maos Tod ist eine Epoche zu Ende gegangen, und eine neue hat angefangen. Unsere Idee ist gut, das Beste für China. Warten Sie ab, wie China in zehn Jahren aussieht. Wir haben alle Voraussetzungen, das reichste Land der Erde zu werden. Wir haben alles: vom Reis bis zum Gold, von der Sojabohne bis zum Diamanten. Und unsere Arbeiter sind die fleißigsten der Welt.«

»Für drei Mark am Tag ...«

»Damit gewinnen wir jeden Wettbewerb. Die ganze Welt wird noch staunen.«

Sie hatten das Hotel erreicht und standen nun in der Halle. »Was unternehmen wir noch?« fragte Rathenow.

»Wir gehen schlafen. Morgen steht uns die schwerste und gefährlichste Etappe unserer Fahrt bevor. Zu den Mosuos – das ist ein Abenteuer, eine richtige Expedition.«

»Darauf freue ich mich wahnsinnig. Wenn nur Ying vernünftig fährt.«

»Das wird er, er will ja auch weiterleben. Er wird morgen wieder eine Flasche Mao Tai trinken.«

»Wenn ich daran denke, wird mir flau im Magen.«

»Wir können auch in Zhongdian bleiben. Der Hauptstadt der Mosuos.«

»Nein, ich will ins Innere des Landes. Zu den Dörfern, in denen die Frauen die Männer regieren. Man kann die Kultur eines Volkes nur im Volk selbst studieren, sonst ist alles lückenhaft. Wer im Volk lebt, versteht es auch.«

Rathenow reichte Liyun die Hand. Sie nahm sie, zog aber ihre Hand sofort wieder zurück. »Also dann ... Gute Nacht, Liyun.«

Er stieg die Treppe hinauf und wunderte sich, daß Liyun ihm nicht folgte. Sie blieb in der Halle, und als er sich auf der Treppe umdrehte, sah er, daß sie zur Telefonzelle ging.

Jetzt ruft sie Shen Zhi an. Natürlich. Sie muß ihm noch ein Gutenachtküßchen schicken. Wie schön war es doch gestern nacht. Ich denke immer daran. Nur, wer die Sehnsucht kennt, weiß, was ich leide ...

Liyun mußte etwas warten, bis sie ihren Vater am Apparat hatte. In dem großen Mietshaus in Kunming gab es nur ein Telefon, und das bewachte der Hausmeister, der in einer Art Wachstube am Eingang des Häuserblocks saß und alles wahrnahm, was in »seinem« Block geschah. Er sah jeden Besucher, er nahm alle Telefongespräche an … dann rief er vor dem Haus die Fassade hinauf: »Genosse Wang! Telefon für dich!« Er blieb auch in der Stube, wenn der Gerufene angerannt kam und zum Telefon griff. Es gibt keine Geheimnisse in einer Hausgemeinschaft.

Diesmal kam Professor Wang selbst herunter. Der Hausmeister grinste und hielt ihm den Hörer hin.

»Deine Tochter …«

»Liyun, mein Kleines«, rief Wang ins Telefon. »Wo bist du jetzt?«

»In Lijiang, Papa. Morgen fahren wir zum Lugu-See.«

»Sehr, sehr mutig. Ich mache mir Sorgen.«

»Nicht nötig, Papa. Ying ist doch bei uns.«

»Gibt es etwas Besonderes? Warum rufst du an?«

»Ich wollte nur deine Stimme hören, Papa …«

Wang runzelte die Stirn und setzte sich auf den Hocker am Fenster, auf dem sonst der Hausmeister saß. Der Beobachtungsposten. Was soll das? dachte er verwundert. Meine Stimme hören – das hat sie noch nie gesagt, das paßt gar nicht zu ihr. Da muß es doch einen anderen Grund geben! Ist der berühmte Deutsche ein unbequemer Gast? Macht er Liyun Schwierigkeiten? Ist es eine Last, ihn herumzuführen? Mein Kind, sag es mir! Dein Vater wird dich trösten. Die Menschen sind so verschieden wie die Kiesel an einem Fluß. Ärgere dich nicht! In drei Wochen fliegt er wieder fort, und mit ihm fliegt deine Last davon.

»Hast du Streit mit deinem Gast, Liyun?« fragte Wang.

»Streit? Nein – warum?«

»Was ist es dann? Meine Stimme soll dich trösten …?«

»Du bist sehr klug, Papa.« Liyun starrte gegen die Wand. »Ich habe ein Problem.«

»Mit dem Deutschen?«

»Nein, Papa, mit mir.«

»Rede, mein Töchterchen.«

»Ich glaube, ich ... ich kann Shen Zhi nicht heiraten.«

Schweigen. Professor Wang blickte aus dem Fenster auf die Einfahrt des Häuserblocks. Vor den Häusern, auf der Straße, standen in einer langen Reihe jeden Tag Verkaufsstände mit Gemüse, Obst und Fleisch. Bauern, die morgens in die Stadt kamen und spät am Abend wieder abrückten. Sie machten ein gutes Geschäft, denn sie boten immer frische Ware an. Jetzt bauten sie gerade die Stände ab und schrubbten mit großen Reisigbesen die Straße sauber. Was soll man sagen, dachte Wang. Ja, was soll man sagen?

»Papa! Hörst du mich?« rief Liyuns Stimme.

»Ich höre dich.« Wang wiegte den Kopf. »Zhi ist ein guter, kluger Junge, das wissen wir alle. Aber du weißt auch, daß Mama und ich gegen eine Hochzeit waren. Immer. Er lebt in Dali, du in Kunming. Er wird nie nach Kunming in eine gute Stellung kommen, und dich werden sie nicht nach Dali gehen lassen. Und wenn sie es genehmigen: Du bist in Dali weit weg von uns. Das würde uns sehr traurig machen. Deine Mutter würde viel weinen, und ich würde auch weinen. Darum waren wir immer gegen eine Heirat mit Zhi. Wir wollen dich nicht verlieren.« Wang blickte wieder aus dem Fenster. Drei junge Mädchen bogen mit ihren Fahrrädern lachend in den Innenhof. »Du überraschst uns, Töchterchen, wenn du ihn jetzt auch nicht mehr heiraten willst. Habt ihr Streit gehabt?«

»Nein, Papa. Gar nicht.«

»Du liebst Zhi doch.«

»Das ist es, Papa. Ich weiß es nicht... Ich weiß es nicht mehr.«

»Ohne Liebe ist eine Ehe wie eine Sumpfpflanze. Sie blüht zwar, aber ihr Untergrund ist weich und tückisch.«

»Kluger Papa, was soll ich tun?«

»Geh in dich, meine Tochter, und erforsche deine Seele. Versenke dich in dein Ich, und suche die Wahrheit. Und danach handele. Wer kann dir helfen, wenn du dir nicht selbst helfen kannst? Laotse hat einmal gesagt: ›Wer die Menschen kennt, ist ein Weiser; wer sich selbst kennt, ist ein Erleuchteter.‹ Bitte um Erleuchtung ...«

»Wenn das so einfach wäre, Papa.« Liyuns Stimme begann zu zittern. »Ich bin hin- und hergerissen.«

»Liebst du einen anderen Mann?«

»Auch das weiß ich nicht. Es ist so furchtbar, Papa.«

»Und was sagt dieser Mann zu dir?«

»Er weiß es nicht. Er soll es auch nie wissen. Er darf es nicht wissen.«

»›Das Richtige zu wissen, es aber nicht tun – das ist Feigheit!‹, sagt Konfutse. Und Laotse sagt: ›Wer sich selbst überwindet, wird stark.‹ Werde stark, meine Tochter.«

»Papa, wenn du alles wüßtest ... du würdest das nicht sagen. Nie!«

»Dann verstärke mein Wissen.«

»Ich kann nicht! Ich kann nicht ... es ist so fürchterlich.«

»Dann frage nicht nach meinem Rat. Kämpfe gegen die Furcht und besiege sie.« Wang hob plötzlich den Kopf. Ein Gedanke schoß ihm durch den Kopf, der große Unruhe in ihm auslöste. »Vertraue mir, Töchterchen... Ist der Mann verheiratet?«

»Nein. Er ist Witwer.«

»Dann ist er schon älter?«

»Ja, Papa.«

»Ein Mann, der das Leben kennt, ist der beste Schutz. Stört dich sein Alter?«

»Ich weiß es nicht.«

»Li Tai-po sagt: ›Nicht darfst du den Menschen mit der Pinie vergleichen. Wie sollte sein Aussehen in all den Jahren gleich bleiben?‹ – Auch du wirst dich verändern, denn die Zeit frißt die Jugend.«

»Das ist es nicht, Papa. Er ... er sieht gut aus. Zu gut ... Das Problem ist ein anderes. Ein unlösbares Problem.«

»Sprich darüber, Liyun!«

»Noch nicht, Papa.« Er hörte sie heftig atmen. »Ich danke dir, daß ich deine Stimme hören durfte. Du hast mir viel Weises gesagt, aber alle Weisheit hilft mir nicht weiter. Ich muß warten lernen.«

»›Wer etwas Heißes anfaßt, sollte seine Hand anfeuchten‹, sagt Schi-king.«

»Ich habe immer feuchte Hände, wenn ich ihn berühre. Papa, es ist so furchtbar. Ich glaube, er merkt es gar nicht. Mein Gott, er soll es auch nicht merken.«

Und Wang, der Professor für chinesische Literatur, antwortete zum letztenmal: »Li Yü sagt: ›Will man einen Menschen prüfen, muß man vor allem prüfen, ob er Herz hat.‹ Da kann ich dir nicht helfen. Ich lege meine Hand über dich und segne dich, mein Kind. Entscheide dich für das Richtige – du wirst es finden.«

»Ja, Papa.« Wang hörte, wie sie zu weinen begann. »Umarme Mama, und gib ihr von mir einen Kuß. Ich liebe euch alle so sehr, ich ... ich kann doch nicht ohne euch sein.«

Es knackte in der Leitung. Wang legte auf. Sie kann nicht mehr weitersprechen, dachte er. Mein armes Töchterchen.

Der Hausmeister hatte unterdessen eine Tasse Tee getrunken und kratzte sich jetzt den Kopf. »Wie geht es Liyun?« fragte er.

»Gut.« Professor Wang ging zur Tür. »Sie fährt morgen zu den Mosuos.«

»Ein tapferes Mädchen. Du kannst stolz auf sie sein.«

»Das bin ich.«

»Du hast so viele Sprüche gesagt ...«

»Sie wollte ein paar alte chinesische Weisheiten hören, um sie dem deutschen Gast zu übersetzen.« Wang wich aus und zog die Tür auf. »Ohne Weisheit zu leben ist wie Brot ohne Mehl zu backen.«

Oben, in seiner Wohnung im zweiten Stock, sagte Wang dann zu seiner Frau: »Lizhen, unsere Tochter ist voller Sorgen.«

Lizhen blickte vom Kochherd auf – sie dünstete gerade den Kohl für das Abendessen. Sie waren spät dran; am Abend hatte sie noch einen Vortrag in der Universität halten müssen: »Die Aufgabe der Frauen in einer neuen kommunistischen Gesellschaft«. Für solche Vorträge holte die Partei gern die Professorin Lizhen Cai. Lizhen hatte sogar eine hohe Auszeichnung des Ministeriums erhalten, eine kunstvolle Urkunde in einem roten, mit goldenen Buchstaben verzierten Einband, der für alle sichtbar auf einem Tischchen neben dem Fernseher lag: die Anerkennung für ein Lied, das sie geschrieben hatte und das jetzt als Morgengruß in den Schulen gesungen wurde. Außerdem war sie in das Lexikon »Die berühmtesten Frauen Chinas« aufgenommen worden – eine ganz große Ehre.

»Was hat Yan schon wieder angestellt?« fragte sie.

»Nicht unsere Älteste. Liyun, unsere Kleine, hat Kummer.«

»Liyun?« Lizhen rückte den Topf von der Kochplatte. »Ist sie krank?«

»Ja.«

»Oh, was fehlt ihr? Wo ist sie jetzt?«

»Sie ist verliebt, und sie ist jetzt in Lijiang.«

»Xianlin – unsere Kleine hat sich schon oft verliebt. Ihre Schönheit lockt die Männer an wie eine Blüte den Schmetterling. Das geht vorbei... wie immer... Sie liebt doch Shen Zhi.«

»Sie liebt einen älteren Mann. Einen Witwer.«

»Wie alt?«

»Das hat sie nicht gesagt. Aber sie sprach von einem großen Problem – und das muß das Alter sein.«

»Und was hast du ihr geraten?«

»Sie soll Einkehr halten und sich selbst erkennen.«

»Dumm, dumm, dumm, Xianlin! Wir dürfen sie jetzt nicht allein lassen.«

»Was sollen wir tun, Lizhen?«

»Sie soll den Mann zu uns bringen. Ich will ihn sehen und mit ihm sprechen.«

Und beide ahnten nicht, daß das ganz und gar unmöglich war.

Die Fahrt zum Lugu-See war wirklich das Abenteuerlichste, das Rathenow auf seinen vielen Reisen erlebt hatte. Die Bergstraße, ehemals nur ein Trampelpfad, war in die kahlen Felsen gesprengt. Sie führte an Abgründen vorbei, in die nur ein völlig Schwindelfreier hinabblicken konnte. Rathenow fragte sich, was wohl passieren würde, wenn ihnen ein anderes Auto entgegenkam. Ein Ausweichen gab es nicht ... nur ein Abstürzen in die Tiefe oder ein Zerquetschen an der Felswand.

Ying wußte das auch ... er nahm ab und zu einen kräftigen Schluck aus einer Flasche Mao Tai, und vor jeder unübersichtlichen Kurve hupte er so lange, bis er die Höllenstraße wieder übersehen konnte. Liyun saß gelassen neben ihm, von Angst war ihr nichts anzumerken. Sie aß einen Riegel Schokolade und bot Rathenow davon an.

»Danke!« sagte er mit gepreßter Stimme. »Mir ist jetzt nicht nach essen zumute.«

Die Straße mündete in eine Hochebene, ähnlich wie die von Lijiang, mit kleinen Dörfern und sorgsam bestellten Feldern, auf denen nur Frauen arbeiteten, die Äcker abernteten oder mit Büffeln oder Yaks pflügten. Gebeugt gingen sie hinter den Pflügen her, von der schweren Arbeit krumm geworden, während die Männer vor den Häusern oder auf dem Dorfplatz saßen, schwatzten, Ma-Jong spielten oder die Schnapsflasche herumreichten. Auch gesungen wurde, begleitet von Flöten, Trommeln und selbstgebastelten Streichinstrumenten, deren Saiten aus Rinder- oder Schweinesehnen bestanden.

»Wir sind im Land des Yi-Stammes«, sagte Liyun. »Ein absolutes Männerland, wo nur die Frauen arbeiten. Die anderen Minderheiten nennen die Yi nur ›Zigeuner‹. Wer ein richtiger Mann sein will, muß beim Trinken viel vertragen können und beim Stehlen geschickt wie ein Zauberer sein. Das lieben ihre Frauen.«

»Ein Volk von Faulpelzen also!«

»Das ist eben ihre Kultur. Wir Chinesen haben für die Yi ein Schriftzeichen, das unseren Widerwillen ausdrückt. Das Schriftzeichen heißt ›Barbaren‹. Jede Minderheit in China hat ihr eigenes Wesen, und doch sind sie alle im Laufe der Jahrhunderte Chinesen geworden.«

Das Land der Yi hatten sie schnell durchquert. Nun kamen sie wieder in das Gebirge. Die Straße durchbrach die Felsen, die graubraune Einsamkeit. Dieses völlige Verlorensein legte sich auf das Gemüt. Der Weg schraubte sich immer höher, und Ying hupte und trank seinen Mao Tai, und Rathenow verzieh ihm das Saufen. Er hatte nur noch einen Wunsch: Ying, bitte, bring uns hier raus. Spuck aus dem Fenster, soviel du willst, nur bring uns heil zum Lugu-See.

Sie fuhren den ganzen Tag durch die gewaltige Landschaft, bis sich vor ihnen ein weites Tal öffnete. Umschlossen von den Bergen grünten hier Pinienwälder, Azaleenbüsche breiteten ihre feuerroten Blüten aus, an den Wegrändern und in den Gärten der Stein- und Holzhäuser leuchteten weiß die Kamelien, und auf den Feldern wuchs die Gerste. Sogar ein paar kleine Reisterrassen gab es, in die Berge geschoben und genährt von Quellwasser, das aus dem Gestein floß. Ganz in der Ferne, seitlich hinter einem Bergkegel, der das weite Tal beherrschte, flimmerte ein silberner Streifen in der Abendsonne.

Ying hatte hier oben angehalten. Wir haben es geschafft, dachte er. In einer Stunde sitze ich am Tisch und lasse mich mästen. Und so schnell komme ich nicht wieder hierher; wenn es heißt: Ying, fahr zu den Mosuos, bin ich krank.

Liyun zeigte in die Ferne auf den glitzernden Streifen. »Das ist der Jangtsekiang«, sagte sie. »Hier heißt er noch ›Goldsand-Fluß‹, bevor er in einem großen Bogen das Qinghai-Tibet-Plateau verläßt und als immer breiter werdender Strom nach Südosten fließt. Wir sind jetzt über 3000 Meter hoch. Spüren Sie die dünnere Luft?«

»Kaum.« Rathenow atmete die klare Luft ein. Er fühlte sich, als habe er einen großen Schluck Champagner genossen. »Es ist wunderschön hier. Und dieses Land wird von Frauen regiert?«

»Sie werden Gelegenheit genug bekommen, alles anzusehen.« Sie wies mit dem Arm nach rechts. »Und da ist der Lugu-See.«

Am Rande der Felder und des Dorfes, umgeben von hohen Pinien und Blütenbüschen, lag der See wie eine blausilberne Scheibe unter der Sonne. Die Kuppe des das Plateau beherrschenden Berges spiegelte sich in seinem Wasser, auf dem ein kleiner, grüner Fleck lag. Eine Insel mit einem weißen Tempelchen, Buddha und der Schutzgöttin der Mosuos geweiht.

»Dieser Berg wird von den Mosuos ›Berg der Löwin‹ genannt. Er ist der Sitz von Guanyin, der Stammes-Göttin. Sie allein hat die Macht über alles, über Mensch und Natur, und weil sie eine Göttin ist, haben bei den Mosuos die Frauen auch die Macht.«

»Ein hundertprozentiges Matriarchat.«

»Ja, noch strenger als der Dongba-Kult der Naxis. Fahren wir ins Tal?«

»Es werden interessante Tage werden.« Sie stiegen ein, und Rathenow beugte sich zu Liyun vor.

»Ich danke Ihnen«, sagte er. Seine Stimme war wie ein Streicheln, und sein Blick verwirrte sie.

»Wofür?«

»Daß Sie bereit waren, all diese Mühe auf sich zu nehmen, um mir diese Schönheit zu zeigen.«

»Es war ein Befehl aus Beijing – ich habe ihn nur ausgeführt.«

Das klang unpersönlich und abweisend. Rathenow lehnte sich zurück.

Im Dorf am Ufer des Lugu-Sees war am Tag zuvor ein unbekannter pockennarbiger Chinese eingetroffen und hatte sich bei einem Bauern einquartiert. Er reiste aus der Kreisstadt Zhongdian an und behauptete, er sei Beamter der Provinzregierung mit dem Auftrag, Vorschläge für die Verbesserung der Infrastruktur für das Mosuo-Land auszuarbeiten. Infrastruktur verstand hier keiner, aber es war ein ehrfurchtgebietendes Wort, das ihn in den Augen der Mosuos zu einem großen Mann machte.

Jetzt stand er neben dem Bürgermeister des Dorfes vor dessen Haus und sah mit Zufriedenheit, daß der Wagen aus Kunming auf sie zufuhr. Nachricht an Herrn Shen Jiafu konnte er nicht geben ... hier gab es noch kein Telefon und keinen elektrischen Strom. Hier lebte man noch beim Licht von in Tonschalen gegossenem Talg oder Bienenwachs. Der aus Felssteinen gemauerte Herd bildete das Herz des Hauses, und an dem kleinen Altar, der nirgends fehlte, wurden die Ahnen verehrt. Hier lebten die Ahnen der Mütter noch, und wenn die Mosuos an den roh gezimmerten Tischen aus wertvollem Pinienholz saßen, verzehrten sie ihre Mahlzeiten nicht allein – die Ahnen aßen und tranken mit, und man mußten ihnen danken, daß es auch an diesem Tag genug zu essen und zu trinken gab.

»Fremde!« sagte der Bürgermeister zu dem pockennarbigen Chinesen. Daß er als Mann zum Bürgermeister gewählt worden war, hatte mit Macht nichts zu tun. Die regierenden Frauen hatten keine Zeit, sich um die Verwaltung zu kümmern, mit den Behörden in Zhongdian zu verhandeln oder im Dorf zu Gericht zu sitzen, wenn streitbare Nachbarn sich untereinander nicht einigen konnten. In der Familie aber hatte auch der Bürgermeister nicht viel Bedeutung.

»Wo kommen sie her?«

»Die Autonummer weist auf Kunming hin«, antwortete der Chinese.

»Was wollen sie hier?«

»Ah, sieh an!« Der Mann tat verwundert. »Eine ›Langnase‹ ist dabei. Rate mal, was er von euch will?«

»Die Fremden, die schon am Lugu-See waren, nicht mehr als drei Hände voll in den Jahren, hatten Rucksäcke auf dem Rücken und stanken nach Schweiß. Mit dem Auto ist noch keiner gekommen.« Der Bürgermeister kniff die Augen zusammen. »Aber die Frau kenne ich. Sie war schon einmal hier, mit einer Gruppe Chinesen aus Kunming.«

»Sie heißt Wang Liyun und ist Reiseleiterin bei der CITS. Das ist ein Büro, das Reisen organisiert.«

»Auch zu uns?«

»In naher Zukunft.«

»Das bedeutet nichts Gutes. Man wird unsere Jugend verderben.«

»Auch die höchsten Berge halten den Fortschritt nicht auf.«

Ying bremste vor dem Haus und rief den beiden Männern

etwas zu. Da Ying nur Mandarin-Chinesisch sprach, verstand ihn der Bürgermeister nicht. Er sprach nur Mosuo-Dialekt, aber der Mann aus Zhongdian übersetzte.

»Er sagt, sie wollen drei Betten. Sie hätten endlich den Scheißweg hinter sich.«

»Was meint er damit?« Der Bürgermeister starrte den Toyota an und dann Rathenow und Liyun, die ausstiegen. »Wo ist Scheiße? Mein Dorf ist sauber. Wir scheißen nicht auf die Straße. Welch ein unhöflicher Kerl ist dieser Mann am Steuer. Sag ihnen, sie sollen auf der Erde, unter den Bäumen schlafen.«

Shens Mann übersetzte natürlich etwas völlig anderes. Er sagte freundlich: »Man freut sich, daß ihr gekommen seid. Der Bürgermeister Yang Tianming wird euch bei guten Familien unterbringen. Er lädt euch ein, in sein Haus zu kommen.«

Liyun übersetzte, und sie betraten an dem verwunderten Bürgermeister vorbei seine massiv gebaute Hütte. Da er ein höflicher Mensch war, fügte er sich und folgte ihnen mit einem Kopfschütteln. Diese Fremden ...

In dem großen, düsteren Raum, in dem nur das offene Herdfeuer und zwei Talgtöpfe ein diffuses Licht verbreiteten, saß eine alte Frau und kochte Gerstenbrei. Sie erhob sich sofort, als Liyun und Rathenow eintraten, schöpfte mit einer Holzkelle, die ihr Sohn – der Bürgermeister – selbst geschnitzt hatte, aus einem Kessel Tee und rührte ein Klümpchen Yakbutter hinein, eine Spezialität.

In zwei Tonschalen brachte die Alte das Getränk und hielt es den Gästen hin. Rathenow zögerte. Liyun beugte sich zu ihm und flüsterte ihm zu: »Sie müssen es trinken. Den Tee abzulehnen käme einer Beleidigung gleich. Die Mutter ist der Vorstand des Hauses, das Oberhaupt der Familie. Bei den Mosuos beugt sich der Sohn immer dem Wunsch der Mutter. Auch wenn er geheiratet hat, lebt er tagsüber bei seiner Mutter, nicht bei seiner Frau. Eine Ehe im eigentlichen Sinne gibt es nicht. Aber das werden Sie alles noch sehen. Nehmen Sie den Tee, bitte!«

Rathenow griff nach der Tonschale, atmete tief durch,

schloß ergeben die Augen und setzte sie an den Mund. Der erste Schluck war widerlich, ihm wurde fast übel, doch beim zweiten Schluck hatte er sich schon daran gewöhnt. Was soll's? dachte er. In Afrika hast du Fladen aus getrockneten, gemahlenen Heuschrecken gegessen, und im Urwald von Borneo gab es ein Festessen aus gerösteten Raupen. Was ist dagegen gebutterter Tee?

Rathenow verbeugte sich leicht vor der alten Frau, und sie antwortete mit einem Lächeln.

»Jetzt sind wir aufgenommen«, sagte Liyun und atmete auf. »Keiner wird uns mehr belästigen dürfen. Sie können in aller Ruhe das Leben der Mosuos fotografieren und aufzeichnen. Die alte Frau wird auch für die Schlafplätze sorgen. Was sie sagt, muß getan werden.«

Als es dunkel wurde, die Berge ringsumher mit ihren Schneespitzen matt im Mondlicht glänzten, das Wasser des Lugu-Sees schwarz schimmerte und der »Berg der Löwin« im fahlen Licht wie die nährende Brust der Göttin Guanyin aussah, führte der Bürgermeister Rathenow und Liyun zu ihren Quartieren. Natürlich wurden sie getrennt untergebracht – Liyun in einem größeren Haus als Rathenow, und Ying wies man in eine Hütte, in der eine uralte Witwe wohnte, die keine Kinder geboren hatte und nun von den Nachkommen ihrer Schwestern lebte. Die Schwäger und Neffen sorgten für sie. Sie zogen ein schiefes Gesicht, als sie nun auch noch Wen Ying ernähren sollten. Sie wurden erst freundlich und umarmten Ying sogar, als er ihnen heimlich eine Flasche Mao Tai zusteckte – eine Kostbarkeit, denn die Mosuos tranken – und das auch nur als Krönung an hohen Festtagen – den »Solima«, eine Art Federweißer, ein Gebräu aus Gerste, Enzian, Berglilie und Honig, das nach der Gärung wie halbfertiger Wein schmeckt. Ein echter Mao Tai – das ist für einen Mosuo pure Wonne.

Und so kam es, daß man sich um Ying mehr kümmerte als um Rathenow und Liyun.

Am nächsten Morgen, nach einem Frühstück aus Gerstenmehlsuppe, ›Zanba‹ genannt, und dem obligatorischen Butter-Tee, trafen sich Liyun und Rathenow in der Mitte des

Dorfes auf dem Festplatz. Die Mosuos feiern gern. Der Tanz um ein Lagerfeuer ist so ziemlich das einzige Vergnügen, das sie kennen. Der Festplatz ist deshalb der Mittelpunkt des Dorfes. Manchmal kommen die Nachbarn zu ihnen, die Männer und Mädchen der Pumi, Yi, Naxi und Drung, manchmal auch die stillen Zang-Tibeter, die dann ihre Rasseln und Schlagbecken ertönen lassen – ein eintöniger, aber mitreißender Rhythmus, zu dem alle tanzen. Diese Feste sind so etwas wie ein Heiratsmarkt, der eine radikale Inzucht bei den Mosuos verhindert. Aber meistens sind es nur die Mädchen, die einem Mosuo schöne Augen machen. Die Männer der anderen Stämme werden sich hüten, ihr Männerrecht aufzugeben und sich einer Frau unterzuordnen. »Eine Mosuo-Frau?« werden sie ausrufen. »Gott möge mich davor beschützen. Sie ist zu stark, viel zu stark für einen Mann. Ich werde von ihr erdrückt.«

»Fragen Sie nicht, wie ich geschlafen habe!« begrüßte Rathenow Liyun, die einen ausgesprochen fröhlichen Eindruck machte. »Auf einem zotteligen Yakfell auf einer mit Heu gestopften Matratze.«

»Heu ist gesund. Man bekommt kein Rheuma.«

»Stimmt.« Rathenow nickte mehrmals. »Man muß es so sehen ... Sie haben recht, Liyun, wie so oft ...«

Von einer entfernteren Hütte kam Ying auf sie zu. Er trug eine Angel über der Schulter und einen Ledereimer in der Hand. Er war zufrieden mit sich und der Welt. Die Flasche Mao Tai hatte ihm im Nu Freunde gewonnen, und wenn er auch ihren Dialekt nicht verstand, spürte er, daß sie ihn mochten, sonst hätten sie ihm keine Angel geliehen. Es konnte aber auch heißen: Sorg allein für dein Essen! Fang Fische! Mutter wird sie dir kochen oder braten. Sei keine Ratte, die uns alles wegfrißt.

Pfeifend ging er an Liyun und Rathenow vorbei und verschwand zwischen den roten Azaleenbüschen am Seeufer. Dafür tauchte der freundliche Chinese mit dem pockennarbigen Gesicht auf. Er hatte dem Bürgermeister Yang Tianming in einem langen Gespräch erklärt, daß die »Langnase« ein berühmter Mann aus Deutschland sei, und da für Yang

Deutschland kein Begriff war, ergänzte er: »Aus Europa. Weit, weit weg, über Gebirge und Meere. Einen ganzen Tag mit dem Flugzeug!« Das verstand Yang. Ab und zu flog eine Maschine aus Zhongdian über den See und die noch erhaltenen Wälder an den Berghängen, um zu kontrollieren, ob an den letzten großen Pinienwäldern der Region nicht Raubbau betrieben wurde. In den vergangenen Jahrzehnten hatte man rücksichtslos die Hügel kahlgeschlagen, um mit dem wertvollen Holz nicht nur Häuser zu bauen, sondern es auch zu verfeuern.

»Und was will der hochgeehrte Fremde bei uns?« fragte Yang.

»Eure Kultur erforschen. Er will sehen, wie ihr lebt, was ihr sät und erntet, er will eure Musik hören, die Geschichte eures Volkes aufzeichnen, er will wissen, wie ihr wohnt und was ihr eßt – er will eben alles von euch wissen.«

»Und warum?«

»Er will darüber schreiben, damit andere Völker wissen, wie ihr lebt.«

»Wen interessiert denn das? Frage ich, wie er lebt?«

»Er kommt aus einer anderen Welt ... und die soll staunen, daß es die Mosuos gibt. Keiner weiß, daß es euch gibt.«

»Das ist gut so. Wir wollen unsere Ruhe haben.«

»Yang Tianming, damit wird es vorbei sein, wenn der Flugplatz Lijiang in etwa drei Jahren eröffnet wird.«

»Es ist alles rätselhaft, alles unverständlich«, sagte Yang und schüttelte den Kopf. »Wer soll das begreifen? Hier ist doch nichts zu sehen.«

»Der Lugu-See ist ein Diamant.«

»Der See gehört uns, nicht den Fremden!«

»Eure Jugend denkt anders. Sie sieht die Neuzeit: Radio, Fernsehen, moderne Maschinen, Reisebusse, viel, viel Geld, das in ihre Hände fließt. Das Wirtschaftswunder der Städte wie Kunming wird auch nach hier kommen und alles verändern, was seit Jahrhunderten vor sich hin geträumt hat. Yang, du kannst es nicht aufhalten.«

»Unsere Frauen und Mütter können es.«

»Im Gegenteil – sie suchen Männer für ihre Töchter. Die Welt wird sich schneller drehen und viele Traditionen hinwegfegen. Ich rate dir, Yang Tianming, gib dem Fremden alles, was er will.«

Shens Mann aus Zhongdian – er hieß Wu Shouzhi – machte eine alles umfassende Handbewegung über Dorf, See, Wälder und Felsen. In der Morgensonne leuchteten sie rötlich, kahl und von der Sonne verbrannt.

»Sie können sich alles genau ansehen, fotografieren, was Sie wollen«, sagte er zu Rathenow. »Ich habe dem Bürgermeister alles erklärt.«

Liyun blickte ihn erstaunt an. »Woher wissen Sie, was wir hier wollen?«

»Das ist nicht schwer zu erraten. Wenn ein Europäer allein mit einer Dolmetscherin bei den Mosuos auftaucht und länger bleiben will, kommt er nicht wegen Gerstensuppe und Pfirsichkompott. Habe ich recht?«

Liyun nickte und stieß Rathenow an. Ihr Gesicht war verschlossen.

»Der Mann gefällt mir nicht«, sagte sie leise auf deutsch.

»Daß er die Pocken hatte, dafür kann er nicht.«

»Das meine ich nicht. Ich spüre, daß etwas Unheimliches von ihm ausgeht.«

»Er ist doch freundlich.«

»Aber seine Augen sind tückisch. Ich mag ihn einfach nicht.«

»Sie müssen ihn ertragen, Liyun. Er ist die einzige Verbindung zu den Mosuos. Er spricht ihre Sprache. Ohne ihn werden wir es viel schwerer haben.«

»Wir müssen vorsichtig sein.«

»Haben Sie Angst vor dem Mann?«

»Angst? Nein. Das kann man so nicht nennen ... Ich habe das Gefühl, wenn er mich ansieht, verfolgt er mich. Wir wissen nicht einmal, wie er heißt. Ein anständiger Mensch stellt sich vor.«

»Dann fragen Sie ihn doch.«

»Das ist gegen die Sitte. Ein Mann stellt sich zuerst vor, nicht ein Mädchen.«

Wu hatte bis jetzt still zugehört, ohne etwas zu verstehen. Jetzt fiel er ein: »Womit kann ich Ihnen helfen?«

»Heute nicht. Herr Rathenow wird einige Fotos machen und mit seinem Tonband Mosuo-Gesänge aufnehmen.«

»Wenn ich dabei übersetzen könnte ...«

»Musik braucht keinen Dolmetscher!« sagte Liyun deutlich abweisend. »Ich danke Ihnen, Herr ...«

»Wu Shouzhi. Oh, das hatte ich vergessen. Können Sie mir verzeihen, Frau Wang?«

»Woher kennen Sie meinen Namen?«

»Ich habe gehört, daß Ihr Fahrer Sie so ansprach.«

Wu entfernte sich wieder. Liyun hielt Rathenow an der Hand fest, als er gehen wollte.

»Er kennt meinen Namen!«

»Na und?« fragte Rathenow ahnungslos.

»Er behauptet, Ying habe mich so gerufen.«

»Damit ist das doch geklärt.«

»Eben nicht ... Ying nennt mich immer nur Liyun, nie Frau Wang.«

»Mein Gott, Liyun ... hier ist es so schön und friedlich, Sie sehen Gespenster.« Er kontrollierte seine Kamera und fotografierte eine Frau, die tief gebückt ein dickes Reisigbündel über den Weg schleppte. »Womit werden Sie sich beschäftigen?«

»Wie soll ich das verstehen?«

»Was tun Sie, während ich hier fotografiere, in die Häuser gehe, mir alles ansehe und Notizen mache?«

Sie sah ihn an, als habe er plötzlich in einer anderen Sprache gesprochen. Ihr verständnisloser Blick irritierte ihn. »Ich begleite Sie natürlich«, sagte sie.

»Das kann ich nicht verlangen.«

»Ich bin beauftragt worden, für einen reibungslosen Ablauf der Reise zu sorgen.«

»Sie nehmen das zu wörtlich, Liyun. Gehen Sie im See schwimmen.«

»Das darf ich nicht. Kein Fremder darf im Lugu-See schwimmen. Er ist der Göttin Guanyin geweiht, und jeder Fremde würde sie beschmutzen. Aus der Göttin der Barmherzigkeit würde dann eine Göttin des Zorns werden, die die Ernte vernichtet, Eis aus den Bergen auf die Dörfer schleudern und sich in den Wolken am Himmel baden würde, damit sie wieder sauber wird. Dann würde es wochenlang regnen und alles hier ertrinken.«

»Wir können also nie zusammen im Lugu-See schwimmen?«

»Ausgeschlossen!«

»In der Dunkelheit, wenn uns niemand sieht.«

»Man sieht uns immer. Am See ist eine Wachstation der Polizei, die den See und den Wald bewacht und sehr streng ist. Sie haben zwei Elektroboote, mit denen sie den See bis zur Grenze von Sichuan kontrollieren. Auch sie dürfen mit keinem Motorboot fahren, weil Benzin unsauber ist und die Göttin beschmutzt. Aber sie dürfen ohne Zögern schießen, wenn jemand im Wald illegal Holz schlägt oder nachts zu dem Tempel auf der Insel fährt. Und wenn in einem Dorf ein großer Streit entsteht, kommen sie mit Schlagstöcken, die mit Hilfe von Batterien Stromstöße erzeugen, die auch den wildesten Aufrührer willenlos machen. Wenn wir schwimmen ... sie sehen uns bestimmt. Ich würde das nie wagen! Sie, bitte, auch nicht! Wir müßten unseren Aufenthalt sofort abbrechen.«

»Ob man das durchhalten kann, wenn in zwei bis drei Jahren die Touristen busweise hier ankommen? Dann werden rund um den See Hotels und Schwimmbäder stehen, und die Göttin der Barmherzigkeit wird so barmherzig sein, den Geschäftemachern das Geldverdienen zu verzeihen. Ich möchte wirklich in drei Jahren wieder hierherkommen ... dann wird es hier zugehen wie am Kunming-See und am Erhai-See: Strände, Buden, Restaurants, Andenkenläden, Diebstahl und Kriminalität.«

»Die Mosuos sind ein zähes Volk.«

»Die Neuzeit wird sie überrollen wie ein Wagenrad, das einen Wurm in den Schlamm drückt. Deshalb will ich soviel wie möglich auf Fotos und durch Gespräche retten, ehe diese uralte Kultur erstickt in Betonbauten, Siedlungskolonien und Industriequalm.« Rathenow setzte sich in Bewegung. »Liyun, ich glaube, wir werden doch im See schwimmen.«

»Warum muß das denn sein? Nur um zu provozieren?«

»Nein. Ich möchte Sie im Badeanzug sehen.«

Sie spürte, wie die Röte wieder in ihr aufstieg, aber sie antwortete spöttisch: »Auch das kann sich nicht erfüllen ... ich habe gar keinen Badeanzug bei mir.«

Der Tag ging schnell vorüber mit Fotografieren und dem Schreiben von kurzen Notizen, die Rathenow in einen Block eintrug. Es war vorerst nur ein grober Überblick. In den nächsten Tagen dann befaßte er sich näher mit der Kultur der Mosuos. Er ging in die Häuser, fotografierte Möbel und Gebrauchsgegenstände, die bunte Tracht, deren Stoffe von den Frauen selbst gewebt wurden, wunderschöne Flechtarbeiten und selbst die Schuhe, die teilweise aus Yakleder hergestellt wurden.

Aber auch hier spürte man schon den Hauch einer alles verändernden Zivilisation. Die Jugend fuhr in die Kreisstadt, weil es dort Arbeit gab, die das Dreifache eines Bauernlohnes einbrachte. Vor allem die Mädchen, die mit vierzehn Jahren in einem feierlichen Zeremoniell die traditionelle Mosuo-Kleidung anlegen mußten und damit heiratsreif wurden, verließen das Dorf. Sie träumten von modischen Sachen und von dem freien, schönen Leben in den Städten, von dem sie manchmal in Zeitschriften, die sie nur selten bekamen, erfuhren. Ist das ein Leben da draußen, dachten die Jungen, direkt vor unserer Tür.

Im Chinesischen heißt Mosuo »Die das Webschiffchen schnurren lassen« – so liest es sich in den Schriftzeichen, erfuhr Rathenow. Aber die Mosuos sahen sich anders. Für sie bedeutete der Name, aus ihrer Stammessprache geboren, seit Urzeiten: »Die in großen Familien Geborgenheit finden«. Rathenow schien dieser Name passender für ein Volk zu sein, in dem das Leben von der Harmonie zwischen Mensch und Natur geprägt war.

Bei den abendlichen Tänzen der Jungen um das große Feuer auf dem Festplatz sah Rathenow, daß schon viele Mädchen und Jungen Jeans und andere westliche Kleidung trugen: bedruckte Hemden, T-Shirts, weiße Baumwollsocken und ärmellose Männerjacken aus Jeansstoff. Man hatte diese Dinge aus der Stadt mitgebracht. Manchmal kam auch ein

Händler mit einem klapprigen Lastwagen über die Berge, beladen mit modischer Kleidung. Und sogar schicke Unterwäsche – Spitzen-BHs und raffinierte Slips – brachte er mit. Der Lastwagen wurde jedesmal gestürmt. Man feilschte nicht einmal um den Preis – ein müheloses Geschäft.

Auch diese jungen Leute in westlicher Kleidung fotografierte er. Schon bald würde das keine Besonderheit mehr sein, denn der Fortschritt und mit ihm der Tourismus würde auch dieses Dorf überrollen wie so viele andere. In zwei oder drei Jahren würde man italienische Schuhe in einem Geschäft am Dorfrand kaufen können, wo eine neue Stadt entstanden war, das Dorf aber die Funktion eines Heimatmuseums bekommen hatte und die Frauen und Mädchen ihre Mosuo-Tracht nur noch aus der Truhe holten, um den Touristen gegen gute Yuans ihre Tänze vorzuführen.

»Wir sind gerade zur richtigen Zeit gekommen«, sagte Rathenow einmal zu Liyun. »Der große unaufhaltsame Umbruch, die Vermischung einer Urkultur mit der Neuzeit. Ich danke Ihnen, daß Sie mich hierhergeführt haben.«

»Es war Ihre Idee, Herr Rathenow. Ich begleite Sie nur.«

»Liyun, sagen Sie nicht ›nur‹! Das ist das Wichtigste.«

»Für Sie sind die Mosuos wichtig – ich bin völlig unwichtig.«

»Wie kann ich Ihnen das Gegenteil beweisen? Ohne Sie wäre ich jetzt hier der einsamste Mensch. Aber das glauben Sie mir doch nicht.«

»Kein Mensch, der eine große Aufgabe zu erfüllen hat, ist einsam. Er lebt mit und in seinem Werk.«

»Gibt es für eure Philosophen und Dichter eigentlich nichts, für das sie keine Spruchweisheit haben?«

»Ja. Coca-Cola ...«

Sie lachte laut, ließ Rathenow stehen und ging hinunter zum See-Ufer.

An einem Abend, ein paar Tage nach ihrer Ankunft, suchte Rathenow nach Liyun. Sie war nicht bei ihrer Gastgeberfamilie, er fand sie auch nicht in der Teestube, wo die Männer noch einmal zusammensaßen, bis sie zu ihren Frauen gingen. Denn am Morgen mußten sie ihre Frauen verlassen, um bei ihren Müttern zu leben, denen sie gehörten und die allein über sie bestimmen durften. Nach Beginn der Dämmerung herrschte also ein ständiges Hin- und Herpendeln der Männer, von Hof zu Hof, vom Haus der Mutter, das sein eigentliches Zuhause ist, zum Haus der Ehefrau, bei der die Kinder leben. Die Kinder betrachten ihren Vater als einen Onkel, der zu Besuch kommt, denn von Geburt an werden sie dazu erzogen, in der Mutter allein den Mittelpunkt ihres Lebens zu sehen. Sie allein ist verantwortlich für die Erziehung – der Vater hat kein Mitspracherecht. Auch diese merkwürdige Lebensform, die »Azhu-Ehe-Sitte« genannt, wird wohl mit dem Fortschritt verschwinden, dachte Rathenow.

Der Bürgermeister, den Rathenow nach Liyun fragte, indem er mit den Fingern und Händen eine Frauenfigur darstellte und dann auf sich und in die Ferne zeigte, hob die Schultern. Er verstand die Zeichensprache des Fremden, aber helfen konnte er ihm nicht. Der freundliche Chinese aus Zhongdian war auch nicht zu finden, was aber in Rathenow keinen Verdacht auslöste.

Es war ein warmer Abend. Von den Bergen strich ein kühlender Wind über das weite Tal und den See, die Erde erholte sich von der Hitze des Tages, der See glitzerte in reinem, tiefem Blau. In seiner Mitte leuchtete weiß der Tempel der Göttin Guanyin, der barmherzigen Urmutter des Mosuo-Volkes. Ein einsamer Kahn durchpflügte das sonst völlig stille Wasser. Die Felsen rund um das Tal, kahlgeschlagene, nackte, rotschimmernde Steine, waren wie zwei weit auseinandergestreckte Hände, die das fruchtbare Land schützten. Der Schatten des »Berges der Löwin« lag im See, als sei die Kuppe in ihm versunken.

Rathenow ging am Ufer entlang, ergriffen von der phantastischen Schönheit, die sich mit dem Untergehen der Sonne jede Minute veränderte. An einem flachen Uferstreifen, auf den Fischer ihre Boote gezogen hatten, fand er Liyun endlich. Sie saß in einem der Holzkähne, die wie vor Hunderten von Jahren aus einem einzigen Baumstamm gehämmert und geschnitzt worden waren, eine Art Kanu, das die Mosuos

»Schweinetrog-Boote« nannten. Eine alte Sage erzählt, daß einmal ein Fischer auf dem See von einem Sturm überrascht wurde. Die Wellen schlugen hoch, das leichte Boot aus Rohrgeflecht schlug um und versank, und der Fischer kämpfte gegen den Wind und den tobenden See um sein Leben. Das sah vom Ufer aus seine Frau, und da eine Mosuo-Frau tapfer und stark ist, schleppte sie einen hölzernen Schweinetrog in den See, überwand die Wellen und rettete ihren Mann. Von da an baute man die Boote aus einem Baumstamm nach dem Muster eines Schweinetrogs. Es soll nie wieder ein Fischer im See ertrunken sein.

Liyun saß reglos im Boot und blickte über den Lugu-See. Jetzt leuchtete der Tempel auf der kleinen Insel wie durchsichtiges Porzellan, die roten Berge flammten, das Wasser war blau und so durchsichtig, als sei es aus farbigem Glas geschliffen. Der »Berg der Löwin« wurde überhaucht von einem rosa Schein, der langsam über den noch wolkenlosen Himmel glitt.

Rathenow kletterte in das Boot und setzte sich neben Liyun. Sie blickte nicht auf, starrte nur weiter stumm über den See. Die Hände hatte sie in den Schoß gelegt und den Kopf etwas gesenkt. Auch Rathenow schwieg, er spürte den Zauber, spürte, wie diese grandiose Natur auch ihn überwältigte. Ab und zu warf er aus den Augenwinkeln einen Blick auf Liyun, und plötzlich sah er, daß Tränen über ihr starres, unbewegtes Gesicht rollten. Sie weinte, ohne sich zu rühren oder zu schluchzen.

»Liyun –«, sagte Rathenow nach einer langen Zeit des Schweigens. »Liyun ...«

Sie antwortete nicht, Tränen rannen unablässig über ihr Gesicht.

»Kann ich Ihnen helfen?«

Sie schüttelte den Kopf und schwieg weiter.

»Warum weinen Sie?«

»Es ist so schön ...«, sagte sie ganz leise, als sei ihre Stimme nur ein Hauch. »Es ist so still, so friedlich, so nahe dem Himmel. Diese Einsamkeit der Schönheit, in die man sich hineinlegen kann, um alles zu vergessen. Wie klar das Wasser ist. Wie blau. Die Pfirsichblüten spiegeln sich in ihm, die Kamelien und Azaleen, die Lilien und Rosen, und wie ein Kristall glitzert der Tempel der Göttin. Muß man da nicht weinen...?«

Er nickte, er verstand sie nur zu gut, denn ihm selbst fiel jetzt das Sprechen schwer. Er legte den Arm um ihre Schultern, und sie wehrte sich nicht, sondern neigte den Kopf zur Seite, drückte ihn in seine Halsbeuge, rückte nahe an ihn heran und schlang ihren Arm um seine Taille.

So blickten sie gemeinsam schweigend über den Lugu-See und wußten, daß sich diese Minuten nie wiederholen würden. Aber er küßte sie nicht, obwohl ihr Mund jetzt so nahe neben seinem war ... er blieb wie sie bewegungslos sitzen, spürte nur das leichte Zittern ihres Körpers, da sie immer noch weinte, und war unsagbar glücklich, sie an sich drücken zu können.

Als die Sonne gesunken war, das Wasser des Sees schwarz wurde und der Tempel im Dämmern zu schweben schien, löste sie sich aus seiner Umarmung, wischte sich über die Augen, suchte in den Taschen ihrer Jacke und sagte dann mit völlig normaler Stimme: »Haben Sie ein Taschentuch? Ich habe keins bei mir.«

»Natürlich. Bitte.« Er reichte ihr sein zusammengefaltetes Taschentuch, sie trocknete damit ihre Augen und gab es ihm zurück.

»Danke«, sagte sie. »Gehen wir?«

Er half ihr aus dem Boot, sie hakte sich bei ihm ein, und so gingen sie am Ufer zurück zum Dorf. Musikklänge wehten ihnen entgegen ... Flöten, Zimbeln, Trommeln und Lauten; über dem Dorfplatz zuckte der Widerschein des Feuers, Stimmengewirr und Lachen empfing sie. Die Jugend aus den umliegenden Dörfern war zusammengekommen, um zu tanzen und zu singen. Das einzige Vergnügen, das man in dieser Einsamkeit hatte.

»Tanzen wir?« fragte er.

»Sie? Man wird sich auf die Erde werfen vor Lachen. Außerdem verlieren Sie Ihre Würde. Ein Hochgeehrter hüpft nicht herum wie ein Frosch.« Sie blieb stehen und legte die Hand auf seinen Arm. »Ich danke Ihnen ...«

»Wofür?«

»Denken Sie darüber nach. Sie waren heute abend ein weiser Mann. Gute Nacht.«

Sie wandte sich ab und ging zu dem Haus, das man ihr als Schlafstätte zugewiesen hatte.

Liyun lag noch lange wach in ihrem Bett mit den selbstgewebten Decken. Nebenan hörte sie die Stimmen des Ehepaares, das Greinen eines Kindes, ab und zu ein kehliges Lachen, ein dumpfes, rhythmisches Klopfen und andere, eindeutige Liebesgeräusche.

Liyun verschränkte die Arme hinter dem Nacken und starrte an die Holzdecke. Er hat sich anständig benommen, dachte sie. Jeder andere Mann hätte diese Minuten meiner Schwäche ausgenutzt und mich geküßt. Und ich hätte mich nicht gewehrt ... sei ehrlich, Liyun, du hast sogar darauf gewartet. Als er den Arm um dich legte und dich an sich zog, hat es in dir gerufen: Tu es doch! Tu es doch! Spürst du denn nicht, daß ich will, daß du mich küßt? Aber er sitzt da, starrt wie ich auf den See, sieht die Schönheit und vergißt, daß ein Mädchen neben ihm sitzt, das vor Sehnsucht weint. Nicht wegen der Stille und der Schönheit der Landschaft, sondern wegen der Qual, dich, Hans Rathenow, zu lieben und es dir nicht sagen zu können. Wie soll ich dir zeigen, was ich denke und empfinde, wenn du es nicht spürst? Ich habe den Kopf an deine Schulter gelehnt, ich habe dir meinen Mund entgegengehalten – mehr darf ich doch nicht tun. Für ein Mädchen mit Anstand ist das schon das Höchste. Aber du sitzt stumm neben mir, als hättest du den Arm um einen Baumstamm gelegt. Jetzt ist alles vorbei ... morgen werde ich wieder die Reiseleiterin vom Tourismusbüro CITS sein, der man die Aufgabe übertragen hat, einen VIP in ein noch unbekanntes Gebiet Chinas zu führen. Hans Rathenow, solch ein Abend kommt nie wieder ...

Durch die dünne Wand hörte sie aus dem Nebenraum das Seufzen der jungen Frau und das Knarren des niedrigen Bettes. Liyun zog eine dünne Decke über sich – die Nächte auf dem Hochland waren kühler als in Dali oder Lijiang. Ihre Gedanken wanderten zu Zhi, der darauf wartete, daß sie ihn heiratete, und dem letzten Gespräch, das sie in Dali mit ihm geführt hatte.

Es war der Abend nach dem Tanz in der Hotelbar. Zhi hatte gesagt, als sie in seinen Wagen stieg: »Fahren wir zu mir!« und hatte seine Hand auf ihren Oberschenkel gelegt. Und sie hatte geantwortet: »Nein. Fahr uns herum. Wohin, das ist egal. Nur fahr ... und hör mir zu.«

Er hatte sie verständnislos angeschaut, aber er war mit ihr den Erhai-See entlanggefahren.

»Was willst du sagen?« hatte er nach einer Weile des Schweigens gefragt.

»Ich glaube, ich kann dich nicht heiraten, Zhi ...«

»Warum?« Er hatte am See angehalten und sie erstaunt angesehen. »Was ist los mit dir, Liyun? Was ist los mit uns?«

»Ich kann es nicht erklären, Zhi. Es ist plötzlich alles anders geworden. Nichts ist mehr wie früher. Ich kann dich nicht mehr lieben, wie eine Frau ihren Mann lieben sollte. Dann wird eine Ehe zu einer lebenslangen Qual.«

»Was habe ich dir getan?« hatte Zhi gefragt. Seine Stimme war heiser vor innerer Erregung. »Habe ich etwas falsch gemacht?«

»Nein. Du nicht.«

»Hast du mich mit einem anderen Mann betrogen?«

»Nein! Ich schwöre dir ... nein! Kein anderer Mann hat mich angefaßt.«

»Was ist es dann?«

»Ich kann es dir nicht erklären. Und wenn – du würdest es nicht verstehen.«

»Versuche es!«

»Ich habe dich im Geiste betrogen. Mit dem Herzen. Mit der Seele. Mit meinen Wünschen und Träumen. Kannst du das verstehen?«

»Ich glaube – ja. Aber ich begreife es nicht.« Er hatte den Kopf gesenkt, und seine Traurigkeit tat ihr fast körperlich weh. Sie wollte sein Haar streicheln, aber dann zuckte ihre Hand doch zurück. Starr saß sie neben ihm und blickte über den nachtdunklen Erhai-See, bis Zhi die Stille durchbrach.

»Mehr kannst du nicht sagen?« fragte er.

»Ist das nicht genug?«

»Nicht für mich, nicht für meine Liebe zu dir ... Was ist das für ein Mann?«

»Darüber kann ich nicht sprechen, Zhi.«

»Kenne ich ihn?«

»Nein«, log sie und schämte sich gleichzeitig ihrer Unaufrichtigkeit. Aber wie konnte sie ihm sagen, an wen sie dachte, ohne damit den Himmel aufzureißen? »Er ... er ist weit weg.«

»Du hast ihn bei einer Führung kennengelernt ...«

»Frag mich nicht. Bitte.«

»Also doch! Woher kommt er? Aus Hongkong, Beijing, Shanghai oder sogar aus Taiwan?«

»Ich gebe dir keine Antwort, Zhi.« Liyun schloß die Augen. An Rathenow denkt er nicht – dieser Gedanke ist für ihn zu absurd. Wie kann man auch so etwas Wahnsinniges denken? Ich frage mich ja selbst, ob ich nicht verrückt geworden bin. Aber heute, während des Tanzabends, habe ich gewußt, daß ich Zhi nie heiraten kann. Er kann besser tanzen als Rathenow, er ist ausdauernder, nicht einmal nach Stunden zeigt er Müdigkeit, nicht einen Schweißtropfen auf der Stirn – und da ist dieser andere Mann aus Deutschland, die weißen Haare schweißverklebt, nach jedem Tanz schwer atmend, aber mit aller Energie ankämpfend gegen diese Schwäche in der letzten Stunde, mit einem fast verzweifelten Lächeln, bis es nicht mehr ging, bis er so ehrlich war zu sagen: Ich muß ins Bett, ich kann nicht mehr. Da wußte ich, daß ich ihn lieben muß. Diesen Mann, der mein Vater sein könnte und der etwas an sich hat, das mich von Stunde zu Stunde immer mehr veränderte. Zhi, wie soll ich dir das erklären?

»Gib uns eine Zeit des Wartens«, sagte Zhi verzweifelt. »Liyun, so können wir doch nicht auseinandergehen! Werde dir klar, was für dein Leben gut ist.«

»Ich glaube, ich weiß es.« Sie lehnte sich in das Polster zurück. »Zhi, bring mich zurück zum Hotel.«

»Ich habe zu Hause eine Flasche Sekt kalt gestellt.«

»Das hast du immer getan, wenn wir uns trafen. Ich weiß, und ich danke dir. Aber heute, bitte, fahr zum Hotel zurück.«

Zhi hatte genickt und sie wieder in die Stadt gefahren. Als Liyun ausgestiegen war, gab sie ihm noch einen Kuß auf die Wange, nicht mehr auf den Mund. Zhi hielt ihren Kopf mit beiden Händen fest.

»Ich kann nicht glauben, daß dies das Ende sein soll!« sagte er verzweifelt. »Liyun, du gehörst zu meinem Leben.«

»Zhi, bitte laß mich los!«

»Sag mir, daß du mich noch liebst.«

»Wie kann ich das? Ich weiß es nicht mehr. Ich ... ich habe mein Gefühl für dich verloren.«

»Man kann Verlorenes wiederfinden, wenn man sucht.« Er ließ sie los und legte die Hände aneinander. Wie ein Betender sah er aus. Er tat ihr unendlich leid. Aber sie schüttelte dennoch den Kopf.

»Ein Gefühl ist nicht wie ein verlegter Ring, den man wiederfinden kann und sich wieder ansteckt. Eine zerbrochene Vase, die man zusammenklebt, ist wieder eine Vase, aber sie ist nicht mehr, was sie früher war. Die Risse bleiben.«

»Dann sehen wir uns jetzt zum letztenmal?«

»Vielleicht ...«

»Vielleicht ist Hoffnung. Es ist kein Nein.«

»Es ist besser für uns beide, wenn der eine für den anderen Vergangenheit ist. Können wir nicht Freunde werden?«

»Nein!« Es klang endgültig. »Wenn du einen anderen Mann geheiratet hast, will ich dich nicht wiedersehen. Die Qual wäre zu groß für mich. Liyun, warum tust du mir das an?«

»Ich kann nicht anders, Zhi, ich kann nicht anders. Ich wehre mich ja dagegen, aber ich bin nicht stark genug, mein Herz zu besiegen.« Sie hob die Hand und winkte zaghaft. »Leb wohl, Zhi. Gott und die Ahnen mögen dich beschützen.«

Er nickte stumm, kurbelte das Fenster hoch und fuhr davon. Als er aus dem Vorhof hinaus auf die Straße bog, konnte er kaum noch etwas sehen und wäre fast mit einem Radtaxi zusammengestoßen. Shen Zhi, der Starke, weinte ...

Daran dachte Liyun jetzt in der stillen, fahlen Nacht, in der die Kammer nur vom Schein des Mondes erhellt wurde. Nebenan war es ruhig geworden. In fünf Tagen ist alles vorbei, dachte sie. In fünf Tagen bringe ich ihn zum Flughafen in Kunming, und er wird zurückfliegen nach München, und ich werde nie mehr etwas von ihm hören. Er wird seine Einladung, mich kommen zu lassen, vergessen, aber er wird immer in mir bleiben, eine Seele neben meiner Seele, eine Liebe, die nie sterben wird. Was wird das für ein Leben werden ... Leben mit einer unsterblichen Erinnerung, die mich völlig verwandelt hat. Ich werde oft beten müssen ...

Am nächsten Morgen zeichnete Rathenow die uralten Märchen der Mosuos auf, die Liyun ihm übersetzte und auf Tonband sprach. Er fotografierte wieder, ließ sich von einem Fischer hinüberrudern zu der Insel und dem weißen Tempel der Göttin der Barmherzigkeit, den zwei junge Gärtner in Ordnung hielten. Sie waren die einzigen, die ab und zu hierherkamen, sonst gab es nur Schlangen, Blütenbüsche, bunt schillernde Vögel und die vollkommene Stille, die nur ab und zu vom Plätschern des Wassers unterbrochen wurde, das bei einem leichten Windstoß über das Ufer schwappte. Daß Rathenow den Tempel der Göttin Guanyin betreten durfte, war die höchste Auszeichnung und Ehre, die das Volk der Mosuos ihm erweisen konnte.

Dann kam der Tag der Abreise. Der Abend vorher war zu einem Volksfest geworden. Man hatte mit Wohlwollen gesehen, daß die »Langnase« die Sitten ehrte und sich bemühte, die Welt der Mosuos hinüberzuretten in eine Neuzeit, die alle alten Kulturen vernichtete. In dieser letzten Nacht wurde getanzt und gesungen, musiziert und mit bunten, breiten Bändern an langen Stielen gespielt, die man hoch in die Luft warf und im Fallen zu Figuren formte. Auch Rathenow und Liyun tanzten mit. Sie reihten sich in den Kreis der Mosuos ein, faßten sie an den Händen und hüpften um das große Feuer. Einer der fleißigsten Tänzer war Wen Ying. Er ließ seine vorletzte Flasche Mao Tai kreisen – die letzte war für die höllische Rückfahrt gedacht –, kniff den Mädchen in den Hintern, was sie mit Kichern oder Kreischen belohnten, und trank den »Solima«, diesen süßen Wein, das Getränk der Mosuos, als sei er Quellwasser. Gegen Mitternacht fiel er um und wurde von drei Männern zu seinem Quartier getragen.

»Und morgen früh will er fahren?« sagte Rathenow skeptisch. »Ich sehe schwarz.«

»Ying schafft das.« Liyun faßte Rathenow an beiden Händen und drehte sich mit ihm im Kreis. »Sie haben bei den Mosuos einen unauslöschlichen Eindruck hinterlassen.«

»Nur bei den Mosuos?«

Liyun antwortete, wie immer, nicht auf diesen Vorstoß. Sie ließ Rathenow los und reihte sich wieder in die tanzende Gruppe der Dorfbewohner ein.

Nun war es Morgen, der Wagen stand vor dem Haus des Bürgermeisters, Ying war munter wie sein großer schwarzer Vogel, der singend in seinem Käfig von Stange zu Stange hüpfte. Der Bürgermeister und seine alte Mutter standen draußen vor der Tür, das Pockengesicht Wu Shouzhi lehnte am Türbalken, eine große lederne Reisetasche vor sich. Seine Aufgabe am Lugu-See war beendet. Er hatte viel nach Kunming zu berichten. Shen Jiafu würde sehr zufrieden sein.

Der Ehemann von Liyuns Gastwirtin trug ihr das Gepäck. Rathenows zwei schwere Koffer schleppte eine kräftige Frau heran. Sie hatte die Koffer auf ein Tragbrett geschnallt, das auf ihrem Rücken festgebunden war und auf dem sie sonst Gemüsekörbe, die großen Reisigbündel oder die Felssteine zum Bauen ins Dorf trug. Es wäre eine Beleidigung gewesen, wenn Rathenow ihr diese Arbeit abgenommen hätte.

Wu Shouzhi besaß die Frechheit, Liyun zu fragen, ob er bis Zhongdian mitfahren dürfe.

»Ich habe nichts dagegen«, antwortete Liyun auf Wus Frage. »Wenn es Herrn Rathenow angenehm ist. Du mußt neben ihm sitzen.«

»Was soll er dagegen haben?« Wu grinste breit. »Ich stinke nicht. Ich habe mich in der Holzwanne des Bürgermeisters heiß gewaschen.«

»Wu möchte mit uns fahren«, sagte Liyun zu Rathenow. »Sagen Sie nein!«

»Warum? Wenn wir den gleichen Weg haben – ich habe nichts dagegen«, antwortete er ahnungslos.

»Ich mag ihn nicht.«

»Das weiß ich. Aber es wäre unhöflich, ihn nicht mitzunehmen.«

»Ich kann sagen, den Platz brauchten Sie.«

»Das wird er nicht glauben. Im Wagen ist Platz genug.«

Liyun hob die Schultern, seufzte und wandte sich an Wu. »Du kannst mitfahren. Aber mach dich nicht zu breit ... der Herr möchte bequem reisen.«

»Ich werde mich dünn machen wie ein Aal.«

Wu stieg als erster in den Wagen. Rathenow gab der alten Mutter und dem Bürgermeister die Hand und bedankte sich für die Gastfreundschaft der Mosuos. »Ich werde das Dorf, den Lugu-See und Ihren Stamm nie vergessen«, sagte er. »Es war mein schönstes Erlebnis.«

Wu beugte sich aus dem Wagen und übersetzte es. Und der Bürgermeister antwortete: »Du hast die Gnade der Göttin Guanyin erfahren, du bist unser Freund. Lebe lange, und denke an uns!« Als sie abfuhren und Ying seine Hupe ertönen ließ, winkten ihnen der Bürgermeister und seine Mutter nach, und eine Schar Kinder lief schreiend und gestikulierend neben dem Wagen her, bis Ying richtig Gas gab.

In Zhongdian, der Kreisstadt, verließ Wu den Wagen, nachdem sie die halsbrecherische Fahrt durch das Gebirge mit Yings Fahrkunst und dem Mao-Tai-Schnaps ohne Zwischenfall bewältigt hatten. Auch Wu winkte ihnen nach, nahm dann seine Reisetasche vom Boden und trottete davon. Auf dem Postamt ließ er sich mit Kunming verbinden. Er hatte Glück, Shen Jiafu noch anzutreffen.

»Sie fahren jetzt weiter nach Lijiang«, sagte er. »Ich habe viel zu berichten. Das Wichtigste: Sie lieben sich ...«

»Eine gute Nachricht, Shouzhi. Haben sie miteinander geschlafen?«

»Das nicht ... aber ihre Zärtlichkeit zueinander konnten sie nicht mehr verbergen.«

»Es wäre uns lieber gewesen, wenn sie übereinandergelegen hätten.«

»Darauf hatte ich keinen Einfluß, Herr Shen.« Wu lachte laut. Der Gedanke amüsierte ihn. »Vielleicht ist er schon zu alt dazu und hat Mühe, einen anständigen Aufrechten zu bekommen.« Er bog sich vor Lachen, aber Shen blieb kühl.

»Erzähl weiter! Jede Kleinigkeit.«

In Kunming setzte man von allen Berichten aus Dali, Lijiang und vom Lugu-See wie aus Steinchen ein Mosaik zusammen. So entstand ein Bild von Liyun und Rathenow, das sehr befriedigend war. Shen legte es seinem Chef, dem mächtigen und angesehenen Kewei Tuo, vor. Der »Direktor« nickte mehrmals und blickte Shen wohlwollend an.

»Eine gute Arbeit«, lobte er, »ich werde sie weitergeben nach Hongkong und den ›Hohen Rat‹ einberufen. Ich glaube, wir haben unseren Mann. Die Idee der ›Führung‹ war gut, auch wenn es nur ein Experiment ist. Aus Experimenten kann Neues geschaffen werden. Bis 1997, bis Hongkong von Beijing beherrscht wird, muß sich noch vieles ändern. Und die Zeit eines Menschenlebens ist kürzer als ein Vogelflug. Du hast bei uns einen guten Namen bekommen, Shen Jiafu.«

Die Rückfahrt nach Kunming dauerte knapp vier Tage. Sie übernachteten wieder in Lijiang und Dali, beobachtet von den örtlichen Beauftragten der »Firma«, aber es geschah nichts Auffälliges. Liyun traf Zhi nicht wieder, sie rief ihn aus dem Hotel auch nicht an. Auch Hua wurde nicht benachrichtigt. Es war, als sei nach dem Verlassen des Lugu-Sees die innere Spannung gebrochen: Die Rückkehr in eine normale Welt schien in der Nüchternheit zu enden.

Nur noch einmal wurde der Alltag durchbrochen. Es war in der kleinen Stadt Chu Xiong zwischen Dali und Kunming an der Burma-Straße. Hier verlor Wen Ying seinen schönen, geliebten Vogel.

Schon als sie in das Städtchen einfuhren, sahen sie überall Männer, die an ihren Rädern Vogelkäfige hängen hatten und einem Hügel zustrebten, der sich zwischen den Äckern erhob und an dessen Flanke man aufrecht stehende Steinplatten,

Steinsäulen und bunten Bänderschmuck sah. Ein Friedhof. Ying hielt den Wagen an, beugte sich aus dem Fenster und rief einen Radfahrer an, der an ihm vorbeifuhr, seinen Vogelkäfig auf den Rücken geschnallt.

»Wohin?« schrie er. »Gibt es heute einen Vogelkampf?«

»Ja, es gibt einen Vogelkampf. Mit guten Preisen.« Der Radfahrer strampelte neben dem Wagen her. »Wir kommen von weit her. Es ist ein großes Ereignis! Hast du einen Vogel mit?«

»Habe ich.«

»Dann verpasse den Kampf nicht. Jeder kann sich melden. Bis nachher, Genosse.«

Ying straffte sich, blickte hinüber zu der Straße, die zum Hügel führte und auf der nicht nur Radfahrer mit ihren Vögeln waren, sondern auch viele Männer zu Fuß, ihren Vogelbauer in der Hand, zugedeckt mit einem Tuch, denn ein Kampfvogel ist ein wertvolles Tier, sehr sensibel, sehr nervös, und er könnte von dem Getümmel um ihn herum erschreckt werden. Kurz vor der Kreuzung der beiden Straßen verringerte Ying die Geschwindigkeit und bog in die Hügelstraße ein.

»Darauf habe ich gewartet!« sagte Liyun zu Rathenow. »Ying hätte mich enttäuscht, wenn er weitergefahren wäre. Ein Chinese, der einen Kampfvogel besitzt, kann einer solchen Aufforderung nicht widerstehen.« Sie lachte kurz auf. »Sie sehen wirklich vieles, was Touristen sonst nie sehen.«

Vor dem Hügel hielt Ying an. Eine Schlange von Menschen mit Vogelkäfigen in den Händen stieg über lehmige Stufen den Hügel hinauf, vorbei an dem Friedhof, und immer höher, bis sie die flache Kuppe erreicht hatten. Um einen ebenen Platz hatten sich schon Hunderte Menschen im Kreis versammelt, an den Baumzweigen baumelten ungezählte Käfige, und immer neue »Kämpfer« wurden den Hügel hinaufgetragen. Ying hatte seinen Käfig auf die Schulter gesetzt, er war der einzige, der seinen Vogel nicht zugedeckt hatte. Das Tier bedankte sich bei ihm, indem es jeden anderen Käfig, an dem sie vorbeigingen, anfauchte, sich aufplusterte und sogar zu spucken begann.

Ying meldete sich bei den Preisrichtern, zeigte sein Prachtexemplar, bekam eine Nummer und wartete dann, bis er aufgerufen wurde. Es war der neunzehnte Kampf, hatte das Los entschieden. Ying stellte seinen Käfig in den Kreis und musterte den Gegner. Es war ein grüngrauer Vogel mit einem gebogenen Schnabel, der mit böse funkelnden Augen sein schwarzes Gegenüber anblickte.

Während die Besitzer die Käfige aneinanderstellten, begannen die Wetten der Zuschauer.

»Dein Vogel hat einen verstopften Arsch!« sagte Ying zum Besitzer des Gegnervogels.

Und der antwortete ebenso grimmig: »Dein Krüppel pißt schon vor Angst. In einer Minute kennst du ihn nicht wieder. Kannst ihn am Abend in der Pfanne braten.«

»Seid ihr bereit?« rief der Kampfrichter. Er saß hinter einem Tisch und notierte die Wetten.

»Bereit!« schrie Ying zurück.

Auf ein »Los!« rissen die beiden Besitzer die Türen der Käfige hoch und traten zurück.

Zunächst geschah gar nichts. Während die anderen Vögel sofort losgestürzt waren, blieben der Grüne und der Schwarze ruhig in ihren Käfigen sitzen und starrten sich an.

»Jetzt zittert deinem Liebling der Schwanz!« rief Ying dem Gegner zu.

»Und deiner schläft gleich ein!«

»Er hat Mitleid mit der Mißgeburt!«

»Ha! Deiner pißt schon wieder.«

»Das ist sein Düsenantrieb. Gleich geht er ab wie eine Rakete.«

Als habe Yings Vogel das Stichwort gehört, sauste er plötzlich in den anderen Käfig und fiel über den krummschnäbeligen Gegner her. Ein wildes Flattern begann, ohne einen Laut, nur verbissene Wut und Kampfwillen. Immer und immer wieder stürzten sich die Vögel aufeinander, hackten aufeinander ein, schlugen mit den spitzen Zehen um sich, drückten den Gegner zu Boden. Die Zuschauer murmelten begeistert, aber niemand feuerte seinen Favoriten an – das galt als unhöflich. Nur Ying knirschte laut mit den

Zähnen, spuckte auf die Erde und rang die Hände, wenn der Grüne den Schwarzen niederdrückte.

Und plötzlich war der Kampf vorbei. Der Krummschnabel legte sich auf die Seite, streckte die Füße von sich und ergab sich. Ohne noch einen Blick auf seinen Gegner zu werfen, hüpfte Yings Vogel in seinen Käfig zurück. Die Zuschauer klatschten in die Hände.

Stolz schloß Ying die Käfigtür und trug seinen Vogel aus der Arena. Der Ringrichter zahlte ihm die Siegerprämie aus: 100 Yuan – das ist eine Menge Geld für einen Chinesen. Doch als Ying zu Liyun und Rathenow hinüber nickte und gehen wollte, hielt ihn ein städtisch-elegant gekleideter Chinese fest.

»Ich komme aus Hongkong!« sagte er. »Ich möchte deinen Vogel kaufen.«

»Er ist unverkäuflich!« erwiderte Ying.

»Ich liebe so starke Kämpfer. Sei nicht dumm. Ich biete 1000 Yuan!«

Ying starrte den Hongkong-Chinesen ungläubig an. Ihm wurde heiß. Er schielte zur Seite, wo sein Vogel in seinem Käfig auf dem Boden stand und Laute von sich gab, die an ein Grunzen erinnerten. Er putzte mit gesträubten Flügeln sein Gefieder. Als wüßte er, daß man über ihn verhandelte, hielt er plötzlich mit dem Putzen inne und stieß einen lauten, grellen Pfiff aus. Unmensch! Du willst mich verschachern?

»Du sagtest tausend – ich sage nein!« knirschte Ying. »Der Vogel ist wie mein Kind! Verkauft man sein Kind?«

»Ich kann ein Kind von den Bauern im Norden für weniger Yuan bekommen.« Der Mann aus Hongkong warf wieder einen Blick auf den schwarzen Sieger. »1500 Yuan!« sagte er dann.

Ying wurde es schwindelig. Fast flehentlich sah er seinen Vogel an, bat innerlich um Verzeihung und zuckte zusammen, als der Vogel wieder seinen grellen Pfiff ertönen ließ.

»Es ... es geht nicht!« klagte Ying und rollte mit den Augen. »Ich bringe es nicht übers Herz. Meine Seele wird weinen ...«

»Legen wir ein Pflaster darauf, das heilt: 2000 Yuan.«

Zweitausend Yuan sind für einen armen Chinesen eine Traumsumme. Davon kann er ein halbes Jahr sorglos leben. Wer ein solches Angebot abschlägt, gehört in das fensterlose Zimmer einer Irrenanstalt. In den Strafbunker.

Ying nickte stumm und hielt die Hand auf. Der Hongkong-Chinese holte aus seiner Jacke ein Bündel Banknoten heraus und zählte sie ab. 2000 Yuan. Ying steckte sie schnell ein.

»Und der Käfig?« fragte er.

»Ich will die Frage nicht gehört haben.« Der Käufer bückte sich, nahm den Käfig am Tragbügel hoch und ging wortlos davon. Ying blickte ihm nach, sein Gesicht begann zu zukken, dann warf er sich herum und lief auf Liyun zu.

»Fahren wir weiter!« schrie er seine Qual hinaus. »Sofort! Sofort!«

»Wieviel hat er dir gegeben?« fragte Liyun.

»Zweitausend.«

»Total verrückt! Und wieviel hast du für den Vogel bezahlt?«

»Auf dem Vogelmarkt von Kunming 75 Yuan.«

»Und da jammerst du? Es war das Geschäft deines Lebens.«

»Aber nun bin ich allein. Mit meinem Liebling konnte ich sprechen; ich verstand ihn, wenn er mich angrunzte.«

»Kauf dir einen neuen Vogel, Ying.«

»Er war ein einmaliger Vogel. Nun bringt man ihn nach Hongkong! Er wird vor Heimweh sterben.«

Er senkte den Kopf und lief die Lehmtreppen hinunter zum Wagen. Langsam folgten ihm Liyun und Rathenow.

»Wie konnte Ying bloß seinen Vogel verkaufen?« fragte er.

»Für 2000 Yuan können Sie bei den armen Bauern am Gelben Fluß vier Mädchen kaufen. Heute noch! Die Welt sieht nur das reiche China mit seiner aufstrebenden Wirtschaft ... aber über 500 Millionen Chinesen sind arm. Viele wandern in die großen Städte, weil es heißt, dort sei das Paradies. Dann arbeiten sie am Bau, an den neuen Straßen, in den überall entstehenden Fabriken. In Shenzhen, der Muster-

stadt gegenüber von Guangzhou, wimmelt es von Schwarz-
arbeitern, die in Rohbauten, großen Betonabwasserrohren
oder auf Abfallhalden wohnen. Die Arbeitgeber zahlen ihnen
am Tag zehn Yuan, das sind nach deutschem Geld zwei
Mark! Und sie sind damit zufrieden – es ist immerhin das
Doppelte, was sie als Bauern verdienen könnten. Unabhängig
vom Wetter, von Überschwemmungen und Mißernten.
Zweitausend Yuan auf die Hand ... das ist für sie ein Traum,
wie bei Ihnen der Traum von den Millionen. Sind Sie ein
Millionär?«

»Nein, aber mir geht es gut.«

»Ying wird einen neuen Vogel kaufen und ihn trainieren
zum Kampf. Die 2000 Yuan wird er sparen. Auch er hat
einen großen Traum: Er möchte ein eigenes Taxi haben.
Dafür sammelt er Geld wie andere Briefmarken. Geben Sie
ihm in Kunming zum Abschied ein gutes Trinkgeld.«

»Ich werde ihm für sein Taxi hundert Dollar geben.«

»Jetzt sind Sie verrückt! Verzeihung ... das ist mir so her-
ausgerutscht.«

»Ying hat es verdient. Ohne ihn, sein Fahrergenie und seinen Mao Tai wären wir vielleicht nie zu den Mosuos gekommen.«

Unten, am Fuße des Hügels, saß Ying schon hinter dem
Lenkrad, als Liyun und Rathenow die Lehmtreppe hinter
sich hatten. Er war die personifizierte Traurigkeit, ein seelisch gebrochener Mann, er hatte seinen Liebling für schnö-
des Geld verkauft – aber der große Traum von einem eigenen
Taxi würde sich eines Tages erfüllen.

Durch den Vogelkampf verspätet, erreichten sie erst in der
Nacht Kunming. Ying mußte seine Angst vor den Nachtgei-
stern tapfer unterdrücken, tröstete sich mit dem Gedanken,
daß sie einer »Langnase« nichts anhaben könnten, und hielt
vor den Glastüren des Hotels »Goldener Drache«. Der Manager, der sie an der Rezeption empfing, sah in der Reservie-
rungsliste nach und nickte.

»Mister Rathenow«, sagte er auf englisch. »Ja, hier stehen
Sie. Ein Zimmer für zwei Nächte. Sie wollten am Abend hier
sein, jetzt ist es Nacht. Wir haben Ihr Zimmer weiterverge-

ben. Bedaure, wir dachten, Sie kommen nicht mehr. Dann ist es üblich, daß wir ...«

Rathenow winkte ab und wandte sich zu Liyun. »Das Zimmer ist weg! Wir sind zu spät gekommen. Was nun?«

»Das haben wir gleich.« Liyun trat an die Theke und legte beide Hände auf die polierte Platte. Natürlich kannte der Manager Wang Liyun vom CITS, ihre Touristengruppen bezogen immer in diesem Hotel Quartier – das war eine sichere Einnahmequelle –, aber das änderte nichts daran, daß in Mr. Rathenows Zimmer jetzt ein Amerikaner schlief. »Den Zimmerschlüssel!« sagte Liyun hart.

»Genossin Wang ... es gibt kein Zimmer.«

»Soll ich die Polizei holen, Sun Fangchun?«

»Auch die kann kein Zimmer zaubern. Wer bis 22 Uhr nicht eintrifft ...«

»Ich werde dafür sorgen, daß in Zukunft alle Gruppen im Holiday Inn oder im Kunming Hotel wohnen!«

»Sie ... Sie hätten anrufen können.« Sun blätterte in der Belegungsliste. »Es ist nur noch eine Suite frei – die teuerste.«

»Sie werden Mr. Rathenow die Suite zum normalen Zimmerpreis geben!«

»Das ist bei uns nicht üblich, Frau Wang.«

»Dann ist es das erstemal! Herr Rathenow nimmt die Suite. Die Rechnung geht wie immer zur CITS. Und wenn Sie den vollen Preis berechnen ... Su Fangchu, ich sage meinem obersten Chef, Herrn Fu Huang, daß er Sie von der Liste streicht. Herr Rathenow ist ein VIP, vom Kulturministerium in Beijing empfohlen. Auch der Genosse Parteisekretär von Yunnan ist sehr an ihm interessiert.«

»Ich werde es morgen früh der Direktion vortragen.«

»Den Schlüssel!« Liyun hob wieder die Hand. Su holte ihn vom Schlüsselbrett und ließ ihn in ihre Handfläche fallen. Rathenow tippte Liyun erstaunt auf die Schulter.

»Jetzt hat er doch ein Zimmer?«

»Nein, aber Sie bekommen die beste Suite des Hotels.« Sie sah sich um. Um diese Zeit war kein Page mehr da, der das Gepäck aufs Zimmer hätte bringen können. Sie winkte deshalb Ying herbei, gab ihm den Schlüssel, und er schleppte Rathenows zwei Koffer zum Lift und fuhr hinauf. Liyun und Rathenow gingen in die Halle. In der Bar packte die Band gerade ihre Instrumente ein, ein paar hübsche Mädchen in Minikleidern musterten Rathenow und warfen ihm aufreizende Blicke zu.

»Die ›Hühnchen‹ ... das wird wieder eine Nacht werden«, sagte er sarkastisch. »Sie lauern wie kleine Raubtiere ...«

»Sie werden nicht mehr belästigt werden. Ich sage Su Bescheid. Er soll die ›Hühnchen‹ nicht mehr ans Telefon lassen. Übermorgen werden Sie wieder zurückfliegen. Kunming–Hongkong–Frankfurt–München, fast um die halbe Welt.«

»Ich möchte jetzt nicht daran denken, Liyun.« Er spürte, wie laut sein Herz plötzlich klopfte. »Ich war jetzt das drittemal in China, aber erst diesmal habe ich es wirklich gesehen und lieben gelernt.«

»Das haben Sie schön gesagt.«

»Mir fällt der Abschied schwer. Am liebsten möchte ich hierbleiben.«

»Das geht doch nicht.«

»So ist es. Es geht wirklich nicht. Aber mein Versprechen halte ich: Ich lade Sie nach Deutschland, nach München, ein und zeige Ihnen *mein* Land.«

»Ich werde warten.« Liyun blickte auf ihre Schuhe, sie konnte Rathenow jetzt nicht ansehen, ohne sich mit ihren Blicken zu verraten. Ich komme, dachte sie nur. Ich komme ... und wenn ich Flügel hätte, würde ich dir übermorgen nachfliegen, ohne zu fragen, wie die Zukunft sein wird. Ich liebe dich ... o Gott, wie schrecklich ist das!

Sie gaben sich die Hand und trennten sich, als Ying mit dem Lift wieder in der Halle erschien.

»Bis morgen – nein, heute – um neun Uhr. Wir sehen uns Kunming an und fahren mit dem Schiff über den Kunming-See. Und im See-Park ist ein gutes Restaurant, da essen wir. Kunming ist eine schöne Stadt.«

Rathenow schaute ihr nach, wie sie an Yings Seite das Hotel verließ. Ihr offenes langes schwarzes Haar wehte über ihre Schultern. Sie war auch von hinten schön: schlank, langbeinig, ein wenig schlaksig, zerbrechlich und in ihren engen Jeans unglaublich sexy.

Morgen ist der letzte Tag. Nur noch morgen höre ich ihre helle Stimme, blicke ich in ihre großen Mandelaugen. Und dann werde ich im Flugzeug sitzen, die Sessellehne zurückgeklappt, an die Decke starren und zu mir sagen: Rathenow, du hast wahrhaftig eine kleine Elfe gesehen, ein lebendes Porzellanpüppchen. Und du bist korrekt geblieben und hast nicht versucht, sie in deine Arme zu nehmen. Du warst eben ein Idiot! Du hattest Angst, wenn du dich im Spiegel ansahst ... die weißen Haare, die leichten Tränensäcke unter den Augen, die Fältchen auf der Stirn und in den Augenwinkeln, das beginnende Doppelkinn – für ein junges Mädchen wie Liyun ein alter Mann. Als du in den Spiegel sahst, wußtest du: Du machst dich lächerlich, indem du einen Gockel spielst. Jeder, der euch zusammen sieht, wird mitleidig lächeln. Da hilft es auch nicht, auf Goethe hinzuweisen, der sich mit 82 Jahren noch in eine Neunzehnjährige verliebte, oder auf Picasso, der noch mit 87 den Bikini-Mädchen am Strand nachstellte. Du bist kein Goethe und kein Picasso ... du bist nur Hans Rathenow, ein Münchner Ethnologe und Reiseschriftsteller, der an der Seite eines Mädchens wie Liyun einfach wie ein schlechter Clown wirkt.

So ist es und nicht anders!

Er wandte sich um, ging zum Lift und fuhr hinauf in seine Suite. Dort holte er aus der Hausbar eine kleine Flasche Wodka, mischte ihn mit Orangensaft und trank drei Gläser. Sie wirkten wie ein Gummihammer. Er schwankte zum Bett, warf sich angezogen, wie er war, auf die Decke und schlief sofort ein ...

Um halb zehn – Rathenow hatte ausgiebig gefrühstückt und zwei Flaschen Mineralwasser getrunken, um seinen Nachdurst zu besänftigen – stieg er mit Liyun in den draußen wartenden Toyota. Die letzte Fahrt mit Wen Ying, dem Wunder-Chauffeur. Er hatte den Verlust seines Vogels überwunden und spuckte wie immer aus dem Fenster, als er seine Fahrgäste aus dem Hotel kommen sah. Die Boys rissen die Glastüren auf.

»Gefällt Ihnen die Suite?« fragte Liyun. Sie sah etwas abgespannt aus, blasser als sonst und mit leichten Ringen unter den Augen. Sie hatte versucht, sie mit Make-up zu überdecken, aber es war ihr nicht ganz gelungen. Er wird es ja doch nicht sehen, tröstete sie sich. Er wird nicht sehen, daß ich die halbe Nacht geweint habe. Wen geht es auch etwas an? Nur mich allein! Jetzt verrinnen die letzten Stunden schneller, als man denken kann, und du wirst die Uhr hassen, die unaufhaltsam ihre Zeiger dreht. Welch ein schöner Tag ist heute, welch eine strahlende Sonne am blauen Himmel, über den ein paar weiß schimmernde Wolken ziehen, ganz langsam, als gäbe es für sie keine Zeit.

»Sie ist wirklich luxuriös. Das Wohnzimmer ist so groß wie ein kleiner Tanzsaal. Man fühlt sich fast einsam, wenn man allein darin wohnt. Trotzdem, ich habe gut geschlafen, ohne Belästigungen. Ich gestehe es jetzt: Ich war todmüde.«

So ist er, dachte sie. Er sagt, was andere verschweigen würden. Zhi würde nie gestehen, schwach zu sein. Er will immer der Starke sein. Auch deswegen liebe ich dich, Rathenow: Du bist ein Mensch, der seine Schwächen nicht versteckt. Ein Mensch, der manchmal Hilfe braucht. Eine Stütze, einen Halt. Aber keiner erkennt es ...

Es wurde ein herrlicher Tag, dieser Abschied von Kunming. Sie fuhren über den großen See mit seinem glitzernden Wasser, in dessen Spiegel die Wolken mitschwammen, wanderten durch den Park mit seinen gebogenen, geschnitzten Brücken und den Kaffeehäusern, die aussahen wie kleine Tempel, saßen auf Bänken am Ufer und beobachteten die Vögel und zwei schwarze Schwäne, ließen sich bei einem »staatlich geprüften Diagnostiker« nieder, der unter einem Sonnenschirm hinter einem Tisch saß und behauptete, durch eine Sonde, die man in der Hand halten mußte, die Krankheiten zu erkennen, und freuten sich, als er sagte: »Junge Frau – du bist gesund. Nur passe auf deinen Magen auf und auf deinen Hals.«

»Ich bin gesund«, lachte Liyun. »Nun Sie ...«

Rathenow las den Reklametext auf der Tafel neben dem Tisch. Er war auch auf englisch geschrieben und verkündete, daß Dr. Tao Baibing der Erfinder einer Methode sei, mittels der Körpertemperatur und der Körperschwingungen die versteckten Krankheiten zu erkennen. Rathenow mußte unwillkürlich lächeln.

»Mein bester Freund ist Arzt«, sagte er zu Liyun. »Wenn ich ihm von diesem Dr. Tao Baibing erzähle, wird er sich an die Stirn tippen. Hokuspokus, wird er sagen. Wissenschaftlich völlig indiskutabel. Und ihr Chinesen glaubt daran?«

»Versuchen Sie es. Haben Sie Krankheiten?«

»Genug.«

Dr. Tao hielt ihm die Sonde hin. Rathenow zögerte, aber dann umfaßte er sie mit seiner rechten Hand.

»Ihnen zuliebe, Liyun.«

»Sie müssen den Stab ganz fest drücken.«

»Fester geht's nicht ...«

Dr. Tao blickte auf eine Art kleinen Monitor, auf dem ein Zeiger hin- und herpendelte und wellenförmige Linien entstanden. Nach einer stummen Minute nickte er. Rathenow ließ die Sonde los. Liyun hörte gespannt zu, was Dr. Tao sagte, und übersetzte es.

»Der Doktor sagt, Ihr Herz sei nicht gesund.«

»Stimmt. Ich hatte eine Herzinsuffizienz. Eine Herzschwäche.«

»Die Nieren sind nicht in Ordnung.«

»Auch das stimmt.«

»Ihr Blutfettgehalt ist zu hoch.«

»Verdammt, ich habe einen zu hohen Cholesterinspiegel.«

»Und Sie sollen aufpassen auf Ihre Adern. Sie könnten sich verengen ...«

»Arteriosklerose ... fängt bei mir in den Beinen an!« Rathenow starrte den kleinen Dr. Tao an. »Es stimmt alles. Wie ist das nur möglich?«

»Durch eine unwissenschaftliche Methode. Dr. Tao sieht Sie heute zum erstenmal. Glauben Sie jetzt an chinesische Diagnose?«

»Wenn ich das Dr. Freiburg erzähle – der hält mich für verrückt!«

»Er hat alle Ihre Krankheiten erkannt und Sie sogar gewarnt. Dabei sehen Sie überhaupt nicht krank aus. Wenn einer kommt und hat gelbe Augen, dann kann er sagen: Es ist die Galle oder die Leber. Und wenn er beim Atmen pfeift, ist's die Lunge. Zittert die Hand, hat er ein Nervenleiden. Aber Sie sehen aus, als könnten Sie 100 Jahre alt werden.«

Liyun bezahlte Dr. Tao einen Yuan – der billigste Arztbesuch, den Rathenow je erlebt hatte. Zwanzig Pfennig für eine umfassende Diagnose! Wenn das die deutschen Krankenkassen hören ...

Vom See-Park fuhren sie zurück in die Stadt und hielten vor der großen Anlage des Jing Dian, des »Goldenen Tempels«. Ein weiter Park mit uralten, riesigen Bäumen, durchzogen von Wegen, auf denen jetzt Tausende im Schatten spazierengingen, nahm sie auf. In seiner Mitte erhob sich ein Wunderwerk der Baukunst, eine einmalige Hymne auf die Gottheit.

»Er ist der größte Bronzetempel der Welt«, sagte Liyun leise neben Rathenow. »Er hat sogar die Kulturrevolution überlebt. Er ist unsterblich wie Gott selbst. Hier kann man Frieden und Weisheit atmen.«

Der Geruch der süßen Rauchstäbchen, die in bronzenen Haltern steckten, füllte die Räume. Die meisten Chinesen knieten vor den Götterstatuen, deren verschlossene, aber gütige Gesichter auf sie herunterblickten. Eine Touristengruppe aus der Schweiz hatte sich verteilt und fotografierte. Nur das Klicken der Auslöser und das Zucken der Blitzlichter unterbrachen die feierliche Stille.

»Wirklich ein Wunderwerk«, sagte Rathenow. »Ich bin Ihnen dankbar, daß ich das auch noch sehen konnte.«

Sie verließen den Goldenen Tempel, wanderten weiter durch den Park und sahen nach zehn Minuten Weg auf einer Anhöhe einen hohen, etagenförmigen Turm, um den sich eine Menschenmenge ballte.

»Der Glockenturm.« Liyun zeigte die Treppen hinauf. »Möchten Sie hinein?«

»Aber ja.«

»Sie müssen die Stufen hinauf.«

»Noch sind meine Adern im Bein nicht ganz geschlossen«, sagte Rathenow nicht ohne Sarkasmus. »Treppensteigen soll gut für die Durchblutung sein.«

Der Glockenturm enttäuschte ... sein Inneres war ein einziger Markt. Stände mit typischen Kleinandenken, mit Rollbildern und Jadeschnitzereien, Anstecknadeln und Amuletten, bunten Kalligraphien mit Sinnsprüchen, Ansichtskarten, versilberten Buddhas und Figuren aus bemaltem Porzellan in alten Trachten und vieles mehr. Ganz hinten, eine ganze Wand einnehmend, hatte ein Batik-Händler seine Tücher ausgestellt ... an langen Leinen hingen sie über seinen Tischen, und an der Wand klebten große Batikbilder mit volkstümlichen Motiven: Landschaften, tanzende Paare, Götterfratzen und chinesisches Landleben, so wie ein Tourist sich das Hinterland vorstellt, das er nie gesehen hat.

Als Rathenow sich an einem Schmuckstand umdrehte, war Liyun verschwunden. Er blickte wieder auf die vergoldeten oder sogar echt goldenen Spangen, Ringe, Reife und Broschen und fragte sich, ob es eine Beleidigung wäre, Liyun ein schönes Schmuckstück zu kaufen. Eine goldene Kette, mit sechs Rubinen besetzt, fiel ihm besonders auf. Ob echt oder nicht echt – sie war einfach schön. Um Liyuns schlanken Hals mußte sie hinreißend aussehen. Aber dann zögerte er doch, ließ die Rubinkette liegen und suchte in dem Gewühl der Besucher nach Liyun. Er fand sie, wie sie sich durch die Menge drängte, und winkte ihr zu. Am Eingang zum Glokkenturm trafen sie sich wieder.

Sie trug ein kleines, flaches Päckchen in der Hand und atmete draußen die frische Luft ein.

»Sie kaufen wie verrückt, aber davon lebt der Tempel.« Sie zeigte die Treppen hinunter in den weiten Park. »Wir müssen den ganzen Weg zurück.«

»Sie haben auch etwas gekauft?«

»Nur eine Kleinigkeit.«

Da sie nicht sagte, was es war, fragte er nicht weiter. Sie wanderten zurück zum Eingang des Goldenen Tempels, wo

Ying neben dem Wagen wartete. Liyun blieb stehen und blickte zurück auf die Parkwege.

»Das war der Abschluß«, sagte sie und unterdrückte tapfer ein Zittern in der Stimme. »Wir fahren zurück zum Hotel.«

Im Hotel angekommen, fragte Rathenow: »Der Abend liegt noch vor uns. Darf ich Sie zum Essen einladen? Ins russische Restaurant?«

»Sie müssen noch packen. Morgen früh um sieben Uhr hole ich Sie mit dem Taxi ab zum Wu Jian Ba Ji Chang...«

»Das heißt Flughafen...«

»Sie fliegen mit der Dragon Air Lines nach Hongkong und von dort mit der LUFTHANSA nach Frankfurt. In Frankfurt haben Sie nur eine halbe Stunde Aufenthalt und fliegen dann weiter nach München-Riem. Ein langer Flug. Sie sollten sich vorher ausruhen.«

»Ich kann wunderbar im Flieger schlafen. Lehne zurück, Beine hoch, Augen zu... und schon bin ich weg. Liyun, bitte, lassen Sie uns gemeinsam essen. Die Henkersmahlzeit. So kommt es mir vor...«

»Gut. Ich komme.« Sie nickte und wollte gehen. Aber Rathenow hielt sie am Ärmel fest.

»Was ist mit Wen Ying? Sehe ich ihn morgen noch?«

»Nein. Für ihn beginnen drei freie Tage. Ich habe für morgen ein Taxi bestellt.«

»Dann komme ich noch mit hinaus.«

Sie verließen das Hotel und gingen zum Wagen. Ying stand wie immer rauchend an der Motorhaube und grinste verlegen, als Rathenow ihn ansprach.

»Ying, ohne dich wäre diese Reise nicht möglich gewesen«, sagte er. »Auch wenn du gesoffen hast wie ein Elefant – es war fabelhaft mit dir. Liyun hat mir von deinem großen Traum erzählt: ein eigenes Taxi. Ich will dir für deinen Wagen die vier Reifen kaufen.« Er griff in seine Jackentasche und holte zwei zerknüllte Hundertdollarnoten heraus. »Ying, ich wünsche dir viel Glück und daß du dein eigenes Taxi bald bekommst. Wenn du dich bis dahin nicht mit Mao Tai totgesoffen hast.«

Liyun brauchte es nicht zu übersetzen. Was die »Langnase« sagte, war für Ying unwichtig. Er sah nur die beiden 100-Dollar-Scheine, nahm sie, steckte sie in sein verschwitztes Hemd und schüttelte Rathenow beide Hände.

»Danke, Herr Deutscher«, sagte er. Den Namen Rathenow konnte er unmöglich behalten. »Danke. Es war eine große Ehre für mich, Sie zu fahren. Ich werde Sie nie vergessen. Ich werde es immer meinen Kindern erzählen.«

»Hat er Kinder?« fragte Rathenow. Liyun hob die Schultern.

»Ich weiß nicht. Verheiratet ist er jedenfalls nicht. Aber das ist ja kein Hindernis. Zu Ying gehören Überraschungen wie Reis zum Essen. Bis nachher. Um wieviel Uhr?«

»Wann ist es Ihnen recht, Liyun?«

»Acht Uhr? Ich will in Ruhe baden.«

»Ich auch. Ich fühle mich wie mit Staub gepudert.«

Er sah dem Wagen nach, wie er aus dem Vorplatz des Hotels hinausfuhr. Ying hupte ununterbrochen und legte noch eine Sondernummer ein, indem er einmal den großen Springbrunnen umkreiste und erst dann auf die Straße fuhr. Rathenow winkte ihnen nach.

Auf Wiedersehen, Ying.

Auf Wiedersehen?

Langsam ging er am Brunnen vorbei zum Hotel. Die drei verstopften Düsen waren noch immer nicht repariert.

Es gibt eben Dinge in China, die ändern sich nie ...

Das Abendessen im russischen Restaurant war nun wirklich der Abschluß. Rathenow hatte einen hellgrauen Anzug angezogen, in München maßgeschneidert, und Liyun erschien in einem blauen Seidenkleid mit üppiger Goldstickerei. Sie hatte die Haare wieder hochgesteckt und eine breite Schleife aus blauem Brokat hineingesteckt. Sie war schöner als jedes Gemälde.

Als sie sich in der Hotelhalle trafen, sah Rathenow, daß sie das kleine Päckchen aus dem Glockenturm des Goldenen Tempels in der Hand hielt. Sie hob es hoch und sagte dabei:

»Ein kleiner Dank für alles, was wir zusammen erlebt haben.«

»Liyun, Sie beschämen mich. Ich habe nichts für Sie. Ich könnte Ihnen jetzt Blumen kaufen, aber die verwelken zu schnell. Ich werde Ihnen viele Fotos schicken – und die Einladung nach München.«

Er nahm ihr das Päckchen ab. Es fühlte sich weich an, wie Stoff, und er wollte es aufmachen. Aber sie hielt seine Hand fest. »Nicht jetzt, bitte. Nachher, wenn Sie allein sind. Es ist nichts Besonderes, nur eine kleine Erinnerung.«

Es wurde ein trauriges Essen. Sie sprachen wenig miteinander, sahen sich nur ab und zu stumm an und aßen dann mit gesenktem Kopf weiter. Nach dem Dessert – eine halbe Ananas, gefüllt mit Ananaseis – hob Rathenow sein Glas. Er hatte einen französischen Wein bestellt, sündhaft teuer.

»Auf die Zukunft, Liyun«, sagte Rathenow. Seine Stimme klang feierlich, und ein Zittern darin war deutlich zu vernehmen. »Auf ... auf unser Wiedersehen.«

»Es waren schöne Tage«, antwortete sie leise. »Vergessen Sie die kleine Wang Liyun nicht.«

»Liyun, wie können Sie so etwas denken? Ich glaube, China hat mich völlig verändert. Ich komme mir wie ein anderes Wesen vor.«

»Ich auch.« Sie lächelte ihn an, streichelte ihn mit ihrem Blick. »Auf die Zukunft!«

Sie stießen an und tranken das Glas in einem Zuge leer; einen Weinkenner hätte es gegraust. Liyun sprang auf und griff nach ihrer Handtasche. Rathenow starrte sie verwundert an.

»Was ist? Schmeckt Ihnen der Wein nicht? Es ist ein vorzüglicher Franzose.«

»Ich möchte gehen ...«

»So plötzlich?« Er erhob sich und wußte ihr Verhalten nicht zu deuten. »Ist Ihnen schlecht geworden? War Ihr Essen nicht in Ordnung?«

»Es war alles sehr schön. Aber ... ich möchte gehen. Man soll Abschiede nicht in die Länge ziehen wie einen Nudelteig. Verstehen Sie das nicht?«

»Doch. Ich verstehe es. Man hat das Gefühl, erwürgt zu werden. Mir geht es nicht anders. Liyun, darf ich Ihnen etwas sagen?«

»Bitte ...«

»Sie sind ein wundervolles Mädchen. Wenn ich an China denke, werde ich an Liyun denken.« Er zögerte. »Habe ich etwas Beleidigendes gesagt?«

»Nein.« Sie drückte die kleine Handtasche aus Brokat an ihre Brust. »Es ... es war für mich eine glückliche Zeit. Bis morgen ...«

»Bis morgen, Liyun.«

Sie verließ sehr schnell das Restaurant. Rathenow folgte ihr nicht. Er setzte sich wieder an den Tisch, goß sich neuen Wein ein und starrte gegen eine dicke Marmorsäule. Erschrocken blickte er auf, als er auf englisch angesprochen wurde.

Ein eleganter Chinese mittleren Alters verbeugte sich leicht vor ihm. Sein blütenweißes Hemd mit der dezenten geblümten Krawatte verriet, ebenso wie der Maßanzug aus beiger Seide, Stil und Wohlhabenheit.

»Darf ich mich zu Ihnen setzen, Sir?« fragte er äußerst höflich. »Mein Name ist Kewei Tuo.«

»Hans Rathenow.«

»Ich weiß.« Tuo setzte sich Rathenow gegenüber. Verwundert zog Rathenow die Brauen hoch.

»Sie kennen meinen Namen? Woher?«

»Nehmen wir an, ich bin von der Stadtverwaltung Kunmings.«

»Ich nehme an. Was möchte die Stadtverwaltung von mir? Habe ich mich irgendwie ungebührlich benommen?«

»Im Gegenteil. Sie haben Frau Wang Liyun nicht einmal geküßt ...«

»Warum sollte ich?« Rathenow versteifte sich. Was will man von mir? Was geht die Stadtverwaltung an, ob ich Liyun geküßt habe? »Sie kennen Frau Wang?«

»Aber ja.« Kewei Tuo winkte dem Ober. »Darf ich Sie zu einem Drink einladen? Was bevorzugen Sie?«

»In einem russischen Restaurant selbstverständlich Wodka. Mit einer Pflaume drin.«

»Natürlich. Sie trinken gerne Wodka. Am liebsten gemischt mit Orangensaft. Halb und halb, für kräftige Männer.«

»Woher wissen Sie das, Mr. Fifei ...?«

»Kewei, Kewei Tuo.« Der Chinese lächelte gütig. »Wir wissen sehr viel über Sie ... mehr, als Sie vielleicht über sich selbst wissen. Wir haben Ihre Reise in den Norden verfolgt, Ihre Forschungen bei den Mosuos am Lugu-See und vieles, vieles mehr.«

»Legen wir die Karten auf den Tisch: Sie sind von der chinesischen Geheimpolizei. Sie haben mich überwacht.«

»Polizei – nein. Überwacht – ja.«

Der Ober brachte zweimal Wodka mit Pflaume, und sie nahmen einen Schluck davon. In Rathenow stieg ein eigenartiges Gefühl hoch, ein Gefühl von Angst, Mißtrauen und Abwehr. Wenn dieser elegante Chinese von der Stadtverwaltung ist, bin ich der Papst. Wer ist er wirklich, wenn nicht von der Geheimpolizei? Warum hat er mich überwachen lassen?

»Bitte, zerbrechen Sie sich nicht Ihren wertvollen Kopf«, fuhr der Chinese fort. Dabei überzog ein Lächeln sein Gesicht, das Rathenow irgendwie höhnisch vorkam. »Sie brauchen ihn noch lange, Sir, und wir auch.«

»Wie soll ich das verstehen?«

»Lassen Sie mich das erklären. Sehen Sie in mir keinen Beamten, sondern den Direktor einer großen Firma. Einer Firma, die wirklich die Welt umspannt, mit Filialen in Europa, Amerika, Südamerika, Australien, Indien, dem Vorderen Orient ... überall, wo Chinesen leben. Ich bin der Vorsitzende der Yunnan-Gruppe.«

»Interessant. Aber welches Interesse haben Sie an mir?«

»Es war ein Auftrag aus unserer Zentrale in Hongkong.«

Rathenow trank seinen Wodka aus, stellte das Glas ziemlich heftig auf den Tisch und wollte sich erheben.

»Ich glaube, da liegt ein Irrtum vor. Ich habe mit einer Firma in Hongkong nichts zu tun. Ich bin Wissenschaftler ...«

»Das wissen wir.« Der Chinese zeigte auf den Stuhl.

»Bitte, setzen Sie sich wieder, Sir! Gerade Ihre Reputation ist es, die wir brauchen. Ihren Namen, Ihre Ausstrahlung, Ihre Unbescholtenheit, Ihren internationalen Ruf. Und – Ihre Liebe zu Liyun.«

»Sie reden Blödsinn, Mr. Kewei.« Rathenow geriet in Zorn, aber gleichzeitig wußte er, daß er vorsichtig sein mußte. Er setzte sich wieder. »Frau Wang war meine Reiseleiterin. Wenn Sie alles wissen, dann wissen Sie das auch. Beantworten Sie mir jetzt die Frage, oder ich breche die an sich doch völlig sinnlose Unterhaltung ab: Wie kommt Ihre Firma dazu, mich wie einen steckbrieflich Gesuchten überwachen zu lassen? Was soll das?«

»Eben das möchte ich Ihnen erklären.« Kewei Tuo bestellte noch einen Wodka mit Pflaume. »Hongkong hatte die Idee, Sie in ihre Dienste zu nehmen.«

»Etwas Verrückteres haben Sie nicht auf Lager?« fauchte Rathenow.

»Es handelt sich nur um eine kleine Gefälligkeit, um die wir Sie bitten möchten.«

»Und die wäre?«

»Sie nehmen ein Päckchen mit nach Deutschland; in München erwartet Sie dann ein Mitarbeiter unserer Firma.«

»Ich denke nicht daran. Ich bin nicht der Briefträger Ihrer Firma! Und außerdem weiß ich ja gar nicht, was das Päckchen enthält.« Rathenow steigerte sich in seine Erregung hinein. »Man liest so oft, daß solche Kurierdienste mißbraucht werden. Nein. Ich lehne ab!«

Kewei Tuo nippte an seinem Wodkaglas, die Freundlichkeit in Person. »Bitte, überdenken Sie Ihre Weigerung. Sie haben doch sicherlich das größte Interesse daran, daß sich Frau Wang Liyun weiterhin bester Gesundheit erfreut.«

Das war der Augenblick, in dem Rathenow schlagartig erkannte, in welcher Gefahr er und Liyun sich befanden. Sein Mund wurde trocken.

»Sie drohen mir?« fragte er heiser.

»Drohen? Aber nein! Ich mache Sie nur mit unseren Aktivitäten bekannt. Das ist eine faire Haltung, die Sie anerkennen müssen.«

»Wer sind Sie wirklich?«

»Der Direktor unserer Firma für Yunnan.«

»Ich ahne, was dahintersteckt. Lassen Sie Liyun in Ruhe.«

»Sie kann sorglos wie bisher weiterleben ... wenn Sie unser Päckchen nach München bringen.«

Rathenow ballte die Fäuste und wollte wieder aufspringen. Aber er beherrschte sich. »Ich werde die Polizei rufen!« sagte er drohend.

»Sir –« Kewei lächelte noch immer. Ja, es amüsierte ihn, die Polizei ins Gespräch zu bringen. »Die Polizei ist uns gegenüber machtlos und ängstlich. Wir sind wie die Hydra ... sie hatte neun Köpfe, und wenn man einen abschlug, wuchs ein neuer nach. So steht es in der griechischen Sage. Und auf der ganzen Welt gibt es keinen Herkules, der sie besiegen könnte.«

Rathenow starrte Kewei feindselig, aber auch mit Staunen an. »Sie ... Sie sind von den Triaden ...«, sagte er langsam. »Ich habe davon gelesen. Die chinesische Mafia, nur brutaler und gnadenloser als das italienische Vorbild.«

»Das ist falsch, Sir. Wir haben keine Vorbilder. Die Triaden gab es in China schon, als es noch kein Rom gab und Romulus und Remus noch von einer Wölfin gesäugt wurden.« Er nahm sich nicht mehr die Mühe, seine »Firma« weiter zu umschreiben. »Ihnen ist die Ehre widerfahren, für die Gesellschaft 14K tätig zu sein. 14K ist innerhalb der Organisation die größte und agilste Truppe.«

»Ehre?« Rathenow holte tief Luft. »Sie können mich nicht beeindrucken oder gar zu Handlungen zwingen.«

»Sir, es hat keinen Sinn, sich zu wehren oder vor uns zu flüchten. Wir sind überall. Wir haben 30 000 aktive und eine Unzahl von freiwilligen ›Mitarbeitern‹. 45 ›Direktoren‹ kontrollieren die Niederlassungen in allen Ländern, auch in München, Frankfurt und Hamburg. Sie werden der Sektion München nützlich sein. Als Gegenleistung werden wir Ihnen unser Vertrauen schenken – und damit Ihr Leben garantieren. Vor allem aber übernehmen wir Aufsicht und Fürsorge für Wang Liyun. Wenn Sie sich der Ehre einer Mitarbeit bewußt sind, wird Liyun ein beschütztes Leben führen können. Eine Feindschaft zwischen uns wäre für alle sehr fatal. Wir kennen da einige Stufen der Bestrafung ...«

Kewei griff in die Brusttasche seines Maßanzuges und holte ein paar Bilder heraus. Er legte die Fotos mit den Bildseiten nach unten auf den Tisch, hob eins nach dem anderen auf und hielt es Rathenow hin.

»Die Strafe für kleine Vergehen, Sir.«

Rathenow nahm das Foto, warf einen Blick darauf und zuckte zusammen. Er sah eine Hand, von der man den kleinen Finger abgehackt hatte. Schnell legte er das Bild weg.

»Etwas größere Disziplinlosigkeiten ziehen deutlichere Bestrafungen nach sich.«

Kewei reichte ihm zwei Fotos über den Tisch. Rathenows Gesichtsmuskeln zuckten.

Foto Nr. 2: ein Rücken voller blutiger Schnitte. Mit einem großen Messer hatte man die Rückenmuskulatur durchtrennt.

Foto Nr. 3: ein verstümmeltes Gesicht ohne Nase und Ohren.

»Verräter haben keinen Platz in unserer Organisation«, sagte Kewei und lächelte noch immer, als zeige er Fotos von hübschen nackten Mädchen. »Eine Kugel oder ein Würgestrick wären zu simpel. Bitte ...«

Foto Nr. 4: zwei nebeneinanderliegende, nackte Leichen, zerhackt wie auf einem Fleischerblock. Das 5. Foto, das Kewei sofort nachschob, machte Rathenow schwindelig und drehte ihm den Magen um: ein geköpfter Mensch. Den abgeschlagenen Kopf hatte man ihm unter den linken Arm geklemmt.

»Wir benutzen noch das alte Schwert der kaiserlichen Henker«, sagte Kewei gemütlich. »Trotz unserer Wandlung verehren wir die Tradition ... Möchten Sie noch mehr Fotos sehen?«

»Nein.« Rathenow schluckte krampfhaft und schüttete den Wodka in sich hinein. »Das genügt. Sie ... Sie werden Liyun nicht anrühren!«

»Nicht in dieser Art. Bei Frauen wenden wir andere Methoden an.«

»Es gehört zur Mafia-Praxis, keine Frau zu töten. Nur in ganz besonderen Fällen.«

»Wir sind nicht die Mafia, sondern die 14K. Das unterscheidet uns von allen anderen Organisationen. 14K ist eine Gesellschaft, die berühmt ist für ihre ›Konsequenzen‹.«

»Die Fotos beweisen es!« sagte Rathenow gepreßt. Sind das noch Menschen? dachte er. Sind diese Bestien wirklich noch Menschen? Und sie haben Liyun in der Hand und werden sie foltern, verstümmeln oder töten, wenn ich nicht ihren Willen ausführe. Ein Päckchen nach München bringen! Rauschgift? Heroin? Das wäre lächerlich und den Aufwand nicht wert. Für ein oder zwei Pfund Heroin macht man sich nicht solche Mühe und überwacht uns drei Wochen lang. Dahinter muß Größeres stecken, aber was? »Sie würden nicht zögern, Liyun umzubringen?«

»Nur im äußersten Notfall. Wang Liyun ist ein wunderschönes Mädchen. Wir können verstehen, daß Sie als Europäer ihrem Zauber erlegen sind. Sie sind zu beneiden, Sir. Wir machen Ihnen noch ein Angebot: 14K wird dafür sorgen, daß Liyun zu Ihnen nach München kommt. Wir können sehr großzügig sein. Aber auch sehr kleinlich bei Ungehorsam. Unsere Stärke ist unsere Disziplin.« Kewei Tuo steckte die schrecklichen Fotos wieder zurück in seine Anzugtasche. »Ich glaube, Sie erkennen jetzt ganz klar, daß es eine Ehre ist, mit uns zu arbeiten. Ihre Liebe zu Liyun hat einen anderen Menschen aus Ihnen gemacht. Wir brauchen diesen anderen Menschen.«

»Was soll ich tun?« fragte Rathenow. Im Augenblick sah er keine Möglichkeit, dem Griff der Triaden zu entgehen. Ich könnte Liyun warnen, dachte er, ihr alles erzählen – aber was würde das nützen? Sie würde ihre Eltern alarmieren und die sofort die Polizei. Das würde eine große Fahndung auslösen, die ins Leere stößt ... aber die Rache der Triaden würde nicht nur Liyun treffen, sondern ihre ganze Familie. Die grauenhaften Fotos beweisen, daß 14K wirklich die grausamste aller Triaden-Gruppen ist. Einen Kopf abzuschlagen ist für sie, wie ein Frühstücksei zu köpfen. Rathenow hob die Schultern – er fror plötzlich. »Werden Sie Liyun dann in Ruhe lassen?«

»Das kann ich Ihnen versprechen. Liyun steht unter unserem ›Schutz‹.«

»Und nur wegen dieses Päckchens haben Sie uns die ganze Zeit überwachen lassen?«

»So ist es.« Kewei nickte freundlich. Sein ewiges Lächeln reizte Rathenow dazu, ihm ins Gesicht zu schlagen. »Jede Kleinigkeit war für uns wichtig. Ihr Tanz mit ihr in Dali, Ihre versteckte Zärtlichkeit in Lijiang, Ihr romantischer Abend mit ihr am Lugu-See, Liyuns Geschenk, das sie im Goldenen Tempel kaufte.« Kewei zeigte auf das flache Päckchen, das neben Rathenow auf dem Tisch lag. »Nur einen Gefallen haben Sie uns nicht getan: Sie haben sie nicht geküßt. Das hätten wir gern fotografiert. Ich war ehrlich zu Ihnen, seien Sie es auch: Sie lieben Wang Liyun?«

»Ja!«

»Ihr weiterer Weg ist einfach und übersichtlich. Wir werden Ihre Bereitschaft zur Mitarbeit nach Hongkong melden, an den ›Höchsten Rat‹, die Zentrale. Sie fliegen morgen früh ab. In Hongkong wird Sie ein Mitarbeiter von uns erwarten und Ihnen das Päckchen übergeben. Genaugenommen ist es kein Päckchen, sondern es sind zwei Dosen, oder besser ein Schraubglas mit Pulverkaffee und eine Dose mit Milchpulver. Pulverkaffee und Milchpulver. Sie nehmen diese Dosen mit nach Deutschland, und in München, im Flughafen Riem, wird Sie wieder ein Mitarbeiter von uns erwarten und Ihnen die Sachen abnehmen.«

»Das ist alles?« Rathenow sah Kewei verblüfft an. »Ich soll Nescafé und Milchpulver mitnehmen?«

»Ja.«

»Das ist doch ein Witz!«

»Sehen Sie es so, Sir.«

»Das kann doch nur ein übler Trick sein!«

»Eine Grundregel von uns: Fragen sind schädlich! Ein Dienst für 14K soll nie durch Fragen belastet sein. Man führt den Auftrag aus und schweigt. Jedes Brechen des Schweigens ist ein Gliedmaß wert – auch von Liyun! Wir würden sehr traurig sein, ihre kleinen, zarten Finger zu verletzen.« Keweis Miene wurde plötzlich ernst, das satanische Lächeln verschwand. »Dr. Rathenow« – zum erstenmal nannte er den Namen –, »wir sind eine Gesellschaft, die bedingungslosen Gehorsam fordert.«

»Mit einem alten Kaiserschwert ...«

»Das ist nur eine Methode von vielen.« Kewei erhob sich, unterschrieb beim Ober die Rechnung – sie ging an eine Exportfirma für Seidenstoffe und Seidenteppiche in einem neuen Geschäftshochhaus in Kunming. Im Hotel kannte man den »Herrn Direktor« gut.

»Haben Sie noch Fragen, Sir? Fragen bezüglich der Abwicklung? Sonst gibt es ja keine Fragen.«

»Nein!«

»Dann wünsche ich Ihnen eine besinnliche Nacht und morgen früh einen guten, ruhigen Flug nach Hongkong.« Kewei streckte Rathenow seine Hand hin, aber der ignorierte sie. Der Chinese schluckte die Unhöflichkeit ohne Regung. Aber er revanchierte sich. »Natürlich wird Liyun nicht am Flughafen sein – ich hoffe auf Ihr Verständnis. Es ist nur eine kleine Geste, um zu zeigen, daß wir die Wahrheit sagen und damit wir sicher sein können, daß Sie keinerlei Informationen weitergegeben haben. Sir ...« Kewei verbeugte sich leicht vor Rathenow. »Meine Verehrung und Hochachtung ...«

Kewei verließ das russische Restaurant. Der Oberkellner riß die Tür auf. Rathenow blickte ihm mit zusammengekniffenen Augen nach. Was soll ich tun? Er hat mich in der Hand, vollkommen in der Hand. Nur ein Wort, und er hackt Liyun die Finger ab. Nur ein Telefonat mit der Polizei, und 14K wird Liyun töten. So einfach ist das. Die Mörder der Triaden werden bei Professor Wang an der Tür klingeln, nicht sofort, denn er wird bewacht werden, und man hat ja Zeit, man kann warten, hat Geduld gelernt, und wenn Wang später ahnungslos die Tür öffnet, werden er und seine Frau und sein Sohn grausam getötet und zerfleischt werden.

Und alles nur wegen einem Glas mit Pulverkaffee und einer Dose Trockenmilch?

Mein Gott, bin ich denn wahnsinnig geworden? Habe ich das alles nur geträumt?

Er schüttelte sich wie ein nasser Hund, schwankte wie

betrunken in die Halle, fuhr mit dem Lift in seine Suite und ließ sich auf das breite Bett fallen.

Ich habe Liyuns Leben in der Hand, durchfuhr es ihn. Durch mich kann sie getötet werden! Meine Liebe kann ihr Verderben werden ... erst die Glieder, dann Ohren und Nase, dann die Rückenmuskeln, dann der Kopf. So wie auf den Fotos werden sie auch Liyun zerstückeln. Gnadenlos! 14K – die Teufel haben sich aufgemacht, die Erde zu erobern. Und es wird ihnen gelingen, weil jeder schweigen wird.

Wie ich.

Weil jeder tun wird, was sie befehlen.

Wie ich.

Weil jeder Angst hat ... vor der Folter, vor dem Sterben.

Wie ich.

Weil es keinen Ausweg mehr gibt.

Wie bei mir.

Weil man ihnen völlig ausgeliefert ist.

Wie ich.

Herrgott, warum hast Du den Menschen geschaffen und die Erde nicht den Tieren überlassen ...?

Es war eine furchtbare Nacht, in der Rathenow nach einem Ausweg suchte, aber keinen fand. Was immer er auch für Pläne im Kopf konstruierte, es blieb immer nur eine Gewißheit: Sie werden Rache an Liyun nehmen. Sie konnte den Triaden nicht entkommen, denn sie waren überall, wie Kewei gesagt hatte. In jedem Erdteil, in jedem Land, überall, wo Chinesen lebten. Und einem Befehl von 14K läuft niemand davon ... dann wäre es besser, sich selbst umzubringen. Bringen wir also Pulverkaffee und Trockenmilch nach München. Erst dann werde ich wissen, was die Triaden noch von mir wollen.

Morgens um sieben Uhr stand Rathenow in der Halle des »Goldenen Drachen«. Seine Koffer hatte schon ein Boy abgeholt; sie standen an der großen Glastür. Der Tages-Manager beachtete ihn nicht; gleichzeitig mit Rathenow fuhr eine Touristengruppe aus Österreich zum Flughafen und hatte ihren Kofferberg in der Halle aufgebaut. Der Manager sammelte die Schlüssel ein, an der Kasse drängten sich die Reisenden, um Sonderleistungen, wie Minibar im Zimmer, zu bezahlen.

Ein kleiner Chinese trat auf Rathenow zu und fragte auf englisch: »Mr. Rathenow? Ich soll Sie zum Flughafen bringen. Kommen Sie mit mir?«

»Ich muß wohl. Dort stehen meine Koffer.«

»Sie werden gleich eingeladen.«

Vor dem Hotel wartete ein dunkelroter Nissan. Rathenow stieg ein, hörte, wie seine Koffer in den Kofferraum geworfen wurden. Noch einmal warf er einen Blick auf den »Goldenen Drachen«, die wehenden Fahnen vor dem Portal, den gläsernen Eingang und das Blumenrondell mit dem sechsteiligen Springbrunnen. Rathenow lächelte bitter. Kunming, du hättest die Stadt meiner Sehnsucht und Erfüllung werden können ...

Am Flughafen Wu Jian Ba herrschte trotz der frühen Stunde schon ungeheurer Betrieb. Menschentrauben, meist Chinesen, belagerten die Schalter und Treppen, die Wartesäle und Gänge, Polizisten kontrollierten an den Sperren zum inneren Bereich, eine Wolke aus Staub, Schweiß und tausendfachen Stimmen lag über den Massen. Der Taxifahrer schleppte Rathenows Koffer zur Sperre, sprach ein paar Worte mit den Posten, verabschiedete sich, ohne ein Trinkgeld zu nehmen, und Rathenow konnte nach Vorzeigen seines Passes und des Flugtickets einen großen, hellen Warteraum betreten.

Was haben sie jetzt mit Liyun gemacht? dachte er und hatte wieder das Gefühl, keine Luft mehr zu bekommen. Sie wollte mich abholen, aber sie ist, wie Kewei gesagt hat, nicht gekommen. Wie hat man sie abgehalten? Kewei, wenn du ihr nur ein Härchen gekrümmt hast, hetze ich die Polizei auf dich. Aber gleichzeitig wußte er, daß das unmöglich war. Die Krallen der Triaden hatten sich um sie geschlossen.

Noch eine halbe Stunde Wartezeit.

Er ging in einen Shop, kaufte eine Cola, trank sie aus der Dose und kehrte zu seinem Platz zurück. Eine lange Holzbank, auf der er mit schwatzenden Chinesen saß, die auf einen Flug nach Chengdu warteten. Endlich kam sein Aufruf.

Alle Passagiere nach Hongkong zu Gate 4. Die Dragon Air war pünktlich. Aus einem Fenster sah er, wie seine eingecheckten Koffer zur Maschine gefahren wurden. Er erkannte sie sofort: zwei große Aluminiumkoffer mit einigen Beulen.

Rathenow stellte sich in die Schlange der Reisenden und ließ sich langsam nach vorn schieben ...

Gegen halb sieben verließ Liyun ihre kleine Wohnung, die sie mit einer Kollegin teilte, und trat auf die Straße. Das bestellte Taxi wartete bereits. Der Fahrer grinste sie freundlich an.

»Du kommst vom CITS?« fragte sie und zog die Tür auf.

»Ja, Genossin. Fahrt zum ›Goldenen Drachen‹ und dann zum Ji Chang.«

Liyun nickte, stieg ein und legte ihre Hände in den Schoß. Die letzte Fahrt zu ihm ... das letztemal, daß ich ihn sehe. Ein Händedruck, und weg ist er. Warum kann ich ihn nicht umarmen und küssen? Warum diese Fessel der Erziehung? Ich bin doch ein erwachsener Mensch und lebe nicht mehr in einer kaiserlichen Dynastie! Bricht denn die Moral zusammen, wenn ich ihn zum Abschied küsse?

Sie achtete zunächst nicht darauf, wohin das Taxi fuhr, aber als sie nach zehn Minuten das Hotel noch nicht erreicht hatten, blickte sie aus dem Fenster. Sie beugte sich vor und tippte dem Fahrer auf die Schulter. Sie mußte den kleinen Finger nehmen, denn zwischen Fahrgastraum und Fahrer war ein kleinmaschiges Gitter installiert, wie bei chinesischen Taxis üblich.

»Hier geht es doch nicht zum ›Goldenen Drachen‹«, rief sie.

Keine Antwort.

»Wo fährst du denn hin, du Schwachkopf? Das ist doch die Straße nach Xingyi!«

Schweigen, nur der Motor heulte auf, und der Wagen fuhr schneller.

»Anhalten!« schrie Liyun und trommelte mit den Fäusten

gegen das Gitter. »Halt sofort an! Kennst du denn den Weg nicht? Wo kommst du denn her?«

Keine Antwort.

Liyun blickte verzweifelt auf ihre Uhr. Er bekommt das Flugzeug nicht. Das nächste fliegt erst am Nachmittag – da ist die Anschlußmaschine nach Frankfurt in Hongkong weg.

»Du sollst umkehren!« schrie sie und hieb wieder gegen das Gitter. »Ich springe aus dem Wagen, wenn du nicht anhältst.«

Aber das war gar nicht möglich. Als sie an der Klinke rüttelte, merkte sie, daß die Tür verriegelt war. Panische Angst überfiel sie. Woher kommt das Taxi? Was hat der Fahrer vor? Wohin rast er? Sie wollte die Scheibe hinunterkurbeln, aber auch sie ließ sich nicht bewegen. Sie konnte nicht einmal um Hilfe schreien. Außerdem war die Straße nach Xingyi um diese frühe Zeit nur wenig befahren, nur ein paar Lastwagen kamen ihnen entgegen, an denen der Fahrer vorbeirauschte.

Liyun tobte und kreischte, hieb gegen das Gitter, die Scheiben, den Sitz, bot 100 Yuan, wenn der Fahrer umkehrte, aber der stumme Chinese hatte nur Augen für die Straße und blieb ohne Regung.

Nach einer Stunde Fahrt hielt er plötzlich auf freiem Feld an, stieg aus, öffnete die Tür und riß Liyun aus dem Wagen. Ein Stoß warf sie in einen Busch am Straßenrand.

»Das war alles«, sagte der Fahrer. »Ich wünsche dir einen guten Tag.«

Er wendete das Taxi und fuhr zurück nach Kunming.

Der zweite Lastwagen, der nach zehn Minuten auf Liyun zufuhr, bremste auf ihr wildes Winken hin. Sie rannte auf ihn zu, der Fahrer beugte sich aus dem Fenster.

»Ich muß zum Flughafen!« rief sie. »Fahr mich hin, bitte, fahr mich hin. Du bekommst 200 Yuan! Bitte...«

»Steig ein.« Der Fahrer half ihr in die Kabine und gab Gas. »Wo ist das Geld?«

»Hier!« Sie warf ihm die zerknüllten Scheine zu. »Kannst du nicht schneller fahren?«

»Wenn du den ganzen Wagen bezahlst – er wird auseinanderbrechen.«

Er brach nicht auseinander. Aber als sie den Flughafen erreichten, sah Liyun gerade noch, wie sich die Maschine der Dragon Air nach Hongkong steil in den Himmel hob. Sie blieb auf dem Vorplatz des Flughafens stehen, starrte ihr nach und merkte nicht, daß der Lastwagen weiterfuhr. Tränen rannen über ihr Gesicht, und sie hob beide Hände und winkte dem Flieger nach, und ihre Lippen formten lautlos Worte, die niemand hören konnte.

Leb wohl ... denk an mich ... auf Wiedersehen ... ich liebe dich, ich liebe dich ... komm zurück ... ich komme zu dir ... ein neues Leben wird beginnen ... vergiß mich nicht ... ich trage dich auf meiner Seele ... Gott schütze dich ...

Sie drehte sich weg, als das Flugzeug im Blau des Himmels verschwand, ging zu dem nächsten Polizisten, der vor dem Portal stand, und strich sich die verschwitzten Haare aus der Stirn. In ihren Augenwinkeln glitzerten noch Tränen.

»Helfen Sie mir, Genosse Polizist – ich bin entführt worden.«

Der Polizist sah Liyun ärgerlich an. »Entführt? Bist du betrunken? Du stehst doch vor mir.«

»Man hat mich aus dem Auto geworfen. Auf der Straße nach Xingyi. Mit einem Lastwagen bin ich zurückgefahren. Es ist wahr. Es war ein braunroter Nissan mit Kunming-Nummer. Bringen Sie mich zum Kommissar. Ich will eine Anzeige machen!«

Der Polizist zögerte, sah Liyun noch einmal an, stellte fest, daß sie keine Herumtreiberin war, und nahm sie mit zur Wache.

Im Flugzeug hatte sich Rathenow zurückgelehnt. Er hatte einen Kopfhörer für das Bordradio bekommen und eine kleine Tasche mit Waschzeug und Plastikrasierapparat. Zum Auftakt des langen Fluges hatte er eine kleine Flasche Champagner genommen. Jetzt erst fiel ihm ein, daß Liyun ihm gestern abend ein Geschenk gemacht hatte, das er zwar ins Handgepäck mitgenommen, aber noch nicht ausgepackt hatte. Er riß das bunte Seidenpapier auf und sah ein zusammengefaltetes Batiktuch. Aus dem Glockenturm des Goldenen Tempels.

Rathenow entfaltete das Tuch und hielt es hoch. Es war in einem dunklen Blau eingefärbt. In Weiß tanzte ein graziles, zerbrechlich wirkendes Bai-Mädchen auf einer Wiese, umflattert von drei Tauben.

»Schön!« sagte die Stewardeß, die Getränke servierte. »Wo haben Sie das schöne Tuch gekauft?«

»Es ist ein Geschenk. Das Geschenk einer bezaubernden Frau, so bezaubernd wie dieses tanzende Bai-Mädchen.«

»Sie muß Sie sehr liebhaben.«

»Das weiß ich jetzt.« Rathenow nickte. »Sehen Sie mich an. Was sehen Sie?«

»Einen glücklichen Mann?«

»Nein! Ein altes Rindvieh! Ein blödes Rindvieh! Ein blindes Rindvieh!«

»Das kann ich nicht beurteilen.« Die Stewardeß lachte laut. »Das müssen Sie besser wissen.«

Rathenow breitete das Tuch über seinen Schoß aus und schloß die Augen. Es war ihm, als fühle er Liyuns Körper neben sich. Und er ließ das tanzende Bai-Mädchen auf seinem Schoß liegen, bis er in Hongkong landete ...

ZWEITER TEIL

Hongkong.

Die lebendigste, farbenprächtigste, reichste Stadt der Welt, aber auch die Stadt, in der die meisten Verbrechen begangen werden. In den Medien wird von Morden und Überfällen in New York, Rio oder Miami berichtet, Hongkong taucht nur sehr selten auf ... nicht, weil es eine relativ friedvolle Stadt ist, sondern weil es hier gar nicht auffällt, wenn Menschen verschwinden, Ermordete nicht identifiziert werden können, das Ausmaß der »stillen Verbrechen« so groß ist, daß die Polizei pflichtgemäß eine Akte anlegt, aber sonst mit Resignation feststellt: Wir werden die Täter ja doch nicht finden. Spektakuläre Morde versetzen die britische und die örtliche Polizei zwar in Aufregung, ein Heer von Spitzeln und Zuträgern wird mobilisiert, aber am Ende kommt doch nichts dabei heraus. Das Labyrinth der engen Gassen und Häuserschluchten von Wan Chai, Yau Ma Tei oder Cheung Sha Wan schluckt jeden Verdächtigen, oder er fährt mit einer Dschunke hinüber zur Insel Lantau und verschwindet in den Bergen. Außerdem gibt es in Hongkong und Kowloon ganze Häuserviertel, die durch Gänge miteinander verbunden sind, unterirdische Wege wie in einem riesigen Fuchsbau, in dem man sich rettungslos verläuft – und aus dem so mancher nicht wieder ans Tageslicht gekommen ist.

Zugleich aber ist Hongkong der größte Einkaufsmarkt der Welt. Hier gibt es alles, wirklich alles – und das für die Hälfte dessen, was man in Europa dafür zahlen müßte: elektrische

Geräte, Maßanzüge, angefertigt innerhalb von 24 Stunden, Seide und Brokat, TV-Geräte und Radios, Teppiche und handgeschnitzte Möbel, Porzellan, Statuen, Gemälde und Edelsteine – ein Paradies für den, der es versteht, Kopien von Originalen zu unterscheiden. Eine Stadt der Superlative – nicht nur für die von den Waren berauschten Käufer, sondern auch für das internationale Bandenverbrechen.

Nirgendwo in der Welt wird soviel Schmuggelware ausgeführt wie in Hongkong. Von hier aus werden Rauschgift- und Menschenhandel organisiert, vor allem für die Bordelle in Thailand und Indien, aber auch für Amsterdam, Rotterdam, Paris, Rom, London, Hamburg und Berlin. Das Verschwinden junger Mädchen in China wird kaum noch registriert ... über Guangzhou, Zhongshan und Shenzhen werden sie durch die New Territories in die »Lichtstadt« gebracht und verschwinden für immer.

Und hier in Hongkong, in feudalen Büros, als angesehene Geschäftsleute geschätzt, als Millionäre in der internationalen Gesellschaft ehrenvoll anerkannt, ob ihres Reichtums von vielen beneidet und Gastgeber großer Feste, leben die wahren Herrscher dieser einmaligen Stadt: die Chefs der Triaden.

Ehrfurchtsvoll werden sie von den Mitgliedern »Daih-Loh« genannt, die »Großen Brüder«, denn die Geheimgesellschaft ist eine große »Familie«, und jeder ist des anderen Bruder, der beschützt wird, auch wenn es das eigene Leben kostet. Die Triaden sind die bestorganisierte Verbrecher-Vereinigung der Welt ... ein Treueschwur vor dem »Hohen Rat« – damit hat man sein Leben in die Hand der Bruderschaft gegeben.

Rathenow ging, nur eine Reisetasche in der Hand – das Gepäck war bis München durchgecheckt –, durch die Paßkontrolle und Zollsperre hinaus in die große Empfangshalle. Den Weg zur Senator-Lounge der LUFTHANSA kannte er jetzt, aber er blieb stehen, sah sich nach allen Seiten um und stellte sich an eine Säule. Um ihn herum wimmelte es von hin und her hastenden Passagieren, auf den Anzeigetafeln für Abflug- und Ankunftszeiten rasselten die Schriftzeilen, in den Duty-free-Geschäften drängten sich vor allem Europäer vor den Parfüm- und Alkoholtheken.

Ich werde erwartet, dachte Rathenow. Von einem Triadenmitglied. Verdammt! Bursche, wo bist du? Ist da etwas schiefgelaufen? In fünf Minuten gehe ich weiter zur Lounge. Aber dann blieb er doch stehen, aus Angst, Kewei Tuo könnte Liyun für seine Ungeduld und seinen passiven Widerstand bestrafen. Die furchtbaren Fotos hatten sich in sein Gedächtnis eingegraben.

Als ein mittelgroßer Chinese in einem blauen Anzug auf ihn zutrat, atmete er auf.

»Endlich!« sagte er auf englisch. »Ich denke, Pünktlichkeit ist bei euch eine der Grundtugenden?«

»Ich war schon länger da, ich habe Sie nur beobachtet.« Der Chinese trug einen Beutel in der Hand, den er an seine Seite preßte, als wolle man ihm das Stück entreißen.

»Wozu beobachten?«

»Sie hätten die Polizei mitbringen können.« Er sah sich schnell um. Nirgendwo war eine Uniform zu sehen, und die Zivilisten waren ohne Ausnahme unruhige Flugpassagiere. »Man muß vorsichtig sein.«

»Hält man mich für so dumm, Frau Wang in Schwierigkeiten zu bringen?«

»Ich kenne keine Frau Wang, Sir. Ich habe nur den Auftrag, das hier zu übergeben.« Er hielt den Beutel hoch und gab ihn Rathenow. »Alles andere wissen Sie.«

»Was ist da drin?«

»Sehen Sie nach, und packen Sie es um in Ihre Reisetasche. Ein großes Glas Pulverkaffee und eine kleinere Dose mit Milchpulver.«

Rathenow schüttelte den Kopf. »Das Ganze ist total verrückt.«

»Es ist normal, Sir. Viele ausländische Touristen nehmen ein Schraubglas mit unserem gemahlenen Kaffee mit und eine Dose Trockenmilch. Warum? Das weiß ich auch nicht. Die Sicherheitsbehörden schrauben bei jedem Chinesen, der Trockenmilch im Gepäck hat, die Dose auf, feuchten den Zeigefinger an, stecken ihn hinein und probieren, ob es wirklich Milch ist. Es könnte ja Heroin sein. Bei Ihnen, als Ausländer, untersucht man das Milchpulver nicht.«

»Das heißt, daß ich jetzt statt Milch wirklich Heroin transportiere!« Dr. Hans Rathenow als Rauschgiftschmuggler – das würde Schlagzeilen geben, wenn man mich erwischte. »Klug ausgedacht.«

»Sie irren, Sir.« Der Chinese grinste kameradschaftlich. »Es *ist* Milchpulver.«

»Kein Heroin?«

»Nein ... nicht einmal eine Mischung. Ein völlig reines Pulver.«

»Ich verstehe überhaupt nichts mehr.« Rathenow verstaute mit zitternden Händen Pulverkaffee und Milchpulver in seiner Reisetasche und zog den Reißverschluß zu. »Wo ist hier der Trick?«

»Kein Trick, Sir. Kosten Sie doch das Milchpulver selbst.«

»Danke. Sagen Sie Ihrem Chef, daß sein dämlicher Nescafé und die Milch gut in München ankommen werden. Sonst noch etwas?«

»Nein, Sir. Wir wünschen Ihnen einen guten Flug. Wir hoffen, daß China einen bleibenden Eindruck auf Sie gemacht hat.«

»Darauf können Sie sich verlassen. Diese Reise werde ich nie vergessen. Vor allem nicht den gestrigen Abend.«

»Darüber bin ich nicht unterrichtet, Sir.« Der Chinese verbeugte sich höflich. »Mögen Sie lange leben ...«

Er entfernte sich schnell und tauchte im Gewühl der Menschen unter.

Rathenow sah sich um, ob man die Überreichung des Beutels beobachtet hatte. Es war offenbar übertriebene Vorsicht, keiner kümmerte sich um den anderen, jeder hatte ein Ziel, dem er zustrebte. Nur eine indische Familie saß auf den Kunststoffstühlen und wartete darauf, abgeholt zu werden. Der Autoverkehr auf Hongkongs Straßen ist die Hölle, vor allem um die Mittagszeit.

Rathenow nahm seine Reisetasche auf, ging in Richtung LUFTHANSA-Senator-Lounge, warf den Jutebeutel in einen

Abfalleimer und klingelte an der Loungetür. Die hübsche Stewardeß öffnete.

»Guten Tag«, sagte sie und lächelte ihn an. »Sie waren schon einmal hier, nicht wahr? Das muß ungefähr drei Wochen her sein ...«

»Sie erkennen mich wieder? Haben Sie ein gutes Gedächtnis!«

»Ihre – Verzeihung – weißen Haare und Ihre blauen Augen erkenne ich wieder.« Die Stewardeß wurde ein wenig rot. Aber dann siegte wieder das Geschäftliche. »Kann ich Ihr Ticket sehen?« Rathenow gab es ihr; sie warf einen Blick darauf und reichte es zurück. »Nach Frankfurt? Sie haben leider ein paar Stunden Aufenthalt.«

»Ich weiß. Aber die kriegen wir schon rum.«

»Sie könnten noch in die Stadt fahren und Einkäufe machen.«

»Danke. Ich bin jetzt das drittemal in Hongkong. Hier bei Ihnen ist die Luft besser als da draußen. Hier ist sie gefiltert.«

»Darf ich Sie etwas fragen?«

»Alles, was Sie auf dem Herzen haben.«

»Rathenow ... Sind Sie verwandt mit dem Reiseschriftsteller Rathenow?«

»So kann man das nennen ... ich bin es selbst.«

»Nein! Das gibt es doch nicht! Ich habe ›Das Geheimnis der philippinischen Wunderheiler‹ von Ihnen gelesen!« Sie wurde plötzlich unsicher und verlegen. In der Senator-Lounge hatte sie viele bekannte Persönlichkeiten erlebt, die meisten unnahbar und zugeknöpft, aber Rathenow war anders, irgendwie freier, nicht so wie die übrige Prominenz. »Was ... was darf ich Ihnen bringen?«

»Einen großen Wodka mit Orangensaft, die *Frankfurter Allgemeine* und die *BILD*-Zeitung.«

»Das ist eine sehr seltene Kombination.«

»Die *Frankfurter* lese ich für die Bildung, die *BILD* für die schnelle Information und aktuelle Unterhaltung, und Wodka mit Orangensaft gibt dem Ganzen den richtigen Schwung.«

Die schöne Stewardeß lachte. »Sie sind ein fröhlicher Mensch!« sagte sie.

»Mag sein.« Rathenow setzte sich in einen der tiefen Sessel und stellte die Reisetasche neben sich. Wenn du wüßtest, meine kleine Blonde, wen du wirklich vor dir hast! Nicht mehr den seriösen Anthropologen und Ethnologen, sondern einen Kurier der Triaden, einen Gefangenen von 14K, die von sich selbst sagen, daß Gnadenlosigkeit das Fundament ihrer Bruderschaft ist. Wie komme ich aus ihren Krallen wieder heraus, ohne daß sie Liyun dafür bestrafen? Gibt es überhaupt noch ein Entkommen? Ist mit dem heutigen Tag der alte Rathenow gestorben und nur ein Schatten von ihm geblieben? Ein willenloses Wesen, das alles tun wird, was man ihm befiehlt? Denn immer werden sie sagen: Sollen wir dir einen Finger von Liyun schicken? Oder ein Ohr? Oder die Nasenspitze? Oder willst du ein Foto sehen, auf dem sie mit abgeschnittener Brust daliegt, vergewaltigt und mehr tot als lebendig? Und immer mußt du dir dann sagen: Schuld hast du! Du allein! Du hast den Befehlen nicht gehorcht, obgleich du wußtest, was geschehen wird. Du hast Liyun geopfert, um selbst frei zu sein. Frei? Gab es denn das noch? Die Triaden werden dich, den Verräter, um die ganze Welt jagen, bis sie dich in Stücke hacken. Kewei Tuo hat es deutlich genug gesagt: Wir sind überall, wo Chinesen sind ... und Chinesen sind überall! Es gibt kein Entrinnen! Nur: Was wollen sie von mir? Welche Pläne haben sie mit mir? Ein Glas Pulverkaffee und eine Dose Trockenmilch von Hongkong nach München zu bringen – das ist doch lächerlich! Was steckt dahinter?

Er blickte wieder auf seine Reisetasche neben dem Sessel. Gib ihr einen Tritt, Junge! Denk, sie sei Kewei, und dann tritt mit aller Kraft zu. Aber was brachte das außer einem entsetzten Blick der kleinen Blonden, die jetzt den Wodka mixte?

Er trank in den Stunden der Wartezeit noch drei Wodka mit Orangensaft und spürte sie im Hinterkopf, als er über den schwenkbaren Laufgang die LUFTHANSA-Maschine betrat. Sein Platz war reserviert, zweite Reihe in First Class, Fensterplatz, und die Stewardessen brachten sofort ein Glas

Champagner, und auch das trank er, als käme er halbverdurstet aus der Wüste. Die Reisetasche stellte er unter den Sitz an seine Füße.

Vierzehn Stunden Flug. Bis jetzt war alles glattgegangen. Die Sicherheitskontrolle in Hongkong hatte seine Reisetasche durchleuchtet und nichts beanstandet. Nescafé und Milchpulver, das sieht man tausendmal bei den Touristen. Okay, Sir. Guten Flug. In Frankfurt würde es nicht anders sein, und in München kontrollierte sowieso niemand mehr, es war ja ein Inlandsflug. Wie Kewei gesagt hatte: Sie kommen überall durch. Als Deutscher, als Gelehrter, als seriöser Mann. Man wird Sie nie verdächtigen. Verdächtigen ...?

Die Hälfte des Fluges verschlief er. Der Alkohol – er hatte noch zwei Gläser getrunken, schön gekühlten Champagner – lag wie Blei in seinem Hirn. Dann sah er im Bordkino einen Film an, einen ziemlich dämlichen Film von einer Geliebten, die ihren verheirateten Liebhaber kastrieren will und dabei selbst umgebracht wird. US-Massenware, aber Rathenow sah den Film dennoch bis zum Schluß, weil er ihn von seinen eigenen Gedanken ablenkte.

Frankfurt. Frühmorgens. Kühl und regnerisch. Aber hier herrschte immer Betrieb; der Flughafen summte und brodelte. Auch hier winkte man Rathenow durch, als er seinen Paß gezeigt hatte, und der Zollbeamte, müde vom langen Nachtdienst und kurz vor der Ablösung, sah Rathenow nicht einmal an. Das aufgegebene Gepäck wurde ja sowieso durchleuchtet. Nur ein paar Stichproben machte der schläfrige Beamte, und immer waren es Ausländer, die er aus der Schlange winkte. Chinesen, Malaien, ein Inder, zwei südländische Typen. Aufatmend betrat Rathenow den Vorraum der Auslands- und Transithalle, informierte sich, wo sein Flieger nach München abflog – es war in Halle A –, stellte sich auf das Laufband und fuhr hinaus in die große, langgestreckte Haupthalle. Der Anschluß nach München klappte vorzüglich – nur eine halbe Stunde Aufenthalt, und die brauchte man, um von Halle B zu Halle A zu kommen. Der Frankfurter Flughafen ist ein Alptraum ... Sooft Rathenow ihn benutzen mußte, er hatte immer den Gedanken gehabt: Die Architekten dieses Labyrinths sollte man jeden Tag durch diesen Flughafen jagen ... von A nach B, von B nach C, von C nach A. Und das mit großem Gepäck und ohne Gepäckkarren. Jeden Tag. Hin und her.

Auf dem Flug nach München, nach der obligatorischen Durchleuchtung des Handgepäcks, wurde er von Minute zu Minute unruhiger. Als die Durchsage kam: »Wir befinden uns auf dem Landeanflug auf München, bitte schnallen Sie sich an, stellen Sie die Rückenlehnen Ihrer Sitze hoch, und stellen Sie das Rauchen ein ...«, starrte er aus dem Fenster, sah das Häusermeer von München unter sich, das hellgraue Band der Autobahn, die jetzt am Vormittag belebten Straßen. Er spürte eine ungeheure Spannung in sich und das Gefühl aufkommender Panik.

Wer wird mich erwarten? Was wird geschehen, wenn ich diesen dämlichen Nescafé und das Milchpulver abgeliefert habe? Wird man mich mitnehmen? Ich bin ihnen völlig ausgeliefert; ich muß ihnen gehorchen, wenn ich Liyun nicht gefährden will. Jede Gegenwehr wird bestraft, nicht allein an mir, auch an Liyun. Die Fotos in Kunming waren mehr als eine Mahnung – sie waren eine Drohung.

Rathenow holte nach der Landung seine beiden Aluminiumkoffer vom Gepäckband, wuchtete sie auf einen Gepäckwagen, ging ungehindert durch die Zollsperre für »Nicht anmeldepflichtige Waren«. Keiner hielt ihn an, die automatischen Türen öffneten sich lautlos, und er schob das Wägelchen hinaus in die Ankunftshalle. Dort blieb er stehen und sah sich voller Unruhe um.

Und da war er – ein schlanker, noch junger Chinese in einem schwarzen Anzug, aber mit einer flotten, modernen, bunten Krawatte. Du lieber Gott, warum so feierlich? In schwarzem Anzug. Oder bedeutete das: Sieh an, wir gehen zu deinem Begräbnis. Du bist schon tot! Gib das Zeug her, das du transportiert hast – und bereite dich auf dein Ende vor.

»Herr Hans Rathenow?« fragte der junge Chinese in fast akzentfreiem Deutsch.

»Ja«, antwortete Rathenow knapp.

»Willkommen in der Heimat. Hatten Sie einen guten Flug?«

Wie ein Reiseleiter, höflich, unverbindlich.

»Woher wissen Sie, daß ich Rathenow bin?«

»Wir haben Ihr Foto aus Hongkong.« Der Chinese lächelte ebenfalls dieses unergründliche Lächeln, das Rathenow von Kewei kannte, aber auch von Liyun. Ein Lächeln, das Rätsel aufgab. »Ich habe Sie sofort erkannt.«

»Und nun?« fragte Rathenow steif. »Wie geht es weiter?«

»Sie geben mir Kaffee und Milchpulver und können nach Hause fahren. Sie werden müde sein von dem anstrengenden Flug. Schlafen Sie sich aus!«

»Zu gütig!« sagte Rathenow mit deutlichem Sarkasmus. »Was darf ich sonst noch?«

Der Chinese tat, als verstände er ihn nicht. »Was Sie wollen, Herr Rathenow.«

»Warum tragen Sie Schwarz?«

»Oh, das ist meine Berufskleidung. Fällt Ihnen das auf? Ich bin beurlaubt worden, um Sie zu empfangen. Jetzt um die Mittagszeit ist allerhand los bei uns, ich muß sofort zurück an die Arbeit. Ich bin Kellner im China-Restaurant ›Der Schwarze Mandarin‹. Kennen Sie das Lokal?«

»Nein. Ich habe nur von ihm gehört.«

»Das beste China-Restaurant von München. Der Besitzer, Herr Xing Datong, läßt Sie grüßen.«

»Das freut mich aber!« Bitterer Spott lag in Rathenows Stimme. »Haben Sie eine Tasche bei sich?«

»Nur eine Plastiktüte.« Der Chinese holte die zusammengeknüllte Tüte aus der Rocktasche und faltete sie auf. Es war die Reklametüte eines Möbelgeschäfts. Sie zeigte ein französisches Bett, eins achtzig mal zwei Meter, mit üppig geblümter Tagesdecke und darüber die Schrift: Wer gut liegt, schläft besser.

Rathenow holte Kaffeeglas und Milchdose aus seiner Reisetasche und steckte sie in die Plastiktüte. »Damit habe ich meine Pflicht erfüllt«, sagte er.

»In Ordnung. Der Chef wird zufrieden sein. Er trinkt gerne Kaffee aus Yunnan.«

»Ihr Chef muß – gelinde ausgedrückt – ein Verrückter sein!«

»Fragen Sie ihn selbst. Sie hören noch von uns. Wir rufen Sie an. Auf Wiedersehen.«

»Wenn es sein muß ...«

Rathenow wartete, bis der Chinese die Halle verlassen hatte, schob dann seine Koffer vor die Tür und weiter zum Taxistand. Der Taxifahrer stemmte die Koffer in den Wagen.

»Jei!« sagte er dann. »Haben S' Steine mitbracht?«

»Nein, alles Opium. Ich war in China.«

Der Taxifahrer grinste. »Is a chinesischs Madel im Koffer? Haben Sie's rübergschmuggelt?«

»Schön wär's.« Rathenow setzte sich neben den Fahrer. München. Endlich zu Hause. Der vertraute Ton, die unkonventionelle Anrede, der Witz, die richtig dosierte Herzlichkeit – für einen Augenblick ließ der Druck in der Brust nach. Zu Hause – gab es das noch für ihn? War der ehemalige Rathenow nicht in China geblieben? War er jetzt nicht nur noch ein Schatten seiner selbst? Eine chinesische Gliederpuppe, an deren Fäden andere zogen, um sie nach Belieben tanzen zu lassen? Bin ich noch ich? Mit wem kann man darüber reden, der wirklich den Mund hält, auf dessen Schweigen Verlaß ist?

»Wohin, Mann aus China?« fragte der Fahrer fröhlich.

»Akazienweg 19.«

»Des is in Grünwald?«

»Genau. In der Nähe der Bavaria-Studios.«

»Kenn' i ...«

Rathenow lehnte sich zurück, während das Taxi anfuhr und das Flughafengelände von Riem verließ.

»Müd'?« fragte der Fahrer.

»Und wie. Dieser ewiglange Flug.«

Akazienweg 19. Die alte, ockerfarben gestrichene Villa. Der Gitterzaun mit dem hohen Gittertor. Der Blick in den seitlichen Garten mit den Blumenrondellen, den hohen Kastanienbäumen und den Rhododendronbüschen. Die Metalläden waren geschlossen. Ihn erwartete ja niemand.

Der Taxifahrer half Rathenow, die Koffer ins Haus zu tragen, und wünschte ein gutes Wiedereinleben in München. Rathenow gab ihm zehn Mark Trinkgeld. Er hatte sich wohl gefühlt in seiner Gegenwart. Der Fahrer warf einen Blick auf den Schein, sagte danke und ging zu seinem Wagen zurück. Zehn Mark Trinkgeld – der hat an großen Vogl, an riesengroßen ...

Rathenow ließ die Koffer in der Diele stehen, ging die breite Treppe hinauf ins Bad, zog sich aus, warf seine Kleidung in eine Ecke, stieg unter die Dusche und ließ erst heißes, dann kaltes Wasser über seinen Körper laufen. Danach fühlte er sich erleichtert und frisch und dennoch unsagbar müde. Er ging ins Schlafzimmer, schlug die Bettdecke zurück und warf sich auf das Bett.

Erstaunlicherweise gelang es ihm, sofort abzuschalten, und er fiel ohne Übergang in einen tiefen Schlaf.

Irgendwann träumte er. China ... eine ihm fremde Stadt ... lehmgraue Häuser mit Steinplatten oder mit Binsenbüscheln gedeckt. Sonne. Staub überall, steile Treppen den Berg hinauf, an dessen Hang das Dorf gebaut war. Auf einer dieser Treppen ein Mann. Klein. Zerfetzte Kleider. Er ging nicht von Stufe zu Stufe, er kroch sie hinauf. Das Bild kam näher, vergrößerte sich wie bei einem Blick durch ein Zoomobjektiv, und er sah den Mann jetzt von vorn. Er hatte beide Beine bis zu den Knien verloren; sie waren mit Stücken von alten Autoreifen umwickelt, auf denen er sich fortbewegte, und er hörte eine Stimme, die Stimme einer Frau: »Sie haben ihm die Beine abgehackt. Faß ihn nicht an! Wer weiß schon, warum man das mit ihm getan hat!« Und das Bild kam noch näher, der zum Zwerg verstümmelte Mann blickte auf, sah ihn mit flehenden Augen an ... und das Gesicht, die Augen, der geschundene Körper – das war er selbst, er, Hans Rathenow ...

Mit einem dumpfen Schrei schreckte Rathenow hoch und saß aufrecht im Bett. Der Radiowecker zeigte drei Uhr morgens an. Offenbar hatte er über 15 Stunden lang geschlafen. Er griff sich an die Brust und zog die Hand zurück. Naß von Schweiß. Sein ganzer Körper klebte. Und in seinem Kopf summte und brummte es wie in einem riesigen Bienenstock.

Er stand auf, trocknete sich mit dem Badetuch, das vor dem Bett lag, ab, ging hinunter in die Bibliothek, setzte sich in einen Ledersessel, holte dann, sofort wieder aufspringend, eine Flasche Wodka aus der Hausbar und eine Zigarre aus dem Mahagoni-Klima-Kasten, kehrte zum Sessel zurück, warf sich hinein und steckte sich mit zitternden Fingern die Havanna an. Die ersten beiden Gläser Wodka kippte er pur in sich hinein.

So wird es sein, genauso. Der Traum hat mir gezeigt, was mich erwartet. Sie werden mich Teil um Teil verstümmeln, wenn ich keinen Gehorsam beweise. Und wie mir wird es auch Liyun ergehen – das ist das Schlimmste. Welch ein braver Jungen-Verein ist dagegen die italienische Mafia; wenn sie tötet, dann wenigstens nicht stückchenweise.

Rathenow blieb bis zum Morgen in seinem Sessel sitzen; es war ihm nach diesem Traum unmöglich, sich wieder hinzulegen. Er hatte es dreimal versucht, aber jedesmal bekam er keine Luft mehr, klopfte ihm das Herz bis in den Hals, und ein unerträgliches Kribbeln lief durch seinen Körper.

Als er die Vorhänge aufzog, fiel die helle Morgensonne ins Zimmer. Der Garten war eine einzige bunte Blumenpracht. Rathenow hatte heute keinen Blick dafür, so gern er sonst in seinen Garten blickte. Er war betrunken und stützte sich beim Gehen gegen die Wände. Und plötzlich brach er wie vom Blitz getroffen zusammen. Er stand mitten in der großen Eingangsdiele, nackt, schwitzend und besoffen, reckte den Kopf hoch und breitete beide Arme aus. »Liyun!« brüllte er. »Liyun! Liyun!« Und dann weinte er wie ein kleines Kind.

Sein Geschrei, das in der riesigen Diele widerklang, löste seine innere Spannung. Er weinte noch immer, als er auf einen Fauteuil sank und beide Hände vor das Gesicht schlug. Drei Tage lebte er in einer Art von Selbstzerfleischung. Er saß herum, aß kaum etwas, stierte vor sich hin, zermarterte sein Gehirn mit Hunderten sinnloser Gedanken, rannte im Garten herum – und trank. Wodka, immer wieder Wodka. Wenn er sich mit dem Alkohol betäubt hatte, fühlte er sich wohl. Er hing dann in einem der Sessel in seinem Arbeitszimmer, fast bewegungslos, und schlief in dem Sessel auch ein.

Am vierten Tag nach seiner Rückkehr schreckte ihn das Schrillen des Telefons hoch. Er griff nach dem Hörer, meldete sich und hörte eine Stimme, die ihn sofort alarmierte. Es war der gleiche Tonfall, den er in Kunming so oft gehört hatte. Nur sprach der Anrufer nicht Englisch, sondern in einem guten Deutsch mit ihm.

Die Triaden meldeten sich. 14K drängte sich endgültig in sein Leben.

»Ich nehme an, Sie haben sich von der Reise erholt!« sagte die Stimme mit triefender Freundlichkeit. »Ich begrüße Sie in unserem Kreis. Ich bin der ›Direktor‹ für Bayern, Baden-Württemberg und das Saarland.«

»Von Erholung kann keine Rede sein.« Rathenow war mit einem Schlag nüchtern. Sein Hirn arbeitete wieder mit der gleichen Präzision wie immer. Er wollte nicht gleich kapitulieren. Er wollte sich vorsichtig widersetzen. Widersetzen, indem er vorgab, nicht zu begreifen.

»Was wünschen Sie?«

»Ich möchte Sie sehen und mit Ihnen sprechen.«

»Warum?«

»Das sage ich Ihnen bei unserem Treffen.«

»Ich habe meine Mission erfüllt. Pulverkaffee und Milchpulver sind bei Ihnen gelandet. Das war's doch.«

»Ihre ›Gefälligkeit‹ ist kaum von Bedeutung.«

»Genauso habe ich es auch gesehen.«

»Ich sagte: kaum ... Eben darüber müssen wir uns unterhalten. Ich schlage vor, wir sehen uns heute abend.«

»Wo?«

»Treffpunkt ›Der Schwarze Mandarin‹. Um 20 Uhr. Ich möchte Sie zum Essen einladen. Einverstanden?«

»Ich komme.«

Rathenow legte auf. Er war sich klar darüber, daß dies eine Beleidigung war, aber er wollte nicht kampflos aufgeben. Sie haben es verdammt eilig, dachte er. Nicht einmal vier Tage lassen sie mich in Ruhe. Aber was wollen sie von mir? Die Drohungen von Kewei Tuo lassen den Schluß zu, daß es etwas Außergewöhnliches sein muß. Seit wann haben die Triaden ein solches Interesse an uns »Langnasen«?

Er duschte sich und zog sich an. Vom Telefon im Schlafzimmer rief er Dr. Freiburg an. Er mußte jetzt in seiner Praxis sein.

Die Sprechstundenhilfe verband ihn sofort mit dem Doktor, und Freiburg sagte genüßlich:

»Aha! Da ist ja der China-Traveller! Rufst du aus München an?«

»Ja, ich bin daheim.«

»Komm sofort rüber.«

»Nein! Ich fühle mich pumperlgesund!« Das war zwar gelogen, aber die Wahrheit ging Dr. Freiburg nichts an. Ihm Geheimnisse anzuvertrauen war, als habe man eine Großanzeige in der »Abendzeitung« veröffentlicht.

»Wie war's in China?« fragte Dr. Freiburg.

»Das kann man am Telefon doch nicht erzählen. Es war die bisher interessanteste und schönste Reise meines Lebens. Ich war bei den Mosuos am Lugu-See, einem Stamm, über deren Herkunft es bis heute kaum Erkenntnisse gibt! Ich habe ihre Kultur erforscht.«

»Allein? Mit Händen und Füßen redend?«

»Ich hatte eine Dolmetscherin bei mir.«

»Nachtigall, ick hör dir trapsen...«

»Liyun ist ein anständiges Mädchen!«

»Wie kann man in deiner Gesellschaft anständig bleiben?«

»Schluß jetzt.«

Rathenow warf den Hörer auf. Mit Freiburg vernünftig zu sprechen war eine Kunst für sich und erforderte eine große Leistung an Geduld. Dafür war er ein blendender Diagnostiker. Man konnte ihn als Arzt nur mit einem bis zur Weißglut ärgern: wenn Patienten mit Zeitungsartikeln erschienen, die eine andere Therapie beschrieben als die, die Dr. Freiburg anwendete. Es gab also für Rathenow nur eine Möglichkeit, sich an Dr. Freiburg für dessen Spott zu rächen: die absolut richtige Diagnose des Dr. Tao Baibing an seinem Tisch im See-Park von Kunming. Dr. Tao, der Erfinder der Methode, durch Körpertemperatur und Körperschwingungen versteckte Krankheiten zu erkennen. Das würde Dr. Freiburg auf die Palme bringen...

Den Vormittag benutzte er dazu, endlich seine Koffer aus-
zupacken, die schmutzige Wäsche in einen Sack zu stecken,
der am nächsten Tag von der Wäscherei abgeholt werden
würde, und die Anzüge nach draußen auf die Terrasse zum
Entlüften zu hängen. Aus der Reisetasche nahm er Liyuns
Batik vom Goldenen Tempel in Kunming, breitete sie aus
und hielt sie vor sich. Das Bai-Mädchen schien lebendig zu
werden, die drei Tauben schienen davonzuflattern, das Gras
unter den Füßen des Mädchens schien zu blühen, und es war
ihm, als sei er immer noch in China und in der nächsten
Stunde würde Liyun wieder vor ihm stehen und mit ihrer
hellen Stimme sagen: »Hier im Erhai-See hat mein Vater als
kleiner Junge gefischt.«

»Liyun, ich vermisse dich!« flüsterte Rathenow. »Schon
jetzt, am vierten Tag ohne dich.«

Er ging wieder in sein Schlafzimmer und klebte das Tuch
mit vier Pflasterstreifen – provisorisch, denn in den nächsten
Tagen wollte er einen Rahmen besorgen – an die Wand
gegenüber von seinem Bett. So konnte er es beim Einschla-
fen und beim Aufwachen sehen.

Am Nachmittag war Rathenow in der Stadt, brachte seine
Filme zum Entwickeln, und um 19 Uhr saß er im »Franzis-
kaner«, trank ein Bier und einen Klaren und bereitete sich auf
seine Begegnung mit den Triaden vor. Sich stur stellen, das
war der Grundgedanke. Sich weit dümmer geben, als man
war. Dann war die Gegenseite gezwungen, deutlicher zu werden.

Punkt 20 Uhr parkte Rathenow seinen Wagen auf dem
Parkplatz des Restaurants und betrat den »Schwarzen Mandarin«. Es war ein großes Lokal mit verschiedenen, ineinander übergehenden Räumen, luxuriös eingerichtet mit
geschnitzten und vergoldeten Decken, großen Gemälden an
den mit roter Seide bespannten Wänden, chinesischen Trod-
dellampen mit kunstvoll bemalten Gläsern, Stühlen und
Tischen aus rotem Eisenholz und einer Vielzahl in den Räumen verteilter Figuren aus Marmor, Jade oder bemaltem
Holz von Buddha oder dem fetten Gott Bao-Dai, dem
Schutzherren der Zufriedenen und der genußvollen Esser.

Auffällig für jeden aber waren ein riesiges Aquarium, das in der Mitte des Lokals als Raumteiler aufgestellt war, und eine große goldene Götterfigur direkt am Eingang, die den Besucher mit einem breiten Lächeln begrüßte.

Rathenow blieb am Eingang stehen und überblickte das Lokal.

Das Restaurant war um diese Zeit fast voll. Die meisten Gäste waren Deutsche. Rathenow dachte darüber nach, daß in Deutschland chinesische Restaurants immer beliebter werden. Sie schießen wie Pilze aus der Erde, überlegte er. Hat ein Chinese die Konzession bekommen, trudeln bald seine Verwandten ein und gründen nach ein, zwei Jahren ihr eigenes Lokal – ein sehr erfolgreiches Schneeballsystem, von dem vor allem die Triaden profitieren. Er hatte über die Arbeit der »chinesischen Mafia« schon einiges in Zeitungen und Illustrierten gelesen und einen Fernsehfilm gesehen, den er damals für übertrieben hielt. Jetzt, wo er selbst ein Opfer der Triaden geworden war, erschien ihm der Film wie eine Verharmlosung der Tatsachen. Und in diesem Zusammenhang hatte Rathenow einmal gehört: Sobald ein neuer Eßtempel eröffnet wird, erscheint bei dem Wirt ein freundlicher Chinese, ißt zu Abend, beobachtet den Umsatz und geht dann in die Küche, wo oft der Chef am Herd steht. Meistens weiß der Shih, der »Meister«, wer ihn da besucht, und es wäre dumm, ja sogar gefährlich, den ungebetenen Gast hinauszuwerfen. Der nette Chinese führt dann ein kurzes Gespräch mit dem Wirt, bietet ihm, seiner Familie und vor allem seinem Restaurant den »Schutz der Brüder« an und kündet den Besuch seines Daih-Loh an, des »Großen Bruders«, der über die »Schutzgebühr« verhandeln will. Eine Ablehnung sei möglich, aber – so erklärt der Besucher freundlich – »denk daran, daß du Frau und drei Kinder hast...« Es gibt keinen Chinesen, der diesen Hinweis nicht versteht.

Rathenow wartete, bis ein Kellner in schwarzer Hose und blütenweißem Hemd mit schwarzer Fliege zu ihm kam und ihm zulächelte. Es war derselbe Mann, der ihn am Flughafen empfangen und das Kaffeepulver und die Trockenmilch entgegengenommen hatte.

»Wir freuen uns, Sie im ›Schwarzen Mandarin‹ als Gast begrüßen zu dürfen«, sagte er. »Bitte folgen Sie mir. Sie werden schon erwartet.«

Der Kellner ging voraus bis in das letzte, kleine Zimmer, das durch eine Faltwand von den anderen Räumen abgeteilt werden konnte. Hier saß an einem geradezu festlich gedeckten Tisch mit üppigem Blumenschmuck, als handele es sich um ein Hochzeitsmahl, ein älterer Chinese. Er erhob sich sofort, als Rathenow ins Zimmer kam, und sah ihn mit einem schnellen, scharfen und musternden Blick an. Der erste Eindruck, die ersten zehn Sekunden, so heißt es, sind maßgebend für das ganze Leben. In diesen zehn Sekunden entscheiden sich Sympathie und Antipathie, und nichts kann fernerhin diese Einstellung mehr korrigieren.

Der Chinese, in einem unauffälligen dunkelblauen Anzug, weißem Hemd, grauer Krawatte und italienischen Schuhen, das an den Schläfen weiß schimmernde Haar glatt zurückgekämmt, kam um den Tisch herum auf Rathenow zu. Der Kellner verschwand sofort und zog die Falttür zu. Das Gesicht des Chinesen war rund und faltenlos. Die Augen lagen tief in der Fettfalte, die so typisch ist für Asiaten. Als er vor Rathenow stand, der einen ganzen Kopf größer war, machte er die Andeutung einer Verbeugung.

»Willkommen im ›Schwarzen Mandarin‹, sagte er mit einer ungewöhnlich tiefen Stimme. »Es freut mich, daß wir uns sehen.«

»Die Freude ist wohl einseitig«, antwortete Rathenow abweisend. Der Chinese überhörte es höflich.

»Mein Name ist Min Ju.«

»Der ›Herr Direktor‹.« Es klang giftig. »Oder auch Daih-Loh.«

»Oh, Sie sprechen Chinesisch?«

»Nein. Ich habe es aus der Literatur. Ich brauche nicht zu fragen, ob Sie wissen, daß ich mich mit den Minderheiten im heutigen China beschäftige.«

»Natürlich wissen wir das.« Min Ju zeigte auf den festlich gedeckten Tisch. »Nehmen wir Platz. Ich habe für Sie ein Essen zusammengestellt, das Asien und Europa miteinander verbindet.« Sie setzten sich gegenüber, getrennt durch das Blumenarrangement zwischen ihnen. »Wie wir wissen, essen Sie nicht mit Stäbchen.«

»Ich lerne das nie, so einfach es sein soll – sagen die, die es können. Ich bin zu blöd dazu.«

Min Ju lächelte höflich. Er mußte unbemerkt irgendwo auf einen Knopf gedrückt haben, denn der Kellner erschien sofort wieder im Spalt der Falttür.

»Du kannst anfangen!« befahl Min auf chinesisch. Und dann wieder auf deutsch zu Rathenow: »Die Spezialität von Zou Shukong, dem Chefkoch, sind besonders schmackhafte Frühlingsrollen. Zou kommt übrigens aus Chongqing, aus der Sichuan-Provinz. Sie ist berühmt für ihre scharfe Küche; einem Europäer kann es dabei die Speiseröhre verbrennen. Ich habe Zou gesagt, er soll mäßig sein mit seinen Gewürzen ... wir wollen doch noch lange zusammenarbeiten.« Es war das erstemal, daß Min jetzt andeutete, was Kewei ausgesprochen hatte. Rathenow preßte die Lippen aufeinander.

»Die Soße, die Zou zu den Frühlingsrollen serviert, ist ein Gedicht: Sojabohnen, Wasser, Mehl, Zucker, Knoblauch, Chili und eine Auswahl von Gewürzen, die nur Zou kennt und niemandem verrät. Selbst mir nicht!«

»Das will was heißen!« sagte Rathenow bewußt ironisch.

»Anschließend gibt es verschiedene kalte Vorspeisen, dann einen Wok mit viererlei Fleisch und Gemüsen, die man in Europa kaum kennt, wie etwa den Wasserspinat, dazu natürlich Reis, für das Fleisch sechs verschiedene Soßen, wobei ich Ihnen die Knoblauchcreme besonders empfehlen möchte, und zum Abschluß ...«

»Die Suppe aus dem Wok.«

»Richtig. Ich sehe, Sie haben sich an unsere Reihenfolge gewöhnt. Nun zu den Getränken. Mineralwasser, aber kein Bier, sondern ein chinesischer Wein, ein trockener, der erst seit ein paar Jahren angebaut und auch in Europa immer beliebter wird. Er ähnelt im Geschmack der Scheurebe.«

»Erstaunlich.«

»Was?«

»Daß Sie als Chinese so viel von Wein verstehen. Wie viele Deutsche gibt es, die wissen, was eine Scheurebe ist.«

»Wir wissen, daß Sie ein großer Weinkenner sind. Wir wissen alles über Sie – und über Wang Liyun.«

Das Stichwort war gefallen. Rathenow lehnte sich zurück, während der Kellner das Mineralwasser und eine Flasche Wein in einem silbernen Kühler hereintrug.

»Reden wir nicht weiter um die Sache herum, Herr Min Ju«, sagte er, als der Kellner wieder hinausgegangen war. »Beenden wir das Katz-und-Maus-Spiel! Legen Sie die Karten auf den Tisch! Was wollen Sie von mir?«

»Das ist ein umfangreicher Komplex. Dazu brauchen wir viel Zeit.«

»Ich hänge nicht an der Uhr, Herr Min.«

»Das hätte ich auch nicht erwartet.« Min schwieg. Die Frühlingsrollen wurden serviert, Zou Shukongs Meisterwerke. Schon die Soße duftete verführerisch, der Teigmantel leuchtete goldbraun.

»So etwas bekommen Sie nur im ›Schwarzen Mandarin‹«, sagte Min Ju und stach mit seinem Eßstäbchen ein kleines Stück ab.

»Was bekommt man sonst noch im ›Schwarzen Mandarin‹, außer gutem Essen?«

Min blickte Rathenow durch den Blumenschmuck mit zusammengekniffenen Augen an. »Einen Grundsatz sollten Sie sich merken«, sagte er. »Es ist einer meiner obersten Grundsätze: beim Essen nichts Geschäftliches. Essen ist für mich wie ein persönlicher Gottesdienst, ein Gebet an die Götter, die uns den Genuß schenken. Halten Sie sich auch daran.«

»Mir vergeht der Appetit, wenn ich nicht weiß, was Sie unter ›unsere Zusammenarbeit‹ verstehen. Begreifen Sie das nicht?«

»Doch, aber nur, weil ich lange genug in Europa bin. Ihr Europäer seid ungeduldig. Euch fehlt die Geduld zu warten. Alles kommt so, wie es kommen soll ... früher oder später. Warum den Dingen entgegenlaufen?« Er probierte den Wein, schnalzte anerkennend mit der Zunge und goß die

Gläser voll. Unlustig aß Rathenow seine Frühlingsrolle – sie schmeckte wirklich köstlich. Auch der Wein war gut, richtig gekühlt, würzig, mit einem fruchtigen Nachgang. Rathenow stellte das Glas hin.

»Das ist weniger eine Scheurebe als vielmehr ein Verwandter des Grünen Veltliners, der Hausrebe der Österreicher.«

»Da spricht der Fachmann.« Min Ju setzte sein Glas ab. »Herr Rathenow« – seine Stimme war auf einmal geschäftlich unpersönlich –, »nehmen wir das Wichtigste vorweg, damit es keine Unklarheiten gibt: Sie sind der Bruderschaft verpflichtet, oder besser: Es gibt für Sie keine Möglichkeit, sich von uns abzusetzen.«

»Klarer ausgedrückt: Sie glauben, mich in der Hand zu haben!«

»Brutal betrachtet: ja!«

»Das ist ein Irrtum, Herr Min Ju.«

»Sie werden Ihre Ansicht gleich revidieren.« Min tupfte sich mit einer Serviette etwas Fett von der Frühlingsrolle aus den Mundwinkeln. »Sie haben mir Pulverkaffee und Trockenmilch mitgebracht. Halt!« Min hob die Hand. »Nicht unterbrechen! Das war nicht einfach nur Blödsinn, wie Sie noch heute denken. Das war eine kriminelle Tat. Die Trockenmilch war ein reines Produkt ... der Pulverkaffee auch ... nur war es eingefärbtes, reines Heroin bester Qualität.«

»Sie bluffen!« Rathenow spürte, wie seine Beine anfingen zu kribbeln. »Es war Kaffee.«

»Haben Sie ihn probiert, sich ein Täßchen davon gekocht? Es war reines Heroin! Seit Jahren wird alles weiße Pulver auf Rauschgift untersucht. Alle Sicherheitsbeamten sind darauf spezialisiert. Bis jemand in Hongkong von der Bruderschaft ›Sekte des himmlischen Prinzips‹ einen genialen Einfall hatte. Pulverkaffee in Dosen wurde nie untersucht ... Tausende Touristen bringen aus China solche Dosen mit. Vor allem die »Langnasen«. Man färbte also das Heroin ein in der Farbe des Nescafés, gab obenauf eine Schicht echten Kaffee, um die Sicherheitsbeamten zu täuschen – was gelang –, und jeder Chinese, der Hongkong oder Beijing oder Shanghai verließ, nahm eine Portion Kaffee mit und lieferte sie am Zielflughafen ab. Wenn ich sage, jeder Chinese, dann meine ich die, die mit uns zusammenarbeiten. Aber dann geschah etwas Unvorhergesehenes: Einer der Eingeweihten verriet diesen Trick der Polizei. Wir wissen nicht, wer es war, noch nicht, aber wenn wir ihn enttarnt haben, wird er vor unser Gericht gestellt und zum Tode verurteilt. Die heutige Lage ist also so, daß nun auch Pulverkaffee und Trockenmilch kontrolliert werden. Die Aktion der Polizei kam plötzlich, ohne daß uns jemand warnen konnte. Sie kostete uns 23 Kuriere, die im Fußballstadion von Guangzhou öffentlich erschossen wurden. Seitdem stockt dieser Schmuggel von Heroin, und wir suchen Weiße, die den Transport übernehmen, denn nach wie vor werden Europäer nicht so streng kontrolliert, wenn sie Kaffee bei sich haben.«

»Und ich war eines dieser dummen Schafe, das für Sie das Heroin nach München gebracht hat.«

»Ja.« Min Ju grinste verhalten. »Nur … wir haben Sie nicht benutzt, damit Sie weiterhin Kurier spielen sollen, sondern nur, weil Sie damit eine kriminelle Tat begangen und wir Sie so in der Hand haben.«

»Irrtum. Ich hatte keine Ahnung, was ich da transportierte.«

»Deshalb die doppelte Sicherheit. Sie heißt: Wang Liyun.«

Rathenow schloß für einen Moment die Augen. Das Gespräch wurde unterbrochen. Der Kellner brachte die kalten Vorspeisen und die Schüsselchen mit Soße; sie bedeckten den ganzen runden Tisch. Als sie wieder allein waren, sagte Rathenow dumpf:

»Was wollen Sie von mir?«

»Wir möchten Sie mit einer Aufgabe betrauen, die bisher nur von meinen Landsleuten erfüllt wurde. Ich will jetzt ganz offen mit Ihnen sprechen. Wenn auch nur ein einziger Ton davon nach draußen dringt, wird die Bruderschaft 14K Sie bestrafen müssen. Sie – oder Wang Liyun. Ab sofort unterliegen Sie der absoluten Schweigepflicht der Triade 14K.«

»Der grausamsten Triade …«, sagte Rathenow. Seine Stimme klang wie eingerostet.

»Wir sind eine Bruderschaft der blinden Gehorsamkeit. Und deshalb eine der erfolgreichsten auf der ganzen Welt.« Min Ju griff mit seinem Stäbchen ein Stück Entenbein auf, an dem die Schwimmhäute noch erkennbar waren, und tauchte es in eins der Schüsselchen. »Zum Thema. Seit einiger Zeit sind die Triaden in die Großfahndung der deutschen Polizei geraten. Das 13. Kommissariat in München, zuständig für das organisierte Verbrechen, macht uns sehr zu schaffen. Nicht im Rauschgiftgeschäft – da sind wir flexibel und kaum anzugreifen –, aber unsere Abteilungen Schutzgeld und Prostitution werden zunehmend mehr attackiert. Unsere Schutzgeldkassierer werden beobachtet, die Gastwirte befragt, einige der Kassierer wurden sogar verhaftet, verhört und unter Druck gesetzt. Hausdurchsuchungen finden statt, Kriminalbeamte liegen in den Restaurants auf der Lauer – allerdings mit wenig Erfolg. Den Kassierern ist nichts nachzuweisen, die Gastwirte schweigen aus Angst vor uns, es ist eine Gummiwand, gegen die die deutsche Polizei rennt. Aber ab und zu hat sie doch Erfolg, werden Brüder von uns verurteilt. Die deutsche Polizei weiß natürlich genau, daß sie nur ein paar kleine Fische erwischen kann. Aber auch diese kleinen Fische wollen wir behalten – und dazu brauchen wir Sie für unsere Münchener Sektion.«

»Ich verstehe vieles, aber das nicht.« Rathenow schüttelte den Kopf; er verstand wirklich nichts. »Wieso brauchen Sie mich?«

»Das ist ganz einfach – ein ebenso genialer Gedanke wie mit dem Heroin-Kaffee. Sie sollen eine Art Testfall werden. Klappt es, führen wir das neue System überall ein. Ich werde Ihnen ein paar Fragen stellen, bis Sie begreifen, um was es geht. Frage eins: Wer besucht hauptsächlich die chinesischen Restaurants?«

»Einheimische. Münchener, Gäste aller Schattierungen.«

»Mehr Chinesen?«

»Nein.«

»Vornehmlich ›Langnasen‹?«

»Ja.«

»Fallen die ›Weißen‹ besonders auf?«

»Nein.«

»Geben sie Anlaß, ihnen zu mißtrauen?«

»Nein.«

»Sie sind in aller Augen harmlos?«

»Ja.«

»Wenn die Kriminalpolizei eine Restaurantkontrolle unternimmt, wird man die europäischen Gäste verhören?«

»Nein. Ich glaube nicht. Warum auch?«

»Wird man die europäischen Gäste observieren?«

»Nein.«

»Sie können, unbelästigt von der Polizei, kommen und gehen.«

»Natürlich.«

»Dämmert es Ihnen noch nicht?«

»Nein.«

»Sind Sie so dumm, daß Sie die Idee nicht erkennen?«

»Ja! Vielleicht bin ich außerhalb meines Forschungsgebietes ein geistiger Zwerg. Ein reiner Fachidiot.«

»Spielen Sie mir nichts vor, Herr Rathenow.« Min Ju beugte sich über den Tisch. Seine Stimme wurde fordernd. »Begreifen Sie doch endlich: Es gibt kein Entkommen mehr aus der Bruderschaft 14K. Ihre Abwehr, indem Sie sich dumm stellen, ist geradezu lächerlich. Spielen wir einen Fall durch: Sie sitzen im Restaurant ›Leuchtender Lotos‹ und essen eine Wan-Tan-Suppe. Da erscheinen zwei uniformierte Polizisten und vier Kriminalbeamte. Razzia. Bitte sitzen bleiben. Es handelt sich um eine Routine-Untersuchung. Was werden Sie tun?«

»Ich bleibe sitzen und sehe mit Interesse zu, was weiter geschieht.«

»Kontrolliert die Polizei auch Sie?«

»Natürlich nicht – ich bin doch Gast und außerdem kein Chinese. Ha!«

»Ist der Groschen gefallen?«

»Jetzt begreife ich. Nur die Chinesen werden kontrolliert!«

»Richtig. Und wenn gerade einer unserer Kassierer im Lokal ist, hat er Pech und wird verhaftet. Sie aber können

259

weiteressen, wenn das Lokal nicht sofort geschlossen wird. Sie wird man nicht belästigen. Und wenn man Sie wirklich um Ihren Ausweis bittet ... einem Dr. Hans Rathenow, einem bekannten Forscher und Schriftsteller, wird niemand zutrauen, Mitglied von 14K zu sein. Der Gedanke allein ist so absurd, daß ihn gar keiner zu denken wagt.« Min Ju atmete hörbar auf. »Begreifen Sie jetzt: An diese Aufgabe haben wir gedacht – Kassierer der Schutzgelder in München und Umgebung. Dazu gehören Nürnberg und Erlangen, Ansbach und Rosenheim, das ganze Gebiet bis hinunter nach Bad Reichenhall. In Österreich haben wir eine eigene ›Familie‹ mit einem eigenen Daih-Loh.«.

»Min Ju«, Rathenow verzichtete jetzt auf das »Herr«, »Ihr genialer Plan, zu Papier gebracht, reicht gerade noch zum Arschabwischen!«

»Ich wußte nicht, daß Sie auch ordinär sein können. Das erleichtert vieles.« Min Ju aß mit Genuß ein höllisch gewürztes Fleischstückchen. Rathenow rührte nichts mehr an. Min ließ nun endgültig seine Maske fallen und ging zum »du« über, als sei Rathenow schon jetzt ein Mitglied der »Familie« und ein »Kleiner Soldat«. »Nun paß mal auf, du seriöse Silberlocke! Wir haben dich und Wang Liyun in der Hand, und du wirst tun, was wir dir auftragen!«

»Endlich die angepaßte Sprache ...«

»Du wirst als Kassierer ausgebildet und übernimmst nach Abschluß der Lehrzeit und einer Prüfung den Bezirk München-Stadt und München-Land. Später bekommst du dann den ganzen Bezirk, zusammen mit drei Hsiao jen. Weißt du, was das ist?«

»Ich werde es nachlesen.«

»Hsiao jen heißt ›Kleine Männer‹. Konfutse, der große Gelehrte und Dichter, schrieb in seiner großen Sittenlehre ›Lun-yü‹: ›Der Große Mann (Chun tzu) erreicht das, was oben ist; der Kleine Mann (Hsiao jen) erreicht das, was unten ist‹. Sieh zu, daß du bei uns ein ›Chun tzu‹ wirst. Dann wird es dir und deiner Liyun immer gutgehen. Die ›Familie‹ wird dich überall beschützen und für dich um ein langes Leben bitten.«

»Und wenn ich ablehne?« fragte Rathenow und wußte doch, daß ihm gar nichts anderes übrigblieb, als zu gehorchen.

»So dumm ist keiner. Sehen wir von der Strafe ab – welch ein Skandal würde es werden, wenn alle Zeitungen mit der großen Schlagzeile erscheinen: ›Berühmter Reiseschriftsteller als Heroinschmuggler entlarvt?‹ Auch wenn du dementierst – wer glaubt dir denn noch? Der Geruch bleibt an dir hängen wie der Gestank eines Ziegenbocks. Das ist das eine – das andere ist, daß dir Kewei aus Kunming einen Finger von Liyun schickt.«

»Ich habe eure Methoden auf Bildern gesehen. Kewei hat mir die Fotos gezeigt.«

»Dann dürfte vorerst alles gesagt sein. Deine Ausbildung beginnt nächste Woche, hier, im ›Schwarzen Mandarin‹. Dann folgen die Vereidigung und die Prüfung. Es ist – um es vorwegzunehmen – kein Full-time-Job. Du kannst als Gelehrter und Schriftsteller weiterarbeiten. Die Tour durch die Lokale findet einmal im Monat statt und muß in drei Tagen beendet sein. Das gilt für München ... später, bei der Bezirkskontrolle, müssen wir uns noch einigen.« Min Ju rieb sich freudestrahlend die Hände. Der Kellner brachte den Wok herein. Ein großes, rundes Gefäß mit drei Spiritusheizern. Der Duft, der sich sofort im Zimmer ausbreitete, war verlockend und ließ einem das Wasser im Mund zusammenlaufen. In einem Silberkessel dampfte der körnige Reis.

»Es lebe Kuan Yin, die Göttin der Gnade!« rief Min Ju begeistert. »Ist Zou Shukong nicht ein genialer Koch? So kannst du nur im ›Schwarzen Mandarin‹ essen!« Er blickte wieder, plötzlich ernst geworden, zu Rathenow hinüber. »Die Göttin Kuan Yin ist nicht nur die Göttin der Gnaden, sondern auch die Frau des Gottes Kuan Kung, des Kriegsgotts der Chinesen. Wenn ich sie lobe, lobe ich auch Kuan Kung, denn wir Triaden sind immer im Krieg! Wir haben viele Feinde, von denen die Polizei der geringste ist. Aber das wirst du alles noch lernen. Vor allem die ›Familie der grünen Laternen‹ ist immer in Gefahr.«

»Grüne Laternen?«

»So heißen bei uns die Puffs!«

»Ich denke rote Laternen?«

»Das ist die westliche Meinung. Grün ist für den Chinesen die Farbe des Lebens, der Freude, des jungen Frühlings, des Blühens, die Gegenwart von Ruhe und Frieden. Und was gibt uns eine Hure? Freude und das Gefühl, im Frühling zu sein. Ihr sagt doch auch Freudenmädchen.«

»Ich habe in China gehört, daß man sie ›Hühnchen‹ nennt.«

»Das ist volkstümlich. Poetisch heißen sie die ›Familie der grünen Laternen‹. Und da beginnen unsere Sorgen. Die italienische Mafia, die Russen, Polen und Türken, alle wollen sie am Bumsen verdienen und organisieren sich – gegen uns! Aber das ist nicht dein Gebiet, du gehörst zur Schutzgeld-Familie.« Min Ju blinzelte Rathenow kumpelhaft zu. »Aber wenn du es mal nötig hast – als Bruder kannst du es umsonst haben. Wir haben eine große Auswahl. Melde deine Wünsche an – nur ein zufriedener Mitarbeiter ist ein guter Mitarbeiter.«

»Danke. Ich habe keinen Bedarf an Huren.«

»Du mußt es wissen.« Min Ju fischte aus dem Wok Hühnerfleisch und ein langblättriges Gemüse, das dunkelgrün glänzte. »Ich wiederhole: Mittwoch in acht Tagen beginnt deine Ausbildung. Hier im ›Schwarzen Mandarin‹. Abends um 22 Uhr.«

»So spät?«

»Dein Lehrer ist am Mittwoch unterwegs – er kann nicht früher.«

»Und wie gliedert sich der Lehrplan?« fragte Rathenow wieder spöttisch. »Ist Kung-Fu auch dabei?«

»Nicht für dich. Nur ein Chinese begreift Kung-Fu. Du hast als Europäer nicht die Gabe, dich von deinem Körper zu lösen und alle Kraft aus dem Geist zu empfangen. Ihr seid alle zu plump – und außerdem bist du schon zu alt, um Kung-Fu zu lernen. Deine Knochen sind wie aus Glas und zerbrechlich geworden.«

»Sie beherrschen Kung-Fu, Min Ju?«

»Beherrschen? Nein. Das kann nur ein Shaolin. Auch ich

bin zu alt, um noch körperlich zu kämpfen. Wie alt schätzt du mich?«

»Ende Vierzig.«

»Danke für das Kompliment. Ich bin ein Jahr älter als du.«

»Neunundfünfzig? Unglaublich.«

»Ein zufriedener Mensch besiegt die Zeit. Und ich bin zufrieden. Wer kann das schon von sich sagen? Nur wenige unter uns.«

»Wie lange sind Sie schon in Deutschland?« fragte Rathenow.

»Sehr lange.« Min Ju beschäftigte sich eingehend mit einem Stückchen Hühnerbrust. »Ich war einer der ersten Chinesen in München. 1975 bin ich von Hongkong herübergekommen und habe hier ein Geschäft für chinesische Kultur eröffnet. Buddha-Figuren, Tafelschnitzereien, Lampen, Jade-Figuren, Rollbilder, Scherenschnitte, Kleinmöbel aus Rosenholz, Teppiche, den noch weitgehend unbekannten Wok und den Mongolentopf, Seidenblusen und -kleider, Fächer und bestickte Decken – ich habe mit allem gehandelt, was einem Deutschen als ›typisch chinesisch‹ erscheint. Ich war ein Vorreiter, ein Wegbereiter, ein Stoßtrupp für die vielen Landsleute, die dann nach und nach in Deutschland Fuß faßten und vor allem Restaurants gründeten. Chinesisch essen, das galt damals als schick – nicht so wie heute. Heute ist die chinesische Küche – die beste der Welt – längst Bestandteil der europäischen kulinarischen Szene. Du warst doch auch schon in chinesischen Restaurants?«

»Oft sogar. Aber was man hier als ›chinesisch‹ bezeichnet, hat wenig gemein mit dem wirklichen Essen in China.«

»Wir gleichen uns an – das ist unsere Stärke, unser Erfolgsgeheimnis. Der Gast soll exotisch essen und doch das Gefühl haben, zu Hause zu sein. Kannst du dir vorstellen, daß man einem Westeuropäer gebratene Fischköpfe vorsetzt? Oder gesottene Kalbsaugen?«

»Unmöglich. Das Lokal würde sofort Pleite machen.«

»Also – was lernst du daraus? Um Wurzeln zu schlagen, mußt du die Erde, die dich nährt, akzeptieren.« Min Ju scheffelte noch eine Portion Reis in seine Porzellanschale.

»Du mußt noch viel lernen, ehe du ein Familienmitglied wirst.«

»Das werde ich nie!«

»Du *bist* es schon! Mit dem, was du bereits weißt, bist du unlösbar mit der ›Familie‹ in München verbunden. Nach der Prüfung und deinem Eid wirst du in den ›Bund der Hong‹ aufgenommen, der Drachengesellschaft, und wirst den Familiennamen Hong annehmen. Du wirst bereit sein, dich wie ein Bruder um die anderen Mitglieder zu kümmern, ihr werdet euch gegenseitig helfen, einander schützen und mit ganzer Kraft und festem Willen bis zum Letzten unterstützen, wie leibliche Brüder es tun würden! Das wird ein Teil deines Schwurs sein – die ›Familie‹ ist eine unauflösliche Lebensgemeinschaft, die dir Schutz und Fürsorge bis zum Lebensende garantiert. Dir und Wang Liyun! Dafür erwartet dein ›Großer Bruder‹, der große Boß, den wir Gao Lao nennen, bedingungslosen Gehorsam und absolute Loyalität von dir! Verläßt du dieses Prinzip ...«

»... muß ich sterben!« ergänzte Rathenow heiser.

»Zuerst Wang Liyun. Das ist für dich schlimmer als der eigene Tod.« Min Ju goß eine braune, scharfe Sojasoße über seinen Reis, hob die Schale auf und schaufelte den Inhalt in den Mund. »Du trinkst ja gar nichts.«

»Mein Magen macht nicht mehr mit.«

»Schmeckt dir der Wein nicht?« Min Ju lachte kurz auf. Er stellte die Reisschale weg und fuhr sich wieder mit der Serviette über den Mund. »Kennst du die Geschichte der Triaden? Weißt du überhaupt, wer die Triaden sind?«

»Die brutalste Gangstervereinigung der Welt!«

»Irrtum.« Min Ju war weit davon entfernt, sich beleidigt zu fühlen. Er hatte keine andere Antwort erwartet. »So sehen es unsere Gegner. Man muß uns historisch sehen ... es gab die Triaden – sie hießen damals nur anders, zum Beispiel ›Weißer Lotos‹ – schon in der Han-Dynastie, von 206 vor bis 220 nach Christi Geburt, wie ihr rechnet. Unsere Blütezeit in der Geschichte war die Ming-Dynastie – 1368 bis 1644 –, die wir verteidigten gegen alle fremden Einflüsse. Dann kam das Schicksalsjahr 1644. Die Ming-Dynastie ging unter im Ansturm eines tungusischen Volkes, und wieder kam eine nichtchinesische Dynastie auf den Drachenthron. Es waren die Mandschus, und sie nannten sich Ching-Dynastie. Bis 1911 herrschten sie über China. Für einen Han-Chinesen eine Schande – Barbaren, eine unter ihnen stehende Rasse, Fremde. Und mit dem Antritt der Mandschus wuchs auch unsere Aufgabe: Vertreibung der fremden Teufel und Einsetzen einer neuen Ming-Dynastie. Wir bekämpften alles, was fremd war – zuletzt auch die ›Weißen Teufel‹, die sich in China festsetzen wollten, und bis heute Mao Tse-tung und seine Erben! Aber das wirst du alles noch lernen, bevor du ein ›Hong‹ wirst. Gwei-Lo, die ›Fremden Teufel‹, waren immer das Ziel aller Geheimbünde.« Min Ju schob das Blumenarrangement etwas zur Seite, um Rathenow besser sehen zu können. »Was heißt Triade?« fragte er wie ein Lehrer seinen Schüler.

»Die ›Dreieinigkeit‹«, antwortete Rathenow. Er kam sich irgendwie willenlos vor. Die Erkenntnis, sein Ich aufgeben zu müssen, ließ eine völlige Leere bei ihm zurück.

»Triade ist ein Sammelname für viele Organisationen, die aber alle das gleiche Ziel haben und untereinander wie Brüder verkehren. Ein Name, der gebildet wird aus den Begriffen Himmel–Erde–Mensch oder wie wir sagen: Tin Tei Wui. Triade – ›Drei in einem‹ –, das umfaßt das Firmament, den Boden, der uns nährt, und das Leben. Aber das wirst du alles noch lernen«, wiederholte er.

»Die Geschichte Chinas zu kennen ist wie das Auswendiglernen von Goethes Gesamtwerk. Es ist unmöglich.«

»Du wirst einen wichtigen Teil lernen – die Geschichte der Triaden. Um stolz zu sein, ein ›Hong‹ zu werden.«

»Wie kann man stolz sein, ein Verbrecher zu sein?«

»Wer die Welt beherrscht, ist des Stolzes wert. Und wir werden eines Tages, vielleicht in kürzerer Zeit, als wir selbst glauben können, die Welt beherrschen. Wer will uns aufhalten? Nehmen wir nur Europa: In Holland leben über 70 000 Chinesen, die größte China-Town des Kontinents. 1911 wurde sie von arbeitslosen Kohlentrimmern und Matrosen gegründet, in den Jahren 1932 bis 1938 überflutete eine Ein-

wanderungswelle aus Asien das kleine Holland. Darunter
Tausende von Chinesen, die man Koffer-Chinesen nannte,
weil sie ihre ganze Habe in Pappkoffern mit sich schleppten
und mit diesen Koffern voller Nippes und asiatischem
Krimskrams in das Straßengeschäft einstiegen. Heute gibt es
in Holland über 2700 chinesische Restaurants. 98 Prozent
von ihnen – und das ist für dich wichtig – zahlen Schutzge-
bühren an uns. Amsterdam und Rotterdam sind die Zentralen für Westeuropa. Dort sitzen die Gao Laos, denen auch ich
verantwortlich bin.« Min Ju holte tief Luft. Er konnte sich
nicht erinnern, jemals soviel an einem Stück geredet zu
haben. Meistens genügte ein Satz oder nur ein Wort, um die
Münchener ›Familie‹ in Aktion treten zu lassen.

»Sehen wir uns Deutschland an: Hier leben schätzungsweise 35 000 Chinesen; man muß sie schätzen, denn die Zahl
der illegalen Einwanderer liegt im dunkeln. Auch hier sind
die meisten in der Gastronomie beschäftigt oder haben Spe-
zialitätenläden. Neben Frankfurt und Hamburg ist München
ebenfalls eine ›Drachenstadt‹ geworden. Ich schätze, daß
allein bei uns über 8000 Chinesen leben – und es werden
immer mehr. Jeden Tag bekomme ich neue Meldungen über
Schlepper, die aus der Tschechoslowakei, Ungarn und Polen
unsere Landsleute nach Deutschland bringen. Preis pro Kopf
bis zu 20 000 Mark! Ich bin sehr zufrieden damit. Je mehr
Chinesen in München, um so heller klingelt es in der Kasse.
Noch haben wir nicht, wie in Holland oder England, 98 Prozent aller chinesischen Lokale oder Geschäfte unter Kontrolle und unter unserem ›Schutz‹ – aber das wird sich
ändern, und du wirst uns dabei helfen. Auch München soll
die Ehre bekommen, eine der großen ›Drachenstädte‹ zu werden wie Amsterdam.«

»Und Sie werden dann ein Gao Lao.«

»Vielleicht.« Min Ju lächelte versonnen. »Warten wir es
ab.«

»Eines verstehe ich nicht.« Rathenow hatte plötzlich seine
innere Starre überwunden. Abwarten, das war es! Sich
bemühen, asiatisch zu denken. Ein Tag ist wie ein Tropfen,
ein Monat ist wie eine Eierschale voll, ein Jahr nur ein halber

Becher. Warte, bis der Becher gefüllt ist, dann kannst du ihn trinken. Was kann alles geschehen bis zu einem vollen Becher. »Die Triaden sind die Feinde der ›Fremden Teufel‹. Vor allem der ›Weißen Teufel‹. Ich bin aber weiß.«

Min Ju lächelte wieder, als amüsiere er sich köstlich über Rathenows verqueres Denken. »Du verwechselst die historischen Triaden mit den modernen Triaden. Als 1949 die Kommunisten siegten, die Volksrepublik China ausgerufen wurde und Mao Tse-tung der mächtigste Mann im ›Reich der Mitte‹ wurde, flüchteten Hunderttausende nach Hongkong und Taiwan, unter ihnen auch General Kot Siu Wong. Vorher hatte er schon in Guangzhou die versprengten Gruppen, die der Bürgerkrieg zu zermalmen drohte und die der neue Triadenführer Dr. Sun Yat-sen gegen Mao zu vereinigen suchte, zusammengezogen und vereinigt. Wong gründete 36 neue Gruppen und richtete seine Befehlszentrale in der Po-Wah-Straße Nummer 14 ein. Der Große Rat der Bruderschaften nannte sich dann ›Sap Zse Ho Nr. 14‹ und war das Oberhaupt aller Triaden-Gruppen. 1949 – wie gesagt – mußte Kot Siu Wong mit Tausenden Brüdern über den Perlfluß nach Hongkong flüchten, und hier fand der große Wandel der Triaden statt. Aus Sap Sze Ho Nr. 14 wurde die neue Bruderschaft 14K. K – das heißt Karat, das heißt Gold und Härte! Um seinen Kampf gegen die ›Roten Teufel‹ und Maos rotes Reich zu finanzieren, brauchte er Geld, viel Geld. Woher nehmen? Es blieb nur ein Weg: Wong verbündete sich mit Verbrecherbanden, mit Menschenhändlern, mit Rauschgiftschmugglern und Prostitutionskonzernen, nutzte das organisierte Verbrechen für sich aus, allein zum Wohle der Triaden und zum Kampf gegen Mao. Das war eine nationale Tat!« Min Ju hüstelte und trank einen langen Schluck Wein. »Dann kam das Jahr 1953: Der große Wong, der größte Gao Lao, starb – und die einzelnen Triadengruppen fielen übereinander her, um die Vorherrschaft zu erlangen. 14K verlor den politischen Kampf, aber 14K gewann die Macht über das organisierte Verbrechen. Sie wurde, was sie heute ist: eine geheime Weltmacht! Wir haben 45 Untergruppen in der ganzen Welt, unsere aktiven Brüder sind jetzt

30 000 Mann stark. Der Tod des ›Großen Drachen‹ Wong war die Wende in unserer Geschichte. 14K ist die mächtigste Triade.«

»Durch Grausamkeit und Mord.«

»Das sagtest du schon.« Min Ju schob Rathenow eine Suppentasse zu. »Die Krönung – unsere Suppe. Schüttele nicht den Kopf – du mußt etwas essen!« Min Ju tauchte eine silberne Kelle in den Wok und löffelte sich die Suppentasse voll. Er würzte sie mit allerlei konzentrierten Soßen. »14K wurde zum Vorbild, andere Triaden machten uns den neuen Kurs nach. Hongkong wurde die ›Große Drachenstadt‹, der Mittelpunkt aller ›Gesellschaften‹. Hongkong zählt heute 5,6 Millionen Einwohner, davon sind 70 000 Nichtchinesen, rund 30 000 Briten und andere ›Ausländer-Teufel‹ und etwa 40 000 Eurasier. Es bleiben also 5,5 Millionen Hongkong-Chinesen übrig.« Min Ju schlürfte die Suppe und schmatzte zufrieden. »Es gibt über 50 verschiedene Triaden in der Kronkolonie Großbritanniens, die sich untereinander nicht mehr befeinden. Die Zahl der ›Kleinen Drachen‹, also unserer Brüder, schätzt die Royal Hongkong Police auf 300 000. Anders gesagt: Jeder achtzehnte Chinese in Hongkong hat mehr oder weniger mit einer kriminellen Vereinigung zu tun oder betrachtet die Triaden als ein Tabu, das man nicht anrühren darf. Die Sondereinheiten der Hongkong-Polizei, die sich ›Anti-Triade‹ und ›Anti-Vice‹ nennen, führen einen aussichtslosen Kampf gegen uns – wie überall, wo wir sind, ob in Manchester oder Amsterdam, London oder Hamburg, Paris oder München. Die Polizei, alle Sonderkommandos, alle Kommissariate für organisierte Verbrechen sind machtlos gegen die Mauer des Schweigens, die uns schützt. Sie werden sie nie aufbrechen! Natürlich kann man eine solche Mauer nur durch Härte und Furcht errichten. Wer auch nur ein Wort sagt, den trifft das Schwert. Wo immer er auch hinflüchtet. Wir sind überall!«

Min Ju beendete das Essen mit einem Kännchen grünem Yunnan-Tee, den er ohne Zucker oder sonstige Zusätze trank, um den Geschmack nicht zu überdecken. Tee streichelt die Seele jedes Chinesen, und auch Mins Gesicht spiegelte eine tiefe Zufriedenheit wider.

»Hast du alles begriffen?« fragte er Rathenow, als dieser schwieg.

»Ich denke – ja. Der kurze Abriß der Triadengeschichte beweist eins: Auch ihr seid schlagbar. Ihr habt gegen die Mandschus verloren, gegen den Bürgerkrieg, gegen Mao, und 1997, wenn China in Hongkong einmarschiert, ist das der Tod aller Triaden! Und wie in Hongkong wird man euch auch in Europa, den USA, in Australien und Südamerika vernichten können. Ihr seid nicht unsterblich.«

»Wieder ein Irrtum von dir, du sonst so kluger Idiot!« Min nippte an dem heißen Tee. »Seit bekannt wurde«, setzte er seinen »Unterricht« fort, »daß Großbritannien sich an die alten Verträge hält und 1997 Hongkong an die Chinesen zurückgibt, sind schätzungsweise 35 Millionen Chinesen über Hongkong ins Ausland geflüchtet. Denn je stärker die Volksrepublik China wird, um so weniger ist sie ihre Heimat, das China ihrer Seele. Nur: Unter den Millionen Flüchtlingen sind Tausende Mitglieder der organisierten Kriminalität, wie uns die Polizei nennt. Sie werden von uns in Empfang genommen oder beobachtet. Auch sind Tausende von uns in andere Länder geschleust worden und damit ganz in unserer Hand. Wir wachsen und wachsen von Jahr zu Jahr, und keiner kann uns aufhalten. Wenn zehn verhaftet werden, rükken fünfzig nach. Wir überrollen die Polizei einfach! Und die zehn, die man gefangen hat, werden schweigen bis zu ihrem Tod, denn kein Bruder wird den anderen Bruder verraten. Das haben sie geschworen – und du wirst es auch schwören! Die neue Weltzentrale wird nach Hongkong in England entstehen. Der geheime Bau wächst schon.«

Min Ju schwieg. Der diskrete Kellner brachte zwei kleine Porzellanväschen und zwei winzige Trinkbecherchen. Eine Empfehlung vom Hausherrn: warmer Pflaumenwein. Ein süßer Dank für das Kommen. Eine Bitte, wiederzukommen.

»In den Jahren 1940 bis 1959 wanderten in England lächerliche 15 000 Chinesen ein. Aber 1989 waren es plötzlich 250 000 Landsleute, die England entdeckt hatten. Dann kam die Zusage der britischen Regierung, 1997 Hongkong zurückzugeben. Die Panik war groß in der Kronkolonie. Man hatte auf den Schutz der Briten vertraut. Und nun ließ man alle allein, ließ sie in die Hände der Rotchinesen fallen? Das war nicht die feine englische Art – man hat schließlich den Ruf eines Gentlemans zu verlieren. Im Unterhaus des britischen Parlaments verabschiedete man ein Gesetz, daß 50 000 alteingesessenen chinesischen Familien – das sind etwas über 225 000 Menschen – die volle britische Staatsbürgerschaft zuerkannt wird. Sie haben damit das Recht, sich überall im Vereinigten Königreich niederzulassen – wo immer sie wollen! Seitdem stehen Scotland Yard die Haare zu Berge, denn man weiß genau, daß Hunderte von Triadenmitgliedern auf diesem Wege in England neue Bruderschaften aufbauen werden. Unser Gao Lao in London hat schon viele Kontakte aufgenommen, um die verschiedenen Gruppen zu vereinen – unter unserer Triade 14K. Amsterdam wird dann die Nummer zwei. Der Große Rat wird in London sitzen und die Welt regieren. Und wir in München werden eine noch größere Rolle spielen, weil meine ›Familie‹ die am besten organisierte und die am meisten gefürchtete ist.« Min Ju probierte den heißen Pflaumenwein und schnalzte genüßlich mit der Zunge. »Zum Wohle, Weißlocke! Begreifst du die Ehre, für uns arbeiten zu dürfen?« Mins Gesicht glänzte plötzlich, als sei ihm ein großer Gedanke gekommen. »Das ist es!« rief er begeistert. »Ab heute wirst du für mich, für uns alle ›Bai Juan Fa‹ heißen ... Weiße Locke! Für uns gibt es keinen Dr. Hans Rathenow mehr.«

Um Mitternacht schloß »Der Schwarze Mandarin« seine Tür. Zou Shukong, der Chefkoch und Mitinhaber, kam an den Tisch. In einem schwarzen Anzug natürlich, wohlbeleibt und rundgesichtig, als wolle er selbst für seine exzellente Küche Reklame machen. Er blieb ehrfurchtsvoll an der nun geöffneten Falttür stehen und verbeugte sich.

»War es gut, meine Herren?« fragte er auf deutsch.

»Wie immer – ohne Tadel! Du bist der beste Koch in München. Leider wird man dir keine drei Sterne geben, weil du nur chinesisch kochst. Aber was soll's? Wer dich kennt, vergißt alle anderen Küchen.«

Zou Shukong sah Rathenow an. »Dem Herrn hat es nicht geschmeckt? Sie haben kaum etwas angerührt.«

»Ich hatte keinen Appetit. Mir ist einiges auf den Magen geschlagen.«

Min Ju lachte wieder. »Er wird sich noch an vieles gewöhnen. Der Herr ist unser neuer Bruder: Bai Juan Fa.«

»Ein Weißer?« fragte Zou auf chinesisch. Er begriff das nicht. Kein Nichtchinese oder Nichtasiate arbeitet für die Triaden.

»Auch du wirst erleben, daß unsere neue Taktik ein großer Schutz für uns alle ist. Mehr brauchst du nicht zu wissen!« Mins Stimme klang befehlend und scharf. Rathenow horchte bei diesem neuen Ton auf. Die Maske des Biedermannes fällt – jetzt sitzt der Daih-Loh am Tisch. »Am Mittwoch in acht Tagen brauche ich Keller II.« Min erhob sich. Auch Rathenow sprang auf. Er spürte das Bedürfnis, sich hinzulegen und nichts mehr sehen und hören zu müssen.

»Gehen wir.« Min Ju klopfte Zou freundschaftlich auf den Bauch, und durch einen Hintereingang verließen sie das Restaurant. Dort wartete eine Luxuskarosse auf Min. Er fuhr sie selbst, aber nur in München. Größere Strecken übernahm ein Chauffeur.

»Was für einen Wagen fährst du?« fragte Min und atmete die frische Nachtluft ein.

»Ich habe zwei Wagen.«

»Der reiche Herr.«

»Einen normalen und einen Geländewagen.«

»Der große Gelehrte und Autor, der für 14K Schutzgelder eintreiben wird! Das Leben schreibt wirklich die besten Witze mit den besten Pointen.« Min sah Rathenow plötzlich sehr geschäftlich an. Keine Spur mehr von Jovialität. »Sie werden an Wang Liyun schreiben?« Er sagte unwillkürlich wieder Sie.

»Natürlich. Das ist doch klar.«

»Vergiß nicht, daß du Bai Juan Fa, die Weiße Locke, bist!« Jetzt wieder du. »Wirst du ihr von unserem Essen schreiben?«

»Nein.«

»Das ist sehr weise. Bruder Kewei Tuo müßte sonst Wang Liyun in ›Schutz‹ nehmen. Das würde Aufsehen erregen, auch wenn die Polizei in Kunming herumtappen würde wie ein blinder Hund. Wir wollen keine Komplikationen. Bai Juan Fa, du lebst nicht mehr allein. Du hast auf der ganzen Welt über 300 000 Brüder! Und du bist wie ein Sandkorn in einem Stundenglas.«

»Hören Sie endlich auf, mich dauernd zu warnen!« Rathenow drehte sich um, um zu seinem um die Ecke geparkten Wagen zu gehen. Über die Schulter rief er Min noch zu: »Ich habe keine Angst vor dem Tod, das *merke dir!* Und wenn irgend jemand Liyun anrührt und ihr weh tut – ich bringe dich um! Dann werde ich ein richtiger Triade!«

Min Ju blieb an seinem Auto stehen, bis Rathenow um die Ecke des »Schwarzen Mandarin« gebogen war. Er starrte ihm sprachlos nach. Und von diesem Augenblick an wußte er, daß Bai Juan Fa zwar für ihn arbeiten würde, aber gleichzeitig sein Todfeind war. Das aber wäre eigentlich das Todesurteil für Rathenow gewesen. Später, dachte Min, später. Bai Juan Fa – du ahnst nicht, was du alles für mich tun mußt. Jetzt um so mehr! Keiner darf einem Min Ju drohen, ohne das Kaiserschwert im Nacken zu spüren ...

Rathenow war froh, sicher nach Grünwald gekommen zu sein. Er war wie ein Wilder gefahren, wie ein Besoffener im Zickzack, und jeder Polizist, der ihn angehalten hätte, hätte ihn sofort aus dem Verkehr gezogen, auch wenn das Röhrchen sich nicht verfärbt hätte. Ein Mensch mit einem so massiven seelischen Schaden gehört nicht auf die Straße. Er sieht nicht mehr, wie er fährt; er vergißt seine Umgebung; er weiß nicht mehr, wer er ist.

Er schloß die Tür auf, schwankte in die große Diele und dann hinüber in die Bibliothek, schwenkte die eingebaute Hausbar aus und stierte auf die Batterie Flaschen.

Sauf dich dumm und dusselig – was bleibt dir noch? Doch dann sagte ein anderes Ich: Was bringt das? Besaufen ist keine Lösung! Du verdrängst nur die Wahrheit, aber mit der Wahrheit mußt du leben! Du kannst nicht fliehen, du kannst nur gehorchen. Denn sie werden Liyun quälen, sie haben es dir oft genug gesagt. Und du wirst immer und immer wieder tun, was sie wollen, weil du damit Liyun retten kannst.

Er starrte auf das Telefon, nahm den Hörer auf und wählte die Nummer von Dr. Freiburg. Nach zehnmaligem Durchläuten meldete sich der Arzt.

»Freiburg.«

»Kann ich zu dir kommen?« fragte Rathenow mit einer Stimme wie ein Sterbender.

»Hans? Bist du besoffen? Schau auf die Uhr. Halb zwei ...«

»Ich muß zu dir kommen.«

Rathenow hatte keine Kraft mehr. Er warf den Hörer auf die Gabel, verließ das Haus, setzte sich in den Wagen und hoffte, daß ihm auf dem Weg zu Freiburg keine Polizeistreife begegnete. Aber er schaffte es, ohne Unfall seinen Freund zu erreichen. Freiburgs Haus war hell erleuchtet. Als Rathenow bremste und aus dem Wagen stieg, erschien er selbst in der Tür. Er wollte gerade wieder zu einem seiner Sprüche ansetzen, aber dann schwieg er betroffen. Er faßte Rathenow unter und half ihm ins Haus.

»Junge, was ist los?« rief er. »Du siehst ja schrecklich aus! Hast du eine Malaria mitgebracht? Hast du einen Anfall?«

»Ich bin gesund.«

»Das sehe ich. Und wie gesund du bist! Wenn ich dich nicht festhalte, fällst du hin. Komm in die Praxis. Ich mache zuerst ein EKG. Hast du Fieber?« Er legte die Hand auf Rathenows Stirn. »Nein. Fieber hast du nicht. Keine Malaria. Hast du etwas Verdorbenes gegessen? Wo warst du heute abend? Komm, leg dich hin!«

»Verdammt! Ich bin nicht krank!« Rathenow lehnte sich gegen die Wand. Vor seinen Augen verschwamm alles. »Man hat mir meine Seele genommen.«

»Wie bitte?« Freiburg schnupperte – kein Alkoholgeruch.

»Ich bin eine leere Hülle! Ich bin nicht mehr ich.«

»Hans!« Freiburg sah Rathenow streng an. »Ehrlich, spuck es aus: Haben sie dir in China Drogen gegeben? Bist du high?«

»Red keinen Unsinn.« Rathenow ging Freiburg voraus in das Ordinationszimmer – seit 22 Jahren kannte er diesen

Weg – und setzte sich auf die Untersuchungsliege. »Du brauchst keine spektakulären Diagnosen zu stellen, ich bin einfach seelisch kaputt.«

»Und wodurch?« Dr. Freiburg setzte sich ihm gegenüber auf einen Hocker. Er betrachtete Rathenow wie einen Kranken mit einem auffälligen Ausschlag. »Was haut dich um?«

»Kannst du schweigen?«

»Der Zentralfriedhof in Wien ist gegen mich ein Jazz-Festival!«

»Ich auch.«

»Was willst du dann nachts um halb zwei bei mir?«

»Mit dir reden.«

»Indem du schweigst? Das ist eine neue, wirklich individuelle Art der Unterhaltung. Konversation durch Stille. Das solltest du dir patentieren lassen.«

»Mir genügt, daß du da bist. Daß ich dich sehe. Daß ich weiß, ich habe einen Menschen um mich, der mich mag.«

»Junge, erschreck mich nicht! Bist du in China schwul geworden?«

»Manchmal könnte ich dich ohrfeigen.« Rathenow stierte vor sich hin auf den Kunststoffboden. Platten aus Hartvinyl, blau mit grauen Streifen. »Ich bin am Ende – und muß neu anfangen und total vergessen, wer ich einmal war. Der Name Rathenow ist nur noch eine Postadresse in München. Ich bin Bai Juan Fa ...«

»Es scheint wirklich ernst mit dir zu sein.« Dr. Freiburg beugte sich vor und starrte Rathenow ratlos an. »Erzähl weiter ...«

Der alte Trick der Psychiater: Laß den Patienten reden ... reden ... reden ... sich befreien von dem inneren Druck, sich selbst erlösen aus dem Zwang durch Worte und Gesten. Es gibt eine Therapie, bei der die Nervenärzte ihre Patienten in den Wald führen und zu ihnen sagen: »Nun schreien Sie! Los, schreien Sie! Rennen Sie herum und schreien, schreien. So laut Sie können! Es ist niemand hier, keiner hört Sie, Sie sind allein ... Los, schreien Sie!« Und die Patienten beginnen zu schreien, brüllen sich von ihrer inneren Qual los, rennen im Wald herum, bis sie erschöpft an einem Baum lehnen und fühlen, daß sie leichter geworden sind, daß die innere Dunkelheit gewichen ist, daß Licht in ihre Seele einfließt und der Kopf klarer wird und realer denkt. Das ist der Augenblick, wo der Arzt sagt: »Und nun sprechen wir über Sie ...« Und der seelisch nackte Kranke beginnt zu reden ...

Aber Dr. Freiburg war kein Psychiater. Doch irgendwie mußte er Rathenow zum Reden bringen, mußte der sich befreien von dem inneren Druck.

»Los! Rede, Junge!« sagte Freiburg eindringlich zu Rathenow. »Was ist passiert?«

»Ich kann nicht ...«

»Dann hau wieder ab, und laß mich weiter schlafen.«

»Du läßt mich allein?«

»Zum Teufel – nein! Aber wie soll ich dir helfen, wenn du wie eine Glucke auf deinen Worten hockst? Ich kann dir doch nicht einfach die Händchen streicheln und sagen: Mein Kleiner, sei ganz ruhig! Mami ist doch bei dir. Ich muß schon wissen, was los ist. Man kann keine lockere Schraube anziehen, wenn man nicht weiß, wo die Schraube ist. Verstehst du?«

»Ich verstehe alles – nur mich nicht mehr.«

»Und wodurch ist die Schraube locker geworden?«

»Bitte, frag mich nicht. Nimm einfach hin, daß ich fix und fertig bin.«

»Ist hingenommen.« Dr. Freiburg schüttelte den Kopf und setzte sich wieder aufrecht auf den Schemel. »Ich verschreibe dir ein Mittel, das deinen Geist aufhellt. Es nimmt dir die Depressionen, du siehst die Welt wieder positiver.«

»Und wenn ich am Tag eine ganze Packung schlucke – mit Psychopharmaka ist mir nicht geholfen.«

»Steckt hinter deiner Lebensverdrossenheit ein Weib?«

»Wie kommst du darauf?«

»Ich kenne dich fast ein Vierteljahrhundert lang. Ich kenne dich vielleicht besser als du dich selbst. Du bist nicht der Typ des Psychopathen. Du bist genau das Gegenteil, du bist voller Lebensfreude. Und plötzlich klappst du zusammen. Das ist das Verwunderliche bei solchen Männern: Dahinter steht immer eine Frau. Ist es so?«

»Liyun hat von allem keine Ahnung.«

»Wer ist Liyun?«

»Wang Liyun – meine Dolmetscherin.«

»Verrückt, wie Frauen aus Männern Idioten machen können! Bist du denn total übergeschnappt? Eine Urlaubsbettgeschichte wirft dich aus der Bahn?«

»Ich habe Liyun nicht angerührt.«

»Auch das noch! Verklemmter Sex! Drückt das auf dein Gemüt? Vergiß sie.«

»Nie! Ich liebe sie.«

»Das legt sich.«

»Was verstehst du davon? Es gibt für mich nur noch Liyun auf der Welt.«

»Du bist ein schwerer Fall von sexueller Verirrung.«

»Ich gehe.« Rathenow erhob sich von der Untersuchungsliege. »Ich dachte, ich könnte mit dir vernünftig reden. War ein Irrtum. Schlaf weiter.«

»Halt!« Dr. Freiburg hielt Rathenow am Ärmel fest. »Du bleibst!«

»Nein.«

»Doch! In diesem Zustand lasse ich dich nicht fahren! Du bist eine Gefahr für deine Umwelt. Also gut – ich nehme es hin! Diese Frau ist deine große Liebe. Eine heimliche Liebe, so wie ich dich verstehe.«

»Ja. Nur dir habe ich es so deutlich gesagt, gewissermaßen zugegeben.«

»Welche Ehre! Und was weiter? Du hast sie nach eigener Aussage nicht gebumst.«

»Bitte, gewöhne dir in Zusammenhang mit Liyun eine andere Ausdrucksweise an!«

»Auch gut! Du hast also einen Säulenheiligen gespielt. Wenn diese Liyun dich auch liebt, hätte sie nichts dagegen gehabt, daß du ...«

»Sie ist in der alten Tradition erzogen worden. Für sie ist Moral noch ein Heiligtum.«

»Aber sie ist die Frau all deiner Träume ...«

»Nein. Sie ist die Frau meines Lebens.«

»Darauf muß ich einen trinken.« Dr. Freiburg sprang auf. »Komm mit zur Hausbar, du Spinner.«

Wortlos folgte Rathenow seinem Freund in den saalähnlichen Wohnraum, in dessen rechter Ecke eine große Bar mit Tresen, Glasvitrinen, Gläsern und einem Heer von Flaschen eingebaut war. Dr. Freiburg ging hinter die Theke, Rathenow klemmte sich auf einen der Barstühle.

»Was soll's sein, Herr Heiliger?« fragte Freiburg.

»Das übliche.«

»Wodka mit Orangensaft – das einzige, was beweist, wie konservativ du noch bist. Leider ist der Bar der Orangensaft ausgegangen.«

»Dann gieß mir ein, was du trinkst.«

»Whisky mit Eis. Pur. Ohne Wasser.«

Sie tranken einen Schluck und sahen sich wortlos an. Endlich sagte Dr. Freiburg: »Deine Dackelaugen halte ich nicht lange aus. Was ist nun wirklich mit dieser Liyun?«

»Sie ist in Gefahr.«

»Jagt ihr ein Mann nach?«

»Sie ist durch mich in Gefahr.«

»Wie kannst du sie noch in Gefahr bringen?«

»Eben darüber kann ich nicht sprechen. Ich will von dir nur hören: Ist es gerechtfertigt, aus Liebe zu einem Menschen sich selbst aufzugeben und zu einem Menschen zu werden, den man verachten muß?«

»Ich weiß es nicht, Hans. Ich bin nie in einer solchen Situation gewesen.«

»Könntest du dir denken, daß du aus Liebe zu einer Frau deine Praxis aufgibst und – nur als Beispiel – ein Arzt der Unterwelt wirst? Ein Mafia-Arzt?«

»Darüber gibt es genug Kino- und Fernsehfilme.«

»Ich frage *dich*, nicht einen Drehbuchschreiber.«

»Aus Liebe zu einer Frau – Mafia-Arzt? Meine Antwort: nein!«

»Du liebst diese Frau doch ... und sie sagen zu dir: Entweder wirst du unser Arzt, oder wir schneiden deinem Mädchen eine Brust ab! – Was dann?«

»Wenn ich sie wirklich so abgöttisch liebe ...? Dann würde ich zu ihnen sagen: ›Laßt das Mädchen in Ruhe. Warum ihre Brust? Schneidet mir lieber den Schwanz ab.‹«

»Das tun sie sowieso. Es geht um das Mädchen.«

»Du stellst da Fragen, die in die Gewaltkriminalität gehen und für mich nie in Frage kämen. Aber spielen wir dein Spielchen weiter: Es gibt für mich keinen Ausweg. Sie wollen sie verstümmeln ...«

»Vielleicht sogar ihr Leben.«

»Dann würde ich sagen: Okay, Jungs. Ich verarzte euch! Aber warum die Drohung? Ich bin doch als Arzt sowieso zum Schweigen verpflichtet. Die Hauptsache ist, ihr bezahlt die Rechnungen.« Dr. Freiburg lachte. »Zufrieden?«

»Es war die falsche Parabel. Du bist als Arzt natürlich fein raus.«

»Aber du nicht, stimmt's? Nun spuck es aus: Wieso wird Liyun bedroht und von wem?«

»Das kann ich nicht sagen«, wiederholte Rathenow. »Eben wegen Liyun.«

»Man zwingt dich, etwas zu tun, was du nicht willst, aber tun mußt, weil sonst Liyun leidet.«

»So ist es.« Rathenow atmete auf. Das war eine mühsame Aufgabe gewesen. »Verstehst du jetzt meinen seelischen Zustand?«

»Ja und nein.«

»Wieso nein?«

»Ich weiß nicht, wer oder was dich zwingt, ich will es auch gar nicht mehr wissen, aber es gibt immer noch den Weg zur Polizei.«

»Unmöglich!«

»Die Polizei hat Diskretion gelernt und kann dir helfen.«

»Die Polizei ist völlig machtlos. Das habe ich in wenigen Lektionen gelernt. Es ist ganz allein meine Entscheidung – und ich habe mich entschieden. Es fällt mir nur unendlich schwer, mich daran zu gewöhnen. Das Grauenhafteste ist die Ausweglosigkeit.«

»Es gibt immer einen Ausweg. Aus ausbruchsicheren Gefängnissen sind Häftlinge entkommen, indem sie einen Tunnel gruben. Grab deinen Tunnel.«

»Ohne Liyun? Das geht nicht. Ich würde sie opfern, und genau das hindert mich an jeder Gegenwehr. Es gibt nur einen Kompromiß – ich hole sie so schnell wie möglich nach München.«

»Wenn sie kommt!«

»Sie wird kommen.«

»Bist du dir so sicher? So stur, wie du dich ihr gegenüber benommen hast ... wenn ich dir glauben soll.«

»Liyun hat sich wirklich gefreut, als ich sie eingeladen habe.«

»Ach! Du hast sie schon eingeladen? Und sie hat ja gesagt? Und trotzdem hast du nicht mit ihr geschlafen?«

»Mir reicht es!« Rathenow schüttete den Rest Whisky auf den Tresen, weil er wußte, daß Freiburg sich darüber maßlos ärgern konnte, und verließ die Wohnhalle.

»Meine Bar laß in Ruhe!« schrie ihm Freiburg nach. »Wenn einer ersäuft werden sollte, dann bist du es!«

»Vielleicht tut dir bald jemand den Gefallen.« Rathenow knallte die Tür hinter sich zu. Ehe Freiburg ihm nachlaufen konnte, hatte er die Villa verlassen, warf sich in seinen Wagen und fuhr zurück nach Grünwald. Als er sein Haus betrat, rückte der Zeiger der alten Standuhr in der Diele gerade auf drei Uhr.

Rathenow hatte sich endgültig entschlossen, Bai Juan Fa zu sein. Was auch kommen mochte – er hatte die Fotos der Triaden gesehen, und niemand konnte ihn verurteilen, wenn er sich der Gewalt beugte, damit Liyun nicht auch verstümmelt und getötet wurde. Er allein war jetzt verantwortlich für Liyuns Leben.

Die Tage bis Mittwoch brachte Rathenow damit zu, daß er seine Reisenotizen ordnete, die Tonbänder abspielte, auf denen die Gesänge und die Ursprache der Minderheiten in Yunnan verewigt waren, und sich mit dem Kundendienst der Firma herumschlug, die ihm vor einem Jahr ein Faxgerät geliefert und installiert hatte, das – wie er festgestellt hatte – jetzt offenbar nicht funktionierte. Er wurde ausfällig, als eine Frauenstimme am Telefon fragte:

»Haben Sie auch richtig programmiert?«

»Erstens hat Ihre Firma das Gerät programmiert, und zweitens habe ich es jetzt schon ein Jahr, und es funktionierte. Und plötzlich nichts! Es kommen nur leere Blätter an bei den Empfängern der Faxe.«

»Dann müssen Sie doch einen falschen Knopf gedrückt haben. Steht das Gerät vielleicht zu nahe an einer Heizung?«

»Wir haben jetzt August!« schrie Rathenow außer sich. »Da heize ich nicht!«

Er warf den Hörer auf die Gabel. Kurze Zeit später rief ein Techniker der Firma an und teilte ihm sehr höflich mit, daß er in drei Tagen vorbeikommen werde.

»Drei Tage? Morgen spätestens!« brüllte Rathenow.

»Wir haben bis Freitag keinen Termin frei. Moment, auch das geht ja nicht. Freitags macht die Werkstatt um 14 Uhr zu. Es geht also erst am nächsten Montag. Am Vormittag.«

»Sie sind spätestens am Donnerstag nachmittag hier, oder ich werfe das verdammte Fax durch Ihr Fenster.«

»Das ist Ihr Problem. Sie sind ja nicht der einzige, der ein Fax hat. Unsere Reparaturliste sollten Sie mal sehen ...«

»Was die Qualität Ihres Fabrikats beweist!«

»Wir rufen Sie wieder an.«

Aufgelegt.

Es geht alles schief, redete sich Rathenow ein. Nichts ist mehr wie früher. Er wanderte ruhelos durch die Villa, konnte sich auf nichts mehr konzentrieren und hatte die Lust an allem verloren. In seinem Hirn war nur noch eine große Leere.

Am Mittwoch fuhr er rechtzeitig zum »Schwarzen Mandarin« und aß dort zu Abend. Gebratenes Rindfleisch mit Bambussprossen, Glasnudeln und Austernpilzen. Der freundliche Kellner bediente ihn. Zum Abschluß bekam er wieder ein kleines Porzellanfläschchen mit heißem Pflaumenwein, aber als er bezahlen wollte, winkte der Kellner mit seinem unwiderstehlichen Lächeln ab.

»Es geht auf Rechnung von Herrn Min Ju.«

»Ich möchte selbst bezahlen.«

»Ich habe den Auftrag, von Ihnen kein Geld anzunehmen.«

»Dann werde ich ab heute jeden Abend auf Kosten von Herrn Min hier essen.«

»Darüber müssen Sie sich mit ihm einigen.«

Rathenow sah sich um. »Wo ist Herr Min Ju? Wir wollten uns um 22 Uhr treffen.«

»Er ist schon da. In den unteren Räumen. Darf ich Sie hinführen?«

»Bitte.«

Sie stiegen eine ziemlich steile Treppe hinunter in die Kellerräume und blieben vor einer Stahltür stehen, die an den Eingang eines Luftschutzkellers erinnerte. Schalldicht, dachte Rathenow und fühlte ein Kribbeln unter der Kopfhaut. Absolut schalldicht und nur mit Sprengstoff zu knacken. Der Einlaß zu einer Festung. Du stehst vor der Kommandozentrale des Daih-Loh von Bayern, des angesehenen Min Ju. Wenn das das Kommissariat für organisierte Kriminalität wüßte – es wäre ein Schlag, von dem sich die Triaden von München so schnell nicht erholen würden. Wer konnte so etwas ahnen, auch nur den leisesten Verdacht schöpfen? »Der Schwarze Mandarin« war ein anerkanntes Gourmet-Lokal, in dem Börsianer, Fabrikanten, Rechtsanwälte, Ärzte, Architekten und andere vermögende Schlemmer sich verwöhnen ließen – auch der Polizeipräsident, wie Rathenow später erfuhr.

Der Kellner drückte auf einen Stein der unverputzten Kellerwand. Lautlos schwang die Stahltür auf – Rathenow stand in einem mit Öllampen und Kerzen erleuchteten, großen Raum, dessen Prunk ihn sprachlos machte.

Ein chinesischer Tempel unter der Erde von München. Der schönste Tempel, den Rathenow je gesehen hatte. Die Heiligtümer in Kunming, Dali, Lijiang und auch in Beijing, Shanghai, Guangzhou, Wuxi, Guilin oder Xian verblaßten gegen diesen Tempel wie kitschige Kopien. In der Mitte stand eine riesige vergoldete Götterfigur, die ihn streng anblickte. Vor ihr lagen Opfergaben – Blumen, Früchte, glimmende Räucherstäbchen mit betörendem Duft – und eine schon etwas vertrocknete, abgeschlagene Hand. Eine Menschenhand.

Durch eine Tür im Hintergrund kam Min Ju in den Tempel. Er trug wie oft einen schwarzen Anzug und nickte Rathenow freundlich zu.

»Du bist pünktlich, Bai Juan Fa«, sagte er. »Das gefällt mir. Noch mehr gefällt mir, daß du es dir nicht anders überlegt hast.«

»Bleibt mir denn eine andere Wahl?«

»Nein.« Min machte eine den Tempelraum umfassende Armbewegung. »Du bist verwundert?«

»Ich bin sprachlos. Mein Blick sagt mir: Das sind keine Nachbildungen – das sind Originale von unschätzbarem Wert. Und das unter den Straßen von München.«

»Alles hat eine lange Geschichte. Von Kaiser Huang Di, dem ›Gelben Kaiser‹, der von einem Blitz geboren wurde und als ›Sohn des Himmels‹ zu uns kam, bis zu Mao Tse-tung, dem Roten Teufel, findest du in diesem Tempel alles, was chinesische Kultur in viertausend Jahren hervorgebracht hat. Tien-Tzu, der ›Sohn des Himmels‹, mag eine fromme Sagengestalt sein, aber es ist erwiesen, daß Chinas Kultur ihre Wurzeln am Mittellauf des Hoangho, des ›Gelben Flusses‹, hatte. China, das Reich der Mitte, hat viele Namen, die seine damalige Macht preisen. China heißt auch Szu hai – das Land ›zwischen den vier Meeren‹ – oder Chung hua kuo – Blühendes Reich der Mitte. Und so durften sich die Kaiser Tien Hua nennen – ›Was unter dem Himmel ist‹. Wir haben viel gerettet von der alten Kultur unter den vielen Dynastien, zuletzt beim Bürgerkrieg und später bei Maos Kulturrevolution, in der alles zerschlagen und verbrannt wurde, was an die Feudalherrschaft erinnerte. Damals haben die Triaden einen Teil der Kultur gerettet.«

»Damals waren sie noch keine Verbrecher.«

»Irrtum. Du verlierst dich immer in Irrtümern, Bai Juan Fa. Wir bewahren die Tradition bis zum heutigen Tag. Während der Kulturrevolution Maos gründeten desertierte Rotgardisten in China eine neue Triade, die wertvollen Kulturbesitz vor der Vernichtung rettete. Ohne sie gäbe es heute nur noch wenig Zeugnisse unseres alten Volkes, und die Aufbauarbeit wäre viel schwieriger. Diese Triade gibt es noch heute in der Volksrepublik. Sie hat sich uns, 14K, angeschlossen. Nur wir wissen, wo ihr Hauptquartier ist. Die Polizei sucht sie seit Jahren fieberhaft, aber sie wird sie nie finden. Nur Verrat könnte der Geheimpolizei helfen. Aber jeder weiß, wie es Verrätern ergeht. Sie nennen sich die Triade ›Big Circle Gang‹ und haben unsere Bestrafungsmethoden übernommen.« Er machte eine Pause, ließ Rathenow sich einige wertvolle Stücke der Sammlung ansehen und sagte dann: »Gehen wir zum Schulungsraum, Bai Juan Fa – du hast noch viel zu lernen.«

Der Nebenraum war kleiner als der Tempelbezirk, aber immerhin so groß wie der normale Sitzungssaal eines Konzernvorstands. Ein langer Tisch mit zweiundzwanzig geschnitzten Stühlen stand in der Mitte, bedeckt mit einer gelben Seidendecke. Gelb, die Farbe der Kaiser. Auf einem der Stühle saß ein jüngerer Chinese ebenfalls in einem schwarzen Anzug und blickte Rathenow neugierig und voll Interesse entgegen. Aber er erhob sich nicht, als Rathenow näher kam – eine Unhöflichkeit, die man bei Chinesen sonst nicht kannte. Merkwürdigerweise rügte Min Ju sie nicht.

»Das ist Aisin Ninglin«, sagte er nur. »Er wird die erste Zeit dein Begleiter sein. Ninglin ist einer unserer Grassandalen.«

»Grassandale?« Rathenow blickte auf Aisins Füße. »Er trägt italienische Schuhe von Sauro.«

»Grassandale ist eine alte Bezeichnung für Bote. Ein Bote kommt zu den ›Geschützten‹ und kassiert die Schutzgebühr. China ist immer poetisch, auch wenn es nur um eine Berufsbezeichnung geht. Du hast doch schon von den ›Barfußärzten‹ gehört?«

»Ich habe sie sogar um Rat gefragt und mir ihre Medizinen erklären lassen. Ich habe schöne Fotos von ihnen gemacht.«

»Ninglin darfst du nicht fotografieren. Du darfst überhaupt nichts fotografieren, was du in Zukunft sehen wirst. Nicht einmal die Fassaden der Lokale. Das wäre die erste Stufe des Verrats. Sie würde einen Finger kosten – von dir und von –«

»... Liyun. Ich weiß. Sie brauchen mir nicht immer damit zu drohen!«

An der Rückwand des Schulungsraums hing eine große Karte: München-Stadt und München-Umgebung. Wie bei einer Behörde war sie übersät mit kleinen roten, gelben und grünen Steckfähnchen und einigen größeren blauen Fahnen. Min Ju sah Rathenows Blick und ging hinüber zu der Wandkarte.

»Fangen wir hier gleich an, Bai Juan Fa. Sofort mit dem Geheimsten. Dann weißt du, daß wir dir vertrauen und daß du uns nie wieder verlassen kannst.« Min Ju streckte den Zeigefinger aus und sprach nun wie ein Lehrer. »Du siehst hier die Fähnchen. Sie bedeuten ...«

»... ich weiß, was sie bedeuten. Ein bißchen Intelligenz ist mir geblieben.«

»Die gelben Fähnchen sind die Lokale und Geschäfte, die sich durch Zahlungen an uns schützen. Die roten Fähnchen signalisieren Gefahr, denn hier gibt es Polizeistreifen. Warum gerade bei ihnen, das weiß ich nicht. Die grünen Fähnchen sind Neugründungen. Aisin Ninglin und du werden sie in der nächsten Zeit besuchen und sie in die Schutzgemeinschaft aufnehmen. Die großen blauen Fähnchen sind die Polizeireviere. Es ist wichtig zu wissen, wo sie liegen, damit du bei einer Flucht nicht genau in ihre Straße läufst. Außerdem – sieh dir die roten Fähnchen an – wollten einige unserer Landsleute schlau sein. Sie machten ihr Geschäft in unmittelbarer Nähe einer Polizeiwache auf. Sie wollten alle nicht zahlen. Die Polizei als Nachbar, das bedeutet Sicherheit, dachten sie. Ein grober Denkfehler. Auch die Polizei konnte nicht verhindern, daß ein Lokal abbrannte, eine Ehefrau auf der Toilette eines Supermarktes vergewaltigt und dann in den Unterleib gestochen wurde und ein Junge auf dem Weg zur Schule entführt, später aber wiedergefunden wurde – nur waren ihm beide Beine gebrochen. Seitdem zahlen diese Unklugen. Aber es bleibt immer noch ein Mißtrauen bei uns – deshalb Gefahr und die roten Fähnchen! Bai Juan Fa, du solltest in den nächsten Tagen diese Karte auswendig lernen. Sie muß in deinem Kopf und nicht in deiner Tasche sein! Außerdem wird dich Ninglin überall hinbringen und dich den Besitzern vorstellen.«

»Ich werde sie mir einprägen«, sagte Rathenow. Aber er nahm sich vor, bei Gelegenheit doch heimlich Fotos der Karte zu machen.

»Da ist noch etwas Persönliches.« Min Ju wurde sichtbar fröhlich. »Du mußt, um nicht aufzufallen, vor dem Kassieren in jedem Restaurant essen. Du bist ja ein harmloser deutscher Gast wie alle im Restaurant. Das Essen ist gratis, aber eine Diät ist es nicht gerade. Hast du Gewichtsprobleme?«

»Ja. Ich habe oft drei bis vier Kilo Übergewicht. In China habe ich allerdings fünf Kilo abgenommen – das ist eine Menge.«

»Die Strapazen, Bai Juan Fa. Und außerdem die Liebe! Liebe zehrt. Warum waren die Eunuchen immer so fett? Weil man ihre Eier in ein Glas mit Spiritus gelegt hat.«

»Jetzt erinnern Sie mich an einen Freund.«

»Abwarten. Vielleicht werden *wir* sogar Freunde! Zurück zum Essen: Ich schlage vor, du verzichtest auf das Mittagessen und ißt nur morgens und abends. Oder eine andere Lösung: Ich schicke eine ›Lien ho‹ zu dir, eine Lotosblüte, mit der du ›nung Yü‹ machen kannst, ›mit Jade spielen‹. Das wird dich nicht zunehmen lassen. Sieh mich nicht so wütend an, Bai Juan Fa! Auch ihr Deutschen habt ja dafür ein Sprichwort: Ein guter Hahn wird selten fett! Das sagt man auch bei uns – nur chinesischer, poetischer.«

»Ich brauche kein ›Hühnchen‹!« sagte Rathenow grob. »Ist Ihr Lehrplan darauf ausgerichtet?«

»Wenn du eine Grassandale der Gruppe Prostitution wärst, würdest du noch mehr erfahren. Aber du bist eine Grassandale der Beschützer.« Min winkte, sich zu setzen. Dafür stand jetzt Aisin Ninglin auf, der breit grinsend zugehört hatte. Auch Min zog sich einen Stuhl heran.

»Fangen wir mit den Grundkenntnissen an. Ninglin wird dir jetzt vormachen, wie man höflich, aber bestimmt mit den Lokalbesitzern verhandelt, wenn sie sich ein wenig bockig zeigen. Die meisten wollen die Gebühr drücken, aber darüber gibt es keine Diskussion. Wer sich dumm benimmt, muß für seine Dummheit mehr bezahlen. Ninglin, fang an.«

Aisin Ninglin straffte sich, zog sein schwarzes Jackett gerade und trat mit einem süß-säuerlichen Lächeln auf Rathenow zu.

»Mein lieber Freund und Landsmann«, sagte er schleimig. Er hatte eine widerlich hohe, gleichzeitig etwas heisere Stimme. »Ich habe kein Wasser unter den Füßen. Sei so gut, und schütte einen Eimer darüber.«

»Das bedeutet«, erklärte Min Ju, »daß er ein Bote ist, der Schutzgeld kassieren will. Kein Wasser unter den Füßen – das ist das Codewort, das jeder Wirt versteht. Weiter, Ninglin!«

»Ich habe das Geld bekommen, nachgezählt, für richtig befunden, aber gemerkt, daß der Schützling es nur widerwillig hergegeben hat. Ich verabschiede mich also mit höflichen Hinweisen: Mein Freund, nimm einen Rat an: Setz nicht den Luftstrom in Bewegung. Er schlägt aufs Ohr, und man müßte dir die Ohren putzen ...«

»Nach einem solchen Abschied wird jeder kluge Geschäftsmann in sich gehen, denn: Luftstrom – das ist die Polizei, und Ohren putzen bedeutet, daß sein Leben in Gefahr ist. Beim nächsten Besuch wird er das Geld schon in einem Kuvert haben und auf ein Handzeichen unauffällig an den Tisch bringen. In einer gefalteten Serviette. Und das ist nun eine der wichtigsten Lektionen: die Handzeichen. Ein guter Triade hat eine Menge Zeichen, die er mit seinen Fingern bilden kann. Er spricht mit den Fingern. Und auch das versteht jeder, der mit uns zusammenarbeitet. Dazu gehört eine lange Übung. Wir werden damit am Samstag abend beginnen.«

Min sah hinüber zu Aisin Ninglin, der an der Tischkante lehnte. Der verstand den Blick sofort, verbeugte sich und verließ den Raum. Min Ju ging vor der München-Karte hin und her, mit kleinen festen Schritten, die Hände auf dem Rücken.

»Du wirst die Aufgaben von Ninglin übernehmen, Bai Juan Fa, wenn du dich eingearbeitet hast. Das wird nicht lange dauern. Nächste Woche beginnt euer Rundgang durch die Restaurants. Auch die verschiedenen Läden und Betriebe, Ex- und Importfirmen, Seidenhandel, Asiatika, Ärzte, Masseure, Wäschereien, Übersetzungsbüros, Computerfachleute, sogar zwei Architekten zahlen an uns.«

»Die werden auch von den Triaden kontrolliert?« fragte Rathenow.

»Alle, die aus China kommen und hier ihre Geschäfte machen, sind unsere Brüder. Ach ja, eine Gruppe habe ich noch vergessen: die Bordellbesitzer, Massagesalons und die Büros für Begleitservice für Reisen und Hausbesuche. Das ist ein gutes Geschäft. Keiner weiß, was sie mit ihren Mädchen einnehmen – wir schätzen sie nur. Du wirst ab und zu in einem dieser Kontaktbüros einen Tag verbringen, um festzustellen, wie viele Mädchen an einem Tag beschäftigt werden. Aber du bist nur für die Lokale zuständig.«

»Und wenn einige sich weigern?«

»Das kommt zwar selten vor, aber es kommt vor. Dafür will ich Aisin Ninglin frei bekommen, und du wirst an seiner Stelle die Grassandale. Ninglin ist ein Mensch, der kein Herz in der Brust trägt, sondern einen Felsstein.«

»Mit anderen Worten: Ninglin soll ein Killer werden ...«

»Ich liebe die harten amerikanischen Wörter nicht.« Min Ju blieb stehen und wandte sich der Wandkarte zu. »Wir nennen Männer mit dieser Sonderaufgabe die ›Ohrenputzer‹. Ninglin wird ein guter Ohrenputzer werden. Sein Vorgänger wurde von der Polizei überrascht, als er in ein Lokal einbrach, um den Wirt vom Wert unseres Schutzes zu überzeugen. Ein deutsches Gericht wird ihn nur wegen Einbruchs verurteilen können, weil ihm nichts anderes nachzuweisen ist. Auch wenn man ihm nicht glaubt – man kann ihm nichts beweisen.«

»Und wenn er redet?«

»Nicht möglich.« Min Ju lächelte breit. »Erstens wird man ihn dann wegen mehrfachen Mordes zu lebenslänglich verurteilen, und zweitens wird er auch hinter Gittern kein halbes Jahr mehr leben. Ein dummer Unfall wird ihn zu den Ahnen bringen. Auch in den Strafanstalten haben wir Sympathisanten.«

»Wo seid ihr nicht?«

»Wir sind überall.« Min Ju zeigte auf eine blaue Fahne. Sie steckte an einem Gebäude in der Nähe des Hauptbahnhofs. »Hier sitzt unser Hauptfeind: der Kriminaloberrat Peter

Probst, von seinen Leuten nur PP genannt, was eigentlich Polizeipräsident heißt. PP ist der Leiter des 13. Kommissariats – des Kommissariats für organisierte Kriminalität. Ein verflucht kluger und eifriger Mann. Er versucht seit einiger Zeit, Spitzel bei uns einzuschleusen, aber es mißlingt ihm. Mir ist ein Rätsel, wie Chinesen dazu kommen, sich der Polizei zur Verfügung zu stellen, um uns zu verraten. Wir haben zwei dieser Ehrvergessenen entdeckt und hingerichtet. Traditionell mit dem Kaiserschwert. Ihre Körper liegen in mit Steinen beschwerten Säcken auf dem Grund eines bayerischen Sees. Die Köpfe haben wir so hingelegt, daß man sie finden konnte. Die Staatsanwaltschaft hat ein absolutes Schweigeverbot erlassen. Eine Sonderkommission unter dem beleidigenden Namen ›Schlitzauge‹ wurde gebildet, aber sie stößt überall auf Schweigen. Das macht Peter Probst große Probleme. Ich weiß nicht, was er plant, aber daß er etwas unternehmen wird, das weiß ich. Merke dir also: Das 13. Kommissariat ist unser gefährlichster Feind. Nach ihm kommt die Russen-Mafia, die immer stärker auf den westdeutschen Markt drängt und in unser Geschäft eindringt. Früher oder später wird es zu einem offenen Kampf kommen. Wir werden ihn gewinnen, aber es wird auf beiden Seiten viele Tote geben. Auch darauf wartet PP – ein Bandenkrieg reduziert die Mitglieder. Aber er irrt sich. Wir haben genug Nachwuchs. Es kommen Tausende Chinesen illegal nach Europa, auch nach München. Wir haben eine Kontaktstelle eingerichtet, speziell für Illegale, um die wir uns wie um Verwandte kümmern und ihnen Stellen vermitteln. Hier finden wir genug Leute, die jede Lücke wieder auffüllen.«

»Ich nehme an, bei den Russen ist es nicht anders.«

»Stimmt. Sie sickern über Polen, Ungarn und die Tschechei ein. Die neue deutsche Ostgrenze ist durchlöchert wie ein guter Schweizer Käse.« Min Ju zeigte wieder auf das blaue Fähnchen, das 13. Kommissariat. »Sieh dir das an: Allein in der Umgebung von PP haben sich fünf chinesische Restaurants niedergelassen. Umsatzmäßig gehören sie zur Oberklasse. Bei ihnen als Grassandale aufzutreten, ist fast eine Mutprobe. Aber sie zahlen, bis auf einen. Hier!« Min zeigte auf eine rote Fahne. »Herr Zhou Yongyi, Besitzer des Lokals ›Zum Gelben Aal‹, weigert sich, weiter unter unserem Schutz zu leben. Dabei ist ›Gelber Aal‹ eine Beleidigung. Ihr Europäer denkt, Gelb ist die Farbe der Kaiser, ein Symbol für Macht und Ruhm. Huang-di, der ›Gelbe Kaiser‹, der erste der berühmten fünf Kaiser am Hoangho, dem Gelben Fluß, hat Gelb zur Ehrenfarbe erhoben. Aber heute ist alles anders. ›Zum Gelben Aal‹ ist kein besonders ehrenvoller Name, denn ›Gelbe Aale‹ nennen wir die Homosexuellen. Zhou Yongyi ist ein bekannter Schwuler in der Münchener Szene. Ich werde Ninglin zu ihm schicken, wenn du dich eingearbeitet hast.«

»Und was wird er dann mit Zhou tun?« fragte Rathenow. Das Grauen kroch wieder in ihm hoch. »Ihm die ›Ohren abschneiden‹?«

»Noch nicht.« Min blickte Rathenow zufrieden an. »Du lernst schnell, Bai Juan Fa. Nein. Zunächst wird Ninglin ihm den Schwanz abschneiden. Das trifft Zhou mehr als der Tod. Und dann wird er fleißig zahlen.« Er lachte kurz auf. »Wir sind doch keine Unmenschen.«

Mins grausamer Humor ließ Rathenow plötzlich frieren. Was geht in einem solchen Menschen vor? dachte er. Ein Gewissen kann er nicht haben, Hemmungen sind ihm fremd, Moral ist ein Wort, das in seiner Sprache nicht vorkommt, ein Menschenleben auszulöschen ist wie das Ausknipsen eines Lichtschalters. Und dennoch ist er stolz, ein Triade zu sein. Wie alle anderen. Sie haben Frauen und Kinder, sind liebende Ehemänner und treusorgende Väter, spenden für Erdbebenopfer in Mexiko und sitzen im schwarzen Anzug in der Oper und begeistern sich an »Lohengrin«, besuchen die Salzburger Festspiele und sind überall beliebt wegen ihrer Höflichkeit. Sie tanzen auf Bällen, kennen die Schickeria von München, spielen Golf am Tegernsee und erholen sich auf Barbados – alles Ehrenmänner, denen man gern die Hand drückt, denn keiner sieht ja, daß Blut an ihnen klebt. Sogar Minister plaudern gern mit ihnen und reden von einer neuen Zusammenarbeit zwischen China und Deutschland auf dem Gebiet der Wirtschaft und Kultur. Doch das ist genau das

Gegenteil dessen, was diese ehrenwerten Herren im Sinn haben. Die Volksrepublik China ist ihnen verhaßt, der Kommunismus in ihren Augen der größte Irrtum der Menschheitsgeschichte, die für einen Chinesen am Hoangho beginnt, am Gelben Fluß, und bei den beiden Urkulturen der Yang-shao und der Lung-shan. Mit Maos Sieg gab es für sie »ihr« China nicht mehr, und Mao und alle seine Nachfolger waren und sind für sie »Pi-hus«, Geckos, einer der fünf »Wu-Tu«, Gifttiere also. Doch die ehrenwerten Herren lächeln und lächeln und küssen die Hände der Diplomatenfrauen, obgleich das für einen Chinesen eine Erniedrigung ist, denn eine Frau ist ein untergeordnetes Wesen. Aber man dient ja einer großen Aufgabe. Man arbeitet im geheimen, und die Bruderschaft wächst und wächst und wird einmal die ganze Welt umspannen.

Rathenow blinzelte, um diese Vision zu verjagen. Min Ju schaute ihn kritisch an.

»Woran denkst du, Bai Juan Fa?« fragte er.

»An mein Grassandalen-Leben ...«

»Hast du Angst?«

»Nein. Ich bin traurig.«

»Worüber?«

»Ich habe Dr. Hans Rathenow zu Grabe getragen. Mir ist doch erlaubt zu trauern?«

»Das ist falsch. Du bleibst Dr. Rathenow – Grassandale zu sein ist nur ein Nebenjob.«

»Eine Ehrensache!« Rathenow holte tief Luft, er hatte das Gefühl zu ersticken. »Dazu noch unbezahlt.«

»Du kannst jeden Abend umsonst essen. Rechne aus, was du dabei sparst. In Geld umgerechnet, ist das ein schönes Gehalt. Deine Kollegen bekommen nicht soviel von uns.«

»Und warum ich? Ich, ein Deutscher?«

»Das habe ich dir doch erklärt. Hast du das nicht verstanden?«

»Ich bin die unauffälligste Grassandale, weil ich kein Asiate bin. Ich habe es gut verstanden!« Er atmete wieder tief durch. »Wann werde ich wie Aisin Ninglin zum Killer ausgebildet?«

»Daran denke ich nicht. Für diese Aufgabe bist du nicht geeignet. Dir fehlt die kalte Grausamkeit, die 14K berühmt gemacht hat. Du bist ein Mensch mit einer weichen Seele, nur brauchbar für Arbeiten, die wir mechanisch nennen. Dazu gehört das Einsammeln der Schutzgelder. Ninglin ist ganz anders: Für ihn ist das ›Ohrenputzen‹ auch nur Mechanik. Der Mensch ist eine Maschine, die man abstellen kann – so sieht es Ninglin.« Min Ju blickte auf seine Uhr. »Es ist spät geworden. Wirst du wieder zu Dr. Freiburg fahren?«

Rathenows Kopf fuhr hoch. Sein Herzschlag setzte eine Sekunde aus. »Das ... das wissen Sie auch?«

»Bis du den Eid geschworen hast und unser wirklicher Bruder bist, überwachen wir dich natürlich.« Min lächelte so mokant, daß sich seine Augen verengten. »Du weißt doch, Bai Juan Fa: Wir sind überall!«

Rathenow fuhr nach dieser ersten Unterrichtsstunde nicht sofort nach Grünwald, sondern kreuz und quer durch München. Von Schwabing bis Ramersdorf, von Laim bis Gauting, von Neu-Perlach bis zum Waldfriedhof. Er wollte im Rückspiegel sehen, ob ihm ein Wagen der Triaden folgte. Aber er sah nichts Verdächtiges, nur den üblichen abendlichen Verkehr. Kein Fahrzeug, das ihn ständig bei seinem Herumirren in Sichtweite verfolgte. Und doch: Auch wenn er keinen Verfolger sah, er ahnte, ja wußte, daß man ihn beobachtete. Wo du auch bist, Bruder – wir sind hinter dir. Wir haben den Auftrag, dich zu »beschützen«.

Die letzte Möglichkeit, seine Bewacher zu erkennen, sah Rathenow in seiner Ankunft in Grünwald. Er fuhr nicht in die Garage, ließ den BMW am Bordstein auf der Straße stehen und versteckte sich hinter einem der großen Rhododendronbüsche im Garten. Geduckt wartete er auf seine Verfolger.

Aber die Triadenbrüder enttäuschten ihn. Kein Auto fuhr langsam an seiner Villa vorbei. Um diese Zeit lag Grünwald wie ausgestorben. Die Bewohner schätzten diese Ruhe. Rathenow blieb ungefähr zehn Minuten in seinem Versteck, bis er sicher war, daß ihm niemand gefolgt war. Er ließ den Wagen draußen stehen und ging zu Fuß den kurzen Weg zur Haustür.

Dort traf ihn ein Schlag. An der Haustür hing, mit Tesafilm befestigt, ein Zettel mit einer auf einer Schreibmaschine geschriebenen kurzen Mitteilung:

›Es ist nicht gut, durch die Stadt zu flüchten, um zu sehen, ob wir Dir folgen.
Wir wollen für Dich doch das Beste und beschützen Dich.
Warum das Mißtrauen?
Merke: Wir sind überall ...

Rathenow riß den Zettel ab, zerknüllte ihn und steckte ihn in die Rocktasche. Und er dachte: Du bist ins Netz einer Riesenspinne geraten, aus dem es kein Entkommen mehr gibt. Was du auch tust – sie wissen alles.

Er schloß auf und machte sich darauf gefaßt, auch im Haus eine Nachricht zu finden. Aber er fand nichts. Er fragte den Anrufbeantworter ab und hörte: »Hier Ihr Fax-Kundendienst. Wir kommen morgen früh gegen neun Uhr zu Ihnen. Bitte seien Sie zu Hause.«

Morgen früh also – die Schreierei hatte also doch etwas genützt. Es war eine neue Erfahrung, die Rathenow an diesem Tag gemacht hatte: Nur das Brutale setzt sich durch, demonstriert Stärke – Menschheit, wohin gehst du? Ist Zivilisation gleichzusetzen mit Verrohung? Werden im Jahre 2010 nur noch die Muskeln regieren und nicht mehr der Geist? Sei glücklich, daß du das nicht mehr erlebst.

Das Telefon klingelte. Rathenow legte die Hand auf den Hörer: Soll ich, oder soll ich nicht? Aber dann hob er doch ab. Ich bin kein Feigling, sagte er sich. Nein, ich bin kein Feigling.

Am Apparat war Dr. Freiburg. Rathenow atmete auf.

»Endlich!« hörte er Freiburg rufen. »Endlich!«

»Was heißt endlich?« fragte er zurück.

»Ich versuche seit drei Stunden immer wieder, dich zu erreichen. Wo warst du?«

»Eine solche Frage hast du noch nie gestellt.«

»Sie war auch nie nötig. Aber jetzt – du bist krank, Hans. Ich habe mir unser Gespräch immer und immer wieder durch den Kopf gehen lassen – Ergebnis: Diese Liyun macht dich fertig! Du bist ihr, ohne daß du sie im Bett gehabt hast, hörig. Und wie hörig! Sie beschäftigt dich Tag und Nacht.«

»Ja. Das habe ich dir doch gesagt.«

»Vergiß sie, Hans. Ich sage dir das als dein bester Freund: Du gehst an diesem Mädchen zugrunde.«

»Wir können beide zugrunde gehen.«

»Du weißt es, und trotzdem ziehst du keine Konsequenzen? Bist du plötzlich ein Masochist geworden? Ist es dir eine innere Freude, dich selbst zu zerstören? Hans ...«

»Rufst du mich deswegen an?«

»Ja!« Freiburgs Stimme wurde eindringlich. »Ich mache mir Sorgen um dich. Ich habe Angst um dich. Du warst den ganzen Abend nicht zu Hause. Das kenne ich nicht von dir.«

»Nimm an, ich habe den Hörer nicht abgehoben, um nicht gestört zu werden.«

»Jedem würde ich das glauben – dir nicht! Also, die Wahrheit, Hans. Du warst essen, gut. Aber wie ich dich kenne, bist du dann sofort wieder nach Hause gefahren. Seit dem Tod deiner Frau war das immer so – warum heute nicht?«

»Aus Bildungshunger.« Rathenow wischte sich über die Stirn. Wie nahe Freiburg an der Wahrheit ist! Aber die Wahrheit wird er nie erfahren. Darf er nie erfahren.

»Was ist das – Bildungshunger?« rief Freiburg empört. »Hast du die Herkunft deines Jägerbratens erforscht?«

»Ich hatte Unterricht ...«, sagte Rathenow gedehnt.

»Was hattest du? Komm sofort her! Du halluzinierst. Nervenfieber. Nein, ich komme zu dir. Rühr den Wagen nicht an! Unterricht ...«

»Eine Art Volkshochschule – aber spezieller.«

»Du hast einen Kursus besucht? Du? Was willst du denn noch lernen?«

»Den Umgang mit einem inneren Vakuum. Aber das verstehst du nicht.«

»Das kann auch keiner von mir verlangen. Sag es doch einfacher: Du hast gesoffen.«

»Nenn es so.«

»Aus Kummer, Liyun nicht bei dir zu haben. Hans, du gehst elend vor die Hunde! Vergiß das Porzellanpüppchen mit den Mandelaugen! Werde wieder vernünftig. Komm endlich – auch mit dem Herzen – nach München zurück! Löse dich innerlich von diesem verdammten China! Du wirst Liyun doch nie wiedersehen, und das mit der Einladung ist doch Quatsch!« Rathenow hörte, wie Dr. Freiburg seufzte. »Leg dich ins Bett, nimm Baldrian, und schlaf dich gesund. Morgen bist du vielleicht vernünftiger. Übrigens: Laß das Schlafzimmerfenster nicht offen, wenn du Baldrian genommen hast – Baldrian lockt die Katzen an.«

Rathenow legte auf. Irgendwie war er Freiburg dankbar, daß er an diesem späten Abend – nein, es war ja schon Nacht – noch angerufen hatte. Freiburg war so erfrischend mit seinen Sprüchen.

Als der Wecker um halb acht klingelte, schrak Rathenow hoch, als habe man ihn gestochen. Er brauchte ein paar Sekunden, um sich zurechtzufinden und zu begreifen, daß er wirklich in seinem Bett lag. Er hatte gerade geträumt, daß er nackt auf einer Müllhalde lag, die tote Liyun im Arm, deren Rücken durch eine MP-Garbe zerfetzt war. Das Blut floß noch aus ihr und überströmte seinen Körper. In diesem Augenblick war er aufgewacht.

Während er nach einer kalten Dusche frühstückte – es würde ein heißer Sommertag werden, der Himmel war wolkenlos und blau-silbern –, kam der Kundendienst für das Fax. Ein netter Monteur in einem Blaumann, eine Baseballmütze in das Genick geschoben.

»Ich habe den falschen Beruf, Herr Doktor«, sagte er fröhlich. »Bei diesem Traumwetter muß ich Fax-Geräte, Fotokopierer und Telefone reparieren. Wäre ich Installateur, könnte ich mich überall unter die Dusche stellen. Was fehlt denn unserem Patienten?«

»Alles!« Rathenow ging mit dem Monteur in sein Arbeitszimmer. Der Schreibtisch war übersät mit Papieren und Zeitungsausschnitten; auf dem Boden stapelten sich Bücher über den Fernen Osten. Das war normal. Nicht nur, weil sich Rathenow vor großen Reisen immer genau informierte, er brauchte diese Unordnung einfach. Es war, wie er es nannte, ein »wohldurchdachtes Chaos«, in dem nur er sich zurechtfand. Wehe, wenn hier jemand aufräumte! Die Putzfrau, die zweimal in der Woche für fünf Stunden kam, hatte es einmal versucht und den Schreibtisch geordnet. Einmal und nie wieder! Die Putzfrau hatte Rathenow noch nie so wütend gesehen. Seitdem guckte sie immer zur Seite, wenn sie den Teppich im Arbeitszimmer saugte.

»Das Miststück versendet nur leere Blätter.«

Der Monteur sah Rathenow fragend an. »Haben Sie auch die Vorlagen mit der richtigen Seite eingelegt? Bei diesem Apparat muß die Schrift nach unten.«

»Fangen Sie bloß nicht an wie Ihre Kollegin am Telefon! Ich benutze das Gerät seit fast einem Jahr!«

»Was wir so alles erleben, Herr Doktor. Unglaublich! Aber es kann sich nur um eine Kleinigkeit handeln. Das haben wir gleich ...«

Die »Kleinigkeit« dauerte zwei Stunden. Der Monteur nahm das Fax-Gerät auseinander, putzte und schraubte, programmierte es neu nach der Liste, die Rathenow ihm gab, und schickte dann ein Probe-Fax an seine Firma. Es kam an – kein leeres Papier mehr.

»Das hätten wir«, sagte der Monteur glücklich.

»Und woran lag es?«

»Das weiß ich nicht. Ich habe es auseinandergenommen und wieder zusammengesetzt, jetzt geht es!«

Nachdem der Monteur gegangen war, ging Rathenow in sein Arbeitszimmer zurück. Elf Uhr vormittags – dann ist es in Kunming jetzt fünf Uhr nachmittags. Sechs Stunden später. Wenn Liyun heute nicht mit einer neuen Gruppe unterwegs war, saß sie vielleicht im Büro der CITS. Er nahm die Visitenkarte Liyuns, die er immer bei sich trug, mit den Telefonnummern und dem Fax – jeder Reiseleiter von CITS bekam solche Visitenkarten gedruckt. Dann setzte er sich an die Schreibmaschine und schrieb auf einem privaten Briefbogen. Noch einmal überlas er den Text und legte das Blatt dann in das Fax-Gerät. Er tippte die Zahlen ein, startete und sah im Display die Mitteilung: Nummer wird gewählt. Dann wurde das Papier eingezogen – das Fax für Kunming flog über Satellit nach China.

Es lautete:

München, den 18. August 1991

Bitte das Fax sofort weitergeben an Frau Wang Liyun in Ihrem Hause.

Liebe, kleine Liyun,

Sie werden sich gewundert haben, daß Sie bis jetzt noch kein Fax bekommen haben, und Sie werden gedacht haben: Ja, so ist es! Versprechen tun sie viel – aber dann vergessen sie alles. Das stimmt aber nicht. Liyun, mein Fax-Gerät war kaputt, und erst heute kam ein Monteur. Das erste Fax nach der Reparatur ist dieses Fax an Sie.

Ich werde nun alles vorbereiten für die Einladung und die Anträge, damit Sie schnell hierherkommen können. Ich werde mit der Einladung auch genug Material schikken, damit man in Beijing sieht, zu wem Sie fahren. In Beijing kennt man ja meinen Namen, und auch in der deutschen Botschaft.

Hier, in München, habe ich erst die Batik genau ansehen können, die Sie mir zum Abschied im Goldenen Tempel geschenkt haben. Ich weiß jetzt, was Sie damit sagen wollten. Ich werde die Batik aufhängen, sie immer wieder ansehen und dabei an Sie denken.

Danke, kleine Liyun – wir sehen uns wieder!

Wenn Sie mir sofort antworten können, meine Fax-Nummer steht ja oben auf dem Briefbogen.

Ich warte auf ein Zeichen von Ihnen und umarme Sie in Gedanken.

Hans

Als der Sendebericht ausgedruckt war – alles okay –, nahm Rathenow den Brief aus der Ablage und schloß ihn in seine Schreibtischschublade ein.

»Ich liebe dich«, sagte er leise. »Bitte, lieb mich auch ...«

Aber gleichzeitig fragte er sich: Ist es vernünftig, Liyun nach Deutschland zu holen? In meiner Situation? Ist das nicht unverantwortlich? Bin ich nicht ein grausamer Egoist?

Er fragte sich das immer wieder. Ich brauche sie, tröstete er sich schließlich. Liyun, du hast mich verändert. Ich fühle mich zwanzig Jahre jünger und stärker und mutiger, und das muß ich auch sein, um das Leben als Grassandale der Triaden zu überstehen. Und hier kann ich dich besser schützen.

Liyun, gib mir die Kraft dazu.

In dieser Nacht, der Nacht von Freitag auf Samstag, wurde der chinesische Restaurantbesitzer Zhong Yushan in einer Grasmulde auf dem Olympia-Parkgelände mißhandelt und getötet. Am Morgen fand ihn ein Gärtner, der Papier und Blätter zusammenfegte. Der Tote sah so entsetzlich aus, daß sich der Gärtner übergeben mußte.

Wenig später traf mit drei Wagen die Mordkommission ein. Polizei sperrte das Gelände ab. Der Transporter mit dem Zinksarg wartete etwas entfernt vom Tatort, um keine Spuren zu verwischen. Aber es gab keine Spuren. Das Gras war durch die lange Hitze trocken geworden – nicht einmal ein Elefant hätte einen Fußabdruck hinterlassen.

Der Fotograf der Mordkommission nahm den Toten gerade von allen Seiten auf, als ein weiterer Wagen außerhalb der Absperrung hielt. Aus ihm stiegen drei Männer, der Hitze wegen nur im Hemd. Der Leiter der Mordkommission, Kriminaloberrat Lutz Benicke, kam den dreien entgegen.

»Ich hielt es für richtig, dich auch zu verständigen, Peter«, sagte er und gab Peter Probst die Hand. »Wie ich dir am Telefon sagte: Der Tote ist ein Chinese. Das fällt auch in dein Interessengebiet.«

»Weiß man den Namen des Toten?«

»Nein. Keinerlei Papiere.«

Sie gingen zu dem Ermordeten. PP warf einen kurzen Blick auf ihn. In den langen Kripo-Jahren war er hart im Nehmen geworden, aber immer wieder schauderte es ihn, wenn er vor einem so zugerichteten Toten stand. Auch die stärksten Nerven halten so etwas kaum aus.

»Ja«, sagte Lutz Benicke. »Es ist zum Umfallen! Sie haben ihn erst mit Messern mißhandelt, sein Gesicht bis zur Unkenntlichkeit zerschnitten, die Ohren abgetrennt und ihn dann mit einem Schläfenschuß getötet. Ein aufgesetzter Schuß – geradezu eine Hinrichtung. Deshalb dachte ich ... So benehmen sich doch deine Jungs von den Triaden. Kennst du den Toten?«

»Was soll man da noch erkennen? Aber es ist die Handschrift von 14K.«

»Ein Gastwirt?«

»Das werden wir nie erfahren.«

»Ihr habt doch im 13. Kommissariat eine Liste aller Lokale.«

»Was nützt uns das? Wenn wir alle Lokale durchsuchen und nach dem Chef fragen: Schweigen. Man kann niemanden zwingen zu sprechen. Wir stehen da wie die Doofen. Das können wir uns sparen. Den Mörder hat keiner gesehen; keiner kennt seinen Namen; keiner weiß, wo er wohnt; niemand wird vermißt; der Tote muß vom Himmel gefallen sein. Und seine Witwe, wenn er verheiratet war? Die reißt sich eher die Zunge raus, ehe sie einen Ton von sich gibt. Nicht anders die Kinder oder die Angestellten des Ermordeten. Wer redet, ist der nächste. Mit einem Triaden legt sich niemand an! Bei uns im 13. Kommissariat gibt es einen Spruch: ›Wenn ein Mafioso scheißt, stinkt es, und man weiß, wo er ist – scheißt ein Triade, riecht man gar nichts.‹« Peter Probst wandte sich ab. »Laß ihn einpacken und zur Gerichtsmedizin bringen.«

»Eigentlich ist es uninteressant zu wissen, was für Verletzungen er alles hat. Das bringt uns nicht weiter. Ich werde ihn sofort in die Uni-Pathologie schaffen lassen. Die sind knapp mit Leichen – wenn Julius den Toten freigibt.«

Der zuständige Staatsanwalt war Julius Waremba. Trotz seines Namens war er kein Schwarzer – Waremba ist ein typisch afrikanischer Name –, sondern ein blonder Nordlandtyp. Kollegen nannten ihn den »verhinderten Häuptling«.

Der Transporter fuhr heran, zwei Männer luden den Zinksarg aus und hoben den geschundenen Körper hinein. »So eine Sauerei!« sagte einer von ihnen. »Und die Kerle kriegt man nicht. Die killen, wie andere 'ne Weißwurst aufschlitzen.« Er sah Peter Probst an. »Herr Oberrat, die tanzen uns doch auf der Nase rum...«

»Damit müssen wir leben, bis uns der große Schlag gelingt.«

»Und wie soll das gehen?«

»Wir sitzen nicht rum und lösen Kreuzworträtsel. Das 13. Kommissariat hat Netze ausgelegt. Und wenn nur ein Fisch im Teich ist, den fangen wir. Es ist nur eine Frage der Zeit – und des Glücks. Wir sind doch nicht dümmer als die Triaden. Fragen Sie nicht weiter. Ich kann Ihnen nichts mehr sagen. Unsere Polizei ist jedenfalls kein Verein von Hohlköpfen. Wir kriegen diese gelben Drachen.«

PP verabschiedete sich von seinem Kollegen Benicke und setzte sich in seinen Wagen. »Schick mir die Ermittlungen rüber, Lutz«, sagte er. »Wir arbeiten, als suchten wir Sandkörner. Vielleicht ist der Tote so ein Sandkorn...«

Im Laufe der späteren Ermittlungen bewahrheitete sich PPs Ahnung. Wer der tote Chinese war, wie er hieß, woher er kam, blieb im dunkeln. Auch die Witwe von Zhong Yushan schwieg, und die Kinder waren so vernünftig zu begreifen, daß böse Männer den Vater mitgenommen hatten und keiner darüber sprechen dürfe. Sie waren fünf, sieben und dreizehn Jahre alt, und der Älteste, ein schmaler, hoch aufgeschossener Junge mit einer Hornbrille, sagte zu seiner Mutter: »Erzähl es den Kleinen nicht. Aber mir kannst du die Wahrheit sagen: Sie haben Papa umgebracht?«

»Ja.«

»Und wo ist er jetzt?«

»Die Polizei hat ihn mitgenommen. Wir werden ihn nie mehr sehen.«

»Auch nicht begraben?«

»Auch nicht begraben!«

»Es waren die Triaden?«

»Ja.«

»Was hat Papa ihnen denn getan?«

»Er wollte ihnen kein Geld mehr geben.«

»Und deshalb brachten sie ihn um?«

»Er hat ihnen gedroht, zur Polizei zu gehen.«

»Warum war Papa so dumm?«

»Er war so zornig auf die Männer. ›Wir arbeiten‹, hat er geschrien, ›und ihr Faulpelze kassiert! Ihr seid Schmeißfliegen, Aaswürmer! Ich hetze euch die Polizei auf den Hals!‹ Er hat in seiner Wut gar nicht darüber nachgedacht, was er da geschrien hat. Sonst hätte er es nie getan! Und die Männer sagten dann auch: ›Du bist erregt, lieber Yushan, wir verstehen das. Aber wir verstehen nicht, daß du uns mit der Polizei drohst, ja, daß du überhaupt an die Polizei denkst! Schon solches Denken beleidigt uns.‹ Und dann haben sie ihn ergriffen und weggeführt.«

»Und Papa hat sich nicht gewehrt?«

»Es waren drei Männer, mein Sohn. Er ist ganz ruhig mit ihnen gegangen. Mit hoch erhobenem Kopf – er war ein stolzer Mann, und ein Zhong, sagte er, beugt nie sein Haupt.«

»Du warst dabei, Mama? Warum hast du nicht geschrien? Warum bist du nicht gelaufen und hast Hilfe geholt?«

Die Witwe Zhong krempelte die Ärmel ihres Kleides hoch und hielt dem Jungen ihre Arme unter die Augen. Über beide Oberarme zogen sich blutige Striche, die sie mit Jod eingepinselt hatte. Sie trug keine Verbände – Luft heilt alle Wunden, sagt eine alte chinesische Weisheit.

»Deswegen ...«

Der Junge starrte auf die zerschnittenen Oberarme seiner Mutter. Seine Lippen preßten sich fest aufeinander.

»Sie wollten auch dich töten?« stieß er dann hervor.

»Nein, nur warnen.«

»Ich werde Papa und dich rächen!« sagte der Junge mit der festen Stimme eines Kämpfers. »Ich habe keine Angst vor den Triaden. Wenn ich einen erkenne, töte ich ihn. Einen nach dem anderen. Sie werden nicht wissen, wer es getan hat. Es gibt keine Zeugen.«

»Du wirst mit deinen Geschwistern nach Amerika fliegen, nach Los Angeles, zu Tante Juzhen. Da können sie euch nicht kriegen.«

»Und du, Mama?«

»Ich bleibe und führe Papas Lokal weiter.«

»Sie werden dich zwingen, Tante Juzhens Adresse herauszugeben.«

»Das können sie nicht. Ich werde schweigen und sterben ...«

Der Junge starrte vor sich hin, und er dachte und fühlte wie ein Zhong, der nie sein Haupt beugen würde, auch nicht vor einem Kaiserschwert. Ihn mußte man aufrecht stehend köpfen.

»Ich werde aus Los Angeles zurückkommen nach München«, sagte er nach langem Schweigen. »Wenn ich ein Mann geworden bin – in zwei Jahren. Ich brenne den Tag, an dem man Papa tötete, in mein Herz, und es wird erst wieder schlagen wie bei einem Menschen, wenn ich Papa gerächt habe. Bis dahin wird mein Herz nur eine Flamme sein, die meine Feinde verbrennt.«

Und Su Kun, die Witwe Zhongs, drückte den Kopf ihres Sohnes an ihre Brust und sagte ganz ruhig: »Ich bin stolz auf dich, Lihong. In dir lebt der Geist unserer Ahnen.«

Das alles blieb dem 13. Kommissariat natürlich verschlossen. Kriminaloberrat Peter Probst schickte seine Ermittler los, aber wo sie auch nachfragten in den Restaurants oder Geschäften, sahen die Chinesen sie an, als sprächen sie in einer unbekannten Sprache. Nur ein Chinese sagte – und er sprach praktisch für alle Münchner Chinesen – mit einem höflichen Lächeln:

»Wir wissen gar nichts.«

»Wie immer!« konterte der Kriminalbeamte.

»So ist es – wie immer.«

»Wann werdet ihr endlich vernünftig?«

»Wir sind vernünftig – weil wir nichts wissen.«

»Immer dasselbe!« rief PP bei der nächsten Morgenbesprechung im 13. Kommissariat und hieb mit der Faust auf die vor ihm liegenden Zeitungen. Die Schlagzeilen sprangen ihm ins Auge: ›Unbekannter Chinese im Olympia-Park ermordet‹ – ›Chinese grausam hingerichtet! War es die chinesische Mafia?‹ – ›Wieder schlugen die Triaden zu: Ver-

stümmelter Chinese im Olympia-Park gefunden‹. ›Wann
wacht unsere Polizei endlich auf?‹

»Diese Journalisten! Wann wacht die Polizei endlich auf …
Am Schreibtisch hinterm Computer ist es leicht, herumzu-
meckern und uns für Arschlöcher zu halten! Was wissen
diese Schmierfinken, was die Triaden sind? Wenn sie es besser können als wir, gut, dann sollen sie sich auf die Socken
machen! Kollege Benicke von der Mordkommission wird
dann viel Arbeit bekommen. Was uns bleibt: observieren.
Vielleicht finden wir das Garnende und können das Knäuel
aufwickeln! Das wäre fast wie ein Wunder, das man dem
Papst melden könnte.«

Die Ermittlungen wurden eingestellt; die Leiche des
Zhong Yushan in die Pathologie der Uni gebracht, für den
Unterricht der Medizinstudenten.

Am Samstag morgen erschien Aisin Ninglin bei der Witwe
Zhong, sprach ihr sein Mitgefühl aus und verlangte 10 000
Mark. Sie gab ihm das Geld ohne Zögern.

Aber das war nicht alles. Ninglin gab ihr noch ein Papier
mit einer Rechnung:

Fahrt zum Olympia-Park	DM	12,–
Befragung	DM	200,–
3 Stunden Verhör	DM	600,–
1 Patrone, 9 mm	DM	900,–
Rückfahrt	DM	20,–
Summe	DM	1 732,–
+ Sonderzulage	DM	5 000,–
insgesamt	DM	6 732,–

Su Kun beglich auch diese Rechnung. Aber als sie das Geld in
Ninglins offene Hand legte, fragte sie ohne jede Regung:

»Und meine Messerstiche? Werden die nicht berechnet?«

»Sie werden nicht berechnet. Sie sind umsonst.« Ninglin
grinste breit, als habe er einen besonders schmutzigen Witz
erzählt. »Sie gehören zu unserem Kundendienst …«

»Ich habe also keine Schulden mehr?« fragte Su Kun.

»Nein. Es wird dich vielleicht freuen – nächste Woche komme ich mit einem neuen Mitarbeiter und stelle ihn dir vor. Ich habe andere Aufgaben zu übernehmen. Behandle die neue Grassandale wie mich und tritt ihr ehrfürchtig gegenüber. Die Rechnung ist übrigens günstig für dich, ich hoffe, du erkennst das an. Die Polizei hat Zhong Yushan mitgenommen, sonst hättest du noch seine Erdwohnung bezahlen müssen.«

»Bestelle dem Daih-Loh meinen Dank!«

Aisin Ninglin verließ das Lokal, stieg in einen kleinen japanischen Wagen und fuhr davon. Der observierende Kriminalbeamte zögerte. Soll man ihm nachfahren? Was hat er am Samstag morgen in einem Restaurant zu suchen? Um diese Zeit gibt es doch nichts zu essen.

Er startete und folgte Ninglin. In der Herzogstraße, an einer Kreuzung, zeigte die Ampel Rot. Der Beamte stellte sich neben Ninglin, drehte das Fenster herunter und sagte:

»Halten Sie nach der Kreuzung rechts. Kriminalpolizei.«

Ninglin nickte, lächelte dem Beamten zu und hielt zwanzig Meter nach der Kreuzung in der zweiten Reihe. Der Kripomann bremste hinter ihm und sprang aus dem Wagen. Ninglin, wie immer sehr höflich, stieg aus.

»Was habe ich verbrochen?« fragte er. »Zu schnell gefahren?«

»Sie waren eben in dem Restaurant ›Shanghai-Stuben‹.«

»Ja. Ist das verboten?«

»Was wollten Sie dort um diese Zeit?«

»Ich habe dem Wirt Zhong Yushan ein Gewürz gebracht. Es war ihm ausgegangen. Safran. Er braucht es für seine Hühnergerichte. Ein seltenes, teures Gewürz. Ich bin Gewürzhändler.« Ninglin öffnete die Hintertür des Wagens und zeigte auf zwei Kartons voll mit Gewürzen aller Art. Eine Duftwolke schlug dem Beamten entgegen.

Scheiße, dachte er. Ein Schlag ins Wasser, wie immer. Trotzdem sagte er dienstlich knapp:

»Ihre Ausweispapiere!«

Ninglin hielt ihm einen chinesischen Paß und einen deutschen Führerschein hin. Beide Dokumente lauteten auf den

Namen Ping Lianzheng. Ninglin besaß solche Papiere sechsfach mit sechs verschiedenen Namen. Eine Fälscherwerkstatt in Ottobrunn stellte vorzügliche Pässe und Führerscheine her. Von den echten waren sie nicht zu unterscheiden.

»Sie wohnen?« Der Beamte gab die Papiere an Ninglin zurück.

»In Schwabing. Tengstraße 71.« Er sagte es ohne Zögern mit einem höflichen Lächeln. »Noch etwas? Kann ich weiterfahren? Ich muß noch eine Menge Gewürze herumbringen.«

»Fahren Sie!« Der Kriminalbeamte ging zu seinem Wagen zurück und fuhr davon. Ninglin sah ihm nach. Er lächelte spöttisch. Arme deutsche Polizei, dachte er und setzte sich hinter das Steuer. Sie haben nicht mal in allen Wagen Telefon. Wie leicht wäre es, sofort nachzufragen, ob ein Ping Lianzheng wirklich in der Tengstraße wohnt. Aber sie haben kein Telefon im Auto, weil der Staat an der Ausrüstung der Polizei spart. Wie sagte Min Ju? Deutschland ist ein ideales Land für uns Triaden. Sogar technisch sind wir der Polizei überlegen ...

Genau das sagte auch PP, als der Beamte zurück ins 13. Kommissariat kam.

»Scheiße!« sagte er aus tiefstem Herzen. »Irgend etwas ist schief dran. Der Kerl heißt anders, in der Tengstraße wohnt er auch nicht, und wenn er Gewürzhändler ist, bin ich Eisverkäufer. Das haben wir gleich.«

Er führte ein paar Telefongespräche und legte dann den Hörer auf. Man hörte die Erbitterung in seiner Stimme.

»Ein Ping Lianzheng ist nicht gemeldet. In der Tengstraße 71 wohnen biedere Bürger. Da hätten wir nun einen dieser Schlitzaugen gehabt, aber das Präsidium hat nicht das Geld, in jeden Wagen ein Telefon einzubauen! Bei jeder Aktion gegen die Triaden pinkeln wir uns selbst auf die Schuhe! Wann sehen die hohen Herren im Ministerium endlich ein, daß wir Polizisten uns immer lächerlicher machen und die organisierten Verbrecher uns auf der Nase herumtanzen? Wir sind nicht mehr konkurrenzfähig.«

Aisin Ninglin fuhr zum Restaurant »Der Schwarze Mandarin«, aber erst um die Mittagszeit, wo heute, am Samstag, reger Betrieb herrschte. Auch wenn man das Lokal observiert hätte, er wäre nicht aufgefallen. Unter den vielen Gästen war er einer, der seinen Reis mit Hühnerfleisch in Sichuan-Soße löffelte. Ein höllisch scharfes Gericht.

Auf dem Weg zur Toilette öffnete er eine schmale Tür, auf der das Schild MAGAZIN klebte, und drückte dort auf einen Knopf, der zwischen den mit Reis- und Nudelsäcken gefüllten Regalen angebracht war. Lautlos schwenkte eines der Regale zur Seite. Eine steile Treppe führte in den Keller.

In einem Büro ohne Prunk, ziemlich nüchtern und modern ohne chinesische Anklänge, saß Min Ju hinter einem fast leeren Schreibtisch. Ein paar Zeitungen lagen herum, mehr nicht ... kein Beweismaterial, wenn es jemals eine Razzia geben sollte, bei der der Kellerraum entdeckt wurde. Alle wichtigen Papiere waren im Safe einer bekannten Großbank verschlossen und lauteten auf den Namen Siegmar Vonneberg, Architekt. Ein völlig unbescholtener, seriöser Name. Er hatte nur einen Fehler: Es gab keinen Architekten Siegmar Vonneberg. Der Paß, den man beim Mieten eines Safes vorlegen mußte, war natürlich ebenfalls gefälscht.

»Es ist alles glattgegangen«, sagte Aisin Ninglin und zählte das Geld auf die Tischplatte. »Su Kun hat nicht gezögert.«

»Sie hat nicht geweint?« fragte Min erstaunt.

»Nein, Daih-Loh.«

»Su Kun war ganz ruhig? Das gefällt mir nicht, Ninglin. Jede Witwe weint.«

»Sie ist eine starke Frau.«

»Sie ist so stark, weil sie sich auf einen Plan stützt. Wir müssen sie sehr ›beschützen‹.« Min Ju blickte auf seine Armbanduhr. Eines der teuersten Modelle der teuersten Uhrenmarke. »Du hast bis halb zehn Uhr heute abend frei. Dann kommt Bai Juan Fa.«

»Ich wiederhole es, Daih-Loh: Ich traue ihm nicht. Er ist keiner von uns. Er hat ein anderes Wesen. Er versteht uns nicht. Wenn Wang Liyun in Sicherheit gebracht werden könnte, würde er uns verraten.«

»Liyun ist nirgendwo in Sicherheit, nur bei uns.«

»Nehmen wir es an, Daih-Loh.«

»Dann wirst du dich um ihn kümmern.«

»Das wäre ein großes Vergnügen und ein großes Geschenk für mich.« Ninglin verbeugte sich vor Min Ju. »Ich kann dann mit ihm machen, was ich will?«

»Du hättest freie Hand und mein Wohlwollen.«

»Ich würde Sie nicht enttäuschen, Daih-Loh.«

Er verließ das nüchterne Büro, rückwärts gehend wie zur Kaiserzeit jedermann, der dem Herrscher ins Auge geblickt hat. Min Ju sah ihm mit gerunzelter Stirn nach.

Ein gefährlicher Mensch, dachte er. Ein wahrer Teufel in Menschengestalt. Man sollte nie die Vorsicht verlieren. Auch ich nicht!

Leider ist er ein wirklich brauchbarer Teufel. Wir können auf ihn nicht verzichten, wenn 14K die am meisten gefürchtete Bruderschaft bleiben soll.

Samstag abend. 22 Uhr.

Der freundliche Kellner vom »Schwarzen Mandarin« begrüßte Rathenow wie einen guten Freund und nickte zu der Tür im Hintergrund. Du kennst ja jetzt den Weg, hieß das. Du brauchst keinen Führer mehr. Er fragte nur:

»Kein Essen, Bai Juan Fa?«

»Nein. Ich habe gegessen.«

»Aber nicht besser als bei uns.«

»Das stimmt.«

»Ich werde dir einen guten Nachtisch zur Seite stellen. Er wartet auf dich, bevor du heimfährst.«

Rathenow durchquerte den Tempel, der ihn erneut in sprachloses Staunen versetzte, klopfte dann an die Hintertür und hörte »Jin Lai«! Herein!

Min und Ninglin saßen im Schulungsraum. Auf dem Punkt an der Wandkarte von München steckte dort, wo das Lokal »Shanghai-Stuben« lag, eine neue große rote Fahne. Achtung – große Gefahr.

»Ich sehe mit Wohlwollen, daß du immer pünktlich bist«,

begrüßte Min Ju den eintretenden Rathenow. Aisin Ninglin schwieg und sah ihn finster an.

»Ich war nie unpünktlich. Pünktlichkeit ist die Höflichkeit der Könige, sagt man bei uns. Ich habe mich immer daran gehalten.« Er kam in den langen Raum und setzte sich an den Tisch. »Ich bin bereit für die Lektion zwei ...«, sagte er.

»Heute morgen wäre Ninglin fast in die Fänge der Polizei geraten«, sagte Min Ju. »Aber verhaften konnte der Kripomann ihn nicht, schließlich ist er ja ein unbescholtener chinesischer Gewürzhändler. Er mußte ihn weiterfahren lassen.« Min lachte kurz auf. »Die deutsche Polizei sollte Clownskostüme tragen statt Uniformen.« Er hob das Kinn und setzte sich auf die Tischkante. »Lektion zwei – da mußt du fleißig üben.«

Ninglin war an die Wand getreten und entrollte neben der Münchenkarte ein Rollbild. Es zeigte eine Hand mit verschiedenen Fingerzeichen – zwei Finger an die Handfläche gelegt, drei Finger abgespreizt, ein Daumen hochgereckt, drei Finger eingeklappt, der Ringfinger vorgestreckt, die Faust geballt, nur Ring- und Mittelfinger hochgestreckt – Handfiguren, von denen jede ihre Bedeutung hatte. Min trat an das Schaubild heran.

»Seit Jahrhunderten haben sich die Geheimbünde stumm mit Hilfe der Fingersprache unterhalten oder sich vorgestellt. Wir haben diese Tradition beibehalten und verfeinert. Wir haben jetzt für alle Vorkommnisse und Tätigkeiten, für jeden Rang innerhalb der Triaden einen genauen Fingercode. Du mußt die Codes üben und auswendig lernen, denn wenn ein Lokal voller Gäste ist, mußt du dem Wirt durch die Fingersprache zeigen, wer du bist. Er wird dich dann sofort erkennen. Sieh her, Bai Juan Fa!« Min zeigte auf die Hand mit eingezogenem Zeige- und Ringfinger und ausgestrecktem Mittelfinger. Daumen und kleiner Finger waren weit abgespreizt. »Das ist das Zeichen des Triaden-Chefs. In München bin ich es. Kommt Besuch aus Amsterdam, London, Hongkong oder New York und sitzt im ›Schwarzen Mandarin‹, werden wir ihn an dieser Fingersprache sofort erkennen. Bild Nummer zwei: Das ist die Geste eines erfolgreichen Offiziers, dem man gehorchen muß. Bild Nummer drei: Es signalisiert dem Begleiter eines Kassierers, daß das Schutzgeld bezahlt wurde. Bild Nummer vier: Das ist dein Handzeichen, Bai Juan Fa. Die Finger eines Cho Hai, eines Boten, einer Grassandale.«

Er erklärte noch acht weitere Handzeichen, und Rathenow erkannte, daß die chinesische Fingersprache eine Wissenschaft und eine Kunst für sich ist.

Eine Stunde lang übte er die verschiedenen Fingerverrenkungen, und Min Ju kommandierte, schnell, dann immer schneller die einzelnen Positionen.

»Chef!« rief Min. Und dann: »Cho Hai – Offizier – Schutzgeld bezahlt – befreundeter Triade – 14K-Triade – Verweigerung – Bestrafung nötig – Cho Hai – zahlt erst nächste Woche – Offizier – ist verreist – 14K-Triade – hat bezahlt –«

Rathenow fühlte, wie der Schweiß über sein Gesicht lief. Min Ju war unerbittlich, denn seine Kommandos führte auch Aisin Ninglin aus, und der war stets früher fertig als Rathenow. Hämisch grinste er seinen Nachfolger an. Du lernst es nie. Nie! Weil du kein Chinese bist. Du bist ein weißer lahmer Arsch!

Dann hatte Min so etwas wie Mitleid mit Rathenow, er brach die Übung ab. Rathenow ließ die Hände in seinen Schoß sinken; die Finger schmerzten in jedem einzelnen Glied, als habe man sie ihm verdreht.

»Du mußt noch viel üben, Bai Juan Fa«, sagte Min. »Du darfst nicht überlegen ... es muß automatisch kommen wie ein Wimpernschlag.«

»Meine Finger sind nicht aus Gummi.« Rathenow bewegte seine Finger – sie waren fast gefühllos und schienen ihm geschwollen. »Aber ich werde üben ...«

»Bist du stark genug, die dritte Lektion noch kennenzulernen? Auch sie mußt du auswendig lernen und beherrschen.«

»Auch mit den Fingern?« fragte Rathenow erschöpft.

»Nur zum Teil.« Min Ju verzog den Mund zu einem spöttischen Grinsen. »Die Fingerzeichen sind ein grobes Bild. Aber es gibt Situationen, etwa, wenn ein Lokal bis zum letzten Platz gefüllt ist und viele Chinesen an den Tischen sitzen.

Wie willst du erkennen, ob der Mann, der dir gegenüber sitzt, einer von uns ist oder ein Feind von einer anderen Triade, wie etwa ein Mann der Tung-Gruppe oder ein Shi-Hai-Spion? Wir wissen, daß die Gruppe der Chao Zhou von Hongkong nach Europa wandern will. Mit sechs Gruppen und 16 000 Mitgliedern. Wie erkennst du ihn? Ist es keiner von uns, der auf deine Zeichen antwortet, mußt du mit ihm kämpfen oder Verstärkung herbeiholen. Wie machst du das ohne Worte, ohne Aufsehen, ohne einen Laut? Das ist die Kunst der Verständigung durch die stumme Zeichensprache. Sie mußt du beherrschen wie jedes deiner Glieder, denn dein Leben kann davon abhängen. Auch eine Grassandale, so niedrig ihre Stellung bei uns ist, lebt in ständiger Gefahr. Nicht die Polizei ist unser größter Feind, sondern ...«

»... die russische Mafia. Ich weiß es.«

»Die Russen haben zur Täuschung auch Asiaten eingesetzt, aus ihren asiatischen Gebieten am Ussuri und aus Kasachstan. Viele sprechen Chinesisch. Wie willst du sie als Feinde erkennen, wenn sie dir als Gast gegenübersitzen? Du mußt sie testen. Und das mußt du in den nächsten Tagen lernen und beherrschen wie das Atmen und Gehen.«

Min Ju holte aus einer Aktentasche, die auf dem Tisch lag, ein großes Blatt Papier heraus und schob es Rathenow hin. Es war dicht mit Schriftzeichen bedruckt – auf der linken Seite in Chinesisch, auf der rechten Halbseite in Englisch. Min hob bedauernd die Schultern.

»Wir haben es nicht in Deutsch. Du bist der erste deutsche Triade, Bai Juan Fa. Verstehst du das Englisch?«

Rathenow warf einen Blick auf den Text und nickte.

»Ja. Ich verstehe es.« Er wollte das Papier zusammenfalten und einstecken, aber Min griff sofort nach seiner Hand und hielt sie fest umklammert.

»Nichts geht nach draußen!«

»Ich soll das alles hier auswendig lernen?« Rathenow überflog noch einmal die vielen Zeilen. »Das wird schwer, Min Ju. Ich bin nicht wie ein Schauspieler ans Auswendiglernen gewöhnt.«

»Du hast Zeit. Jeden Abend ein paar Erkennungszeichen:

›das Anfassen einer Teetasse‹, ›das Überreichen der Eßstäbchen‹, ›das Greifen nach einer Reisschüssel‹ – alles hat für einen Triaden, der sein Gegenüber erkennen will, seine Bedeutung. Wer dir darauf nicht antwortet, gehört nicht zu uns, und du mußt wachsam und vorsichtig sein.«

»Und wenn es ein russischer Asiate ist?« fragte Rathenow. Ihm wurde ungemütlich bei dem Gedanken, sich in einen Kampf einzulassen.

»Dann rufe deine Brüder zur Hilfe. Wie – das eben sollst du lernen. Was unsere tapferen Vorfahren konnten, das kannst du auch. Unsere Zeichen sind unsterblich.«

»Ich bin aber kein Chinese, Min Ju!«

»Du bist Bai Juan Fa«, antwortet Min fast feierlich. »Das genügt – und außerdem ist Wang Liyun eine Chinesin.«

Rathenow verstand. Der übliche Wink. Mit Liyun hatte man ihn in der Hand.

Er zog das Papier wieder an sich und übersetzte stumm den englischen Text.

Anweisung zur Verständigung und zum Verhalten bei persönlichen Problemen.
Dies ist ein Geheimnis, das im Herzen verschlossen bleiben muß:

Wie man innerhalb der Gesellschaft eine Pfeife anbietet:
Die Pfeife muß auf eine bestimmte Weise angeboten werden: Ich halte die Pfeife zwischen meinen beiden Daumen und Zeigefingern; die beiden Daumen müssen nach oben zeigen. Du nimmst sie in derselben Art, aber du preßt deine Daumen gegen meine, und wenn du zur Gesellschaft gehörst, dem Blumengarten, dann wirst du die Pfeife vor dem Anzünden mit den Zähnen berühren.

Wie man Tee anbietet:
Stelle duftenden Tee auf den Tisch, und wenn du ihn anbietest, halte die Tasse am oberen Rand zwischen Daumen und Zeigefinger, der Mittelfinger berührt den Boden der Tasse.

Wie man ein Mitglied bei einem Gastmahl erkennt:
Man bietet Schnaps genau so an wie den Tee; wenn der Gast zu unserer Gesellschaft gehört, wird auch er die Tasse mit drei Fingern berühren.

Wie man Reis anbietet:
Strecke deine Finger aus, und lege die Eßstäbchen quer darüber, biete sie so dem Fremden an, der seinen Napf wegschieben wird, wenn er ein Mitglied ist.

Zeichen, die man im Kampf und beim Streit macht:
Wenn sich zwei Leute treffen und ein Wort das andere gibt, wird ein Mitglied eine Faust machen und den Arm heben; der Daumen soll dabei nach oben zeigen. Der andere wird sich freuen und sich sofort entschuldigen, wenn er ein Mitglied ist.

Wie man den anderen bedeutet, den Kampf wiederaufzunehmen:
Wenn Mitglieder bei einem Streit nicht zufriedengestellt werden und weiterkämpfen wollen, muß man zwei- oder dreimal in die Hände klatschen, und die Mitglieder werden kommen und ohne Pause weiterkämpfen.

Wie man sich Genugtuung für Beleidigungen verschafft:
Wenn ein Mitglied beleidigt wurde und Genugtuung verlangt, wendet es sich an seinen Mitbruder, wobei es die Finger an die Nase hält; jener wird sodann zu dem Beleidigten kommen und fragen, worum es geht; seine eigenen Angelegenheiten läßt er im Stich.

Wie man Verstärkung herbeiruft:
Wenn du einen Bruder triffst, dann halte deine Hände über den Kopf und klatsche. Fragt man nach dem Grund für dein Kommen, wirst du sagen: »Seong und Pek brauchen Hilfe.«

Wie man in den Kampf geht, und wie man sich zurückzieht:
Wir brauchen keine Zeichen zu geben, wenn wir uns mit unseren Kämpfern treffen; man binde sich nur etwas um den Kopf. Sollen sie sich zurückziehen, sagst du: »soo laing« (fertig); willst du die Kämpfer ermutigen, sagst du: »tan koh« (vorwärts).

Wie man sich im Dunkeln trifft und berührt:
Wenn ihr euch in tiefer Nacht trefft und einer den anderen an
sich zieht, sprichst du in zwei verschiedenen Stimmlagen. Wenn
du ihn an dich ziehst, in der einen, wenn du ihn losläßt, in der
anderen. Merke genau auf die Stimmen.

Wie man entkommt, wenn man einen Mord begangen hat:
Hat einer einen Mord begangen, wird er sich verstecken, ein
wenig Haar abschneiden und um den rechten Arm binden.
Wenn er dann Zuflucht bei seinen Brüdern sucht, wird er sich
das linke Auge reiben, und die Bruderschaft wird ihm Geld
geben und ihm eine Möglichkeit zur Flucht verschaffen.

Wie man sich an den Handbewegungen erkennt:
Halte die Finger deiner rechten Hand über die Augenbrauen, als
ob du sie zurechtstreichen wolltest; das wird Freude hervorru-
fen. Tong (Sommer), Quing (grün), Xiong (Casuarineen) und Pek
(Arum) sind unsere Leute. Lege deinen Zeigefinger zwischen
die Lippen, und schließe sie leicht.

Rathenow schob das Papier von sich und lehnte sich zurück.
Er bewunderte bei aller Abneigung gegen die Triaden ihre
raffiniert durchdachten Geheimcodes. Wer achtet in einem
chinesischen Restaurant darauf, wie jemand einen Tee anbietet, die Stäbchen überreicht oder einen beginnenden Streit
beendet? Selbst ein Mord wird völlig harmlos signalisiert ...
Wie viele reiben sich das linke Auge? Diese chinesische Zeichensprache ist grandios und erschreckend zugleich, weil sie
so einfach, so alltäglich erscheint.

Min Ju beobachtete Rathenow genau. Schließlich fragte er:
»Kannst du das auswendig lernen, Bai Juan Fa?«

»Es ist einfacher als die verdammte Fingersprache. Man
braucht keine artistische Hand zu haben.«

Min lachte laut und klopfte Rathenow auf die Hand.
»Artistische Hand, das ist gut! Ein schöner Ausdruck. Ich
werde ihn mir merken. Artist der Hände – das könnte ein
neuer Triadenname werden.« Er zog das Papier zu sich herüber und versteckte es wieder in seiner Aktentasche. Rathenow war sich sicher, daß Min Ju diese Geheimanweisungen

bis zum letzten verteidigen würde, wenn man sie bei ihm entdeckte. »Damit machen wir für heute Schluß«, sagte Min. »Du kommst am Dienstag wieder zu den Fingerübungen und zum Einprägen der Verständigungsgesten. Du mußt das alles so selbstverständlich können wie pinkeln.«

»Es gibt genug Menschen, die haben Mühe beim Pinkeln.« Min lachte wieder. Von Stunde zu Stunde wurde ihm Rathenow persönlich sympathischer – als Triaden-Daih-Loh aber konnte er sich keine privaten Regungen leisten.

»Du gehörst nicht dazu«, sagte er.

»Und wenn ich es nicht auswendig lernen kann?«

»Ein jeder kann das! Wir haben Grassandalen, die können nicht lesen und nicht schreiben, aber sie sind perfekt in der Geheimsprache. Ich werde mit dir so lange üben, bis du es im Schlaf hersagen kannst. Du bist ein kluger, weiser Mensch. Ich würde böse werden, sehr böse, wenn du mir den Dummen vorspielst.« Min wurde wieder sehr ernst. »Glaubst du, Wang Liyun würde einen so dummen Mann lieben können? Wir müßten ihr das erzählen ...«

Rathenow stand auf. Wenn der Name Liyun fiel, fühlte er sich völlig hilflos, ja willenlos. Bei jeder Nennung ihres Namens wußte er, daß eine Drohung dahintersteckte. Das brach in ihm jeden passiven Widerstand.

»Kann ich gehen?« fragte er.

»Das sagte ich schon. Gute Nacht, Bai Juan Fa.«

Rathenow verließ den »Schwarzen Mandarin«. Er war der einzige Gast. Der nette Kellner brachte ihm den versprochenen Nachtisch, eine große Schale gemischtes Eis mit Sahne. Obenauf steckte ein Schirmchen aus gefaltetem Papier.

»Wann kommst du wieder?« fragte der Kellner, der sich ihm gegenüber setzte.

»Dienstag.«

Er setzte sich noch einmal und trank noch eine Tasse grünen Tee hinterher und hielt sie so, wie er es eben gelernt hatte: Er legte Daumen und Zeigefinger um den oberen Rand und berührte mit dem Mittelfinger den Boden der Tasse. Der Kellner lachte laut, nahm ihm die Tasse aus der Hand und tat einen Schluck. Dann gab er sie zurück.

»Du kennst das auch« fragte Rathenow.

»Wir alle von 14K müssen es können. Aber du machst es noch ziemlich ungeschickt.«

»Ich hatte heute meine erste Stunde. Es wird schon werden ...«

Unten im Keller saßen Min Ju und Aisin Ninglin noch zusammen. »Ich mag ihn nicht«, sagte Ninglin zum wiederholten Male. »Es ist ein Fehler, Weiße als Cho Hais einzusetzen.«

»Die Idee kommt aus der Zentrale in Hongkong. Wer will an der Weisheit des Großen Rates der Großen Brüder zweifeln?«

»Auch in Hongkong kann man sich irren.«

»Bai Juan Fa ist ein Experiment. Hat es Erfolg, werden wir die ›Zahlesel‹ nur noch durch unauffällige Weiße besuchen lassen. Schlägt das Experiment fehl – Ninglin, ich habe dir gesagt, dann gehört Bai Juan Fa dir. Es darf keine Spur mehr von ihm geben. Es muß sein, als habe es ihn überhaupt nicht gegeben.«

»Und Wang Liyun?«

Min hob die Schultern und schüttelte den Kopf. »Völlig uninteressant. Sie wird weiter als Reiseleiterin die ›Langnasen‹ herumführen und den heimlich Geliebten, Rathenow, vergessen. Sie wird einen Chinesen heiraten und ein Kind kriegen – was kümmert das uns noch?«

»Sie weiß zuviel!«

»Was weiß sie? Gar nichts!«

»Sie soll nicht verschwinden wie Bai Juan Fa?«

»Nein! Warum?«

»Sie soll doch für jeden Fehler Rathenows bestraft werden ...«

»Das habe ich *ihm* gesagt, und er glaubt es, weil er ein verliebter Blinder ist. Kewei in Kunming wird sich hüten, sie auch nur in den Hintern zu zwicken. Ihr Vater, Professor Wang Biao, ist ein Jugendfreund des Parteisekretärs von Yunnan! Weißt du, was das bedeutet?«

»Kewei würde zum gejagten Wild.«

»Und das ist nicht nötig. Solange Bai Juan Fa daran glaubt,

daß wir Wang Liyun unter unseren ›Schutz‹ gestellt haben, wird er gehorchen wie ein Büffel vor einem Pflug. Er glaubt uns alles.«

Rathenow fuhr sofort zurück nach Grünwald. Dort setzte er sich an die Schreibmaschine und tippte, was er von den Verhaltensweisen und Erkennungszeichen behalten hatte. Den beschriebenen Bogen schloß er in seinen Wandtresor ein. Er war so wertvoll, als lägen in dem Fach eine Million Mark.

In dieser Nacht schlief er ruhiger und träumte auch nicht. Er hatte sich endgültig damit abgefunden, ein Triade zu sein – aber gleichzeitig auch ein Maulwurf, der sich in die Geheimnisse des Bundes eingrub. Geheimnisse, die kein Weißer kannte und auch nie enträtseln konnte. Er war der erste und einzige, den die Triaden bei sich aufnahmen – weil sie ihn zum willenlosen Sklaven machen konnten, wenn sie nur ein Wort sagten: Liyun...

Um ein Uhr klingelte das Telefon. Rathenow, gerade eingeschlafen, richtete sich im Bett auf. Er ahnte, wer ihn um diese Zeit anrief.

»Laß das sein!« sagte er grob, bevor sich der Teilnehmer meldete. »Ich will schlafen!«

»Du warst wieder nicht zu Hause.« Dr. Freiburg hüstelte. Er bekam seine übliche Sommergrippe.

»Allerdings. Eine Frage: Schläfst du überhaupt nicht mehr? Kein Wunder, wenn die Patienten sagen: Wer nicht schlafen kann, soll zu Dr. Freiburg gehen. Ihn ansehen – und schon schläft man.«

»Haha ... deine faulen Witze stammen aus der Ming-Zeit! Wie kann ich schlafen, wenn du dich auf einmal herumtreibst? Bist du allein im Bett?«

»Natürlich.«

»Auch das noch!«

»Ich will schlafen!« schrie Rathenow ins Telefon. »Bring deine Ferkeleien woanders an! Du hörst, ich bin zu Hause. Ich fühle mich wohl, meine Nerven haben sich beruhigt, ich drehe nicht mehr durch, und ich bedaure jetzt, dich überhaupt um Hilfe gebeten zu haben.«

»Ich bin dein Arzt und Freund ...«

»Aber nicht um ein Uhr nachts, wenn ich gesund bin. Ende!«

Rathenow legte auf, drehte sich auf die Seite und schlief schnell wieder ein. Als er aufwachte, war es zehn Uhr am Vormittag. Sonntag vormittag. Ein traumhafter Augustmorgen.

Was mache ich mit diesem Sonntag? fragte er sich, während er sich duschte und dann rasierte. Jogging durch Grünwald? Herumfaulenzen in einem Biergarten? Nach langer Zeit mal wieder zum Tennis gehen oder zum Golfen? Auf keinen Fall sich an die Schreibmaschine setzen und arbeiten! Oder an einem neuen Buch arbeiten? Keine Lust. Ich weiß, der Verleger wartet auf das neue Buch über China, er hat seine Termine. Aber gerade Termine kann ich jetzt nicht brauchen. Leute, ich lerne die Triaden-Geheimsprache. Ich werde nie darüber schreiben dürfen, und deshalb ist ein Buch über meine letzte Reise durch China vorläufig kein Thema mehr. Was vorläufig heißt? Bis ich aus den Klauen der Drachen befreit bin! Das kann ein paar Jahre dauern. Wie ich mich befreien kann? Das weiß ich heute noch nicht! Ich weiß nur, daß es einmal geschehen wird.

Was also soll man am Sonntag morgen tun?

Rathenow entschloß sich, erst in einen Biergarten zu gehen und dann eine Runde Golf auf dem schönen Golfplatz von Straßlach zu spielen. Er hoffte, dort nicht Dr. Freiburg anzutreffen, der Handicap elf hatte und ihn immer mit Eleganz besiegte. Heute hatte er absolut keine Lust auf dessen Witze.

Im Biergarten »Grünwalder Eiche« herrschte bei diesem Sommerwetter Hochbetrieb. Fast alle Tische waren besetzt, vor allem von Radfahrern und Wanderern, die in den Waldgebieten Erholung suchten. Rathenow fand noch einen Platz an einem der langen Biergartentische, klemmte sich auf den wackeligen Stuhl und bestellte eine Maß Bier. An seinem Tisch saßen mehrere Leute, die offenbar zusammengehörten. Vier Frauen mittleren Alters tratschten über eine fünfte. Die Männer unterhielten sich über den FC Bayern München.

Die Runde schwieg plötzlich, als ein junger Mann in den Biergarten kam und sich suchend nach zwei Plätzen umblickte. Er hatte eine hübsche junge Asiatin neben sich, in einem tief ausgeschnittenen, kurzen Sommerkleidchen. Ihre Haare waren modisch kurz geschnitten.

»Seht euch das an!« sagte plötzlich eine der Frauen. »Der fallen ja die Titten aus dem Kleid, wenn die sich bückt.«

»Und dann so ein netter Junge«, zischelte die zweite. »Muß der sich so 'ne Gelbe nehmen? Haben wir in München nicht genug schöne Mädchen?«

»Den reizen ja nur die Schlitzaugen und wer weiß, was sonst noch!«

»Ja, es wird immer toller mit den fremden Weibern. Neulich hab ich 'ne Schwarze gesehen, die hing an 'nem Mann wie ein Schlips. Hemmungslos! Ich habe mich direkt geschämt.«

»Ich sage es ja immer zu Theo: alle raus! Alle Ausländer raus! Wir brauchen sie nicht. Unsere besten Mädels sitzen rum, und so ein gelbes Luder nimmt ihnen die Männer weg. Es müssen ganz andere Gesetze her!«

»Wenn das so weitergeht, besteht Deutschland in 30 Jahren nur noch aus Mischlingen. Erna, sieh dir das an! Er tätschelt ihr die Hand. Widerlich! Die sollte keiner an seinen Tisch lassen ...«

Rathenow biß die Zähne zusammen und hörte dann den Männern zu. Sie hatten ihr Fußballgespräch beendet und starrten die hübsche kleine Asiatin an.

»Das wär was zum Nachtisch«, sagte einer leise, »'ne Haxe mit Knödel und dann Juppheida!«

Brüllendes Gelächter. Die Maßkrüge krachten aneinander.

Rathenow bezahlte und verließ den Biergarten. Das ist sie, des Volkes Stimme. Ausländer raus! Haltet das Deutschtum rein! Aber Kegelclubs und Gesangvereine fliegen nach Thailand und mieten sich dort für eine Woche eine »Freundin«. Für 25 Mark pro Tag. Das ist sehr viel für ein Mädchen aus dem bettelarmen Hinterland. 150 Mark für eine ganze Woche Remmidemmi!

Rathenow ärgerte sich auf der Fahrt nach Straßlach, daß er geschwiegen hatte. Aber hätte er protestiert, was wäre dabei herausgekommen? Nur ein lautstarker Streit, bei dem er verloren hätte. Acht gegen einen ... nein, hundert gegen einen, denn der ganze Biergarten wäre gegen ihn gewesen. Ausländer raus! Wir wollen mit solchen Typen nichts zu tun haben! Wir sind Deutsche, wir sind Bayern! Der Balkan den Balkanesen, Afrika den Schwarzen, Asien den Chinesen. Alle Menschen werden Brüder ... dieser Schiller hatte doch Scheiße im Gehirn. Erni, noch a Maß.

Im Clubhaus des Golfclubs Straßlach trank Rathenow zunächst einen Espresso und ging dann auf den Platz. Ein paar Minuten später, am ersten Abschlag, beobachtete er, wie Dr. Bloch, Chefarzt der Chirurgie, sich konzentrierte und dann schlug. Der Golfball flog gerade und landete nach 200 Metern mitten auf dem Fairway. Dr. Bloch sah sich, Anerkennung heischend, zu Rathenow um.

»Was sagen Sie zu dem Schlag?«

»Superschuß!« antwortete Rathenow.

»Sie spielen heute nicht?« Bloch gab dem Caddie sein Holz, der in Richtung Ball ging. Bloch würde mit einem guten zweiten Schlag den Ball in der Nähe des Grüns plazieren können. »Sie waren lange nicht auf dem Platz, Herr Rathenow.«

»Ich war in China.«

»Oh! Wunderbar! Ein herrliches Land. War vor einem Jahr dort. Peking, Shanghai, Kanton, Guilin mit dem Li-Fluß und den markanten Bergen. Und dann Xian, diese ausgegrabene Tonarmee des Kaisers. Na, den Namen habe ich nicht behalten – ein neues Weltwunder! Da staunt man, was? Diese Hochkultur der Gelben, als unsere Germanen noch auf der Bärenhaut schliefen. Das muß man einfach gesehen haben, wenn man über China sprechen will ...«

Chefarzt Dr. Bloch folgte seinem Caddie, um den nächsten Schlag zu machen. Rathenow blieb stehen und blickte ihm mit einem Lächeln in den Mundwinkeln nach. Du Sprücheklopper! Über China sprechen! Was kennst du denn? Das Postkarten-China! Komm in die Dörfer um Lijiang, komm an den Lugu-See – du wirst allen erzählen: nie wieder China! Das Reich der Mitte? Am Arsch der Welt bist du! Es ist ein

Leben, das ihr nie verstehen werdet. Ihr wollt die goldenen Tempel sehen, aber nicht in die Augen der Menschen blicken. Ihr sitzt im Speisesaal der Fünf-Sterne-Hotels bei Loirewein und Champagner, und die Mädchen, die euch bedienen, tragen ihre langen, engen, an den Seiten bis zur Hüfte geschlitzten chinesischen Kleider und Blumen im Haar und zierliche bestickte Schuhe – ist das China? Wißt ihr, wie eine Bäuerin der Miaos aussieht, ein Kalkbrenner an den dörflichen Kalköfen, ein Steinklopfer am roten Felsen, ein Reisbauer hinter seinem Büffelpflug, ein Fischer in seinem Wohnboot auf den Seen? Habt ihr gesehen, wie man Steine zu Mehl mahlt, um es dem Tofu zuzusetzen? Wart ihr dabei, wenn bei den Bais das Richtfest eines neuen Hauses gefeiert wird, wo die Alten in schwarzer Kleidung ganz vorne sitzen und zuerst ihr Essen bekommen, weil man das Alter ehren muß, und die Mädchen singen und der Mao Tai aus Wasserflaschen verteilt und süßes Reisgebäck und Schüsseln voller Gemüse, gesottenem Fleisch und dampfendem, körnigem Reis herumgereicht werden? Und die Alten bekommen zur besonderen Verehrung die Fischköpfe, und überall wehen bunte Bänder im Wind, bemalt mit Glückwünschen und Segenssprüchen.

Das ist China, und nur ein winziger Teil von ihm. Um China wirklich zu kennen, braucht man ein ganzes Leben. Du aber bist herumgefahren worden zur »Verbotenen Stadt«, zum Himmelstempel, zum Sommergarten, hast in Shanghai auf dem Bund, der Prachtstraße, gestanden und das Kaufhaus Nr. 1 besichtigt, in Kanton hast du im »Weißen Schwan« gewohnt und bist bei Huilin über den Li-Fluß gerudert worden ... und dann stehst du jetzt hier und sagst: Wenn man über China sprechen will ...

Mein Gott, was seid ihr alle für Trottel!

Er ging zurück in das Clubrestaurant, setzte sich auf die Terrasse unter einen Sonnenschirm und bestellte ein Pils. Er hatte gerade angetrunken, da klopfte ihm jemand auf die Schulter. Rathenow drehte sich um.

Dr. Freiburg. Gelbes Hemd, karierte Hose, karierte Sportmütze. Er sah aus wie ein Golfspieler aus dem Modeblatt.

»Du hast mir gerade noch gefehlt!« sagte Rathenow.

»Ich gehe gleich wieder. Ich will noch achtzehn Löcher spielen. Aber ich dachte, daß es die Höflichkeit befiehlt, einen alten Freund zu begrüßen.«

»Guten Tag – und auf Wiedersehen.«

»Bleibst du länger?«

»Ich bin doch kein Masochist! Erst Dr. Bloch, dann du – das reicht mir! Ich flüchte.«

»Wir kennen dich nicht wieder. Früher hast du leidenschaftlich gern Golf gespielt ...«

»Hau ab!«

»Ist ja schon gut.« Dr. Freiburg entfernte sich.

Rathenow stand auf und ging langsam zu seinem Wagen. Er hat recht, dachte er. Ich habe mich verändert, total verändert. Ich sehe die Hohlheit um mich herum und erschrecke plötzlich. Dabei war sie immer da. Und ich war mittendrin in dieser Jet-set-Gesellschaft, der eine neue Schmuck-Kreation wichtiger ist als das Verhungern von Zehntausenden von Kindern im Sudan. Ich habe einmal mit dem Fabrikanten Hellermayer darüber gesprochen. Seine Antwort: Ich habe kein Mitleid. Die sollen arbeiten wie wir, dann hungern sie nicht. Wer faul ist, muß eben am Daumen lutschen. Es war an einem Abend gewesen, an dem Hellermayer ein Champagner-Buffet in seiner Villa am Tegernsee gab.

Nein, ich gehöre nicht mehr zu ihnen! Und ich kann es ihnen auch nicht erklären. Sie würden mich nicht verstehen. Sie würden tuscheln: Der Rathenow beginnt sehr früh, senil zu werden. Schade um ihn. Eigentlich war er ja immer ein merkwürdiger Mensch, dem Bücher mehr bedeuteten als ein Cocktail-Abend. Bücher ...

Er fuhr zurück nach Grünwald, setzte sich in den Garten, bis die Dämmerung kam und es kühler wurde, entschloß sich, sich etwas zu essen zu machen. Es machte ihm Spaß, in der Küche herumzuwirtschaften. Und plötzlich fragte er sich: Ob Liyun auch kochen kann? Sicherlich Reis und Tee, aber darüber hinaus? Sie hat es ja nie gebraucht.

Gegen 22 Uhr rief Dr. Freiburg wieder an. Rathenow schnaufte ins Telefon.

»Was willst du schon wieder?«

»Ich habe die Geschwister Gregorius eingeladen. Du weißt, die beiden Blondchen aus dem Golfclub. Vater Immobilienhai, kauft gerade bei Fürstenfeldbruck Bauerwartungsland. Wird ein Bombengeschäft. Der Alte hat einen Wink aus dem Rathaus bekommen, daß dieses Brachland zum Industriegebiet erklärt werden soll. Da jubeln die Millionen.«

»Was hat das mit mir zu tun?«

»Renate und Sylvia, die Töchterchen, habe ich für heute abend abgeschleppt. Kommst du rüber?«

»Nein! Laß mich in Ruhe.« Rathenow widerte Freiburgs Sexualprotzerei plötzlich an. »Ich setze mich in kein Auto mehr.«

Rathenow legte auf. Bis zu den Spätnachrichten saß er dann vor dem Fernseher, aber er sah eigentlich gar nicht, was über den Bildschirm flimmerte. Er dachte wieder an Min Ju, an die Handzeichen, an die Erkennungszeichen und an Mins Worte: Es kann sein, daß du dich verteidigen oder jemanden zu Hilfe rufen mußt. Auch die Russen setzen Asiaten ein. Du kannst sie nicht von uns unterscheiden.

Rathenow, hau ab! Geh nach Amerika, auf die Bahamas, in die Karibik, nach Brasilien, irgendwohin, wo dich keiner findet. Und schick morgen sofort ein zweites Fax an Liyun und warne sie. Sie soll sich unter Polizeischutz stellen oder auch aus China fliehen. Und irgendwo auf dieser Welt werden wir einen Platz finden, wo wir glücklich sein können. Unbekannt, allein, nur wir beide – wenn sie will! Und das war die Frage, auf die er keine Antwort wußte: Will sie überhaupt? Eine Batik mit einem Bai-Mädchen kann auch bedeuten: Denken Sie ab und zu an mich! Vergessen Sie China nicht! Mehr ist es doch nicht. Man interpretiert viel zuviel in ein Geschenk hinein, das vielleicht gar nicht so gemeint ist. Und in Dali gibt es diesen Journalisten Shen Zhi, diesen jungen Sportler mit seinem Modellkörper – welches Mädchen tauscht so einen ein gegen einen Mann, der in zehn Jahren ein Greis sein wird?

Ich sollte mit Min Ju darüber sprechen. Ich sollte ihm sagen: Sie irren sich gewaltig! Sie können mir nicht mit

Liyun drohen! Sie ist verlobt, ich war nur ein VIP-Gast, um den sie sich kümmern mußte. Min Ju, Sie haben nichts in der Hand, um mich zu erpressen.

Aber Rathenow wußte, daß solche Worte seinen Tod bedeuteten. Er wußte bereits zuviel von den Triaden. Es blieb Min gar keine andere Wahl, als ihn zu töten. Und er wußte eines ganz sicher: Die Polizei konnte ihn nicht schützen. Gegen die Triaden war sie machtlos.

Am nächsten Montag kam ein Fax für Rathenow: handgeschrieben, Absender CITS, Kunming VR China. Es war zwei Uhr nachmittags in München, in Kunming bereits acht Uhr abends:

An
Dr. Hans Rathenow,
Akazienweg 19,
München-Grünwald,
Germany

Lieber Hans,
ich war sehr froh, daß ich Ihr Fax so schnell erhalten habe. Es ist sehr nett von Ihnen.
Ich war nach dem Abschied fest davon überzeugt, daß Sie Ihr Versprechen halten, weil Sie ein berühmter Mann von hohem Ansehen sind. Das sage ich nicht nur so. Ich habe gerade eine österreichische Gruppe begleitet. Die Gäste waren sehr nett, und als wir über Sie sprachen, kannten sie Sie fast alle. So bin ich glücklich, Sie kennengelernt zu haben.
Welcher Termin würde Ihnen am besten passen? In China dauert es, bis man die Genehmigungen bekommt. Wenn Sie mir die Materialien im nächsten Monat schicken, kann ich im November das Visum bekommen. Deshalb wäre die Zeit von November bis Januar am besten. Liegt um diese Zeit in Deutschland Schnee? Ich freue mich darauf. Ich habe noch nie im Schnee getobt. Ich gebe im Antrag als Ziel an: München. Vielleicht kann ich später nicht so oft ein Fax schicken, es muß ja alles

über das Zentralbüro gehen, aber ich kann ja oft an Sie schreiben.

Ich warte und warte ...

Herzliche Grüße von

Ihrer kleinen Liyun.

Rathenow las das Fax dreimal, und er spürte, wie seine Sehnsucht wuchs und wuchs. Sie kommt, sie sagt nicht nein, sie freut sich. Ich warte, warte ... Ihre kleine Liyun. Meine kleine Liyun!

Alle bisherigen Bedenken verflogen angesichts dieses Briefes. Was mit Liyun in Kunming geschah, das konnte er nicht sehen und auch nicht verhindern. Aber wenn sie in München bei ihm war, konnte er sie beschützen, und vor allem konnte er mit ihr Pläne entwickeln, wie man aus den Krallen der Triaden herauskam. Dann war Liyun dem Zugriff der chinesischen Mafia entzogen. Sie war bei ihm – und sie konnten gemeinsam in ein unbekanntes neues Leben fliehen. Die Welt war groß genug, um zwei Menschen zu verstecken, auch wenn Min Ju sagte, 14K sei überall und man könne der Bruderschaft nicht entfliehen. Das war eine großsprecherische Drohung – so sah es zumindest Rathenow –, denn die Triade 14K konnte unmöglich die ganze Welt kontrollieren.

Triaden! Min Ju! Rathenows Euphorie legte sich schnell und wurde von der Realität eingeholt. Er wurde als Grassandale ausgebildet, um in München die Schutzgelder zu kassieren.

Er nahm sich vor, einen ausführlichen Brief an die deutsche Botschaft in Beijing zu schreiben, Fotokopien seiner ins Chinesische übersetzten Bücher beizufügen und auch zu erwähnen, daß Auszüge seiner Bücher in den germanistischen Instituten der chinesischen Universitäten zur Pflichtlektüre zählten, um so zu erreichen, daß Liyun ihr Visum möglichst schnell bekam.

Noch am Abend setzte sich Rathenow an seine Schreibmaschine und schrieb den Antrag und die Begründung. Er schrieb auch an das Kultusministerium Chinas in Beijing und legte Fotokopien der Schutzumschläge seiner chinesischen Bücher bei und einige Artikel, die in chinesischen Zeitungen über ihn erschienen waren. Das müßte reichen, dachte er. Da das Postamt bereits geschlossen hatte, fuhr er zum Hauptbahnhof und gab die Briefe per Eilboten und Einschreiben auf. Ein Sonderschalter der Bahnpost war noch offen.

Zurück in Grünwald rief er Dr. Freiburg an.

»Eine Neuigkeit!« sagte er mit der Fröhlichkeit, die ein Mensch in sich spürt, wenn er glaubt, etwas Gutes getan zu haben.

»Deiner jubelnden Stimme nach hat ein schönes Weib seinen Rock hochgehoben ...«

»Irrtum, du Ferkel! Ich werde Liyun kommen lassen.«

»Noch ist sie nicht hier. Du hast die Anträge wirklich gestellt?«

»Ja, und vorhin weggeschickt.«

»Und darauf bist du stolz?«

»Nein! Ich bin voller Lebenslust. Liyun hat ein Fax geschickt ... sie freut sich auf ihr Kommen.«

»Wundert dich das? Ein Mao-Mädchen kann plötzlich auf fremde Kosten in das Wunderreich der Kapitalisten. Wer freut sich da nicht?«

»Erstens ist Liyun kein Mao-Mädchen – Mao ist längst tot –, und zweitens kommt sie nicht zu Kapitalisten, sondern zu mir!«

»Ist da ein Unterschied? Vom Bauernkittel zu Dior-Modellen!«

»Liyun hat nie einen Bauernkittel getragen. Und wenn – ist das eine Schande? Zerreiß dir jetzt nicht den Mund über den chinesischen Kommunismus! Für unsere Politiker in Bonn ist China der Markt der Zukunft. Das in China angelaufene Wirtschaftswunder verspricht Milliardengeschäfte für unsere Industrie. Um China werden sich die Weltmächte noch reißen! Und – um mit deinen Worten zu sprechen – es wird bald auch in China Dior-Kleider geben.«

»Gewiß. Für die Bonzen! Nicht für die Bauern am Gelben Fluß.«

»Trägt man bei uns in den Dörfern Niederbayerns etwa Dior-Modelle?«

»Warum sollten wir diskutieren über Menschenrechtsverletzungen. Hinrichtungen, Massaker auf dem Platz des Himmlischen Friedens, chinesische Mafia und andere ›Beglückungen‹? Ausgerechnet du, der stramme Konservative! Da sieht man wieder, was eine Frau aus einem Menschen machen kann!«

»Du bist und bleibst ein Arsch!« schrie Rathenow ins Telefon.

»Das nennt man eben konservativ! Noch was?«

»Nein. Ich wollte dir nur meine Freude über Liyuns Fax mitteilen.«

»Ich höre, aber ich teile die Freude nicht mit dir. Du läufst in eine Falle! Du läßt dir das Messer in den Bauch rammen! Wenn diese Liyun erst mal hier ist, kommst du nicht mehr von ihr los.«

»Das kann ich schon jetzt nicht mehr! Ich denke nur noch an sie.«

Rathenow legte auf. Es hatte keinen Zweck, mit Freiburg über solche Dinge zu reden.

Was mache ich mit Min Ju? dachte Rathenow. Wie bringe ich ihm bei, daß Liyun nach München kommt? Er wird sofort reagieren und über Hongkong den Triaden in Kunming den Auftrag geben, diese Reise zu verhindern. Wenn es sein muß, mit Gewalt. Kewei Tuo würde alles tun, Liyun nicht nach Europa zu lassen. Nur: Welche Möglichkeit hat er, ohne die Geheimpolizei in Kunming zu alarmieren? Liyun und ihre Eltern würden sich natürlich bei der ersten Drohung an die Polizei wenden. Aber ... Wie war es Kewei gelungen, Liyun nicht zum Flugplatz fahren zu lassen, um mich zu verabschieden? Auch das ist ihm ja gelungen. Warum sollte er nicht Liyuns Reise verhindern können?

Rathenow nahm sich vor zu schweigen, bis Liyun in München war. Dann war immer noch Zeit, in den offenen Kampf mit Min Ju zu treten. Dann hatte er auch die Möglichkeit, Liyun vor allen Angriffen zu beschützen. Schweigen und lächeln, das mußt du noch von den Chinesen lernen! Nur hast du nicht ihren ewig geheimnisvollen Blick. Deine Augen verraten zuviel, und Min Ju, dieser schwarze Drache, kann in ihnen alles lesen, was du denkst. Du mußt üben, deine Augen zu beherrschen. Du mußt blicken können wie ein Eisbär – ohne Regung im Blick, eiskalt. Aber kann man das lernen, als Weißer? Morgen hast du wieder »Unterricht« im Keller von »Der Schwarze Mandarin«. Da mußt du schon einige der Handzeichen und Erkennungszeichen auswendig können. Wie deutet man an: Schutzgeld ist bezahlt? Wie erkennt man einen Triadenbruder am Nebentisch?

Rathenow begann zu üben. Immer die gleiche Übung und immer wieder: Du machst es falsch. Der kleine Finger ist nicht krumm genug, der Daumen steht nicht hoch genug, die Glieder des Mittelfingers sind nicht beweglich genug. Deine Hände sind zu steif, nicht biegsam genug. Sie können zwar ein Tennisracket halten und einen Golfschläger schwingen, aber die Finger so zu verbiegen, daß daraus ein Triadenzeichen wird, dazu sind sie nicht geschaffen.

Er erinnerte sich an einen Urlaub an der Nordsee, auf der Insel Norderney. Da sah er am Strand einen Asiaten – ob Chinese oder Japaner, das konnte er damals noch nicht unterscheiden – seine Körperübungen machen: Eine halbe Stunde lang, auf der Stelle stehend, immer wieder andere Verrenkungen, ein Spiel der Muskeln und ein Anblick, als habe dieser Körper keine Knochen, sondern nur Gummibänder, als könne er sich verknoten wie eine Schlange oder sich um ein Drittel wachsen lassen. Als er mit seinen Übungen fertig war und dann noch auf und ab hüpfte – Rathenow hatte es aufgegeben, mitzuzählen –, zeigte sich auf seinem bräunlichen Körper nicht der geringste Schweißtropfen. Dann rannte er am Meeresstrand entlang, hin und her, ab und zu die Arme hoch in die Luft werfend und den Lauf mit großen Sprüngen unterbrechend, und auch dann, als er den Lauf beendet hatte, war seine Haut ohne den geringsten schwitzigen Glanz.

Damals hatte Rathenow nur sprachlos gestaunt. Nachdem er zum erstenmal durch den asiatischen Raum gereist war, hatte er das Geheimnis begriffen: Es war die Selbstbezwingung durch den eigenen Willen, der innere Befehl an den Körper, die totale Versenkung in die innere Kraft – es ist bis heute das Geheimnis der Shaolin-Mönche geblieben, deren unbegreifliche Stärke sich im Kung-Fu manifestiert. Für einen Kung-Fu-Kämpfer der Shaolin gibt es keine Schwerkraft mehr.

Rathenow stellte seine Fingerübungen ein. Min Ju muß zufrieden sein mit dem, was ich ihm vorführe. Aber ich muß ihn davon überzeugen, daß es kein passiver Widerstand ist, sondern wirkliches Unvermögen.

Morgen um 22 Uhr im »Schwarzen Mandarin«. Aisin Ninglin wird mich wieder spöttisch ansehen und denken: Er wird nie ein Cho Hai, eine Grassandale, werden. Aber genauso sicher, wie er Ninglins Gedanken erriet, war etwas anderes: Wenn er einen Fehler machte beim Einsatz – man würde Liyun dafür bestrafen. Rathenow fror plötzlich, trotz der sommerlichen Temperaturen.

In Kunming waren Polizei und Partei noch immer ratlos.

Professor Wang Biao hatte die Entführung seiner Tochter Liyun durch den unbekannten Taxifahrer sofort der Polizei gemeldet und war in Begleitung seiner Tochter zu seinem Schulfreund, dem Parteisekretär von Yunnan und damit dem Obersten der ganzen Provinz, gegangen. Liyun zeigte die Hautabschürfungen und blauen Flecken auf ihrem Körper, erzählte genau den Hergang der Entführung und die Schande, die man damit über sie und die CITS, ja über ganz China gebracht hatte, denn Dr. Rathenow war ein VIP und ein mit Sonderrechten ausgestatteter Gast des Kulturministeriums gewesen.

Der Parteisekretär hörte mit versteinertem Gesicht zu. Was Liyun erzählte, war wirklich peinlich. In seiner Provinz geschahen solche haarsträubenden Dinge? Wenn der Vorfall bis Beijing drang, würde das Ministerium eine Erklärung von ihm verlangen, und jeder ungeklärte Vorfall minderte sein Ansehen bei der Regierung.

»Es ist eine Schande!« sagte er, als Liyun ihren Bericht beendet hatte. »Wir werden alles daransetzen, das aufzuklären. Und wir werden diesen Kerl und seine Auftraggeber mit aller Härte bestrafen. Denn eines ist klar: Der Taxifahrer war nur der ausführende Halunke – dahinter steckt weit mehr.«

»Aber was« fragte Wang Biao. »Wer hat ein Interesse daran, daß meine Tochter sich nicht von einem Gast verabschiedet? So etwas hat es noch nie gegeben.«

»Es ist ein Anschlag auf unseren Ruf!« Der Parteisekretär spielte mit einem Brieföffner aus Jade, der auf seinem Schreibtisch lag. »Für mich ist das klar. Man beleidigt einen VIP, um den Ruf Yunnans als Gastgeberland zu schädigen. Das ist das Werk der jungen Intellektuellen, der Demokratiebewegung, der Abweichler von unserem Kurs. Es sind die, die China dem Westen ausliefern wollen! Aber nicht bei mir in Yunnan! Wang Biao, ich verspreche dir: Ich werde jetzt unerbittlich ermitteln lassen!«

Aber die Polizei, die Geheimpolizei und die Spitzel stießen ins Leere. Sie verhörten alle registrierten Taxifahrer – nichts. Sie verhörten dekadente Studentenführer der Universitäten – nichts. In einer Großaktion untersuchte man alle Besitzer von Autos, auch die Chauffeure von CITS, unter ihnen auch Wen Ying, der aber ein wasserdichtes Alibi hatte. Auch Kewei Tuo, Shen Jiafu und Fu Huang, den Chef des Reisebüros, verhörte man. »Alle sind verdächtig«, hatte der Parteisekretär als Parole ausgegeben. Alle, ohne Rücksicht auf Rang und Namen. Jeder Autobesitzer kann es sein und jeder, der einen Führerschein besitzt. Ding Zhitong, der Polizeichef von Kunming, kam in drei Tagen nur zu vier Stunden Schlaf und war hinterher verzweifelt, melden zu müssen: Keine Erfolge.

»Wir jagen ein Phantom!« sagte der Parteisekretär am Abend des dritten Tages zu Professor Wang Biao. »Es gibt diesen Kerl – aber kann ich 3,5 Millionen Kunminger verhören? Und alle lügen sie, alle! Selbst mein eigener Chauffeur könnte es sein – wer weiß das? Wir sind umgeben von Schuften! Alle Verhöre, auch die strengen, haben nichts gebracht. Aber das haben wir oft erlebt: Der Zufall wird uns eines Tages helfen.«

»Ich habe einen anderen, bösen Gedanken«, sagte Professor Wang.

»Welchen? Sprich dich aus!«

»Es gibt, außer der Studentenbewegung, eine Organisation, die uns schaden will: die Triaden.«

Der Parteisekretär winkte ab. »Den Gedanken hatte ich auch schon. Aber – in Kunming gibt es keine Niederlassung einer Triade.«

»Weißt du das so genau?«

»Ja. Meine Spitzel hätten es längst erfahren. Kunming ist sauber. Diese Verbrecher sitzen in Hongkong und Taipeh. Mag sein, daß sie Beobachter in Beijing, Shanghai, Guangzhou und in Shenzhen haben, aber nicht in Kunming! Sie würden meinen Informanten nicht entgehen! Darauf bin ich stolz.«

Hätte Kewei Tuo diese Rede gehört, hätte er einen Lachkrampf bekommen, den er nur mit zwei Mao Tai hätte besiegen können. Aber er hörte es nicht – und so schickte er nach den Razzien den Taxifahrer zu seinem Nachbarn in das ferne Changde mit dem Hinweis, der gefällige Bruder wisse zuviel. So kam es, daß eines Tages im Seengebiet von Dongtin Hu eine Wasserleiche angeschwemmt wurde, die keiner kannte. Auch vermißt wurde niemand. Die Triaden verfügen über sichere Methoden, keine Spuren zu hinterlassen.

Wang Liyun wurde von ihrem Chef für einen Monat von längeren Auswärtsführungen befreit und betreute in dieser Zeit nur noch Gäste, die Kunming besichtigen wollten, unter ihnen auch die österreichische Gruppe, die sie in einem Fax an Rathenow erwähnt hatte.

Sie dachte oft an ihn, und wenn sie faxte: »Ich warte ... warte ...«, dann meinte sie es ehrlich. Aber lange hatte sie mit der Unterschrift gezögert. Schließlich schrieb sie doch »Ihre kleine Liyun«, weil Rathenow sie in seinem Fax angesprochen hatte mit »Liebe, kleine Liyun«. Sie hatte das Papier dann Nacht für Nacht mit in ihr Bett genommen, es geküßt und sich in seine Arme geträumt. Wenn sie eine Gruppe durch Kunming führte, steckte das Fax immer in ihrer Umhängetasche. Sie kannte es auswendig, Wort für Wort ...

»Kleine Liyun, wir sehen uns wieder ...« Und dann dachte sie, während die Gruppe die Kunstschätze in den Tempeln bewunderte: Ich komme, ich komme, ich komme. Ich *muß* kommen – ich spüre dich, als wäre ich schon bei dir ...

Professor Wang beschäftigte sich mit anderen Gedanken. Immer wieder sprach er mit seiner Tochter über diesen unerklärlichen Vorfall.

»Überlege, Liyun«, sagte er eindringlich, »überlege ganz scharf: War an diesem Dr. Rathenow etwas Besonderes? Kannst du dich an besondere Bemerkungen erinnern?«

»Nein. Er hat nichts Auffälliges gesagt.«

»Aber jemand muß doch ein Interesse daran gehabt haben, daß du nicht am Flughafen warst, als er abflog. Denn das scheint mir der einzige Grund deiner Entführung zu sein: Du solltest ihn nicht mehr sehen! Aber warum? Was verbirgt sich da vor uns? Tochter«, er sah Liyun scharf an, »war etwas zwischen ihm und dir?«

Liyun wurde nicht rot, sondern nur trotzig. »Was soll das heißen, Papa? Du kennst mich doch!«

»Man weiß von einem Menschen nur wenig – selbst von der eigenen Tochter.«

»Ich schwöre dir – er war ein Gentleman! Außerdem ist er älter als du!«

»Auch im Alter gibt es nicht nur Weise, sondern auch Toren.«

»Hat er versucht, dich zu küssen?« fragte Liyuns Mutter.

»Nein! Nie! Und was hätte das mit meiner Entführung zu tun?«

»Es ist alles so voller Rätsel.« Professor Wang goß sich seinen Abendtrunk ein: ein kleines Gläschen Mao Tai. »Man begeht eine solche verworfene Tat nicht ohne Grund. Und dann: Der Chauffeur wußte genau, daß du mit einem Taxi zum Flughafen wolltest. Woher wußte er das? Wer hat das überhaupt gewußt?«

»Im Reisebüro mein Deutschland-Chef, Herr Cai Qiang.«

»Ha! Ist er auch verhört worden von der Polizei?«

»Ja. Ich war sogar dabei. Warum sollte Herr Cai eine solche Tat veranlassen?«

»Wenn er dich heimlich verehrt ...«, warf die Mutter ein.

»Unsinn! Er ist glücklich verheiratet und hat ein Kind.«

»Das hat Männer noch nie daran gehindert, sich für ein junges Mädchen zu begeistern.«

»Nicht Herr Cai! Er ist ein Ehrenmann. Du kennst ihn doch, Mama.«

»Wir, die Polizei und die Partei, kommen nicht weiter. Weil wir kein Motiv entdecken können. Es bleibt nur, was der Parteisekretär denkt: Es war eine Gruppe Dissidenten, die dem Ansehen Chinas vor der Welt schaden wollten! Herr Rathenow war der erste für diese Aktion. Warten wir ab, ob andere folgen werden. Wenn es so kommt, wird es wieder losgehen an den Universitäten. Auch bei uns. Und ich kann es nicht verhindern.« Wang Biao sah seine Tochter fragend an. »Es stimmt also, daß dich dieser Dr. Rathenow nach Deutschland eingeladen hat?«

»Ja, Papa. Er hat es gesagt.« Von dem Fax erzählte sie nichts. »Er will es versuchen.«

»Und du würdest hinfliegen?«

»Ja, Papa.«

»In ein völlig fremdes Land? Zu Menschen, die so ganz anders sind als wir? Die anders leben, denken und essen?«

»Es sind ja nur drei Monate, Papa. Dann komme ich zurück.«

»Was kann in drei Monaten alles geschehen?«

»Dazu brauche ich nicht nach Deutschland zu fliegen«, sagte Liyun trotzig, »in China geschieht genug!«

»Du hast dich verändert, Tochter.« Professor Wang sah zu seiner Frau. »Diese letzte große Reise hat dich verwandelt. Wir spüren es alle. Auch dein Bruder Chuan und deine Schwester Min.«

»Sie sollen sich um sich selbst kümmern. Da gibt es genug Probleme.«

»Das ist es.« Liyuns Mutter nickte mehrmals. »So hättest du früher nie gesprochen.«

»Ich habe bei den Mosuos gelernt, daß sich wehren dem Leben einen eigenen Sinn gibt. Wer sich ständig duckt, wird immer ein Kuli bleiben.«

»Eine Irrlehre, die schon Konfutse erkannt hat: Nur der Gehorsam öffnet die Werte des Lebens.«

»Auch ein Weiser ist ein Unwissender, wenn er nur denkt und nicht fühlt.« Liyun hatte an diesem Punkt das Gespräch abgebrochen und war mit ihrem Fahrrad zu ihrer kleinen Wohnung gefahren. Sie war heute allein. Ihre Kollegin und Mitbewohnerin führte eine englische Gruppe nach Dali. Liyun zog sich aus, duschte und legte sich nackt auf das Bett. Wieder griff sie nach Rathenows Fax und las es wieder.

Sie sollen mich in Ruhe lassen, dachte sie und schloß die Augen. Alle, alle sollen mich in Ruhe lassen! Auch Mama und Papa und die anderen. Ich weiß, was ich will und was ich tue! Ich bin alt genug! In meinem Alter sind andere Mädchen längst verheiratet und haben ein Kind. Ich bin immer davor zurückgeschreckt. Nicht, weil ich die Männer nicht mag oder noch nie eine Liebe empfunden habe, nein, ich habe Shen Zhi wirklich geliebt, aber ich habe immer gewartet, gewartet auf die ganz große Liebe, eine Liebe, die so vollkommen ist, daß ich mein ganzes Leben in die Hände dieses Mannes legen kann. Bisher hat es diesen Mann noch nicht gegeben. Und dann kommt ein Fremder nach Kunming, eine »Langnase«, ein berühmter Mann, älter als mein Vater, ein Mann aus einer fernen, fremden Welt, und plötzlich ist alles anders, hat sich das Leben verändert, kenne ich mich selbst nicht mehr und träume und träume, höre seine Stimme und weiß, daß er der Mann ist, auf den ich gewartet habe. Das Schicksal hat ihn mir gegeben, und eine höhere Macht öffnet die Knospe und läßt aus ihr eine wunderschöne Blume werden.

So träumte sich Liyun in den Schlaf.

Dienstag abend.

Rathenow betrat den »Schwarzen Mandarin«, und wieder wurde er von dem netten Kellner empfangen. Sein Tisch war schon reserviert. Der Chef, der exzellente Koch Zou Shukong, winkte ihm durch die Küchendurchreiche zu und machte ein Handzeichen: Heute bekommst du eine besondere Delikatesse: einen gebackenen gefüllten Karpfen mit schwarzen Pilzen nach Yunnanart. Iß mit Genuß, und lobe mich ...

Rathenow saß noch keine zehn Minuten am Tisch, als sich Min Ju zu ihm setzte. Er begrüßte Rathenow wie einen wichtigen Geschäftsfreund und blinzelte ihm zu, als er sich am Tisch ihm gegenüber niederließ.

»Heute kein Unterricht!« sagte er mit gedämpfter Stimme. »Du gehst heute mit Ninglin auf Besuch. Wie fühlst du dich, Bai Juan Fa?«

»Ich kann nicht klagen. Ich habe fleißig Handzeichen geübt. Soll ich Ihnen einige vorführen?«

»Nicht jetzt und nicht hier. Wir sind zwei harmlose Gäste von Zou Shukong.« Min Ju lächelte breit. Sein rundes Gesicht glänzte. »In einer Stunde werdet ihr das Lokal ›Lotos‹ besuchen und mit dem Wirt sprechen. Dabei wird dir Ninglin zeigen, wie wichtig unser Schutz für unsere Landsleute ist. Ich habe übrigens dem Gao Lao in Hongkong eine Nachricht über dich zukommen lassen. Er wird sehr zufrieden sein. Ah, da kommt die Vorspeise. Marinierter Fisch in Currysoße mit Bohnensprößlingen. Ich sage es immer wieder: Shukong ist ein Künstler am Herd!«

Sie aßen stumm, sahen sich ab und zu schweigend an, und Rathenow ahnte Böses. Min Ju war zu gut gelaunt, und die Aussicht, mit Aisin Ninglin auf einen Besuch zu gehen, klang zwar harmlos, war es aber bestimmt nicht. Was hatte Min mit ihm vor? Welche Teufelei steckte hinter seiner Freundlichkeit? Doch der Fisch war vorzüglich. Mancher 3-Sterne-Koch könnte bei Zou Shukong noch in die Lehre gehen, dachte Rathenow.

Sie waren beim Nachtisch, der obligaten Suppe, als auch Ninglin an den Tisch kam. Er trug einen vorzüglich sitzenden schwarzen Anzug, ein weißes Hemd, eine diskrete schwarz-gold gestreifte Krawatte und gab, wie üblich, Rathenow nicht die Hand zur Begrüßung. Er aß nichts, sondern rauchte statt dessen eine Zigarette.

»Mein Wagen parkt im Hof!« sagte er auf deutsch, aber er sah dabei nicht Rathenow, sondern Min Ju an.

Min sah auf seine brillantenbesetzte goldene Uhr. »Ihr

könnt in fünfzehn Minuten fahren. Bis ihr beim ›Lotos‹ seid, ist das Lokal zu. Kennst du das ›Lotos‹, Bai Juan Fa?«

»Nein.«

»Es liegt in Harlaching. Feine Gegend. Da schlafen die Leute auf ihren Kontoauszügen! Und das ›Lotos‹ ist eine Goldgrube. Es hat vor drei Monaten einen neuen Pächter bekommen. Ist herübergekommen aus der Schweiz. Er nennt sich Yan Xiang. Ob das sein richtiger Name ist, weiß keiner. In seinem Paß steht jedenfalls Yan Xiang.«

»Aber das hat nicht viel zu bedeuten«, sagte Rathenow.

»Du hast gut gelernt. Einen Paß zu bekommen ist leichter, als eine Forelle an Land zu ziehen. Als Yan ist er im Computer eingespeichert. Hat er irgendwie Mist gebaut und wird gesucht, dreht er den Namen einfach um und nennt sich Xiang Yan. Kein Computer der Welt wird ihn dann finden – so einfach ist das. Du kennst doch als Deutscher das Märchen vom Hasen und dem Igel? Genauso benimmt sich die Polizei. Wir sind immer vor ihr da! So, jetzt könnt ihr fahren.« Min Ju erhob sich. »Viel Erfolg. Und wenn noch Gäste im Lokal sein sollten – wartet, bis Yan geschlossen hat.«

»Ist er verheiratet« fragte Ninglin mit gleichgültiger Stimme.

»Ja.«

»Eine Chinesin?«

»Nein, eine Schweizerin.«

»Das gefällt mir nicht.« Ninglin wölbte die Unterlippe vor. »Sie wird uns nicht verstehen.«

»Darum schicke ich dich hin. Überzeuge sie!«

Ninglin nickte, dann sagte er: »Kann ich nicht allein zu Yan fahren? Bai Juan Fa würde mich nur stören.«

Jetzt sprachen sie chinesisch, und es war gut, daß Rathenow sie nicht verstand.

»Er muß lernen, was seine Aufgabe sein wird, Ninglin. Er muß sich an unsere Methoden gewöhnen.«

»Das wird er nie, Daih-Loh. Aber sehen wir mal, wie er sich nachher benimmt.«

»Er wird alles ertragen, wenn er an Liyun denkt. Und nun – fahrt!«

Ninglin und Rathenow verließen das Lokal und stiegen im Hof in Aisins kleinen Wagen.

Auf der Fahrt nach Harlaching sprach Ninglin kein Wort; Rathenow hatte es auch nicht erwartet. Aber als Ninglin dann vor dem Eingang des »Lotos« anhielt – ein prachtvoller Eingang mit großen Bronzelampen –, brach er sein Schweigen.

»Sehr vornehm...«, sagte er so, als spräche er zu sich selbst. »Ein reicher Mann! Und so dumm...«

»Wie? Zahlt er nicht« fragte Rathenow. Eine entsetzliche Ahnung stieg ihn ihm auf. Nur das nicht, durchfuhr es ihn. Nicht Zeuge einer Bestrafung sein! Das kann auch Min Ju nicht von mir verlangen. Das ist einfach grauenhaft! Ich lasse mich nicht zum Mitschuldigen machen! Geld einkassieren, na gut, das kann ich noch ertragen, aber mit allem anderen will ich nichts zu haben. Er dachte wieder an die Fotos. Plötzlich hatte er das Gefühl, seine Beine seien gelähmt, und er konnte einfach nicht aus dem Wagen steigen.

Er drehte sich zu Ninglin und faßte seinen Arm.

»Zahlt er nicht« fragte er wieder.

»Wir werden sehen.«

»Du willst ihn bestrafen?«

»Warte es ab.«

»Ohne mich! Ich gehe nicht mit dir in das Lokal!«

»Du gehst...«

»Ich weigere mich!«

»Das Wort weigern gibt es bei uns nicht!«

»Keiner kann mich zwingen...«

»Min Ju wird Liyun bestrafen müssen.«

Rathenow ballte die Fäuste. Er fühlte den Drang in sich, Ninglin so zusammenzuschlagen, daß er für eine lange Zeit ausgeschaltet war. Ja, er begriff in diesem Moment, daß man einen Menschen umbringen kann, ohne die geringste Hemmung und Reue. Aber was brachte das ein? Ninglin war nicht zu töten, nicht von ihm, weil er schneller war und ein guter Kung-Fu-Kämpfer, der sich mit einem Schlag befreien konnte. Und womit soll man ihn töten, wenn man keine Waffe hat, nur seine beiden Hände? So ließ es Rathenow zunächst darauf ankommen und blieb sitzen, als Ninglin aus dem Wagen stieg.

»Mitkommen!« befahl er mit rauher Stimme und winkte.

Rathenow schüttelte den Kopf. »Nein!«

»Denk an Liyun, Bai Juan Fa!«

»Ihr irrt euch alle! Ich liebe sie ja gar nicht, sie ist mir völlig gleichgültig!« schrie Rathenow aus dem Wagen.

Ninglin schüttelte den Kopf, was soviel heißen sollte wie: Halte uns nicht für Idioten – und dann zuckten seine Arme vor, krallten sich seine Finger in Rathenows Rock und rissen ihn mit einer Kraft aus dem Auto, die niemand Ninglin zugetraut hätte. Rathenow hieb auf die Unterarme des Chinesen ein, befreite sich dadurch von seinem Griff und taumelte gegen die Karosserie.

»So spricht man nicht mit einem Bruder!« sagte Ninglin monoton. »Du mußt noch mehr lernen, als Min Ju glaubt.« Er trat Rathenow blitzschnell gegen das Schienbein. Ein ungeheurer Schmerz zuckte bis in sein Gehirn und das Erschrecken: Er hat mir das Bein gebrochen. Mit einem Tritt. Er hat mein Schienbein zertrümmert, mit nur einem einzigen Tritt. Er hat mich zum Krüppel gemacht!

Rathenow schwankte, vor seinen Augen verschwamm alles, er stützte sich auf die Motorhaube und krümmte sich. Sein linkes Bein schien zu verbrennen. So muß es auf einem Scheiterhaufen gewesen sein, dachte er völlig unmotiviert. Die ersten Flammen erfassen das Bein des Verurteilten.

»Komm!« hörte er Ninglins verhaßte Stimme.

»Jetzt kann ich überhaupt nicht!« stöhnte Rathenow.

»Versenk dich in dich, und besiege den Schmerz.«

»Ich bin kein Chinese!«

»Du sagst es. Du bist nicht mal den Dreck unter meinen Fingernägeln wert!« Ninglin riß Rathenow von der Motorhaube weg und ließ ihn dann los. Rathenow schwankte wie ein Betrunkener. Nicht hinfallen! befahl er sich selbst. Nur nicht hinfallen! Tu ihm diesen Gefallen nicht! Bleib stehen!

»Komm!« sagte Ninglin wieder.

Rathenow versuchte den ersten Schritt. Es war wie ein Tritt auf glühende Kohlen, und Tränen traten ihm in die

Augen. Aber dann geschah das Seltsame: Ninglin faßte ihn unter, stützte ihn, und so gingen sie langsam zum Eingang des »Lotos«. Als sie die Doppeltür aufstießen, grinste ihnen überlebensgroß der fette Bao-Dai entgegen, der Gott des Genusses und der Zufriedenheit. Im Hintergrund des Lokals stand ein großes Aquarium mit Beleuchtung. Eine Menge Fische schwammen darin herum. Ninglin lächelte, aber es war ein böses Lächeln.

»Wie es sein soll«, sagte er leise zu Rathenow. »Aber der falsche Gott und die falschen Fische. Yan Xiang verhöhnt uns! Er ist eben doch nur ein dummer Mensch.«

Sie betraten den großen Gastraum und sahen sich um. Nur noch zwei Gäste saßen an einem Tisch in einer Nische und tranken Bier. Zwei Deutsche, die von den Eintretenden kaum Notiz nahmen und sich weiter angestrengt unterhielten. Ninglin steuerte auf einen Tisch in der Nähe des Aquariums zu, und Rathenow folgte ihm humpelnd und das linke Bein nachziehend.

Sie wollten sich setzen, als ein Kellner in schwarzer Hose und rotem Dinnerjackett erschien.

»Bedaure, meine Herren«, sagte er in leidlichem Deutsch, »aber die Küche ist geschlossen.«

»Wir wollen nichts essen!« antwortete Ninglin auf chinesisch.

Der Kellner schüttelte den Kopf. »Wir haben schon geschlossen!« Er sprach nun auch seine Muttersprache.

»Und die zwei da hinten?« Ninglins Stimme änderte sich in ihrem Klang – sie wurde heller und eisiger.

Der Kellner winkte ab. »Die gehen gleich. Sind Stammgäste.«

»Wir werden auch Stammgäste werden.« Ninglin lächelte böse. »Bestimmt...«

»Auch für Stammgäste gilt die deutsche Sperrstunde.« Der Kellner wurde ärgerlich. Wenn nicht ein seriöser Deutscher bei ihm gewesen wäre, hätte er Ninglin anders behandelt. Aber so mußte man höflich bleiben, sosehr ihn dieser Landsmann auch reizte. »Wir möchten keinen Streit mit den deutschen Behörden.«

»Aber du wirst Streit mit mir bekommen – und der ist unangenehmer.«

»Verlaß sofort das Lokal!« sagte der Kellner scharf.

Rathenow blickte verwundert zu Ninglin. Er hörte am Ton, daß hier etwas nicht stimmte.

»Was sagt er« fragte er.

»Er will uns rausschmeißen!« Ninglin schüttelte den Kopf. »Weiß er nicht, daß viele Menschen an ihrer Dummheit zugrunde gehen? Wir müssen ihn belehren, Bai Juan Fa. Er mißachtet die Regeln.« Und auf chinesisch sagte er zu dem wartenden Kellner: »Ruf Yan Xiang.«

»Er ist nicht da!« beeilte sich der Kellner mit der Antwort.

»Wie kann man nur so lügen? Und dann vor mir?«

Die beiden Stammgäste, die schon bezahlt hatten, verließen das Lokal und winkten dem Kellner zu. Der nickte zurück und kam dann einen Schritt auf Ninglin zu. Sie waren nun allein. Auch die Küchen-Crew war gegangen.

»Mein Herr«, sagte der Kellner zu Rathenow, »darf ich Sie bitten – wir machen jetzt zu. Nach einem langen Tag haben wir Ruhe verdient.«

»Die sollst du haben!« Ninglins Körper straffte sich, und ehe Rathenow begriff, was vor ihm geschah, war Ninglins Hand vorgeschnellt, und ein tödlicher Handkantenschlag traf den Kellner an der Halsschlagader. Wie vom Blitz gefällt sank er in sich zusammen, krachte zu Boden und rollte gegen einen Tisch. Entsetzt sah Rathenow, wie dem Mann Blut aus Nase und Mund tropfte.

»War das nötig?« rief er und prallte drei Schritte zurück.

»Er ist an seiner Dummheit gestorben.«

»Er ... er ist wirklich tot?«

»Es war ein Endschlag!« sagte Ninglin leichthin. »Wenn man damit Ziegelsteine spalten kann, ist ein Hals nur wie ein Scheibchen Tofu. Gehen wir!«

»Wohin?«

»Zu Yan Xiang. Natürlich ist er da.« Ninglin ging zur Eingangstür, schloß sie von innen ab, kam zurück und klopfte Rathenow auf den rechten Arm. »Komm ...«

Rathenow blieb stehen und starrte auf die verkrümmte

Gestalt des Toten. Ihm war klar, daß er Zeuge eines Verbrechens geworden war und daß er, da er schweigen mußte, mitschuldig daran war.

»Das war Mord!« sagte er, hastig atmend.

»Es war Notwehr.«

»Er hat dich nicht angegriffen.«

»Er wollte mich aus dem Lokal werfen. Ich mußte mich wehren, sonst hätte ich mein Gesicht verloren. Man droht keinem Triaden, ihn hinauszuwerfen.« Ninglin zeigte auf eine Tür, auf der PRIVAT stand. »Begrüßen wir Yan Xiang!«

Er ging Rathenow voraus, der ihm nachhumpelte. Sein Schienbein brannte noch immer wie Feuer. Jeder Schritt wurde zu einer Qual.

Ohne anzuklopfen, riß Ninglin die Tür auf und trat in den Raum. Es war ein Büro, in dem auf einem Metalltisch ein Computer stand. Aus einem Ledersessel hinter einem Schreibtisch sprang ein mittelgroßer, gutaussehender Chinese auf. Trotz der schwülen Nachthitze trug er zu seinem weißen Hemd eine geblümte Krawatte. Korrekt, nicht ein Hemdenknopf war geöffnet. Sein schwarzes Haar begann an den Schläfen grau zu werden. Er hatte einen muskulösen Oberkörper und ein faltenloses Gesicht, hellbraune, wache und nur mäßig geschlitzte Augen und feingliedrige Hände, die verrieten, daß Yan nie schwere körperliche Arbeit verrichtet hatte. Er war ein intellektueller Typ, der schon beim ersten Anblick die Sympathie aller gewann.

Er hatte schon eine scharfe Zurechtweisung auf der Zunge, als Ninglin so einfach ins Zimmer kam, doch als er Rathenow hinter ihm sah, einen seriösen, weißhaarigen Deutschen, bemühte er sich um ein Lächeln.

»Was kann ich für Sie tun, meine Herren?« fragte er auf deutsch.

Um Rathenow an der Unterhaltung teilhaben zu lassen, sprach auch Ninglin nicht chinesisch.

»Yan Xiang«, sagte er, »du hast einen Bruder von mir einen Verbrecher genannt. Und du hast zu ihm gesagt: ›Wenn ich euch nur sehe, dreht sich mir der Magen um, und vor meinen Augen flimmert es!‹ Und dann hast du unseren

Bruder auf die Straße werfen lassen, als sei er ein faulender Fisch. Verkehrt man in der Schweiz so mit höflichen Gästen?«

»Höflich?« Yan ahnte jetzt, wer da in sein Büro gekommen war. Er ließ die rechte Hand sinken, zog eine Schublade auf – aber ehe er hineingreifen konnte, um eine Pistole hochreißen zu können, hielt Ninglin plötzlich ein Messer in der Hand, schleuderte es auf Yan, und die lange Klinge bohrte sich in seinen Unterarm. Mit weit aufgerissenen Augen taumelte Yan gegen die Wand. Blut färbte sein weißes Hemd mit großen roten Flecken.

»Er war ein höflicher Mensch«, sagte Ninglin ungerührt.

»Ein Erpresser!« Yan zog das Messer aus seinem Arm. Ein Blutstrom ergoß sich aus der Wunde. »Er wollte Schutzgeld erpressen! Wozu Schutzgeld?«

»Damit nicht passiert, was dir jetzt passiert. Wir schützen dein Lokal, deinen Leib, dein Leben und das Leben deiner Familie. Ist dir das nicht einen kleinen Teil deiner Einnahmen wert?« Ninglin beugte sich über den Schreibtisch und zog das blutige Messer wieder an sich. Er wog es in der Hand, der Griff aus Eisenholz hüpfte in seinen Fingern. »Du hast uns beleidigt, Xiang. Du hast dich benommen wie ein betrunkener Lastenträger. Vor deinen Augen flimmert es, wenn du uns siehst, hast du gesagt. Und das hast du auch anderen chinesischen Freunden gesagt. Wie kann ein sehender Mann so dumm sein? Es heißt, die besten Weisen sind die Blinden, denn sie blicken nach innen und finden ihre Seelen. Werde ein Weiser, Yan Xiang.«

Ninglin kam langsam um den Schreibtisch herum. Dabei sah er kurz Rathenow an. Es war ein Killerblick, der Rathenow den Atem stocken ließ. Ein Blick, der nichts Menschliches mehr an sich hatte.

Mit der linken Hand faßte Ninglin an Yans Kehle und drückte sie zu, aber nicht so weit, daß er ersticken konnte, sondern nur wie gelähmt alles hörte und alles spürte. Seine Beine zuckten und knickten ein, aber Ninglin preßte ihn mit der linken Hand gegen die Wand. Dann schnellte seine Rechte hoch, mit der er das Messer umfaßt hielt – und der erste Stich mit der Klingenspitze traf Yans linkes Auge. Eine Drehung trennte es von den Sehnen und Nerven. Das Auge rutschte aus der Höhle und fiel auf den Tisch. Ein Blutfaden rann aus der leeren Höhle.

»Ninglin!« brüllte Rathenow und stürzte nach vorn. »Nein! Laß ihn los! Du Ungeheuer!« Er wollte ihn zurückreißen von Yan Xiang, aber Ninglin drückte ihm weiter die Kehle zu und gab Rathenow einen Tritt gegen den rechten Oberschenkel. O ja, er war beweglich, sein Körper eine einzige Kampfmaschine, die man nicht überraschen und die sich nach allen Seiten zugleich wehren konnte. Einen Kung-Fu überrascht man nicht.

Rathenow ächzte laut, hielt sich an der Tischplatte fest und mußte hilflos mit ansehen, wie Ninglin wieder sein spitzes Messer schwang und die Klinge in Yans rechtes Auge stieß. Auch hier eine schnelle Drehung, und die Augenhöhle war leer. Aus beiden Augen rann jetzt das Blut. Es sah aus, als weine Yan Blut.

Yan Xiang hatte während der Blendung keinen Laut von sich gegeben, aber als Ninglin jetzt seine Kehle losließ, sackte er zu Boden und rutschte an der Wand entlang. Ninglin wischte sein Messer an einem Bogen Papier ab, der auf dem Tisch lag. Ein Schreiben des Ordnungsamtes, das bestätigte, daß das Lokal »Lotos« in einwandfreiem hygienischem Zustand war.

»Jetzt bist du blind und wirst ein Weiser werden«, sagte Ninglin mit einer so ruhigen Stimme, daß Rathenow erschauerte. »Und verhindere, daß man dir auch noch die Ohren putzt. Vor allem deine Frau sollte keine schmutzigen Ohren haben – sie würden zuerst geputzt werden.«

Die Todesdrohung der Triaden.

Rathenow spürte, wie Übelkeit in ihm aufstieg, ein Ekel, den er kaum noch beherrschen konnte. Er drehte sich um, er konnte den Anblick des Blut weinenden, augenlosen Yan Xiang nicht mehr ertragen.

»Er hört doch gar nicht, was du sagst!« stammelte er.

»Oh, er hört alles! Jedes Wort! Und er versteht es!«

»Er ist doch halbtot!«

»Das ist er nicht.« Ninglin kam um den Tisch herum. Jetzt hatte er nicht mehr diesen eisigen Killerblick. Die geweiteten Augen hatten sich wieder zu Schlitzen verengt. »Ein Chinese kann mehr vertragen, als du glaubst. Am Verlust seiner Augen wird er nicht sterben. Im Gegenteil: Er wird das Singen der Vögel klarer hören als wir, und er wird den Duft der Blumen intensiver riechen als jeder andere.«

»Was seid ihr bloß für Menschen?« sagte Rathenow und schluckte seine Übelkeit hinunter. »Seid ihr überhaupt noch Menschen? Doch, ja, ihr seid Menschen! Euch Tiere zu nennen wäre eine Beleidigung der Tiere.«

»Und du, Bai Juan Fa, bist ein Hosenscheißer, mehr nicht!« Ninglin sah ihn mit aller Verachtung an. »Ich werde Min Ju berichten, daß du mich hindern wolltest, meine Arbeit zu tun! Dann jammere nicht, wenn er Liyun bestraft ...«

Rathenows Kopf fiel auf seine Brust. Liyun! Was werden sie mit Liyun tun? Was bin ich denn noch? Ein Fleischkloß ohne eigenen Willen, ein Automat, der auf Knopfdruck gehorchen muß. Ich habe einen Mord gesehen und eine gräßliche Verstümmelung und werde schweigen, um Liyuns Leben zu retten.

Er humpelte aus dem Büro. Yan Xiang lag noch immer an der blutbeschmierten Wand und rührte sich nicht. Nicht einen Laut gab er von sich, nicht einmal ein Stöhnen, obgleich er wahnsinnige Schmerzen haben mußte. Ein Chinese verträgt mehr, als man glaubt ... Ninglin, ich wünsche mir mit aller Kraft, daß man eines Tages auch dich so behandelt, und dann werden wir sehen, was du ertragen kannst. Es war ein Gedanke, der sich in Rathenow festsetzte: Ninglin, ich werde dich vernichten! Deine eigenen Brüder werden dich verstümmeln und töten. Ich werde den Triaden so viele Lügen über dich erzählen, bis sie es glauben und dich bestrafen!

Und gleichzeitig dachte er: O Gott, was ist aus mir geworden? Ich kann jetzt geistig einen Mord vollziehen, ohne daß ein Funken Reue meine Seele erreicht! Es ist, als könnte ich mich schmerzlos zweiteilen: Hier der Dr. Hans Rathenow –

dort der Triade Bai Juan Fa. Und eines Tages wird das eine Ich das andere Ich töten. Nur, welches Ich wird Sieger sein ...?

Durch eine Hintertür, die von der Küche in einen Hof führte, verließen Ninglin und Rathenow das Lokal. Durch die Nacht liefen sie zum Wagen, fuhren eine Strecke ohne Licht und schalteten die Scheinwerfer erst ein, als sie die Hauptstraße erreichten.

»Wohin?« fragte Rathenow. Sein Schienbein und sein Oberschenkel schmerzten noch immer wie wahnsinnig.

»Zu deinem Wagen.«

»Ich weiß nicht, ob ich noch fahren kann.«

»Dann lege dich auf die Straße und schlafe.« Ninglin lachte kurz und hart auf. »Ihr Europäer habt die weichsten Knochen, die ich kenne. Schon wenn man dagegen furzt, brechen sie auseinander. Ihr werdet nie über die Chinesen Sieger sein ...«

Warte es ab, dachte Rathenow. Aisin Ninglin, warte es ab. Ihr wollt mich zu einem Triaden erziehen – eines Tages werde ich handeln wie ein Triade: gegen euch!

Das ist ein Schwur, Ninglin. Ein heiliger Schwur – aber erst muß Liyun in Sicherheit sein ...

Morgens um sieben, am nächsten Tag, standen vor dem Lokal »Lotos« vier Polizeiwagen und ein Leichenwagen. Die Zufahrt war abgesperrt. Vor den Absperrbändern warteten einige Journalisten und ein Fernsehteam. Sie waren durch das Abhören des Polizeifunks alarmiert worden und sofort losgefahren. Der Polizist an der Absperrung aber ließ keinen durch.

»Erst müssen die Spuren gesichert werden«, sagte er. »Jungs, das wißt ihr ja! Ihr zertrampelt doch alles, und nachher heißt es: Die Polizei hat keine Hinweise. Ihr könnt immer noch früh genug filmen und fotografieren. Außerdem kennt ihr PP. Der hält euch sowieso für Aasgeier!«

Für Peter Probst war die Lage klar. Klar war nicht, warum man ihn erst am Morgen alarmiert hatte. Erst um halb sieben hatte Frau Yan die Polizei angerufen. Die Mordkommission. Der Kommissar vom Nachtdienst jagte darauf seinen Chef, den Kriminalrat Lutz Benicke, aus dem Bett, der wiederum, als er von einem Chinesenmord hörte, Oberrat Peter Probst wachklingelte.

»Deine gelben Männchen sind wieder aktiv!« sagte er am Telefon. »Restaurant ›Lotos‹ in Harlaching. Bis gleich.«

Nun war die Mordkommission bei der Spurensicherung, der Polizeifotograf schoß seine Bilder von der Leiche des Kellners und dem mißhandelten Yan Xiang.

Der Gastwirt saß in seinem Wohnzimmer in einem tiefen Sessel. Ein Arzt aus dem Harlachinger Krankenhaus hatte seine Armwunde verbunden und die ausgestochenen Augenhöhlen behandelt und schimpfte nun herum, weil Yan sich weigerte, in das Krankenhaus eingeliefert zu werden.

»Ich lehne jede Verantwortung ab!« rief er empört. »Sie wollen bei solchen Verletzungen nicht in die Klinik? Ich kann Sie polizeilich einweisen lassen!«

»Bekomme ich dort meine Augen wieder?« fragte Yan mit unverständlich ruhiger Stimme.

»Nein.«

»Was soll ich da im Krankenhaus?«

»Wenn Sie eine Wundinfektion in den Augenhöhlen bekommen ...«

»Was dann, Doktor? Ich könnte sterben! Macht das jetzt noch etwas aus?«

Er blieb in seinem Sessel sitzen, hatte die rechte Hand seiner Frau ergriffen und streichelte sie, als habe sie Trost nötiger als er.

Die Kripobeamten der Mordkommission fanden natürlich weder im Gastraum noch im Büro eine brauchbare Spur; der einzige, der etwas Konkretes sagen konnte, war der Polizeiarzt.

»Wahrscheinlich – das müssen wir aber erst im gerichtsmedizinischen Institut genau klären – ist der Kellner durch einen einzigen Handkantenschlag getötet worden. Einen Karateschlag oder auch einen Kung-Fu-Schlag.«

»Das ist dein Revier, PP«, sagte Benicke zu Probst. »Meine

Mörder haben Schußwaffen oder Messer oder Stricke. Kung-Fu, das sind deine Schlitzäuglein!«

Oberrat Probst hielt sich nicht lange bei dem Toten auf, er ging hinauf in die Wohnung. Yan Xiang hörte ihn kommen und wandte sein Gesicht der Tür zu. Die leeren, blutigen Augenhöhlen glotzten Probst an. Ein fürchterlicher Anblick, aber Yan hatte dem Arzt verboten, ihm die Augen zu verbinden.

»Später ...«, hatte er gesagt. »Erst die Polizei ...«

PP hatte in seinem Kriminaler-Leben schon viel Entsetzliches gesehen, aber die leeren Augenhöhlen erschütterten ihn bis ins Herz. Er trat an den Chinesen heran und legte ihm die Hand auf die Schulter.

»Ich bin Kriminaloberrat Peter Probst«, sagte er und hörte selbst, daß seine Stimme heiser klang. »Wie geht es Ihnen, Herr Yan?«

»Es ist zu ertragen.« Yan hob den Kopf. Die Augenhöhlen schrien Probst entgegen. »Sie haben Fragen?«

»Eine Menge. Fühlen Sie sich in der Lage, Antworten zu geben?«

»Es gibt keine Antworten ...«

Jetzt geht's los, dachte PP voller Bitterkeit. Jetzt geschieht dasselbe wie immer: Keiner weiß was! Keiner hat was gesehen, keiner einen Ton gehört. Mord und Verstümmelung sind lautlos vom Himmel geregnet. Fangen wir also mit der Frau an. Sie ist in Tränen aufgelöst. Sie hat nicht den eisernen Willen eines Chinesen. Sie ist in diesem Fall das schwache Glied einer Kette, die ich zerreißen muß.

Er wandte sich an die junge blonde Frau, die in einem großgeblümten Bademantel neben Yan stand.

»Sie sind Frau Yan« fragte er.

»Ja.« Sie schluckte mehrmals, ehe sie weitersprechen konnte. »Angela Yan geborene Hätterli. Geboren in Luzern.«

»Wo waren Sie, als dies hier geschah?«

»Hier oben, in der Wohnung. Ich habe geschlafen.«

»Sie haben nichts gehört?«

»Nein. Nichts.«

»Keinen Schrei, kein lautes Geräusch?«

»Nichts ...«

»Wann haben Sie Ihren Mann und den Toten gefunden?«

»Mein Mann rief mich vom Telefon im Büro an.«

Das stimmte. Die Spurensuche der Mordkommission hatte den blutverschmierten Telefonapparat fotografiert und wollte ihn zur Untersuchung mitnehmen. Yan Xiang hatte sich also, mit ausgestochenen Augen, zum Telefon geschleppt und seine Frau in der Wohnung angerufen. Welch eine Energie in diesem Mann!

»Wann war das?« fragte PP und machte sich Notizen. Das war eigentlich nicht nötig, denn ein Beamter neben ihm nahm alles auf ein Tonband auf. PP aber liebte es, in eigenen Notizen zu blättern wie der schon legendäre amerikanische Kriminalinspektor Columbo.

»Gegen drei Uhr früh ...«

PP legte seine Hand wieder auf Yans Schulter. »War das ungefähr die Zeit des Überfalls?«

»Ich weiß es nicht.« Yan Xiang senkte den Kopf. »Ich habe nicht auf die Uhr gesehen.«

»Sitzen Sie immer so spät noch im Büro?«

»Nein. Gestern habe ich überlegt, wie man das Lokal noch schöner ausstatten könnte. Außerdem war ein Brief vom Ordnungsamt gekommen ...«

Auch das stimmt, dachte PP. Der Briefbogen ist gefunden worden, zerknüllt und voller Blut. Lutz Benicke hatte ihn Probst gezeigt und dabei bemerkt: »Sieht aus, als sei mit ihm ein Messer abgewischt worden. Aber keinerlei Fingerspuren.«

»Und dann?« fragte PP.

Yan Xiang hob die Schulter.

»Ich weiß nichts. Keine Erinnerung.«

Da haben wir's wieder: die Gedächtnislücken der Chinesen, die Todesangst vor den Triaden. Selbst wenn man ihnen die Augen aussticht, schweigen die Opfer. Was muß denn geschehen, damit sie anfangen zu reden? Ihr eigenes Leben ist ihnen keinen Heller wert – die meisten sind verheiratet, haben Kinder, und für die schweigen sie. Es ist ganz klar, daß auch Yan seine Frau schützen will.

»Wie viele waren es« fragte er weiter.

»Ich habe sie nicht gesehen.«

»Herr Yan... Sie sitzen im Büro, die Tür geht plötzlich auf, der Mörder kommt herein – oder die Mörder –, die Tür ist genau gegenüber Ihrem Schreibtisch. Sie müssen den oder die Täter gesehen haben! Sie waren doch nicht unsichtbar!«

»Doch, das waren sie.«

PP atmete tief durch. Ruhig bleiben! befahl er sich. Junge, ganz ruhig! Losbrüllen hat keinen Zweck. Also immer höflich sein, geduldig – denk dich in einen Chinesen hinein.

»Die Tür geht also plötzlich auf – und niemand steht drin?«

»Nur einen Arm habe ich gesehen und eine Hand, die hat ein Messer auf mich geschleudert. Es traf mich in den Arm, und ich wurde ohnmächtig.« Die leeren Augenhöhlen starrten PP wieder an. »Glauben Sie mir, Herr Kommissar...«

»Und dann?«

»Ich weiß nichts mehr, ich war ja ohnmächtig. Als ich wieder aufwachte, hatte ich keine Augen mehr.«

Das hat er sich fabelhaft ausgedacht, dachte PP verblüfft. Ein Ohnmächtiger ist natürlich kein Zeuge. Wer nichts sieht, kann nichts sagen. Tür auf, ein Messer fliegt – aus! So einfach ist das, und keiner kann das Gegenteil beweisen. Denn das Messer im Arm ist Realität.

»Waren es Chinesen« fragte Probst weiter.

»Wie soll ich das wissen?«

»Der Arm! An dem Arm muß doch ein Mensch gehangen haben«, sagte PP ironisch. »Ein Arm allein geht doch nicht spazieren!«

»Es geschah alles so schnell.« Yan Xiang senkte wieder den Kopf und drückte die Hand seiner weinenden Frau.

PP sah es. Das ist keine Zärtlichkeit – das ist eine Warnung. Halt den Mund! Wußte Angela Yan geborene Hätterli aus Luzern mehr, als man vermutete? Lag sie wirklich gegen drei Uhr morgens im Bett? Hatte sie wirklich nichts gehört?

»Und der Mord an Ihrem Kellner?«

»Ich wußte gar nicht, daß er ermordet wurde. Meine Frau

hat es mir erst gesagt. ›Sie haben Jing Xing umgebracht‹, hat sie geschrien.«

»Wieso ›sie‹. Warum nicht ›er‹?« PP sah Frau Yan scharf an. »Woher wußten Sie, daß es mehrere Täter waren?«

»Ich weiß es gar nicht. Man sagt doch so: Sie haben ihn umgebracht.«

PP drückte wieder Yans Schulter. »Hatten Sie Feinde?«

»Jeder Mensch hat Feinde. Neider. Mißgünstige.«

»Nennen Sie einige.«

»Wie soll ich sie nennen? Ich kenne sie nicht. Ich nehme es nur an! Wer Erfolg hat – wie ich –, auf den schielt die Konkurrenz. Da braucht man keine Namen. Man weiß es nur.«

»Jing Xing hat nicht geschrien, um Hilfe gerufen, sich gewehrt? Seine Leiche lag vier Meter von Ihrer Bürotür entfernt. Sie müssen doch was gehört haben!«

»Ich hatte das Radio an.«

»Welchen Sender?«

»Ich weiß es nicht. Man spielte Operettenmusik.«

»Und wer hat das Radio wieder ausgestellt?«

»Es muß der Täter gewesen sein. Als ich aus der Ohnmacht erwachte, war alles still.«

PP blätterte in seinen Notizen. »Die Zeiten stimmen nicht, Herr Yan. Sie sagen: Es war gegen halb drei Uhr morgens ...«

»Meine Frau sagt es. Ich weiß es nicht.«

»Um halb drei ist Ihre Küche längst zu – um halb drei ist Ihr Lokal auch nicht mehr geöffnet. Das ›Lotos‹ hat keine Nachtkonzession. Die Eingangstür war außerdem von innen verschlossen, und es gibt keinen Hinweis, daß eingebrochen wurde. Nichts ist beschädigt worden. Keine Tür, kein Fenster. Nur eine Hintertür zum Hof war offen – durch die haben die oder der Täter das Lokal verlassen. Es scheint also so, als habe Ihr Kellner den Täter hereingelassen. Wieso war Jing Xing um diese Zeit noch in dem Lokal?«

»Das weiß nur er. Leider können Sie ihn nicht mehr fragen, Herr Kommissar.«

»Kam es öfter vor, daß Jing so spät nach Hause ging?«

»Nein. Nie.«

»Und warum gestern?«

»Ich weiß es nicht ...«

PP gab es auf, Yan weiter zu befragen. Er wandte sich wieder Angela Yan zu.

»Sie haben Ihren Mann nach halb drei Uhr im Büro gefunden. Und dann Ihren Kellner. Die Polizei aber haben Sie erst gegen halb sieben heute morgen alarmiert. Dazwischen liegen vier Stunden. Was haben Sie in den vier Stunden gemacht?«

»Mich um meinen Mann gekümmert. Ihn nach oben geschleppt. Ihn gewaschen. Er war ja voller Blut.« Angela Yan hatte aufgehört zu weinen. Sie schluchzte nur noch ab und zu. Und wieder drückte Yan ihre Hand. Sie zitterte.

»Warum haben Sie nicht sofort einen Arzt gerufen? Das ist doch das erste, was eine Frau tut.«

»Mein Mann wollte es nicht.«

»Das verstehe ich nicht. Herr Yan, da liegt unten in Ihrem Lokal ein ermordeter Kellner, Ihnen hat man die Augen ausgestochen, und Sie befehlen Ihrer Frau, nichts zu unternehmen! Das ist doch – vorsichtig ausgedrückt – ungewöhnlich!«

»Ein Toter wird nicht lebendig, auch wenn man die Polizei ruft. Und meine Augen kann mir auch das Kommissariat nicht wiedergeben. Ich mußte mich erst um mich selbst kümmern. Ich wollte wissen, ob ich überlebe. Dann habe ich meiner Frau gesagt: Ruf an!«

»Das ist doch eine ganz faule Ausrede, Herr Yan!« PP wandte sich wieder zu seiner Frau. Seine nächste Frage kam wie ein Schuß. Er hoffte, sie damit zu überrumpeln. »Es waren Triaden, nicht wahr?«

»Was sind Triaden« fragte sie unbeeindruckt zurück.

»Sie kennen das Wort überhaupt nicht?«

»Nein. Was bedeutet es?«

»Das kann Ihnen Ihr Mann besser erklären.« Er drückte wieder Yans Schulter. »Seit wann zahlen Sie an 14K Schutzgelder?«

Yan hob wieder seine leeren Augenhöhlen zu Peter Probst. Sein Gesicht zeigte keinerlei Regung.

»Wovon sprechen Sie, Herr Kommissar« fragte er.

»Haben Sie sich geweigert zu zahlen?«

»Was soll ich denn zahlen? Ich habe keine Schulden.«

»Herr Yan, es hat keinen Sinn, sich mir gegenüber wie ein Halbidiot zu benehmen! Ich bin der Chef des Kommissariats für die Bekämpfung der organisierten Kriminalität. Mir können Sie nichts vormachen. Aber Sie können sich und vielen Ihrer Kollegen helfen, wenn Sie jetzt auspacken ...«

»Ich weiß nicht, wovon Sie reden, Herr Kommissar.«

»Jetzt sagen Sie bloß noch, Sie als Chinese wüßten nicht, was Triaden sind!«

»Natürlich weiß ich das – aber ich habe mit ihnen nichts zu tun. Ich kenne keine Triaden.« Yan legte den Kopf zur Seite an die Hüfte seiner Frau. »Ich bin müde. Meine leeren Augen brennen. Ich möchte mich hinlegen.«

»Verständlich. Wir bringen Sie ins Krankenhaus.«

»Nein.«

»Doch. Wir weisen Sie von Amts wegen ein! Aus Sicherheitsgründen. Ich befürchte, daß die Triaden Sie weiter verfolgen. Sie stehen ab sofort unter Polizeischutz.«

»Ich bin kein Opfer der Triaden!« Yans Stimme wurde laut und kräftiger, als man es nach solchen Verletzungen vermutet hätte. Seine Frau drückte seinen Kopf an ihre Brust. Sie weinte wieder – aus Verzweiflung, aus Hilflosigkeit, aus Angst. »Ich bleibe in meinem Haus!«

»Das sehe ich anders, Herr Yan.« PP winkte zur Tür. Zwei Sanitäter mit einer Trage kamen in den großen Wohnraum. »Und in diesem Fall ist das maßgebend. Die Polizei wird Sie schützen.«

»Ich brauche keine Polizei!«

»Und ich verspreche Ihnen: Wir bekommen den oder die Täter!«

»Das glaube ich nicht.« Yan ließ sich ohne Gegenwehr von den Sanitätern aus dem Sessel heben. »Sie bekommen sie nie!«

»Ach! Und warum nicht?«

Jetzt habe ich ihn, frohlockte PP. Jetzt habe ich ihn endlich. Doch Yans Antwort ließ ihn wieder resignieren.

»Warum? Weil sie unsichtbar sind – so unsichtbar wie bei mir.«

Die Sanitäter trugen die Trage mit Yan hinaus. Seine Frau folgte ihm, noch immer seine Hand haltend.

Als er allein im Zimmer war, sagte Peter Probst laut und aus tiefstem Herzen: »Scheiße!«

Im 13. Kommissariat ordnete man die Ermittlungs-Ergebnisse der Mordkommission und der eigenen Erkenntnisse. Es war, wie PP sagte, beschämend und niederdrückend.

Das »schwächste Glied der Kette«, Angela Yan, erwies sich als stärker denn angenommen. Sie brach nicht zusammen. Sie gehorchte ihrem Mann. Triaden waren ihr unbekannt. Sie war erst vor sechs Wochen ihrem Mann aus der Schweiz nach Deutschland gefolgt, und in der Schweiz, das klang ganz glaubwürdig, hatte sie das Wort noch nie gehört. Man hätte es ihr auch geglaubt, wenn Yan Xiang nicht schon seit sechs Jahren das Speiselokal »Jade Garten« in Rappertswil gehabt hätte, das er jetzt verpachtet hatte, um in München ein neues Lokal zu eröffnen.

»In Zürich sitzt eine sehr aktive, aber sehr stille Triaden-zweigstelle, über die kaum jemand spricht«, sagte Peter Probst bei der Lagebesprechung. »Sie wird direkt von Amsterdam aus geleitet, gehört aber nicht zu der berüchtigten 14K, sondern zur Triade ›Big Circle Gang‹, die irgendwo in der Volksrepublik China sitzt und eine große Organisation mit einer bisher unbekannten Zahl von Mitgliedern in Kanada, den USA, in Saudi-Arabien, Thailand, auf den Philippinen, in Japan, Australien und Holland aufgebaut hat. Eine starke Konkurrenz für die 14K. Es kann sein, daß 14K an Yan Xiang Rache genommen hat, weil er in der Schweiz Schutzgelder bezahlt hat, sich aber in München weigert. Mag sogar sein, daß er weiter an die Schweizer Triaden bezahlt und sich bei den Münchnern darauf berufen hat. Bei den Triaden gibt es kein ›Doppelbesteuerungsabkommen‹. Jeder muß an seine Heimat-Triade bezahlen. Yan hat das Pech, zwei ›Beschützer‹ zu haben. Er war so unklug, die 14K nicht als den mächtigeren zu erkennen. Jetzt weiß er es! Und Frau Yan weiß es auch. Sie wird schweigen wie alle Betroffenen, weil sie die Methoden der Triaden kennt. Mit anderen Worten«, PP hieb mit der Faust auf den Tisch, »wie beim Mord im Olympia-Park: Wir glotzen in ein schwarzes Loch! Eins bleibt aber festzustellen: Die 14K handelt jetzt noch schneller und brutaler als bisher.«

Die Berichte in den Zeitungen und im Fernsehen am nächsten Tag scheuchten die Bevölkerung für kurze Zeit auf. Aber wirklich nur kurz – erstens waren die Opfer Fremde, Ausländer, Chinesen gar, und zweitens hatte Boris Becker ein Tennismatch verloren. Das erregte das deutsche Volk viel mehr. Der Held auf dem Tennisplatz war das Herzblatt der Nation – ein toter Chinese mehr oder weniger fiel nicht ins Gewicht. Es gab ja 1,3 Milliarden Chinesen. Und wenn die sich gegenseitig umbringen wollen, ist das ganz allein ihre Privatsache.

Eine Wirkung hatte der Bericht über den Mord in Harlaching aber doch: Es meldeten sich zwei Gäste des »Lotos«. Lutz Benicke rief sofort PP an, und zusammen nahmen sie das Protokoll der Aussagen auf.

Ich heiße Eberhard Drängler, gab der erste zu Protokoll. Bin von Beruf Architekt. 39 Jahre alt. Wohnhaft in Harlaching. Ich bin seit Eröffnung des ›Lotos‹ Stammgast, weil es dort ein vorzügliches Essen gibt und auch das Ambiente stimmt. An diesem Abend war ich zusammen mit Herrn Fritz Schmeltzer der letzte Gast. Wir wollten nur noch unser Bier austrinken und dann gehen. Das Lokal macht meistens gegen elf Uhr zu. Kurz bevor wir aufbrechen wollten, kamen noch zwei Männer in das Lokal: ein mittelgroßer Asiate, sicherlich ein Chinese, und ein Deutscher. Er war groß, trug einen schwarzen Anzug und sah sehr elegant aus. Er hatte weiße, etwas gelockte Haare und machte einen seriösen Eindruck. Sie sprachen mit dem Kellner. Was, das konnten wir nicht hören. Wir standen

	dann auf und gingen. Die beiden Herren sprachen da noch mit dem Kellner.
PP:	Ist Ihnen etwas an den beiden Herren aufgefallen?
Drängler:	Nichts Besonderes. Doch ja – der Weißhaarige hinkte stark. Er könnte eine Beinprothese tragen. Der Chinese hatte nichts Auffälliges an sich.
PP:	Die beiden Herren blieben also noch?
Drängler:	Ja. Aber da um elf geschlossen wird, müssen sie dann auch gegangen sein. Auf keinen Fall sahen sie aus wie Mörder. Eher wie Geschäftsleute.
PP:	Wie hat sich der Kellner Jing Xing benommen?
Drängler:	Wie immer. Sehr höflich. Jing Xing mochten wir alle. Er war ein guter Kellner. Sein Tod hat uns erschüttert. Wer sollte ein Interesse daran gehabt haben, ihn zu ermorden? Wozu? Ist was aus dem Lokal gestohlen worden? Die Abendkasse?
PP:	Nichts! Alles Geld war noch da. Es war also mit Bestimmtheit kein Raubüberfall.
Drängler:	Dann stimmt es, was in der Zeitung steht – das mit der chinesischen Mafia? Den Triaden?
PP:	Wir wissen es noch nicht. Wir danken Ihnen, Herr Drängler.

Protokoll Herr Fritz Schmeltzer:

Ich heiße Fritz Schmeltzer, 41 Jahre alt, von Beruf Exportkaufmann, verheiratet, zwei Kinder. Wohnhaft in Harlaching. Ich kann alles bestätigen, was Herr Drängler ausgesagt hat. Genau so war es. Ein Chinese und ein weißhaariger Deutscher kamen herein, und wir gingen fünf Minuten später hinaus. Ja, der Deutsche hinkte. Sonst weiß ich nichts mehr.

PP:	Es können also verspätete Gäste gewesen sein?
Schmeltzer:	Nach meiner Ansicht – sicherlich. Mörder sehen anders aus.
PP:	Wie müssen denn Mörder aussehen?
Schmeltzer:	(verlegen): Das weiß ich nicht, Herr Oberrat. Aber so der erste Eindruck.
PP:	Und der Chinese?
Schmeltzer:	Elegant wie der Deutsche.
PP:	Sind Sie sicher, daß es bei Ihrem Weggang 23 Uhr war?
Schmeltzer:	Ja, genau! Ich sagte noch zu Herrn Drängler: »Gehen wir jetzt. Es ist elf Uhr – der Jing Xing will auch ins Bett nach so einem heißen Tag.«
PP:	Heißer Tag! Haben Sie sich nicht gewundert, daß beide Herren schwarze Anzüge trugen?
Schmeltzer:	Nein, warum? Sie konnten ja aus dem Theater kommen, aus der Oper oder so und noch auf ein Bier dort hingegangen sein. Das machen viele Bekannte von uns.
PP:	Ich danke Ihnen, Herr Schmeltzer.

Ende des Protokolls.

Peter Probst legte die Protokolle zurück auf seinen Tisch, nachdem er sie seinen Mitarbeitern vorgelesen hatte. Als er aufblickte, sah er in verlegene Gesichter. Er nickte.

»Ihr habt recht, wenn ihr jetzt rumsitzt wie eine Jungfrau, der man das Höschen ausgezogen hat. Wir haben keine Spur, keine brauchbare Aussage, und die Yans mauern. Wie immer. Nur eine Spur – wenn sie eine ist – könnte interessant sein: Kellner Jing Xing muß das Lokal kurz nach 23 Uhr geschlossen haben. Nehmen wir an, die beiden vornehmen Herren waren die Täter: Was hat Jing Xing bis morgens um halb drei mit ihnen getan? Um diese Zeit wurde er ermordet – wenn wir den Zeitangaben von Yan Xiang und seiner Frau glauben, aber das wird die Gerichtsmedizin noch klären können. Was ist da gesprochen worden?«

»Und wenn der Mord und die Blendung von Herrn Yan viel früher geschahen?« warf ein junger Kripobeamter ein. »Kurz danach, als Jing Xing das Lokal schließen wollte.«

»Ein guter Gedanke.« Peter Probst machte sich eine Notiz. »Das werde ich mit den Yans klären und mit der Gerichtsmedizin. Ist es so gewesen, dann hat Yan bis halb drei gewartet, bis er seine Frau gerufen hat. Das ist ein dicker Hund! Dann hätte Yan dreieinhalb Stunden in seinem Büro gelegen, bis er einen Pieps von sich gab! So lange dauert keine Ohnmacht! Aber dann wären die beiden seriösen Herren die Täter!« PP wischte sich über die Augen. Trotz Klimaanlage schwitzte er jetzt. »Doch – was soll ein Deutscher dabei? Nie, nie würde ein Triade mit einem Nichtchinesen oder Nichtasiaten zusammenarbeiten! Das ist völlig unmöglich und widerspricht den Grundsätzen ihrer Mentalität! Das hat es noch nie gegeben und wird es auch nie geben! Kein Weißer hat jemals Einblick in die Geheimnisse der Triaden bekommen. Diese Mauer ist unzerstörbar wie die Große Mauer in China! Ein Triadenmord unter Mithilfe eines Weißen? Undenkbar!«

»Und wenn sich die Triaden umstellen?« Der junge Beamte ließ nicht locker. »Wenn sie sich modernisieren? Unauffällige Hilfskräfte engagieren?«

»Das grenzt fast an Selbstmord. Franz, das kannst du vergessen. Eher werde ich ein Bierhasser! Bei der italienischen Mafia ist das auch unmöglich. Die einzige Organisation, die auch Fremde beschäftigt, ist die russische Mafia. Und mit der werden wir auch in München noch allerhand zu tun haben.«

Der junge Beamte schwieg, und niemand ahnte, wie nahe sie der Wahrheit gekommen waren, als sie sie als vermeintlich absurd wegschoben.

Am Abend besuchte Peter Probst noch einmal Yan Xiang im Harlachinger Krankenhaus. Ein Polizist hielt vor dem Krankenzimmer Wache.

Yan war nicht allein. Seine Frau saß an seinem Bett. Sie ergriff sofort die Hand ihres Mannes, als PP eintrat. Probst grinste verständnisvoll. Das eheliche Morsesystem: Was darf ich sagen? Was muß ich verschweigen? Ein Händedruck regelte das.

»Der Täter hat Sie kurz nach 23 Uhr geblendet!« sagte PP ohne Einleitung. »Wir wissen das jetzt. Und Jing Xing ist auch um 23 Uhr ermordet worden.«

Schweigen. Yan Xiang lag ruhig in den Kissen. Jetzt waren seine Augen verbunden.

»Gäste haben die Mörder gesehen!«

Schweigen. Und dann geschah das Unbegreifbare: Yans Mund verzog sich zu einem Lächeln, als habe Probst etwas Erfreuliches erzählt.

»Sie bluffen, Herr Kommissar!« sagte er dann.

»Wir haben die Beweise. Die Aussagen der beiden letzten Gäste, die Jing Xing noch lebend sahen. Es waren ein Chinese und ein Deutscher. Der Deutsche hinkte stark.«

»Sie glauben, ich sei den Triaden zum Opfer gefallen?« fragte Yan belustigt.

»Ja. Da bin ich mir sicher.«

»Was soll dann ein Deutscher dabei? Ich denke, Sie sind der große Fachmann für organisierte Verbrechen?«

So ist es, dachte PP grimmig. Er hat ja recht! Kein Triade arbeitet mit einem Nichtasiaten zusammen. Ich habe es immer gesagt. Und dann noch mit einem, der stark hinkt. Junge, du blamierst dich. Schwamm drüber. Vergiß es!

Er fuhr vom Krankenhaus nach Hause, machte einen Umweg zu einem Biergarten und trank eine angenehm kühlende Maß. Ihm war klar, daß ein neuer ungeklärter Fall für immer in den Akten ruhen würde.

Es war die schrecklichste Nacht, die Rathenow je erlebt hatte.

Nachdem er in Grünwald angekommen war, riß er sich die Kleider vom Leib, stürzte unter die Dusche, seifte sich ein und ließ das Wasser auf sich herunterprasseln. Ihm kam es so vor, als sei sein Körper voll Blut, als stinke es faulig aus seinen Poren, als habe sich Leichengeruch in seine Haut gefressen.

Aber auch die Dusche nutzte wenig. Er war Zeuge eines Mordes gewesen, er hatte miterlebt, wie einem Menschen beide Augen ausgestochen wurden, und er hatte zugesehen und nichts getan, er hatte nur einen lahmen Versuch gewagt, Ninglin zurückzureißen, und hatte dafür einen Tritt in den Oberschenkel bekommen, der ihn, zusammen mit dem geschwollenen Schienbein, völlig kampfunfähig machte.

Er würde dieses Bild nie vergessen, das wußte er. Im Lokal der mit einem einzigen Handkantenschlag getötete Kellner, der aus dem aufgeschlitzten Arm blutende, stumme Yan Xiang, dem Ninglin das Messer in die Augen stieß, die dann wie glitschige Murmeln über die Tischplatte rollten, und die Gelassenheit, mit der Ninglin dann das Messer abwischte und unter sein schwarzes Jackett steckte. Das alles war so unfaßbar, daß Rathenow sich fragte, ob er nicht irrtümlich in einen Horrorfilm geraten war. Vor allem Yan Xiang schien kein realer Mensch zu sein. Wie kann ein Mann sich beide Augen ausstechen lassen, ohne einen Laut von sich zu geben? Ohne sich zu wehren, um sich zu treten oder zu röcheln, auch wenn ihm die Kehle zugequetscht wird?

Gegen Morgen stand er auf, setzte sich an seine Schreibmaschine und schilderte die gräßliche Stunde in allen Details. Wenn ihm selbst etwas geschah, sollte man das lesen. Er nannte auch Namen: Min Ju und Aisin Ninglin, das Lokal »Der Schwarze Mandarin«, und schilderte den Tempel unter der Erde, seine Ausbildung im Schulungsraum der Triaden, die aus Hongkong kommende wahnwitzige Idee, Europäer durch Drohungen und Manipulationen zu Cho Hais – Boten – zu erziehen und damit die Polizei zu täuschen. Er schrieb alles nieder, was er bisher erlebt hatte, auch seine Angst um Liyun, die ihn zum willenlosen Werkzeug der Triaden werden ließ.

Als er fertig war, schloß er die Blätter in seinen Tresor ein, humpelte zu seinem Wagen und fuhr zu Dr. Freiburg.

Freiburg saß noch beim Morgenkaffee, als seine Haushälterin ihm den Besuch von Dr. Rathenow meldete. Um diese Zeit? Freiburg ahnte nichts Gutes und lief hinaus in die Diele. Dort lehnte Rathenow an der Wand. Er sah gräßlich aus. Tiefe Falten durchzogen sein Gesicht. In diesem Augenblick sah er aus wie ein Greis, der sich kaum noch auf den Beinen halten kann. Freiburg starrte ihn entgeistert an.

»Hans! Was ist los?« fragte er. »Wo kommst du her? Hast du nicht geschlafen? Und in einem schwarzen Anzug! Hast du die ganze Nacht rumgesumpft? Du zitterst ja.«

»Ich komme zu dir, weil du Arzt bist«, sagte Rathenow mit hohler Stimme. »Du mußt mich behandeln.«

»Komm mit.« Dr. Freiburg zeigte auf die Tür, die zu seiner Praxis führte.

»Ich kann kaum laufen...«

»Mein Gott! Was ist passiert?«

»Ich ... ich bin überfallen worden.«

»Überfallen? Wieso?« Er sah, wie Rathenow mühsam zwei Schritte ging und dann ächzend stehenblieb. Seine Füße schienen ihn kaum noch zu tragen.

Dr. Freiburg sprang zu ihm, stützte ihn und schleifte ihn so in die Praxis. Dort legte er Rathenow auf die Untersuchungsliege, drückte ihn in die Rückenlage und setzte sich auf die Kante. Rathenow atmete schwer. Die paar Schritte hatten ihn völlig fertiggemacht. Wieso auf einmal? dachte er erschrocken. Die Nacht über, an der Schreibmaschine, habe ich nicht viel gespürt. Auch während der Autofahrt nicht – aber jetzt? Freiburg legte die Hand auf seine Stirn – kein Fieber. Er fühlte den Puls – beschleunigt, wie nach einem schnellen Lauf. Als er Rathenow das Hemd aufknöpfen wollte, um das Herz abzuhören, schüttelte der den Kopf.

»Da ist alles in Ordnung!« sagte er schwach. »Zieh mir die Hose aus.«

Dr. Freiburg zögerte. »Die Hose« fragte er dann. »Du machst mich neugierig.«

»Die Beine!« schrie Rathenow mit letzter Kraft. »Linkes Schienbein, rechter Oberschenkel!«

Freiburg knöpfte die Hose auf und zog sie Rathenow über die Beine. Und dann sah er es: Der Oberschenkel war schwarzblau verfärbt, das Schienbein dick angeschwollen und sah aus wie eine gequetschte Gurke – genauso grün und deformiert.

Dr. Freiburg vergaß seine Sprüche – was er sah, waren

echte Verletzungen. Als er leicht auf das Schienbein drückte, knirschte Rathenow mit den Zähnen.

»Hans, zum Teufel, was ist passiert? Wo hast du die Verletzungen her? Unter ein Auto gekommen? Die Treppe runtergestürzt?«

»Ich sagte dir doch: Ich bin überfallen worden. Zwei junge, kräftige Burschen haben mich auf die Straße geworfen, haben auf mich eingeschlagen, mich getreten und dann beraubt.« Rathenow log überzeugend – er hatte sich vorher alles genau überlegt. »Ich habe mich nicht gewehrt, ich habe nur mein Gesicht geschützt, als sie mich traten.«

»Wir müssen röntgen. Das sieht böse aus. Nicht der Oberschenkel, aber das Schienbein. Daran wirst du noch lange zu knacken haben. Wann war der Überfall?«

»Gestern nacht.«

»Und da kommst du erst jetzt?« schrie Dr. Freiburg. »Haben sie dir doch ins Gehirn getreten? Warum hast du nicht sofort angerufen? Man kann dich nicht allein lassen. Je älter du wirst, um so dämlicher wirst du! Kannst du die vier Meter bis zum Röntgenraum noch gehen?«

»Ich will's versuchen.«

Dr. Freiburg stützte Rathenow wieder, und sie schwankten in das Röntgenzimmer, wo sich Rathenow auf den Tisch legte. In seinen Augen standen Tränen, so schmerzte das Schienbein. Freiburg senkte das Röntgengerät auf Rathenows Bein. Dann legte er einen Bleischutz über seinen Unterleib.

»Erzähl weiter.«

»Da ist nichts mehr zu erzählen. Als sie mich ausgeraubt hatten, sind sie weggelaufen. Es war dunkel – ich kann sie nicht einmal beschreiben. Jung waren sie, das weiß ich. Einer trug eine lederne Motorradjacke. Der andere, glaube ich, Jeans und Cowboystiefel.«

»Wenigstens etwas! Vielleicht kann die Polizei was damit anfangen.«

»Polizei? – Keine Polizei! Ich mache keine Aussage.«

»Bist du närrisch? Natürlich zeigen wir den Überfall an.«

»Nein! Wozu? Sie finden die Burschen doch nicht. Das kann ich mir sparen.«

»Du wirst immer wunderlicher.« Dr. Freiburg stellte den Röntgenstrahl ein und schob die Röntgenplatte unter Rathenow in das Fach. »Es dauert eine Sekunde. Bitte, bleib still liegen.«

Dr. Freiburg verschwand hinter der Schutzwand, es summte eine Sekunde lang, dann war wieder Ruhe.

»Vorbei!« Freiburg ging hinüber zum Schnellentwickler. »Das war alles. Gleich sehen wir deinen Knochen.«

Der Schnellentwickler gab das Röntgenbild heraus, und Dr. Freiburg spannte es vor den Leuchtkasten. »Junge, hast du ein Glück gehabt!« sagte er dann. »Keine Splitterung. Nur eine gewaltige Prellung, die aber immerhin eine Knochenhautentzündung nach sich ziehen kann. Dann hörst du die Englein singen. Das müssen wir verhindern. Du legst dich ins Bett, machst kalte Alkoholumschläge – um das Schienbein, nicht in der Kehle! –, bekommst abschwellende Mittel, und du bleibst im Bett liegen, bis ich sage: Erhebe dich, du Götterliebling! Für das Riesenhämatom am Oberschenkel bekommst du eine Heparinsalbe – die löst den Blutstau unter der Haut auf.«

»Und wie lange muß ich liegen?«

»Mindestens eine Woche. Bis feststeht, daß dein Schienbein keine Faxen macht.«

»Das kann ich nicht. Ich kann nicht eine Woche lang im Bett liegen.«

»Du mußt, Hans. Was du auch geplant hast – sag alles ab!«

»Das geht nicht.«

»Du bist Anthropologe und Schriftsteller und kein Industrieller, der Millionenaufträge hereinholen muß. Du verlierst nichts, wenn du eine Woche lang ins Bett furzt.«

»Das kannst du nicht beurteilen!«

»Ich kann als Arzt beurteilen, was passiert, wenn du dein Schienbein jetzt nicht schonst. Du bist selbst mit dem Auto gekommen? Ja, bist du denn wahnsinnig? Ich lasse dich nach Hause bringen, und deinen Wagen fahre ich dir morgen in die Garage.«

Dr. Freiburg machte Rathenow den ersten Alkoholwickel. Er kühlte wundervoll und überdeckte mit seiner Kälte für eine Weile das Brennen im Bein. Rathenow sah seinen Freund dankbar an.

»Das tut gut«, sagte er. Seine Stimme war jetzt klarer.

»Wer kümmert sich eigentlich um dich?« Dr. Freiburg griff zum Telefon. »Du bist allein, das weiß ich. Zweimal wöchentlich eine Putzfrau. Wer kocht für dich? Du bisher für dich selbst! Das geht jetzt nicht mehr! Du mußt liegen. Hans, ich schicke dir eine Pflegerin. Heute noch. Eine examinierte Krankenschwester. Blond, 26 Jahre, Figur wie eine Kurvenstrecke, Beine bis zum Hals. Macht sonst nur Altenpflege – ist also richtig für dich.«

»Dreckssack!«

»Du tust mir unrecht. Laß sie mal erzählen. Irene heißt sie. Ihre pflegebedürftigen Greise sind schärfer als ein junger Bursche! Aber sie ist eisern wie ein Panzer. Versuch es also erst gar nicht. Ihr Verlobter ist übrigens Kesselschweißer und kann Judo.«

»Das ist mir doch alles scheißegal. Ich will so schnell wie möglich wieder auf die Beine kommen.«

Ein Krankenwagen brachte Rathenow nach Grünwald zurück, zwei Sanitäter trugen ihn bis ins Schlafzimmer und wollten ihn sogar ausziehen. Er beteuerte, das könne er noch selbst, gab jedem Sanitäter zwanzig Mark Trinkgeld – was sie noch nie erlebt hatten – und zog sich dann aus. Dann stieg er in einen Schlafanzug, um Schwester Irene nicht zu provozieren.

Der Alkoholverband wirkte noch immer, aber er hatte das Gefühl, als seien alle Zehen des linken Fußes taub und gefühllos geworden. Er stand noch einmal auf, holte sich die neuen Illustrierten und ein Buch, das er besonders gern las und immer wieder lesen konnte: »Der stille Don« von Scholochow.

Knapp eine Stunde später hörte er die Haustür zuschlagen und Schritte auf der Treppe. Schwester Irene! Dr. Freiburg hatte ihr den Hausschlüssel gegeben, der am Schlüsselbund des Autoschlüssels hing. Eine ziemlich tiefe Stimme, die so gar nicht zu dem Zauberwesen paßte, das Freiburg beschrieben hatte, rief:

»Wo sind Sie, Dr. Rathenow?«

»Hier oben. Dritte Tür links. Schwester Irene?«

»Ja!« Das Wort klang wie ein Schuß.

Eine energische Person, dachte Rathenow.

Die nur angelehnte Schlafzimmertür flog auf, als habe man ihr einen Tritt gegeben. Und dann kam Schwester Irene herein. Rathenow hielt unwillkürlich den Atem an.

Auf sein Bett zu wälzte sich ein Fleischberg von gut und gern zwei Zentnern. Beine wie Säulen, Arme wie Mortadella-Würste, Brüste wie reife Kürbisse, das Gesicht wie eine Melone, aber lustige, blaue Augen und ein lachender Mund. Die Haare lagen versteckt unter einer weißen Haube. Und ihre tiefe Dragonerstimme...

»Dr. Freiburg schickt mich zu Ihnen!« röhrte sie. »Sie sind ganz allein! Ich soll mich um Sie kümmern.«

»Das ist zu nett von Ihnen!« sagte Rathenow höflich. Dem ersten Schrecken folgte Fröhlichkeit. Das zahle ich ihm heim, dachte Rathenow und sah zu, wie Schwester Irene einen Sanitätskoffer auspackte. Freiburg, das bekommst du auf andere Weise von mir zurück! »Sie bleiben eine Woche?«

»Solange es nötig ist.« Schwester Irene drehte sich zu ihm um. »Die Stunde dreißig Mark netto. Am Tag also – bei acht Stunden – 240 Mark. Ersetzt keine Krankenkasse. Aber das macht Ihnen ja nichts aus. Mit Ihren Büchern verdienen Sie genug.« Sie kam zum Bett und schlug das Laken zurück. »Haben Sie sich gewaschen?«

»Natürlich.«

»So natürlich ist das nicht bei den Männern. Frauen sind da sauberer! Bitte Hose runter.«

»Ich soll...«, stotterte Rathenow verlegen.

»Ich muß Ihren Oberschenkel und Ihre Hüfte einreiben, sagt der Doktor. Das geht nicht, wenn Sie die Hose anbehalten. Mein Gott, zieren Sie sich doch nicht. Ich habe in meinem Leben Tausende nackter Unterleiber gesehen.«

Rathenow streifte seine Hose hinunter bis zum Knöchel. »Wie alt sind Sie, Schwester Irene« fragte er dabei.

»Dreiundsechzig. Auf die Seite drehen! Jei, ist das ein

blauer Fleck. Und der wird noch wachsen und sich verteilen! Wie haben Sie den denn hingekriegt?«

»Ich bin von zwei jungen Burschen überfallen worden. Gestern nacht.«

»Jaja, heute ist es lebensgefährlich, nachts durch die Straßen zu gehen. Ich tu's nicht mehr. Früher, da konnte man nachts allein durch einen Park gehen. Heute tun das nur Selbstmörder. Soweit sind wir in Deutschland gekommen! Und warum? Weil bei uns die Verbrecher gestreichelt werden. Der Überfallene ist schuld. Zu dem sagt man: Ja, warum gehen Sie auch nachts im Park spazieren? Noch nicht mal im Bett ist man sicher, wenn man das Fenster offenläßt. Aber ich mach es jetzt auch zu. Ich denke mir: Lieber erstinken als ermordet werden. Und dann die vielen Vergewaltigungen ...«

Sie sprach unentwegt, während sie Rathenows Oberschenkel und die Hüfte mit der Heparinsalbe einschmierte, aber Rathenow hörte nicht mehr hin. Er spürte pochende Schmerzen, und Schwester Irenes Hände waren nicht gerade die zärtlichsten. Erst, als sie fertig war, öffnete Rathenow wieder die Augen.

»Fertig?« fragte er.

»Ja. Jetzt kommt das Schienbein dran. Was soll ich Ihnen zu Mittag kochen? Was essen Sie gern?«

»Ich habe gar keinen Hunger, Schwester.«

»Der kommt noch. Ich lasse Sie nachher eine Stunde allein und kaufe für Sie ein. Das gilt auch als bezahlte Arbeit.«

»Ich nehme es ohne Diskussion zur Kenntnis.«

Nach dem neuen kalten Alkoholwickel um das Schienbein, von dem Schwester Irene behauptete, das sehe aus wie ein Tritt mit einem Nagelschuh, eine Gummisohle könne das nie und nimmer gewesen sein, ließ sie Rathenow allein. »Solange ich bei Ihnen bin, sollen Sie mal richtig essen!« sagte sie. »Die Junggesellen machen die Wirte reich und ihren Magen kaputt.«

Rathenow atmete auf, als sie das Haus verlassen hatte. Er griff zum Telefon, das neben seinem Bett stand, und rief das Lokal »Der Schwarze Mandarin« an. Da es noch nicht geöffnet hatte, war Chefkoch Zou Shukong am Apparat:

»Hier ›Der Schwarze Mandarin‹.«

»Hier Rathenow.«

Zou Shukong schaltete sofort. Mit größter Höflichkeit sagte er: »Grüß Gott, Herr Doktor. Ich stehe zu Ihren Diensten.«

Wenn das Telefon von der Polizei abgehört werden sollte, speicherte das Tonband nur völlig harmlose Gespräche. Von Chinesen wurde Min Ju nie angerufen, und taten sie es doch einmal, weil es dringend war, dann sprachen sie im Dialekt des Volkes von Nenjiang, das kein Polizeidolmetscher kannte.

»Ich muß leider meinen Besuch morgen abend absagen. Ich bin verhindert. Können Sie meinen Gast, Herrn Min, erreichen?«

»Ich werde es versuchen.«

»Verständigen Sie bitte Herrn Min. Wir können uns frühestens in acht Tagen wiedersehen. Es tut mir leid.«

»Ich werde Herrn Min Bescheid sagen. Guten Tag, Herr Doktor.«

Zou Shukong legte auf und ließ das Haustelefon klingeln. Min Ju war im Tempel und betete. Ein Triade zu sein schließt nicht aus, ein gläubiger Mensch zu sein.

Auch bei der italienischen Mafia knien bei der Sonntagsmesse in der Kirche die Mitglieder in den ersten Reihen und lassen sich segnen, und es ist bekannt, daß die »Vollstrekker«, die gnadenlosen Killer, zu den eifrigsten Betern gehören und bei den Fronleichnamsprozessionen den brokatenen Himmel über der Monstranz tragen. Auch im Kirchenchor singen sie mit das Lob des Herrn. Daß Min Ju in seinem eigenen unterirdischen Tempel betete, war also nichts Absurdes.

Min hörte die Meldung des Chefkochs und betete weiter. Er lag auf den Knien, beugte den Oberkörper weit nach vorn, berührte mit der Stirn den Boden mit den wertvollen Teppichen und wiederholte das dreimal, ehe er sich erhob. Dann zündete er drei stark riechende Räucherkerzen an, legte die Hände aneinander und verbeugte sich noch einmal vor der goldenen Buddhafigur.

In seinem Büro war er dann wieder der kalte Geschäftsmann, der Daih-Loh der Münchener Gruppe der 14K. Vor seinem Gebet hatte er die Morgenzeitung gelesen und daraus erfahren, daß Ninglins und Bai Juan Fas Aktion im »Lotos« erfolgreich gewesen war. Da alle Zeitungen darüber berichteten und das gräßliche Geschehen den Triaden zuschrieben, war Min Ju in bester Stimmung. Eine bessere Warnung für alle chinesischen Unternehmer in München konnte es nicht geben. Wenn ab jetzt die Grassandalen erschienen, würden sie nur Zahlungswillige antreffen; es gab keine Diskussion mehr und keine Widerstände. Wenn der Cho Hai sich durch sein Handzeichen zu erkennen gab, dann würden die Kassen wie von selbst aufspringen. Noch stand Ninglins Bericht aus, aber Min Ju brauchte ihn auch gar nicht, um zufrieden zu sein.

Nun aber sagte ihm Zou Shukong, daß Bai Juan Fa über eine Woche nicht mehr zur Verfügung stand. Was war da geschehen? Was hieß ›Ich bin verhindert‹? Das machte Min nervös. Hatte es am Abend doch Schwierigkeiten gegeben? Hatte man sie beobachtet? Gab es Zeugen? Wenn ja, warum lebten sie noch? Fragen, die Min Ju unruhig werden ließen.

Er wartete den Besuch von Ninglin, der zur Mittagszeit, wenn Hochbetrieb im Lokal herrschte, angesetzt war, nicht mehr ab, sondern setzte sich in seinen Wagen – diesmal war es ein Zwölf-Zylinder-Jaguar – und fuhr hinaus nach Grünwald. Es war genau die Zeit, in der Schwester Irene zum Einkaufen gefahren war. Rathenow wollte gerade den Hörer aufnehmen, um Dr. Freiburg anzurufen. In diesem Augenblick klingelte es an der Haustür. »Sie rühren sich nicht!« hatte Schwester Irene befohlen.

Es klingelte noch einmal. Diesmal länger.

Ich bin nicht zu Hause, dachte Rathenow. Aber wenn es nun ein Eilbrief war? Oder ein Paket? Eine Eilnachricht von seinem Verleger: Wann können wir mit Ihrem neuen Buch über die unbekannten Minderheiten in China rechnen? Nein! In so einem Fall rief man an, aber fragte nicht schriftlich nach.

Klingeln. Diesmal ließ der Besucher den Finger auf dem Klingelknopf liegen.

Ich kann nicht, wer du auch bist! Hau ab! Ruf an! So wichtig wird es ja nicht sein.

Das Klingeln hörte auf. Rathenow atmete tief durch. Na also, endlich siehst du es ein. Aber er hob den Kopf, als wenig später Schritte auf der Treppe zu hören waren. Irene ist zurück. Gott sei Dank! Rathenow streckte sich aus, so brav, wie es Schwester Irene erwartete, und schloß die Augen, als schlafe er.

Er hörte die Schlafzimmertür klappen. Schritte näherten sich seinem Bett, aber dann roch er einen Hauch von Parfüm, von Rosenduft – das konnte unmöglich Schwester Irene sein! Bevor er die Augen aufriß, traf ihn eine tiefe Stimme wie ein Schlag:

»Was ist passiert, Bai Juan Fa?«

»Min Ju!« Rathenow schnellte im Bett hoch. Min Ju ergriff seine Schulter und drückte ihn zurück.

»Wie kommen Sie ins Haus?«

»Ich kenne die Schwächen deutscher Häuser. Die Hintertür von der Küche in den Garten war nicht abgeschlossen. Die wird meistens vergessen.« Min Jus Blick glitt über Rathenows Körper. »Ich habe die Nachricht von Zou Shukong erhalten und bin sofort zu dir gefahren. Hat es gestern im ›Lotos‹ doch Schwierigkeiten gegeben?«

»Nein. Ninglin hat gut gearbeitet.« Es klang ungeheuer bitter.

»Warum liegst du dann im Bett?«

»Ich bin verletzt! Das Schienbein ist fast zertrümmert, der Oberschenkel blau wie mit Tinte beschmiert.«

»Laß sehen!« Min Ju zog die Decke weg, betrachtete die Verletzungen fachmännisch und deckte Rathenow dann wieder zu. »Wie ist das passiert?«

»Ninglin hat mich fast zum Krüppel getreten.«

»Ohne Grund?«

»Ich habe mich geweigert, einem Mord zuzusehen. Aber er hat mich dazu gezwungen. Mit Tritten.«

»Bai Juan Fa, ein Triade weigert sich nie, einen Auftrag auszuführen, auch wenn er nur zuschauen soll. Ich habe dich gewarnt ... erinnerst du dich?«

»Min Ju, ich werde nie die Menschenverachtung haben wie ein Chinese, für den Töten nichts Besonderes ist.«

»Weil dir der Glaube an die Wiedergeburt fehlt«, sagte Min Ju ruhig. »Wir sterben in der Gewißheit, auf die Erde zurückzukommen. Auch wenn wir getötet werden, wird der Kreislauf nicht unterbrochen. Wir gehen und kommen – der Tod ist kein Mysterium für uns, hat keine Endgültigkeit. Wir wissen, daß Leben nur ein winziger Teil unseres wirklichen Daseins ist. Und auch die Wiedergeburt ist nur ein kurzer Spaziergang durch das Irdische, weil wir Kinder des Himmels sind.« Min Ju setzte sich auf die Bettkante. »Ich werde dich bestrafen müssen, Bai Juan Fa.«

»Ich kann dich nicht daran hindern.«

»Es ist einzusehen, daß du uns mit diesen Verletzungen eine Woche lang nicht dienen kannst. Du bist beurlaubt. Und deine Strafe? Du weißt, daß sie Liyun trifft.«

»Nein!« Rathenow zuckte wieder hoch im Bett. »Laß Liyun in Ruhe! Schneid mir einen Finger ab, oder was sonst eure Bestrafung ist. Aber faß Liyun nicht an!«

»Wir werden darüber noch beraten. Ich muß mit dem Gao Lao in Amsterdam reden. Warte also ab.«

Auf der Treppe erklangen feste Schritte. Schwester Irene war zurück. Min Ju sprang sofort auf.

»Wer ist das?« flüsterte er.

»Schwester Irene. Sie betreut mich, bis ich wieder gehen kann.«

»Sie wird mich gleich sehen – damit ist ihr Leben zu Ende!«

»Min Ju, sie ist harmlos.«

»Kann ich hier aus dem Zimmer verschwinden?«

»Nein. Es gibt nur diese eine Tür.«

Mit Gepolter kam Schwester Irene herein. Min Ju starrte den lebenden Fleischberg an, als käme eine Lawine auf ihn zu. Sie hatte zwei große Tuten in den Händen und ließ sie jetzt auf den Boden fallen.

»Darf ich Ihnen den chinesischen Schriftsteller Dai Fucai vorstellen?« sagte Rathenow schnell. »Er hat mir die Nachricht überbracht, daß wieder ein Artikel von mir ins Chinesische übersetzt wird.«

Min Ju verbeugte sich knapp vor Schwester Irene. »Wir in China verehren Dr. Rathenow«, sagte er liebenswürdig. »Ich habe gehört, daß Sie Dr. Rathenow betreuen. Furchtbar, diese Verletzungen. Aber ich zweifle nicht, daß er unter Ihrer Pflege schnell wieder gesund wird.«

»Das hoffe ich auch.« Schwester Irene war geschmeichelt und fragte nicht, wie »Dai Fucai« ins Haus gekommen war. Sie dachte gar nicht daran. Sie nahm die Tüten vom Boden und klemmte sie unter ihre gewaltigen Arme. »Heute mittag gibt es frischen gemischten Salat und Kalbsleber. Einverstanden?«

»Sie entpuppen sich als Engel.« Rathenow lachte etwas gequält. Aber die kritische Situation war vorüber. »Mir läuft schon das Wasser im Mund zusammen.«

»Ich habe Ihnen auch eine Flasche alkoholfreies Bier mitgebracht. Alkohol gibt es bei mir nicht. Nur als Umschlag!«

Sie nickte Min Ju, dem chinesischen »Schriftsteller«, mit einem breiten Lächeln zu und verließ das Schlafzimmer. Min Ju wischte sich über die Augen und lachte leise.

»Wer hat dir denn diesen Drachen angedreht, Bai Juan Fa?« fragte er.

»Ein Arzt, der sich mein Freund nennt. Ich konnte mich nicht wehren.«

»Ein Anruf bei mir, und ›Pfirsichblüte‹ wäre zu dir gekommen. Sie würde dich schneller gesund machen. Sie hätte dich mit ihrem Körper behandelt. Bai Juan Fa, begreife es doch endlich: Du bist unser Bruder, und für einen Bruder tun wir alles. Ihr mögt gute Ärzte haben, aber sie sind dumm gegen unsere chinesische Naturmedizin. Dazu gehört auch die Hingabe. Ein warmer Körper heilt besser als alle Salben, Pillen und Kräuter. Unsere Kaiser wußten das und hielten sich Hunderte Konkubinen für ihre Gesundheit. Soll ich Pfirsichblüte kommen lassen?«

»Schwester Irene wird sie erdolchen! Oder vergiften.«

»Dann beim nächsten Mal.« Min Ju klopfte Rathenow auf die Schulter. »Vertraue uns doch. Wenn du wieder krank wirst, wird Wärme dich schnell heilen.«

Er ging aus dem Zimmer, begegnete in der Eingangshalle

Schwester Irene, machte eine Verbeugung vor ihr und verließ das Haus. Der Fleischberg wälzte sich nach oben.

»Ein wirklich höflicher Mann, dieser Schriftsteller«, sagte sie, als sie wieder bei Rathenow war und den Alkoholverband erneuerte. »Ein richtiger Gentleman! Ist er ein bekannter Schriftsteller?«

»Sehr bekannt«, sagte Rathenow und dachte an den vergangenen Abend im »Lotos«. »Mit seinen Schriften greift er ins Leben ein...«

»Er ist Ihr Freund?«

»Nicht direkt. Wir kennen uns nur geschäftlich.«

»Er spricht ein fabelhaftes Deutsch.«

»Ja, sonst könnte er sich nicht um mich kümmern.«

Am Abend brachte Dr. Freiburg Rathenows Auto und stieg hinauf in dessen Schlafzimmer. Rathenow saß im Bett und las in seinem Lieblingsbuch »Der stille Don«.

»Hau ab!« rief Rathenow sofort. »Hau bloß ab! Raus!«

»Ich will sehen, wie es dir geht.«

»Du bist das hinterhältigste Subjekt, das ich kenne.«

»Blonde Kurven wären dir lieber gewesen, ich weiß. Aber ich habe an die arme Liyun gedacht – sie betrügt man nicht mit einer Krankenschwester.«

»Du beleidigst sie, wenn du nur ihren Namen aussprichst!«

»Schwester Irene ist eine vorzügliche Köchin!«

»Das habe ich heute mittag gemerkt. Es schmeckte köstlich.«

»Was willst du mehr? Und ich nehme an, sie ist rührend um dich besorgt.«

»Ich kann nicht klagen. Betreut sie sonst wirklich nur Alte?«

»Ja. Sie ist ausgebildet in Geriatrie. Ein As, sage ich dir.«

»Die Greise müssen sich doch vorkommen wie unter stürzenden Felsen vergraben, wenn sie sich über sie beugt.«

»Hast du eine Ahnung!« Freiburg lachte aus vollem Herzen. »Was Irene mir schon alles erzählt hat!«

Rathenow tippte auf sein verbundenes Schienbein. »Wie lange kann es dauern?«

»Das weiß nicht mal der liebe Gott. Jeder Körper reagiert anders.«

»Ich warte nur noch auf das Abendessen, dann will ich schlafen.«

»Ich gehe, ich gehe.« Dr. Freiburg strich Rathenow über das weiße Haar. »Kranke Männer sind eine Plage Gottes, und je klüger sie sind, um so ungenießbarer sind sie. Ein Glück, daß du so dämlich bist.«

Er verließ sehr schnell das Zimmer, denn Rathenow warf mit dem dicken Buch nach ihm.

Aisin Ninglin saß im Büro unter dem »Schwarzen Mandarin« Min Ju gegenüber. Er hatte gerade seinen Bericht beendet. Er hatte alles geschildert: den Handkantenschlag, der tödlich gewesen war, die Blendung von Yan Xiang, nur Rathenow hatte er vergessen zu erwähnen. Es schien ihm völlig unwichtig zu sein. Min Ju sah ihn mit gerunzelter Stirn an.

»Was war mit Bai Juan Fa?« fragte er, als falle ihm das gerade ein.

»Er hat, wie du befohlen hast, zugesehen. Aber er ist ein Schwächling. Er wird nie ein guter Triade werden.«

»Sonst nichts?«

»Nein, Daih-Loh.«

»Du hast ihn nicht zum Zusehen zwingen müssen?«

»Er stellte sich störrisch an. Aber ich habe ihn überzeugt.«

»Indem du ihn fast zum Krüppel getreten hast.«

»So schlimm war es nicht.« Ninglin lächelte verlegen. »Er war leicht zu überzeugen.«

»Was nennst du leicht? Er fällt durch dich eine Woche lang aus.«

»Daih-Loh, er simuliert. Als er mich hindern wollte, Yans rechtes Auge zu bestrafen, habe ich ihn abgewehrt. Das ist alles.«

»Ninglin, ich war heute vormittag bei Bai Juan Fa! Ich habe seine Verletzungen gesehen. Behandelt man so einen Bruder?«

»Er ist noch nicht mein Bruder! Er ist ein Fremder, der nicht wert ist, ein Triade zu sein. Ein Weichling! Du hast es ja heute vormittag selbst gesehen. Ein Chinese hätte die Tritte längst vergessen und würde nie im Bett liegen. Bai Juan Fa ist nicht aus Eisenholz, sondern aus weichem Tofu!«

»Er war ungehorsam, dafür wird er bestraft werden. Aber das überlasse mir.«

Min Ju legte seine Hände auf die Zeitungen und sah Ninglin streng an.

»Hat euch jemand gesehen« fragte er.

»Es waren noch zwei Gäste im Lokal, aber sie sind gleich gegangen.«

»Aber sie haben euch gesehen?«

»Ja ...« Die Antwort kam zögernd. »Aber sie werden mich nicht wiedererkennen, ich habe ihnen sofort den Rücken zugedreht.«

»Daran denke ich nicht. Für einen Europäer sehen alle Chinesen gleich aus. Aber Bai Juan Fa – seine weißen Haare fallen überall auf. Die merkt man sich. Wenn die beiden Gäste als Zeugen bei der Kripo aussagen, wird man den Weißhaarigen in der Akte groß vermerken. Man wird aufpassen, ob er auch in anderen chinesischen Lokalen anzutreffen ist. Das kann gefährlich werden.«

»Soll ich ihm die Ohren putzen?« Ninglins Miene strahlte bei dem Gedanken, Bai Juan Fa aus dieser Welt zu schaffen. Aber Min Ju schüttelte verneinend den Kopf.

»Er wird sich die Haare färben lassen müssen.«

»Und was erzählt er dann seinen Freunden im Tennis- und Golf-Club? Silberhaar ist plötzlich dunkel. Jeder wird ihn für verrückt halten.«

»Das werde ich mit ihm besprechen.« Min Ju nickte Ninglin zu. »Du kannst gehen.«

Ninglin verließ schnell das unterirdische Büro. Je weiter man von Min Ju entfernt war, um so ruhiger war das Leben. Er aß auch nicht im »Schwarzen Mandarin« zu Mittag, sondern fuhr zu einem Biergarten in Giesing, weit fort von Mins kaltem Blick.

Am späten Abend – Schwester Irene hatte ihren Dienst

beendet und wollte am nächsten Tag um acht Uhr wiederkommen – besuchte Min Ju Rathenow noch einmal. Er nahm
wieder den Weg über die unverschlossene Hintertür und
stand plötzlich im Schlafzimmer. Rathenow, der im Bett saß
und das Fernsehen eingeschaltet hatte, zuckte bei seinem
Anblick zusammen. Die Gegenwart Mins bedeutete nie
etwas Gutes.

»Wie geht es dir?« fragte er harmlos.

»Unverändert. Nach einem Tag kann man noch nichts
sagen. Sind Sie gekommen, um mich zu bestrafen?«

»Das hat Zeit. Du weißt, daß man dich im ›Lotos‹ gesehen
hat. Die beiden letzten Gäste. Alle Kripo-Kommissariate werden jetzt Ausschau halten nach einem Mann mit silberfarbe-
nem Haar, der in chinesischen Restaurants auftaucht. Sie
werden dich schnell finden. Das müssen wir verhindern.«

Rathenow nickte. »Ganz einfach – indem ich keine Grassandale werde ...«

»Noch einfacher: Du läßt dir die Haare färben.«

»Unmöglich!«

»Du weißt, daß es für Min Ju das Wort ›unmöglich‹ nicht
gibt. Alles ist möglich, wenn man seinen Willen freisetzt.
Bevor du wieder in die Öffentlichkeit gehst, färbst du dir die
Haare. Ich schlage vor: mittelblond.«

»Meine Freunde werden mich nach Haar bringen, in die
Nervenheilanstalt. Jeder weiß, wie stolz ich auf meine Silber-
haare bin – und plötzlich färbe ich sie. Das geht einfach
nicht.« Rathenow schaltete den Fernseher aus. »Ich mache
dir einen Vorschlag: Ich könnte eine Perücke tragen.«

»Zu unsicher, Bai Juan Fa. Einmal vergißt du sie – und
dann ist es passiert! Mit deinen weißen Haaren bist du jetzt
eine Gefahr für 14K.« Min wanderte im Schlafzimmer
herum, die Hände auf dem Rücken verschränkt, und schien
intensiv über das Problem nachzudenken. »Ich könnte dich
Ninglin übergeben«, sagte er, blieb am Fenster stehen und
sah hinaus in den Garten. »Aber dazu brauche ich die Erlaubnis des Gao Lao in Hongkong. Und er wird sie mir nicht
geben. Das weiß ich. *Wir* müssen uns einigen. Das heißt: Du
färbst dir die Haare.«

»Nein.«

»Doch! Oder sollen wir dir einen Finger von Liyun schik-ken?«

»Das werdet ihr nicht wagen!« schrie Rathenow Min an.

»Warum nicht? Liyun ist nicht mehr wert als jeder andere Mensch. Nur dir ist sie soviel wert wie dein Leben. Sie ist dein Glück und dein Unglück. Entscheide dich!«

Rathenows Widerstand brach, wie immer, wenn man ihm mit Liyun drohte. Sie tun es, durchfuhr es ihn. Sie tun es wirklich. Sie hacken ihr einen Finger ab, und keiner wird die Bestien finden! Liyun, die können mit mir machen, was sie wollen.

»Ich lasse mir die Haare färben«, sagte er mit gebrochener Stimme.

»Ein weiser Entschluß, Bai Juan Fa. Mittelblond?«

»Was ihr wollt.«

»Du wirst jünger aussehen. Deine Haare werden die Zeit um zwanzig Jahre zurückdrehen. Dein Spiegel wird dir zeigen, daß du das Alter besiegt hast.« Min Ju lachte Rathenow zu. »Und deine Freunde und Bekannten? Zuerst werden sie dich auslachen, aber später dann beneiden. Gute Nacht!«

Rathenow antwortete nicht. Min Ju hob die Schultern, verließ das Schlafzimmer und fuhr zurück in die Stadt. Er dachte dabei darüber nach, wie er Bai Juan Fa noch eine besondere Lektion erteilen konnte, und fand schließlich eine einfache, aber wirksame Lösung.

Die Woche, in der Rathenow das Bett hüten mußte, ging schnell vorüber. Schwester Irene bewies, daß sie eine Perle war, was die Pflege und das leibliche Wohl anbelangte, und wenn Min Ju anrief und nach dem Befinden fragte, hörte er immer: Es geht mir besser. Ich mache schon wieder die ersten Schritte.

Nach zehn Tagen beendete Schwester Irene ihre Betreuung. »Es hat mir wirklich Spaß gemacht«, sagte sie zum Abschied und drückte Rathenow so fest die Hand, daß er versucht war zu antworten: Bleiben Sie gleich hier! Sie haben mir die Hand zerquetscht. Aber er unterließ es doch. »Sie waren ein disziplinierter Patient, Herr Doktor. Es hat mir bei

Ihnen gut gefallen. Wenn wieder was ist, ich komme gerne. Ich bekomme von Ihnen genau 2400 Mark. Bitte bar, keinen Scheck.«

»Also Schwarzarbeit?« Rathenow lachte. »Selbstverständlich gebe ich es Ihnen in bar. Zufällig habe ich gerade eine größere Summe im Haus.«

Rathenow holte das Geld aus dem Tresor im Arbeitszimmer und gab es Schwester Irene, die die Scheine dreimal nachzählte.

»Wissen Sie, daß ich mich damit auch strafbar mache?« fragte Rathenow.

»Aber, Herr Doktor«, Irene lächelte breit, »es ist doch nur eine private Anerkennung...«

Und dann war Rathenow wieder allein in seiner riesigen Villa. Die plötzliche Stille war bedrückend. Er kam sich wieder vor wie in einem riesigen Sarg und dachte darüber nach, was Schwester Irene ihm im Laufe der vergangenen Tage gesagt hatte:

»Hier gehört eine Frau rein, Herr Doktor. Warum heiraten Sie nicht?«

Und er hatte geantwortet: »Ich habe noch nicht die richtige Frau gefunden. Aber vielleicht ändert sich das bald.«

Liyun? War sie die Frau, nach der er immer gesucht hatte? War sie die Frau, die ihn bis zum Ende seines Lebens begleiten würde? Sie war dreiunddreißig Jahre jünger als er, und die alte Frage beschäftigte ihn wieder: Darf ich ein so junges Mädchen, das meine Tochter sein könnte, überhaupt an mich alternden Mann binden? Ist es nicht purer Egoismus? Die verzweifelte Suche nach einer zweiten Jugend? Ist es wirklich Liebe oder nur eine Illusion? Ist es die Flucht vor dem Alter, das auf Dauer nicht aufzuhalten ist? Und das Wichtigste: Liyun kommt ja nur zu Besuch – drei Monate lang. Dann fliegt sie wieder zurück nach Kunming. Sie würde aus allen Wolken fallen, wenn ich ihr sagte: »Liyun, bleib bei mir. Für immer. Als meine Frau.« Das würde sie erschrecken, vielleicht sogar beleidigen. Auch wenn es mir in der Seele weh tut: Sie gehört zu Shen Zhi, dem jungen Journalisten. Sie ist eine Chinesin, die nur einen Chinesen heiraten würde, die ihre Heimat nie für immer verlassen würde, um in Deutschland zu leben, in einem Land, das nie ihre zweite Heimat werden könnte. Ein Land, nicht nur mit einer anderen Kultur, sondern auch ein Land, in dem ein Ausländer ein Mensch zweiter Klasse ist. Darf ich Liyun dem allen hilflos aussetzen? Wie werden die Presse und meine wissenschaftlichen Kollegen über uns herfallen? *Rathenow liebt eine 33 Jahre jüngere Chinesin! – Die letzten Zuckungen vor dem Alter. – Liebe oder Torheit? – Wie wird man wieder jung? – Das China-Syndrom! – Warnung an alle deutschen Frauen: Die Chinesinnen kommen!*

Und dann die breite Masse des Volkes: Muß es gerade eine Chinesin sein? Gibt es nicht genug hübsche deutsche Frauen? 33 Jahre Altersunterschied ... schämt sich Rathenow nicht? Kann man nicht mit Würde alt werden? Diese jungen Weiber: Wäre Rathenow kein berühmter, reicher Mann, sie würden ihn nicht einmal wahrnehmen! Liebe für Geld und Ansehen ...

Liyun kann nicht einmal ahnen, was da auf sie zukäme, wenn sie ja sagte. Aber sie sagt nicht ja. Die Batik mit dem Bai-Mädchen, das Fax: Ihre kleine Liyun – eine Höflichkeitsfloskel für einen VIP-Gast, den sie in China herumführen durfte. Rathenow, du Spinner!

Rathenow wanderte in seinem »prunkvollen Sarg« herum, flüchtete sich in die Musik, indem er eine CD mit dem Klavierkonzert Nr. 1 von Tschaikowsky auflegte, aber auch diese Musik, die sonst immer tief in sein Inneres eindrang, konnte ihn diesmal nicht von seinen düsteren Gedanken ablenken.

In seiner inneren Zerrissenheit rief er Dr. Freiburg an, den einzigen Freund, dessen Frechheit ihn aus der Depression herausreißen konnte. Freiburg war zu Hause.

»Was ist?« fragte er.

»Ich komme gleich zu dir.«

»Sehr ungünstig. Mein Abend ist besetzt. Ich habe für heute einen erotischen Höhenflug eingeplant.«

»Laß sie sausen, wer immer sie auch ist. Ich *muß* dich sprechen.«

»Wieder Depressionen? Nimm eine Pille dagegen.«

»Damit ist es nicht getan.«

»Dann trink deinen Wodka mit Orangensaft! Das hilft doch sonst immer.«

»Ich bin einsam ...«

»Junge, es gibt genug Nummern in deinem Telefonbuch.«

So sehr er Freiburgs Sexsprüche manchmal haßte, jetzt wirkten sie irgendwie erfrischend auf ihn. Da ist ein Mensch ohne Probleme, wie ich ihn beneide! Was bin *ich* denn? Eine wehrlose »Grassandale«. Bai Juan Fa, der Triade.

»Dann also nicht!« sagte er enttäuscht. »Gute Nacht!« Und legte auf.

Er flüchtete wieder zur Musik, verkroch sich in seinen Ledersessel im Arbeitszimmer, hörte sich den Schluß des ersten Aktes der »Walküre« von Wagner an und schloß bei Siegmunds Liebesaufschrei »So blühe denn, Wälsungen-blut!« die Augen.

Ich bin kein Held, dachte er voller Bitternis. Helden gibt es nur in den Sagen. Das wirkliche Leben ist beschissen. Beschissen bis zum Stehkragen ...

Der Friseur staunte nicht schlecht und starrte Rathenow ungläubig an, als dieser sagte:

»Bitte, Haare färben. Einen hellen Mittelblondton ...«

Schweigen. Der Friseur rührte sich nicht von der Stelle, aber er strich mit der flachen Hand über Rathenows silbrige Haare. Dann sagte er, als habe er sich verhört:

»Färben?«

»Ja.«

»Dieses wunderbare Weiß?«

»Es gefällt meiner neuen Freundin nicht. Sie liebt blond.«

»Darf ich Ihnen einen Rat geben?« Der Friseur räusperte sich. »Von Mann zu Mann?«

»Bitte!«

»Behalten Sie Ihre silbernen Haare, und wechseln Sie die Freundin. Die ist leichter zu ersetzen.«

»Sie kennen sie ja gar nicht!« sagte Rathenow tadelnd.

Der Friseur schüttelte den Kopf. »Brauche ich auch nicht. Eine Frau, die diese Haare nicht mag, hat keinen Sinn für männliche Schönheit. Ich nehme an, sie ist sehr attraktiv.«

Rathenow hatte plötzlich Spaß an der Unterhaltung. Er nickte zustimmend. »Sehr attraktiv. Flammendrote Haare, Locken bis über die Schultern ...«

»Da haben wir's. Da liegt der Grund des Wunsches. Sie ist eitel, und ihre Eitelkeit kann nicht vertragen, daß ein Mann ebenso schöne Haare hat. Es ist die Furcht, daß er ihr die Schau stiehlt. Ihre Haare müssen doch überall auffallen.«

»Sind Sie Psychologe oder Coiffeur?« fragte Rathenow.

»Beides, mein Herr. Ein guter Coiffeur muß auch ein guter Psychologe sein, sonst findet er nie die Frisur, die zu dem Kunden paßt. Zu Ihnen passen die weißen Haare wie das Lächeln zu der Mona Lisa. Sie sollten es nicht ändern.«

»Ich bin nicht Mona Lisa, sondern ein alter Narr! Also, Meister – färben Sie! Ein helles Mittelblond.«

»Nur, wenn Sie es befehlen.«

»Ich befehle es: Färben!«

»Der Kunde ist König und sein Wort Gesetz.« Der Friseur legte Rathenow den Umhang aus Perlon um. »Ich möchte mit König David sagen: Ich wasche meine Hände in Unschuld.«

»Es war Pilatus, der das gesagt hat. Siehe Matthäus 27, 24 ...«

»Oh, Sie sind Pfarrer, mein Herr?« Der Friseur lächelte listig wie ein Mitverschwörer. »Und haben eine rothaarige Geliebte? Gott liebt die Sünder.«

»Färben!« rief Rathenow energisch, obgleich er sich das Lachen verbeißen mußte.

Beleidigt verschwand der Friseur in einem Hinterraum und kam dann mit den Utensilien für das Färben zurück.

Wortlos ließ Rathenow die Prozedur über sich ergehen. Dann sagte der Friseur mit deutlichem Mißfallen in der Stimme:

»Schauen Sie in den Spiegel, Herr Pfarrer. So sehen Sie jetzt aus! Völlig fremd. Ihre Gemeinde wird Sie nicht wiedererkennen, wenn Sie vor den Altar treten. Mußte das wirklich sein? Mich schüttelt's bei diesem Anblick. Ihre schönen silbernen Haare.«

Rathenow starrte sein Spiegelbild an. Er war es, und er war es doch nicht. Wie schnell und einfach man einen Menschen verändern kann, dachte er. Der dort im Spiegel sieht aus wie Mitte Vierzig und hat nur noch wenig Ähnlichkeit mit dem Dr. Rathenow aus Grünwald. Wenn er jetzt noch eine Brille aufsetzt, kennt ihn überhaupt keiner mehr. Min Ju hatte recht: Da sitzt ein anderer Mensch. Kein Zeuge würde mehr sagen: Ja, das ist der, der kurz vor 23 Uhr in das »Lotos« gekommen ist, zusammen mit einem Chinesen.

»Ich bin sehr zufrieden«, sagte er und erhob sich. »Ein schönes Blond. Nicht zu hell, nicht zu dunkel. Sie sind ein wirklicher Meister.«

»Ich schäme mich, es getan zu haben, Herr Pfarrer. Aber der Kunde ...«

»... ist König.«

Rathenow bezahlte die horrende Rechnung. Von nun an würde er sich alle vier bis sechs Wochen die Haare nachfärben lassen müssen, damit man den nachgewachsenen weißen Ansatz nicht sah. Dann fuhr er zu Dr. Freiburg. Unterwegs kaufte er sich noch eine Sonnenbrille. Im Spiegel erkannte er sich selbst nicht wieder.

Dr. Freiburg wollte gerade seine Praxis schließen, als der letzte Patient sich ins Wartezimmer setzte. Am Empfang gab er an: Ludwig Mitterwurzer, Werbekaufmann, Privatpatient. Freiburg las die neue Karteikarte und ließ dann Mitterwurzer in das Sprechzimmer bitten.

Äußerst gespannt trat Rathenow ein. Erkannte Freiburg ihn? Nein. Er warf nur einen kurzen Blick auf den neuen Patienten, wies auf einen Stuhl und fragte:

»Was kann ich für Sie tun, Herr Mitterwurzer? Erlauben Sie mir vorweg eine Frage: Sind Sie verwandt mit dem berühmten Schauspieler Mitterwurzer aus dem vorigen Jahrhundert?«

»Nein. Meine Vorfahren kommen aus Österreich, aus dem Dorf Mitter. Sie waren Kräutersammler, daher der Name Mitterwurzer.«

Dr. Freiburg starrte Rathenow an. Der neue Patient kam ihm nicht ganz geheuer vor. Außerdem erinnerte ihn die Stimme an seinen Freund Hans.

»Welche Beschwerden führen Sie zu mir?« fragte er.

»Ich leide an einer sehr seltenen und seltsamen Krankheit.« Rathenow lächelte verzückt. Er erkennt mich nicht. Dies ist die vollkommene Tarnung.

»Sie waren schon bei einem Kollegen?«

»Ja, aber der konnte mir nicht helfen. Da bekam ich den Rat, zu Ihnen zu gehen, Herr Doktor. Sie seien ein Spezialist für aussichtslose Fälle.«

»Das ist übertrieben. Wie lautete die Diagnose des Kollegen?«

Du eitler Affe. Jetzt kommt es, Freiburg!

»Ich leide an Semipalatinsk ...«

Dr. Freiburg stutzte. »Woran?« fragte er verunsichert.

»Semipalatinsk ...«

»Haben Sie sich auch nicht verhört? Semipalatinsk ist eine Stadt in Rußland, in Kasachstan.«

»Vielleicht ist diese Krankheit zuerst dort aufgetreten und hat daher ihren Namen. Ich weiß es nicht. Kennen Sie die Krankheit, Herr Doktor?«

Freiburg gab sich keine Blöße. Er zeigte sich sehr interessiert. Er nahm sich vor, nachher in der vierbändigen »Inneren Medizin« nachzuschlagen. Himmel, man kann ja nicht alles wissen!

»Wie äußert sich die Krankheit?« fragte er.

Rathenow grinste breit. »Sehr unangenehm. Ein ständiger Drang zu furzen. Und wenn man furzt, ist es in a-Moll. Manchmal auch in F-Dur – aber dann ist es immer kritisch.«

Dr. Freiburg nickte. Er sah den neuen Patienten mit vorgewölbter Unterlippe an und sagte dann:

»Nimm die Brille ab, du Scheißkerl.«

Rathenow tat es.

»Und auch die Perücke.«

»Das ist keine Perücke. Das sind meine echten Haare.«

»Schlußpfiff! Das Spiel ist zu Ende. Hans, fast wäre ich auf dich reingefallen! Semipalatinsk – das war genial! Das hat mich wirklich einen Augenblick aus der Bahn geworfen. Junge, nimm die doofe Perücke ab.«

»Es sind wirklich meine echten Haare. Ich habe sie färben lassen. Du bist der erste, der sie sieht.«

Dr. Freiburg gab keine Antwort – er griff zum Telefon. Rathenow hob die Hand.

»Wo willst du anrufen?«

»In Haar. Du bist reif für die Klapsmühle!«

»Gefällt es dir nicht?«

»Frag nicht so dämlich! Hast du Gehirnwasser verloren? War in der Nacht das Kopfkissen naß?«

»Ich wollte einfach einmal anders aussehen. Jünger. Du hast mich nicht erkannt – es ist also gelungen. Der Test war positiv.«

»Du willst also wirklich ab jetzt so herumlaufen?«

»Das habe ich vor.«

»Alle werden dich für geisteskrank halten. Der Tennisclub, der Golfclub, die Kegelbrüder.«

»Sie können mich alle ...«

»Warum hast du das getan, Hans? Will Liyun das so?«

»Ich hoffe es.«

»Die Chinesin und der blonde germanische Held! Du bist ein Tölpel! Du hast nicht das geringste Zeug zum Helden. Junge, du wirkst lächerlich! Entfärbe dich wieder. Deine schönen silbernen Haare ...«

»Ich will das mal eine Zeitlang so lassen. Ich bin zu dir gekommen, damit du die Freunde in den Clubs vorwarnst und sie nicht über mich herfallen.«

»Und was soll ich ihnen sagen? Hört mal: Hans hat in seinem Hirn eine Meise entdeckt? Und die läßt er jetzt ein Weilchen zwitschern. Nehmt es hin, reizt ihn nicht, findet es schön – er kommt jetzt in die Jahre, wo ein Mann wunderlich wird.«

»Sag, was du willst.« Rathenow erhob sich. »Ich fühle mich jetzt sicherer – aber das verstehst du nicht.«

»Und wohin soll ich meine Arztrechnung für Herrn Mitterwurzer schicken? Du glaubst doch wohl nicht, daß ich diesen Blödsinn umsonst mitmache?«

»Schicke sie ins Dorf Mitter, Hinterwalden.«

»Wie bist du bloß auf den Namen Mitterwurzer gekommen?«

»Du vergißt, daß ich auch Literatur studiert habe. Aber daß du Mitterwurzer kennst, das hat mich überrascht. Adios, Pillenverschreiber.«

Zum Abendessen fuhr Rathenow in die Innenstadt, zum »Schwarzen Mandarin«. Er wählte einen rosenholzfarbenen Sommeranzug, setzte die Sonnenbrille auf und betrat mit jugendlichem Schritt das Lokal. Der Kellner eilte auf ihn zu. Rathenow hielt den Atem an. Nein, er erkennt mich nicht. Der Kellner zeigte auf einen Zweiertisch in einer Nische.

»Gefällt Ihnen der Tisch, mein Herr?«

»Sehr. Man kann das Lokal überblicken und sitzt mit dem Rücken zur Wand. Das ist gut. Eine alte Mafiaregel sagt: Sitz in einem Lokal nie frei, sondern immer mit dem Rücken zur Wand. Dann bist du sicher vor Überraschungen.« Er lächelte den verblüfften Kellner an.

Der brachte die umfangreiche Speisekarte und entschwand durch eine Seitentür in die Küche. Chef Zou Shukong rührte gerade eine Pilzsoße an.

»Ruf Min Ju an«, sagte der Kellner eilig. »Im Lokal sitzt ein komischer Typ. Der faselt was von Mafia.«

»Das kann lustig werden. Ein Mafioso als Gast – oder er will was anderes. Das kann Ärger geben. Und Ninglin ist nicht da! Ich rufe ihn sofort an.« Er bückte sich und blickte durch die Durchreiche auf den verdächtigen Gast. »Mut hat er.«

»Er ist sicherlich nicht allein. Wer weiß, wer von den anderen Gästen auch zur Mafia gehört?« Der Kellner griff in eine Schublade, holte eine Pistole heraus und steckte sie in den Hosenbund. »Hoffentlich brauchen wir die nicht.«

Er ging wieder zurück in den Gastraum und schielte zu dem Gast hinüber. Der trug immer noch seine Sonnenbrille, obwohl nur gedämpftes Licht seinen Tisch erhellte. Das ist typisch Mafia, dachte er – so, wie man es in den Filmen sieht.

Es dauerte keine fünf Minuten, da erschien Min Ju im Gastraum. Er musterte von weitem den Verdächtigen, kam dann an seinen Tisch und machte eine leichte Verbeugung.

»Ich begrüße Sie«, sagte er. »Ich bin der Besitzer des ›Schwarzen Mandarin‹. Ich hoffe, daß Sie sich bei uns wohl fühlen werden.«

Rathenow lächelte breit. Auch du erkennst mich nicht. Wie allein Haare einen Menschen verändern können. Es ist unglaublich.

»Ein Blinder sollte nicht Daih-Loh sein!« sagte er. Und dann streckte er die Hand aus und machte das Handzeichen eines Cho Hai. Min Ju ließ sich auf den freien Stuhl fallen und glotzte ihn an wie ein Frosch.

»Bai Juan Fa…«, sagte er endlich, »du verdammter Drache! Keiner erkennt dich wieder…«

»So hast du es ja befohlen.«

»Du hast uns einen großen Schrecken als Mafioso eingejagt. Ninglin und fünf Schützen sind unterwegs.« Und plötzlich lachte er, klopfte Rathenow auf den Arm und winkte dem Kellner zu. »Es ist Bai Juan Fa!« sagte er leise, als sich der Kellner zu ihm niederbeugte. »Was sagst du nun? Niemand hat ihn erkannt! Jetzt kann die Polizei lange nach einem weißhaarigen Mann suchen, der auch noch hinkt! Es gibt ihn nicht mehr! Bai Juan Fa, ich verzichte auf deine Bestrafung – du hast uns Gutes getan.«

Nach dem Essen lehnte sich Min Ju zurück und trank mit kleinen Schlucken seinen heißen Pflaumenwein.

»Nächste Woche ist ein großer Tag für dich«, sagte er zu Rathenow. »Bereite dich darauf vor.«

»Werden Sie deutlicher, Min Ju!«

»Du wirst in die Bruderschaft der Triaden aufgenommen werden. Ein feierlicher Akt. Erst dann bist du ein wirklicher Triade.«

»Ich lege keinen Wert darauf.«

»Sei nicht hochnäsig, Bai Juan Fa! Du wirst ein Mitglied der stärksten geheimen Macht auf dieser Erde sein. Das kann man für alles Gold der Welt nicht kaufen. Das ist eine Ehre, die ein Mensch nur einmal erleben kann. Und du bist der erste Weiße, der diese Auszeichnung erfährt. Seit viertausend Jahren waren in den Geheimbünden nur Chinesen, selbst andere Asiaten waren immer nur niedrige Helfer. Weißt du, was das für dich bedeutet?«

»Ich werde ein Sklave eurer Verbrechen werden.«

»Du wirst unser Bruder sein. So, als wärest du am Gelben Fluß geboren.«

»Warum gerade ich? Ich kann nicht sagen, daß das eine Ehre ist. Wenn ich eure Befehle ausführe, dann nur, weil ich gezwungen werde. Ihr habt mich in der Hand, ich bin für euch ein Werkzeug, aber auch die besten Werkzeuge nutzen sich ab!«

»So ist es. Und dann werfen wir sie weg. Du bist der Anfang eines großen Experiments. Alle, die nach dir kommen werden, sind nur Schatten von dir. Deshalb – so sagt der Gao Lao in Hongkong – gehörst du für immer zu uns. Du bekommst durch uns ein anderes Leben, als seist du schon wiedergeboren.« Er legte Rathenow seine Hand auf den Arm. »Wirst du Wang Liyun heiraten?«

»Wenn sie will ...«

»Sie will.«

»Woher wissen Sie das?«

»Es stand in ihren Augen. Du konntest es nicht lesen, aber wir erkennen eine Seele im Blick. Das Auge ist der Spiegel des inneren Menschen ... der Außenmensch kann lügen und sich verstecken, das Auge nie! Du wirst glücklich sein mit Wang Liyun und als unser Bruder. Aber bis dahin liegt noch eine lange, beschwerliche Strecke über die Straße des Gehorsams und der Demut vor dir. Du wirst sie überwinden, weil die Liebe Liyuns dir die Kraft dazu gibt. Glück fällt nicht vom Himmel – es muß erobert werden.«

»Ihre poetische Rede ist eine einzige Drohung. Ich verstehe sie genau.«

»Vergiß, daß du einmal Dr. Hans Rathenow gewesen bist. Es gibt ihn nicht mehr! Er hat die ewige Reise angetreten und kommt nicht zurück ...«

Min Ju hob die Hand und strich damit kurz über Rathenows gefärbtes, blondes Haar. »Damit hast du den Anfang gemacht«, sagte er und zog die Hand zurück, als er merkte, wie Rathenow unter der Berührung zusammenzuckte. »Dich erkennt niemand mehr. Du bist ein neuer Mensch geworden, und der wirst du bleiben. Bereite dich auf den großen Tag vor. Ziehe einen schwarzen Anzug an, eine silberne Krawatte, ein weißes Hemd, so, als würdest du zu einer Hochzeit gehen oder zu einer Taufe. Und iß nichts vorher! Wir werden alle gemeinsam an einem großen runden Tisch sitzen und das ›Familienessen‹ genießen. Und auch deinen Namen wirst du ändern, aber nur unter uns. Mit der Aufnahme in die Bruderschaft gehörst du zur Familie der ›Dolchgesellschaft‹ und wirst den Familiennamen ›Hong‹ annehmen. Dann wirst du 36 Blut-Eide schwören, die ich dir vorlese, und indem du sie schwörst, erkennst du alle Regeln der Triaden an. Seit über 150 Jahren sind die 36 Blut-Eide das Fundament unserer Gesellschaft, unserer Familie, deren Daih-Loh ich hier in München bin. Nachdem du ein Hong geworden bist, erwartet die Familie von dir bedingungslosen Gehorsam und absolute Brüderlichkeit.«

»Und Ninglin wird mich weiter mit Fußtritten verletzen ...«

»Nein! Wenn er das tut, dann melde es mir. Er wird bestraft. Ab nächster Woche bist du sein Bruder, den er nie schlagen darf. Bei einem Streit schlichtet der Daih-Loh, also ich!« Min Ju bestellte ein Kännchen Jasmin-Tee und steckte sich einen Zigarillo an. »Es ist seit Jahrhunderten üblich, daß die Aufnahme in die Hong-Familie in einem Tempel stattfindet. Seit es uns, die 14K, gibt, haben wir unsere neuen Brüder im Tempel Wong Tai Siung in Hongkong ›getauft‹. Wir können aber nicht wegen der Zeremonie nach Hongkong fliegen. Jetzt hat jede Familie ihren eigenen geheimen Tempel, auch wir in München. Darauf bin ich stolz. Auch du wirst eines Tages stolz sein, ein Triade, ein ›Drei-in-einem‹, ein San-he-Hui zu sein. Tin-Tai-Wui, das ›Himmel-Erde-Mensch‹, wird deine neue Welt sein, in der du glücklich leben wirst. Du wirst nichts anderes mehr denken oder fühlen als: Ich bin ein ›Sohn des Hong‹, ein Mitglied der ›Roten Gilde‹, der ›Hong Bang‹. Und sei stolz darauf: Die 14K ist die mächtigste und die am meisten gefürchtete Triade auf dieser Welt!«

»Ich weiß ...«, sagte Rathenow bitter. »Ihr seid überall.«

»Und es gibt kein Geschäft, in dem wir nicht mitmischen. Vom Drogenhandel bis zum Hotelkonzern, von der Immobiliengesellschaft bis zur Handelskette, vom Industriebetrieb bis zum Einzelhandel – überall sind wir mit von der Partie, unter Decknamen, Deckadressen, mit willigen Mittelsmännern, bestochenen Managern. 14K ist eine Weltmacht, nur wissen und spüren es die Menschen nicht – bis auf jene, die nicht gehorsam sind und die wir bestrafen müssen. Bai Juan Fa – ab nächster Woche gehörst du zu den Auserwählten. Du wirst sogar ein echter Bruder sein, weil du dein Leben mit einer Chinesin teilst.«

»Das ist noch nicht sicher«, sagte Rathenow gepreßt. »Es kann noch viel geschehen.«

»Nicht, wenn du unser Bruder bist. Du erhältst – wie ich dir erklärt habe – unseren vollen Schutz.«

»Das heißt: Ich stehe unter dauernder Kontrolle. Schutz, das scheint euer Lieblingswort zu sein. Muß ich auch Schutzgeld bezahlen?«

»Als Bruder nicht.«

»Ich verdiene Geld mit meinen Forschungen und Büchern. Für das deutsche Finanzamt gelte ich als Großverdiener.« Rathenows Stimme schwamm in Ironie. »Für die Triaden doch ein Anlaß, auch von mir Schutzgelder zu erpressen?«

»Bai Juan Fa, wir erpressen nicht, wir bieten eine bezahlte Dienstleistung.« Min Ju schüttelte tadelnd den Kopf. »Als Hong bist du von allem befreit.«

»Sehr großzügig! Muß ich mich bedanken?«

Min überhörte den Spott. Er trank seinen Jasmintee mit kleinen Schlucken und blickte an Rathenow vorbei auf zwei Gäste, die gerade eintraten. Sie setzten sich in die Nähe der Tür und blickten sich mit auffälliger Unauffälligkeit im Lokal um. Min hob die Augenbrauen und machte dem Kellner ein Fingerzeichen, das Rathenow nun auch verstand. Achtung! hieß es. Ein Feind ist gekommen. Der Kellner nickte.

Min Ju wandte sich wieder Rathenow zu. Es bedurfte keines Alarms – Ninglin und fünf Scharfschützen waren ja unterwegs.

»Wo ist ein Feind?« fragte Rathenow leise.

»Ich gratuliere.« Min Ju nickte ihm wohlwollend zu. »Du hast unsere Zeichen gut gelernt. Siehst du die beiden Herren neben der Tür?«

»Ja.«

»Es müssen Russen sein. Siehst du, wie sie alles mustern? Ein normaler Gast kümmert sich um die Speisekarte, aber nicht um Einzelheiten des Restaurants.« Min Ju sah wieder hinüber zu den beiden Gästen. »Die russische Mafia macht uns immer mehr Sorgen. Sie bricht in unser Drogengeschäft ein. Eine Abteilung von ihr hat sich auf Autodiebstahl großen Stils spezialisiert. Eine andere Abteilung bringt eine Menge junger Mädchen über die deutsch-polnische Grenze und gründet mit ihnen neue Bordelle. Sie haben schon drei unserer Brüder hingerichtet – erschossen und stranguliert, aber wir können es ihnen nicht nachweisen. Sieh nur, wie sie alles beobachten.«

»Und wenn es die Kripo ist?« fragte Rathenow.

»Es sind keine Kripoleute. Die erkennen wir sofort. Dafür haben wir einen Blick. Es gibt spezielle Verhaltensweisen, an denen wir sie erkennen.«

»Welche?«

»Das lernst du noch, Bai Juan Fa. Die Kriminalbeamten unterschätzen uns. Sie denken deutsch, wir aber sind Chinesen. Wir haben andere Augen als sie. Vor ein paar Monaten haben sie einen unserer Cho Hai überrascht, wie er von einem Gastwirt das Schutzgeld kassierte. Sie verhafteten unseren Bruder und buchten das als großen Erfolg. Welch ein Irrtum. Unser Bruder schwieg natürlich auf alle Fragen, zwei Tage lang. Dann fand man ihn im Untersuchungsgefängnis erhängt am Fenstergitter. Unser Bruder war so dumm, sich verhaften zu lassen – das mußten wir leider bestrafen.«

»Ihr habt selbst in den Gefängnissen die Killer sitzen?« fragte Rathenow entsetzt.

Min Ju zerdrückte den Stummel seines Zigarillos in einem Porzellanaschenbecher. »Ja, und der dumme, dumme Wirt, der sich so ungeschickt anstellte, daß man die Geldübergabe sah, gestand nach einem kleinen, intensiven Verhör ...«

»... das heißt: Folter!«

»... er gestand, daß er bewußt die Zahlung so auffällig leistete, um die Polizei, die er in sein Lokal gerufen hatte, auf unseren Bruder aufmerksam zu machen. Welch ein kurzsichtiger Mensch! Welch ein gespaltenes Herz! Er wurde drei Tage später in einem Waldstück bei Rottach gefunden. Mit einer Axt war er zerteilt worden – wie seine auseinandergebrochene Seele.«

»Warum erzählen Sie mir das? Ich habe schon einen Mord und eine Blendung unmittelbar miterlebt. Mich erschreckt nichts mehr.«

»Es waren nur kleine Bestrafungen.« Min Ju trank seine letzte Tasse Jasmintee und warf wieder einen Blick auf die beiden fremden Gäste, die er für Russen hielt. »Unsere Methoden bei Auseinandersetzungen richten sich nach ihrer Schwere. Was du gesehen hast, war ein alltäglicher Fall. Die beiden Herren aus Moskau stehen einige Stufen höher.«

»Und wenn es wirklich nur harmlose Gäste sind?«

»Das werden wir bald wissen. Viele Augen werden sie beobachten und bewachen.«

In diesem Augenblick betraten sechs Chinesen den »Schwarzen Mandarin«. Unter ihnen war auch Ninglin, der an Rathenows Tisch trat und ihn mit finsterer Miene musterte. Auch er erkannte ihn einen Augenblick lang nicht, aber dann, als er Mins gespanntes Gesicht sah, hellte sich seine Miene auf, und er begann leise zu lachen.

»Gut!« sagte er leise. »Sehr gut. Man muß dich schon gut kennen, um dich zu durchschauen. Aber mich kannst du nicht täuschen.«

Die fünf Chinesen setzten sich links und rechts von den beiden verdächtigen Gästen an zwei Tische und bestellten eine Wan-Tan-Suppe. Min zeigte auf einen Stuhl an seiner Seite, und Ninglin setzte sich.

»Laß sie nicht aus den Augen!« sagte er zu ihm. »Und

wenn es Russen sind – denk an unsere gestorbenen Brüder. Ihre Seelen warten auf ihre Befreiung.«

»Wir werden uns um sie kümmern, Daih-Loh.«

»Das erwarten wir von dir, Ninglin.«

»Das heißt«, sagte Rathenow gepreßt, »sie sind schon so gut wie tot?«

»Wenn es wirklich Russen sind, hat ihr Schicksal es so gewollt. Man kann nicht weglaufen vor dem, was einem bestimmt ist.« Min sah auf seine Uhr. Es war fast 14 Uhr, und noch immer hatten die beiden Gäste nichts bestellt. Der Kellner wartete geduldig.

»In zehn Minuten macht die Küche zu«, sagte er, als die beiden immer noch in der Speisekarte blätterten. »Wir öffnen dann erst wieder um sechs.«

Sie waren offensichtlich zu einer Entscheidung gekommen und bestellten Schweinefleisch mit chinesischen Pilzen, Bambussprossen und Glasnudeln nach Sichuan-Art.

»Das ist sehr scharf«, erklärte der Kellner.

»Wir lieben es scharf!« Der eine Herr klappte die Speisekarte zu. »Dazu zwei Bier. Und vorher zur Anregung einen Mao Tai.«

Der Kellner ging zur Kasse, bongte die Bestellung und reichte sie zur Küche hinein. Dann nahm er ein Tablett und ging mit ihm hinüber zu Min Ju, als wolle er ihn bedienen. Er beugte sich etwas vor und sagte leise: »Es sind keine Deutschen. Ihr Deutsch ist fremdartig, es klingt sehr hart.«

»Russen!« Min faltete die Hände über dem Bauch. »Es müssen Russen sein. Was habe ich gesagt? Mein Gefühl! Ninglin ...«

»Ich weiß, was wir zu tun haben, Daih-Loh.«

Ninglin stand auf und ging hinüber zu den fünf Chinesen, wo er sich wieder setzte.

Das Essen kam schnell. Zou Shukong hatte die Standardspeisen immer in großen Töpfen vorbereitet und warm gestellt – hier die Fleischstücke, dort die Gemüsebeilagen, die Pilze, die Nudeln, die Bambus- und Bohnensprossen, die Soßen. Man brauchte nur zu mischen, wie es auf der Karte stand.

Um 14.43 Uhr verließen die Russen – wenn es denn welche waren – den »Schwarzen Mandarin« und gingen zu Fuß weiter durch die Stadt. Ninglin folgte ihnen unauffällig, wurde nach einigen hundert Metern von einem anderen Triaden abgelöst, und so geschah es während der ganzen Zeit, in der die Russen durch die Stadt bummelten.

Im Sommer durch eine von der Hitze dampfende Stadt zu gehen, macht durstig. Die beiden Beobachteten betraten ein großes Brauhaus. Der Chinese, der sie verfolgt hatte, nahm weit von ihnen Platz, aber doch so günstig, daß er sie ständig im Auge behalten konnte. Als einer von ihnen nach hinten ging zur Toilette, eilte der Beobachter ebenfalls zum WC. Aber dort war kein Russe. Der Chinese wirbelte herum, verließ sofort die Toilette, hielt einen Kellner an und fragte:

»Wo kann ich telefonieren?«

»Dort hinten! Da sind Telefonzellen.«

»Danke.«

Sein Verdacht bestätigte sich. Der Russe stand in einer der Zellen und telefonierte, den Rücken zur Glastür gewandt. Mit großen Gesten unterstrich er das, was er sagte. Der Chinese besetzte die Nebenzelle und rief im »Schwarzen Mandarin« an. Min Ju war sofort am Apparat, als habe er auf den Anruf gewartet.

»Einer telefoniert!« sagte der Triade hastig. »Er spricht sehr aufgeregt.«

»Hat er dich gesehen?«

»Nein. Aber er muß Wichtiges berichten.«

»Bleibt weiter bei ihnen! Seid unsichtbar, aber immer hinter ihnen. Ich vertraue auf eure Fähigkeit.«

»Wir rufen wieder an, Daih-Loh.«

Bis zum Abend klebten die Triaden an den beiden Russen wie ihre Schatten. Sie sahen, wie sie in die S-Bahn stiegen, und folgten ihnen bis Wessling. Dort sahen sie, wie die beiden ein neu erbautes Mehrfamilienhaus betraten. Kurze Zeit später flammte im zweiten Stockwerk das Licht auf. Die Chinesen waren nun zu viert, setzten sich in ein Lokal am Wesslinger See, tranken ein Bier und warteten, bis die

Abenddämmerung in das Dunkel einer warmen Sommernacht überging.

»So ist es gut«, sagte einer der Triaden. »Brüder, an die
Arbeit!«

Sie bezahlten, verließen das Lokal und gingen zurück zu
dem Mehrfamilienhaus. Dort drückten sie gegen die Eingangstür – sie war nur angelehnt und ließ sich lautlos öffnen.

Die vier Chinesen stiegen im Dunkeln hinauf in den zweiten Stock, lautlos wie große Katzen ...

Zum drittenmal verhörte Kriminaloberrat Peter Probst die
Witwe Yan Xiangs, die Schweizerin Angela geborene Hätterli. Sie saß ihm in seinem Büro im 13. Kommissariat
gegenüber, in einem schwarzen Spitzenkleid und mit diskret
geschminktem Gesicht. PP gab sich keiner Hoffnung hin,
daß er etwas Neues von ihr erfahren würde, aber einen Versuch war es immerhin wert. Manchmal brach jemand sein
Schweigen, gepeinigt von der inneren Zerrissenheit. Er hatte
darin Erfahrung. Der alte Volksspruch »Steter Tropfen höhlt
den Stein« hatte schon überraschend oft zum Erfolg geführt.

Angela Yan aber war ein harter Brocken. Auf jede Frage
von PP folgte die stereotype Antwort:

»Ich weiß es nicht. Ich lag im Bett und habe geschlafen.
Nein, ich habe nichts gehört. Ja, mein Mann rief erst gegen
halb drei an.«

»Frau Yan, so kommen wir nicht weiter. Schildern Sie mir,
was wirklich geschehen ist.«

»Das habe ich schon dreimal erzählt.«

»Erzählen Sie es noch einmal.«

»Ich habe geweint, ich war total fertig, ich war unfähig,
überhaupt noch zu denken. Ist das nicht natürlich?«

»Und Ihr Mann?«

»Nachdem ich ihn nach oben geschleppt hatte, lag er auf
dem Bett und hatte ein nasses Handtuch über seine Augen
gelegt.«

»Er hat Ihnen nicht gesagt, wer die Täter waren?«

»Nein. Ich glaube nicht ...«

»Was heißt: Ich glaube nicht?«

»Ich war mit den Nerven so fertig, daß ich nichts mehr gehört habe. Wenn Xiang etwas gesagt hat – ich habe es nicht mehr wahrgenommen.«

»Und warum haben Sie erst gegen halb sieben Uhr morgens den Arzt und dann die Mordkommission angerufen?«

»Das habe ich Ihnen auch schon dreimal erklärt: Mein Mann wollte es so.«

»Und Sie haben in dieser Situation, ohne sich zu widersetzen, auf Ihren Mann gehört? Jede andere Frau hätte ...«

»Jede andere Frau ist nicht mit Xiang verheiratet! Ich habe in meiner Ehe gelernt, seine Wünsche zu respektieren.«

»Auch wenn es um Leben und Tod geht? Ihr Mann hätte an seinen Verletzungen sterben können.«

»Haben Sie eine Ahnung von der ›chinesischen Mentalität‹, Herr Probst?«

»Ich traue mir zu, die Chinesen zu kennen. Ich habe lange genug mit ihnen zu tun.«

»Als Polizeibeamter, nicht als Ehefrau. Xiang hat mir vor unserer Heirat seine Auffassung von Leben und Tod erklärt. Und erst dann hat er mich gefragt: Willst du trotzdem meine Frau werden?«

»Wieso trotzdem?«

»Er liebt das Leben, aber er fürchtet den Tod nicht. Es ist ein völlig anderes Denken als bei uns Europäern. Tod ist für ihn kein Unglück. Auch den Verlust seiner Augen nahm er hin, als habe er einen Ring verloren. ›Ruf den Arzt und die Polizei, wenn ich es sage‹ – das war sein Befehl, und ich gehorchte. Ich bin eine Schweizerin, aber innerlich hat Xiang mich zu einer Chinesin gemacht. Können Sie das verstehen?«

»Schwer.« PP blätterte in den vorherigen Aussagen von Frau Yan. »Sie haben Ihren eigenen Willen aufgegeben?«

»Ja.«

»Warum?«

»Vielleicht, weil ich ein altmodischer Mensch bin – ich liebe ihn! Ich habe ihm mein Leben überlassen. Er ist mein Herr.«

»O Gott! Und das im Zeitalter der Emanzipation.«

»Ich sagte ja – ich bin hoffnungslos altmodisch. Überholt! Oder sagen wir besser: Ich bin innerlich eine chinesische Frau geworden.«

»Wir wollen jetzt keine Tiefenpsychologie betreiben. Es geht darum, daß die Zeiten nicht stimmen! Ihr Mann wurde nicht um halb drei überfallen und der Kellner nicht kurz vorher getötet, sondern die Tat geschah schon kurz nach 23 Uhr! Zwei Zeugen haben ausgesagt, daß zwei Männer vor Lokalschluß das ›Lotos‹ betreten haben – ein Chinese und ein Deutscher mit weißen Haaren, der auffällig hinkte. Nach ihnen läuft die Fahndung. Ihr Mann hat Ihnen doch erzählt ...«

»Mein Mann hat nichts erzählt.« Angela Yan verschränkte die Finger ineinander. »Fragen Sie doch meinen Mann nach den mutmaßlichen Tätern.«

»Er hat keine gesehen. Sagt er.«

»Dann stimmt es auch. Warum sollte mein Mann lügen?«

»Das fragen Sie bitte keinen, der die Triaden so gut kennt wie ich. Was haben Sie in der Zukunft vor?«

»Ich warte, bis mein Mann aus dem Krankenhaus entlassen wird.«

»Werden Sie das Lokal weiterführen?«

»Nein.«

»Und später?«

»Wir werden das ›Lotos‹ verkaufen.«

»An einen Chinesen?«

»Wer sich dafür interessiert und am meisten bietet.«

»Und nach dem Verkauf?«

»Werden wir wegziehen aus München.«

»Zurück in die Schweiz?«

»Nein. Vielleicht lassen wir uns auf den Bahamas nieder. Oder in Florida. Xiang wird das entscheiden.«

»Sie haben Angst, nicht wahr?«

»Wir wollen den Rest unseres Lebens in Frieden leben. Was kann sich ein Mensch mit ausgestochenen Augen anderes wünschen?«

»Rache!«

»An wem? Die Mörder zu finden ist Ihre Aufgabe. Finden Sie sie, dann wird der deutsche Staat sie bestrafen. Wir wollen jetzt nur Ruhe, Ruhe, Ruhe!«

Auch dieses Verhör brachte also nichts. Peter Probst beendete das Gespräch und ließ Angela Yan gehen. Es hat keinen Sinn, sagte er sich. Sie weiß mehr, bestimmt weiß sie mehr, aber sie wird keinen Ton mehr sagen. Es ist wie immer bei Triadenmorden: Die Angst lähmt die Zunge. Wir rennen mit bloßem Kopf gegen eine dicke chinesische Mauer. Da bröckelt kein Stein, nur unsere Köpfe zerplatzen. Wo kommen wir hin? Bis jetzt leben in Deutschland über 30 000 Chinesen! Und 1997, wenn Hongkong an die VR China fällt, wird es zu einer Invasion von Flüchtlingen kommen, von denen mindestens zehn Prozent mit dem organisierten Verbrechen in Verbindung stehen. Dann gnade uns Gott – auch wenn wir die Grenzen schließen, werden sie wie Ameisen durch jede Ritze kommen. Wir werden überspült werden wie ein gebrochener Deich.

Was können wir dagegensetzen?

Nichts!

PP seufzte. Er dachte an die Worte, die Josef Geißdörfer, der Dezernatsleiter für organisierte Kriminalität beim Bayerischen Landeskriminalamt in München, während einer Befragung gesagt hatte:

»Wir glauben, daß in der Bundesrepublik so gut wie jeder chinesische Gastwirt Schutzgeld an die Triaden abführen muß. Das Problem ist nur: Wir wissen so gut wie nichts darüber. Die China-Mafia ist in Deutschland überall! In den USA, Großbritannien und Holland haben sich die Chinesen in Chinatowns konzentriert. In der BRD aber sind sie über das Land verstreut. Sie sind unauffällig, allgegenwärtig und einfach nicht zu fassen. Während die italienische Mafia derzeit in ihren Strukturen erschüttert ist, nehmen die Aktivitäten chinesischer Banden, eben der Triaden, auch bei uns fast sprunghaft zu.«

Es gibt allein in München 78 China-Lokale, und immer neue werden eröffnet. Über alle herrscht – für die Polizei unsichtbar – 14K, ebenso wie über Drogenhandel, Glücksspiel und Prostitution. Und 14K mordet, wer sich nicht beugt. Und nicht nur in München, auch in Hamburg, Frankfurt und Berlin stehen die Dezernate für die organisierte Kriminalität, kurz OK genannt, wie vor einer Wand. Kriminaloberrat Karl-Heinz Huber im Münchener Polizeipräsidium hat es einmal deutlich angesprochen:

»Was Schweigen wirklich bedeutet, haben wir bei chinesischen Geschäftsleuten kennengelernt. Sie lächeln, aber sie reden nicht.«

Als Täter kamen nur die beiden Männer, die zuletzt das ›Lotos‹ betreten hatten, in Frage – davon war Peter Probst fest überzeugt. Der Chinese und der Deutsche mit den weißen Haaren. Sie trugen beide schwarze Anzüge. Sie wirkten sehr seriös, sagten die Zeugen aus. Und der Weißhaarige hinkte stark. Er könnte eventuell eine Beinprothese tragen. Das ist ein wichtiger, konkreter Hinweis, und nun muß der Zufall oder das Glück helfen, diesen Mann irgendwo in einem chinesischen Lokal zu finden.

Nur eines gefiel PP nicht: Wie konnte ein Weißer bei den Triaden arbeiten? Das war gegen alle Geheimbund-Gesetze, die seit über 3000 Jahren galten. Es war bekannt, daß die Triade 14K bei allen Aktionen schwarze Kleidung trug, also waren die Täter aus der Familie der 14K. Aber nie würde diese am meisten gefürchtete Triade einen Deutschen in ihre Reihen aufnehmen. Undenkbar!

Dennoch nahm er sich vor, die Observierung der chinesischen Lokale zu verstärken, vor allem nach dem Weißhaarigen zu fahnden. Aber die Frage blieb:

Stellten sich die Triaden um? Wurden sie jetzt auch international in ihren Mitarbeitern? Wichen Sie von der Regel ab, nur Chinesen oder Asiaten zu beschäftigen? Konstruierte 14K einen Testfall? Wenn jetzt auch Europäer Triaden werden konnten, wurde die organisierte Kriminalität völlig unübersichtlich. Andererseits aber eröffnete sich die Möglichkeit, »Maulwürfe« in die Triaden einzuschleusen, Kontaktmänner zur Polizei, die alle Aktionen meldeten. Bisher hatten sich nur wenige Chinesen zu diesem Spitzeldienst bereit erklärt, und es war eine Pleite geworden. Vier Spitzel wurden enttarnt und grausam hingerichtet, drei verschwanden daraufhin spurlos und tauchten unter anderem Namen unter. Im Augenblick war es wieder so, daß das 13. Dezernat keinen Kontaktmann mehr zu der Triade hatte. Man wartete nur darauf, daß die Observierung Erfolg brachte.

Peter Probst sah schwere Zeiten auf sich zukommen. Und ihn schauderte bei dem Gedanken an 1997, wenn die VR China in Hongkong einmarschieren würde. Die Massenflucht war nicht aufzuhalten. Nach Berechnungen von Interpol waren in den vergangenen Jahren bereits 35 Millionen Chinesen über Hongkong in alle Welt geschleust worden. 35 Millionen Chinesen auf der Flucht – fast so viele wie die ganze Bevölkerung Spaniens!

Wenn wir so schwach bleiben wie bisher, wird in einigen Jahren der Westen kapitulieren müssen. Wir haben keine Mittel, die organisierte Kriminalität aufzuhalten. Peter Probst hieb mit der Faust auf seinen Schreibtisch.

»Es ist eben alles Scheiße!« sagte er laut. »Eine verdammte Scheiße!«

Kriminaloberinspektor Lauffen steckte den Kopf durch die Tür.

»Hast du was gesagt, Peter?«

»Ja!« PP erhob sich von seinem Stuhl. »Ich gehe jetzt eine Maß saufen ... mein Hals ist wie ausgetrocknet.«

Am nächsten Tag schreckten die Zeitungen mit großen Schlagzeilen die Leser auf:

Doppelmord in Wessling.
Zwei Russen grausam hingerichtet.
Racheakt oder Bandenkrieg? Die Polizei tappt im dunkeln.
Wird München ein zweites Palermo?

Die Polizei in Starnberg hatte mittlerweile die Mordkommission in München um Amtshilfe gebeten und auch das Kommissariat für organisierte Kriminalität benachrichtigt.

Auch Rathenow las die Zeitung, wie jeden Morgen, und ließ sie fallen, als habe er sich an ihr die Finger verbrannt. Die beiden Gäste im »Schwarzen Mandarin«. Ninglin und die fünf chinesischen Killer. Min Jus Befehl: Kümmert euch um die Männer. Wenn es Russen sind, wißt ihr, was ihr zu tun habt.

Rathenow zögerte. Dann aber sprach er sich selbst Mut zu und rief im Polizeipräsidium an. »Bitte die Mordkommission.«

Eine nüchterne, amtliche Stimme antwortete: »Um was geht es?«

»Eben das will ich dem Kommissar sagen.«

»Ihr Name?«

»Der ist nicht wichtig! Verbinden Sie mich –«

»Woher rufen Sie an?«

»Zum Teufel, ich will den Leiter der Mordkommission sprechen und keine Biographie abgeben!«

Es knackte dreimal, dann meldete sich eine andere Stimme.

»Benicke. Sie wollten mich sprechen?«

»Sind Sie die Mordkommission?«

»Ich bin der Leiter des Dezernats.«

»Gestern sind zwei Russen ermordet worden. Ich kenne die Mörder ...«

Benickes Stimme blieb ruhig. »Sie sind der vierzehnte Anrufer, der die Mörder kennen will. Alles Fehlanzeige! Wer war es also?«

»Die Triade 14K!« Rathenow atmete schwer. Er hörte ein leises Knacken in der Leitung. Jetzt hat er den Lautsprecher eingeschaltet – jetzt hören die anderen Beamten mit. »Ein Offizier der Triade und fünf Killer. Ich habe dabeigesessen, als man die Russen zum Tode verurteilte.«

»Wer sind Sie?« Die Frage kam ganz ruhig. Benicke war so leicht nicht zu erschüttern. Wer seit fünfzehn Jahren das Morddezernat leitet, kippt so schnell nicht aus den Schuhen.

»Was spielt ein Name für eine Rolle? Ich sage Ihnen die Wahrheit – das genügt doch.«

Rathenow legte auf. Er kam sich irgendwie befreit vor,

aber gleichzeitig stieg Angst in ihm auf. Wenn Min Ju erfuhr, daß er verraten worden war, fiel sein Verdacht sofort auf ihn. Ein Triadenbruder hätte nie die Polizei informiert. Mins Verdacht aber würde eine Kette von Grausamkeiten auslösen: Folter, Hinrichtung und in Kunming Tod für Liyun!

Mein Gott, laß Min Ju ahnungslos bleiben!

Im Dezernat 13 las PP den ersten Bericht durch, den ihm Kollege Benicke selbst überbracht hatte:

Bei den beiden getöteten Russen handelt es sich um den 35jährigen Boris Lukanowitsch Smolzew und den 30jährigen Fjedor Antonowitsch Jorganow, beide ohne Beruf. Nach Feststellungen der Ausländerbehörde lebten beide illegal in München. Hiesige Tätigkeit unbekannt. Die o. a. Namen sind ihren Pässen entnommen, die aber gefälscht sein können. Die Pässe werden z. Zt. kriminaltechnisch untersucht.

Erster Bericht des Polizeiarztes Dr. Franz Krummeisen:

Der Tod trat bei beiden Opfern gegen 22 Uhr ein. Todesursache: mehrere schwere Verletzungen und Verstümmelungen. Mordwerkzeuge höchstwahrscheinlich Äxte, Messer und Schußwaffen. Erster Befund: Beiden Opfern wurden die Ohren abgetrennt, die Zunge herausgerissen, der Bauch aufgeschlitzt und die Genitalien abgeschnitten. Die Schädel wurden zertrümmert. In dem Rücken des Jorganow fanden wir eine Pistolenkugel, 9 mm. Der Schuß war nicht tödlich. Der Tod trat durch die völlige Zertrümmerung der Schädeldecke ein. Es ist anzunehmen, daß alle Verstümmelungen der Körper *vor* dem Eintritt des Todes stattfanden.
Genaueres wird im Gerichtsmedizinischen Institut noch ermittelt. Es wird angenommen, daß es sich um mehrere Täter gehandelt hat. Erste Folgerungen: Es besteht der Verdacht, daß die beiden Toten Opfer eines Bandenkriegs wurden. Trotz Arbeitslosigkeit fanden wir in der Wohnung einen Bargeldbetrag von DM 15 538,35. Das

deutet auf eine Mitgliedschaft in der Russen-Mafia hin, zumindest eine illegale, gewinnträchtige Tätigkeit im Untergrund.

»Wir arbeiten mal wieder zusammen«, sagte Benicke voller Verbitterung. »Deine verdammten Organisierten! PP, ist dir was bekannt, daß bei den Mafiosi so etwas wie Kriegsstimmung herrscht?«

»Alle sind immer im Krieg – gegen Konkurrenten, gegen Neugründungen und gegen uns! Interessant ist dein Bericht über den geheimnisvollen Anrufer.«

»Er behauptet, dein Liebling, die 14K, steckt dahinter.«

»Die Art der Tötungen läßt einen solchen Schluß zu. Aber das meine ich nicht! Wichtig ist der Satz: Ich habe dabeigesessen, als man die Russen zum Tode verurteilte. Da klingelt bei mir die Alarmglocke!«

»Sag bloß, du kennst den Anrufer!«

»Ja, ich kenne ihn.«

»Mensch! PP!« Benicke zuckte wie elektrisiert hoch. »Dann können wir ja die Mauer durchbrechen!«

»Nein.« Peter Probst schob Benicke das erste Protokoll wieder zu.

»Sag bloß, du gibst den Namen nicht raus, weil du ihn noch weiter observieren mußt!« Benicke beugte sich zu PP vor. »Das kannst du mir nicht antun, Peter! Ich habe hier zwei Morde, und die Täter könnten deine Triaden sein, und du gehst in Deckung! Das ist unfair. Unkollegial! Du kennst den Namen des Anrufers ...«

»Schön wär's!« PP hob die Hand, um den erregten Benicke zu besänftigen. »Du kennst den Fall Yan Xiang.«

»Dumme Frage!« Benicke war sauer. »Alle Ermittlungen gleich Null! Was hat der Fall Yan mit den Russen zu tun?«

»Wir haben den Verdacht, daß bei dem Mord im ›Lotos‹, der unzweifelhaft von den Triaden begangen worden ist, ein Europäer beteiligt war. Ein Deutscher. Groß, weißhaarig, hinkend. Dämmert es bei dir?«

»Du glaubst ...« Benicke starrte PP ungläubig an. »Das ist eine geradezu abenteuerliche Vermutung ...«

»Noch nie hat ein Weißer mit den Triaden gearbeitet. Schon gar nicht als Killer. Das ist ein Privileg für Chinesen. Ich sage nicht: Weißlöckchen hat auch bei den Russen mitgewirkt, aber er hat davon gewußt. Und er ruft dich an – eben, weil er nicht mit Leib und Seele ein Triade ist. Lutz, ich könnte jetzt drei Kognaks trinken: Wir haben einen ›Maulwurf‹ bei 14K – einen, der auf eigene Rechnung arbeitet! Warum er das tut – weiß ich es? Persönliche Gründe? Abenteuerlust? Denn wenn die Triaden ihn enttarnen, dann gnade ihm Gott! Dann hast du einen Toten auf dem Tisch, den keiner mehr identifizieren kann!«

»Und das ist alles?« fragte Benicke enttäuscht.

»Was willst du noch mehr?«

»Name und Adresse!«

»Dann geh zu Madame Azuna und laß dir die Karten legen. Wir sind auf der Jagd nach dem Weißhaarigen, und irgendwann kriegen wir ihn auch! Aber seinen Informationen – wenn noch neue kommen – kannst du vertrauen. Für mich ist sicher, daß der Doppelmord in Wessling auf das Konto von 14K gebucht werden kann.«

»Und das ist das Ende der Fahnenstange ...«

»Bis jetzt – ja!« PP hob voller Resignation die Schultern. »Wir haben keinerlei Fakten, um eine Großrazzia auszulösen! Und wo sollen wir mit der Razzia anfangen? Wir kennen doch das Hauptquartier der 14K nicht ... sonst gäbe es die längst nicht mehr. Und außerdem: Wen wir auch befragen würden – Lächeln und Schweigen. Die Blamage können wir uns sparen. Ich setze meine ganze Hoffnung darauf, daß wir den Weißhaarigen irgendwo aufgreifen. Daß er hinkt und eventuell eine Prothese trägt, wird ihn verraten.«

»Das heißt für mich: Doppelmord in Wessling zu den unerledigten Akten.« Benicke stand auf und trat ans Fenster. Auf der Straße flutete der übliche Verkehr, am Bahnhof gegenüber quollen Menschenmengen hinein und heraus. Es war wieder ein heißer Sommertag, die Männer liefen in kurzärmeligen Hemden herum, die Frauen in kurzen Röckchen und mit tiefen Ausschnitten. Der Himmel war fahlblau. Da lauft ihr sorglos herum und ahnt nicht, was in Münchens

Untergrund passiert, dachte Benicke. Ihr habt die Zeitungen gelesen und wart einen Augenblick betroffen. Aber nur einen Augenblick, länger nicht. Zwei Russen ... na und? Vielleicht Mafia-Mitglieder ... sollen sie sich doch untereinander umbringen! Je mehr, um so besser. Die Polizei tappt im dunkeln ... das sind wir gewöhnt! Protokolle wegen Falschparkens ausschreiben – das können sie. Aber bei den Bandenverbrechen stehen sie ohne Hosen da. Und wieder sollen es die Chinesen gewesen sein! So ein Blödsinn! Wie oft essen wir beim Chinesen ... die sind immer freundlich, immer höflich, lächeln immer ... nicht so muffelig wie viele deutsche Kellner, die beleidigt tun, wenn man sie ruft. Immer die Chinesen ... dahinter versteckt die Polizei ihre Unfähigkeit. Was würde die wohl erklären, wenn es keine Chinesen gäbe? So aber kann man alles auf sie abschieben ...

Benicke kam von Fenster zurück in das Zimmer. PP wußte, was in Benicke bohrte – es waren auch seine Gefühle.

»Wir sind die Watschenmänner Münchens«, sagte er. »Daran habe ich mich gewöhnt. Aber den Kollegen in Hamburg, Stuttgart, Frankfurt, Berlin und Düsseldorf geht es nicht anders. Überall, wo die Triaden ihre ›Drachenstädte‹ aufbauen, sind wir Polizisten wie die blinden Hunde, die einem Geruch nachschnüffeln, aber den Stinker nicht finden.«

»Man sollte die Öffentlichkeit mehr aufrütteln, Peter. Was sie an Informationen bekommt, ist doch beschämend. Jeder sollte wissen, daß ...«

»Stopp!« Peter Probst schüttelte den Kopf. »Der Schuß würde sofort nach hinten losgehen. Die Medien werden genußvoll aufheulen: Fremdenhaß, rassistische Sprüche, Diffamierung fremder Völker und Hetze gegen Andersfarbige. Lebt nun auch in der Polizei der Nazigeist: Ausländer raus? – Was wir auch tun, man tritt uns immer in den Arsch. Schweigen wir und machen still unsere Arbeit, ist das falsch. Machen wir den Mund auf und sagen nur einen Teil der verborgenen Wahrheit, ist das Ausländerhaß. Die Menschheit ist schizophren geworden – das können wir nicht mehr bremsen. Gottes liebste Geschöpfe sind zu Irrläufern mutiert. Eines Tages werden wir vernichtet sein wie die Saurier. Wir werden an unserer blinden Großartigkeit zugrunde gehen.«

»Warum bist du Kriminaler geworden und kein Philosoph?« fragte Benicke, aber es klang durchaus nicht spöttisch.

PP lächelte und hob bedauernd beide Hände. »Hab du mal einen Vater, der Kriminaloberkommissar war. Und dazu absoluter Patriarch im Haus.«

»Wie bei den Chinesen.« Benicke lachte laut. »Und jetzt hast du die Chinesen am Hals! Komm, pack deine Akten zusammen, und mach für heute Schluß! Ich gebe einen aus. Wir fahren zum Augustiner-Biergarten.«

Vier Tage später zog Rathenow seinen schwarzen Anzug und ein weißes Hemd an, band sich einen silbernen Schlips um, trank einen Wodka mit Orangensaft zur Stärkung, stieg dann in seinen Wagen und fuhr in die Stadt zum Restaurant »Der Schwarze Mandarin«.

Am Tage vorher hatte ihn Min Ju angerufen. »Bai Juan Fa«, hatte er gesagt, »morgen ist dein großer Tag! Es wird sehr feierlich werden. Bereite dich darauf vor, ein Hong zu werden! Pflanze die große Ehre in dein Herz!«

»Wie Sie befehlen, Min Ju!« hatte Rathenow geantwortet. Ein Krampf hatte seinen Körper erfaßt. Morgen! Morgen bist du nicht mehr Hans Rathenow. Morgen bist du gestorben. Liyun, es gibt keine Flucht mehr. Sie sollen dir kein Leid antun, sie sollen dich nicht für mich töten. Nur deshalb werde ich ein Hong werden – weil ich dich liebe.

»Ich befehle nichts«, hörte er Min Jus Stimme und hatte das Bedürfnis, den Apparat an der Wand zu zerschmettern. »Du brauchst nicht zu kommen. Niemand zwingt dich dazu.«

»Und wenn ich die 36 Blut-Eide nicht schwöre?«

»Dann wirst du kein Bruder werden.« Mins Stimme klang eigenartig traurig. Sie erinnerte Rathenow an den gleichbleibenden Singsang bei der Beerdigung eines Yanomami-Häuptlings im Urwald von Roraima im Norden Brasiliens.

»Ein Fax wird nach Hongkong fliegen zum Gao Lao und seinem Großen Rat, und der Gao Lao wird mit Kunming sprechen und auch Liyun die Ohren putzen ...« Min hatte tief Luft geholt. »Auch ich werde darunter zu leiden haben. Der Gao Lao wird behaupten, daß das Experiment durch mich gescheitert ist. Auch wenn er unrecht hat – man darf ihm nicht widersprechen.«

»Das heißt: Liyun und ich werden sterben.«

»Du weißt schon zuviel, Bai Juan Fa.«

»Und das nennen Sie: Keiner zwingt dich dazu?«

»Ja, denn es ist deine Entscheidung.« Min Ju hatte einen Augenblick geschwiegen, dann sagte er: »Leben ist der schönste winzige Teil des Ewigen. Denk an die Worte des Dichters Wang We aus der Blütezeit der Tang-Dynastie:

Ich stieg vom Pferd und reichte dir den Wein
und fragte dich, warum du gingest.
Du sagst: Ich hatte in der Welt kein Glück,
will in des Nan-schan fernen Klüften ruhn.
So geh, mein Freund! Ich frage dich nicht mehr;
dort wandern Wolken weiß und haben kein Ende.

Das hat man im Jahre 749 geschrieben – und es gilt noch heute! Bai Juan Fa, sei ein weiser Mensch! Das kurze Leben soll man nicht in einen Trog werfen.«

Rathenow hatte lange geschwiegen und Wang Wes Worte überdacht. Und dann hatte er gesagt:

»Ich komme, Min Ju. Um welche Zeit?«

»Sei um 23 Uhr hier, neuer Bruder.«

Nun war der Abend gekommen. Rathenow betrachtete sich im Spiegel, ehe er zu seinem Wagen ging. Ein fremdes Gesicht, ein unbekannter Mann sah ihn an. Blonde Haare, eine Brille, ein gut sitzender schwarzer Anzug, auf Figur gearbeitet von einem der besten Schneider Münchens.

»Adieu, Hans Rathenow«, sagte er zu dem fremden Mann im Spiegel. »Und willkommen, Hong Bai Juan Fa. Du Grassandale. Du Sklave der Triaden. Ich hasse dich, aber du rettest Liyuns Leben.«

Im »Schwarzen Mandarin« empfing ihn der Kellner mit größter Aufmerksamkeit und höflicher Verbeugung. »Du hast noch eine halbe Stunde Zeit«, sagte er leise zu Rathenow. »Du kannst vorher noch eine Kleinigkeit essen.«

»Danke. Aber ich kriege jetzt keinen Bissen hinunter.«

»Du mußt etwas essen.« Der Kellner begleitete ihn zu einem Tisch in einer Nische, wie immer. »Dort hinten sitzen zwei Kriminalbeamte und beobachten jeden. Du machst dich verdächtig, wenn du nichts bestellst. Nimm eine Suppe mit Hühnerfleisch und Glasnudeln. Die kann man essen, auch wenn einem die Kehle eng geworden ist. Und dazu ein Bier, ein Pils.«

Es waren schätzungsweise noch vierzig Gäste im Lokal, alles Deutsche mit Ausnahme von zwei Asiaten, die aber offenbar aus Süd-Korea kamen. Rathenow nickte und blickte verstohlen zu den beiden Kripobeamten hinüber. Sie saßen da wie die anderen Gäste, hatten schon gegessen und tranken jetzt den heißen Pflaumenwein, den Zou Shukong als Dank jedem Gast servieren ließ. Sie hatten auch schon bezahlt, eines der billigen Gerichte – die Spesenabteilung des Polizeipräsidiums ersetzte keine Luxusspeisen. Sie hatten nur einen kurzen Blick auf Rathenow geworfen und unterhielten sich dann weiter.

Keine weißen Haare, kein Hinken ... uninteressant.

Jetzt wäre es so einfach, spielten Rathenows Gedanken. Hingehen, sagen, wer du bist, und dann verraten: Unter der Erde liegt ein chinesischer Tempel. Dort warten jetzt alle Offiziere der Triaden 14K auf das neue Familienmitglied. Hinter dem Tempel liegen ein Büro und ein großer Versammlungsraum: Männer, ihr sitzt hier auf der Zentrale der Münchner Triaden! Ihr Chef ist Min Ju. Ruft heimlich Verstärkung und umstellt das Lokal. Mit einem Schlag habt ihr 14K von München ausgelöscht. Es wird der größte Triumph in der Kriminalgeschichte sein: die Vernichtung einer »Drachenstadt«. Und ich werde euch den größten Satan zeigen, den 14K hervorgebracht hat: Aisin Ninglin, den Drachen ohne Herz. Das Monster, das Menschen zerstückelt und bei lebendigem Leib Glied um Glied zerhackt. München wird frei von Triaden sein – bis ein anderer Min Ju kommt und eine neue »Drachenstadt« gründet.

So einfach wäre das jetzt. So verrückt einfach.

Aber – ich werde schweigen. Soll ich Liyun opfern? Eine Liebe, die nie wiederkommen wird? Den Vater Wang Biao, die Mutter Jiang Sha, die Schwester Min und den Bruder Chuan. Und nicht nur Liyun wird sterben. Die Rache der Triaden wird die ganze Familie Liyuns treffen. Verdammt mich in alle Ewigkeit, aber das kann ich nicht! Es wird einen anderen Weg geben; ich werde ihn suchen und finden. Das verspreche ich euch. Ich werde gleich ein neuer Hong, aber sie haben sich damit eine Giftschlange in ihr Haus geholt. Wartet noch ab ...

Rathenow blieb sitzen, löffelte seine Hühnersuppe, trank das Pils und war gespannt darauf, was weiter geschah. Würde Min Ju sich blicken lassen? Wie konnte er ohne Aufsehen hinunter in den Keller kommen? Zur Toilette gehen, ja – aber dann mußte er nach einer gewissen Zeit wieder ins Lokal zurückkommen, um nicht aufzufallen.

Das Problem löste sich von selbst. Da kein Verdächtiger im Lokal saß, erhoben sich die beiden Kripobeamten und verließen den »Schwarzen Mandarin«. Rathenow blickte ihnen nach und trank sein Bier aus. Ihr Ahnungslosen! Unter euren Ärschen hat das Syndikat gelegen, die am meisten gesuchte Verbrecherorganisation in Bayern. So nahe liegen Sieg und Niederlage beieinander.

Der Kellner kam an seinen Tisch. »Du kannst hinunter.« Er klopfte Rathenow auf die Schulter. »Willkommen bei uns, Bruder. Ich freue mich wirklich. Mögest du lange leben.«

Min Ju empfing ihn. Er nahm Rathenow bei der Hand.

Im Tempel brannten alle Kerzen und Öllampen, und ihr flackernder Schein überzuckte die große goldene Buddhafigur und ließ sie wie lebendig wirken. Rechts und links von ihr standen in zwei Reihen die Offiziere der Triaden Schulter an Schulter und sahen Rathenow stumm an, als Min Ju ihn in das Heiligtum geleitete. Räucherstäbchen füllten den großen Raum mit einem herb-süßlichen Duft, und der zarte Rauch wehte in weißen Fäden zur kunstvoll geschnitzten

Holzdecke mit ihren Tafeln, auf die Drachen und Phönixe, Lotosblüten und goldene Schriftzeichen gemalt waren. Ein langer, blutroter Teppich führte von der Eingangstür bis zum Altar, auf dem in goldenen Schalen Obst und Blüten lagen und kleine bunte Zettel, beschrieben mit den Wünschen, um deren Erfüllung man den Gott bat. An den Wänden, mit gelber Seide bespannt, bewegten sich im schwachen Wind der unter Schnitzereien verborgenen Klimaanlage lange weiße Bänder an Bambusstangen, bemalt mit Sprüchen und Weisheiten der alten Dichter und Weisen: Li Tai-pe, Schi-Djing, Laotse, Konfutse, Han Yü, Tang Yin und Wang An-Schi.

Irgendwo begannen ein Saiteninstrument und zwei Flöten zu spielen. Eine Weise mit auf- und abschwellenden Tönen, wie sie die Hirten an der Seidenstraße seit Jahrtausenden bliesen. Eine Melodie, die trotz oder wegen ihrer schwebenden Eintönigkeit ins Innere drang. Rathenow blieb nach drei Schritten stehen und sah den wie lebendig wirkenden goldenen Buddha an und dann die Offiziere der Triaden, alle in schwarzen Anzügen und mit ernsten und gespannten Mienen. Sie blickten ihn an wie Puppen, regungslos, ausdruckslos, geradezu leblos.

Min Ju, der Rathenows Hand hielt, drückte sie.

»Weiter!« flüsterte er, »weiter. Knie vor dem Gott nieder.«

»Ich knie nur vor meinem Gott!« flüsterte Rathenow zurück. »Und auch das seit zwanzig Jahren nicht mehr.«

»Hör zu – dir zu Ehren wird ein Lied gesungen! In deiner Muttersprache. Liu Tschang-Tjing hat es geschrieben, im Jahre 801 ... hör zu!«

Durch die Weite des Tempels erklang eine helle Stimme. Woher sie kam, konnte Rathenow nicht sehen. Es war, als dränge sie aus den vorgestreckten Händen des Buddhas. Eine Stimme, hell wie die eines Mädchens, klar und rein, und doch war es ein Mann, der sang:

Im sanften Rauschen deiner sieben Saiten
hör ich den Wind im Frost durch Föhren gehn.
Ich hab es gern, das Lied aus fernen Zeiten,
das Menschen unsrer Tage kaum verstehn ...

Min Ju drückte wieder Rathenows Hand. »Verstehst du, was der Weise damit meint?«

»Ich glaube, es ist ein Gesang auf die Unsterblichkeit. Ein Lied, das nie verweht: Der Wind rauscht durch die Wälder.«

Flöten und Saiteninstrumente verstummten plötzlich. Min Ju und Rathenow gingen weiter langsam durch die Reihe der schwarzgekleideten Triaden bis vor den Altar mit den Opfergaben und den aus hauchdünnem Porzellan gefertigten Kerzenständern und Rauchstäbchenhaltern. Mit weit in den Nacken gelegtem Kopf starrte Rathenow in das gütig lächelnde Gesicht und auf die in seliger Verzückung geschlossenen Augen des goldenen Buddhas. Die innere Gegenwehr, die bisher in ihm war, der Wille, sich nicht von der Mystik einfangen zu lassen, alle spöttischen Gedanken: Welch ein billiges Theater, ein Theater, das man für dich inszeniert hat, um dich mit östlichem Seelenschleim einzulullen ... sein ganzer Widerstand brach vor diesem göttlichen goldenen Gesicht. Er kniete nicht nieder, aber er faltete die Hände vor seiner Brust und konnte sich von dem Lächeln um Buddhas Mund nicht losreißen.

Er schrak erst wieder auf und wurde sich bewußt, wo er war, als Mins Stimme neben ihm erklang und auf deutsch sagte:

»Brüder, wir sind zusammengekommen, um einen neuen Hong in unsere Familie aufzunehmen. Ich habe lange überlegt, ob es der rechte Weg ist. Ich habe um Erleuchtung gebetet und den Gao Lao in Hongkong um Weisheit angefleht. Der Große Rat hat es bestimmt, und so soll es sein. Bai Juan Fa, dreh dich zu mir und deinen zukünftigen Brüdern um. Ich frage dich vor deiner Familie: Willst du ein Hong sein? Willst du dein Leben in unsere Hand geben, so wie deine Brüder ihr Leben der Familie versprochen haben? Willst du der Gesellschaft der Drei-in-einem, Himmel-Erde-Mensch, Tin Tei Wui, uns, den Triaden, die ewige Treue schwören und aufgenommen werden in den Bund der Unsterblichen? Überlege es dir!«

»Es gibt nichts mehr zu überlegen!« sagte Rathenow. Es klang, als schabe man über rostiges Eisen.

»Dann gib mir deinen Schwurfinger.«

Aus dem Hintergrund trat ein Chinese hervor, der einen Priesterumhang trug, aber nicht gelb oder orangefarbig, sondern ebenfalls schwarz. Er brachte eine kleine Porzellanschale mit, ein schmales, scharfes Messer und einen Wattebausch.

»Nimm das Messer«, sagte Min Ju und hielt die Schale unter Rathenows Schwurfinger. »Stich in das erste Glied, und trinke das Blut, das hervorquillt. Damit bekräftigst du, daß dein Treueschwur gilt und nur mit deinem Blut gerächt werden kann, wenn du ihn vergißt. Nimm das Messer!«

Rathenow biß sich auf die Zähne. Der Widerstand kehrte in ihn zurück. Buddhas Antlitz strahlte nicht mehr in seinen Augen. Das alles ist doch Theater, sagte er sich wieder. Wie in »Winnetou« von Karl May. Blutsbrüderschaft. Es war lächerlich.

Rathenow ritzte sich die Fingerkuppe auf, steckte sie in den Mund und saugte sein Blut ab. Dann ließ er ein paar Tropfen in die Porzellanschale fallen und drückte den Wattebausch gegen das Fingerglied. Der Priester entfernte sich mit der Schale. Das scharfe Messer aber legte er vor den Buddha neben Obst und Blüten. Gott – und wir werden dein Richter sein!

Aus der Reihe der Triaden trat ein zweiter Mann hervor und klappte eine Mappe auf. Er reichte sie Min Ju und trat wieder in die Reihe zurück.

Min Ju sah Rathenow lange an, ehe er weitersprach.

»Seit über 150 Jahren haben alle Triaden den Blut-Eid geleistet, den sie mit ihrem Blut auch besiegelt haben. Es geschieht heute zum erstenmal, daß dieser heilige Eid in einer fremden Sprache erklingt. Das ist eine Ehre für dich, die noch niemand erfahren hat. Hör die 36 Blut-Eide an, und sprich mir Punkt für Punkt nach. Heb den Schwurfinger und frage dich bei jedem Satz, ob du das, was du gelobst, auch einhalten kannst.« Min Ju hob die Mappe näher an seine Augen. Im Hintergrund ertönte ganz leise, als Untermalung des Eides, wieder das Saiteninstrument. Es sollte besonders feierlich sein, aber Rathenow dachte wieder: Welch ein

Kitsch. Ein Melodram schlimmster Art. So hat man früher in Hollywood chinesische Filme gedreht, und die Zuschauer klebten fasziniert in ihren Sesseln. Ich werde alles schwören, was du willst, Min Ju. Für mich ist es ein billiges Theaterstück, in dem ich als Komparse auftrete.

Auch wenn euer Triadenschwur über 150 Jahre alt ist – er wird mich nicht binden. Er ist für euch Chinesen geschrieben, für eure eigene Mentalität. Ich habe nichts mit ihr zu tun. Was ich dir jetzt nachspreche, ist wie ein Wind, wie Worte, die verwehen.

Aber Rathenow irrte sich. Je mehr er Min Ju nachsprach, um so fester legte sich auf sein Herz ein Druck, als presse man es in seiner Brust zusammen. Am Ende des Blut-Eides war Rathenow innerlich so aufgewühlt, daß er schwankte und von Min gestützt werden mußte. Was habe ich da geschworen? durchlief es ihn. Mein Gott, was habe ich getan? Jetzt bin ich ein Triade, ein Hong, aber als Mensch bin ich nun ein Nichts.

Min Ju begann zu lesen, und Rathenow sprach ihm Satz um Satz nach, den Schwurfinger in die Höhe gestreckt. Ein paar Tropfen Blut liefen noch aus der kleinen Wunde und rannen an seinem Handgelenk hinunter in die Manschette des Hemdes.

Ich, Bai Juan Fa, knie vor dem Gott und schwöre den Blut-Eid für meine unauflösliche Bruderschaft.

1. Nachdem ich das Hong-Tor durchschritten habe, werde ich die Eltern und Verwandten meiner Schwurbrüder wie mein eigen Fleisch und Blut behandeln.
2. Ich werde meine Schwurbrüder bei der Bestattung ihrer Eltern und Brüder finanziell und körperlich unterstützen.
3. Wenn Hong-Brüder Gast in meinem Haus sind, werde ich ihnen Kost und Logis geben.
4. Ich werde mich meiner Hong-Brüder stets annehmen, wenn sie sich zu erkennen geben.
5. Ich werde nicht die Geheimnisse der Hong-Familie enthüllen, nicht einmal meinen Eltern, Brüdern oder mei-

ner Ehefrau. Ich werde die Geheimnisse niemals gegen Geld aufdecken.

6. Ich werde niemals meine Schwurbrüder verraten. Falls ich, durch ein Mißverständnis, eines Bruders Haft verschulde, werde ich ihn sofort herausholen.

7. Ich werde Schwurbrüdern, die in Schwierigkeiten sind, mit Geld zur Ausreise helfen.

8. Ich werde meinen Schwurbrüdern oder dem Zeremonienmeister niemals Schaden oder Ärger zufügen.

9. Ich werde mich den Frauen, Schwestern oder Töchtern meiner Schwurbrüder niemals unsittlich nähern.

10. Ich werde niemals Geld oder Eigentum meiner Schwurbrüder veruntreuen.

11. Ich werde für die Frauen und Kinder meiner Schwurbrüder verläßlich sorgen.

12. Wenn ich zum Zweck meiner Aufnahme in die Hong-Familie falsches Zeugnis über mich abgelegt habe, soll ich getötet werden.

13. Wenn ich meinen Sinn ändere und meine Mitgliedschaft in der Hong-Familie leugne, soll ich getötet werden.

14. Wenn ich einen Schwurbruder beraube oder einem Außenseiter dabei helfe, soll ich getötet werden.

15. Wenn ich einen Schwurbruder übervorteile oder zu einem unfairen Geschäft zwinge, soll ich getötet werden.

16. Wenn ich wissentlich meines Schwurbruders Geld oder Eigentum unterschlage, soll ich getötet werden.

17. Wenn ich unrechtmäßig eines Schwurbruders Geld oder Beute während eines Raubs genommen habe, werde ich es zurückgeben.

18. Wenn ich nach einer Straftat verhaftet werde, werde ich meine Strafe auf mich nehmen und nicht die Schuld auf einen Schwurbruder schieben.

19. Wenn einer meiner Schwurbrüder getötet oder inhaftiert wird oder den Ort wechseln muß, werde ich seine Frau und seine Kinder unterstützen.

20. Wenn einer meiner Schwurbrüder bedroht oder beschuldigt wird, werde ich ihm helfen, wenn er recht hat, oder ihm raten einzulenken, wenn er unrecht hat.

21. Wenn ich erfahre, daß die Behörde einen meiner Schwurbrüder sucht, der aus Übersee oder einer anderen Provinz kommt, werde ich ihn sofort unterrichten, damit er fliehen kann.

22. Ich werde nicht mit Außenseitern konspirieren, um meine Schwurbrüder beim Glücksspiel zu betrügen.

23. Ich werde durch falsche Darstellung keine Zwietracht unter meinen Schwurbrüdern säen.

24. Ich werde mich nicht unautorisiert zum Zeremonienmeister machen. Wer drei Jahre lang nach dem Passieren des Hong-Tors loyal und zuverlässig war, mag durch den Meister und mit Hilfe der Brüder befördert werden.

25. Wenn meine leiblichen Brüder in einen Streit mit meinen Schwurbrüdern verwickelt sind, werde ich keiner Partei helfen, sondern werde den Fall freundschaftlich zu regeln suchen.

26. Nach dem Passieren des Hong-Tors werde ich jeden Groll, den ich gegen meine Schwurbrüder vorher hegte, vergessen.

27. Ich werde das Gebiet meiner Schwurbrüder nicht unbefugt betreten.

28. Ich werde den Besitz oder das Geld meiner Schwurbrüder weder begehren noch Beteiligung daran suchen.

29. Ich werde weder die Adresse, wo meine Schwurbrüder ihren Besitz haben, verraten, noch werde ich von meinem Wissen unrechten Gebrauch machen.

30. Ich werde keinen Außenseiter unterstützen, falls sich dies gegen die Interessen eines meiner Schwurbrüder richtet.

31. Ich werde die Hong-Bruderschaft nicht mißbrauchen, um gewaltsam oder unvernünftig von anderen Vorteil zu erpressen. Ich werde bescheiden und ehrlich sein.

32. Ich soll getötet werden, wenn ich mich unsittlich gegenüber den kleinen Kindern in den Familien meiner Schwurbrüder verhalte.

33. Wenn einer meiner Schwurbrüder eine schwere Straftat begangen hat, werde ich ihn nicht anzeigen, um an die Belohnung zu kommen.

34. Ich werde weder die Frauen oder Konkubinen meiner Schwurbrüder zu mir nehmen noch Ehebruch mit ihnen treiben.
35. Ich werde nie Hong-Geheimnisse oder -Zeichen fahrlässig im Gespräch mit Außenseitern verraten.
36. Nachdem ich durch das Hong-Tor geschritten bin, werde ich loyal und zuverlässig sein und mich anstrengen, die Mandschu-Dynastie zu vernichten und die Ming-Dynastie wiedereinzusetzen, indem ich mich gemeinsam mit meinen Brüdern bemühe, auch wenn sie nicht denselben Beruf haben.

Eine eisige, bleierne Stille folgte dem Eid. Die Triaden, diese schwarzen wie leblos scheinenden Holzpuppen, bestätigten in ihrer drohenden Stummheit, daß der neue Bruder nach diesem Schwur zu ihnen gehörte. Sein Herz gehörte den Triaden, sein Körper gehörte den Triaden, sein Blut floß für die Triaden, sein Geist dachte für die Triaden, seine Seele vereinte sich mit der Seele aller Brüder. Rathenow begriff es, sosehr er sich bisher gewehrt hatte. Als er den Schwurfinger sinken ließ, Min Ju ihn umarmte und an sich zog und auf die Wangen küßte, war ihm zumute, als läge er jetzt in einem offenen Sarg und würde hinausgetragen, und auf dem Weg zur ewigen Verdammnis, durch die Reihen der schwarzen Mandarine, erdolchten ihn Hunderte von Blicken. Und alle schrien ihm in seinem Sarg zu: Du hast gelogen! Du hast uns mit jedem Wort des Eides verraten! Du hast uns hintergangen! Du hast nicht geschworen – du hast uns getäuscht!

Rathenow hob den Kopf und lehnte sich gegen Min Ju wie gegen eine Säule.

»Ich muß etwas trinken«, stotterte er. Es klang wie das Röcheln eines Sterbenden. »Bringt mir was zu trinken!«

Einer der Triaden löste sich aus der Reihe und rannte davon. Ich werde meinen Schwurbrüdern immer helfen ... jetzt wurde es praktiziert. Nach wenigen Sekunden reichte der zurückgekommene Triade ein großes Glas Wasser an Min, der es Rathenow in die Hand drückte. Als brenne er innerlich, stürzte Rathenow das Wasser in sich hinein. Es befreite ihn von seinem Schwindel und ließ ihn seine Umgebung wieder deutlicher erkennen. Jetzt meinen geliebten Wodka, nur ein Glas, und die Schwäche ist besiegt. Das ist eine neue Erfahrung für mich: Ich bin nicht mehr belastbar. Früher – da hätte ich diese theatralische Zeremonie mit innerem Lachen und äußerer Gelassenheit über mich ergehen lassen und hätte mitgespielt, Ernst und Würde zeigend, als ergriffen mich der Eid und seine Folgen wirklich. Heute hat sich alles gewandelt. Du stehst vor diesem vergoldeten Buddha und spürst, daß du in eine andere Welt hinübergetreten bist und dein Ich sich zu wandeln beginnt. Warum wehrst du dich nicht dagegen? Wo ist deine Kraft geblieben? Dieser Lebenswille, der dich bisher immer begleitet und dir geholfen hat? Was ist dir geblieben? Warum nimmst du den Eid so ernst? Was hat sich denn geändert? Du bist Dr. Hans Rathenow – und du bleibst es, auch wenn man dir einen Mantel umhängt, bestickt mit Tin Tei Wui ... Himmel-Erde-Mensch ... Du spielst ein Spiel, auch wenn es tödlich enden kann. Und darum mußt du deine Stärke behalten! Nimm den Eid wie eine Maske, und halte sie dir vor das Gesicht. Das Gesicht hinter der Maske ist dein wirkliches Gesicht, und es bleibt dir; du bist nicht, was man sieht, sondern du bist, was du bist.

Rathenow gab das Glas an den Triaden zurück und wandte sich zu Min Ju. Er lächelte verlegen. »Es ist vorbei«, sagte er und versuchte, seiner Stimme einen festen Klang zu geben. »Verzeih, Bruder Ju.«

»Fühlst du dich besser?«

»Viel besser.«

»Ich habe Verständnis dafür.« Min Ju legte den Arm um Rathenows Hüfte. »Ich habe neue Hong-Brüder erlebt, die sind nach dem Schwur in Ohnmacht gefallen, oder sie haben gezuckt und sich auf dem Boden gewunden wie Epileptiker. Noch etwas Wasser, Hong Bai Juan Fa?«

»Danke. Ich könnte jetzt einen Wodka gebrauchen.«

»Bei uns gibt es keinen Wodka.« Min ließ ihn los. »Wodka kommt aus Rußland, und Rußland ist kommunistisch. Wir hassen den Kommunismus und bekämpfen ihn, seit Mao unser Vaterland geknechtet hat. Kein Triade von 14K wird jemals einen Wodka trinken. Und wenn es das einzige Getränk vor dem Verdursten wäre, er würde es nie anrühren, sondern eher sein eigenes Blut trinken. Ich weiß, du liebst Wodka. Verzichte darauf, denn jetzt bist du ein Hong und hast das Tor zu deiner Familie durchschritten. Können wir weitermachen?«

»Das war noch nicht alles?« fragte Rathenow. »Was kommt denn noch?«

Min Ju winkte. Aus dem Hintergrund trat wieder der schwarze Priester hervor. In seinen Händen hielt er einen flatternden weißen Hahn und hob ihn vor dem goldenen Buddha in die Höhe. Ein Triade aus der linken Reihe trat hervor. Er trug ein blitzendes, mit Gold und Edelsteinen verziertes Schwert auf beiden Händen, so wie man eine Opfergabe überreicht. Neben dem Priester blieb er stehen und blickte Rathenow mit unbewegtem Gesicht an. Das Saiteninstrument schwieg, dafür erklang wieder eine Flöte mit einer traurigen, schwermütigen Melodie. Die Töne klangen klagend durch den Tempel, als kämen sie aus einer anderen Sphäre. Man kann durch sie in Trance fallen, empfand Rathenow und wehrte sich innerlich gegen das Weggleiten der Sinne. Ich leiste Widerstand, die Momente der Schwäche sind vorüber. Ich kann wieder klar denken. Dennoch zuckte er zusammen, als er wieder Mins Stimme hörte.

»Du wirst dem Hahn den Kopf vom Rumpf trennen«, sagte er, und es klang wieder sehr feierlich. »Du wirst das Schwert der Ming-Kaiser nehmen und mit einem Schlag den Hahn köpfen. Das ist dein Schwur, daß es dir genauso ergehen wird, wenn du durch Untreue oder Verrat aus der Familie ausgestoßen wirst. Der Kopf des Hahnes kann auch dein Kopf sein. Bist du bereit?«

Rathenow nickte stumm. Der Triade hielt ihm das Schwert hin. Er nahm es, umklammerte den Griff mit den Edelsteinen und ließ es sinken. Es war leichter, als er vermutet hatte, aber er wußte auch, daß die Klinge scharf wie ein Rasiermesser war und Reispapier in der Luft zerschneiden konnte.

Min Ju stieß ihn an. »Hast du schon mal einen Hahn geköpft?« fragte er leise.

»Nein! Ich brauchte das nie.«

»Dann erkläre ich es dir. Du faßt den Hahn an seinen beiden Flügeln, läßt seinen Kopf herunterhängen und schlägst ihn mit einem Schwertschlag ab. Die Bauern legen ihn auf einen Holzblock, aber wir köpfen ihn in der Luft. Und halt ihn gut fest, sonst flattert er dir davon und läuft ohne Kopf vor dir her.«

»Das weiß ich.« Rathenow atmete tief durch. Ist das jetzt das Ende der Zeremonie, oder folgen noch weitere Rituale? Wird man verlangen, daß ich auch noch einen Menschen töte? Was soll ich tun, wenn sie mich dazu zwingen sollten? Er fand darauf keine Antwort. Er zitterte plötzlich.

»Du mußt eine ruhige Hand haben«, hörte er Min Ju sagen. »Ein Kämpfer sieht nur seinen Feind, nicht seine eigenen Wunden.«

»Ich bin kein Kämpfer, sondern nur eine Grassandale.«

»Auch ein Cho Hai muß sich wehren können. Auch in ihm lebt die Tradition der Mandarine weiter, die Ehrfurcht erlangten durch ihre Macht und Stärke.« Mins Stimme wurde befehlend. »Nimm das Kaiserschwert, und schlage den Kopf ab!«

Der schwarze Priester hielt Rathenow den flatternden und schreienden Hahn so hin, daß er ihn mit der linken Hand fassen und beide Flügel zusammenpressen konnte. Er ließ den Kopf des Tieres nach unten hängen und biß die Zähne zusammen, als er die glänzenden, weit aufgerissenen Augen sah. Augen, aus denen die Todesangst schrie.

Die unsichtbare Flöte jammerte ihr Trauerlied. Die Augen der Triaden waren auf ihn gerichtet, der Priester trat drei Schritte zurück. Das Blut, das gleich aus dem zerteilten Hals spritzen würde, sollte ihn nicht treffen. Er brauchte es nicht mehr. Vor 52 Jahren hatte er wie Hong Bai Juan Fa auch seinen weißen Hahn geköpft, in einem Tempel bei Keung Shan auf Lantau, der großen, zu Hongkong gehörenden Insel im Südchinesischen Meer. Damals war das Blut des Tieres über seinen ganzen Körper gespritzt, weil er den Hahn zu dicht an sich gehalten hatte. War es bei Hong Bai Juan Fa auch so?

Rathenow überwand seinen Ekel und hob das Schwert.

Auf der blanken, wie in Silber getauchten Klinge schimmerte der Widerschein der Kerzen und Öllampen. Er nahm mit zusammengekniffenen Augen Maß, und dann zuckte das Schwert durch die Luft, zerteilte zuerst die feinen Rauchsäulen der Räucherkerzen und traf dann den Hals des schreienden Hahns. Der abgetrennte Kopf fiel vor seine Füße, und er hielt krampfhaft die Flügel fest, streckte die Hand aus, ließ das Blut auf den roten Teppich schießen und bemerkte nicht, wie der Priester ihm das Schwert aus der Hand nahm, mit ihm zurücktrat und es vor sich in den Boden stemmte.

Es dauerte nicht lange, bis die Zuckungen des weißen Hahns nachließen und auch seine Nerven den Tod akzeptierten. Der Blutstrom verebbte. Min Ju nahm Rathenow den leblosen Körper aus der Hand und trug ihn zu dem goldenen Buddha. Er legte ihn auf den Altar zu den anderen Geschenken für den Gott und kehrte dann zu Rathenow zurück.

»Brüder«, sagte er an seiner Seite, »unsere Familie hat einen Sohn mehr. Empfangt ihn, wie es seiner Würde entspricht.«

Und dann kamen die schwarzen Gestalten zu ihm, Mann nach Mann, in einer langen Reihe. Und sie umarmten ihn, gaben ihm den Bruderkuß auf die Wange und sagten auf chinesisch zu ihm: »Chang Shou, Xing Fu!« Lebe lange und greif nach dem Glück!

Als letzter trat Aisin Ninglin zu ihm. Er umarmte ihn ebenfalls, doch er küßte ihn nicht. Doch während sie sich umarmten, sagte Ninglin in Rathenows Ohr:

»Ich muß dich Bruder nennen – aber du bist ein Feigling. Es ändert sich nichts zwischen uns.«

Und Rathenow flüsterte zurück: »Das beruhigt mich. Ich bin nicht gern des Teufels Bruder!«

Damit war die Aufnahme in die Triade 14K beendet. Zou Shukong hatte den »Schwarzen Mandarin« um 23 Uhr abschließen lassen und die Tische neu gedeckt. Auf allen standen jetzt die großen runden Drehscheiben mit den Vorspeisen und den Soßen; in der Küche arbeiteten vier Köche an den Köstlichkeiten, die Zou als Festessen vorbereitet hatte. Als Rathenow die Kellertreppe hinaufstieg, wartete

Zou schon auf ihn und umarmte ihn wie alle anderen Triaden. Nur sagte er nicht den Glücksspruch, sondern lobte den neuen Bruder auf seine Art.

»Du bist einer der wenigen der ganzen Gesellschaft, der zu schätzen weiß, was ich koche. Du kannst ein Essen genießen. Merke dir: Gott hat dem Menschen eine Zunge gegeben, nicht nur, um mit ihr zu sprechen, sondern um mit ihr den Honig des Genusses zu erleben. Ich mag dich sehr, Hong Bai Juan Fa, auch wenn du kein Chinese bist. Paß auf dich auf.«

»Darauf kannst du dich verlassen.«

Rathenow verstand Zou Shukong. Die versteckte Warnung erstaunte ihn. Wie kam Zou dazu, so zu ihm zu sprechen? »Der Schwarze Mandarin« war die Zentrale der Münchener Triaden – und Zou war ihr blütenreines, immer blank poliertes Aushängeschild. Und ausgerechnet er warnte ihn. Warum? Was wußte Zou? Was hatte die 14K mit ihm vor? Welche Pläne schliefen in Min Jus Gehirn?

Rathenow blinzelte Zou Shukong zu. Danke, Bruder. Ich werde jetzt doppelt wachsam sein. Wir werden noch oft miteinander sprechen, ohne daß Min Ju argwöhnisch wird. Mir fällt da ein guter Trick ein, den er glauben wird: Ich werde ihm erklären, daß ich ein begeisterter Hobby-Koch bin und ein wenig von Zous chinesischer Meisterküche lernen möchte. Zou Shukong, warum gibst du dich mir als einen wankelmütigen Triaden zu erkennen?

Du verletzt den Punkt 13 deines Blut-Eides: Dein Kopf ist abzuschlagen wie der des weißen Hahns. Ich habe geschworen, jeden Wankelmut den Brüdern zu verraten und ihn an dir zu sühnen. Wieso vertraust du mir und meiner Schweigsamkeit?

Rathenow ging zu dem mit einem großen Blumengebinde geschmückten Ehrentisch, an dem Min Ju schon auf ihn wartete, und während er den großen Raum durchschritt, kam ihm zum Bewußtsein, daß er bereits chinesisch dachte und seine Sprache sich gewandelt hatte.

In sein normales Alltagsdeutsch schlichen sich immer mehr blumige Bilder und auch in seine Gedanken.

Er würde nicht mehr sagen: »Ich geh zur Tür und mache

auf«, sondern er sagte jetzt: »Ich will sehen, wer eintreten möchte.«

Das ist verrückt, das ist total verrückt! Hans, alter Junge, es wird wirklich höchste Zeit, sich wieder in das Leben zu stürzen, an das du bisher – widerwillig – gewöhnt warst. Forschen, Schreiben, Tennis, Golf, Parties, Diskussionen im Club über Wirtschaftstendenzen, lahme Politiker, die Zukunft liegt im Osten. Was soll man essen, wenn einem der Kaviar zum Halse raushängt? Haben Sie schon Mozart unter Solti gehört? Sind Sie auch der Meinung, daß die Gen-Technik unseren Händen entgleitet und die Menschheit einmal vernichten kann? Was halten Sie von dem neuen Bayreuth? Gut, daß man Wagners Musik nicht totinszenieren kann. Wissen Sie, was die Gewerkschaften fordern? Sie müssen unbedingt nach Bali in das Oberoi. Sie waren in China? Tolles Land ... da liegen die Milliarden auf der Straße, der Markt der Zukunft! Haben Sie gehört, der Sendenhorst will sich scheiden lassen, wegen einer 25jährigen, mit der er auf Barbados war. Das kostet ihn 'ne Stange Geld ...

Muß ich in diese Welt wirklich zurück?

Nein! Nein! Nein!

Liyun, du hast mir gezeigt, wie glücklich man in einer schilfgedeckten Steinhütte am Lugu-See sein kann. Du hast mich gelehrt, daß der Mond über den Schneebergen ein Auge des Himmels ist. Ich werde nie mehr in den Jet-set, in diese Schickeria der Münchner Gesellschaft zurückkehren. Komm zu mir, Liyun. Gemeinsam werden wir uns aus dem Griff der Triaden befreien können, nur gemeinsam ... sonst nie mehr.

»Woran denkst du« fragte Min Ju. Rathenows Versonnenheit fiel ihm auf. Er starrte vor sich hin und rührte keine der köstlichen Vorspeisen an.

»Ich denke an Liyun, Min Ju.«

»Ach ja ... Liyun. Ich hatte dir nach der Aufnahme in unsere Familie eine Überraschung versprochen.« Min legte seine Eßstäbchen auf die kleine Reisschale neben sich. »Sie wird dich leider nicht erfreuen. Der Gao Lao schickte mir einen Brief aus Hongkong mit der Bitte, dir den Inhalt zu zeigen.«

»Was ist mit Liyun? Min, ich ahne, daß es etwas mit Liyun zu tun hat!«

»Deine Ahnung trügt dich nicht.« Er griff in seine Rocktasche und holte ein längliches Luftpostkuvert hervor. »Es war zu erwarten.«

»Was war zu erwarten? Was ist mit Liyun passiert? Min, mach den Mund auf. Gib mir das Kuvert!«

Min Ju seufzte, sein Gesicht drückte großes Bedauern aus. Er schob Rathenow das Kuvert hinüber und senkte dann den Blick.

Rathenow klappte das Kuvert auf. Seine Finger zitterten dabei. Und dann fielen aus dem Umschlag lautlos zwei Dinge auf den Tisch.

Eine Locke schwarzen seidigen Haars und ein mattgrauer, durchsichtiger Fingernagel. Ein kleiner, fast kindlicher Nagel. Der Nagel des kleinen Fingers.

Rathenow starrte die Gegenstände wortlos an. Er war nicht fähig, etwas zu sagen. Er wußte nur eines: Sie haben Liyun eine Haarlocke abgeschnitten, und sie haben ihr den Nagel des kleinen Fingers ausgerissen. Sie haben sie gequält, sie haben sie mißhandelt, sie wird vor Schmerzen geschrien haben. Liyun! Liyun!

»Ihr Teufel!« würgte Rathenow hervor. »Ihr verdammten Teufel.«

»Ich habe deinen Ungehorsam melden müssen, Hong Bai Juan Fa – das war meine unumgängliche Pflicht. Du hast es vielleicht nicht glauben wollen, hast es nur für eine Drohung gehalten ... du siehst, es ist die Wahrheit: Was du an Strafe verdient hast, muß Liyun einlösen. Du solltest dem Gao Lao dankbar sein.«

»Dankbar, daß er Liyun mißhandelt hat?«

»Er hat einem Ungehorsamen große Gnade geschenkt. Er hat nur eine Locke ihres Haares genommen und einen Fingernagel. Beides wird wieder nachwachsen. Bei jedem anderen hätte er das erste Glied des Fingers abhacken lassen. So war es nur eine Warnung – die erste und die letzte. Sei wirklich dankbar!«

Rathenow schob die Haarsträhne und den Fingernagel in

das Kuvert zurück und steckte es ein. Er stieß den Stuhl zurück und stand auf.

»Ich möchte gehen!« sagte er.

»Es ist die Feier zu deinen Ehren.«

»Ich verzichte darauf.«

»Du beleidigst deine Familie. Auch das ist ein Vergehen gegen die 36 Eide. Soll man Liyun wirklich ein Fingerglied nehmen?«

Rathenow schloß die Augen und setzte sich wieder. Du hast keinen eigenen Willen mehr, du bist wie eine Marionette, und die Bestien, die die Fäden halten, können dich tanzen oder buckeln oder drehen lassen, ganz wie sie wollen. Und sie können dich töten, dich und Liyun – und niemand wird je die Mörder finden und uns rächen. Liyun, verzeih mir, wenn das überhaupt möglich ist! Es war das erste- und letztemal, daß du für mich bestraft wurdest. Das ist ein Schwur, Liyun, ein Schwur, der hundertmal mehr gilt als die 36 Blut-Eide der 14K.

Endlich, gegen drei Uhr morgens, war das Festessen beendet. Die Triaden zerstreuten sich in alle Richtungen, immer einzeln, um nicht aufzufallen. Sie hatten ihre Wagen in Nebenstraßen geparkt, oft zehn Minuten zu Fuß vom »Schwarzen Mandarin« entfernt, und so dauerte es fast zwanzig Minuten, bis Min und Rathenow allein im Lokal standen. Zou Shukong war in seine Wohnung über dem Restaurant gegangen. Nur der Kellner war noch da und wartete, bis auch Min und Hong Bai Juan Fa hinaus in die warme Sommernacht traten.

»Nächste Woche beginnt deine Tour, auf der du dich vorstellen mußt«, sagte Min. »Ninglin wird dich herumführen. Es ist seine letzte Arbeit als Grassandale. Dann wirst du die Schutzgelder selbständig einnehmen. Und versuche nicht, ein christlicher Menschenfreund zu sein. Ich habe eine Liste und weiß, wieviel Geld du nach jeder Tour mitbringen mußt. Zahlt jemand nicht oder macht Ausflüchte und Schwierigkeiten, melde ihn mir sofort vom nächsten Telefon aus. Dann wird Ninglin sich um ihn kümmern. Es gibt keine Ausreden. Glaube ihnen nicht! Glaube keinem mehr! Sie verdienen alle genug, um ihre Schutzgebühr bezahlen zu können. Werde nicht weich, wenn sie händeringend und herzerweichend auf dich einreden! Diskutiere nicht mit ihnen – das zeigt nur deine Schwäche! Geh ruhig hinaus, das andere besorgen wir. Vergiß nicht: Du bist immer der Stärkere, auch wenn du vor ihnen schweigst. Wenn du dann das nächstemal kommst, werden sie sich tief vor dir verbeugen. Ein Chinese braucht eine harte Hand in seinem Nacken ... das ist seit 5000 Jahren so und wird sich nicht ändern. Diese westlichen Spinner mit ihrem Glauben an Demokratie! Ein Volk von 1,3 Milliarden, dem die Freiheit der Demokratie nach eurem Muster gegeben wird, ist gefährlicher als hundert Atombomben. Es versinkt in ein Chaos, das niemand mehr ordnen und regieren kann. Daran denke immer. Wenn du glaubst, Milde zeigen zu sollen, mußt du um so härter werden. Verlier nicht dein Gesicht! Das ist das Schlimmste, und dein Gegner wird dich nicht nur bekämpfen, sondern auch verachten. Lerne zu denken wie wir!«

Sie verließen gemeinsam den »Schwarzen Mandarin« und fuhren in getrennten Richtungen davon.

Zu Hause in Grünwald fiel Rathenow auf sein Bett, und erst jetzt ließ die wahnsinnige innere Spannung nach. Ihm war zum Heulen zumute. Er holte den Briefumschlag aus der Tasche, legte Liyuns Locke und den Nagel ihres kleinen Fingers neben sich, hob dann die Haarsträhne an seine Lippen und küßte sie und wollte schreien: Vergib mir, Liyun! Aber aus seinem Mund kam nur ein qualvolles Stöhnen.

Die Zeitungen brachten an diesem Morgen die neue Schlagzeile:

Yan Xiang, der geblendete Gastwirt von Harlaching, ist weg. Er hat das Krankenhaus heimlich verlassen. Hat seine Frau ihn geholt? Auch sie ist verschwunden. Werden sie von den Triaden gejagt?

Im Dezernat 13 der Kriminalpolizei von München wußte man bereits mehr. Peter Probst hatte die Ermittlungen vor sich liegen:

Mit einem LUFTHANSA-Jumbo hatte ein Ehepaar Liu Gou-. feng München in Richtung New York verlassen. Die Passagiere hatten sich mit einem gültigen Paß ausgewiesen. Herr Liu trug eine große Sonnenbrille und schien sehr gebrechlich. Seine Frau stützte ihn beim Gehen.

»Akten schließen«, sagte PP. »Ein Staubfänger mehr im Archiv. Natürlich hat Yan einen falschen Paß, und natürlich sehen wir ihn nie wieder. Und das ›Lotos‹ wird voraussichtlich von den Bahamas aus verkauft oder verpachtet. Ebenso natürlich: Der neue Besitzer wird ein Chinese sein. Und schließlich: Auch er wird an die Triaden Schutzgeld bezahlen. Und schweigen!« Er schob den Bericht wütend von sich. »Wir gucken wieder in die Röhre! Ach, leckt mich doch alle am Arsch!« Aber dann, nach einer Minute des Schweigens, sah er seine Mitarbeiter an. »Ich möchte nur wissen«, sagte er, »wer der anonyme Anrufer ist! Der Kerl, der alles zu wissen meint. Es war kein Chinese, das hat die Stimmuntersuchung ergeben. Es war ein Deutscher! Der geheimnisvolle Weißhaarige?« Er faltete die Hände und wurde dramatisch: »Lieber Gott, schick uns diesen Engel!«

Seine Beamten vor ihm grinsten breit. Ein frommer Wunsch. Gott war nicht zuständig für die organisierte Kriminalität – es blieb doch alles an Oberrat PP hängen.

Ninglin traf sich mit Rathenow auf dem Isartorplatz und stieg in dessen Wagen um. Mißmutig und strafend sah er seinen neuen Bruder an.

»Hat dir keiner gesagt, daß du einen schwarzen Anzug tragen sollst?« fragte er.

»Bei 34 Grad Hitze?«

»Du sollst dich nicht um die Sonne kümmern, sondern um deinen Job! Ein Cho Hai trägt bei uns immer Schwarz.«

»Und du hast weiße Jeans und ein gelbes Polohemd an!«

»Ich bin keine Grassandale. Hier hast du die Liste für heute.« Er gab Rathenow ein Blatt Papier mit den Namen einiger China-Restaurants und dahinter die Summe, die sie

·zu zahlen hatten. »Wenn dich jemand erwischt, iß die Liste sofort auf. Fällt sie in die Hände der Kripo, muß ich dir deinen dummen Kopf abschlagen.«

»Das tätest du gern.«

»Ich würde dabei lachen, als lecke eine Ziege meine Fußsohlen. Wer steht als erster auf der Liste? ›Blühender Garten‹. Fahr los!«

Sie sprachen kein Wort mehr miteinander, bis sie in einiger Entfernung vor dem China-Restaurant »Blühender Garten« hielten. Es war gegen 15 Uhr. Das Lokal hatte gerade geschlossen. Sie stiegen aus und gingen wie sommerliche Bummler die Straße hinunter. An der Tür des Restaurants hielten sie an, und Ninglin klopfte dreimal lang, dreimal kurz gegen die geschnitzte Tür.

Nichts rührte sich. Ninglin schob die Unterlippe vor.

»Er spielt den Gehörlosen«, sagte er. »Siehst du, wie dumm die Menschen sind? Sein Ohr ist verstopft. Ich werde es erweitern und ihm die Ohrläppchen abschneiden.«

Er klopfte noch einmal, diesmal laut und fordernd.

»Er ist nicht da«, sagte Rathenow.

»Oh, er ist da! Er weiß, daß heute Zahltag ist. Du würdest jetzt gehen, nicht wahr, weil du dich von ihm täuschen läßt. Das ist ein Fehler, der leicht bestraft wird. Der Dumme steht hinter der Tür und lauscht. Ich spüre seinen Atem – Mach auf!« rief er laut. »Wenn ich heute abend wiederkommen muß, nehme ich mir eine Blume aus deinem blühenden Garten!« Und leiser sagte er zu Rathenow: »Er hat drei Töchter. Er will bestimmt nicht eine verlieren.«

In der Tür wurde ein Schlüssel umgedreht. Bevor sie geöffnet wurde, drückte Ninglin sie auf. Von der Straße aus konnte man das nicht sehen – ein Vorgarten mit hohen Büschen verdeckte die Sicht auf den Eingang.

Im Vorraum prallte ein Chinese zurück, ein kleiner, dicker Mann, dem die Angst aus den Augen sah. Rathenow und Ninglin traten ein. Ninglin schloß die Tür hinter sich wieder ab.

»Wo hast du dein Gehirn gelassen« fragte Ninglin den Wirt. »Hast du es dir beim Kochen verbrüht? Jiasong, soll ich dich von dem unnützen Ding befreien?«

»Tritt ein!« Der Gastwirt, den Ninglin Jiasong nannte, ging voraus. Ninglin hielt Rathenow am Ärmel fest.

»Das mußt du vor allem anderen wissen: Siehst du den Buddha mit seinem rosigen Gesicht am Eingang?«

»Ja.«

»Und dort hinten das große Aquarium mit den vielen Fischen?«

»Ja.«

»Die schönen Fische sind nur Dekoration. Wichtig sind nur die chinesischen Goldbarsche ... siehst du sie?«

»Ja.«

»Beides zusammen bedeutet in unserer stummen Sprache: ›Hier zahlt man Schutzgeld ohne viele Fragen.‹ In allen China-Lokalen wirst du die lächelnden Götter und die Aquarien mit den Goldbarschen sehen, wenn sie unter unserem Schutz stehen. Wer von uns noch nicht betreut wird, hat kein Aquarium und keine Begrüßungsgötter.«

»Und wenn sie das aufstellen, ohne Schutzgeld zu bezahlen ... als Täuschung?«

»Überleg, welch einen Unsinn du redest! Wer die Goldbarsche pflegt, zahlt! Da gibt es kein Verstecken. Kommst du als Grassandale in ein nicht auf der Liste stehendes Lokal und siehst das Aquarium und den Gott an der Tür, dann muß er zahlen.«

»Und wenn nicht?«

»Dann wird Bruder Min mich rufen.«

»Und wenn er keine Goldbarsche schwimmen läßt?«

»Dann wird er es nachholen. Jeder Goldbarsch steht für einen bestimmten Betrag. An ihnen erkennst du, wie hoch die Schutzgebühr ist. Unsere Kontrolle ist streng. Jeder Schützling ist die Verpflichtung eingegangen, nicht nur die Grundgebühr zu zahlen, sondern bei einer Steigerung seiner Einnahmen dem Wert entsprechend mehr Goldbarsche auszusetzen.«

»Ich soll also immer die Fische zählen?«

»Nur Stichproben. Ab und zu, um Schrecken zu verbreiten. Die meisten sind Halunken und wollen uns betrügen. Aber es gelingt ihnen nicht. Jedes Jahr prüfen wir ihre

Bücher wie die Steuerfahnder. Die Schutzgebühr ist gleich-zusetzen mit einer Steuer – einer Überlebenssteuer. Das weiß jeder Chinese, der einen eigenen Betrieb eröffnet.«

Sie gingen weiter in das schön eingerichtete, mit großen Wandbildern geschmückte Lokal und sahen Jiasong hinter der Theke stehen. Mit finsterer Miene musterte er Rathe-now. Ihm war noch rätselhaft, was ein Deutscher neben Ninglin zu suchen hatte. Aber er wurde sofort aufgeklärt und begriff trotzdem nicht, was er hörte.

»Jiasong«, sagte Ninglin und schob Rathenow nach vorn. »Ich stelle dir Hong Bai Juan Fa vor, einen lieben Bruder, der sich um deinen Schutz kümmern wird. Ich habe eine andere Aufgabe übernommen, aber freue dich innerlich nicht zu früh. Du wirst mich wiedersehen, wenn du dem neuen Cho Hai nicht die nötigen Ehren erweist.« Er wandte sich zu Rathenow und nickte ihm zu. »Wieviel möchtest du zahlen? Auf der Liste steht ...«

»3000 Mark für den vergangenen Monat«, sagte Rathe-now fast mitleidig.

Jiasongs Gesicht zerfloß im Kummer. Seine Augen schwammen. Bloß nicht weinen! dachte Rathenow. Bloß keine Tränen! Wenn ein Mann ohne Trauer weint, sieht er keinen Ausweg mehr. Er weint aus Angst.

»Das ... das kann ich nicht«, zitterte Jiasongs Stimme. »Das ist zuviel, viel zuviel.«

»Soll mein Bruder deine Fische zählen?«

»Sie entsprechen nicht der Wahrheit. Glaub mir. Es waren so viele im letzten Jahr, da hatten wir einen regnerischen Sommer. Aber in diesem Jahr, bei dieser Sonne! Gott wird es bestätigen: Die Leute sitzen lieber in den Biergärten als bei mir.«

Das ist logisch, dachte Rathenow. Das muß auch Ninglin einsehen. Ich würde auch lieber unter schattigen Kastanien sitzen als in einem geschlossenen Raum. Trotz Klimaanlage!

Aber Ninglin sah es anders. »Jiasong«, sagte er mit dunklerer Stimme, »du bist ein fettes Schwein. Und fette Schweine sind träge. Und ein fettes Schwein trägt soviel Speck mit sich herum, daß es nicht merkt, wenn man ein

Pfund von ihm abschneidet. Willst du, daß ich mir das Pfund hole? 3000 Mark, das ist für dich wie ein Kännchen Tee. Was meinst du?«

»Ich schwöre ... dieser Monat war eine Katastrophe für mich!«

»Jetzt sagst du die Wahrheit, mein Dicker!« Ninglin griff plötzlich zu, legte seine Hände um Jiasongs Hals und drückte zu. Mit einem unterdrückten Schrei prallte der Wirt gegen die Wand, seine Augen quollen hervor, durch seinen Körper lief ein konvulsivisches Zucken. Er trommelte mit den Beinen auf den Boden und ruderte mit den Armen durch die Luft. Als sein Gesicht blau anlief, ließ Ninglin ihn los. Jiasong taumelte gegen die Theke und hielt sich an ihr fest. Er japste nach Luft.

»Du bist doch ein ehrlicher Mensch«, sagte Ninglin eindringlich. »Gesteh, daß du 4000 Mark zahlen kannst.«

»Ich zahle.« Sein Röcheln wurde von einem Hustenanfall unterbrochen. »Ich zahle 4000 Mark.«

»So ist es gut, Jiasong. Und vergiß die Summe nicht, wenn mein Bruder zu dir kommt und dich höflich bittet.« Er tippte auf die Liste. »Hong Bai Juan Fa ... bessere die Zahl aus. Nicht 3000, sondern 4000. Und du, Jiasong, vervollständige deine Goldbarsche.«

Jiasong nickte. Zum Sprechen war er noch nicht fähig. Ninglins Griff war tödlich, und er war nahe daran gewesen, die Besinnung zu verlieren. Er ging in die Küche, zog eine Schublade auf und kam mit 4000 DM zurück. Er warf sie auf die Theke, aber Ninglin schüttelte bedauernd den Kopf.

»Es sind 4000!« stöhnte Jiasong.

»Überreicht man so einem Cho Hai seine Lebensversicherung? Einfach das Geld auf die Theke knallen? Hast du alle Höflichkeit verlernt? Laß sehen, wie die Scheine sind. Dreimal ein Tausender ... du hast das Geld also bereitgehalten – und zehn Hunderter –, das sind dreizehn Scheine. Und nun nehme ich Schein nach Schein auf und erinnere dich daran, daß chinesische Höflichkeit in der ganzen Welt beliebt ist.«

Ninglin nahm den ersten Tausender mit der linken Hand, aber gleichzeitig krachte seine rechte Faust mitten in Jiasongs dickes, rundes Gesicht. Der Gastwirt lehnte sich wieder haltsuchend an die Wand, aber er schwieg.

Dreizehnmal schlug Ninglin zu, auf die Augen, auf die Nase, auf den Mund, und Jiasong rührte sich nicht, hatte die Augen geschlossen, und sein Kopf prallte bei jedem Schlag gegen die Wand. Ruhig zählte Ninglin mit, während er mit der Linken die Scheine an Rathenow weitergab. Jeder Schein ein Hieb, jeder Schein die Mahnung: Lerne Höflichkeit, Jiasong.

Beim fünften Schlag begann seine Nase zu bluten, der siebte Schlag schloß das linke Auge, der neunte Schlag ließ die Lippen aufplatzen, der zehnte ließ das Jochbein schwellen, der dreizehnte und letzte Hieb riß die linke Augenbraue auf. Das Blut lief über Jiasongs Gesicht, aber er stand da, ohne einen Schmerzenslaut von sich zu geben und ohne die Arme zur Abwehr hochzureißen. Er wußte: Jede Gegenwehr war sinnlos. Ninglin war ein Mensch, der sich an den Qualen seiner Opfer weiden konnte. Je mehr das Opfer sich wehrte, um so grausamer wurde sein Vernichtungswahn. Jiasong wandte sein zerstörtes Gesicht Rathenow zu. Es kostete Überwindung, ihn anzusehen. Rathenows Nerven vibrierten.

»Wann kommst du wieder?« fragte Jiasong. Es klang, als habe er alle Zähne ausgeschlagen bekommen.

»Nächsten Monat«, antwortete Rathenow und dachte: Gibt es denn niemanden, der diese Bestie Ninglin umbringt?

»Ich werde dich höflich empfangen«, sagte Jiasong, als spräche er einen vorgegebenen Satz nach. »Ich wünsche einen guten Tag.«

Ninglin nickte Rathenow zu. Sie verließen den »Blühenden Garten« und schlenderten zu dem parkenden Auto zurück. Als sie wieder nebeneinandersaßen, stieß Ninglin seinen Ellenbogen in Rathenows Seite.

»Hast du dir gemerkt, wie man mit solch dummen Menschen umgeht? Das wird dir auch passieren.«

»Ich werde nie einen Menschen schlagen können.«

»Das weiß ich. Du bist ein Weichling, der schreiben, essen, trinken und vögeln kann. Und dann glaubst du, ein Mann zu sein! Dich wird das Leben immer bescheißen.«

»Bisher habe ich das noch nicht bemerkt.«

»Weil du ein reicher Mann bist. Weil du es nie nötig hattest, um ein Stück Brot zu kämpfen, und erst recht nicht um dein Leben. Du liebst die Menschen – aber sie sind es nicht wert.«

»Und mit dieser billigen Philosophie tötest du Menschen oder quälst sie zu Tode?«

»Ich kenne keine Philosophie. Ich töte, weil ich den Auftrag habe zu bestrafen. Und ich habe meine Ehre, die Arbeit gut zu tun.«

»Ein Killer aus Berufung! Darüber sollte man ein Buch schreiben.«

»Tu es, Hong Bai Juan Fa! Ich kann dir genug erzählen, um tausend Seiten damit zu füllen.«

»Wie viele Menschen hast du schon getötet?«

»Ich zähle nicht. Meinen ersten Auftrag bekam ich in Hongkong, da war ich dreizehn Jahre alt. Sie bezahlten mir dafür 50 Hongkong-Dollar. Weißt du, was es bedeutet, wenn ein immer hungernder Junge ohne Eltern plötzlich 50 Dollar bekommt? Und nur dafür, einem Mann in den Rücken zu stechen? Ich bin in Hongkong geboren. Meinen Vater und meine Mutter habe ich nie gesehen. Man erzählte mir später, ich hätte neben einem Stapel zusammengedrückter Kartons gelegen, die man verbrennen wollte. Ein Mann, der Ye Yimou hieß, wurde mein neuer Vater. Ich habe ihn nie geliebt, er hat mich geschlagen und getreten und in den Hafen geschickt, um zu betteln und zu stehlen. Und wenn ich nichts nach Hause brachte, gab es nichts zu essen, nicht für mich – ich mußte immer hungern. Und dann sagte Yimou eines Tages: ›Du stinkende Ratte, wasch dich, und komm mit. Ich habe einen guten und einfachen Job für dich. In Kowloon, in einem Hotel, ist ein Engländer abgestiegen, der hübsche Jungen sucht. Zum Spielen, verstehst du? Er zahlt gut, wenn du seine Wünsche erfüllst. Und das wird dein neuer Beruf sein! Es gibt so viele Männer, die kleine Jungen lieben. Bei ihnen kann man Gold graben wie in einem Bergwerk. Ninglin, wir werden reich werden durch deinen Hintern, deine zarten Hände und deine flinke Zunge! Los, wasch dich, du Stinktier.‹ Und ich habe mich gewaschen, sonst hätte er mich wieder mit dem dicken Bambusstock verprügelt.«

Ninglin schwieg und starrte auf die hitzeflimmernde Straße. Die Bilder seiner Jugend spulten sich vor seinen Augen ab wie ein zu schnell gedrehter Film. Bilder, die er nie vergessen konnte. Ein kleiner, schmächtiger Junge in verwaschenen, geflickten Jeans und einem roten, viel zu großen Hemd. An der Hand von Ye Yimou fuhr er mit der Fähre von Hongkong Island hinüber nach Kowloon. Ein großes, internationales Hotel, ein Lift, eine Suite mit Möbeln und einer Pracht, wie sie der Junge noch nie gesehen hatte. Und ein dicker Mann kam auf ihn zu mit roten Backen und schütterem Haar und begutachtete ihn wie einen Hund, den er kaufen wollte. Und dann war Ye Yimou gegangen, nachdem der fette Mister ihm einige Scheine in die Hand gedrückt hatte, und der Dicke kam auf ihn zu und knöpfte sich dabei die Hose auf ...

»Was weiter« fragte Rathenow, als Ninglin schwieg.

»Die Polizei fand den Engländer am nächsten Morgen in seinem Bett. Erstochen. Ich hatte heimlich mein Messer mitgenommen. Von da an freute ich mich über jeden, den ich getötet hatte. Kannst du das verstehen?«

»Nein.«

»Das wußte ich. Du hast nie so gelebt wie wir Chinesen in den Slums von Hongkong. Über der Erde, unter der Erde, ein Labyrinth von Gängen, das die Häuser miteinander verband, eine eigene Stadt, in der die Menschen wie Ameisen herumwimmelten, wo sie auf jedem freien Fleck schliefen, ein Rattennest, in dem sie sich gegenseitig umbrachten, bestahlen und zu Krüppeln schlugen, ein Leben, das nur der überstand, der der Stärkere war. Selbst Polizeikontrollen wagten sich nicht in dieses Stadtviertel hinein ... sie wären nie wieder herausgekommen. Ja, es war eine vollkommene Stadt mit allen Geschäften, die man sich denken kann. Gold- und Silberschmiede, Gewürzhändler, Fleischer, Wäschereien, Bäcker, Schneider, Schuster, Gemüseläden, Garküchen, sogar zwei Puffs gab es da. Man brauchte also gar nicht hinauf in die

Stadt zu gehen, man konnte da leben in einem eigenen Reich. Und natürlich gab es Opiumkocher, Heroinsieder, Haschpresser, Kokaindestillateure und Schwule jede Menge, aber nur für die Fremden. Griff einer einem Genossen an den Arsch, wurde er so geschlagen, daß er nie wieder auf den Gedanken kam, uns anzurühren, und tat er es doch, mehrmals, dann schnitten wir ihm die Eier ab. Meistens verbluteten sie dann, denn niemand wollte sie pflegen. Die Toten warf man in die Abwasserkanäle, aus denen sie ins Meer geschwemmt wurden. Das war unser Leben, Hong Bai Juan Fa ... aber das sieht natürlich kein Tourist, dem man Hongkong zeigt. Das Wonderful-Hongkong ist nur eine Fassade, eine Lüge, und wenn die Touristen die Nachtmärkte in Yau Ma Tai besuchen und glauben, das ›echte China‹ zu erleben, dann ist das eine Illusion. So wollen sie China sehen – China aber ist ganz anders ...«

»Das weiß ich. Und wie kamst du zu dem Namen Aisin Ninglin?«

»Ninglin fand ich lustig. Und Aisin nennen sich die Nachkommen des letzten Kaisers. Ich habe mich Ninglin und Aisin genannt, als ich vierzehn Jahre alt war und Ye Yimou gestorben war. Ich habe ihn eines Nachts erwürgt ... mit einem Stahldraht, den ich im Hafen gestohlen hatte.« Ninglin griff in die Tasche und holte eine Zigarettenpackung heraus. Er hielt sie Rathenow hin. »Auch eine?«

»Nein, danke. Ich rauche nur Zigarren ... abends nach dem Essen.«

»Feiner Pinkel!« Ninglin steckte sich eine Zigarette an und sog den Rauch tief in sich hinein. »Mit fünfzehn war ich bereits Mitglied von 14K«, sagte er plötzlich und blies den Rauch gegen die Autoscheibe. »Ich hatte da schon neun Aufträge zur vollen Zufriedenheit der Familie ausgeführt. Das war mein Ausweis, daß ich ein guter Triade werden würde. Man hatte mich beobachtet, wie ich im Hafen einen dieser Handelsmanager, auch so ein geiles Schwein, in einen Schuppen lockte, nachdem ich ihm meine offene Hose gezeigt hatte. Im Schuppen, als er seine Hose herunterstreifte, habe ich ihn in den Bauch gestochen. Er hat wie ein Schwein gequiekt. 2000 Dollar, amerikanische, keine Hongkong-Dollar, hatte er in der Brieftasche. Er war mein bis dahin bester ›Kunde‹. Als ich aus dem Schuppen hinausgehen wollte, standen zwei Chinesen in der Tür und sagten nur: ›Komm mit!‹ Was sollte ich tun? Sie hatten Pistolen im Gürtel und ich nur ein Messer. Sie fuhren mit mir hinüber nach Kowloon, und in einem bekannten Handelshaus empfing mich der Gao Lao der Triaden von Hongkong. Jeder kannte ihn. Er galt als ehrenwerter reicher Mann, der regelmäßig vom britischen Gouverneur eingeladen wurde und selbst große Feste gab. Und was sagte er zu mir? ›Du bist ein begabter Junge, habe ich gehört. So etwas können wir brauchen. Wir werden für dich sorgen.‹ Ich war stumm vor Verehrung und Dankbarkeit ... nie mehr hungern, nicht mehr in der Rattenstadt wohnen, ein richtiger Mensch sein, eine Arbeit haben, ganz gleich, was es sein würde. Kannst du dir vorstellen, wie glücklich ich war? Ich bin in einen Tempel gelaufen und habe Gott für diese Gnade gedankt.« Ninglin rauchte wieder in hastigen Zügen. »Nach einem halben Jahr hatte ich viele ›Aufträge‹ ausgeführt, lautlos mit einem neuen, beidseitig geschliffenen Stahlmesser oder mit einer schallgedämpften Pistole. Ich hatte das Schießen schnell gelernt. In diesem Jahr leistete ich auch die 36 Blut-Eide und wurde ein Hong, ein Bruder der großen Familie. Und der Gao Lao sagte eines Tages zu mir: ›Du wirst nach Europa fahren, Bruder, nach Deutschland. Man braucht dich da. Du wirst nachts über die Grenze gebracht, bekommst ein Ticket nach München und meldest dich bei Min Ju im Restaurant ›Der Schwarze Mandarin‹. Dort wirst du Deutsch lernen. Du bist ein begabter Junge, du wirst es schnell begreifen.‹ Und so kam ich nach München, lernte Deutsch, wurde eine Grassandale und Mins bester Bruder. Das war vor elf Jahren. Und ich habe meinen Daih-Loh niemals enttäuscht.«

Er zerdrückte den Zigarettenstummel im Autoaschenbecher und steckte dann die Kippe in seine Hemdtasche.

»Eine Angewohnheit von früher«, sagte er mit breitem Grinsen. »Nichts wegwerfen, was später vielleicht nützlich sein könnte. Aus zehn Kippen kann man eine neue Zigarette drehen. Das habe ich gelernt, und das vergißt man sein Leben lang nicht. Auch mein erstes Messer habe ich gefunden. An der Klinge klebte noch Blut. Jemand hatte es weggeworfen, vielleicht auf der Flucht vor der Polizei. Es lag in der Nähe unserer Rattenhöhle in einem Haufen von verfaultem Gemüse. Es war ein gutes Messer. Es schnitt in einen Körper, als sei es dafür gemacht worden.«

»Und warum erzählst du mir das alles?« fragte Rathenow. Er bemühte sich, seine Stimme ruhig klingen zu lassen.

»Ich denke, du willst ein Buch darüber schreiben?«

»Ich könnte es – aber keiner wird es mir glauben.«

»Es ist doch die Wahrheit.«

»Wennschon – aber sie übertrifft unsere Vorstellungskraft. So etwas gibt es nicht, wird der Leser sagen.«

»Das gibt es doch. Ich sitze doch neben dir! Und ich kann dir noch viel mehr erzählen. Tausend Seiten, sage ich!« Ninglin blinzelte Rathenow zu. Er war wie umgewandelt. Der eiskalte Killer wurde wie ein vertrauter Freund. »Beteiligst du mich an deinem Honorar?«

»Du machst wohl mit allem Geld? Denk an den Blut-Eid ... Nummer fünf. Gegen den hast du jetzt verstoßen.«

»Hast du einen Zeugen?« Ninglin lächelte, aber jetzt war das Lächeln wieder gefährlich. Wie ein Raubtier bleckte er die Zähne. »Wem wird man glauben? Mir, dem Chinesen, oder dir, dem Fremden? Ich weiß immer, was ich sage und zu wem! Ich kann dir alles erzählen, denn du bist in meiner Hand. Ich habe immer einen Grund, um zu Min Ju zu sagen: ›Ich mußte ihn bestrafen – er war eine Gefahr für uns ...‹ Und dann wird man sich auch um Liyun kümmern. Denk an das Geschenk aus Hongkong.«

»Aber wenn ich das Buch schreibe, wird man mich fragen: Woher weißt du das alles? Das ist Verrat!«

»Darum erzähle ich dir alles!« Ninglins Gesicht verzog sich zu einem breiten Grinsen. »Du bist ein dummer Mensch, Hong Bai Juan Fa. Du kannst nicht unterscheiden, was Spott und was Wahrheit ist. Schreib dein Buch, und verstecke es in deinem Tresor, bis du tot bist. Dann kann es erscheinen. Die Leser werden nicht lange warten müssen, denn dein Leben wird nur noch kurz sein. Und niemand wird ahnen, daß ich es war, der dir alles erzählt hat. Denn ich bin ein treuer Triade, der treueste, den Min Ju in München hat.«

»Soll ich jetzt Beifall klatschen?«

»Nicht nötig.« Ninglin lehnte sich in das Polster zurück. »Fahr los zum nächsten Schützling. Nummer vier auf deiner Liste. Das ist hier in der Nähe. Das Lokal ›Bambuswald‹. Tong Penghang wird schon ungeduldig warten. Er ist ein braver Mensch. Er zahlt pünktlich und ohne Diskussion. Wie einfach wäre das Leben, wenn alle so klug wären wie er.«

An diesem Tag stellte Ninglin in vierzehn Restaurants den neuen Cho Hai den Besitzern vor. Einige waren mit Recht verblüfft, andere zeigten deutliche Freude, der Rest nahm die Neuerung ohne sichtbare Reaktion hin. Bis Mitternacht waren sie unterwegs, und Rathenow registrierte für diesen ersten Tag:

Einnahmen:	DM 32 000,–
Erhöhungen für nächsten Monat insgesamt auf	DM 51 000,–
Bestrafungen:	Vier
Verletzte:	Sieben
Davon schwer:	Zwei
Androhung des Todes:	Drei

Eine schaurige Bilanz für einen einzigen Tag!

Am Ende ihrer Tour fuhr Rathenow zurück zum Isartorplatz, wo Ninglins Wagen parkte. Bevor er ausstieg, sagte Ninglin:

»Nun kennst du vierzehn Schützlinge. Fünf von ihnen sind gefährlich. Das sind die, bei denen ich dir gesagt habe: Mach ein Kreuz hinter ihre Namen.«

»Aber sie haben doch bezahlt.«

»Ja – mit einem Lächeln. Das war ihr Fehler. Ich habe ihre Augen gesehen, als ich dich vorstellte. Und diese Augen sagten: Den legen wir aufs Kreuz! Ein Deutscher als Cho Hai – den können wir betrügen und belügen. Du wirst es schwerhaben und mußt Härte zeigen. Sag ihnen allen, daß ihnen ›die Ohren geputzt‹ werden – das verstehen sie. Und wenn sie es dir nicht glauben – ruf mich!«

»Und du schlitzt ihnen den Bauch auf oder die Rückenmuskeln?«

»Es ist noch dasselbe Messer wie in Hongkong. Ich habe es mitgebracht.« Ninglin stieg aus Rathenows Wagen. »Morgen geht es weiter. Du bist gut, die Hand aufzuhalten, aber die andere Hand ist leer. Mein Bruder, du mußt noch viel lernen ...«

Rathenow sah Ninglin nach, wie er zu seinem Auto ging, einstieg und fortfuhr.

Er kam sich elend vor mit den 32 000 Mark Blutgeld in seiner Tasche.

Der erste Tag als Grassandale. Dr. Hans Rathenow – der Triade der 14K-Familie.

Liyun, ich schäme mich. Ich spucke vor mir selbst aus! Ich hasse mich! Aber ich rette dein Leben damit. Ist das eine Entschuldigung für meinen Verfall? Eine Rechtfertigung für ein Verbrechen?

Ich sollte Gott fragen – aber er wird mir keine Antwort geben. Er gibt nie eine Antwort, ob Völker vernichtet werden oder nur ein Mensch.

Gibt es Dich überhaupt, Gott?

Dreimal fragte Liyun im Zentralbüro ihrer Reisegesellschaft CITS nach, ob aus Deutschland ein neues Fax gekommen sei. Die Kollegin schüttelte den Kopf.

»Nichts, Liyun. Erwartest du eins? Von diesem Hans, der das erste Fax geschickt hat?«

»Wenn du den Mund halten kannst ... ja.«

»Du willst wirklich nach Deutschland fliegen?«

»Er hat es versprochen. Du hast doch das Fax gelesen.«

»Glaubst du daran? Man kann viel schreiben, wenn man 10 000 Kilometer entfernt ist.«

»Ich glaube an ihn.« Liyun setzte sich neben die Sekretärin

auf einen mit Kunstleder bezogenen Stuhl. »Jedes Wort, das
er geschrieben hat, ist wahr.«

»Und warum sagt er jetzt nichts?«

»Ich weiß es nicht, Yunyu.«

Wei Yunyu, seit einem Jahr verheiratet und schwanger im
fünften Monat, schob Liyun ein Blatt über den Tisch.

»Ich will eine Ausnahme machen, weil wir Freundinnen
sind. Ich verrate nichts ... schick ihm noch ein Fax.«

»Das gehört sich nicht, Yunyu. Ein Mädchen läuft keinem
Mann nach. Das wäre, als wenn ich mich anbiete.«

»Ist das so schlimm?«

Liyun schob das Papier zurück. »Würdest du es tun?«

»Wenn ich einen Mann so sehr liebte wie du diesen
Hans ... ich täte es. Und ich würde nie denken: Du verlierst
dein Gesicht. Wahre Liebe entschuldigt alles. Männer sind
manchmal rätselhaft und eigentümlich. Sie brauchen einen
Stoß in die Rippen oder ins Herz, um wach zu werden und
die Wirklichkeit zu erkennen. Die meisten schlafen vor sich
hin.« Wei Yunyu legte ihre Hand auf Liyuns Finger. Obwohl
es draußen warm war, waren Liyuns Hände eiskalt. »Ich
kenne die Männer. Oft muß man sie an die Hand nehmen
und führen wie ein Kind. Sonst tappen sie ziellos herum.«

»Ich weiß nicht ... Ich habe nicht soviel Erfahrung wie du.
Ich hatte bis jetzt nur einen Freund: Shen Zhi. Ich habe mich
von ihm getrennt.«

»Wegen dem Deutschen?«

»Auch. Ich kann ihn nicht belügen – und jeder Kuß wäre
jetzt eine Lüge.«

»Und wenn dieser Hans nichts mehr von sich hören läßt,
was wirst du dann tun?«

»Ich weiß es nicht.« Liyun legte den Kopf weit in den Nak-
ken. »Vielleicht werde ich einen chinesischen Mann heiraten,
den ich nicht liebe. Vielleicht werde ich ein Kind bekommen,
weil ich es nicht verhindern kann. Ich werde das Leben einer
chinesischen Ehefrau leben. Wie Millionen unserer Frauen.
Aber ich will nicht daran denken. Ich weiß, daß Hans schreiben wird!«

»Du weißt gar nichts, Liyun.«

»Ich fühle es. Er hat doch schon die Einladung und die Reiseanträge weggeschickt.«

»Wohin?«

»An die deutsche Botschaft in Beijing.«

»Dann ruf dort an, und erkundige dich, ob die Einladung angekommen ist.«

»Das möchte ich nicht. Ich will die deutsche Botschaft nicht belästigen. Die Deutschen sind jetzt so streng geworden. Wenn ich anrufe, könnten sie böse werden.«

»Und in solch ein Land willst du fliegen?«

»Ich fliege zu Hans. Das Land ist mir egal. Wo immer er ist, ich würde zu ihm kommen.«

»Wenn er dich so liebt wie du ihn.« Wei Yunyu schob ihr wieder das Blatt Papier zu. »Schick ein Fax! Nur einen einzigen Satz, das genügt: Ich liebe Dich. Liyun.«

»Unmöglich.« Liyun schüttelte den Kopf. Ihre langen Haare flogen um ihren Kopf. »Das gehört sich nicht! Ich würde mich schämen. Und er wird denken: Sie ist wie alle Frauen, die einen reichen Mann suchen und sich anbieten. Du tätest es, nicht wahr, Yunyu?«

»Ja, ich täte es. Man muß das Glück festhalten, ehe es wegläuft. Du bist sonst so klug, aber hier bist du wie ein Sumpf voll Dummheit.«

»Ich bin anders erzogen als du, Yunyu. Und ich kann das nicht abschütteln. Es war schon schwer genug, meinen Vater davon zu überzeugen, daß ein Besuch bei einem deutschen Mann keine Schande ist. Nur weil Dr. Rathenow einen so bekannten Namen hat, gab er mir die Erlaubnis. Aber er tat es ungern – das hat Mama mir hinterher verraten. Und auch sie war nicht begeistert von der Einladung. ›Das ist eine Welt, die du nicht verstehst‹, hat sie gesagt. ›In diese Welt gehörst du nicht hinein.‹ Wie kann ich da ein Fax schicken: ›Ich liebe Dich!‹? Unmöglich.«

»Vielleicht faxt er doch noch. Ich sage dir sofort Bescheid.« Wei Yunyu machte keinen Hehl daraus, daß sie Liyun bedauerte. »Und wenn nicht – vergiß ihn, Liyun! Es gibt genug Männer auf der Welt.«

»Ich werde ihn bis an mein Lebensende nicht vergessen!«

»Ist er ein so toller Liebhaber?«

»Wir haben uns nicht einmal geküßt!« sagte Liyun steif und stand auf. »Du kannst es ja mal probieren.«

»Wie? Das wäre ein Erlebnis!« Wei Yunyu lachte etwas ordinär. »Aber ich komme ja nicht aus dem Büro heraus. Da hast du es besser. Du bist dauernd mit Männern zusammen. Und ihr habt euch nie geküßt? Liyun, bist du ein Vögelchen ohne Stimme? Ach, wenn ich an deiner Stelle wäre...«

Mit quälenden Gedanken verließ Liyun das Büro des CITS und fuhr mit dem Rad zu ihrer kleinen Wohnung. Ihre Kollegin, mit der sie die Wohnung teilte, war mit einer französischen Gruppe unterwegs zum Steinwald und kam erst am späten Abend zurück. Sie war allein. Liyun ging unter die Dusche, ließ das Wasser über sich rinnen, bis sie zu frieren begann, trocknete sich ab und legte sich nackt auf ihr Bett. Wie so oft holte sie Rathenows Fax hervor und preßte es an sich. So lag sie lange da und träumte mit offenen Augen, daß er bei ihr war und sie in seinen Armen lag.

Min Ju war voller Freude, als Rathenow am nächsten Morgen das Schutzgeld von 32 000 Mark bei ihm ablieferte. Ninglin hatte ihn bereits angerufen und ihm im Dialekt von Zhangye von dem vergangenen Tag berichtet. Wenn das Telefon abgehört werden sollte – das Chinesisch von Zhangye verstand auch der beste Dolmetscher nicht. Min Ju hatte seine Familie darin ausgebildet; so war er sicher vor jeder Abhöraktion. Wenn es überhaupt Tonbänder gab – sie waren für das 13. Dezernat wertlos.

»Ein guter Erfolg, Hong Bai Juan Fa!« rief Min, als dieser die Scheine auf den Tisch blätterte. »Du hast gesehen, wie man das macht. Ohne Schwierigkeiten.«

»Es hat sieben Verletzte gegeben. Davon zwei schwer.«

»Man muß Unwissende belehren und sie zur Weisheit führen«, entgegnete Min ungerührt. »Das gehört zur Aufgabe eines Cho Hai. Früher gingen sie immer zu zweit. Das fiel sogar der Polizei auf. Jetzt bist du allein und außerdem ein Deutscher. Das fällt nie auf. Gelingt das Experiment, werden wir noch mehr Deutsche einsetzen. Dann kannst du ein kleiner Daih-Loh werden.«

»Ich habe keinerlei Ehrgeiz, das zu werden.«

Min Ju spendierte Rathenow einen Mao Tai und schloß das Geld in einen mächtigen Geldschrank, der jedem professionellen Panzerknacker widerstanden hätte. Er war bester Laune, nachdem er gesehen hatte, daß Rathenow die Haarsträhne und den Fingernagel von Liyun voller Entsetzen angesehen hatte. Er sollte nie erfahren, daß beide Beweisstücke einer wohlwollenden Bestrafung nicht von Liyun stammten. Die Haarlocke hatte man einer Arbeiterin abgeschnitten, die in einer Näherei arbeitete und von Min einen Stundenlohn von zwei Mark erhielt. Den übrigen Lohn zahlte er auf das Konto der Triaden ein. Ein Konto unter dem Namen »Seidenkontor Ex- und Import GmbH«, eine honorige Adresse, die niemand verdächtigte. Und der Fingernagel stammte von der Tochter des Gastwirts Su Ying in Rosenheim, den man bestrafen mußte, weil er zu wenige Goldbarsche in seinem Aquarium schwimmen ließ. Sie stimmten nicht mit seinem Umsatz überein, wie ein Kontrolleur der 14K festgestellt hatte. Er hatte zehn Tage jemanden in das Lokal geschickt, der die Gäste zählte, drei Brüder, die sich abwechselten und ihm dann ihre Zählungen vorlegten. Schon in den zehn Tagen hatte Su Ying mehr eingenommen, als er für den ganzen Monat angegeben hatte.

Ein Fingernagel seiner jüngsten Tochter war fällig. Und Su Ying setzte die richtige Anzahl Goldbarsche in sein Aquarium. Ordnung muß sein. Wer sie nicht kennt, muß sie lernen ...

Min Ju hatte schon vor Wochen aus Hongkong die Nachricht bekommen, für »Strafmaterial« selbst zu sorgen. Wang Liyun war unantastbar. Aus Kunming hatte der Daih-Loh Kewei Tuo gemeldet:

»Wir müssen davon absehen, an Liyun Bestrafungen vorzunehmen. Sie ist die Tochter von Wang Biao, einem Schulfreund des Parteisekretärs von Yunnan. Wenn ihr etwas geschieht, ist hier die Hölle los! Schon die Verhinderung des Abschieds am Flughafen war ein Fehler – ich gebe meinen

Fehler zu. Nur durch größte Vorsicht ist es uns gelungen, von der Geheimpolizei nicht entdeckt zu werden. Leider mußte der Taxifahrer von seiner Frau als verschwunden gemeldet werden. Es war der einzige Weg, der uns blieb. An Wang Liyun dürfen wir uns nicht mehr heranwagen. Es müssen andere Wege gefunden werden.«

Min Ju war um ein Ausweichen nicht verlegen. Es gab genug Möglichkeiten in München, Rathenow in Panik zu versetzen und seinen Gehorsam zu festigen. Ein Fingerglied, ein Stück Bauchhaut, ein Ohr waren schnell zu beschaffen. Und Rathenow würde immer glauben, es seien Teile von Wang Liyun.

Dieser Trick machte Min Ju fröhlich. Er war sicher, daß Rathenow alles tun würde, was man von ihm verlangte. Am besten war eine zweite Mahnung – ein Stück Bauchhaut. Danach würde er zusammenbrechen und völlig willenlos werden. Min brauchte nur auf einen Fehler zu warten, und er war sicher, daß Rathenow ihn bald begehen würde.

»Heute mittag beginnt deine zweite Tour«, sagte Min Ju freundlich. Er überflog die neue Liste. »Darunter sind zwei schwierige Fälle. Sie haben schon eine Mahnung bekommen, aber sie nicht ernst genommen. Sie denken, weil sie nahe bei der Polizei wohnen, sind sie sicher. Immer wieder der alte Irrtum! Ninglin und du werden sie von ihrer Dummheit überzeugen. Sieh mich nicht so böse an, Bruder. Niemand wird getötet werden. Nur eine deutliche Ermahnung. Der eine Wirt hat eine schöne Frau, der andere zwei Töchter und einen Sohn. An sie wird man sie erinnern. Ninglin hat schon immer einen interessierten Blick auf die junge Frau geworfen. Was wirst du in den nächsten Tagen tun?«

»Ein Buch anfangen.«

»Sehr schön. Über was willst du schreiben?«

»Meinen ersten Roman. ›Liebe am Lugu-See‹.«

Min Ju grinste. »Deine Liebe zu Liyun?«

»Nein. Eine frei erfundene Geschichte. Eben ein Roman.«

»Auch ein Roman kann sehr persönlich sein.«

»Ich habe Liyun am Lugu-See nicht in den Arm genommen ... nur bewundert.«

»Ich weiß. Du lebst in deiner Villa und steckst nur ab und zu den Kopf heraus wie ein Maulwurf. Manchmal gehst du auf abenteuerliche Reisen, aber wenn du dann zurückgekehrt bist, vergräbst du dich wieder. Wartest du auf deinen Tod?«

»Warten? Nicht direkt. Aber er kann plötzlich kommen.«

»Du siehst müde aus. Du bist doch gesund?«

»So sehe ich aus. Auch die Ärzte täuschen sich. Im Seepark von Kunming hat ein chinesischer Arzt mit einem Elektrofühler mein Ohr abgetastet, und dann mußte ich den Stab fest in der Hand halten. Er hat mir gesagt, was mit meinem Körper los ist. Es war eine lange Liste von Krankheiten. Ich glaube ihm.«

»Und was sagen deine Ärzte?« fragte Min Ju sehr ernst.

»Der eine sagt das, der andere jenes, und viele Diagnosen widersprechen sich. Nur ein Arzt hat das Richtige gesagt: Dir fehlt jeden Tag ein Tritt in den Hintern!«

»Ein wunderbarer Arzt!« Min Ju lachte laut. »Ich könnte ihn auch mal besuchen.«

»Er würde feststellen, daß du voller Gift bist.«

»Wenn er das erkennt, ist er ein medizinisches Genie! Wie heißt der Wunderheiler?«

»Dr. Freiburg.«

»Ach so, der.«

Es kann nichts schaden, wenn er Freiburg konsultiert, dachte Rathenow. Und es ist gut, wenn Freiburg sein Gesicht kennt. Später, wenn mir die Flucht aus den Klauen der Triaden gelingen sollte, kann er als Zeuge aussagen und Min Ju identifizieren. Er wird es müssen, denn wenn Liyun und ich flüchten können, wird der Gao Lao in Hongkong Mins Tod befehlen. Ein Versager hat bei 14K keinen Platz mehr. Und dann kann nur Freiburg sagen: Ja, das ist Min Ju, ein Patient von mir. Ich habe bis heute nicht gewußt, daß er der Führer der Triaden von München ist.

»Soll ich dich bei ihm anmelden?« fragte Rathenow.

»Nein! Ich überlege es mir. Wir haben in München gute chinesische Ärzte, aber sie arbeiten auch im stillen. Sie sind illegal hier, wie so viele Chinesen. Einer war sogar Professor in Chengdu. Dort gibt es eine berühmte Universität. Er mußte im Juni 1989 fliehen, weil seine Studenten nach Demokratie schrien. Es war der berühmte, aber sinnlose Aufstand ... ein paar tausend Demokratiegläubige, und hinter ihnen 1,3 Milliarden träge und unwissende Chinesen. Konnte das gutgehen? Was kümmert einen Bauern am Gelben Fluß, wer in Beijing regiert? Er will satt werden, weiter nichts. Und der Händler in Urumqi, an der alten Seidenstraße, will seine Waren auf dem Markt verkaufen, ganz gleich, wer in Beijing im Gebäude der Volksregierung sitzt. Ihr in Europa könnt eine Revolution machen – ihr habt weniger Menschen, als wir Minderheiten haben. Wäret ihr 1,3 Milliarden, sähe auch eure Welt anders aus. Das vergeßt ihr Europäer oder begreift es nicht: China ist anders.«

Min Ju gab Rathenow die neue Liste für den heutigen Tag. »Aber was kümmert uns die Politik? Man nennt uns Gangster ... Wie soll man da die Politiker nennen? Wir bestrafen nur Ungehorsame, aber sie schicken ganze Völker in die Kriege und schlucken Millionen Tote, ohne zu rülpsen oder Sodbrennen zu bekommen. Und dann greifen sie China an und lamentieren von Menschenrechten. Welche Heuchelei! Vor ihrer eigenen Tür verrecken jeden Tag Tausende. Es stimmt doch, daß der 2. Weltkrieg über 55 Millionen Tote gekostet hat?«

»Ja. Vielleicht noch mehr. Das ist nur eine Schätzung.«

»55 Millionen.« Min Ju schüttelte den Kopf. »Sie fielen bei uns gar nicht auf ... bei 1,3 Milliarden! Wie viele Tote soll es auf dem Tianamen-Platz gegeben haben?«

»Über tausend.«

»Und wie viele Tote haben die Amerikaner in Vietnam hinterlassen? Wie viele im Korea-Krieg? Wie viele Farbige sind in Südafrika erschossen worden? Wie viele in Angola und Mozambique? Da habt ihr im Westen geschwiegen, da waren eure Augen auf den Rücken gedreht! Und dann der Golfkrieg – gar nicht so lange her. Da waren es schon sagenhafte Helden, die ein Land befreiten, nicht, weil es von einem Diktator besetzt worden, sondern weil das Milliardengeschäft mit dem Öl in Gefahr war. Und was haben die westlichen Politiker gesagt? Ein gerechter Krieg. Hat man die Verantwortlichen in ihren Regierungspalästen angeklagt oder geächtet? Im Gegenteil. Und die Toten? Vergessen im Wüstensand – darüber spricht man nicht. Warum also immer China? Warum ist China der böse Bube der Weltfamilie? Als China Tibet in seine Völkergemeinschaft zurückholte – welch ein Geschrei bis heute! Wer hat damals geschrien, als die Deutschen das Sudetenland besetzten und in Österreich einmarschierten? Niemand! Das war gerecht. Das hieß ›Heim ins Reich!‹ Und sogar England und Frankreich segneten das Einverleiben ab. Hong Bai Juan Fa, verlassen wir die Politik – sie ist schmutziger als das, was die Triaden tun. Noch einen Mao Tai?«

»Ja. Jetzt ja.« Rathenow sah Min Ju erstaunt an. War das noch der Daih-Loh von München, wie er ihn bisher kannte? Waren sie alle innerlich gespalten – halb gnadenlose Gangster, halb glühende Patrioten? Es war eine niederschmetternde Erkenntnis, die ihn tief beeindruckte. »Wo treffe ich Ninglin?« fragte er.

»Wie immer am Isartorplatz. Da fällt es am wenigsten auf. Da ist jeder froh, wenn er von dem Platz herunterkommt.« Min Ju erhob sich, irgendwie sah er erschöpft aus. »Wie gestern – um elf Uhr. Heute sind es neunzehn Lokale. Ich wünsche dir viel Erfolg!«

In sein Tagebuch notierte Rathenow nachts um ein Uhr:

Heute neunzehn Lokale. Einnahmen DM 65 892,–. Ninglin bestrafte zwei Wirte. Einen dadurch, daß er die junge Frau vergewaltigte. Ich mußte den Ehemann festhalten und ihn zusehen lassen. Ninglin ist eine wilde Bestie. Er hat die Frau fast zerrissen, als er ihre Beine spreizte. Hinterher blutete sie aus mehreren Bißwunden in Brust und Unterleib. Der Wirt zahlte 8000 Mark, einschließlich Strafgebühr. Der andere Wirt auf der Liste zahlte sofort, aber Ninglin führte trotzdem seinen Auftrag aus: Er schlug der jüngsten Tochter die Nase ein. Nasenbeinbruch. Wenn das so weitergeht, bin ich bereit, Ninglin umzubringen. Welch ein Satan ... und er freut sich über jedes seiner Opfer. Auf der Rückfahrt sagte er zu mir: »Ein guter Tag! Hast du gesehen – mir ist es dreimal gekommen, hintereinander. Sie ist eine schöne Frau. Leider nicht mehr für dich. Der Alte wird ab jetzt brav zahlen.« Ich hätte ihm ins Gesicht spucken können. Aber was würde das bringen? Sie würden Liyun weiter quälen und ihr einen Finger abhacken! Ich fühle mich wie ausgehöhlt ... leer, leer, leer ...

Für diese Woche war es die letzte Tour. Die nächsten Schutzgeldopfer waren in zehn Tagen an der Reihe. Die Umgebung Münchens – vom Tegernsee bis zum Chiemsee.

»Da werden die Scheinchen flattern!« hatte Ninglin fröhlich gesagt. »Da fressen die Reichen, die nicht auf die Preise schauen.«

Rathenow schloß das Tagebuch weg in den Tresor zu den anderen Notizen über die Triaden. Er nahm sich vor, Dr. Freiburg die Schloßkombination zu nennen für den Fall, daß ihm etwas passierte. Dann sollte er alles der Polizei übergeben. Es war bereits jetzt genug Material, um die 14K zu zerschlagen und den Massenmörder Ninglin zu überführen.

In den nächsten acht Tagen ließ Rathenow bei Min nichts von sich hören. Ein paarmal klingelte das Telefon – Rathenow nahm den Hörer nicht ab.

Er begann, seinen ersten Roman zu entwerfen: Das Mädchen Liping, das am Ufer des Lugu-Sees saß und weinend in das silberne Wasser blickte und von einer Liebe träumte, die sich nie erfüllen würde. Nicht Liyun, nein, Liping hieß sie, und alles war wie ein Märchen aus uralten Zeiten, wo ein Mädchen den Mann heiraten mußte, den der Vater als Bräutigam ausgewählt und schon bei ihrer Geburt versprochen hatte. Ein bitter-süßer Liebesroman. Aber Rathenow hatte große Schwierigkeiten. Schließlich hatte er sonst nur Artikel, wissenschaftliche Arbeiten und Reiseberichte geschrieben.

Ein paarmal klingelte es auch an der Haustür – Rathenow öffnete nicht. Selbst drei Faxe seines Verlegers schob er zur Seite und beantwortete sie nicht.

Laßt mich allein! Laßt mich alle allein in meiner eigenen Welt!

Am neunten Tag fuhr Rathenow zu Dr. Freiburg. Es war gegen 20 Uhr, und Freiburg öffnete ihm in einem schwarzen Anzug. Auch das noch, dachte Rathenow. Ich komme von dem teuflischen Schwarz nicht los!

»Es gibt wirklich noch Gespenster!« rief Freiburg und zog Rathenow ins Haus. »Wo warst du? Ich hätte morgen die Polizei gerufen und dich als vermißt gemeldet. Keine Nachricht von dir, viermal habe ich angerufen ... nichts. Dreimal war ich an deiner Haustür und habe wie ein Irrer geklingelt. Nichts rührte sich! Wo warst du?«

»Zu Hause.«

»Und spielst den Toten? Bist du verrückt?«

»Ich bereite ein neues Buch über China vor.«

»Das kennen wir von dir! Da ist der Wahnsinn fast greifbar. Aber wie du dich in den letzten neun Tagen benommen hast – das ist unverantwortlich deinen Freunden gegenüber. Das machst du nicht noch einmal!«

»Ich brauchte Ruhe. Ich brauchte Freiheit ...«

»Indem du dich versteckst! Hans, du bist ein pathologischer Fall!«

»Entdeckst du das erst jetzt? Du bist ein mieser Arzt.«

»Bisher waren diese Symptome nicht klar erkennbar. Aber jetzt wird es bei dir gefährlich.«

Rathenow setzte sich in den barocken Salon und wartete, bis Freiburg ihm ein großes Glas Wodka mit Pflaume brachte.

»Was willst du also hier, Mimöschen? Ein bißchen weinen, wie einsam du bist? Oder willst du ein Nervenpülverchen haben? Wie ist es mit der Verdauung? Ich jage dir mit Freuden ein Klistier in den Arsch. Mensch, mach den Mund auf. Spuck deine Probleme aus.«

»Ich wollte dich nur sehen, weiter nichts.«

»Dann sieh mich an. Ich will zum Sommerball des Golf-Clubs. Ich habe eine neue junge Golferin aufgerissen, Tochter eines sogenannten Star-Architekten. Hat sich dumm und dusselig verdient, als Bauerwartungsland wirklich Bauland wurde und er es hintenherum rechtzeitig erfuhr. Das Mädel ist 24 Jahre alt. Blond, Brüste wie kleine Zuckermelonen,

Beinchen wie ein Rehkitz. Und da soll ich deine dunklen Gesänge anhören? Bei aller Freundschaft ...«

»Ich habe bis jetzt nichts wieder von Liyun gehört«, sagte Rathenow.

»Dann ruf sie an.«

»Das habe ich. Viermal! Ich komme bis Kunming – dann ertönt das Besetztzeichen.«

»Nicht aufgeben, alter Junge!« Freiburg wartete, bis Rathenow den Wodka getrunken hatte. »Übrigens, ich habe unseren Golf-Club und den Tennis-Club darauf vorbereitet, daß du jetzt blond bist.«

»Und wie haben sie es aufgenommen?«

»Wie man einen Verrückten belächelt, der jünger sein will, als er ist.«

»Sie können mich alle ...«

»Sie werden sich nicht den Appetit verderben. Aber da ist noch was! Vor vier Tagen war ein Chinese bei mir. Ein Herr Min Ju. Sagte, er käme auf deine Empfehlung.«

»Das stimmt.«

»Pfuschst du mir ins Handwerk? Seit wann erkennst du Krankheiten?«

»Min Ju ist krank? Wirklich? Das habe ich nicht gewußt. Er fragte mich, wieso ich in meinem Alter noch so gesund bin, und ich habe geantwortet: Das verdanke ich meinem Arzt. Er ist ein Widerling, aber seine Diagnosen sind wasserdicht. Was fehlt ihm?«

»Die Gesundheit.«

»Witzbold! Er ist zu dick, nicht wahr?«

»Bald nicht mehr.«

»Du machst ihn schlank?«

»Ich nicht ... das machen andere Schlankmacher.«

»Red nicht so dämlich! Was hat er?«

»Du weißt, daß ich dir das eigentlich nicht sagen darf, aber da du mein Freund bist: Dein Chinese hat ein fulminantes Pankreas-Karzinom!«

»Du lieber Himmel! Hast du ihm das gesagt?«

»Nein! Weiß ich, wie ein Chinese darauf reagiert? Vielleicht sticht er mir in die Hoden!«

444

»Da täte er ein gutes Werk!« Rathenow wischte sich über die Augen. Irgendwie war er doch erschüttert. »Wie lange hat er noch?«

»Nach dem Röntgenbild – ein halbes Jahr oder weniger.«

»Ich meine, du solltest es Min Ju doch sagen. Er hat mir irgendwann einmal erzählt, daß in München einige gute chinesische Ärzte leben.«

»Glaubst du, die können mehr als ich?« Freiburg sah seinen Freund etwas beleidigt an, und als dieser sein Glas hob, sagte er: »Nein! Du bekommst keinen Wodka mehr! Sag du es ihm!«

»Das kann ich nicht. Indem du es mir gesagt hast, hast du das Schweigegebot der Ärzte gebrochen. Er könnte dich anzeigen.«

»Verdammt, er soll froh sein, wenn er noch ein halbes Jahr lebt!«

»Und welche Therapie willst du bei ihm anwenden?«

»Die konservative. Mehr ist nicht zu tun. Chemotherapie, Bestrahlungen, wenn es ins Endstadium geht – Morphine.«

»Also die klassische Methode.«

»Sag ich doch. Das Ca ist inoperabel. Metastasen sind bereits in der Lunge und der Leber. Ich habe ihm das Rauchen verboten. Wegen des Herzens, habe ich ihm erklärt. Nüchtern betrachtet, kann er am Tag hundert Zigaretten rauchen – das verkürzt nur die kommenden Qualen. Ein Pankreas-Ca ist ein Sauding ...«

»Ich würde ihm die Wahrheit sagen. Vielleicht haben chinesische Ärzte andere Mittel.«

»Was denn?« Jetzt fühlte sich Dr. Freiburg wirklich beleidigt und angegriffen. »Schlangenextrakt? Blütenserum? Mischblätter-Tee? Gepulvertes Nashorn? Wurzelsirup? Getrockneten Tigerpenis?«

»Den halten die Chinesen für ein wirksames Potenzmittel.«

»Potenz braucht Herr Min nicht mehr.«

»Die chinesische Naturmedizin hat Hunderte von Mitteln. Unser Wissen darüber ist reichlich gering.«

»Hans, gegen ein Pankreas-Ca helfen weder Akupunktur

noch Akupressur, weder Teechen noch Säftchen, weder Blütenpollen noch Schlangenscheiße ... und auch Beten hilft nichts. Man kann ein Karzinom und Metastasen nicht wegbeten. Man kann innerlich nur ruhiger werden und Gott bitten, es schnell gehen zu lassen. Ich habe noch nie gehört, daß man ein Pankreas-Ca mit Wurzelsaft besiegt hat.«

»Du nicht ...«

»Beleidige mich nur weiter. Ich sage dir eins: 90 Prozent dieser chinesischen Medizin ist für uns unwissenschaftlich! Es liegen keine Untersuchungsreihen vor, keine Blindversuche, keine Langzeiterkenntnisse ...«

»Irrtum! Es liegt die Erfahrung von 4000 Jahren vor.«

»Wer hat das empirisch überprüft?«

»Du bist der typische akademische Arzt! Der Schulmediziner! Außenseiter sind grundsätzlich Scharlatane. Wieviel Zeit – und Tote – hat es euch gekostet, bis ihr zugeben mußtet, daß Krebs keine örtliche Manifestation ist, sondern eine Gesamterkrankung des Körpers? Jetzt heißt es auf einmal: Gemeinsam gegen den Feind der Menschheit. Wenn früher ein Arzt wie Dr. Issels sagte: ›Zuerst alle schlechten Zähne raus und dann Mistelextrakt und Rote-Bete-Saft trinken‹, da habt ihr ihn verklagt und ihm die Approbation entzogen, da wurde die Schulmedizin zu einem reißenden Wolf, der alles jagte, was gegen Stahl und Strahl war, gegen Operation und Nuklearmedizin. Warum soll es keine chinesische Therapie gegen Pankreas-Krebs geben?«

Dr. Freiburg sah Rathenow mit zusammengezogenen Augenbrauen an. Er ging zum Barschrank, goß diesmal reinen Wodka ins Glas und reichte es seinem Freund.

»Du bist der typische Medizin-Halbgebildete, der mit Begriffen um sich wirft, ohne zu wissen, was sie bedeuten! Hier, trink deinen Wodka, und beruhige dich.« Und dann fügte er hinzu, während Rathenow das Glas aus seiner Hand nahm: »Mein Gott, wie hat China dich verdorben ...«

Rathenow ließ Dr. Freiburg zum Sommerball des Golf-Clubs ziehen und fuhr zurück nach Grünwald. Er hatte noch vieles mit ihm besprechen wollen, aber er sah ein, daß heute der denkbar ungünstigste Tag war, mit Freiburg vernünftig über seine Probleme zu reden. Doch nun beschäftigte ihn eine Frage mehr als alles andere:

War es nicht eine gottverdammte Dummheit, sich für den krebskranken Min Ju einzusetzen? Dieser kleine König der Unterwelt, dieser gnadenlose Triade, dieses schreckliche Oberhaupt der 14K-Familie ... sollte man ihn nicht so schnell wie möglich sterben lassen? Warum sollte er sein Leben weiterleben, wenn ihm das Leben anderer Menschen nicht mal ein Wimpernzucken wert war? War sein Tod nicht eine Erlösung für alle, über die er herrschte? Warum ihn retten? Warum eine Möglichkeit suchen, sein Leiden zu verringern? Wäre es nicht gerecht, wenn er bei lebendigem Leib verfaulen würde? Könnte man nicht sagen: So löst Gott souverän alle Probleme, vor denen die Menschen versagen? Ist das nicht ein Gottesurteil? Min Ju weiter leben zu lassen kann bedeuten: noch mehr Tote, noch mehr Verstümmelte, noch mehr Gefolterte ... soll er doch zur Hölle fahren, wo man auf ihn wartet!

Das ist alles richtig, sagte sich Rathenow. Doch da gibt es einige große Aber: Wer wird nach Min Ju kommen? Aisin Ninglin, der Killer aus Leidenschaft? Der Mörder aus Berufung? Oder ein anderer Daih-Loh, den der Große Rat in Hongkong nach München schickt ... aus Amsterdam, London, Manchester oder Hamburg? Oder direkt von Hongkong, wo die besten und skrupellosesten Triaden sitzen und warten, auf die einzelnen »Filialen« verteilt zu werden. Die Gründer neuer »Drachenstädte«, von denen aus sie einmal die ganze Welt beherrschen wollen? Es war ja nur ein Tausch ... Min Ju weg, der Neue da ... es konnte nur noch schlechter werden. Denn neue »Stadthalter« platzen vor Ehrgeiz, um dem Gao Lao in Hongkong zu zeigen, wie gut sie sind. Min Ju aber kenne ich jetzt. Ich habe sein Vertrauen. Ich könnte vielleicht einiges verhindern ... mit seinem Tod wäre ich vollkommen isoliert. Der neue Daih-Loh von München wird von Anfang an mein Feind sein. Und Aisin Ninglin als Daih-Loh? Das wäre das Furchtbarste, was überhaupt denkbar ist ... München, die Hauptstadt der Killer.

Ja, so ist es! Man sollte alles versuchen, Mins Tod hinauszuschieben. Jeder Monat zählt jetzt – so schrecklich und irrsinnig es auch klingt!

Das Läuten des Telefons schreckte ihn aus seinen Gedanken. Dr. Freiburg war am Apparat. Im Hintergrund hörte man Musik und Stimmengewirr. Der Ball war im vollen Gange.

»Ich habe da noch eine Frage, Hans!« sagte Freiburg. »Die läßt mir keine Ruhe.«

»Jetzt, beim Ball?« Rathenow grinste vor sich hin.

»Hans, woher kennst du eigentlich diesen Min Ju?«

Rathenow hatte auf diese Frage längst gewartet und sich eine glaubhafte Erklärung zurechtgelegt.

»Er ist Mittelsmann zu einem meiner chinesischen Verleger.«

»Herr Min hat doch eine Handelsgesellschaft.«

»Eben. Er handelt mit hunderterlei Dingen – auch mit Büchern und Buchrechten. Chinesen sind sehr vielseitig, wenn man damit Geld verdienen kann.«

»Und dann vermarktet er deine Bücher? Will er Pleite machen? Ich hätte ihn für klüger gehalten.«

»Danke, du Medizin-Idiot!«

»Gern geschehen. Immer zu deinen Diensten.«

Freiburg legte auf. Zufrieden lehnte sich Rathenow zurück. Das wäre erledigt ... er glaubt es. Er wird nicht wieder fragen. Für ihn ist Min Ju nur ein Patient mit einem Krebsleiden. Und das ist gut so.

Rathenow stellte den Wecker auf drei Uhr. Die helle Sommernacht war so warm, daß er sich nackt auf die Bettdecke legte und sich vornahm, nach dem Preis einer Klimaanlage für das Schlafzimmer zu fragen. Als der Wecker läutete, fuhr er aus tiefstem Schlaf hoch.

Drei Uhr. In Kunming ist es jetzt neun Uhr. Jetzt mußte Liyun im Büro des CITS sein. Er suchte ihre Visitenkarte in seinem Nachttisch und las sie zum wiederholten Mal: Wang Liyun. China International Travel Service. Kunming Branch. French and German Dept. 8 He Ping Xincun. Huan Cheng nan Lu, Kunming. 650 011, Tel.: (08 871) 3 25 12 and 3 25 47. VR China.

Das soll sich einer merken! Rathenow wählte die Nummer. Es war wie immer: endloses Knacken in der Leitung und dann nach der zweiten Nummer der Besetztton.

Rathenow trank ein großes Glas eiskaltes Mineralwasser, das er aus der Küche holte, und wählte wieder. Immer wieder die beiden Nummern und immer wieder der Besetztton. Es war zum Verzweifeln. Endlich, gegen vier Uhr morgens, meldete sich eine helle Zwitscherstimme auf chinesisch. Rathenow atmete auf. Er sprach jetzt Englisch.

»Hier ist Hans Rathenow. Kann ich Frau Wang Liyun sprechen?«

»Nein!« war die knappe Antwort.

»Warum nicht?«

»Sie ist nicht da. Sie führt eine Gruppe nach Dali.«

»Wann kommt sie zurück?«

»In sechs Tagen.«

»So spät?«

»Die Gruppe reist weiter nach Lijiang.«

»Lijiang. Natürlich. Würden Sie Liyun, wenn sie zurückkommt, sagen, daß ich angerufen habe?«

»Wie ist Ihr Name?«

»Hans Rathenow.«

»Bitte buchstabieren Sie.«

Rathenow buchstabierte seinen Namen, und das Fräulein am Telefon wiederholte die Buchstaben. Dann fragte sie:

»Waren Sie schon Kunde bei uns?«

»Welch eine Frage! Woher sollte ich sonst Wang Liyun kennen?«

Das war ein grober Fehler. Das Mädchen sagte okay und legte auf. Man schnauzt kein chinesisches Mädchen grundlos an. Höflichkeit ist die Blume der Verehrung und das mindeste, was man von einem Menschen verlangen kann. Einen unhöflichen Menschen muß man verachten.

Das Mädchen am Telefon in Kunming war wütend. Diese eingebildeten Ausländer! Sind wir Fußabtreter für sie? Was bilden sie sich ein, nur weil sie Geld haben?

Sie griff nach dem Zettel, auf dem sie den Namen notiert hatte, zerriß ihn und warf ihn in den Papierkorb.

So erfuhr Liyun nie, daß Rathenow angerufen hatte.

Und weil sie es nie erfuhr und auch von der deutschen Botschaft nichts hörte, dachte sie in den kommenden Wochen: Er hat mich vergessen. Es waren wirklich alles nur leere Worte. Er will mich gar nicht in Deutschland haben. Er liebt andere Frauen als mich. Natürlich liebt er sie. Sie sind schöner als ich, sind größer, haben eine bessere Figur und größere Brüste und zieren sich nicht, mit ihm ins Bett zu gehen. Ich bin nur ein kleines, unbedeutendes Mädchen, eine Rotchinesin, völlig wertlos für einen so berühmten Mann! Liyun, begrab deinen Traum im Lugu-See, wo du so glücklich warst, als er seinen Arm um dich legte und dir die Tränen aus den Augen wischte.

Rathenow noch einmal ein Fax zu schicken oder einen Brief zu schreiben, verbot ihr der Stolz. Ich bin zwar ein armes, aber selbstbewußtes Mädchen.

Liyun zog einen Strich unter das Kapitel Rathenow, aber sie vergaß ihn nie. Und sein Fax zerriß sie auch nicht. Bevor sie es wegschloß in ihren kleinen Schrank, schrieb sie auf die Rückseite des Papiers ein Gedicht des Dichters Li T'ai-po:

> Herbstlich helles Leuchten überm See.
> Einer treibt dahin, sich Schwanenlaub zu brechen.
> Lotos lächeln, möchten mit ihm sprechen –
> dem im Boote bricht das Herz vor Weh ...

Es war das letztemal, daß Liyun dieses Blatt in die Hand nahm.

Als Rathenow unangemeldet im »Schwarzen Mandarin« erschien und nach Min Ju fragte, war man sehr erstaunt. Es war Sitte, daß man sich vorher telefonisch ankündigte oder bestellt wurde. Den Daih-Loh so einfach sprechen zu wollen, wie man einen gewöhnlichen Menschen besuchte, widersprach der Würde des Verehrten. Nur weil Rathenow ein

Ausländer war, der die Gepflogenheiten noch nicht ganz kannte, rief der Kellner über das Haustelefon im Keller an. Dann nickte er Rathenow zu.

»Du darfst kommen«, sagte er. »Betrachte das als ein Zeichen der Güte.«

»Ich werde in einen Kotau fallen«, antwortete Rathenow sarkastisch und stieg über die Geheimtreppe nach unten. Er durchquerte den Tempelsaal und fand Mins Bürotür offen. Min saß hinter seinem langen Schreibtisch und rauchte eine Zigarre. Er machte keinen zornigen Eindruck und winkte Rathenow herein.

»Was führt dich zu mir, Hong Bai Juan Fa?«

»Der Doktor hat dir das Rauchen verboten!«

»Er sieht's ja nicht.« Min lachte genüßlich. »Und er hat gesagt: Weg mit den Zigaretten. Von Zigarren hat er nicht gesprochen.« Er deutete auf einen Stuhl, und Rathenow setzte sich.

»Ich denke, du schreibst an einem neuen Buch?«

»Das Konzept ist schon fertig.«

»Immerhin ein Teilerfolg. Nur der Fleißige bringt seine Ernte ein; der Faule muß das Gras essen. Hast du Probleme?«

»Ja und nein.« Rathenow nahm allen Mut zusammen. Wie Dr. Freiburg meinte: Man weiß nie, wie ein Chinese reagiert, wenn man ihm seinen Tod verkündet. »Du weißt, daß Dr. Freiburg mein Arzt ist.«

»Ja.«

»Und mein Freund seit über 25 Jahren.«

»Ein guter Freund ...«

»Du warst bei ihm, hat er mir gesagt. Hast gesagt, ich hätte dir ihn empfohlen.«

»Durfte ich das nicht?«

»Welche Frage, Daih-Loh. Es war gut so. Weil ich dich empfohlen habe, konnte Dr. Freiburg mit mir über dich sprechen. Ich habe ihm übrigens gesagt, du wärest mein literarischer Agent für China.«

»Eine sehr gute Idee.«

»Mit einem so alten Freund redet man manchmal über Dinge, die man eigentlich verschweigen müßte.« Rathenow suchte die richtige Formulierung, um Min Ju nicht zornig zu machen. »Wir sprachen auch über dich.«

»Hat dir dein Freund gesagt, daß ich ein Herzleiden habe? Das wußte ich schon immer. Das ist nichts Neues. Neu war nur, als er mir nach dem Röntgen sagte: ›Sie haben eine angegriffene Leber. Saufen Sie viel?‹ Er sagte saufen, als sei ich ein Wasserbüffel. Aber mir gefiel seine Ehrlichkeit.«

»Um diese Ehrlichkeit zu unterstreichen, bin ich bei dir.« Das ist ein guter Einstieg, dachte Rathenow. Min Ju liefert mir das Stichwort, nach dem ich gesucht habe. »Deine Leber ist angegriffen – so kann man es wirklich nennen. Aber auch deine Lunge ist angegriffen worden. Stell dir das so vor: Da ist ein General und schickt seine Soldaten zu verschiedenen Kampfplätzen. Diese Streutaktik soll den Gegner zermürben und am Ende besiegen. Er hat nicht mehr die Kraft dazu, an allen Fronten zu kämpfen. Er ist umzingelt und kann nicht mehr ausbrechen. Er muß kapitulieren. Von außen kann ihm keiner mehr helfen – die Umzingelung bricht keiner mehr auf.«

Rathenow schwieg. Er sah Min Ju an, und Min Ju starrte in seine Augen. Eine Weile war es still zwischen den beiden, dann sagte Min mit fester Stimme:

»Du hast es gut formuliert. Ich habe Krebs, nicht wahr?«

Rathenow atmete auf. Für einen Augenblick bewunderte er Min sogar. Wie würde ich mein Todesurteil hinnehmen? Auch so ruhig?

»Ja!« sagte er.

»Wo sitzt er? Der mächtige General ...«

»In der Bauchspeicheldrüse.«

»Und er hat mich bereits umzingelt?«

»Ja. Es sind Metastasen in der Lunge und der Leber. Und der General ist mächtiger als alles – und unbesiegbar.«

Min Ju beugte den Kopf und sah auf seine Hände. Die Ruhe, die von ihm ausging, zerrte an Rathenows Nerven. Wäre er nicht ein Mörder, würde ich sagen: Du bist ein stiller Held.

»Ich habe keine Chance?« fragte Min endlich.

»In der westlichen Medizin nicht.«

»Können unsere Ärzte mir helfen?«

»Das weißt du eher als ich. Für unsere Ärzte bist du nicht mehr therapierbar. Dr. Freiburg rechnet mit einer Lebenserwartung von höchstens einem halben Jahr.«

»So schlimm?«

»Ja. Ich bin ehrlich zu dir.«

»Aber ich spüre gar nichts in meinem Bauch.«

»Das ist das Satanische des Pankreas-Krebses – wenn du etwas spürst, ist es bereits zu spät. Und dann geht es meistens schnell zu Ende.«

Min Ju nickte. In seinem Gesicht zeigte sich keine Veränderung, kein Zucken, kein Flattern der Augenlider, kein Zittern der Lippen. Das ist sie, die chinesische Selbstdisziplin, dachte Rathenow. Das Innere gehört mir, es bleibt allen anderen verschlossen. Wer von uns kann das verstehen? Wir tragen alle Probleme, allen Schmerz und alle Freude auf der Zunge. Ein Chinese gibt nichts preis. »Die Zunge ist das Gefährlichste am Menschen«, hat einmal ein Philosoph gesagt, »sie kann lügen, zerstören und töten.«

Und den Schmerz verschließen, wenn man weiß, daß Leben ein ewiger Kreislauf ist.

Min Ju sah wieder auf. Seine Augen waren klar wie immer. Seine Stimme klang fest und bestimmt.

»Ich werde Professor Sun Quanfu rufen«, sagte er. »Sun ist ein großer Spezialist. Er hat seine eigene Medizin entwickelt, die er niemandem verrät. Und er forscht weiter. Er ist in Amsterdam untergetaucht und betreut die ganze ›Drachenstadt‹ der 14K. Er wird nach München kommen – und mich retten.« Jetzt lächelte Min Ju sogar, als habe er eine angenehme Nachricht erhalten. »Ich nehme den Kampf gegen den General auf! Jede Umzingelung kann durchbrochen werden – das lehrt uns der Krieg. Auch der Feind hat eine Schwachstelle! Hong Bai Juan Fa, ich danke dir für deine Ehrlichkeit. Du bist ein echter Bruder, der dem anderen Bruder hilft.«

Am nächsten Tag fuhr Rathenow wieder mit Ninglin die Lokale ab, diesmal die China-Restaurants im oberbayerischen Seengebiet. Es war eine zahme Tour, wie Ninglin sie nannte. Die Wirte nahmen den blonden Deutschen gelassen hin, zahlten korrekt ihr Schutzgeld, hörten ohne sichtbare Regung Ninglins Mahnung an: »Setzt nicht den Luftstrom in Bewegung!«, was soviel hieß wie: Wer die Polizei ruft, ist ein Toter! Und fragten sich wie alle: Wie ist es möglich, daß die Familie einen Nichtchinesen als Cho Hai schickt? Nur einmal, in einem kleinen Ort am Chiemsee, mußte Ninglin nachhelfen: Der Besitzer von »Peking-Ente« ließ durch seinen Oberkellner bestellen, er sei verreist.

Ninglin nahm die Botschaft gelassen hin. Er ging in die Küche, wo der Chefkoch vor dem großen Fleischbräter stand und die kleingeschnittenen Stückchen wendete.

»Peng Welfan ist also verreist?« sagte er. »Der eigensinnige Mensch! Weißt du, wo Peng Welfan sich versteckt? Nein? Du schüttelst den Kopf? Ist dein Gehirn erfroren? Man sollte es auftauen!«

Blitzschnell ergriff er den Kopf des Kochs und drückte ihn in den Fleischbräter, mitten hinein in die brodelnden Fleischstücke. Der Koch schrie gellend auf, strampelte, konnte seinen Kopf aus Ninglins Griff befreien und taumelte zurück. Sein Gesicht war wie geröstet, es würde für immer zerstört sein.

»Peng Welfan ist nach Prien gefahren!« schrie er und drückte ein nasses Handtuch gegen sein verbranntes Gesicht. »Mehr weiß ich nicht. Und Frau und Kinder hat er mitgenommen.«

»Wo hebt er sein Geld auf?« fragte Ninglin mit weicher Stimme. Rathenow überkam wieder das Grauen.

»In seiner Wohnung. Oben.«

Ninglin sah Rathenow schnell an. Ein eisiger Blick.

»Gehen wir nach oben.«

Die Wohnung war schön eingerichtet; nicht chinesisch, sondern bieder deutsch mit einem Bücherschrank, einer Couchecke, einem Tisch mit Spitzendeckchen, einer Fernseh- und Radiotruhe, einem versilberten Kronleuchter. Zielsicher ging Ninglin in das Schlafzimmer, riß die Matratzen aus den Betten und holte unter der Schonmatratze zwei Kuverts hervor. Triumphierend zeigte er sie Rathenow.

»Immer der alte Trick! Alle denken: Es gibt nur Idioten,

nur ich bin klug! Wenn etwas unsterblich ist, dann ist es die Dummheit!« Er warf Rathenow die beiden Umschläge zu. »Zähl, wieviel!«

Rathenow blätterte die Scheine durch, die in den Kuverts lagen. »Es sind genau 17 000 Mark!«

»Eine gute Quote.«

»Ninglin, das geht nicht. Das ist das Vierfache, was er zahlen sollte.«

»Peng Welfan hätte nicht verreisen sollen an dem Tag, da er wußte, daß ich komme. Er wird es nie wieder tun. Das hat er heute gelernt – und jede Lehre muß man bezahlen. Nichts gibt es umsonst. Merke dir das: Wo man Geld findet, nimmt man es mit.«

An diesem Abend schrieb Rathenow lakonisch in sein Tagebuch:

Besuch: 17 Lokale.
Einnahmen: DM 81 000,
davon 17 000 Sonderzahlung »Peking-Ente«.
Ein Schwerverletzter.
Sonst keine besonderen Vorkommnisse.

Nachdem er die Eintragung noch einmal durchgelesen hatte, spuckte er auf die Seite und dachte: Soweit bin ich schon: keine besonderen Vorkommnisse! Kein Toter, nur ein für immer entstelltes Gesicht.

Er warf das Tagebuch an die Wand. Es war die Chronik eines Feiglings.

Fünf Tage später bat ein Prof. Sun Quanfu bei Dr. Freiburg vorgelassen zu werden. Die Sprechstundenhilfe rief nicht in der Ordination an, sondern lief selbst hinüber. Sie war sehr aufgeregt.

»Herr Doktor!« rief sie. »Da ist wieder ein Chinese in der Praxis. Er will Sie sprechen.« Sie hielt Freiburg die Visitenkarte hin. »Sogar Professor ist er.«

»Gewöhnen Sie sich dran, Lottchen.« Freiburg legte die Karte auf seinen Tisch. »So fängt es an. Bald haben wir die ganze chinesische Kolonie von München im Wartezimmer. Ich lasse den Herrn Professor – wie heißt er? Sun Quanfu! – bitten.«

Sun betrat das Sprechzimmer und verbeugte sich leicht. Dr. Freiburg verhielt sich abwartend.

»Es ist mir eine Ehre, einen so berühmten Kollegen begrüssen zu dürfen«, sagte Sun untertänig. Er sprach ein holländisch gefärbtes Deutsch, das an Rudi Carell erinnerte.

»Sie sind auch Arzt, Professor?« Freiburg überhörte das »berühmt«, obgleich es seiner Eitelkeit schmeichelte.

»Ja. Ich habe in Peking und Chengdu studiert und war zuletzt Dekan der medizinischen Fakultät der Universität von Wuhan. Jetzt lebe ich in Amsterdam. Ich bin Flüchtling, ein sogenannter Konterrevolutionär.«

»Interessant. Sie sind Internist?«

»Ich war Leiter des Instituts für Naturmedizin.«

Freiburg bot dem Professor einen Platz an. Sun setzte sich. Naturmediziner, dachte Freiburg mit dem ihm eigenen Spott. Professor für Schlangensaft und getrocknete Spinnen. Den hat Rathenow zu mir geschickt! Na warte, lieber Freund, die Retourkutsche kommt sofort!

»Ich bin von Amsterdam herübergekommen, um die Behandlung Ihres Patienten Min Ju zu übernehmen.« Sun neigte etwas den Kopf. »Ich bitte um Entschuldigung, wenn ich mich da einmische – aber es war der Wunsch von Herrn Min.«

»Jeder Kranke ist frei in der Wahl des Arztes seines Vertrauens. Sie möchten unterrichtet werden über den bisherigen Stand der Untersuchungen? Um es vorweg zu sagen: Herr Min hat ein inoperables Pankreas-Ca. Ich zeige Ihnen gleich die Röntgenbilder. Herr Min ist nicht mehr therapierbar. Es bleibt nur noch eine konservative Behandlung: Chemotherapie und Schmerzlinderung, wenn die Schmerzen einsetzen.«

»Herr Min ist also im Endstadium ...«

»Absolut.«

»Kann ich die Röntgenbilder mitnehmen? Ich sehe sie mir zu Hause an.«

»Aber selbstverständlich, Herr Kollege. Ich kann Herrn Min aus meiner Kartei herausnehmen?«

»Darum wollte ich Sie bitten.«

Man war sich also schnell einig, aber Freiburg brach das Gespräch nicht ab. Ihn interessierte plötzlich, was dieser Sun Quanfu sich unter einer naturmedizinischen Therapie vorstellte. Bei einem so fortgeschrittenen Pankreas-Ca gab es nur eine Hoffnung: Gott, laß es schnell gehen!

»Sie wollen Herrn Min noch therapieren?« fragte er.

»Der Fortschritt in der Medizin ist durch Forschung und Versuche erreicht worden«, antwortete Prof. Sun. »Wir forschen seit 4000 Jahren, basierend auf den Erkenntnissen von Huang Di, dem Gelben Kaiser. Er hat ein Buch geschrieben, das noch heute die Grundlage unseres medizinischen Wissens ist. Es heißt ›Hung di nei jing‹, ›Die Innere Heilkunst des Gelben Kaisers‹. Und der Gelehrte Li Zhuguo hat ein Standardwerk der traditionellen Heilkunst verfaßt, auf das wir heute noch zurückgreifen. Wir haben einen alten Spruch, der unser großes Wissen und unsere Sammlung von Erkenntnissen beschreibt: ›Bewahre das Alte, und füge das Neue hinzu.‹ Und wir forschen seit Tausenden von Jahren. Warum soll ein Pankreas-Ca nicht auch einmal kapitulieren?«

»Weil es kein Mittel dagegen gibt!«

»Lieber Kollege – nur ein Beispiel: Nach über 300.000 chemischen Versuchen und Analysen ist es bis heute nicht gelungen, den ordinären Malaria-Erreger zu vernichten. Es gibt genug Mittel gegen die Malaria, aber was geschieht? Nach einer bestimmten Zeit werden die Erreger resistent. Warum liest niemand nach, was der Arzt Ge Hong im Jahre 340 in seinem ›Handbuch der Rezepte für Notbehandlung‹ bereits entdeckt hat: Das Kraut Qinghaosu, lateinisch Artemisia apiacea, heilt die Zerebral-Malaria! Was geben Sie gegen ein beginnendes Nierenversagen, Herr Kollege?«

»Da haben wir eine Menge Medikamente!« antwortete Freiburg verschlossen.

»Das stimmt: eine Menge chemischer Keulen! Bei der Diagnose einer beginnenden Niereninsuffizienz gebe ich das Medikament Wenpi Tang – ein Destillat aus Ingwer, Rhabarber, Lakritze und Ginseng. Sie sehen mich etwas spöttisch an? Lieber Kollege: Wenpi Tang hilft! Und wehe, ein Patient kommt zu Ihnen mit Rheuma oder Gicht. Sie pumpen ihn voll mit Chemie. Wir verabreichen diesen Kranken ›Hugu Jiu‹, einen sehr scharfen Schnaps aus Tigerknochen.«

Dr. Freiburg verzog das Gesicht. Das ist ja nicht zum Aushalten! Mit Lakritze eine Niereninsuffizienz behandeln, Rheuma und Gicht mit Tigerknochen – da ist jedes Wort zuviel! Und Hans, dieser Idiot, dieser Chinaverdorbene, glaubt daran!

Freiburg war nahe daran, Prof. Sun die Herausgabe der Röntgenbilder zu verweigern. Man sollte diesen Dekan aus Wuhan anzeigen – wegen fahrlässiger Tötung eines Krebskranken. Es ist empörend, was heute alles praktizieren darf! Es ist lebensgefährlich!

»Und das Pankreas-Ca heilen Sie vielleicht mit Schlangengift?« sagte er ironisch, aber man hörte seine Empörung aus den Worten heraus.

»Ich muß das erforschen«, wiederholte Prof. Sun.

»Dazu bleibt keine Zeit mehr. Nicht bei Herrn Min Ju.«

»Es gibt Zufälle, Glücksfälle. Wer hätte gedacht, daß Tabletten aus gemahlenem Antilopenhorn gegen Erkältungen helfen? Antilopenhorn erzeugt die Innere Hitze – und die Innere Hitze ist eine der Grundtherapien der chinesischen Naturmedizin. Die Hitze vertreibt die Erkältung. So einfach ist das, Herr Kollege.«

»Sie werden mich nicht überzeugen können, daß ein inoperables Karzinom mit Säftchen oder ausgekochter Schlangenhaut zu heilen ist. Ich bin kein Chinese, sondern ein Vertreter der Schulmedizin. Und man kann mich auch nicht davon überzeugen, daß die traditionelle chinesische Medizin wissenschaftlich fundiert ist. Ich halte nichts davon.«

»Das ist bedauerlich, Herr Kollege.« Prof. Sun Quanfu erhob sich aus dem Ledersessel. Er zeigte keine Anzeichen von Beleidigung, so beleidigend Dr. Freiburgs Worte auch gewesen waren. »Darf ich um die Röntgenbilder von Herrn Min Ju bitten?«

Wenig später verließ Sun die Praxis von Dr. Freiburg, die großen Kuverts mit den Röntgenaufnahmen unter den Arm geklemmt. Freiburg schaute ihm vom Fenster aus nach, wie er federnden Schrittes auf die Straße trat und dort in einen schwarzen Mercedes stieg.

Du weißt schon, warum du aus China geflüchtet bist, dachte Freiburg wütend. Als Genosse in Wuhan hast du dir keinen Mercedes leisten können. Aber hier schaufelst du goldene Berge zusammen, indem du den gutgläubigen Patienten Potenz durch getrocknete Tigerpenisse versprichst!

Mit Kräutern ein Ca behandeln – das ist geradezu strafbar!

Und Freiburg beschloß, über Rathenow das Schicksal des armen Min Ju weiter zu verfolgen.

Von Liyun kam keine Nachricht.

Kein Fax, kein Brief, kein Telefonanruf.

Schweigen.

Rathenow wehrte sich gegen den Gedanken, daß Liyuns Fax nur ein Ausweichen gewesen war, trotz aller Zusagen, nach München zu kommen. Ich warte ... warte ... hatte sie geschrieben. Und dieses Warten konnte heißen: Laß die Zeit vergehen. Die Zeit wird alles regeln. Die Zeit deckt alles zu. Sie weiß, daß ich angerufen habe. Aber auch wenn sie nicht kommen wollte – ihr Schicksal blieb weiterhin mit Rathenow verbunden. Ihr durfte nichts geschehen. Die Triaden durften ihr kein Leid antun. Er liebte Liyun, auch wenn er inzwischen davon überzeugt war, daß sie seine Liebe nicht in dem Maße erwiderte. Sie hat von der deutschen Botschaft in Beijing auch bestimmt ein Schreiben bekommen, sich zu der Einladung nach Deutschland zu äußern und den Fragebogen auszufüllen – und sie hat nicht reagiert. Ist das nicht Beweis genug, daß sie nicht kommen will?

So gingen die Wochen dahin. Ende November wagte Freiburg es, seinen Freund wieder einmal zu fragen: »Was hörst du von Liyun? Kommt sie im Winter?«

»Nein.«

»Kein Visum?«

»Ich weiß es nicht. Ich habe nichts mehr von ihr gehört. Kunming schweigt.«

»Und du Trottel sitzt herum und lutschst am Daumen? Rühr dich!«

»Ich habe sie angerufen. Sie hat die Formulare von der Botschaft bestimmt bekommen – und nichts ist geschehen. Sie will nicht mehr.«

»Darauf wartest du? Junge, ruf sie noch mal an, immer wieder, schreib ihr Briefe: Liyun, komm zu mir! Ich liebe dich. Und ich weiß, du liebst mich auch. Warum höre ich nichts von dir? Jede Nacht bist du im Traum bei mir, taste ich neben mich und fühle deine Nähe. Warum kommst du nicht?«

»Sie wird mich nur auslachen. Sie hat mich vergessen.«

»Weil du ein sturer Hund bist. Frauen wollen umworben sein. Sie erwarten einen Kniefall, um dich dann gnädig aufzuheben. Frauen sind kratzende Biester, Hans, aber wir lieben das Kratzen. Wir betteln geradezu darum. Flehe sie an, daß sie zu dir kommt.«

»Nein.« Rathenow hatte mit der flachen Hand auf den Tisch geschlagen. »Das habe ich nicht nötig! Wer nicht will, der hat schon! Ich krieche nicht auf dem Bauch nach Kunming!«

»Du willst also nichts tun?«

»Nein.«

»Naja. Wie geht es übrigens deinem chinesischen Literaturagenten?«

»Du meinst Min Ju?«

»Ja. Ich habe nichts mehr von ihm gehört. Wann ist er gestorben?«

»Min Ju lebt, und er raucht sogar.«

Dr. Freiburg wurde ernst. »Keine Schmerzen?« fragte er nun im Medizinerton.

»Nicht die geringsten.«

»Gewichtsabnahme?«

»Er ist rund wie eh und je.«

»Das gibt es nicht. Es sind jetzt drei Monate vergangen, seit dieser ominöse Professor Sun mir weismachen wollte, man könne mit Lakritze eine Niereninsuffizienz behandeln. Herr Min müßte längst zusammengefallen sein wie ein Ballon, der Luft verliert!«

»Im Gegenteil. Er fühlt sich wohler als sonst.«

»Der Kräuterprofessor ist noch bei ihm?«

»Nein, er ist zurück nach Amsterdam. Aber er schickt jede Woche die Medikamente, die er selbst herstellt. Offenbar helfen sie.«

»Es gibt kein Mittel gegen ein inoperables Pankreas-Karzinom!« rief Freiburg erregt. »Sind wir denn alle Deppen?«

»Deine Selbsteinschätzung freut mich. Mit Ignoranz ist noch kein Kranker geheilt worden. Es gibt offenbar doch noch Dinge auf dieser Erde, die eure Weisheit nicht begreift.«

»Ich möchte noch einmal mit Herrn Min sprechen.«

»Ich fürchte, das wird ein frommer Wunsch bleiben. Min Ju hat die Nase voll von dir. Er vertraut nur noch Professor Sun Quanfu.«

»Dann ist das eine psychogene Sache. Wir kennen in der Medizin Fälle, da wird durch psychische Einflußnahme eine Besserung vorgegaukelt, so weit, daß der Kranke glaubt, er sei geheilt. Aber in Wirklichkeit schreitet die Krankheit fort. Sie wird nur überdeckt.«

»Ihr Ärzte habt für alles eine Ausrede.« Rathenow winkte ab, als Freiburg protestieren wollte. »Frohe Weihnachten und ein besseres neues Jahr. Mach's gut.«

»Wir haben erst Ende November, Hans!«

»Wir sehen uns erst im neuen Jahr wieder.«

»Das ist doch nicht dein Ernst?«

»Ich schreibe an meinem Buch über China. Mein Verleger mahnt mich jeden Tag wegen der Manuskriptabgabe. Ich muß also jetzt wirklich arbeiten.«

»Du kriechst in deinen ›prunkvollen Sarg‹, wie du es

nennst? Das ist doch wie eine Selbstgeißelung! *Ich* besuche dich ab und zu.«

»Bitte nicht! Ich lasse dich gar nicht erst rein.«

»Und Liyun?«

»Muß ich vergessen.«

»Und das nennst du die Liebe deines Lebens?«

»Sie wird es bleiben, in der Erinnerung. Aber zur Liebe gehören zwei. Wenn der eine Teil nicht will, muß man die Kraft haben, zu verzichten.«

»Und wenn sie dir zu Weihnachten schreibt?«

»Wohl kaum. Warum schweigt sie jetzt? Sie müßte längst in München sein, wenn sie den Fragebogen der deutschen Botschaft ausgefüllt hätte. Aber das hat sie nicht ... und damit muß ich mich abfinden.«

»Ich habe eine gute Ablenkung für dich. Im Tennis-Club ist eine junge Apothekerin aufgetaucht. Mit 35 Jahren schon Witwe. Eine Frau mit Flair und Ausstrahlung.«

Rathenow beendete abrupt das Gespräch.

Immer wieder kämpfte Rathenow mit sich. Schick ihr noch ein Fax! sagte die eine Stimme. Aber dann: Nein! Lauf ihr nicht nach! Du warst für sie eben nur ein VIP, den man besonders betreuen muß. Sie war zum Abschied nicht einmal am Flughafen. Du Rindvieh, da hättest du schon alles begreifen müssen. Denk nicht mehr daran!

Rathenow schickte kein Fax mehr, er rief auch nicht mehr an. Er vergrub sich in seine Arbeit. Am Tag hatte er eine Zugehfrau, die sich um ihn kümmerte. Abends aß er in den umliegenden Wirtschaften und Biergärten oder machte sich selbst ein belegtes Brot.

Seine Schutzgeldtouren machte er jetzt allein. Er hatte keine Schwierigkeiten. Alle zahlten pünktlich und ohne daß er Druck ausüben mußte. Ninglin hatte durch seine Aktionen dafür gesorgt, daß überall, wo Rathenow erschien, die Angst mit ihm das Lokal betrat.

Min Ju war sehr zufrieden. Das Experiment schien gelungen zu sein. Er berichtete es dem Gao Lao in Hongkong. Es brachte ihm großes Lob ein, was Min Ju sehr ehrte.

Ninglin aber wurde dadurch nicht arbeitslos. Er reiste zu

den anderen Familien nach Regensburg, Passau, Bamberg, Nürnberg und Würzburg und führte gewissenhaft seine Aufträge aus. In Nürnberg wurde ein chinesischer Gastwirt mit abgehackten Armen gefunden – er war verblutet. In Regensburg wurde ein Drogenkurier, der zweihundert Gramm Heroin auf eigene Rechnung verkauft hatte, mit einem Auto dreimal überfahren und dann erschossen. Im Wald eines kleines Ortes in Oberfranken fand die Polizei einen Chinesen, dessen abgehackten Kopf man zwischen seine Beine gelegt hatte. Der Tote hatte am Rande des kleinen Ortes, in der Nähe einer Autobahnabfahrt, eine romantisch gelegene Villa gemietet und dort einen Freizeitclub gegründet, der nichts anderes war als ein feudales Bordell, in dem nur exotische Mädchen arbeiteten. Der Chinese verdiente Unsummen. Irgendwann mußte er wohl den Kopf geschüttelt haben, als ein Cho Hai ihm empfahl, Schutzgeld an 14K zu zahlen. Nun schüttelte er den Kopf nicht mehr ... er lag zwischen seinen Beinen.

Die Kriminalpolizei der betroffenen Städte stand wie immer vor einer Wand des Schweigens. Man war sich klar darüber, daß es Triadenmorde waren, man verhaftete Verdächtige, aber bei jedem Verhör mußten die Kripobeamten am Ende die Akten schließen und den Verhörten mangels Beweisen wieder laufenlassen. Es war zum Verzweifeln.

Peter Probst im 13. Dezernat hörte kaum noch etwas, das die Schutzgelderpressung betraf. Dafür wuchs die Kriminalität mit gefälschten Kreditkarten, ein neuer Zweig der Trianden, der vielversprechender war. Die Kreditkarten waren so vollkommen gefälscht und von gestohlenen Kreditkarten abgekupfert, daß der Betrug erst sichtbar wurde, wenn die Konten der wahren Inhaber belastet wurden. Für die Triaden eine leichte Arbeit. Sie hatten mit einer Anzahl von China-Lokalen ein Abkommen getroffen, daß man jede Kreditkarte, mit der bezahlt wurde, fotokopierte. In einer Werkstatt wurde dann in die bereits gedruckte Karte Name und Nummer eingestanzt und dann mit einem Laminator in den Plastik-Überzug eingeschweißt. Eine erstklassige Arbeit!

»Was ist los?« fragte PP bei einer seiner Besprechungen

mit seinen Beamten. »An der Schutzgeldfront tut sich gar nichts mehr. Alle Observationen sind negativ. Nirgendwo taucht mehr ein verdächtiger Kassierer auf. Aber bei den Kreditkarten rollt eine Lawine auf uns zu. Es gibt keine Strafaktionen gegen China-Wirte mehr, alle leben in schönster Eintracht mit den Triaden – zum Teufel, wer treibt denn jetzt die Schutzgelder ein? Werden sie neuerdings auf ein Postscheckkonto überwiesen? Hat sich 14K umorganisiert? Sitzt ihnen der Russe im Nacken? Die Russen-Mafia gewinnt immer mehr an Boden, vor allem im Drogen- und Bordellgeschäft. Und jeden Tag werden von ihnen Autos geklaut und ruck, zuck in die Oststaaten gebracht. Aber was die Schutzgelder anbelangt, herrscht Ruhe. Mit welchen Tricks arbeiten die Schlitzaugen? Dafür nehmen die ›Strafmaßnahmen‹ im Umland zu. Ich glaube, wir gehen ›herrlichen Zeiten‹ entgegen. Und auch unsere V-Männer stehen dumm herum – keiner hat eine Ahnung! Da läuft ein ganz dickes Ding.«

Der »Versuch Bai Juan Fa« war also gelungen. In den anderen »Drachenstädten« Hamburg, Stuttgart, Berlin und Köln arbeiteten die Daih-Lohs an eigenen Modellen nach dem Muster München. Min Ju, fröhlicher und gesünder als je zuvor, umarmte Rathenow und drückte ihn jedesmal an seine Brust, wenn er abrechnete und die Geldscheine auf den Tisch legte.

»Ich habe gewußt, daß du ein großer Mann wirst, gleich beim erstenmal, als ich dich sah. Bereust du noch immer, daß du unser Bruder geworden bist?«

»Ja!«

»Und warum?«

»Ich habe meine Freiheit und meine Selbstachtung verloren.«

»Und hast dafür die Liebe einer großen Familie gewonnen. In China ist die Familie das Wichtigste im Leben. Ein Mensch ohne Familie ist wie eine Schnecke ohne Haus, wie ein Boot, das keinen Hafen hat.«

»Wie geht es Liyun?« fragte Rathenow plötzlich.

Min Ju sah ihn erstaunt an. »Gut. Du weißt es doch.«

»Ich habe seit Monaten nichts mehr von Liyun gehört. Kein Brief, kein Telefongespräch ...«

»Ich kann dir versichern, daß es ihr gutgeht. Sie macht weiterhin ihre Arbeit, führt Touristengruppen durch Yunnan und ist ein braves Mädchen.« Und dann konnte er es sich nicht verkneifen hinzuzufügen: »Die Haare und der Fingernagel sind längst nachgewachsen.«

»Ich habe euch auch keine Gelegenheit mehr gegeben, sie noch einmal zu quälen.«

»Du bist ein Weiser geworden. Jetzt bist du eingetaucht in die chinesische Weisheit. Du handelst jetzt unbewußt nach einer der 36 Strategien, die schon vor 300 Jahren unser Vorgänger, der Geheimbund ›Rote-Pforte-Gesellschaft‹, im Kampf gegen die verhaßte Mandschu-Dynastie der Qing einsetzte. ›Trübe das Wasser, dann kannst du bequem die ihrer Sicht beraubten Fische fangen.‹ Das ist Lehrsatz Nummer zwanzig. Trübe weiter das Wasser, fang die Fische, und bring sie zu mir!«

In Kunming hatte Liyun das Warten aufgegeben. Aber sie kehrte auch nicht zu Shen Zhi, dem Journalisten in Dali, zurück, und sie wehrte sich gegen jede Versuchung.

Ein paarmal noch kam eine innere Erregung über sie, ein unwiderstehlicher Drang, Rathenow noch einmal, ein letztesmal, zu schreiben oder ihn anzurufen – aber dann siegte der Stolz: Was willst du? Er ist ein Fremder! Er paßt nicht zu einer Chinesin! Man kann träumen – aber man weiß auch, daß Traumbilder verblassen, wenn die Sonne scheint.

Nur die Erinnerung bleibt, aber auch sie ist nur wie ein Blatt Papier, auf dem die Schrift verbleicht, wenn Sonnenstrahlen darauf scheinen ...

Weihnachten war Rathenow allein zu Hause. Er saß vor einem kleinen Tannenbaum, den ihm die Zugehfrau geschmückt hatte, und ihm wurde bewußt, daß seine selbstgewählte Einsamkeit ihn über kurz oder lang seelisch zerbrechen würde.

Nein! Ich will nicht an Liyun zugrunde gehen, schrie er innerlich. Meine Persönlichkeit habe ich bereits verloren, aber das Leben, mein bißchen Leben, das mir noch bleibt, gehört mir! Mir allein. Ich will nicht, daß ich eines Tages sterbe und man mich nur durch Zufall entdeckt. Die paar Jahre, die mir noch bleiben, will ich genießen wie einen alten Wein ...

Silvester feierte er im Tennis-Club. Er lernte dort endlich die aparte Apothekerswitwe kennen. Groß, schlank, mit rötlichem Haar und grünen Tigeraugen, biegsam und hungrig. Sie hieß Franziska Wellenbruch, und wie eine Welle rollte sie in seine Arme. Dr. Freiburg ließ bei einem Besuch Rathenows eine Flasche Champagner knallen.

»Endlich haben wir dich wieder!« rief er, wirklich glücklich. »Du bist zurückgekehrt wie Tannhäuser aus dem Venusberg. Stoßen wir darauf an! Halt! Schütt mir den Champagner nicht ins Gesicht! Das ist die falsche Stelle! Hast du schon einmal versucht, einer Frau Champagner in den Bauchnabel zu träufeln? Junge, das hat eine Wirkung! Das ist wie ein elektrischer Schlag. Mach das mal mit Franziska!«

Rathenow sagte nichts mehr, sondern betrank sich, wie so oft in vergangenen Zeiten. Er redete sich ein, mit Franziska Wellenbruch jetzt glücklich zu sein. Sie war eine zärtliche, oft auch wilde Geliebte, eine Frau mit viel Phantasie im Bett und einer Ausdauer, die Rathenow immer öfter Mühe machte. Manchmal dachte er: Ich werde sie heiraten. Ja, ich will sie dauernd um mich haben. Sie ist die Frau, die mir gefehlt hat – attraktiv, klug und an allem interessiert, was auch mich begeistert: Opern, Reisen, Musik, impressionistische Kunst, Ikonen. Es hat lange gedauert, aber jetzt habe ich eine Frau gefunden, die zu mir paßt.

Das Osterfest verlebte er mit Franziska in Salzburg und besuchte die Salzburger Festspiele, saß mit ihr in der 14. Reihe und hielt ihre Hand fest. Und wenn er dann von seinen Touren – von denen er ihr allerdings nichts erzählte – als Grassandale zurück nach Grünwald kam, legte er den Kopf in ihren Schoß, erholte sich von seinem Doppelleben und empfand ihre Küsse wie Medizin.

»Dich habe ich immer gebraucht«, sagte er einmal zu ihr. »Verlaß mich nie! Bleib immer bei mir!«

Und sie küßte ihn auf beide Augen und sagte: »Ich bin immer für dich da. Wie schön ist das Leben ...«

An einem der letzten Julitage klingelte das Telefon. Rathenow war allein, Franziska war in der Apotheke. Eine forsche Frauenstimme fragte: »Sind Sie Dr. Rathenow?«

»Ja. Ich bin selbst am Apparat.«

»Hier ist Susanne Frantzen.«

»Worum handelt es sich?«

»Ich möchte die Bitte eines lieben Besuches erfüllen – aber hören Sie selbst ...«

Rathenow hörte ein hastiges Flüstern am Telefon, und dann schlug ihm eine helle, glockenreine Stimme ans Ohr. Eine Stimme voll Fröhlichkeit und unterdrücktem Lachen.

»Wie geht es Ihnen, Herr Rathenow?«

Für einen Moment hielt Rathenow den Atem an. Sein Kopf, ja, sein ganzer Körper schien zu explodieren. Und dann schrie er und schnellte von seinem Stuhl hoch: »Liyun!«

»Ja, hier ist Wang Liyun.«

»Himmel, wo bist du?«

Er sagte unwillkürlich du. Wie oft hatte er in den vergangenen Monaten in Gedanken mit ihr gesprochen – vor ihren Fotos, vor ihrem Fax, im Wachen und in Träumen, immer, immer wieder: Liyun, wo bist du? Bis Franziska in sein Leben trat.

»Ich bin in Saarbrücken.«

»Saarbrücken? Liyun, was machst du in Saarbrücken? Mein Gott ... du bist in Deutschland? Wie kommst du nach Saarbrücken?«

»Ich bin Gast bei der Familie Frantzen. Sie haben mich eingeladen.«

»Sie haben dich ... seit wann bist du in Deutschland?«

»Seit acht Tagen.«

»Und jetzt erst rufst du an? Liyun! Ich komme sofort nach Saarbrücken!«

»Ich habe angerufen, weil Frau Frantzen mich dazu

467

gedrängt hat. Ich habe erzählt, daß ich Sie kennengelernt habe in Kunming, und da hat Frau Frantzen gesagt: Ruf Herrn Rathenow an, er wird sich bestimmt freuen.«

»Freuen? Ich gehe an die Decke vor Freude. Liyun...«

»Ich wollte Sie aber nicht anrufen.«

»Warum denn nicht? Liyun ...«

»Ich habe gedacht, Sie haben keine Erinnerung mehr an Wang Liyun. Sie haben mich längst vergessen.«

»Vergessen? Was sagst du da? Ich habe auf eine Nachricht von dir gewartet. Wochen um Wochen. Und dann habe ich gedacht: Sie will nichts mehr von dir wissen. Du warst nur ein flüchtiges Erlebnis für sie ...«

»Das habe ich auch von Ihnen gedacht. Ein so berühmter Mann und eine kleine Chinesin. Auch ich habe immer gewartet ...«

»Aber wieso denn? Ich habe angerufen in deinem Büro und gebeten, dir zu sagen, daß ich dich sprechen möchte.«

»Mir hat keiner etwas gesagt.«

»Und die deutsche Botschaft hat dir doch die Besuchsanträge geschickt?«

»Ich habe nichts bekommen.«

»Das gibt es doch gar nicht. Ich habe immer gedacht: Sie hat die Formulare nicht ausgefüllt; sie will gar nicht kommen.«

»Und ich habe gedacht: Der berühmte Mann hat den Antrag nicht geschickt. Er will mich gar nicht in München haben.«

»Verrückt! Verrückt! Mein Brief an die Botschaft muß verlorengegangen sein. Und der Antrag von Herrn Frantzen ist angekommen?«

»Ja. Es ging ganz schnell und ohne Schwierigkeiten. In zwei Wochen war alles erledigt.«

»Liyun! Es ist so wunderbar, daß du angerufen hast. Ich hatte keine Hoffnung, dich wiederzusehen.«

»Ich auch nicht.«

»Es war alles ein Mißverständnis – und verdammte Sturheit! Auch von deiner Seite.«

»Ein chinesisches Mädchen läuft keinem Mann nach.«

»Bei uns war es doch etwas anderes ...«

»Ja. Sie der berühmte Mann – ich, das kleine chinesische Mädchen ...«

»Liyun, sag das nicht immer wieder! Du bist das Wertvollste in meiner Welt. Du bist – wie ihr sagen würdet – ein Diamantensee. Bist du allein am Telefon?«

»Ja.« Ihre Stimme klang jetzt ganz klein und zögernd. »Frau Frantzen hat mich allein gelassen.«

»Woher kennst du die Frantzens?«

»Ich habe sie als Einzelreisende betreut. Er ist Rechtsanwalt. Ich habe ihnen Kunming und den Steinwald gezeigt. Sie haben mich auch eingeladen, und ich habe gedacht: Das sagen sie alle – auch sie werden schweigen, wenn sie wieder in Deutschland sind. Und dann plötzlich bekomme ich die Nachricht von der deutschen Botschaft in Beijing. Sie laden mich wirklich ein! Sie bezahlen die Flüge, sie unterschreiben die Bürgschaft. Da bin ich sofort zu meinem Chef gelaufen und habe ihm alles vorgelegt. Er hat gesagt: ›Du kannst nach Deutschland fahren. Es nützt deinen Sprachkenntnissen. Ein Vierteljahr – das kann ich erlauben. Aber dann mußt du zurückkommen, wir brauchen dich!‹ Und dann bin ich von Kunming nach Bangkok und weiter nach Frankfurt geflogen. Dort hat mich Herr Frantzen abgeholt. Er hat ein wunderschönes Haus hier in Saarbrücken. So etwas Wunderbares habe ich noch nie gesehen.«

»Liyun, ich hole dich sofort ab.«

»Nein, ich komme zu Ihnen. Mit dem Zug ...«

»Das ist zu umständlich. Du mußt sicherlich umsteigen, du mußt den Bahnsteig suchen.«

Und Liyun antwortete fröhlich, als amüsiere sie sich über Rathenows Bedenken: »Ich kann doch Deutsch ...«

»Wann fährst du?«

»Da muß ich Frau Frantzen fragen. Einen Moment.« Er hörte, wie sie nach ihrer Gastgeberin rief, hörte Frau Frantzen kommen und das Geflüster. Dann meldete sich Frau Frantzen selbst.

»Hier Frau Frantzen.«

»Gnädige Frau, hat Ihnen Liyun gesagt, um was es geht?«

»Ja. Soeben. Es freut uns, daß Sie Liyun nach München einladen. Sie will mit dem Zug kommen. Das finde ich vernünftig.«

»Ich komme selbstverständlich für die Unkosten auf.«

»Herr Rathenow, ich bitte Sie, das ist doch kein Diskussionsthema! Ich schlage vor, daß wir Liyun am Sonnabend in den Zug setzen. Sie ist uns in den acht Tagen schon richtig ans Herz gewachsen. Liyun ist eine bezaubernde junge Frau.«

»Da stimme ich Ihnen uneingeschränkt zu, gnädige Frau.«

»Mein Mann und ich haben auch einige Ihrer Reiseberichte gelesen.«

»Das ehrt mich.«

»Vor allem Ihr Buch ›Das Geheimnis der philippinischen Wunderheiler‹. Waren Sie wirklich bei ihnen?«

»Ja. Die Fotos auf dem Schutzumschlag und auf der Rückseite sind von mir.«

»Wir reisen auch sehr gern ... aber in zivilisiertere Gegenden. Kunming war ein Ausbrecher in eine noch unbekanntere Welt.«

»Es hat sich gelohnt – Sie haben Liyun kennengelernt und nach Deutschland geholt. Ohne Sie hätte ich nie mehr etwas von Liyun gehört. Ich danke Ihnen.«

»Dann bis Sonnabend, Herr Rathenow. Die genaue Ankunftszeit von Liyun faxe ich Ihnen noch durch. Liyun hat ja Ihre Fax-Nummer.«

»Ich werde immer in Ihrer Schuld stehen, gnädige Frau.«

»Aber nein! Wir tun es doch gerne.«

Rathenow war nach diesem Telefongespräch nicht mehr fähig, noch irgend etwas Vernünftiges zu tun. Den Rest des Tages schwebte er über den Wolken: Sie kommt. Liyun kommt. Liyun kommt.

Er trank zwei seiner geliebten Wodkas mit Orangensaft, legte eine CD mit der Egmont-Ouvertüre von Beethoven auf, von Karajan dirigiert – und konnte doch keine Minute ruhig sitzen.

Liyun kommt ...

In seinem Glückstaumel rief er Dr. Freiburg an. Die

Sprechstundenhilfe verband ihn sofort. Aber Freiburg war nicht besonders freundlich.

»Was willst du?« bellte er. »Ich habe Sprechstunde! Wenn du schreibst, willst du ja auch nicht gestört werden!«

»Ich bin Patient. Ich platze ...«

»Nach deiner Liaison mit Franziska dürftest du keine Probleme mehr haben.«

»Ich platze vor Glück! Liyun kommt!« rief Rathenow. Es klang fast wie ein Aufschrei. »Stell dir vor – sie kommt!«

»Bist du sicher, oder hast du das nur geträumt?«

»Sie ist schon in Deutschland. In Saarbrücken.«

»O Scheiße!«

»Ist das alles, was du zu sagen hast?«

»Nein. Such dir eine Hütte im Wald, wo du dich verstekken kannst. Franziska wird dich umbringen! Sie rechnet mit einer baldigen Hochzeit. Und jetzt willst du wieder chinesische Äpfelchen naschen? Das kannst du nicht machen, Hans.«

»Plötzlich redest du von Moral? Junge, versteh doch: Ich hatte Liyun verloren geglaubt – und nun ist sie hier!«

»Was ändert sich dadurch? Du liebst Franziska doch.«

»Ich habe geglaubt, ich liebe sie.«

»Und jetzt willst du plötzlich ohne Bedenken die Beziehung beenden?«

»Ohne Bedenken? O nein. Ich habe eine Menge Schuldgefühle Franziska gegenüber. Aber sie muß einsehen ...«

»Sie muß gar nichts! Du kannst von einer liebenden Frau nie und nimmer verlangen, daß sie Verständnis aufbringt, wenn du ihr sagst: ›Wir müssen uns trennen. Die Vergangenheit hat mich eingeholt.‹ Jede Frau wird dagegen ankämpfen, und du kennst Franziska nun gut genug, um zu wissen, wie sie reagieren wird. Sie wird dieser Chinesin die Haare ausreißen und das Gesicht zerkratzen – das ist das mindeste! Und du wirst als Schuft dastehen, der einer Frau, die ihn wirklich liebt, einen Tritt in den Hintern gegeben hat. Mensch, Hans, wach doch auf! Was willst du mit einer Chinesin? Liyun mag wunderhübsch sein – so etwas vernascht man, aber man heiratet es nicht!«

»Genau das paßt zu deiner Lebenseinstellung. Für *mich* ist Liyun kein Spielzeug, sondern die Erfüllung meines Lebens.«

»So ähnlich hast du's auch zu Franziska gesagt.«

»Man kann sich irren. Ich bin doch auch nur ein Mensch! Und ich rufe dich nur an, um dir meine Freude mitzuteilen, nicht um von dir Ratschläge zu bekommen. Sonnabend ist Liyun bei mir.«

»Und bis dahin – das sind noch vier Tage – willst du Franziska erklären, daß sie ein Irrtum war? Bitte – ich werde dir im Klinikum Großhadern ein Bett reservieren lassen: Unfallstation oder Gesichtschirurgie.« Freiburg wurde jetzt sehr ernst. »Und was tust du, wenn Franziska sich umbringt? Kannst du mit dieser Belastung leben?«

»Das wird sie nie tun. Dazu lebt sie viel zu gern. Sie wird darüber hinwegkommen.«

»Und der Tennis-Club wird dich mit Mißachtung bestrafen.«

»Ich trete aus dem Club aus.«

»Und auch aus dem Golf-Club?«

»Ja, auch.«

»Du bist völlig verrückt!«

Rathenow legte auf. Mit Freiburg zu sprechen, hatte gar keinen Sinn. Für ihn wäre Liyun nur ein Spielzeug. Ja, ich werde Liyun zuliebe alles aufgeben – auch dich, Dr. Freiburg, wenn du Liyun nicht anerkennst. Ich lebe nicht für die Münchener Schickeria – ich will für Liyun leben. Mich kotzt das hohle Geschwätz überhaupt an. Mein lieber Rathenow, woher beziehen Sie jetzt Ihren Kaviar? Zum Wahnsinnigwerden!

Die folgenden zwei Tage war er wieder für die Triaden unterwegs und kassierte ohne Schwierigkeiten die Schutzgelder der China-Wirte. Viele von ihnen begrüßten ihn jetzt wie einen guten Freund. Sie alle waren froh, daß der Drache Ninglin nicht mehr bei ihnen erschien und sie Bai Juan Fa betrügen konnten, indem sie weniger Goldbarsche in die Aquarien setzten, als ihr Umsatz gefordert hätte. Wenn Rathenow die Schutzgeldgebühren auch ab Ostern um je 500 DM erhöhte – sie nahmen es klaglos hin, denn Gegenwehr und eine Überprüfung der Bücher hätten unweigerlich Ninglin herbeigerufen. Und was das bedeutete, das hatte man oft genug gesehen oder gehört. Diese Warnungen vergaß niemand. Min Ju aber freute sich über die Erfolge. Er lebte immer noch, ohne Schmerzen, ohne dünner zu werden, ohne ein unangenehmes Gefühl im Bauch. Das halbe Jahr, das ihm Dr. Freiburg noch gegeben hatte, war längst verstrichen. Aus Amsterdam schickte Prof. Sun Quanfu regelmäßig seine selbst hergestellten Tabletten und Säfte, deren Zusammensetzung er keinem verriet. Und hätte er sie bekanntgegeben, hätte die selbstherrliche Schulmedizin verächtlich reagiert: nicht wissenschaftlich fundiert! Kein eindeutiger Nachweis durch Tierversuche. Keine Blindversuche an Patienten. Kein Okay der Bundesgesundheitsbehörde. Keine Erfahrungs-Statistiken. Hokuspokus ...

Aber Min Ju lebte noch – und er war gesünder als vorher.

Am Donnerstag abend – Franziska hatte für Rathenow eine seiner Lieblingsspeisen gekocht: Klopse mit Kapernsoße und neuen Kartoffeln – holte Rathenow eine gute Flasche Rotwein aus dem Weinkeller, einen 1983er Château Margaux, goß ein und reichte Franziska ein Glas. Franziska, in einem hinreißenden Hosenanzug, lehnte sich weit im Sessel zurück. Sie saßen im Salon.

»Was feiern wir, Liebling?« fragte sie. »Hast du deine Arbeit fertig?«

»Nein ...«

»Einen neuen Auftrag?«

»Auch nicht. Wir ... wir feiern Abschied, Franziska.«

»Oh, du verreist wieder? Wohin? Warum hast du mir nichts gesagt, Liebling? Eine Überraschung? Wohin fahren wir – ich bin gespannt!«

»Es ist keine Reise, Franziska.« Rathenow nahm allen Mut zusammen, aber er spürte, wie sich sein Herz verkrampfte. »Ich ... ich habe dir doch einmal von Wang Liyun erzählt!«

»Die kleine Chinesin, die du in ... wo war das noch mal?«

»In Kunming.«

»... ja, in Kunming kennengelernt hast. Deine Reiseführerin.« Sie sah ihn mit einem Lächeln an, und ihre rotge-

schminkten Lippen glänzten im Licht der englischen Maha-
goni-Standleuchte. »Was ist mit ihr?«

»Sie ist in Deutschland.«

»Ach! Wie schön für sie ...«

»Sie ist in Saarbrücken bei einem Rechtsanwalt Dr. Frantzen. Übermorgen kommt sie nach München. Zu mir.«

»Muß das sein?«

»Ja. Ich habe sie eingeladen.«

»Eine Chinesin, die du vor fast einem Jahr flüchtig kennengelernt hast? War das nötig?«

»Ja. Franziska, ich will ehrlich sein!« Rathenow holte tief
Luft. »Sie war für mich mehr als eine Reiseleiterin und Dolmetscherin.«

Schweigen.

Franziska stellte das Weinglas zurück auf den Tisch und
sah Rathenow eine Zeitlang stumm an. Es waren entsetzliche
Sekunden für Rathenow.

»Ich hätte es wissen müssen«, sagte sie endlich. »Du bist
ein Mann, der eine solche Gelegenheit nicht vorübergehen
läßt. Ich bin nur ein wenig enttäuscht, daß du mir darüber
nichts erzählt hast. Aber das ist ja nun vorbei ...«

»Ich habe mit Liyun kein Liebesverhältnis gehabt. Auch
wenn du es nicht glaubst – ich schwöre es.«

»Warum dann die Einladung zu uns?«

Sie sagte »uns«. Für sie stand außer Zweifel, daß sie zu
Rathenow gehörte, daß sie seine Frau war auch ohne Trau-
schein. Dieses »uns« machte es Rathenow noch schwerer
weiterzusprechen. Er umklammerte sein Glas mit beiden
Händen.

»Bitte, nimm es gefaßt auf«, sagte er stockend. »Wir sind
doch vernünftige, erwachsene Menschen ...«

»Du liebst diese Chinesin ...«, sagte sie mit gefährlicher,
eisiger Ruhe.

»Ja. Ich liebe sie. Du hast es gesagt.«

»Und du glaubst, daß ich das akzeptiere?«

»Nein.«

»Was soll ich tun? Dir eine Szene machen? Was erwartest
du von mir? Daß ich dein Porzellan zerschlage? Dein Manu-

474

skript verbrenne? Mich schreiend auf dem Teppich wälze? Diese Liyun erwürge?«

»Du kannst alles tun – nur faß Liyun nicht an!«

»So sehr liebst du sie?«

»Sie ist mir mehr wert als aller irdische Besitz. Mein Gott, warum tust du denn nichts? Warum sitzt du wie eine Salzsäule da?«

»Würde ein Tobsuchtsanfall etwas ändern?«

»Nein.«

»Warum also Kräfte vergeuden für nichts und wieder nichts?«

Sie erhob sich aus dem tiefen Ledersessel und strich das Oberteil ihres Hosenanzugs glatt. Jetzt traten ihr doch Tränen in die Augen, und Rathenow senkte den Kopf. »Ich gehe, Hans.«

»Es ... es tut mir leid ...«, sagte er leise und schuldbewußt.

»Meine Sachen lasse ich morgen abholen.« An der Haustür drehte sie sich um und blickte Rathenow mit einem schrecklich fremden Blick an. »Leb wohl, Hans«, sagte sie, aber sie reichte ihm nicht die Hand. »Ich will dich nie, nie wiedersehen! Hörst du: Werde glücklich mit deiner Chinesin, und wenn sie dich satt hat oder du sie – ich bin für dich nicht mehr vorhanden.«

Sie drückte die Klinke herunter und verließ das Haus, ohne sich umzusehen.

Er folgte ihr bis unter das säulengestützte Vordach und wartete, bis sie abgefahren war. Auch aus dem Wagen warf sie keinen Blick auf ihn, als sie an im vorbeifuhr.

Rathenow atmete auf, aber er war voller Unruhe. Er kam sich schäbig vor, gemein. Er hatte die Liebe einer Frau zerstört und ihre Seele verletzt. So etwas kann man nicht einfach wegschieben. Und er machte sich Sorgen um Franziska. Diese scheinbare Ruhe war nicht normal.

In seiner Angst rief er Dr. Freiburg an.

»Du wirst lästig!« sagte Freiburg unwirsch. »Immer rufst du an, wenn ich in Aktion bin! Ich stehe hier in der Unterhose, und nebenan im Bett wartet Liliane auf mich. Mach schnell. Was willst du?«

»Gerade ist Franziska weggegangen.«

»Und du lebst noch? Bist du verletzt? Soll ich dich abholen?«

»Es hat keine Szene gegeben. Sie ist ganz still gegangen.«

»Unmöglich! Hast du ihr die volle Wahrheit gesagt?«

»Ja.«

»Nicht so drum herum geredet, wie es deine Art ist?«

»Ich habe ihr ganz klar gesagt: Ich liebe Liyun.«

»Hans, mir gefällt nicht, daß sie das so ruhig hingenommen hat.« Freiburgs Stimme wurde sehr ernst. »Sie hat etwas vor, sage ich dir. Mein Gott, was hast du da angerichtet?«

»Daran habe ich auch gedacht. Bitte, ruf in einer Viertelstunde bei ihr an. Da muß sie zu Hause sein.«

»Immer ich!«

»Ich bin der letzte, der sie jetzt anrufen kann.«

»Dann bereite dich darauf vor, einen zerschmetterten Körper zu identifizieren!«

»Du hast das Gemüt eines Sauriers!«

»Anders geht es bei dir nicht. Ich rufe zurück.«

Eine halbe Stunde wartete Rathenow auf Freiburgs Anruf. Eine höllische halbe Stunde, wie sie Rathenow noch nie durchlebt hatte. Der Gedanke, daß Franziska sich etwas angetan haben könnte, ließ ihn fast wahnsinnig werden. Endlich schellte das Telefon. Freiburg war ernst.

»Ja?« fragte Rathenow heiser.

»Nein.«

»Was heißt nein?«

»Franziska ist zu Hause.«

»Gott sei Dank!«

»Du hast mehr Glück, als du verdienst! Aber das war ja immer so bei dir: In kritischen Situationen hat dir immer das Glück geholfen. Nur jetzt wirst du ausweglos im Netz zappeln – bei Liyun. Und jetzt laß mich endlich mit Liliane allein, du China-Opfer!«

Rathenow legte auf. Sie ist zu Hause ... Gott sei Dank. Franziska, verzeih mir! Ich kann nicht anders.

Sonnabend nachmittag. Ein regnerischer Sommertag, der erste Regen seit drei Wochen. Die aufgeheizte Stadt dampfte. Es war schwülwarm. Viele Menschen liefen ohne Schirm herum, als sei der Nieselregen eine Art kühlende Dusche für ihre überhitzten Körper.

Rathenow stand am Bahnsteig, auf dem der Zug mit Liyun in wenigen Minuten einlaufen würde. Unruhig ging er hin und her, trank schnell noch ein alkoholfreies Bier an einem Getränkekiosk und malte sich immer wieder aus, wie er Liyun empfangen würde.

Umarme ich sie? Gebe ich ihr einen Handkuß oder nur die Hand? Wie wird sie aussehen? Hat sie sich in dem Dreivierteljahr verändert? Wie wird sie sich benehmen, wenn sie mich gleich sieht? Du lieber Himmel, sie wird mich gar nicht erkennen. Ich bin ja inzwischen mittelblond. Wird sie entsetzt sein oder schallend lachen?

Der Zug lief ein. Rathenow wartete und ging dann ein Stück den Bahnsteig hinunter. Reisende hasteten an ihm vorbei, Kofferwagen quietschten, liebevolle Begrüßungen überall, Umarmungen, Küsse, Freude ... aber Liyun sah er nicht. Sie ist beim Umsteigen doch in den falschen Zug gestiegen, dachte er. Ich hätte sie von Saarbrücken abholen müssen. Es ist mein Fehler!

Und dann sah er sie. Sie war aus dem vorletzten Wagen des langen Zuges gestiegen und schleppte mühsam einen schweren Koffer.

Rathenow rannte auf sie zu. Sie trug blaue Jeans, eine gelbe Bluse und darüber eine kurze bestickte Jacke. Ihr Haar hatte sie nach hinten gebunden, von einer gelben Schleife zusammengehalten. Wunderbar sah sie aus.

»Liyun!« schrie er und breitete beide Arme aus, als er ihr näher kam. »Liyun! Liyun!«

Sie ließ den schweren Koffer fallen, sah ihm entgegen, mit großen, leuchtenden Augen, diesen Augen, von denen er monatelang geträumt hatte, und als er vor ihr stand, gab es keine Fragen mehr – er riß sie an sich und küßte sie, als wolle er sie nie wieder loslassen.

Liyun wurde rot bis unter die Haarspitzen. Er küßte sie, in

der Öffentlichkeit, vor allen Leuten, und eigentlich sollte sie sich schämen, denn es war nicht sittsam, sich vor aller Augen zu küssen – aber dann erwiderte sie seinen Kuß, warf die Arme um seinen Nacken, küßte ihn mit geschlossenen Augen.

»Liyun. Liyun, du bist da – du bist endlich da! Wie habe ich auf diesen Augenblick gewartet! Liyun!«

Und er küßte sie wieder. Sie standen allein auf dem jetzt leeren Bahnsteig, umklammerten sich und sahen sich in die Augen, und die Welt versank um sie, es gab nur noch sie.

Als er sie losließ, war sie völlig atemlos. Sie sah ihn wieder mit großen Augen an und sagte dann fast schüchtern: »Wo sind Ihre weißen Haare, Herr Rathenow?«

»Das werde ich dir später erklären. Das ist eine lange Geschichte. Gefällt dir die andere Farbe?«

»Nein. Ihr Haar war wie das Eis auf den Schneebergen. Warum haben Sie das getan?«

»Später, Liyun. Fahren wir erst nach Grünwald. Ich bin so glücklich, daß du gekommen bist.«

»Ich freue mich auch, Herr Rathenow«, antwortete sie vorsichtig und zurückhaltend. »Deutschland ist ein schönes Land. So elegant und so sauber.«

Er nahm ihren schweren Koffer auf und schüttelte den Kopf. »Den hast du allein geschleppt?«

»Die Frauen in China, auf dem Land, tragen viel schwerere Lasten.«

Sie gingen durch die weite Bahnhofshalle hinaus auf den Bahnhofsplatz, wo Rathenow zufällig eine Parklücke gefunden hatte.

Liyun blieb stehen. »Oh!« sagte sie. »Sie haben einen BMW?«

»Seit zwei Monaten, einen neuen. Mit Allrad-Antrieb.«

»Wie unser Toyota in Kunming?«

»Wie ›unser Toyota‹.« Rathenow wuchtete den Koffer in den Kofferraum. »Was macht Wen Ying?«

»Er säuft und fährt wie immer. Und er hat sich einen neuen Kampfvogel gekauft. Ein schwarzer Teufel mit einem roten Kopf. Er hat bisher alle Kämpfe gewonnen. Ying fühlt sich, als habe er sämtliche Drachen besiegt.«

Sie lachte hell, und Rathenow schloß einen Moment die Augen. Mein Gott, wie ich sie liebe! dachte er.

Er fuhr langsam nach Grünwald, um Liyun einen Teil von München zu zeigen, und als sie durch das große offene Eisentor vor sein Haus fuhren, ausstiegen und die weite Eingangshalle betraten, blieb Liyun stehen und sah sich nach allen Seiten um.

»Das ist Ihr Haus?« fragte sie mit leiser Stimme.

»Ja ... und deins, solange du hier bist.«

»Das ist kein Haus – das ist ein Kaiserpalast ... Sie müssen sehr reich sein.«

»Es hält sich in Grenzen. Das Haus hat meine Tante gebaut und mir vererbt.«

»Trotzdem bleibt es ein Palast für mich. Und Sie wohnen allein hier?«

»Ganz allein.«

»Was machen Sie mit den vielen Zimmern?«

»Ich wandere in ihnen herum und vermisse das Leben in ihnen.«

»Warum haben Sie nach dem Tod Ihrer Frau nicht wieder geheiratet?«

Weil ich auf dich gewartet habe, Liyun, dachte er, aber er sagte: »Es hat sich so ergeben. Vielleicht bin ich ein merkwürdiger Mensch, ein verrückter Einzelgänger, ein Freiheitsfanatiker ...«

»Sie wollen nie wieder heiraten?«

»Das wollte ich damit nicht sagen.«

»Sie haben Ihre Frau sehr geliebt ...«

»Ja, ich habe sie sehr geliebt und verehrt. Aber das ist lange, lange her. Und das Leben geht weiter.«

Er griff nach ihrem Koffer und ging auf die große, geschwungene Treppe zum oberen Stockwerk zu. »Komm ... ich zeige dir dein Schlafzimmer.«

Mit weiten, staunenden Augen folgte Liyun ihm die Treppe hinauf. Geschnitzte Decken, holzvertäfelte Wände, alte Silberleuchter, dicke Perserteppiche, Möbel mit Intarsien, wertvolle Gemälde, russische Ikonen – für Liyun ein unfaßbarer Luxus.

Rathenow stieß eine Tür auf. Ein großes Zimmer, im Mittelpunkt ein breites antikes Himmelbett. Auch die Schränke waren mit kunstvollen Schnitzereien verziert. Der Tisch war mit grünem Leder bezogen wie die beiden zierlichen Sessel. Auf dem Boden lag ein Aubusson-Teppich.

»Dein Zimmer ...«, sagte Rathenow.

»So hat kein Kaiser gewohnt ...«, sagte sie leise, als könne ihre Stimme die Pracht beleidigen.

»Du bist mehr als eine Kaiserin. Du bist Wang Liyun und bei mir.«

Mit zögernden Schritten betrat Liyun das Zimmer. Sie blieb vor dem riesigen Bett stehen und sah sich dann zu Rathenow um.

»Wo schlafen Sie?« fragte sie.

»Nebenan.«

»Das ist gut ...«

»Warum ist das gut?«

»Ich habe Angst vor dem Reichtum. Ich habe so etwas noch nie gesehen, und jetzt soll ich darin wohnen? Ich muß mich erst daran gewöhnen ...«

»Morgen sieht alles anders aus, Liyun.«

»Schlafen Sie auch so prunkvoll?«

»Vielleicht noch prunkvoller ... Tante wußte mit ihrem Geld nicht, wohin damit. Da hat sie alles gekauft, was ihr gefiel. Und sie hatte einen sehr teuren Geschmack.« Er öffnete eine Seitentür ... das Bad, mit Marmor verkleidet. Auch der Boden war aus rosa Marmor. Die Armaturen glänzten vergoldet. Der Einlauf in die Badewanne war ein goldener Schwan.

Liyun blieb in der Tür stehen und schwieg. Aber dann fragte sie: »Darf ich etwas sagen, Herr Rathenow?«

»Alles.«

»Und Sie sind nicht beleidigt?«

»Kein Wort von dir könnte mich beleidigen.«

»Unser Dali-Marmor ist besser und schöner ...«

»Das muß er auch sein ... er ist so schön wie du, weil du in Dali geboren bist.«

Sie gab darauf keine Antwort, sondern ging zurück in das

Schlafzimmer. »Ich möchte auspacken und mich baden«, sagte sie. »Darf ich?«

»Du kannst machen, was du willst, Liyun. Es ist jetzt auch dein Haus.«

»Ich fühle mich so schmutzig nach der Bahnfahrt.«

»Ich warte auf dich unten in der Halle.«

Rathenow verließ das Zimmer und hörte, wie Liyun von innen den Schlüssel herumdrehte. Er lächelte über ihre Vorsicht und ging pfeifend die Treppe hinunter.

Das Abendessen war fulminant, würde Dr. Freiburg gesagt haben.

Rathenow hatte es vom Party-Service Käfer kommen lassen, und der Chef Gerd Käfer persönlich hatte das Begrüßungsmahl zusammengestellt. Natürlich Kaviar in der Eisschale mit Champagner, Taittinger Jahrgangs-Cuvée, eine Hummercreme, gebackene Täubchen in Salbei, Roastbeef im Salzmantel mit Pfifferlingen in Sherry-Schaum und französischen Spargelspitzen, dazu ein Montrachet 1989 und ein Château Haute Brion 1979. Zum Nachtisch dreierlei Sorbets, umlegt mit frischen Früchten.

Rathenow hatte sich aber geweigert, einen Kellner von Käfer kommen zu lassen. »Ich mache das selbst«, hatte er gesagt. »Ich weiß, das ist stillos, aber ich bin gut in der Küche. Keine Sorge, Meister, ich werde Sie nicht blamieren.«

Während Liyun oben in der Marmorwanne lag und das verführerische Badesalz genoß, einen Duft wie von Rosen in den Gärten von Lijiang, bereitete Rathenow in der Küche das Essen vor. Er pfiff noch immer glücklich vor sich hin. Im Speisezimmer war der Tisch schon gedeckt. Nymphenburger Porzellan, englisches Silberbesteck, Damastdecke, silberne altrussische Leuchter mit silbernen Kerzen, mundgeblasene Gläser aus Böhmen.

Aus den versteckten Lautsprechern ertönte Musik von Vivaldi. Nach den Vorspeisen würde er Mozart auflegen. Eine kleine Nachtmusik.

Du bist ein verrückter Hund, hätte Freiburg gesagt.

Und dann kam Liyun die breite Treppe herunter in die Halle. Rathenow hatte auf sie gewartet und sah zu ihr hinauf, wie sie die Stufen herunterkam. Sie trug einen hellgelben, gerade geschnittenen kurzen Rock, der eine Handbreit über dem Knie endete und ihre schönen, für ihre Größe langen Beine freigab, und eine weiße Seidenbluse, bunt bestickt mit Blumen und Gräsern. Die Haare fielen ihr offen und locker auf die Schultern. Sie glänzten im Schein der Lampen wie poliertes Ebenholz.

Am Fuße der Treppe blieb Liyun stehen und drehte sich einmal um sich selbst.

»Jetzt fühle ich mich wohler«, sagte sie und lachte hell.

Rathenow stockte der Atem bei ihrem Anblick. Er erinnerte sich an die alten Tuschbilder der berühmten chinesischen Maler, die er im Museum von Kunming gesehen hatte, an diese ätherischen, schwebenden, schwerelosen, elfengleichen Frauengestalten, deren zarte Gesichter das gleiche Lächeln verklärte, wie es jetzt um Liyuns Mund lag: Die ewige Schönheit war lebendig geworden, greifbarer als auf den Rollbildern aus Seide oder Reispapier.

»Du siehst wundervoll aus«, sagte er mit belegter Stimme.

Sie drehte sich wieder kokett um sich selbst wie ein Model, das die neue Mode vorführt.

»Ich habe das in China gekauft«, sagte sie dabei. »Einen Tag vor meinem Abflug. Mama meinte, das sei zu auffällig, nicht sittsam genug – aber mir gefällt es. Ich habe gesehen: Die deutschen Frauen tragen noch viel weniger, und man sieht viel mehr Haut. In China würde man ihnen nachstarren.«

»In Deutschland werden sie dir nachstarren.«

Sie blieb stehen und sah ihn entsetzt an.

»Ist es so schlimm? Ich werde mich umziehen ...«

»Sie werden dich anstarren, weil du so schön bist.«

»Ich bin nicht schön – nur anders als ihr.« Sie kam auf ihn zu. Rathenow bezwang sich, sie in seine Arme zu reißen. Es könnte sie erschrecken, dachte er. Vorhin, auf dem Bahnsteig, war es etwas anderes – da konnte man es mit dem

Überschwang der Wiedersehensfreude erklären. Aber sie hat mich wieder geküßt – und ist doch bei dem förmlichen »Sie« geblieben. Was denkt sie wirklich?

»Zeigen Sie mir jetzt Ihren Palast?« fragte sie.

»Nachher, Liyun. Jetzt lade ich dich erst zum Essen ein. Du mußt doch Hunger haben ...«

»Und wie! Fahren wir irgendwohin?«

»Wir bleiben hier.«

»Sie haben gekocht?« Liyun blickte ihn zweifelnd an. »Können Sie das denn?«

»Ich bin ein ganz guter Hobbykoch. Meine Gäste sind noch nie gestorben.«

»Ein so berühmter Mann steht am Ofen und kocht? Wenn ich mir vorstelle, unser Ministerpräsident Li Peng rührt in einem Suppentopf – undenkbar.«

»Weißt du das so genau? Vielleicht tut er es sogar. Viele berühmte Männer waren gute Köche. Rossini, der große Komponist; Fürst Stroganow, einer der reichsten Männer im zaristischen Rußland; Geheimrat Holstein, die Graue Eminenz im deutschen Kaiserreich; auch von dem großen Chirurgen Sauerbruch heißt es, er brutzelte gern in der Küche und blies, wenn er gut gelaunt war, in den Hotels, in denen er auf seinen Reisen abstieg, auf der Trompete.«

»Sie aber leben wie ein Kaiser ...«

»Das sieht nur so aus. Das ist alles nur äußerlich. Ohne Tantes Erbe müßte ich, nach 53 Prozent Steuerabzug, ganz schön rechnen.«

»Soviel Steuern müssen Sie zahlen?« Liyun schüttelte den Kopf. »Bei uns in China zahlen selbst die Millionäre nur 20 Prozent Einkommensteuer.«

»Glückliches China!«

»Und wenn Sie als Ausländer in China eine Firma gründen, sind Sie zwei Jahre lang völlig steuerfrei.«

»Auf nach China!«

»Sie als berühmter Ethnologe und Schriftsteller hätten sogar noch Sonderrechte. Wir lieben unsere großen Künstler.«

»Im Gegenteil zu Deutschland. Wer hier als Schriftsteller

viel Geld verdient, ist sofort verdächtig. Der Neid ist des Menschen zweite Seele. Da sitzt ein Beamter und liest die Steuererklärung und denkt sich: Dieser Kerl ... der verdient soviel. Ist das gerecht? Dem klopfen wir jetzt mal auf die Finger. Der eigentliche Nutznießer eines Werkes bin nicht ich, sondern ist das Finanzamt, denn es nimmt sich mehr von den Honoraren, als ich bekomme ... ohne eine Zeile geschrieben zu haben.«

»Ihr seid doch eine Demokratie. Warum wehrt ihr euch nicht?«

»Wie denn? Wir haben unsere Regierung ja selbst gewählt. Da siehst du die Kluft zwischen uns: Ihr versteht uns nicht, wir verstehen euch nicht ... aber wir sind so ›gott-begnadet‹, uns in die Strukturen Chinas einzumischen.«

Rathenow legte den Arm um Liyuns Schulter.

»Komm, wir müssen jetzt essen, sonst wird der Toast noch kalt und pappig, und du denkst: Himmel, was essen die Deutschen bloß für einen Fraß! Darf ich bitten, Frau Wang Liyun?«

»Ich freue mich darauf.« Und ihre Augen wurden noch dunkler als zuvor.

Sie betraten das Speisezimmer, das im Stil von Louis XIV. eingerichtet war. In der Tür blieb Liyun wieder stehen. Der Anblick des gedeckten Tisches mit dem wertvollen Porzellan machte sie sprachlos. In der Mitte des Tisches stand in einer großen silbernen Schale ein überwältigendes Blumenge-binde. Auf Gerd Käfers exklusiven Geschmack kann man sich verlassen.

»Es ist alles wie ein Traum ...«, sagte sie leise. »Ich habe Angst, daraus zu erwachen.«

»Du bist wach, Liyun.«

»Wenn Sie es sagen, Kaiser, muß ich es glauben.«

Liyun setzte sich vorsichtig, und Rathenow ging in die Küche, um die Vorspeisen und den Toast zu holen. Liyun sah sich nach allen Seiten um. Ihr Blick blieb an einem Gemälde hängen, das an der Seitenwand hing. Eine schöne Frau mit hochgesteckten blonden Haaren und in einem Kleid, das ihre Schultern frei ließ. Ein rotes Kleid mit Rüschen am Ausschnitt und einer weißen Rose zwischen den angedeuteten Brüsten.

Rathenow kam zurück mit Toast und Tellern und servierte, als sei er ausgebildeter Oberkellner. Liyun zeigte auf das Gemälde.

»Wer ist diese Frau?« fragte sie.

»Meine Mutter. Als das Bild gemalt wurde, war sie 23 Jahre alt und hatte gerade meinen Vater kennengelernt. Es war das Lieblingsbild meines Vaters.«

»Sie war eine wunderschöne Frau ...«

»Ja. Aber sie starb viel zu früh – ich war erst sechs Jahre alt.«

»Sie haben viel von Ihrer Mutter.«

»Ich weiß nicht ...«

»Doch! Die blauen Augen, die Nase, die Lippen, den Blick – und die Haare.«

»Ich hatte als Kind lange hellblonde Haare und sah manchmal aus wie ein Mädchen. Das hat mich immer geärgert. Meine Mutter hatte sich immer ein Mädchen gewünscht. Als ich geboren wurde, soll sie enttäuscht ausgerufen haben: ›Ach! Ein Junge!‹«

Und plötzlich, ehe Liyun reagieren konnte, hatte er ihre Hand genommen und küßte jeden Finger einzeln. Sie zog die Hand nicht zurück, aber über ihr Gesicht zog wieder eine leichte Röte.

»Welchen Fingernagel haben sie dir ausgerissen?« fragte er und betrachtete auch ihre andere Hand. Ihre Nägel waren unversehrt, diskret rosa lackiert.

»Was soll ausgerissen sein?« fragte sie und sah ihre Fingernägel an. »Habe ich sie schlecht lackiert?«

»Der Nagel war klein. Er muß von deinem kleinen Finger stammen.«

Liyun sah ihn verständnislos an.

»Wovon reden Sie?« fragte sie, sichtlich verwirrt.

»Sie haben dir doch in Kunming einen Nagel ausgerissen ...«

»Wer?«

»Die Triaden!«

»Ich weiß nicht, wovon Sie reden. Es gibt in Kunming keine Triaden. Was habe ich mit ihnen zu tun?«

»Sie haben dir keinen Nagel ausgerissen? Und keine große Haarsträhne abgeschnitten?«

Liyun starrte ihn an, als spräche er plötzlich eine völlig fremde Sprache.

»Ich weiß wirklich nicht, was Sie meinen ...«, sagte sie stockend.

Rathenow mußte sich setzen. Es traf ihn wie ein Schlag. Sie haben mich getäuscht! Sie haben mich belogen! Niemand hat Liyun etwas getan, niemand hat sie meinetwegen bestraft! Und ich habe es geglaubt. Immer und immer wieder haben sie gedroht: Wenn du einen Fehler machst, werden wir dir als nächstes das Fingerglied schicken! Und ich habe mich bluffen lassen, ich habe mich völlig in ihre Hände begeben, ich bin ein Triade, ein Hong geworden und eine Grassandale und war willenlos aus Angst, sie könnten Liyun weiter quälen. Ich habe mich weggeworfen, und ich habe die Grausamkeiten geschluckt, immer mit dem Gedanken: Das darf Liyun nie passieren! Ich tue alles, was ihr wollt, nur laßt Liyun in Ruhe. Mich haben sie zerbrochen – aber in Wahrheit haben sie Liyun nie gefoltert. Sie weiß von nichts.

»Ich habe dir viel zu erzählen«, sagte Rathenow und streichelte ihre kleinen Hände. »Warte einen Augenblick.«

Er rannte die Treppe hinauf in sein Schlafzimmer und kam mit einer Silberschale zurück. Liyun zuckte zurück, als sie den Inhalt sah. Eine Haarsträhne, so schwarzglänzend wie ihre Haare, und ein kleiner, zierlicher Fingernagel, farblos, aber an den Rändern schon gelblich werdend.

»Was ... was ist das?« stammelte sie und wandte sich entsetzt ab.

»Man hat es mir gegeben und gesagt, es seien deine Haare und dein Fingernagel.«

Liyun war unfähig, etwas zu sagen. In ihren Augen stand das blanke Grauen. Rathenow nahm ihre Hände und drückte sie gegen sein Gesicht. Dann küßte er sie, immer und immer wieder, und merkte nicht, wie Liyun vor Angst zu zittern begann.

»Liyun«, sagte er verzweifelt. »Blick weg! Ich will nicht weinen, aber ich kann nicht anders ... Verdammt, ich schäme mich. Aber ich bin fertig ... total fertig ... Du hast mein Leben gerettet – und weißt es nicht! Sieh mich nicht an!«

Gerd Käfers Delikatessen blieben unberührt.

An diesem Abend erzählte Rathenow nur Bruchstücke von seiner Verbindung zu den Triaden. Er gestand Liyun nur, daß 14K ihn gezwungen hatte, zu schmuggeln – Heroin, getarnt als Pulverkaffee in einem handelsüblichen Schraubglas.

»Das haben Sie wirklich gemacht?« rief sie. »Wie konnten Sie sich darauf einlassen?«

»Sie haben mir mit dir gedroht ...«

»Mit mir? Wieso?«

»Dieser Triade aus Kunming hat ganz klar gesagt: Wir kennen Wang Liyun, wir haben Ihre ganze gemeinsame Reise verfolgt. Wenn Sie sich weigern, uns diesen kleinen Gefallen zu tun, werden wir Liyun bestrafen. Und was das bedeutet, hat er mir auf entsetzlichen Fotos gezeigt.«

»Wenn die Polizei Sie mit dem Heroin festgenommen hätte, wären Sie jetzt längst tot – erschossen im Fußballstadion vor den Augen der Öffentlichkeit.«

»Ich habe es getan, um dich zu schützen.«

Sie senkte den Kopf. Ihre Finger verkrampften sich ineinander. »Das haben Sie schon einmal getan«, sagte sie. »Auf der Burma-Straße, bei dem Überfall auf die Soldaten. Da haben Sie sich auf mich geworfen und hätten sich erschießen lassen. Ich habe oft daran gedacht. Das hätte kein anderer Mann getan.«

»Für mich war es selbstverständlich. Und ich glaubte den Triaden und ihren Drohungen von der Stunde an, als sie sagten, Liyun wird nicht zum Flughafen kommen – und du warst wirklich nicht da ...«

Liyun sprang auf und preßte die geballten Fäuste an ihre Brust. »Jetzt weiß ich es endlich!« rief sie und schüttelte wild den Kopf. »Wir haben gesucht, die Polizei hat alle Verdächtigen verhört, der Parteisekretär selbst hat die Aktion geleitet – und sie haben nichts gefunden ...«

»Was haben sie nicht gefunden?«

»Das Taxi! Den Fahrer!«

»Welches Taxi?«

»Ich wollte zu Ihnen, um mit Ihnen zum Flughafen zu fahren. Ich hatte ein Taxi bestellt. Es wartete vor der Tür – aber der Fahrer brachte mich nicht zum Flughafen. Er fuhr aus Kunming hinaus, die Autotüren waren verriegelt, ich konnte nicht um Hilfe rufen, und auf der Straße nach Xingyi hat er mich aus dem Auto geworfen. Ich habe einen Lastwagen angehalten, und der hat mich zum Flughafen gebracht. Ich kam zu spät. Ich habe Ihr Flugzeug noch in der Luft gesehen – und ich habe geweint.«

»Liyun!« Rathenow zog sie an sich. »Das war die erste Warnung von 14K! Ich habe es geahnt. Du hättest mich nie allein abfliegen lassen.«

»Nie. Es war doch meine Pflicht, Sie bis zum Abflug zu betreuen. Niemand konnte sich meine Entführung erklären. Es gab kein Motiv, keinen Sinn. Mir ist nichts geschehen, nur ein paar Hautabschürfungen, weil der Fahrer mich auf die Straße geworfen hat.«

»Mein Gott, was hätten sie alles mit dir anstellen können.« Er drückte ihren Kopf an seine Brust und küßte ihr Haar. »Jetzt werde ich Min Ju die Rechnung präsentieren.«

»Wer ist Min Ju?«

»Der Chef der Triaden von München. Der Daih-Loh.«

»Sie kennen ihn?« fragte sie betroffen. Angst stand in ihren Augen. Unbewußt schlang sie die Arme um ihn. »Werden Sie immer noch verfolgt?«

»Ich mußte ihm den ›Pulverkaffee‹ abliefern.« Rathenow wagte nicht, ihr jetzt schon die volle Wahrheit zu sagen. Er hatte Angst, sie könne sofort zurückfahren nach Saarbrücken. Sie muß hier bleiben, bei mir, nur hier ist sie sicher, nur hier kann ich sie schützen. Und jetzt werden wir auch eine Möglichkeit finden, den Triaden zu entkommen. Liyun, ich lasse dich nicht mehr los. »Hinterher hat er mich ein paarmal angerufen, und als ich ihn nicht anhörte, hat er mir die Haare und den Fingernagel geschickt und gesagt: Ein Gruß von Liyun. Das ist die erste Warnung. Und ich habe es geglaubt.« Er küßte wieder ihr Haar, und sie drückte ihr Gesicht an seine Brust. »Es war fürchterlich, Liyun. Ich war verzweifelt. Ich ... ich hätte alles getan, damit sie dir nicht mehr weh tun.«

Später saßen sie im Salon, nahmen doch einen kleinen Imbiß zu sich, und Rathenow zeigte ihr die Bilder, die er in China gemacht hatte. Aber jedesmal, wenn Liyun ein Bild von sich sah, verzog sie den Mund und sagte: »Ich sehe schrecklich aus. Werfen Sie das Bild weg! Zerreißen Sie es.«

»Es sind meine schönsten Bilder. Ich werde nie den Abend vergessen, als du am Lugu-See saßest und in der untergehenden Sonne geweint hast.«

Sie tranken den Montrachet, und Rathenow stellte mit einem Lächeln fest, daß er Liyun gut schmeckte. Sie trank ein zweites Glas, hockte sich mit untergeschlagenen Beinen in den Sessel und hörte der Musik zu, die leise aus den Lautsprechern kam. Die Symphonie Classique von Sergej Prokofjew.

»Wie schön«, sagte sie einmal und legte den Kopf weit zurück.

»Was?« Rathenow starrte sie an. Er bezwang den Wunsch, sie in die Arme zu nehmen.

»Die Musik. Ich mag diese Musik. Die meisten Chinesen verstehen sie nicht. Man muß sie fühlen ...«

Am späten Abend klingelte das Telefon.

Dr. Freiburg. Seine Stimme klang, als habe er im Golf-Club wieder zuviel Whisky getrunken.

»Ist sie da?« fragte er.

»Ja.«

»Na, und wie ist sie? Hat sie sich verändert, bist du enttäuscht?«

»Nein.«

»Deine knappen Antworten gefallen mir nicht. Sie signalisieren keine Freude. Was dudelt denn da im Hintergrund?«

»Das Violinkonzert von Max Bruch.«

»Ach du Scheiße! Habt ihr nichts Besseres zu tun? Ein Streichkonzert!«

»Geh ins Bett«, sagte Rathenow grob. »Du bist wieder total besoffen!«

»Und allein! Ich beneide dich ...«

Rathenow legte wortlos auf. Liyun nippte wieder an ihrem Wein. »Wer ruft denn so spät noch bei Ihnen an?« fragte sie. Weibliche Neugier klang in dieser Frage. Das war eine Frau, dachte sie. Es war bestimmt eine Frau ... um diese Zeit.

»Es war ein guter Freund von mir.«

»Ein Freund? Sie waren aber sehr unhöflich zu ihm.« Sie hielt die Hand vor den Mund und gähnte. »Ich bin müde. Der Wein ... ich trinke sonst nie Wein. Und es war ein langer Tag. Darf ich schlafen gehen?«

»Liyun, du darfst alles! Du kannst bis morgen mittag schlafen, wenn du willst.«

»Ich schlafe gern.« Sie erhob sich aus dem Sessel, strich den Rock glatt und warf mit einem Ruck die Haare zurück. »Sie gehen noch nicht schlafen?«

»Ich räume noch etwas auf.«

»Kann ich Ihnen helfen?«

»Auf gar keinen Fall. Du gehst jetzt hinauf in dein Zimmer ... und morgen sehen wir uns wieder.«

»Wie der Kaiser will.« Sie gingen in die Halle. Am Fuß der Treppe küßte Rathenow sie auf die Stirn. »Gute Nacht, Liyun«, sagte er.

»Gute Nacht, Herr Rathenow.« Sie gab ihm ihre kleine Porzellanhand und zuckte plötzlich zusammen. »O Gott ...«

»Was ist, Liyun?«

»Ich habe vergessen, Frau Frantzen anzurufen. Ich sollte sofort telefonieren, daß ich gut bei Ihnen angekommen bin. Sie werden böse sein auf mich.«

»Ich regele das morgen früh. Ich werde die Schuld auf mich nehmen.«

»Danke.« Ihre dunklen Mandelaugen strahlten ihn an. »Immer beschützen Sie mich.«

Sie drehte sich um, rannte leichtfüßig, als berühre sie keine Stufe, die Treppe hinauf, riß die Tür ihres Schlafzimmers auf, warf sie hinter sich zu, und Rathenow hörte deutlich, wie sie den Schlüssel herumdrehte. Es sah aus wie eine Flucht.

Im Zimmer riß sie sich die Kleider vom Leib und warf sich nackt bäuchlings auf das Bett.

»Warum bin ich so dumm?« schrie sie in die Kissen hinein, die jeden Ton erstickten. Warum bin ich nicht so wie andere Frauen? Ich liebe ihn doch ... ich liebe ihn ... aber ich habe Angst, es ihm jetzt schon zu zeigen.

Ich bin betrunken. Der Wein! Liyun, beherrsch dich! Ich bin betrunken. Nimm dich zusammen ...

Aber ich liebe ihn ...

Rathenow saß an seiner Schreibmaschine und arbeitete.

Liyun schlief noch. Im Speisezimmer hatte Rathenow für sie den Tisch gedeckt und Kaffee gekocht. Es stand alles auf dem Tisch, was zu einem ausgiebigen Frühstück gehört: verschiedene Sorten Wurst, Zucker, ein Glas Orangensaft und frische Brötchen in einem Flechtkorb, den er aus Borneo mitgebracht hatte. Die Brötchen brachte jeden Morgen ein Bäcker vorbei, der sie in einem Leinensäckchen an die Türklinke hängte ... seit über zwölf Jahren.

Auf den Teller hatte Rathenow einen Zettel gelegt: »Guten Morgen, kleine Liyun. Guten Appetit. Ich bin in meinem Arbeitszimmer.«

Es war schon nach zehn Uhr, da klopfte es an Rathenows Tür. Bevor er etwas sagen konnte, wurde sie aufgestoßen, und Liyun kam herein. Sie trug ein großes Tablett vor sich her, auf dem alles stand, was vorher auf dem Tisch gestanden hatte. Auch den Kaffee brachte sie mit, in einer Thermoskanne. Sie trug weiße, enge Jeans und eine ärmellose Bluse und tappte barfuß über die Teppiche. Sie blieb an der Tür stehen und sagte: »Darf ich hereinkommen? Ich fühle mich so einsam in dem riesigen Zimmer und unter dem Blick Ihrer Mutter. Ach ja: Guten Morgen. Stört es Sie, wenn ich bei Ihnen frühstücke?«

»Nein. Du störst nie. Aber jeder andere würde hinausfliegen. Wenn ich schreibe, bin ich wie ein Drache, der jeden vor seiner Höhle auffrißt.«

»Verzeihung! Dann gehe ich wieder.«

»Du bleibst. Du darfst alles, nur du.« Rathenow sprang

von seinem Schreibtischsessel auf und nahm ihr das schwere Tablett ab. Dabei sah er, daß zwei Tassen, zwei Teller, zwei Bestecke und eine Thermoskanne darauf standen.

»Du hast für mich auch ein Gedeck mitgebracht?«

»Ja. Haben Sie denn so früh schon gegessen?«

»Ein wenig...«

»Ein wenig ist zuwenig für einen Mann, der arbeitet.«

»Du warst in der Küche?«

»Ja.«

»Und du hast alles gefunden?«

»Ich bin doch nicht dumm.« Sie lachte und half Rathenow beim Decken eines runden Tisches, der vor einer Couchecke stand. »Ich muß sofort wieder in die Küche.«

»Warum? Es ist doch alles da.« Rathenow blickte über den Tisch. »Es fehlt nichts.«

»Ich habe Nudeln auf dem Herd. Sie müssen gleich gar sein.«

»Du hast ... du hast Nudeln gekocht? Jetzt?«

»Ich habe alles in der Küche gefunden. Nudeln, Brühwürfel, Fleisch von gestern abend ... das habe ich klein geschnitten. Und viele schöne Gewürze haben Sie im Schrank. Ich koche eine Nudelsuppe, nur die Sojasoße fehlt.«

»Liyun, was soll das alles?« Er schüttelte entgeistert den Kopf. »Wir werden zu Mittag in der Stadt essen.«

»Ich esse die Nudelsuppe jetzt. Haben Sie vergessen, was Sie in China gesehen haben? Ein Chinese muß morgens seine heiße Suppe haben, sonst wird es kein guter Tag. Und Sie haben gesagt, ich darf alles machen ...«

»Ich Trottel!« Rathenow schlug sich mit der flachen Hand gegen die Stirn. »Du hast recht, Liyun. Eure Morgensuppe. Verzeih, daß ich europäisch gedacht habe.«

»Es ist doch Ihre Heimat – aber ich brauche heute eine Nudelsuppe...«

»Ohne Sojasoße. Wir kaufen sie nachher sofort. Setz dich, Liyun ... ich schaue nach den Nudeln.«

»Nein, das ist meine Sache.« Sie zeigte auf die Couchecke. »Sie setzen sich.« Rathenow setzte sich gehorsam. »Du bist wunderbar, Liyun.«

»Ich habe Hunger. Habe ich zu lange geschlafen?«

»Ja...«

Sie sah verlegen auf. »Verzeihung, stört es Sie?«

»Ja ... denn mein Tag beginnt erst, wenn ich dich sehe...«

Sie drehte sich um und lief hinaus. Wie sicher sie auf einmal geworden ist, dachte er. Ihre Scheu ist über Nacht verflogen. Sie hat meine Küche benutzt, als sei das immer so gewesen. Sie fühlt sich schon am ersten Tag wie zu Hause.

Er warf einen Blick hinüber zu seiner Schreibmaschine. Heute nicht mehr. Keine Zeile! Der Tag heute gehört Liyun, ihr ganz allein! Wir werden durch die Wälder gehen, uns ans Ufer der Isar setzen, in einem Biergarten eine richtige Brotzeit essen und am Abend, wenn sich die Hitze gelegt hat, durch die Innenstadt bummeln. Und sie wird staunen, was es alles zu kaufen gibt.

Liyun kam zurück mit einer Porzellanschüssel voll dampfender Nudelsuppe. Sie setzte sich Rathenow gegenüber an den Tisch und begann, ihre Suppe zu löffeln. Er sah ihr eine Weile zu. Dann fragte er:

»Sind die Teller alle noch schmutzig?«

»Warum?«

»Weil du aus der Schüssel ißt.«

»Nudelsuppe muß man aus der Schüssel essen. Haben Sie schon mal einen Chinesen gesehen, der Suppe aus einem Teller ißt?«

»Und bei Dr. Frantzen hast du morgens auch immer Suppe gegessen?«

»Nur am ersten Tag. Ich muß mich doch an die deutsche Küche gewöhnen.«

»Und das brauchst du bei mir nicht?«

»Nein.« Ihre strahlenden Augen sahen ihn kokett an. »Sie sind anders. Sie verstehen unser Leben und unsere Menschen. Dr. Frantzen wäre nie zum Lugu-See gefahren und hätte in einer chinesischen Bauernhütte gewohnt. Er stieg nur in Luxushotels ab. Und überall hat er europäisch gegessen.«

»Nie in einer Garküche an der Straße?«

»Unmöglich! Aber Sie haben es getan. Sie haben in Lijiang sogar Hundegoulasch gegessen ...«

»Das hat mir keiner gesagt! Liyun, ich muß mich über die Reiseleiterin der CITS beschweren ...«

»Hätten Sie es nicht gegessen?«

»Wahrscheinlich doch ... um zu probieren, wie es schmeckt.«

»Sie hätten es nicht gemerkt, denn das Fleisch war mit Ma La Jiang gewürzt.«

»Was ist das?«

»Ma La Jiang ist eine ganz scharfe Soße aus Sichuan.«

»Ich kann mich erinnern ... ein paarmal war das Essen höllisch scharf. Mir hat die Kehle gebrannt, und ich mußte husten.«

»Das weiß ich noch.«

Liyun lachte und rührte in ihrer Nudelsuppe. »Einmal haben Sie Ochsenfleisch mit Hei dou Jiang gegessen – das ist eine scharfe schwarze Bohnensoße. Und La Jiao Jiang haben wir auch immer bekommen ...«

»Ist das dieses Teufelszeug mit den roten Körnchen? Bei uns heißt das Sambal Oelek.«

Sie aß wieder zwei Löffel Nudelsuppe. »Das fehlt hier. Soja und La Jiao Jiang.«

»Wir werden nachher sofort zu einem chinesischen Laden fahren und alles kaufen, was du brauchst.«

»Auch Glasnudeln und getrocknete chinesische Pilze? Es gibt viele Sorten bei uns. Am beliebtesten sind Mu Er und Xiang fu.«

»Du kannst alles kaufen. Aber dann mußt du auch chinesisch für uns kochen.«

»Gern! Wann fahren wir?«

»Sofort nach dem Frühstück.« Rathenow goß sich eine Tasse Kaffee ein, aber er aß nichts. Liyun blickte beim Essen auf. »Möchten Sie auch Nudelsuppe?«

»Ja ... gern ...«

Sie schob ihm die Nudelschüssel zu, und er nahm ihren Löffel und aß ein bißchen. Er hatte das Gefühl, als gehörte Liyun schon lange zu seinem Leben. Es war für ihn so selbstverständlich, als sei sein Leben nie anders gewesen. Nur sein Geheimnis – ein Triade, ein Bruder, ein Hong zu sein – lag noch zwischen ihnen. Das wollte er ihr am heutigen Abend sagen, und er hatte Angst davor. Würde sie ihn verstehen? Und dann dachte er wieder: Liebt sie mich? Bleibt sie bei mir? In drei Monaten läuft ihr Visum ab – was dann?

Rathenow schob Liyun die Nudelsuppe zu.

»Sie haben fast nichts gegessen!« sagte sie tadelnd.

»Ich hatte doch schon gefrühstückt.«

»So auf die Schnelle. Aber jetzt haben Sie Zeit. Sie essen noch ein Brötchen mit Wurst. Ab morgen mache ich Ihnen Dampfbrötchen. Wir werden alles kaufen.«

»Liyun, ich werde in vier Wochen zwei Zentner wiegen!«

»Das macht nichts. Ein dicker Mann gilt bei uns als wohlhabender Mann. Denken Sie nur an den Gott Bao-Dai, den Gott der Zufriedenheit und des Glückes.«

»Um Himmels willen. Willst du mich so fett haben?«

»Nein. Aber gute chinesische Küche macht nicht dick. Sie ist gesund, gesünder als Ihre Küche mit dem vielen Fett, den dicken Soßen, den Klößen, den Pommes frites, den Puddings und den Cremes.« Sie blickte ihn an, und Rathenow sah, daß sie seine blonden Haare musterte. »Können Sie Ihre Haare nicht wieder weiß machen?«

»Das wird Komplikationen geben ...«

»Wenn ich Sie ansehe ... Sie sind mir so fremd. In meinen Gedanken sah ich Sie immer mit dem silbernen Haar.«

»Du hast viel an mich gedacht, Liyun?«

Sie antwortete darauf nicht, schnitt ein Brötchen auf, beschmierte es mit Butter und legte eine Scheibe gekochten Schinken darauf. Auf der flachen Hand hielt sie Rathenow das Brötchen hin.

»Bitte essen ...«

Gehorsam biß er in das Brötchen. Liyun stand auf, räumte den Tisch ab und trug alles auf dem großen Tablett zurück in die Küche. Als sei sie hier die Hausfrau, wickelte sie die Wurst in Folie und legte sie in eine Schale des Kühlschrankes, räumte das gebrauchte Geschirr in die Spülmaschine und die zurückgebliebenen Brötchen in eine Frischhaltebox aus Ton. Dann wischte sie mit einem feuchten Tuch über die Arbeitsplatte der Küche und spülte die Kaffeekanne mit der Hand.

Rathenow blieb an der Küchentür stehen und sah ihr zu. Er hielt sie an den Schultern fest, als sie zum Besenschrank ging, um einen Besen herauszuholen.

»Nein!« sagte er. »Das macht morgen die Putzfrau.«

»Morgen ist zu spät. Es muß immer alles sauber sein.«

»Das ist nicht deine Aufgabe.«

»Was soll ich sonst tun? Ich arbeite gern.«

»Du bist als Gast bei mir, nicht als Hausmädchen.«

Gast. Er hätte sich, kaum daß er das Wort ausgesprochen hatte, ohrfeigen können. Gast ist etwas Fremdes, Unpersönliches, Vergängliches. Ein Gast kommt und geht, und manchmal ist man froh, wenn er »Auf Wiedersehen!« sagt und denkt sich: Bloß das nicht! Liyun ist kein Gast. Sie gehört zu mir, zu meinem Leben.

»Ich möchte mich dankbar zeigen. Sie sind so gut zu mir ... und ich habe große Freude, bei Ihnen zu sein. Sie sind ein guter Mensch.«

»Ob ich das bin, wird sich zeigen. Vielleicht sagst du eines Tages: Ich bin froh, daß ich wieder wegfahren kann.«

»Bestimmt nicht!« Er sah nicht ihren merkwürdigen, fragenden, unsicheren Blick, der mit Angst gemischt war. »Wenn ich Ihnen lästig falle, wenn ich Sie beim Schreiben störe, sagen Sie ruhig: Fahr zurück nach Saarbrücken!«

»Du glaubst, ich könnte so etwas zu dir sagen?«

»Sie haben Ihre eigene Welt, und ich bin in sie eingedrungen. Ich gehe sofort, wenn Sie wollen.«

»Liyun! Ich habe dich zu mir geholt, weil ... weil ich immer den Wunsch gehabt habe, dich wiederzusehen. Daß mein Antrag mit allen Unterlagen verlorengegangen ist, wußte ich nicht. Ich habe immer auf eine Nachricht von dir gewartet.«

»Und ich auf Ihre.«

»Und dann hast du angerufen, du bist in Deutschland ... Ich wäre vor Freude fast an die Decke gesprungen!«

»Bitte nicht ... das tut weh.«

In diesem Moment vergaß Rathenow alle Bedenken. Er riß Liyun an sich, und als sie den Kopf hob, küßte er sie, und sie wehrte sich nicht. Sie erwiderte seine Küsse, und ihre Hände streichelten seinen Nacken, seinen Rücken und wühlten in seinen Haaren. Er spürte ihren Körper, den Duft ihrer Haut, als er ihren Hals und die nackten Schultern küßte, und ihre Zungenspitze liebkoste seine Ohrmuschel, strich über seine Lippen und seine Stirn und seine Halsbeuge. Und sie zuckte auch nicht zusammen, als seine Hand nach ihrer Brust tastete und dort liegen blieb.

»Ich liebe dich ...«, sagte er. »Liyun, ich liebe dich!«

»Ich dich auch, mein Kaiser ...«

Und sie wehrte sich nicht, als er sie auf die Arme nahm und hinauftrug über die breite Treppe, mit dem Fuß die Tür seines Schlafzimmers aufstieß und sie so vorsichtig, als sei sie aus dünnstem chinesischem Porzellan, auf das Bett niederlegte. Sie hielt seine Hand nicht fest, als er die Bluse über ihren Kopf streifte und die engen weißen Jeans von ihren Beinen zog. Mit geschlossenen Augen erwartete sie ihn und umschlang ihn, kam ihm entgegen, kreuzte ihre Beine über seinen Hüften und versank in einem Glücksrausch. »Ich sterbe ... ich sterbe ... mein Gott, ich sterbe ...«, hauchte sie zitternd an seinem Ohr.

Später lagen sie dicht nebeneinander und sahen sich an. Er streichelte ihre Brüste, küßte ihre Brustspitzen, und sie legte den Kopf auf seine Schulter und strich über seine Brust mit den weiß gewordenen Haaren.

»Ich bin so unendlich glücklich«, sagte er. »Es gibt keine Worte dafür.«

»Ich auch, mein Kaiser.«

»Was heißt Kaiser auf chinesisch?«

»Bi Xia ...«

»Und Kaiserin?«

»Bi Xia Niang Niang ...«

Er zog sie über sich, und ihre Körper verschmolzen wieder miteinander.

»Du bist meine Niang Niang«, sagte er. »Für immer und ewig.«

»Für ewig, mein Kaiser. Auch im anderen Leben werden wir zusammenbleiben. Uns kann nichts trennen.«

»Auch der Tod nicht.«

»Auch er nicht. Ich werde immer bei dir sein. Wenn du stirbst, will ich bei dir sein und mit dir gehen. Es gibt für mich kein Leben mehr ohne dich.«

Rathenow küßte sie wieder. Er dachte an Min Ju und Ninglin und daran, daß der Tod ihm näher war als das Leben, wenn er sich von den Triaden löste. Liyun wollte bei ihm bleiben. Auch im Tod. Er begriff, was diese Worte bedeuteten.

Gott, laß nicht zu, daß sie mich töten.

Hilf uns, auf dieser Welt ein neues, eigenes Leben zu finden. Ganz gleich, wo. Nur Liyun und ich – mehr erbitte ich nicht. Liyun und ich – das ist für uns die Welt.

Mit Dr. Frantzen hatte Rathenow ein langes Gespräch geführt. Er entschuldigte Liyun, daß sie nicht angerufen hatte, und Dr. Frantzen hatte volles Verständnis dafür.

»Liyun war so aufgeregt«, sagte er lachend. »Geradezu kopflos. Dabei hat sie sich drei Tage lang geweigert, Sie anzurufen. Aber wir haben so lange auf sie eingeredet, bis sie endlich zum Telefon griff. Und dann war sie wie ausgewechselt.«

»Ich bin Ihnen zu großem Dank verpflichtet, Herr Frantzen.«

»Liyun hat so begeistert von Ihnen erzählt.«

»Hat sie das?«

»Ja. Meine Frau und ich – vor allem aber meine Frau; Frauen haben da einen besonderen Draht – hatten den Eindruck, daß Liyun sich der Illusion hingibt, daß Sie mehr in ihr sehen als nur die Reiseleiterin, die Sie durch Yunnan begleitet hat. Das machte uns ein wenig nachdenklich.«

»Es ist keine Illusion, Herr Frantzen.«

»Wollen Sie damit ausdrücken, daß ...«

»Ja, das will ich.«

Dr. Frantzen räusperte sich vernehmlich. Dann sagte er:

»Wir kennen Sie nur dem Namen nach. Von Ihrem persönlichen Leben, Ihrer Privatsphäre, wissen wir nichts. Aber wir sind für Liyun verantwortlich. Sie ist unser Gast, wir haben die Bürgschaft unterschrieben, daß wir für alles, was sie betrifft, aufkommen – und nun erklären Sie mir, daß Sie für Liyun ...«

»Bitte, ehe Sie weitersprechen, Herr Frantzen, hören Sie mich an«, unterbrach Rathenow ihn. »Meine Einladung, die ich vor Ihrer abschickte, ist offenbar verlorengegangen. Sonst wäre sie längst bei mir gewesen. Ich bin bereit, die Verantwortung für Liyun zu übernehmen und Sie davon zu entlasten.«

»Aber das ist doch keine Last für uns!« Dr. Frantzens Stimme hob sich. »Wir haben Liyun vom ersten Tag an gemocht. Meine Frau mag sie ganz besonders gern.«

»Ich auch.«

»Wie soll ich das verstehen?«

»So, wie Sie es sich jetzt denken. Ich habe nicht ein Dreivierteljahr auf Liyun gewartet, sondern – ich weiß, das klingt kitschig – mein ganzes Leben. Das weiß ich heute.«

»Verzeihen Sie eine Frage, Herr Rathenow: Wie denken Sie sich das?«

»Liyun wird bei mir bleiben.«

»Ihr Visum läuft in knapp drei Monaten ab.«

»Ich werde versuchen, beim Kreisverwaltungsreferat in München eine Aufenthaltsgenehmigung zu bekommen.«

»Es wird schwer sein, eine Aufenthaltserlaubnis zu bekommen. Die Ausländergesetze sind sehr streng.«

»Hier handelt es sich um einen besonderen Fall.«

»So etwas gibt es für das Gesetz nicht. Was anderes wäre es, wenn Liyun um Asyl nachsuchen würde. Und auch dann würde sie im Prüfungsverfahren durchfallen, weil sie aus keinem Kriegsgebiet kommt, nicht politisch verfolgt wird und ihre Rückkehr in das Heimatland keine Gefahr für Leib und Leben bedeutet. Das sage ich Ihnen als Anwalt.«

»Ich versuche es trotzdem. Es bleibt uns ja noch Zeit.«

»Wir erwarten Liyun in zehn Tagen zurück. Das hatten wir so mit ihr vereinbart.«

»Es hat sich da einiges geändert, Herr Frantzen. Natürlich kommt Liyun in zehn Tagen zu Ihnen zurück, aber nur, um endgültig ihre Koffer zu packen und wieder nach München zu fahren.«

»Ich möchte nicht weiter in Sie dringen.« Die Stimme Dr. Frantzens wurde kühl, geschäftsmäßig. »Wie stellen Sie sich das vor?«

»Ich bin Ihnen eigentlich keine Erklärung schuldig, denn Liyun ist nicht Ihre Tochter«, antwortete Rathenow ebenso kalt. »Aber von Mann zu Mann: Ich liebe Liyun.«

»Ein ehrliches Wort. Aber als – na, sagen wir es grob – Geliebte ist Liyun zu schade. Wenn wir das gewußt hätten, hätten wir nicht darauf gedrängt, daß sie Sie anrief, und wir hätten ihre Reise nach München verhindert. Ich kenne das. Wenn der Reiz des Neuartigen, des Fremden verflogen ist und Langeweile sich breitmacht, dann bleibt bei den Frauen eine entsetzliche Leere zurück. Sie können daran seelisch zerbrechen. Wollen Sie Liyun das antun? Dieses zauberhafte Wesen dürfen Sie nicht zerstören! Es ist unverantwortlich!«

»Herr Frantzen, Sie sehen das völlig falsch. Liyun wird für immer bei mir bleiben.«

»Sie wollen sie heiraten?«

»Ein klares Ja!«

»Darf ich fragen, wie alt Sie sind?«

»59.«

»Und Liyun ist im Mai 26 geworden. Das sind 33 Jahre Unterschied. Halten Sie das für normal?«

»Was ist normal? Hört ein Mensch mit 59 auf zu leben? Warum regen sich die Leute so über den Altersunterschied auf? Ist es Neid, Mißgunst? Wir lieben uns, das ist alles! Was spielt da der Altersunterschied für eine Rolle?«

»Wo bleibt Ihre Lebenserfahrung? Wenn Sie 70 werden, ist Liyun 37. Im besten Frauenalter! Und wenn Sie 80 werden sollten, ist ...«

»... ist Liyun 47!«

»Eine vitale Frau mit einem Greis ...«

»Das wollen wir doch besser meiner biologischen Entwicklung überlassen.«

»Und was ist, wenn Sie sterben?«

»Dann ist Liyun meine Alleinerbin. Davon kann sie gut leben. Ich glaube, Herr Frantzen, es bringt nichts, wenn wir uns am Telefon streiten. In zehn Tagen bringe ich Liyun nach Saarbrücken.«

Das Gespräch fand am Nachmittag statt. Liyun lag im Garten auf einer Gartenliege im Halbschatten eines hohen Holunderstrauchs und fühlte sich so leicht und glücklich wie nie. Nur wenn sie an Kunming dachte, fiel ein Schatten auf ihr Glück. Sie dachte an ihre Eltern und wie sie reagieren würden, wenn sie gestand, daß sie einen Mann liebte, der älter war als ihr Vater und dazu noch ein Fremder, ein Europäer. Wie nahm es vor allem ihr traditionsverhafteter Vater auf, daß sie China verlassen und in München leben wollte, in einer so fremden Welt, die er als feindselig ansah? Der Gedanke, seine Lieblingstochter jahrelang oder vielleicht nie mehr zu sehen, würde für ihn unerträglich sein und sein Haupt beugen vor Gram. Und die Mutter? Sie würde still leiden, viel weinen und ihren Schmerz in Gedichten ausdrükken. Sie hatte schon viele Gedichte geschrieben und auch Sinnsprüche in der Tradition der alten Philosophen. Überall in der Wohnung hatte sie diese Sinnsprüche an die Wände geklebt. Was würde sie schreiben, wenn Liyun für immer in Europa blieb? »Der Schmerz ist das Tor zur Erlösung«? Oder: »In die Ferne zu blicken hellt die Nähe auf«?

Es waren Gedanken, die Liyun belasteten. Sie zwang sich, sich von diesen Gedanken loszureißen und zu denken: Es ist mein Leben! Ich bin alt genug, um mich zu entscheiden! Ich breite die Arme vor der Liebe aus und lasse mich in sie fallen. Und keiner kann mich aufhalten, kein gebeugtes Haupt und keine Tränen. Ich habe ein Recht darauf, so zu leben, daß ich glücklich bin.

Sie atmete auf, als Rathenow aus dem Haus zu ihr kam. Sie streckte beide Arme aus, umklammerte seinen Hals und hielt ihm ihr Gesicht entgegen.

»Küß mich!« sagte sie. »Küß mich sofort.« Und sie zog ihn auf die Liege über sich.

Nach vielen Zärtlichkeiten setzte sich Rathenow neben

Liyun auf die Gartenliege, nahm ihre Hand und küßte die Innenfläche.

»Ich habe vorhin mit Dr. Frantzen gesprochen«, sagte er.

Sie hob den Kopf. In ihren Augen standen viele Fragen. »Was hat er gesagt?«

»Er versteht, daß du vergessen hast, ihn anzurufen.«

»Und was sagte er noch?«

»Daß du versprochen hast, in zehn Tagen zurück nach Saarbrücken zu kommen.«

»Das stimmt – aber jetzt ist alles anders geworden. Ich wußte nicht, daß du mich so liebst wie ich dich.«

»Das habe ich Dr. Frantzen gesagt.«

Sie setzte sich mit einem Ruck auf und starrte ihn entsetzt an. »Das hast du ihm gesagt? Was hast du gesagt?«

»Daß ich dich liebe – die Wahrheit.«

»Und was hat er geantwortet?«

»Er hat mir vorgerechnet, daß 33 Jahre Altersunterschied ein Irrsinn seien.«

»Was hat das mit unserer Liebe zu tun?«

»Ich habe versucht, es zu erklären, aber ich habe ihn nicht überzeugen können. Er glaubt, du seist für mich nur eine exotische Geliebte.«

Liyun legte sich wieder zurück auf das Polster und blickte in den Himmel. Ein wolkenloser Sommerhimmel, der schon die Abenddämmerung ahnen ließ. Ein Hauch von Rot überzog ihn.

»Weißt du, was Niang Niang auch noch bedeutet?« fragte sie.

»Die Schönste der Schönen.«

»Nein – die Konkubine.«

»Du bist meine Kaiserin!«

»Es gibt in unserer chinesischen Geschichte viele Konkubinen, die berühmt geworden sind. Ein Kaiser hat wegen seiner Liebe zu einer Konkubine sein Reich verloren, und weil seine Generäle es wollten, mußte er sie mit einer Seidenschnur erdrosseln lassen. Er hat das nie überwunden und wurde im Alter wahnsinnig... Tag und Nacht dachte er nur an sie und ihren Tod, der ihn rettete. Jeder in China kennt die traurige Geschichte von Kaiser Tang Min Huang und seiner Konkubine Yang Gui Fei.«

»Unsere Liebe wird immer jung und fröhlich sein. Und wenn wir einmal traurig werden, dann umarmen wir uns und wissen, daß alles andere klein und unwichtig ist und unsere Liebe jede Traurigkeit verjagt.« Er gab ihr einen Klaps auf den Po und zog sie von der Liege. »Und jetzt zieh dich an, mach dich besonders hübsch, und wir fahren zu einem ganz exklusiven Restaurant. Alle sollen sehen, daß ich eine wunderschöne Niang Niang habe!«

»Eine Konkubine.«

»Es soll bloß einer wagen, dich so zu nennen! Ich bringe ihn um.«

»Dann wirst du bald zum Massenmörder werden, denn alle deine Freunde und Bekannten werden mich ablehnen. Eine Chinesin! Die will doch nur sein Geld! Schöne Kleider, wertvollen Schmuck. Von Mao zu Guy Laroche ...«

»Woher kennst du Laroche?« fragte er verblüfft.

»Am dritten Tag habe ich mit Frau Frantzen einen Bummel durch die Stadt gemacht. Und da war ein tolles Kleid im Fenster, und Frau Frantzen hat gesagt: Liyun, das ist sündteuer. Es ist von Guy Laroche. Das habe ich mir gemerkt.«

»Ab und zieh dich um.«

»Wie es Bi Xia befehlen.«

Sie rannte zum Haus zurück, blieb aber an der Tür stehen und drehte sich zu Rathenow um. »Und was ziehst du an?« rief sie.

»Einen ganz feinen, hellgrauen Seidenanzug.«

»Trotzdem, du wirst nie schön aussehen ... mit diesen schrecklichen Haaren ...«

Sie lief ins Haus, und er hörte wieder ihr helles, perlendes Lachen.

Ich bin verrückt, dachte er, als er ihr nachging. Total verrückt. Ein alter Baum, aus dem plötzlich ein neuer Trieb wächst.

Am nächsten Tag kauften sie in München ein.

Und wie sie einkauften!

Zehn verschiedene Sorten chinesische Nudeln, Sojasoße, Bambussprossen, Gewürze, von denen Rathenow noch nie etwas gehört hatte, getrocknete Pilze, Kräuter und Gemüse, Ananassaft aus Yunnan – Liyun gab Rathenow einen Kuß vor Begeisterung –, Kokosmilch in Dosen, das typische süße Gebäck, drei Sorten Reis, Mehl für die Dampfbrötchen, einen Wok zum Kochen, fünf Sorten Tee ... Liyun wieselte an den Regalen des China-Ladens entlang und stopfte den Einkaufswagen voll. Bei den Flaschen mit den höllisch scharfen Soßen blieb sie stehen und sah sich nach Rathenow um.

»Die auch?« fragte sie.

»Alles, was du brauchst.«

»Du ißt sie doch nicht.«

»Vielleicht eine Messerspitze davon ... aber du magst sie doch.«

»Dann reicht eine Flasche zwei Jahre. Ich nehme nur La Jiao Jiang und Hei dou Jiang mit.« Sie blickte in den Einkaufswagen und schien erst jetzt zu merken, wie voll er war. »Das ist zuviel! Ich stelle was ins Regal zurück. Es ist viel zu teuer.«

»Ist es dein oder mein Geld?«

»Deins! Eben darum!«

»Es bleibt alles im Wagen, was du ausgesucht hast!« Er hob drohend den Zeigefinger. »Niang Niang – keine Widerrede!«

Sie nickte und deutete einen Knicks an. »Niang Niang gehorcht ...«

Rathenow kaufte Liyun ein Kostüm von Guy Laroche. Ein enges, rotes Kostüm, mit feinen Goldfäden durchwebt. Es betonte ihre Figur, als sei es für Liyun in Paris maßgeschneidert worden. Sie sah darin so schön aus, daß die Verkäuferinnen zusammenliefen und sie bewunderten. Welch ein Figürchen! Welch ein chinesisches Püppchen!

»Sie haben Glück«, sagte die Verkäuferin, die sie bediente. »Es ist das einzige Stück in Größe 34. Das Kostüm ist wie für Sie gemacht.«

Während sich Liyun wieder umzog, bezahlte Rathenow das Kostüm an der Kasse. 3999 Mark. Er hatte nicht gedacht, daß solch ein Stückchen Stoff mehr kostete, als ein mittlerer Beamter im Monat verdiente. Er steckte die Quittung schnell in seine Tasche und dachte daran, was die Leute sagen würden: »Du elender Protz! Weißt du denn überhaupt, wie viele Arbeitslose es in Deutschland gibt? Mit wieviel elenden Mark sie eine Familie ernähren müssen? Und du ...«

Später, auf der Rückfahrt nach Grünwald, fragte Liyun:

»War es teuer?«

»Was?«

»Das Laroche-Kostüm.«

»Es geht ...«

»Was heißt das, Bi Xia?«

»Es hält sich in Grenzen bei Laroche.«

»Also teuer! Ich schäme mich, daß ich Laroche überhaupt erwähnt habe. Das wollte ich nicht. Bringen wir das Kostüm sofort zurück ...«

»Das geht nicht. Gekauft ist gekauft.«

»Du bekommst kein Geld zurück?«

»Nein. Die Einnahme ist in die Kasse gebucht.«

»Ich werde zu ihnen sagen: Sie haben mich betrogen! Sie müssen mir vorher den Preis nennen!«

»Dafür ist das Preisschild da. Es hing an der Jacke.«

»Bei uns in China stehen die Preise groß dran.«

»Du bist nicht mehr in China, du bist in München, Schatz. Und außerdem: Wer bei Laroche oder Chanel oder Yves St. Laurent kauft, fragt nicht nach dem Preis. Man würde es als unanständig betrachten. Man kauft, was gefällt – das andere regelt der Ehemann oder sein Bankkonto.«

Sie gab ihm einen Kuß auf die Wange und zeigte dabei nach vorn. »Paß auf die Straße auf. Ich danke dir ... Soll ich es morgen anziehen?«

»Ja. Wir gehen morgen ins Theater ... ins Gärtnerplatz-Theater. Dort spielen sie ›Eine Nacht in Venedig‹ von Johann Strauß.«

Sie küßte ihn wieder und legte den Arm um seine Schulter.

»Ich freue mich ... Warst du schon mal in Venedig?«

»Öfter.«

»Allein?«

»Mit meiner Frau. Das letztemal ein Jahr, bevor sie starb.«

»Ist Venedig so schön wie auf den Bildern?«

»Manchmal ja und manchmal nicht. Es ist eine sterbende Stadt. Eine Stadt auf Millionen Holzsäulen. Sie haben Jahrhunderte standgehalten – jetzt, durch die Zerstörung der Umwelt, verfallen sie.«

»Werden wir auch mal nach Venedig fahren?«

»Bestimmt ... es ist die Stadt der Hochzeitsreisenden.«

Sie sah ihn lange schweigend an, küßte dann wieder seinen Hals, und ihre Gedanken blieben an einem Wort hängen, an das sie nie gedacht hatte: Hochzeitsreise. Ein Wort, das ihre Gefühlswelt irritierte. Dachte er wirklich an Heirat? Eine kleine Chinesin, und dann noch aus Rotchina, als Frau Rathenow? Würde das nicht einen Skandal auslösen? Stand er dann nicht außerhalb seiner Gesellschaft? Würde man ihm nicht überall mit einem mokanten Lächeln begegnen? Der Opa mit der Enkelin? Der alte Mann auf Schmetterlingsjagd? Wie lange konnte er diese Mißachtung ertragen? War sie überhaupt erträglich? Würde er nicht über kurz oder lang von diesem Spott ausgehöhlt werden und dann diese unmögliche Ehe als seinen Untergang empfinden? War es nicht besser, wirklich eine Niang Niang, seine Konkubine, zu bleiben, bis der Tod sie trennte? Ein Leben lang in seiner Nähe zu sein, für ihn zu sorgen, ihn zu pflegen, in seiner Liebe glücklich zu sein – war das nicht das Wunderbarste, was man von einem Leben erwarten konnte?

Frau Liyun Wang-Rathenow ... hieß so das Ende eines Glücks?

Sie legte ihre Hand auf seinen Arm und sagte völlig überraschend:

»Ich habe etwas vergessen.«

»Was fehlt dir noch?« antwortete er und fuhr langsamer.

»Ein Beil.«

Er lachte und blickte sie kurz an. »Willst du mich erschlagen, wenn ich dir jemals untreu werden sollte? Du wirst dazu keine Gelegenheit haben. Was dir auch später die Neider erzählen werden, vergiß es! Meine Niang Niang ist die letzte Frau bis zur Ewigkeit. Ich schwöre es dir.«

»Es geht nicht darum, dich zu töten – dazu würde ich kein Beil brauchen. Ich muß es für die Küche haben.«

»Willst du die Möbel zerhacken, damit ich eine neue, modernere kaufe?«

»Ich brauche das Beil, um Fleisch und Gemüse zu hacken, Kräuter und alles, was zerkleinert werden muß. Ein Küchenbeil. In keiner chinesischen Küche kann man ohne Beil arbeiten. Jeder Koch wäre hilflos ohne sein Küchenbeil. Es ist für uns wichtiger als Messer und alle anderen Geräte. Mit einem Beil kann man alles machen.«

Rathenow erinnerte sich an die chinesischen Küchen, die er gesehen hatte, und er hatte gestaunt, mit welcher artistischen Fähigkeit und Schnelligkeit die Köche das Fleisch, die Hühner und Gänse und Enten in kleine Stücke hackten, damit man sie mit den Stäbchen essen konnte. Da waren selbst die größten und schärfsten Messer untauglich, denn in China zerhackt man das Geflügel mit den Knochen und läßt sie, so zerkleinert, im Fleisch. Man nagt sie ab und wirft sie dann in eine Schale ... oder einfach auf den Boden. Er hatte Restaurants besucht, wo die Chinesen nach dem Essen aufstanden, und um ihre Stühle herum lagen die Knöchelchen und andere Essensreste. Sie wurden dann einfach weggekehrt.

»Wir kaufen morgen dein Küchenbeil«, sagte er. »Komm, gib mir schnell noch einen Kuß.«

»Warum?«

»Weil du so schön bist.«

An diesem Abend kochte Liyun ein Hühnchen mit Salbeiblättern und verschiedenem Gemüse, Bambussprossen und Bohnenkeimlingen. Sie weihte damit den neuen Wok ein. Den chinesischen Reis ließ sie in einem großen Topf garen, weißen, kleinkörnigen Reis, der nicht zusammenpappte, sondern locker, Korn für Korn, in den Schalen lag, die Liyun gekauft hatte ... Porzellanschalen mit durchsichtigen

Punkten und bemalt mit Blumensträngen und einem roten Drachen. Made in VR China.

Rathenow hatte unterdessen Zeit, die Zeitungen zu lesen. Schon die Schlagzeilen trafen ihn wie ein Schlag:

Bandenkrieg in München.
Drei russische Mafia-Mitglieder und zwei Chinesen tot am Chiemsee gefunden.
Das Blutbad am Chiemsee. Kampf der Triaden gegen die Russen-Mafia. Wird Deutschland das neue Zentrum der organisierten Kriminalität?
Unsere Polizei – machtlos!
Schlachtfeld Chiemsee. Polizei befürchtet weitere Bandenmorde. Es geht um Schutzgelderpressung, Drogenhandel und Prostitution.
Der gnadenlose Kampf um den Markt der Unterwelt.

Rathenow las die Artikel mit wachsender Erregung. Aisin Ninglin war offenbar voll in Aktion. Er mußte vor Freude geradezu jubeln ... Messer, Axt und Pistole frei! Jetzt konnte er Menschen zerteilen wie auf dem Schlachthof Schweine und Rinder.

Aber da stand auch das Wort Schutzgeld ... und das zog Rathenow in das Morden hinein. Als er die Zeitungen auf den Teppich warf, wurde ihm bewußt, daß 14K nun auch ihn alarmieren würde. Auffordern, an dem Töten teilzunehmen. Vernichten, wer in sein Revier eindringen würde. Ein Gedanke, der ihn fast zum Wahnsinn trieb.

Töten – oder wegen Ungehorsams selbst getötet werden, das war die einzige Alternative. Und Tod auch für Liyun! Mit größter Freude würde Ninglin ihren Leib zerstückeln. Rathenow preßte die Fäuste gegeneinander. Es gab keinen Ausweg mehr aus dieser Vernichtung.

Das Telefon klingelte, und bevor Rathenow abhob, wußte er, wer am Apparat war.

»Ja?« meldete er sich kurz.

»Hong Bai Juan Fa ... wir suchen dich ...«

Min Ju! Der Höllentanz begann.

»Wir haben mehrmals versucht, dich zu erreichen, Bruder.« Mins Stimme enthielt einen leichten Tadel. »Wo warst du?«

»In der Stadt.«

»Einkaufen mit Wang Liyun?«

Rathenow stockte der Atem. Es war gut, daß er saß, er wäre sonst umgekippt.

»Du weißt, daß Liyun ...«

»Wir wissen alles«, unterbrach ihn Min Ju. »Sie ist am Sonnabend zu dir gekommen.«

»Du läßt mich überwachen? Du läßt einen Bruder und Cho Hai beobachten? Du hast kein Vertrauen zu mir?«

»Du bist kein Chinese, Bruder, und deshalb müssen wir immer vorsichtig sein. Wir kennen euren wankelmütigen Charakter. Wir glauben dir, daß du ein guter Hong bist und deinen Blut-Eid ernst nimmst ... aber schon Lenin hat gesagt: ›Vertrauen ist gut – Kontrolle ist besser.‹ Komm zu mir, wir brauchen dich! Die Russen haben angegriffen!«

»Die Russen oder ihr?«

»Das ist eine unwichtige Frage. Es hat Tote gegeben, und es werden noch mehr werden.«

»Ich habe es gerade in den Zeitungen gelesen. Ninglin muß vor Freude platzen. Oder ist er einer der getöteten Chinesen?«

»Ich muß dich enttäuschen, Grassandale. Er lebt. Komm herüber!«

»Heute abend noch?«

»Denk daran, daß Liyun jetzt bei dir ist. Du kannst sie nicht beschützen oder verstecken. Vergiß nicht: Wir sind überall! Wie oft habe ich dir das gesagt.«

»Ich komme morgen früh.«

»Wann?«

»Um acht Uhr bin ich im ›Schwarzen Mandarin‹.«

»Kannst du mit einer Pistole umgehen?«

Rathenow zog den Kopf zwischen die Schultern. Nein! schrie es in ihm. Nein! Das könnt ihr nicht von mir verlangen! Nein!

»Ich habe es gelernt ... in den letzten Kriegstagen ... als zwölfjähriger Pimpf.«

»Man lernt es schnell wieder. Ich erwarte dich um acht Uhr bei mir.«

Min Ju legte auf. Rathenow warf den Hörer auf die Gabel und lehnte sich in seinem Sessel weit zurück. Vor seinem Blick verschoben sich die aus wertvollen Hölzern geschnitzten Kassetten der getäfelten Decke.

Sie überwachen mich. Ihr Mißtrauen hat sich verstärkt ... ich weiß zuviel. Und nun ist Liyun bei mir, und sie werden nicht zögern, sie vor meinen Augen zu quälen, und ich kann ihr nicht helfen. Die Polizei verständigen? Das wird sie nur kurz aufhalten; sie werden uns jagen und finden und »bestrafen«. Die Triaden sind mächtiger als die Polizei. Das haben sie immer wieder bewiesen.

Morgen früh. Acht Uhr. Ist das das Ende?

Liyun steckte den Kopf durch die Tür. Wie fröhlich sie aussieht ... wie glücklich ... wie schön ... Und morgen kann alles vorbei sein ...

»Essen ist fertig!« rief sie und winkte. »Bi Xia – der Tisch ist gedeckt.«

»Ich komme, Niang Niang!«

Er erhob sich mit Mühe. Und er fühlte Panik in sich aufsteigen.

Auf dem Tisch stand der neue Wok, es roch köstlich nach exotischen Gewürzen, und man sah Liyun die Spannung an: Wie wird es ihm schmecken? Ich habe alles gekocht nach Yunnan-Art. Mein Liebling, erinnerst du dich an das kleine Familienlokal in Dali? Und an die Wirtschaft von Xing Datong am Erhai-See? Ich habe versucht, so zu kochen wie sie ... und es ist das erstemal, daß ich koche. Ich habe nie am Herd gestanden und in Töpfen gerührt, Fleisch gehackt oder Reis gekocht oder Soßen gerührt. Bi Xia, sei nicht zu streng zu mir.

Sie löffelte aus dem Wok, in dem Gemüse und Fleisch brutzelte, die Hühnerstückchen heraus und legte sie in Rathenows Eßschale. Gemüse und Reis folgten. Für jedes Gericht hatte sie eine extra Schale bereitgestellt. Liyun aß mit Stäbchen – einfachen Holzstäbchen, die man aufbrechen mußte, sie waren paarweise aus einem Stück Holz gepreßt. Holzstäbchen sind besser als die glatten Luxusstäbchen aus Horn oder Kunststoff, bemalt mit chinesischen Zeichen und bunten Blüten. An einem Holzstäbchen bleibt das Essen besser haften.

Rathenow war kaum fähig, einen Bissen zu schlucken. Aber er wußte, es wäre eine Beleidigung für Liyun zu sagen: »Ich kann nicht!« Er mußte etwas essen. Und nach dem Essen wirst du ihr alles gestehen. Wirst du ihr von deinem verpfuschten Leben erzählen.

»Bekomme ich keine Stäbchen?« fragte er und schob das Besteck zur Seite.

Sie lachte und schüttelte den Kopf. »Du kannst nicht damit essen.«

»Ich will es versuchen.«

»Das hast du immer gesagt. Aber in vier Wochen hast du es nicht gelernt. Weißt du noch, wie du auf der ganzen Fahrt durch Yunnan immer ein Besteck in deiner Tasche herumgetragen hast? Wie habe ich da gelacht! Und du hast immer gesagt: ›Wenn ich mit den Stäbchen essen muß, sitzen wir morgen früh noch hier.‹«

»Ich weiß, ich habe mich blamiert. Ich habe mich saudumm angestellt. Aber ich habe geübt, mit den Fingern umzugehen.« Die Fingerübungen der Triadensprache. Ich habe gelernt, was man mit Fingern alles tun kann. Auch das Stäbchenessen. Min Ju hatte die Geduld, es mir beizubringen. Ein Cho Hai, ein Bruder der 14K, der mit Messer und Gabel ißt – unmöglich. Und er hatte so lange geübt, bis er es beherrschte. Min Ju hörte mit dem Unterricht erst auf, als er sah, daß ich ein einzelnes Reiskorn mit den Stäbchen aufnehmen konnte.

»Versuchen wir's, Liyun. Gib mir die Stäbchen!«

Als Rathenow tatsächlich die Hühnerstückchen, das Gemüse und den Reis mit den Stäbchen fassen konnte und sogar das Fleisch in die Soßen tauchte, ohne daß es hineinfiel, klatschte Liyun begeistert in die Hände.

»Bravo!« rief sie. »Bravo!« Und dann sprang sie auf, kam um den Tisch herum und küßte ihn. »Ich liebe dich ...«

Rathenow aß nur wenig. Das Essen war eine Qual für ihn. Nach einigen Bissen legte er die Stäbchen quer über seine Schale. Liyun sah ihn mit weiten, ängstlichen Augen an.

»Schmeckt es dir nicht?« fragte sie bedrückt.

»Doch ...«

»Ist es so schlecht?«

»Es ist köstlich. Einfach köstlich.«

»Du lügst ...«

»Ich könnte dich nie belügen, Liyun.«

»Du willst mir nur nicht weh tun. Ich weiß, ich habe schrecklich gekocht. Aber ich werde Kochen üben wie du das Essen mit Stäbchen. Oder ißt du lieber weiter europäisch? Braten, Steaks, Schnitzel? Ich will auch das lernen.«

»Du kannst schon wunderbar kochen.«

Sie antwortete darauf nicht und löschte die Flamme unter dem Wok. »Willst du noch die Suppe?« fragte sie enttäuscht.

»Gern.«

»Ich gebe sie dir gleich. Wer hat vorhin angerufen?«

»Mein Verleger.« Nun lüge ich doch, Liyun. Nur noch diesmal. Heute abend ... oder morgen, ja, besser morgen, sage ich dir die volle Wahrheit. Laß mich erst mit Min Ju sprechen, dann weiß ich, was uns erwartet. Es wird jetzt alles sehr schnell gehen. Entweder es endet mit einer Katastrophe, oder wir werden frei sein.

»Ich soll ihn morgen besuchen. Um acht Uhr.«

»So früh?«

»Er ist ein vielbeschäftigter Mann, Liyun.«

»Und du bist ein berühmter Mann! Dir kann man doch nichts befehlen!«

»Es ist kein Befehl, es ist eine Bitte. Und außerdem sind wir Freunde.«

Sie fragte nicht weiter, glaubte ihm. Sie aßen die Suppe. Zum Nachtisch brachte sie eine Schale gewürfelter Ananas mit einer Sahnehaube.

»Ein fürstliches Mahl!« sagte Rathenow. »Du wirst mich doch mästen.«

»Du hast ja kaum etwas gegessen.« Sie stützte den Kopf in

beide Hände und nagte an der Unterlippe. »Ich muß dir etwas gestehen.«

»Du siehst mich an, als hättest du etwas ganz Schreckliches verbrochen.«

»Vielleicht habe ich das. Was du gegessen hast, war das erste Essen, das ich in meinem Leben gekocht habe.«

»Das ist nicht wahr!«

»Glaub es mir. Ich habe mir viel Mühe gegeben.«

»Liyun, du bist ein Genie!«

»Aber dir hat es nicht geschmeckt.«

»Es war ein Meisterwerk! Nur … ich kann heute nicht viel essen. Ich … ich habe einen Druck im Magen. Ein Völlegefühl. So, als hätte ich mich den ganzen Tag vollgestopft.«

»Es ist dir auf den Magen geschlagen …«

»Was sollte mir …« Vorsicht! Hat sie etwas gehört, hat sie an der Tür gelauscht, als ich mit Min Ju telefonierte? – »Was soll der Grund sein …«

»Ich habe zuviel Geld ausgegeben, nicht wahr? Ich habe soviel gekauft, und dann das Kostüm – da ist dir übel geworden! Verzeih! Ich bringe das Kostüm wieder zurück. Glaub nicht, daß ich eine Verschwenderin bin!«

»Oh, mein kleines Bai-Mädchen.«

Er sprang auf, zog sie an sich, und der innere Druck ließ nach. Sie küßte ihn mit einer Verzweiflung, als sei es ihr Abschied und sie müsse zurückkehren nach China.

Am Abend sahen sie fern. Rathenow hatte im Programm einen Film gefunden, der genau richtig schien, Liyun auf die Wahrheit vorzubereiten, die ab morgen ihr gemeinsames Leben bestimmen würde.

Es war ein Film aus der China-Town von San Francisco. Ein Thriller von den Machenschaften einer Triaden-Gang, und je länger der Film dauerte, um so lächerlicher wurde er für Rathenow. Welch ein verlogener, haarsträubender Film. Die Wirklichkeit war völlig anders. Was da als Triaden über den Bildschirm lief und schoß und prügelte, war ein Gangstermärchen, wie es die Zuschauer mochten. Aber es gab keinen Aisin Ninglin, keinen Min Ju, kein Verstümmeln von Menschenkörpern, keine zertrümmerten Gesichter, keine

Frauen mit abgeschnittenen Brüsten, kein abgetrenntes Fingerglied, keine Hinrichtungen mit dem Kaiserschwert ... und dann der kindische Unfug mit den Kung-Fu-Kämpfen, wo man sich ansprang und Hiebe versetzte und immer wieder auf die Beine schnellte ... Ninglin hätte lachend auf die Mattscheibe gespuckt und gerufen: »So ein billiges Theater. Bruder, nimm eine Axt und spalte ihm den Schädel! Warum hüpfst du um ihn herum? Zeitverschwendung ist das! Und dieser Lärm! Ein Triade tötet lautlos und schnell.«

Liyun hockte wieder mit untergeschlagenen Beinen im Sessel und sah dem Spektakel zu. Ab und zu zuckte sie zusammen, wenn ein Triade seinen Gegner durch ein Fenster oder eine Glastür warf, und sie freute sich mit glänzenden Augen, wenn die so verteufelt gute Polizei mit ihrem Kommissar, dem Helden des Films, das geheime Quartier der Chinesenbande ausräumte.

Als der Film zu Ende war, sagte Liyun, noch ganz unter dem Eindruck:

»Gibt es so etwas wirklich? Immer trampeln sie auf uns Chinesen herum. Das ist doch alles eine Lüge.«

»Ja, es ist gelogen. Die Triaden sind anders ...«

»Gibt es sie wirklich, die Triaden?«

»Ja, Liyun. Es gibt sie auch in Kunming. Denk an deine Entführung und an den Heroinschmuggel, zu dem sie mich gezwungen haben mit der Drohung, dich für mich zu bestrafen. Hätte ich sonst diesen ›Kaffee‹ nach München gebracht?«

»Du glaubst, es waren Triaden und nicht bloß kleine Betrüger? Ich kann nicht glauben, daß es solche Banden wie eben im Film gibt.«

»Nein, solche Banden gibt es nicht.«

»Siehst du, ich habe doch recht. Alles nur westliche Hetze gegen uns Chinesen! Wenn ein Mensch besonders brutal ist – im Film –, dann ist es meistens ein Chinese. Warum verachtet man uns so? Wenn bei euch die Rede auf Chinesen kommt, dann nennen sie uns Schlitzauge, Kuli, dreckiger Gelber, Halunke, Betrüger, gelber Abschaum, Hurenkerle, gelbe Gefahr, Bauernlümmel oder kommunistische Idioten! Was haben wir euch getan?«

»Ihr habt Mao zugejubelt.«

»Und ihr Hitler!«

»Wir haben auch teuer dafür bezahlt.«

»Wir sind auch Menschen. 1,3 Milliarden Menschen, von denen 600 Millionen noch nie in ihrem Leben satt geworden sind. Satt – das ist wie ein Fremdwort für mein Volk. Sind wir deswegen Kulis, auf die jeder einprügeln darf? Jetzt, da China eine Wirtschaftsmacht werden wird, wollen alle Geschäfte mit ihm machen – aber wir bleiben für euch doch immer die gelben Affen! Sagen wir von euch: Ihr seid betrügerische Kapitalisten, ihr beutet die Arbeiter aus, ihr seid scheinheilig und verachtet die Moral, wenn es um Geld geht?«

»Genau das hat Mao gesagt.« Rathenow schaltete den Fernseher aus. »Wie war das mit dem Demokratieaufstand im Juni 1989? Auf dem ›Platz des Himmlischen Friedens‹?«

»Wie war das mit euren Judenmorden? Die Millionen in den Gaskammern und so weiter?«

»Du lieber Himmel – soll das eine Rechtfertigung sein? Wollt ihr Mord mit Mord entschuldigen? Sollen die Triaden sagen: Die Mafia tötet, also töten wir auch?«

»Ich will nichts entschuldigen. Dafür gibt es keine Entschuldigungen. Aber ich wehre mich dagegen, daß 1,3 Milliarden Chinesen schuldig sein sollen.«

»Ihr habt eure Herrscher gewählt.«

»Der Volkskongreß hat sie ernannt. Hat man die Bauern am Hoangho gefragt oder die Nomaden auf der Seidenstraße? Aber ihr, ihr klugen Europäer, ihr habt genau gewußt, wen ihr wählt!«

Sie hatte sich mit jedem Satz in ihren Zorn gesteigert. Ihr Gesicht hatte sich gerötet, ihre Augen sprühten Feuer. Sie sah erregend schön aus in ihrem Zorn ... eine Wildkatze, die gegen die Gitter ihres Käfigs springt.

»Ich gehe ins Bett!« sagte sie. »Ich will schlafen.« Sie sprang dabei auf und ging an Rathenow vorbei, ohne ihn eines Blickes zu würdigen. »Gute Nacht.«

»Ich komme gleich nach«, sagte er.

»Wie du willst. Laß dir Zeit. Ich kann auch ohne dich schlafen ... wie bisher. Und das Kostüm will ich auch nicht haben.«

»Unser erster Krach. Schon am dritten Tag... Das kann ja in der Zukunft lustig werden.«

Er sah ihr nach. Ihr Gang, die Haltung ihres Kopfes und ihrer Schultern erinnerten ihn an ein Märchenspiel, das er als Junge gesehen hatte, versetzten ihn zurück in seine Jugendzeit und den Abend, an dem er auf dem Rang des Theaters gesessen hatte und unten auf der Bühne ein wütendes Mädchen durch einen Wald stapfte, auf der Suche nach dem Zwerg, der ihr die besten Beeren gestohlen hatte. Der Name des Stückes fiel ihm nicht mehr ein, aber er erinnerte sich genau an die Worte, die er seiner Mutter zugeflüstert hatte: »Ist denn niemand da, der ihr hilft? Ich will ihr helfen!« Und die Mutter hatte zurückgeflüstert: »Junge, das ist doch nur ein Theaterspiel. Bleib ruhig sitzen. Das Mädchen wird den Zwerg bestimmt allein finden.«

»Niang Niang!« rief er Liyun nach. Sie schüttelte den Kopf und drehte sich nicht um.

»Nein!«

»Es hat doch keinen Sinn, sich wegen der dummen Politik zu streiten.«

»Du hast damit angefangen!«

Sie blieb an der Tür stehen, aber sie öffnete sie nicht. Ein kleiner Sieg für Rathenow.

»Ich entschuldige mich!« rief er ihr zu. »Lassen wir die Frage offen, wer angefangen hat. Ich wollte noch eine Flasche Wein mit dir trinken.«

»Danke! Ich möchte mich nicht betrunken machen lassen.«

Katze!

»Wir haben etwas zu feiern.«

»Ich wüßte nicht, was wir feiern sollten.«

»Unseren ersten Streit!«

Sie warf sich herum und blitzte ihn an. Ihr Kopf reckte sich etwas nach vorn.

»Du bist gewöhnt, überall recht zu haben! Aber Recht gehört nur dem, dem das Recht zusteht! Und das bin heute ich! Sag, daß das richtig ist.«

»Es ist richtig.«

Sie kam zurück und baute sich vor ihm auf wie ein Boxer vor dem ersten Gong.

»Meinst du es ehrlich?«

»Ganz ehrlich, Niang Niang.«

»Dann steh auf!«

Rathenow gehorchte. Was kommt jetzt? dachte er. Dieses Funkeln in ihren Augen verheißt nichts Gutes. Eine Rachegöttin könnte nicht drohender wirken. Und plötzlich sprang sie ihn an, hing an seinem Nacken, überschüttete sein Gesicht mit Küssen und stammelte dabei:

»Ich bin dumm ... dumm ... dumm ... Ich liebe dich ... Laß uns nach oben gehen.«

Und wieder trug er sie die Treppe hinauf, hinein in den Himmel.

Min Ju saß wie immer hinter seinem den Raum beherrschenden Schreibtisch und las die neuen Zeitungen. Was sie berichteten, amüsierte ihn, vor allem die Lüge, die Polizei sei auf einer heißen Spur, die die Leser beruhigen sollte. Sie sei jetzt sicher, daß es sich bei den Morden am Chiemsee um einen Bandenkrieg handele.

Das war die einzige Wahrheit ... alles andere entsprang der Phantasie der Redakteure. Die Polizei wußte gar nichts. Das Landeskriminalamt war eingeschaltet worden und hatte die Münchner Spezialisten für die Bekämpfung der organisierten Kriminalität – kurz OK genannt – zu Hilfe gerufen. Sie hatten die größten Erfahrungen. Eine Sonderkommission »Chiemsee« mit 16 Beamten wurde gebildet, aber man hätte sich diesen Aufwand sparen können. Peter Probst und Lutz Benicke waren sich längst einig geworden, daß sie nur einen Erfolg vorweisen konnten: Die Pathologie erhielt fünf frische Leichen, denn niemand würde einen Anspruch auf die Toten geltend machen. Die Gerichtsmediziner hatten eine lange Liste der Todesursachen aufgestellt, wann und wodurch der Tod eingetreten war, aber PP war es völlig gleichgültig, ob die Russen und Chinesen erschossen oder mit Äxten zerhackt oder aufgeschlitzt worden waren. Es war die Handschrift der Triaden, und mit diesem Wissen saß man wieder auf dem trockenen.

Es gab keine Zeugen, niemand hatte etwas gehört, obwohl laut Autopsie-Bericht im Körper der Chinesen neun Kugeln vom Kaliber 357-Magnum gefunden wurden, aber sie konnten ja mit Schalldämpfer abgefeuert worden sein. Keiner erhob Anspruch auf die Leichen, sie hatten keine Verwandten, und sie waren illegal in München gewesen. Perfekter geht es nicht. Das alte, nervenraubende Warten begann ... das Warten auf den Kommissar Zufall. PP sprach es voll Bitterkeit aus:

»Das ist der Anfang. Die beiden Russen aus Wessling waren eine Art Generalprobe ... nun läuft der erste Akt. Ich befürchte, wir werden das Finale auch noch erleben, ohne in die Regie eingreifen zu können. Da können die Zeitungsschmierer schreien, wie sie wollen ... sie sollen es besser machen! Es ist noch keinem von ihnen gelungen, einen Triaden zu interviewen. Es sei denn, er hätte Lust am Selbstmord. Ich habe es geahnt. Die plötzliche Ruhe am Schutzgeld-Schauplatz ist mehr als verdächtig. Es wird nach wie vor kassiert, aber die Wirte zahlen freudig! Kein Strafüberfall mehr. Überall eitel Freude. Die Gummiwand ist dicker geworden. Was nutzen alle Razzien? Wohin wir kommen: Lächeln, Schweigen, ein Fläschchen Pflaumenwein als Gastgeschenk ... und Sense! Diese Höflichkeit zerreißt meine Nerven. Ich weiß: Der Bursche da weiß viel, so viel, daß wir ein Stückchen weiterkommen könnten ... aber er schweigt wie eine Muschel. Natürlich kann man Muscheln aufbrechen ... aber nicht mit unseren Gesetzen. Die gestehen den Gangstern Persönlichkeitsrechte zu und treten uns in den Hintern. Persönlichkeitsrechte für die Entlarvung von Mördern und Verbrecherbanden! Wenn heute ein Polizist schießt, selbst in Notwehr, wird eine hochnotpeinliche Untersuchung angeordnet. Er muß sich verantworten und nachweisen, warum er sich nicht hat erschießen lassen. Die Presse fällt wie Geier über ihn her, das Begräbnis des Gangsters wird zum Medienereignis, und der Polizist, der nur sein Leben verteidigt hat, wird zum uniformierten Täter gestempelt. Wie war es bei den RAF-Morden an Schleyer und Herrhausen? Alle sprachen von den Mördern, aber kaum einer von den erschossenen Polizisten. Ist ja nur ein ›Bulle‹! Ich möchte am liebsten auf diesen ganzen Kram scheißen, mich pensionieren lassen und auf Mallorca in die Sonne legen.«

Es war nur ein Ausbruch bitterster Enttäuschung. Jeder im Polizeipräsidium wußte, daß Oberrat Peter Probst nie aufgeben würde. Nie! Sein Kampf gegen die organisierte Kriminalität war seine Lebensaufgabe, die er nicht in andere Hände geben würde.

Min Ju blickte von seiner Zeitung auf, als Rathenow eintrat. Er ließ sie auf den Boden fallen und lehnte sich in seinem Sessel zurück.

»Du hast die Zeitungen gelesen?« fragte Min.

»Ja, Daih-Loh.«

»Sie lügen! Die Polizei hat keine heiße Spur. Sie hat nicht einmal ein Körnchen einer Spur. Mach dir keine Sorgen, Hong Bai Juan Fa.«

»Ich mache mir Sorgen um deine Worte, Bruder: ›Wir brauchen dich!‹ Ich tauge nicht für einen Krieg. Ich kann keinen Menschen töten! Ich möchte mit der Russen-Mafia nichts zu tun haben.«

»Das weiß ich. Du schreibst Bücher über abenteuerliche Reisen, aber selbst bist du ein Schwächling. Ein Gehirnabenteurer. Ein Tintenpisser. Du hast dich gut eingelebt als Grassandale – und mehr wirst du nicht. Ich will nur, daß du deine Schützlinge zusammenhältst. Wenn sie denken, der Krieg gegen die Russen hätte uns geschwächt, dann mußt du ihnen unsere Stärke zeigen. Es wird in den nächsten Monaten zu vielen Schlachten kommen, und wir werden sie gewinnen, denn wir sind schneller als die Russen. Sie sind die Bären, aber wir sind die Schlangen, die sie mit einem Biß töten. Was wirst du tun, wenn sie in dein Revier kommen?«

»Ich melde es dir.«

»Und was machst du selbst?«

»Ich werde die Wirte warnen. Ninglin hat dafür gesorgt, daß sie die Warnungen verstehen.«

»Und wenn die Russen ihnen Schutz gegen uns anbieten? In Nürnberg ist das schon geschehen. Gehst du dann weg wie ein geprügelter Hund?«

»Ich kann nicht Frauen und Kinder mißhandeln. Das könnt ihr nicht von mir verlangen.«

»Du hast die Blut-Eide geschworen. Du hast den weißen Hahn geköpft ... und denk an Liyun!«

»Liyun!« Rathenow trat nahe an den Schreibtisch heran. Min Ju starrte ihn mit hochgezogenen Schultern an. »Du hast mich belogen, Min Ju. Du hast mich willenlos gemacht, zu einem Sklaven, indem du mir Liyuns Locken und ihren Fingernagel gegeben hast. Beides stammt nicht von ihr!«

»Mir war klar, daß mein kleiner Betrug herauskommen mußte, als Liyun nach Deutschland kam. Es sollte ja auch nur eine Mahnung sein: Sieh, so kann es auch Wang Liyun ergehen. Und du hast es begriffen. Die kleine Täuschung war erfolgreich. Nun ist Liyun bei dir und für uns jederzeit greifbar. Es ist leichter geworden, dich von den Pflichten gegenüber deiner Bruderschaft zu überzeugen.« Min Ju lächelte breit. »Aber warum reden wir darüber? Du warst bisher ein guter Cho Hai und wirst es weiter bleiben. Deine neue Aufgabe ist leicht. Du sollst beobachten, nichts weiter. Kein Russe weiß, daß nicht ein Chinese die Schutzgelder kassiert, sondern ein Deutscher. Sie wissen von dir sowenig wie die Polizei. Setz dich in die Lokale als ein willkommener Gast, nicht als Grassandale, und sieh zu, ob ein Russe in den Hinterräumen verschwindet. Dann fotografierst du ihn, wenn er wieder herauskommt. Ich gebe dir eine besonders kleine Kamera.«

»Eine Minox.«

»Besser als sie. Unser Geheimdienst benutzt sie. Ein Staatsgeheimnis! Aber wir haben sie ...«

»Ich weiß. Ihr habt überall Helfer.«

»Bis in die Regierungen der Länder hinein, in denen wir

arbeiten. Wir sind wie Pilze und wuchern überall. Und wenn man einen Pilz abschneidet, wächst er unterirdisch weiter.« Min Ju zog eine Schublade auf und legte Rathenow ein schmales, schwarzes Etui vor. »Hier ist die Kamera. Sie ist leicht zu bedienen. Siehst du ... keinen Menschen brauchst du zu töten ... so gut sind deine Brüder zu dir.«

»Die Männer, die ich fotografiere, werden getötet werden.«

»Nicht durch deine Hand.«

»Ich töte sie indirekt, indem ich dir ihre Gesichter bringe.«

»Am Ende des großen Krieges warst du zwölf Jahre. Du hast erlebt und begriffen, daß Krieg Tod bedeutet, daß man sich gegenseitig umbringen muß, damit es einen Sieger gibt, der dann in der Welt bestimmt. Der Stärkere ist der Auserwählte. Der Überlebende regiert.« Min Ju nahm die Zeitung vom Boden, faltete sie auf und klopfte mit der Faust auf die Schlagzeilen. »Wir stehen jetzt in einem Krieg gegen die Mafia der Russen und müssen ihn gewinnen. Mit welchen Mitteln – danach sollte man nicht fragen. War es nicht immer so, daß ein Krieg das Unmenschliche mit sich bringt? Im Ersten Weltkrieg war es das Gas, das lautlos tötete – es wurde nachher geächtet –, im Zweiten Weltkrieg war es die Atombombe ... sie ist nicht geächtet worden. Im Gegenteil! Alle Staaten jagen nach der Atombombe, und keiner weiß, wie viele Atomwaffen einzelne Staaten schon besitzen. China besitzt die Atombombe, das weiß jeder. Sie liegt nicht zum Angriff in den unterirdischen Bunkern, sondern zur Verteidigung. Auch wir Triaden müssen uns verteidigen gegen die russischen Angreifer. Will man uns das übelnehmen?«

»Du kannst doch einen normalen Krieg nicht mit einem Bandenkrieg vergleichen!«

»Was ist ein normaler Krieg? Krieg, um Wirtschaftsmacht zu gewinnen? Krieg um das Erdöl, das Blut der Geldmaschinen? Krieg aus Nationalstolz? Wir kämpfen auch um eine Vormachtstellung in der Wirtschaft, wir verteidigen unser Gelände, so wie es jeder Staat tun wird, dessen Grenze überschritten wird.«

»Ihr seid kein Staat.«

»Wir *sind* ein Staat!« rief Min Ju und sprang auf. »Nicht eine einzelne Nation ... wir sind der Staat *über* den Staaten! Das gilt es zu verteidigen, mit allen Mitteln, die uns den Sieg bringen. Und du bist nur ein kleines, ganz kleines Rädchen in dem Getriebe, das die große Maschinerie des Krieges in Bewegung hält.«

»Indem ich euch die Opfer zutreibe. Wie auf einer Treibjagd: Ich hetze das Wild vor mir her ... und ihr sitzt auf dem Hochstand und braucht es nur abzuknallen.«

»Mein Bruder Hong Bai Juan Fa – in deinen Büchern bist du ein so kluger Mensch, aber im täglichen Leben ein Blinder. Du hast nie gekämpft, alles ist dir zugefallen, das Glück hat dich verwöhnt, du hast hinter hohen Mauern in einem Palast gewohnt und nicht Elendshütten um dich herum gesehen. Jetzt erst lernst du, daß Leben nur Kampf ist. Kampf bis aufs Blut um die vorderen Sitzplätze im Zirkus des Lebens. Kampf um ein Stück Brot oder einen Fetzen Fleisch. Kampf um deine Sicherheit und Kampf um die persönliche Macht. Du oder ich ... das ist der einzige Spruch, der zählt. Alle anderen Sprüche sind philosophische Faseleien. Wie heißt die alte 28. Strategie? ›Den Gegner auf das Dach locken und dann die Leiter wegziehen.‹ Nur so bist du stärker.«

»Ich habe mich in den letzten Tagen mit euren 36 Strategien beschäftigt.« Rathenow hatte alle Angst verloren. Er konnte sich diesen inneren Wandel selbst nicht erklären. »Das Vernünftigste ist die 36. Strategie: ›Weglaufen – das ist die beste der 36 Strategien‹.«

»Ein Triade läuft nie vor seinem Gegner weg! Auch du nicht, Bruder. Du willst doch leben und deine Liyun lieben. Dieses Glück mußt du dir erobern. Du bist ein Hong! Du mußt kämpfen. Nichts kommt von selbst, nur das Sterben. Das Leben ist nur eine Leihgabe. Hör zu, was der Dichter Yüan-Ming schon vor 1500 Jahren vor dem Kaiser der Djin-Dynastie sang:

Wo immer Leben,
da ist auch der Tod.
Wo früh das Ende,
da ist es bestimmt.

Gestern am Abend
ein Mensch unter uns;
heut in der Frühe
Geist unter Geistern.

Der Hauch der Seele
entflogen wohin?
Erstarrt der Körper
im hohlen Holze.

Nimm also den Fotoapparat, und bringe uns die Bilder unserer Gegner. Einem Feind Mitleid zu zeigen heißt den eigenen Leib anbieten.« Min Ju stand auf und kam um den Tisch herum. »Ein Film ist bereits in der Kamera. Drei Ersatzfilme gibt dir Tong Fangchu, der Kellner.«

»Er kämpft auch mit gegen die Russen?« Rathenow steckte die Kamera in die Tasche.

»Alle kämpfen mit. Wir haben unseren Staat vor einer Invasion zu verteidigen, den Weltstaat der Triaden.« Mins Stimme wurde hart. »Geh und tu deine Pflicht! Wir beschützen unterdessen Wang Liyun.«

Deutlicher konnte man eine Drohung nicht aussprechen. Rathenows Hoffnung, Liyun in Deutschland besser vor der Rache der Triaden beschützen zu können, zerplatzte wie eine Seifenblase.

Ohne Abschiedsgruß verließ Rathenow den »Schwarzen Mandarin«. Oben im Lokal erwartete ihn der Kellner und übergab ihm drei kleine Päckchen. Die Ersatzfilme. Rathenow steckte sie zu der Kamera und sah Tong, der immer so freundlich zu ihm gewesen war und ganz vorsichtig seine innere Abscheu vor Ninglin und den »Bestrafungen« ausgedrückt hatte, fragend an. Tong wich diesem Blick aus und starrte auf eine der chinesischen Laternen, die von der Decke hingen.

»Min Ju sagt, du kämpfst mit?«

»Ja, es ist meine Pflicht.«

»Und was wirst du tun?«

»Töten ...«

»Auch mich?«

»Wenn du uns verrätst – ich habe den Blut-Eid geschworen. Ich muß es dann tun.«

»Obwohl ich dein Freund bin?«

»Es gibt keine Freundschaft mit einem Ungehorsamen.« Tong sah jetzt Rathenow an, und in seinem Blick lag eine Bitte. »Tu, was man dir sagt! Versuche nicht zu fliehen! Es gibt keinen Ort, wo du dich verstecken kannst. Unsere Brüder finden dich immer. Ob heute oder morgen oder in fünf Jahren ... die Zeit ist unwichtig. Wichtig ist nur dein Tod. Dem kannst du nicht davonlaufen. Du hast die 36 Blut-Eide geschworen und den weißen Hahn geköpft – das Schwert ist immer über dir.«

Rathenow fuhr nicht sofort zurück nach Grünwald. Er machte einen Umweg und hielt vor dem Geschäft seines Friseurs, der jedesmal, wenn er ihn besuchte, die Augen gen Himmel hob und verzweifelt die Hände zusammenschlug. Auch diesmal zeigte er sein Entsetzen.

»Wieder nachfärben?«

»Ja. Es kommen wieder weiße Strähnen durch.«

»Seien Sie glücklich! Lassen Sie sie wachsen.«

Rathenow setzte sich in den freien Friseurstuhl und winkte energisch. »Legen Sie den Umhang um, Meister! Keine Diskussion! Es muß sein! Ich bin eben ein eitler Mensch.«

»Ich wiederhole es immer wieder: Es ist eine Schande!«

»Mag sein – aber ich liebe Blond! Anfangen!«

Seufzend begann der Friseur, Rathenows Haare zu waschen.

Nach knapp zwei Stunden stellte Rathenow seinen Wagen vor der Garage seines Hauses ab.

Liyun lag im Garten in der Sonne – in einem so winzigen Bikini, daß man eigentlich auch diese Fetzchen Stoff hätte sparen können. Zu Zeiten Maos hätte man sie sofort verhaftet, wenn sie so am Ufer eines Sees oder am Meer gelegen hätte. Sie hatte diesen Bikini in Saarbrücken gekauft und Frau Frantzen gefragt:

»Ist er nicht zu sexy?«

»Das ist die neueste Bademode«, hatte Frau Frantzen gelacht. »Kauf ihn.«

»Muß ich mich darin nicht schämen?«

»Mit deinem Figürchen nicht. Den Männern werden die Augen rausfallen.«

»In China ist das verboten.«

»Du bist jetzt in Deutschland.«

»Sind die Frauen hier alle so ... so ohne Hemmungen?«

»Sie sind frei. Sie leben nach ihrem Geschmack. Niemand verbietet ihnen etwas. Und wenn sie am Strand ohne BH oder gar nackt herumgehen – keiner kümmert sich darum oder ist empört.«

»Bei uns kämen sie sofort in ein Arbeitslager. Auch auf der Straße küssen ist verboten. Ich muß mich in dem Bikini wirklich nicht schämen?«

»Bestimmt nicht.« Frau Frantzen hatte wieder gelacht und den Arm um Liyun gelegt. »Nur wenn du allein an einem Badestrand liegst: Paß auf die Männer auf! Sie sind überall gleich. Laß dich von ihren Reden nicht einwickeln ... Männer sind seit der Urzeit Jäger, und ein erlegtes Wild hebt ihren Stolz. Also paß auf dich auf! Du weißt selbst, wie schön du bist.«

»Ich bin nicht schön. Ich bin nur anders. Eine Chinesin.«

»Eben das reizt die Männer.«

Und Liyun hatte den knappen Bikini gekauft.

Rathenow kam lautlos auf Zehenspitzen zu ihr, beugte sich über sie und küßte ihre kaum bedeckte Brust. Mit einem hellen Aufschrei schoß sie hoch und stieß mit den Fäusten ins Leere.

»Ach, du bist es!« sagte sie, als sie Rathenow erkannte.

Sie umfaßte ihre angezogenen Knie, und plötzlich wurde sie sehr ernst und schob Rathenows Hand zur Seite, der ihre Schenkel streicheln wollte. Jetzt erst fiel ihm auf, daß sie gerötete Augen hatte und ihre Lider geschwollen waren.

»Du hast geweint, Liyun? Mein Gott, was ist passiert? War jemand hier ... ein Chinese?« Die Triaden, dachte er voll Schrecken. Einer, der mich beobachtet, hat mit ihr gesprochen. Ich darf sie nie mehr allein lassen. Nie mehr! »Was hat er dir erzählt?«

»Ein Chinese? Was soll er bei mir? Wieso hat er mir etwas erzählt? Hier ist niemand gewesen.«

Rathenow atmete auf. Doch die Angst blieb.

»Aber du hast geweint ...«

»Nein.«

»Deine Augen sind geschwollen.«

»Die Sonne ... Ich habe zu lange in der Sonne gelegen.«

»Niang Niang, sag mir die Wahrheit!«

Sie wandte den Kopf zur Seite und starrte in die Blütenbüsche.

»Ich habe aufgeräumt ... unser ... Schlafzimmer. Bevor die Putzfrau kommt und Schlechtes denkt.« Sie holte Luft und fragte dann laut: »In deinem Schrank hängen Frauenkleider, in einer Schublade liegen BHs und Schlüpfer, Strümpfe und Strumpfhalter. Wem gehören sie?«

»Franziska Wellenbruch.«

»Wer ist das?«

»Frag: Wer war das? Eine gute Bekannte.«

»Deine Geliebte? Deine letzte Geliebte? Sie hat bei dir gewohnt?«

»Ab und zu ...«

»Ab und zu – dann hat man keinen Schrank voller Kleider und Blusen und BHs und Schlüpfer.«

»Sie wollte alles schon vor ein paar Tagen abholen lassen. Es ist vorbei ...«

»Wann ist es vorbei?« Liyuns Stimme wurde lauter. »Wann war sie zum letztenmal bei dir im Bett?«

»Wir haben uns am Donnerstag getrennt.«

»Zwei Tage, bevor ich nach München gekommen bin! Bis dahin hast du mit ihr geschlafen!«

»Ich habe mich sofort zurückgezogen, als du mich angerufen hast.«

Er wollte ihren Rücken streicheln, aber sie zuckte zusammen. »Laß das!« Am Schwanken ihrer Stimme erkannte er, daß sie dem Weinen nahe war. »Du hast die ganze Zeit mit ihr geschlafen!«

»Was heißt die ganze Zeit?«

»Von deiner Rückkehr aus Kunming an – oder sogar früher. Du hast zu mir gesagt: Ich habe dich geliebt vom ersten Tag an ... alles Lüge. Du hast weiter deine Geliebte im Bett gehabt.«

»Ich habe Franziska erst viel später kennengelernt. Als ich nichts mehr von dir hörte, als ich mir darüber klar war, daß du nicht kommen würdest, nicht kommen wolltest. Ich ahnte doch nicht, daß meine Anträge verlorengegangen waren. Ich nahm an: Liyun will nicht.«

»Und da hast du einfach eine andere Frau geliebt? Wie kannst du sagen: ›Ich habe dich immer geliebt‹ und liegst mit einer anderen Frau im Bett? Kann man zwei Frauen zugleich lieben?«

»Ich war einsam, Liyun, schrecklich einsam.«

»Ich auch! Aber ich habe keinen anderen Mann in dieser Zeit geliebt ... und es hätte Hunderte von Gelegenheiten dazu gegeben.«

»Das glaube ich.«

»Ich habe alle abgewehrt ... aber du hast dir eine Geliebte genommen. So eine mit großen Brüsten!«

»Wer sagt das?«

»Die BHs sind groß genug! Dagegen komme ich nicht an. Meine Brüste sind klein.«

»Sie sind wunderbar.«

Sie drehte sich zu Rathenow um, legte die Hände vor ihre kaum bedeckten Brüste und funkelte ihn mit Tränen in den Augen an.

»Du hast mich betrogen!«

»Du warst über 10 000 Kilometer weit weg. Und zwischen dir und mir herrschte Schweigen.«

»Das ist keine Entschuldigung. Ich liebe dich ...«

»Wie konnte ich das wissen? Du hast es mir nie gezeigt. Du warst immer zurückhaltend. Die freundliche Fremdenführerin, mehr nicht.«

»Du hättest mich fragen können.«

»Um mich von dir auslachen zu lassen.«

»Ich habe dir das Bai-Mädchen mit den drei Tauben geschenkt. War das nicht deutlich genug?«

»Ich habe das erst in München richtig erkannt.«

»Und hast dir trotzdem eine Geliebte genommen!« Sie warf den Kopf zurück. »Ich hasse dich!« sagte sie mit einer Stimme, die er noch nie bei ihr gehört hatte. »Ich hasse dich und diese Franziska. Ich fahre morgen zurück nach Saarbrücken. Sag nichts – ich fahre! Ich rufe gleich Dr. Frantzen an.«

»Niang Niang, du bist ungerecht.«

»Nenn mich nie mehr Niang Niang. Ich bin nicht deine Konkubine!«

»Du bist meine Frau ...«

»Lüge! Ich bin ein Abenteuer für dich! In drei Monaten ist alles vorbei. Wenn ich zurück nach Hongkong fliege, zieht diese Franziska wieder bei dir ein! Sie braucht ihre Kleider gar nicht abzuholen. Und du hast deine großen Brüste wieder ...«

»Du wirst in drei Monaten nicht zurückfliegen«, sagte Rathenow bestimmt.

»Doch! Das Visum ist dann abgelaufen.«

»Ich werde beim Ausländeramt eine unbefristete Aufenthaltserlaubnis beantragen.«

Liyun blickte auf den Rasen und schwieg. Ihre Hände ließ sie immer noch schützend vor ihrer Brust. Das lange Haar fiel über ihr Gesicht und verdeckte es völlig.

»Ich weiß nicht, ob das gut ist«, sagte sie, jetzt mit veränderter Stimme.

»Warum sagst du das, Liyun?« Er legte ihr die Hand auf die Schulter, und diesmal wich sie nicht vor seiner Berührung zurück. »Ich liebe dich unendlich.«

»Wenn ich bleibe, will ich nicht mehr in dem Bett schlafen, in dem du mit dieser großen Brust Liebe gemacht hast. Ich könnte das nicht ertragen.«

»Wir werden im Gästezimmer schlafen.« Rathenow umfaßte ihre Schultern und wollte sie an sich ziehen, aber da stemmte sie doch ihre Arme gegen seine Brust. »Oder ich tausche die Betten um ... was du willst! Die Hauptsache ist, daß du bei mir bleibst!«

»Ich schlafe in meinem Zimmer. Aus deinem Kleiderschrank kommt der Geruch dieser Frau. Ich kann ihn nicht ertragen!«

»Einverstanden. Morgen läßt Franziska bestimmt ihre Kleider holen, ich kaufe andere Matratzen, ich lüfte die Schränke, ich besprühe sie mit deinem Parfüm ... zufrieden?«

»Warten wir es ab.«

»Liyun, wir haben keine Zeit mehr zum Warten. Seit zwei Tagen hat sich vieles verändert. Alles hat sich verändert.«

Ihr Blick wanderte über seinen Körper, dann weiter durch den Garten und zu dem mächtigen Haus. Die Haustür stand offen. Die Putzfrau fegte den Vorbau mit den Säulen und schielte zu ihnen herüber. Sie arbeitete seit zwölf Jahren bei Rathenow, und sie hatte in dieser Zeit viel gesehen und gehört. Bis vorige Woche hatte sie Franziska Wellenbruch als Hausfrau akzeptiert und aufgeatmet, daß endlich Ruhe in Rathenows Leben eingekehrt war. Sie mochte Franziska. Sie war immer nett und hinterließ kein Chaos wie andere Damen, die sie kannte, und als sie ihre Kleider in den Schrank gehängt hatte, war sie sich sicher, daß der Herr wirklich die Frau gefunden hatte. Eine schöne Frau.

Und jetzt saß er im Garten auf der Liege und küßte eine andere Frau. Eine Chinesin ... auch das noch. Welch eine Schande! Und während sie den Eingang kehrte, überlegte sie, ob sie nach zwölf Jahren kündigen sollte, um nicht weiter diesen verwerflichen Lebenswandel ansehen zu müssen.

Sie fegte mit Empörung den Vorbau, schielte noch einmal rüber zu dem Herrn und seiner unmöglichen chinesischen Eroberung, ging dann ins Haus und knallte die Tür zu. Wenn man auch nichts sagen darf, dachte sie wütend ... hören soll er es!

»Es hat sich alles verändert, weil ich hier bin?« fragte Liyun. »Weil ich Chinesin bin? Hast du schon Schwierigkeiten meinetwegen?«

»Ja und nein.«

»Also doch! Keiner mag mich!«

»Dich kennt ja noch keiner.«

»Es genügt, daß ich eine Chinesin bin. Eine Rot-Chinesin. Geboren und erzogen im Kommunismus. Das reicht ihnen. Und jetzt hast du Angst ...«

»Ja, ich habe Angst.« Da sie bei dem letzten Satz aufgesprungen war, ergriff er ihre Hände und zog sie auf die Gartenliege zurück. »Nicht vor den blöden Vorurteilen ... was meine Freunde oder andere Menschen denken, ist für mich das Unwichtigste überhaupt. Nein, ich habe Angst um uns.«

»Seit vorgestern?«

»Seit ich aus China zurück bin. Die Triaden ...«

»Es gibt keine Triaden in Deutschland! Es gibt sie überhaupt nicht. Alles Hetze und Propagandalügen. Du hast selbst nach dem Film gestern gesagt ...«

»Daß der Film verlogen ist, ja! Verlogen, weil die Wirklichkeit ganz anders ist. Brutaler, gemeiner, gefährlicher und tödlicher. Liyun, hör mir jetzt zu.« Er umklammerte ihre schmalen Hände, die schlaff in seinen lagen. »Spring nicht auf, lauf nicht weg, schrei nicht, und sei stark, ganz stark! Was du gleich hörst, wird unser Leben, wird unsere Zukunft bestimmen.« Er holte tief Luft, drückte ihre Hände und begann: »Es gibt die Triaden. Hier in München und überall auf der Welt. Und ich bin einer ihrer Boten, ein Cho Hai, eine Grassandale, wie sie es nennen ... und ich habe es getan, um dich zu schützen. Ich habe es nur für dich getan, weil ich dich liebe.«

Es dauerte sehr lange, bis er Liyun alles erzählt hatte, was sich in dem Jahr zugetragen hatte. Die Putzfrau war grußlos gegangen, die Sonne verblaßte, der Himmel färbte sich hellrot, und als sie frierend die Schultern hob, legte er ihr seine Jacke über den winzigen Bikini und knöpfte sie zu. Er verschwieg nichts. Nicht die Morde von Ninglin, denen er zusehen mußte, nicht die bestialischen Grausamkeiten der »Bestrafungen«, nicht seine »Weihe« zum Hong und Bruder der Familie 14K, nicht den Auftrag, den er heute von Min Ju erhalten hatte und der nichts anderes bedeutete, als Menschen dem Tod auszuliefern.

Dann schwieg er, senkte den Kopf und wagte nicht, Liyun anzusehen. Sie saß wieder leblos wie eine Jadepuppe da, eine entsetzliche Leere in den Augen. Sie hatte ihre Sprache verloren, es gab keine Worte mehr. Wie in einem Vakuum suchte ihre Seele einen Halt und fand ihn nicht.

»Niang Niang«, sagte Rathenow leise mit zitternder Stimme. Er legte den Kopf auf ihre kalt gewordenen Hände und drückte seine Lippen hinein. Warum kann ich nicht weinen? fragte er sich. Warum kann ich nicht einmal mehr das? Bin ich nur noch ein bis ins Mark faulender Baum, den der nächste Windstoß von seinen Wurzeln trennt? Er zuckte zusammen, als er Liyuns Stimme hörte, monoton und erschreckend leblos.

»Du bist ein Verbrecher geworden!«

»Sie haben mich dazu gezwungen ... sonst hätten sie dich getötet.«

»Und du hast das geglaubt?«

»Sie ließen keinen Zweifel daran. Mit dem Schmuggel des gefärbten Heroins hatten sie mich in der Hand.«

»Du hättest zur Polizei gehen müssen.«

»Mit dem Wissen, daß sie dich foltern? Schon in Kunming haben sie mir ja die Fotos ihrer Opfer gezeigt und dich entführt, damit wir uns nicht noch einmal sprechen konnten. Ich hatte Angst, Liyun.«

»Es ist doch dein Leben – nicht meins.«

»Es ist *unser* Leben!«

»Schon damals in Kunming?«

»Ja. Es gab für mich nur noch dich!«

»So sehr liebst du mich?«

»Ich hätte für dich alles getan, was sie von mir verlangten. Vielleicht hätte ich sogar Menschen umgebracht, damit sie dich nicht umbringen. Aber jetzt ist alles anders geworden; du bist bei mir, und keiner kann uns mehr auseinanderreißen.«

»Mein Bi Xia ...« Sie beugte sich über ihn, küßte seinen Nacken und legte ihr Gesicht auf seine Haare. »Wieviel Grauen hast du meinetwegen ertragen! Das bin ich nicht wert ...«

»Ich möchte von meinem Leben nichts mehr haben als nur noch dich. Ich hatte keine Wünsche mehr. Ich war ein alter Mann, ein müder Mann, der hier in seinem riesigen Haus auf das Vorbeigleiten der Jahre wartete. Und dann bist du gekommen, und das Eis in mir zerbrach, und ich wußte plötzlich: Das Leben lag nur unter einer Schneedecke ... ich höre wieder den Gesang der Vögel und sehe wieder den Wind in den Ästen, und alles ist so blank und rein wie nach einem Regen, der allen Staub weggespült hat.« Er sah zu ihr empor und hielt sich an ihr fest, als habe sie ihn vor dem Ertrinken gerettet.

Sie streichelte sein blondgefärbtes Haar und lächelte ihn an. »Du bist also der Triade Hong Bai Juan Fa! Einer, den man überall sucht. Der Schutzgeldkassierer. Die Grassandale. Bi Xia, wir müssen fliehen!«

»Wohin? Ich kann für immer verschwinden ... aber du brauchst für jeden Staat ein Visum! Und ein Visum bekommst du nicht, weil du nur drei Monate zu Besuch bist. Wir müssen sehen, daß wir illegal in ein anderes Land kommen, wo uns keiner sucht und findet.«

»Dann sind wir das, was ihr vogelfrei nennt.«

»So kann es werden.«

»Und ich kann nie mehr nach China zurück ...«

»Das könntest du nicht ertragen, nicht wahr?«

»Ich kann alles ertragen – weil ich dich liebe.« Sie kuschelte sich in seine Jacke. Der Himmel glühte im Licht der untergehenden Sonne.

»Ich lasse dich nie wieder los, Liyun. Nie mehr. Es gibt kein Leben mehr ohne dich.«

»Leben, mein Liebster, will erobert sein. Das hast du vorhin selbst gesagt. Und das allein ist jetzt wichtig: Wie leben wir weiter? Wie können wir die nächsten Wochen überstehen?« Sie sprach jetzt ganz nüchtern und emotionslos, so als spräche sie über Zahlen. »Wo hast du die Kamera von Min Ju?«

»In der Jackentasche.«

Sie nahm das Etui und die Kuverts mit den drei Filmen heraus und warf sie auf das Polster der Gartenliege. »Du wirst für Min die Fotos machen«, sagte sie bestimmt.

»Das bedeutet, Menschen in den Tod zu treiben.«

»Du gibst die Fotos nicht ab.«

»Unmöglich. Min wird sie reklamieren.«

»Ich werde mitgehen. Ich werde mit dir in den China-Lokalen sitzen, und wenn wirklich die Russen kommen und du sie fotografierst, werden wir von den Bildern Abzüge machen und sie anonym an die Polizei schicken. ›Diese Männer sollen von den Triaden ermordet werden!‹, schreiben wir dazu. ›Sie dürfen die Fotos nicht veröffentlichen, sonst sind es die ersten und letzten. Halten Sie sich daran, dann bekommen Sie vielleicht noch mehr Fotos.‹«

»Darauf geht die Polizei nicht ein.«

»Die Menschen bei der Polizei sind doch nicht dumm.«

»Wie sollen sie die Russen warnen, wenn sie nicht wissen, wer die Männer sind?«

»Das ist ihre Sache, Schatz.«

»Es ist unmöglich.« Rathenow klappte das Etui auf. In ihm lag eine kleine, schmale Kamera, wie er sie noch nie gesehen hatte, ein runder, silberner Knopf, den man ans Revers stecken konnte. Rathenow nahm ihn heraus und steckte ihn in das Knopfloch der Jacke, die er um Liyun gelegt hatte.

»Eine Knopfkamera«, sagte er. »Ein typisches Spionagegerät ... altbekannt, aber immer wirksam im Einsatz.«

»Wieso ist das unmöglich?« nahm sie seine Bedenken wieder auf.

»Min Ju wird den unentwickelten Film verlangen.«

»Hat er das gesagt?«

»Nein.«

»Wie kannst du das dann wissen? Bist du ein Gedankenleser? Du hast nach bestem Wissen deine Pflicht erfüllt.«

Er küßte sie auf die Nasenspitze und sagte: »Du bist ein kleines, raffiniertes Luder! Auf diesen Gedanken wäre ich nicht gekommen. Aber du hast recht – so könnte man es machen.«

»Ich habe oft recht. Und ich habe auch recht, wenn ich dir sage: Mach weiter. Bleib ein Cho Hai, bis wir eine Möglichkeit zur Flucht gefunden haben. Täusche sie, so wie sie dich getäuscht haben! Solange du für sie ein Triade bist, sind wir sicher. Ich möchte Min Ju kennenlernen.«

»Das wird er nie zulassen. Sie sind eine Bruderschaft, in der Frauen nicht geduldet sind. Frauen zwitschern die Geheimnisse aus wie eine Lerche, die in den Morgenhimmel steigt. Ich habe mit dem Blut-Eid geschworen, daß weder Vater noch Mutter, Sohn oder Bruder, Ehefrau oder Großeltern ein einziges Wort von den Triaden erfahren. Wenn du Min Ju sprechen willst, heißt das, daß du seinen Namen von mir kennst, daß ich mit dir über ihn gesprochen habe ... das ist Verrat!«

»Ich werde ihn sehen!« Es klang wie ein Befehl. »Ißt er oft im ›Schwarzen Mandarin‹?«

»Fast jeden Abend.«

»Dann werde ich ein harmloser Gast sein und ihn fotografieren.«

»Du bist verrückt! Soll Ninglin dich aufschlitzen?«

»Ich bin ein unbekannter chinesischer Gast wie viele andere. Hat er Fotos von mir?«

»Ich vermute es.«

»Dann lassen wir das doch besser. Keiner kennt Min Ju?«

»Doch. Mein Freund Dr. Freiburg. Er ist Arzt, und Min Ju war bei ihm als Patient. Er hat Fotos von Min.«

»Wunderbar!«

»Aber mit denen kann die Polizei nichts anfangen.« Rathenow lächelte schief. »Es sind Aufnahmen von Mins Pankreas, Lunge und Leber und einer Menge Metastasen.«

»Wie kannst du jetzt noch ironisch sein? Bi Xia, wann besuchen wir die China-Lokale?«

»Du bleibst hier im Haus und riegelst dich ein.«

»Ich gehe mit! Und was machst du morgen?«

»Ich fahre zum Kreisverwaltungsreferat. Zur Ausländerbehörde. Wenn sie nicht völlig in Paragraphen erstarrt sind, müssen sie Verständnis für unsere Lage haben. Es fragt sich nur, ob sie außerhalb ihrer Gesetze denken können.«

Eine gute Frage, die man sich immer stellen sollte.

Der Beamte, der Rathenow am nächsten Vormittag empfing, war ein noch junger Mann mit mittelblonden Haaren, die einen Schnitt dringend nötig hatten. Er begrüßte Rathenow höflich, aber mit deutlicher Reserviertheit. Wer immer nur mit unbeliebten Ausländern aller Hautfarben zu tun hat, bleibt auf Distanz zum Gesprächspartner.

»Um was geht es?« fragte er.

»Um die Umwandlung eines Besuchervisums in eine Aufenthaltserlaubnis.«

Der Beamte blickte Rathenow an, als wolle er sagen: Vernünftig sieht er ja aus, aber was er da sagt, ist völliger Blödsinn.

»Das geht nicht«, gab er kurz zur Antwort.

Rathenow schob ihm einige Papiere zu und schlug die Beine übereinander. Ruhig, sagte er sich. Ganz ruhig. »Ich bitte Sie, das zu lesen«, sagte er höflich.

Der Beamte der Ausländerbehörde von München blätterte die Papiere durch und überlas sie flüchtig. Dann blickte er wieder auf und schüttelte den Kopf.

»Wie ich schon sagte – es geht nicht. Frau Wang Liyun hat von der deutschen Botschaft in Peking ein Reisevisum von drei Monaten bekommen. Nach Ablauf der Frist muß sie nach China zurück.«

»Warum muß sie?«

»Weil sie dann kein Visum mehr hat.«

»Darum bin ich ja hier. Ich möchte beantragen, daß das Reisevisum umgewandelt wird in ein ...«

»... das ist unmöglich!« unterbrach ihn der Beamte.

»Aber wieso denn?«

»Herr Rathenow, Sie sind Ethnologe und Reiseschriftsteller und kein Jurist. Hier geht es um zwei völlig verschiedene Dinge. Das Reisevisum erlaubt einen Besuch, das Aufenthaltsvisum läßt einen längeren Aufenthalt zu, wie schon der Name sagt. Um diese Erlaubnis zu bekommen, muß der Nachweis erbracht werden, daß der Aufenthalt im Interesse der Bundesrepublik liegt. Dazu braucht man auch die Stellungnahme des Arbeitsamtes, ob die Beschäftigung in Deutschland genehmigt wird und ob für diese Tätigkeit dringend Leute gesucht werden. Das heißt: Ein Antrag auf Einreise zur Arbeitsaufnahme in der BRD muß wiederum in der deutschen Botschaft in Peking gestellt werden, die den Antrag mit den benötigten Unterlagen – Lichtbild, Anforderung des Arbeitgebers, Erklärungen über Einkommen, Wohnung, Bürgschaftsübernahme, Kranken- und Sozialversicherung und so fort – an uns weitergibt.«

»Das kommt für Frau Wang alles nicht in Frage.« Rathenow spürte, wie er wütend wurde. »Sie nimmt keinem Deutschen die Arbeit weg, sie fällt keinem zur Last, sie hat einen festen Wohnsitz bei mir, ich übernehme die volle Bürgschaft, sie ist finanziell abgesichert – was will man denn noch mehr?«

»Im Gesetz ist nicht vorgesehen, daß ausländische Rentner sich hier niederlassen.«

»Erlauben Sie! Frau Wang ist 26 Jahre alt. Sie will mit mir leben.«

»Mit Ihnen leben? Das sieht das Gesetz auch nicht vor. Die Sachlage könnte sich ändern, wenn Sie Frau Wang heiraten. Aber da gibt es ebenfalls einige Einschränkungen, die sogenannte Scheinehen verhindern sollen: Eheschließungen nur wegen der Aufenthaltsgenehmigung. Wenn Frau Wang keine beruflich relevanten Gründe hat, sehe ich kaum Möglichkeiten.«

»Ich werde sie als meine Sekretärin anstellen.«

»Das wird das Arbeitsamt nicht anerkennen. Es gibt genug deutsche Sekretärinnen.«

»Die Chinesisch sprechen?«

»Wozu brauchen Sie eine chinesische Sekretärin?«

»Meine Arbeiten über Völkerkunde und auch meine Reiseerzählungen sind ins Chinesische übersetzt worden. Ich korrespondiere mit Verlagen und Wissenschaftlern.«

»Wenn das bisher ohne chinesische Sekretärin geschehen ist, weiß ich nicht, warum sich da etwas ändern sollte.«

»Frau Wang hat ihren Magister für deutsche Literatur. Dort vor Ihnen liegt ihr Diplom.«

»Das mag sein – aber was hat das mit einem Daueraufenthalt zu tun?«

»Sie wird meine neue Arbeit über China ins Chinesische übersetzen!«

»Das kann sie auch in China.«

»Das kann sie nicht. Das geht nur in Zusammenarbeit mit mir.«

»Das verstehe ich nicht. Ihre anderen Arbeiten sind doch auch ohne Sie übersetzt worden.«

»Es waren oft sehr schlechte Übersetzungen.«

»Wer sagt das?«

»Frau Wang ...«

»Wir drehen uns im Kreis, Herr Rathenow.« Der Beamte zeigte Anzeichen von Ungeduld. »Es liegt nicht im Interesse der Bundesrepublik, eheähnliche Verhältnisse mit einem Ausländer zu sanktionieren. Ganz gleich, welche persönlichen Schicksale dahinterstehen – es geht nicht. Unsere Gesetze sind sehr präzise. Gerade das Ausländergesetz bei den Hunderttausenden von Asylanten, die zu uns kommen.«

»Frau Wang ist keine Asylantin! Unzählige Asylbewerber warten auf die Prüfung ihrer Anträge ... manche schon drei, vier Jahre, weil sie immer wieder Berufung einlegen.« Rathenows Stimme wurde laut. »Es ist bekannt, daß Tausende Afrikaner unter fünf verschiedenen Namen Sozialhilfe in fünf verschiedenen Orten beziehen, wo sie sich gemeldet haben! Ist das im Interesse der Bundesrepublik?«

»Wenn wir sie kriegen, werden sie bestraft und abgeschoben. Und die schwebenden Verfahren? Die Ämter sind überlastet.«

»Ja! Und eine Frau wie Wang Liyun will man rausschmeißen.«

»Deutschland ist kein Einwanderungsland. Es steht Frau Wang frei, in Peking einen neuen Antrag zu stellen. Das einzige, was ich tun kann, ist, das Visum um 14 Tage zu verlängern.«

Rathenow stand auf und raffte die Papiere zusammen. Es hatte keinen Sinn mehr, hier noch zu diskutieren. Logik schien nicht gefragt.

»Ich möchte den Chef der Ausländerbehörde sprechen«, sagte er schroff.

»Herr Dr. Pöllner ist verreist.«

»Dann melden Sie mich beim Kreisverwaltungsreferenten an.«

»Herr Dr. Klee befindet sich in einer politischen Sitzung. Wenden Sie sich an das Sekretariat von Dr. Klee. Es wird Ihnen einen Termin geben. Aber ich sage es Ihnen gleich: Herr Dr. Klee wird übermorgen in Urlaub fahren. Sie werden frühestens in vier Wochen einen Termin bekommen.«

Grußlos verließ Rathenow die Amtsstube.

Am nächsten Tag begann Rathenow seine Beobachtungstour durch die chinesischen Restaurants. Liyun begleitete ihn.

Als Rathenow ihr von seinem Gespräch bei der Münchener Ausländerbehörde erzählt hatte, war sie zuerst wütend geworden. »Die Deutschen wollen mich rauswerfen?« hatte sie geschrien. »Weil ich mit dir leben will und keinen Beruf ausübe, der dem deutschen Staatsinteresse nützlich ist? Was versteht ihr Deutschen darunter? Tausende chinesische Kellner leben hier – sind sie von Staatsinteresse? Hast du sie das gefragt? Ich weiß genau, was sie denken: Diese Wang Liyun ist die Geliebte des berühmten Rathenow, und einmal hat er sie über, wirft sie raus, und dann müssen wir für sie aufkommen! Der deutsche Steuerzahler. Es ist keine Garantie, wenn der Rathenow versichert: Liyun und ich bleiben ein Leben lang zusammen. Was heißt ein Leben lang? Er ist 33 Jahre älter als sie, er wird, er muß vor ihr sterben, und dann liegt die Witwe dem deutschen Staat auf der Tasche! Ich will kein Geld von diesem Staat! Ich will nur bei dir bleiben ... Haben sie denn kein Herz?«

»Im Gesetz ist Herz nicht vorgesehen. Und gegen Ausländer sind unsere Beamten allergisch geworden. Das Asylgesetz wird oft mißbraucht.«

»Ich will kein Asyl, ich will bei dir sein. In jedem Gesetz gibt es Möglichkeiten.«

»Ja, den sogenannten Ermessensspielraum. Da liegt es ausschließlich an dem Beamten, ob er dem Antrag stattgibt. Da spielt die persönliche Sympathie immer eine Rolle. Ich habe das Gefühl, daß auch in unserem Fall nicht Logik maßgebend ist, sondern eine persönliche Abneigung. Doch ich gebe nicht auf.«

»Wir haben doch keine Zeit. Wir wollen doch weg aus Deutschland.«

»Mit einem befristeten Reisevisum bekommst du in keinem anderen Land ein Einreisevisum. Erst recht keine Aufenthaltsgenehmigung. Für dich sind nach drei Monaten alle Grenzen zu! Nur nach China kannst du zurück.«

»Ich gehöre zu dir. Uns kann keiner trennen.«

»Ein kleiner deutscher Beamter kann es – du siehst es doch.«

»Ich mag nicht in Deutschland bleiben, wenn man mich nicht will«, sagte Liyun mit Tränen in den Augen. »Wir können überall glücklich sein. Ich will nicht in diesem sogenannten demokratischen Staat leben. Ich habe mir Deutschland anders vorgestellt. Ihr redet immer von Freiheit ... aber ihr seid ja gar nicht frei. Ihr ruft in die Welt hinaus: Wir verteidigen die Menschenrechte. Wo bleiben die Menschenrechte, wenn München mich abschieben will? Ihr lügt, ihr lügt alle! Laß uns weggehen aus Deutschland, Bi Xia ...«

»Ich werde einen Weg finden.«

Wir müssen aus Deutschland weg, bevor Liyuns Visum abläuft, dachte er. Wir haben wirklich keine Zeit mehr. Es muß etwas geschehen ... sofort geschehen ... Aber was?

Es war eine Frage, auf die er keine Antwort wußte.

Zwei Tage lang saßen sie mittags und abends in China-Restaurants herum, aßen und beobachteten die anderen Gäste. Die erstaunten Wirte kamen an seinen Tisch, aber Rathenow beruhigte sie. »Heute kein Geld«, sagte er jedesmal. »Ich bin als Gast hier und nicht als Cho Hai.«

Das war er natürlich nicht. Nie brachte man ihnen eine Rechnung, statt dessen machte man ihnen kleine Gastgeschenke, die mit den Speisen serviert wurden. Rosen für Liyun, kleine chinesische Parfümflakons, hauchdünne Porzellanschälchen, den besten Wein und den mildesten Mao Tai.

»Wen soll ich denn fotografieren?« fragte Rathenow einmal leise Liyun. »Alle, die nach hinten gehen? Das ist doch Unsinn ... sie gehen doch alle nur auf das WC.«

»Du mußt aufpassen, Schatz«, flüsterte Liyun zurück. »Alle, die länger als zehn Minuten auf dem WC bleiben, mußt du fotografieren. Zehn Minuten braucht keiner. Wenn er später zurückkommt, war er bei dem Wirt...«

»Oder er leidet an Verstopfung! Er steht dann bei Min auf der Liste und hat nur nicht scheißen können. Ein schrecklicher Gedanke: Man kommt auf eine Todesliste, weil der Darm zu träge ist!«

Aber dann, im vierten und letzten Lokal, dem Restaurant »Lotos-Garten«, schienen sie Erfolg zu haben. Zwei Männer gingen zusammen zur Toilette und blieben eine halbe Stunde dort. Rathenow fotografierte sie heimlich um sein Weinglas herum. Sie sahen nicht wie Russen aus – aber wie sieht ein Russe aus? Wenn er nicht gerade aus dem asiatischen Raum kommt, sieht er aus wie du und ich.

»Auch hier können wir uns irren.« Rathenow steckte die Kamera wieder ein. »Es können auch Schwule sein. Toiletten-Treff – sehr beliebt.«

»Das werde ich feststellen.«

Liyun stand auf, ging ohne Zögern und sichtlich kokett auf den Tisch der beiden Männer zu und sagte mit einem entwaffnenden Lächeln: »Kann ich für einen Moment Ihr Salz haben? Bei uns am Tisch fehlt es.«

»Aber bitte. Nehmen Sie es sich«, sagte der eine.

»Ich bringe es sofort zurück.«

»Nicht nötig«, sagte der andere. »Wir brauchen es doch nicht.«

»Wie schmeckt Ihnen das Essen hier?«

»Sehr gut!«

Es kam Liyun darauf an, mehr von ihrer Sprache zu hören, und deshalb fragte sie unschuldig weiter.

»Essen Sie öfter hier?«

»Nein.« Der Mann links von Liyun grinste sie an. »Zum erstenmal. Aber wir werden öfter wiederkommen. Vielleicht treffen wir uns mal.«

»Möglich!«

Sie lachte, drehte sich um und ging mit wiegenden Hüften zu ihrem Tisch zurück. Rathenow sah, wie die beiden Männer ihr nachstarrten und der eine dem anderen in die Rippen stieß. Schwul waren sie also bestimmt nicht.

»Es sind Russen«, sagte Liyun, als sie wieder bei Rathenow Platz nahm. »Sie sprechen ein ganz hartes Deutsch. So sprechen nur Russen.«

Bald darauf verließen sie den »Lotos-Garten«, und als Rathenow an dem Tisch der Russen vorbeiging, dachte er: Ihr armen Kerle. Nächste Woche hat Ninglin euer Bild. Aber es wird ihm wenig nützen ... ich habe das Foto absichtlich verwackelt. Bin ich ein Fotograf, Min Ju? Ich muß erst üben ...

Am Sonntag, nach dem Golfspiel, erschien Dr. Freiburg in Grünwald, von Neugier getrieben. Noch niemand hatte Liyun gesehen; Rathenow hatte sie der »Gesellschaft« bisher vorenthalten.

»Was willst du denn?« begrüßte er Dr. Freiburg nicht gerade freundlich. »Sonntags um diese Zeit stehst du doch sonst am elften Loch!«

»Ich habe mich beeilt.«

»Das war nicht notwendig. Wir hatten keine Verabredung.«

»Darf ich trotzdem eintreten?«

»Da du nun mal vor der Tür stehst – bitte.«

Dr. Freiburg sah sich in der Eingangshalle um und blickte auch in den Salon.

»Suchst du etwas?« fragte Rathenow.

»Kein Geruch von Räucherstäbchen oder Rosenduft. – Wo ist sie?«

»Im Garten.«

»Könntest du die unter Verschluß gehaltene Perle einmal der Öffentlichkeit, vertreten durch mich, zeigen?«

»Du platzt vor Neugier, was?«

»Nein, ich bin dein Arzt. Ich muß sehen, ob das chinesische Wunder gut für deinen Kreislauf ist.«

»Ich fühle mich fabelhaft.«

»Kein morgendliches Zittern in den Beinen? Keine Leere im Rückenmark?«

»Wäre es nicht besser, du gehst wieder? Sehr schnell sogar – ehe ich dir in den Hintern trete?«

»Nur einen Blick aus der Ferne. Zugegeben: Meine Neugier ist enorm! Franziska trägt die Trennung mit Würde ...«

»Sie soll endlich ihre Sachen abholen lassen! Sie machen Liyun nervös.«

»Ach, das kleine Hascherl! Ich bemerke mit Entsetzen, daß sie dich voll im Griff hat. Wenn sie ruft: Bärchen, tanz! – dann tanzt unser hirnamputiertes Bärchen um sie herum und schnauft glücklich. Soweit ist es also schon? Junge, was hat man aus dir gemacht?«

»Ich weiß jetzt endlich wieder, was Leben heißt. Was Glück bedeutet. Und wenn sie zu mir sagt: ›Bi Xia, es ist so schön mit uns‹, dann wünsche ich mir, ewig zu leben.«

»Was ist Bi Xia?« fragte Freiburg.

»Bi Xia heißt Kaiser.«

»Sie sagt zu dir: mein Kaiser?«

»Ja.«

»Welch ein raffiniertes Luder! Welch eine glitzernde Giftschlange! Mein Kaiser, mein Bi Xia – damit wickelt sie dich in Goldpapier, und du merkst nicht, wie du darin erstickst. Junge, sie ist ja gefährlicher, als ich dachte! Laß mich nur einen Blick auf sie werfen!«

»Von weitem. Du sprichst kein Wort mit ihr! So lange, bis du bereit bist, sittsam mit ihr zu reden. Wenn du vor ihr deine Sauereien auskotzt, ist unsere Freundschaft für immer beendet. Ist das klar?«

»Superklar.«

»Komm mit!« Sie gingen in den Wintergarten, von dem aus sie den ganzen Garten überblicken konnten. Liyun saß in einem ihrer winzigen Bikinis am Rand des Schwimmbeckens. Sie war gerade aus dem Wasser gekommen. Auf ihrer Haut glitzerten die Wassertropfen. »Das ist sie!« sagte Rathenow ergriffen, wie immer, wenn er ihre Schönheit sah.

Dr. Freiburg starrte sie eine Weile an und wandte sich dann ab.

»Gratuliere!« sagte er. »Das ist das Beste, was du bisher erobert hast. Dieser Körper, wie eine Schlange. Er erinnert mich an die knochenlosen Schlangenmädchen im chinesischen Nationalzirkus. Die können ihre Anatomie verbiegen, daß einem heiß wird.«

»Bitte – geh!«

»Man wird ja wohl noch Gedanken haben können!« Dr. Freiburg ging zurück in die Halle und zur Haustür. Rathenow stieß sie auf. »Du schmeißt mich raus?«

»Du kannst jederzeit wiederkommen, wenn du Liyun akzeptierst – als meine Frau.«

»Du bist total bekloppt! Ein solches Schätzchen bleibt gerade so lange bei dir, bis sie deine Bankkonten leergesaugt hat. Dann liegt der alte Mann mit verdrehten Augen in der Ecke, und sie hüpft mit einem jungen Liebhaber davon, den du bezahlt hast.«

Rathenow schubste Dr. Freiburg wortlos vor die Tür und schlug sie hinter ihm zu. Er hörte, wie Freiburg abfuhr, und war zufrieden. Er wußte, daß sein Freund wiederkommen würde, aber dann mit einem Blumenstrauß für Liyun und höflich wie ein Gentleman. Nur bei Rathenow benahm er sich wie ein Ferkel. Oder am Ärztestammtisch.

Außerdem war er ein guter Arzt.

Zehn Tage lang aßen sich Rathenow und Liyun durch die China-Lokale von München, ohne besonders verdächtige Personen fotografieren zu können. Zu Min Ju sagte er, als er den ersten entwickelten Film abgab:

»Es sind keine guten Aufnahmen, Daih-Loh. An so eine winzige Kamera muß man sich erst gewöhnen. Und eine ganz ruhige Hand muß man haben. Das kleinste Zittern, und schon ist das Bild unscharf. Wer aber hat eine so ruhige Hand?«

Min Ju sah die Fotos durch, ohne zu tadeln, daß Rathenow den Film hatte entwickeln lassen. Er warf die Bilder auf den Tisch zurück und schüttelte den Kopf.

»Damit ist nichts anzufangen, Hong Bai Juan Fa«, sagte er.

»Das habe ich befürchtet.«

»Wenn du auf den Auslöser drückst, mußt du den Atem anhalten.«

»Das habe ich nicht gewußt. Es hat mir keiner gesagt.«

»Wen hast du da fotografiert?«

»Alle Männer, die länger als sechs Minuten auf dem WC waren. Wie soll ich wissen, ob es russische Mafiosi waren, die da zum Pinkeln verschwanden? Man sieht es ihnen doch nicht an.«

»Aber man sieht, ob der Wirt sie selbst begrüßt oder ein Kellner sie besonders aufmerksam bedient.«

»Auch da kann es sich um Stammgäste handeln. Ich glaube, diese Aktion bringt nichts. So erkennen wir nie einen Russen. Wir müssen die Gastwirte einzeln verhören.«

»Sie lügen. Sie lügen alle! Sie müssen lügen, denn ihr Kopf sitzt locker. Wir kommen nur weiter durch Beobachtung. Oder Verrat ...«

»Ein Triade verrät seine Brüder nicht – warum sollte es ein Russe tun?«

»Sie haben nicht unsere Mentalität. Das neue Rußland hat sie gierig gemacht. Jeder einzelne sucht nach einem Goldberg für sich und nicht nur für seine Organisation. Wir Triaden sind eine Gemeinschaft von Brüdern ... die Russen sind Einzelgänger, die sich nur locker zu einer Interessengemeinschaft zusammengeschlossen haben. Das wird nicht gutgehen. Da gibt es keine Disziplin wie bei uns. Da würde jeder seine Frau oder seine Schwester verkaufen, wenn man ihm genug bietet. Ihnen fehlt die Ehre.« Es klang für Rathenow absurd, aus Mins Mund im Zusammenhang mit Verbrechen und Mord das Wort Ehre zu hören. Aber er antwortete:

»Ich weiß nicht, Bruder, ob wir die Russen nicht verkennen und zu naiv sehen. Sie rücken vor, das hast du selbst erzählt. Vom harmlosen Zigarettenschmuggel und Autodiebstahl rücken sie auf breiter Front ins Heroingeschäft, das Geschäft mit der Prostitution und mit dem Schutzgeld vor. Ich glaube, daß ihre weichste Stelle die Bordellszene ist. Hier könnten Informanten sitzen, die für Dollar, DM oder Schweizer Franken alles tun.«

»Ich sehe, du machst dir gute Gedanken, mein Bruder.« Min Ju lächelte zufrieden. »Wir haben bereits eine eigene Gruppe, die sich um die Huren kümmert. Gerngesehene Gäste; sie zahlen gut, haben keine großen Wünsche, sind schnell befriedigt. Die Huren mögen unsere Jungs – sie sind eine Art Erholung für sie. Und wer sich erholt und sich sympathisch findet, mit dem redet man auch über das Private.« Min Ju rieb die Hände aneinander, als habe er um einen hohen Einsatz gespielt und gewonnen. »Wir haben schon 27 Namen von russischen Mafiosi. Es dauert nicht mehr lange, und wir können mit der Sense mähen.«

»Du willst sie alle umbringen lassen?«

»Ein Donnerschlag erschreckt mehr als ein Säuseln. Wir werden Blitz und Donner sein und die schwüle Luft reinigen. Kein Russe wird es mehr wagen, unsere Kreise zu stören. München wird wieder allein den Triaden gehören.« Min Ju grinste breit und verzog sein fettes Gesicht. Entgegen Dr. Freiburgs Prognose hatte er kein Gramm abgenommen, eher ein paar Pfund zugelegt. »Die Hurenbesuche wären auch was für dich, Bruder. Einen Mann in reifen Jahren schaukeln die Weiber gern hin und her.«

»Jetzt erinnerst du mich an Dr. Freiburg.«

»Ein guter Arzt – aber er ist ärmer an Wissen als unsere Barfußärzte.«

»Ich werde es ihm mit Freuden bestellen.« Rathenow trat von der Schreibtischkante zurück. »Ich soll also jetzt auch zum Stammgast der Bordelle werden?«

»Nein, nein ... du bleibst in deinem Revier.« Min winkte lachend ab. »So hart will ich Liyun nicht bestrafen. Wofür auch? Liebst du sie noch immer?«

»Bis zu meinem Lebensende.«

»Das ehrt dich, Hong Bai Juan Fa. Du liebst eine Chinesin und wirfst sie nach dem Genuß nicht weg! Das würde mir sehr mißfallen. Wann kommst du wieder?«

»Wenn der nächste Film voll ist.«

Min Ju erhob sich und gab ihm die Hand. »Und vergiß

nicht: Kurz den Atem anhalten, und dann auf den Auslöser drücken. Ich hoffe, daß der nächste Film besser wird.«

Doch es gab keinen nächsten Film mehr.

Zwei Tage später fanden Wanderer in einem Wald bei Rosenheim zwei erschossene Chinesen. Sie waren aneinandergefesselt und durch einen Genickschuß getötet worden. Eine klassische Hinrichtung nach russischer Art.

Das war auch die Ansicht von Peter Probst und Lutz Benicke – und damit wurde es ein Fall, der in die Mappe »ungelöst« kam. Der Chef der Pathologie der Universität rief Oberrat Benicke an und sagte sarkastisch:

»Wieder zwei. Danke! Kommen noch mehr? In der Anatomie herrscht Hochstimmung. So viele ›Fische‹ haben wir selten gehabt. Wieder Triaden?«

»Vermutlich. Wir erwarten einen Bandenkrieg zwischen Chinesen und Russen. Wir ahnen ihn – wissen tun wir gar nichts. Aber halten Sie noch einige Kühlkästen bereit, Herr Professor.«

Wieder zwei Tage später traf es die Russen ... In einem Moorgebiet bei Erding entdeckten Jäger zwei Fleischklumpen, die einmal Menschen gewesen waren. Die Toten waren regelrecht zerhackt worden. Von ihren Gesichtern war nichts mehr zu erkennen, alle Finger waren abgetrennt und verschwunden. Die Leichen waren nicht mehr zu identifizieren.

Ninglins Handschrift.

Grauen schüttelte Rathenow, als er die Zeitungsmeldung las. Auch Liyun wurde blaß wie ein grellweiß geschminkter Darsteller der Peking-Oper und kroch in sich zusammen.

»Deine ... Brüder?« fragte sie, kaum hörbar. »Dieser ... dieser Ninglin?«

»Ja. Nur er kann so grausam sein. Er wird vor Freude gesungen haben, als er die Russen zerhackte. Wenn er tötet, überfällt ihn der Wahnsinn. So ein Wesen gibt es nur einmal.«

»Du *mußt* es der Polizei sagen.«

»Erst, wenn wir in Sicherheit sind. Der Verdacht würde sofort auf mich fallen. Alle wissen, daß ich Aisin Ninglin nicht mag.«

»Soll das Morden weitergehen?«

»Es klingt fürchterlich, aber: Besser sie, als wir. Wenn sich Gangster gegenseitig umbringen, dann sollte man ... Mein Gott, was denke ich da ...?«

Er rannte in sein Arbeitszimmer und warf sich dort auf das Sofa. Liyun folgte ihm nicht. Sie wußte, daß er jetzt allein sein mußte mit seinem Gewissen, seiner Angst, seinem Haß und seiner Hilflosigkeit. Er ging durch die Hölle – würde er einen Ausweg finden?

Am nächsten Tag fuhr Liyun allein nach Saarbrücken, um ihre Koffer von Dr. Frantzen zu holen. Sie hatte es so gewollt, und Rathenow war einverstanden gewesen. Frau Frantzen umarmte und küßte sie, als sie aus dem Zug stieg.

Auf der Fahrt zu Frantzens Villa fragte sie Liyun:

»Willst du wirklich bei diesem Dr. Rathenow bleiben? Überleg es dir gut.«

»Ich habe alles überlegt«, antwortete Liyun ohne Zögern.

»Ein berühmter Mann, 33 Jahre älter als du! Wir haben Angst, daß er nur mit dir spielt.«

»Ihr kennt Hans nicht. Er ist der wunderbarste Mann, den ich mir denken kann. Und – ich liebe ihn.« Und sie dachte an ihn, und sie vermißte ihn jetzt schon. Ihr fehlten sein Atem, seine warme Haut, seine Hände und seine zärtliche Stimme, wenn er »Gute Nacht, Niang Niang« sagte. Und auch an sein Schnarchen hatte sie sich gewöhnt. Es war ein paarmal vorgekommen, daß sie ihn in der Nacht nicht hörte ... da hatte sie sich erschrocken über ihn gebeugt und war glücklich, daß er doch noch atmete. Es gibt doch kein Leben ohne dich, dachte sie wieder.

An dem Abend, an dem Liyun in Saarbrücken war, klingelte es an Rathenows Haustür. Er sah auf die große Standuhr in der Halle. Sie zeigte 21.17 Uhr an – eine Zeit, zu der ihn ohne Anmeldung normalerweise niemand besuchte –, lief zurück in sein Arbeitszimmer und holte aus der Schublade die Pistole, die er von Min Ju bekommen hatte. Als er zurück zur Tür kam, klingelte es zum zweitenmal.

Rathenow öffnete, die rechte Hand um den Griff der Pistole geklammert, die er in die Hosentasche gesteckt hatte. Vor der Tür standen zwei Herren in eleganten Sommeranzügen und versuchten eine kleine Verbeugung.

»Gutten Abend!« sagte der eine. »Störren wirr...?«

Und der andere fügte hinzu: »Errstaunen wärrdenn Sie? Wir kommennn in wichtigerr Angälägenheit.«

Rathenow atmete tief durch, sein Finger lag am Abzug der Pistole.

Russen! Die Russen waren zu ihm gekommen! Der Vernichtungskrieg stand vor der Tür. Die Rache für Ninglins Morde. Und während Rathenow zurücktrat, die Tür freigab und die beiden Russen ins Haus traten, dachte er: Wie gut, daß Liyun jetzt in Saarbrücken ist. Sie wird überleben ... und das läßt für mich alles leichter werden.

Aber wieso ich? fragte er sich dann. Mich kennt doch keiner, niemand weiß, daß ich für die Triaden arbeite ... gibt es doch Verräter unter uns? Wer hat ein Interesse daran, mich liquidieren zu lassen? Ninglin? Eine satanische, aber gute Idee: Es waren die Russen! Nie würde ein Verdacht auf ihn fallen.

»Treten Sie näher, meine Herren. Darf ich vorausgehen?«

Er führte sie in den Salon. Die Herren schienen von der Pracht des Hauses beeindruckt zu sein, aber sie nahmen nicht Platz, als Rathenow auf die Sessel zeigte.

»Wir möchtän uns vorställän«, sagte der Größere von ihnen. »Mein Namme ist Gregor Antonowitsch Burjew.«

»Und ich binn Boris Nikolajewitsch Sarantow.«

»Sie kommen aus Rußland?«

»Boris aus Moskau, ich aus Kiew«, sagte Sarantow. »Abär jätzt wohnän wir in Münchän.«

Jetzt setzten sie sich doch und sahen Rathenow freundlich an. Er ließ sich von der jovialen Art nicht täuschen – auch Ninglin lächelte, bevor er mit seinem Messer zustach.

»Kann ich Ihnen etwas zu trinken anbieten? Ich habe einen echten russischen Wodka da. Einen Sibirskaya.«

»Oh, bästär Wodka von Rußland!« Burjews Gesicht glänzte. »Nähmenn gärnä an.«

Rathenow holte Wodka, drei Gläser und stellte die Flasche auf den Tisch. Dann setzte er sich und legte die entsicherte Pistole auf sein Knie, den Finger am Abzug. Die Russen sahen ihn erstaunt an.

»Warumm Pistolä?« Sarantow schüttelte den Kopf. »Sie kein Triadä...«

»Aber Sie kommen von der russischen Mafia.«

»Wälch bösäs Wort!« Burjew goß für sich, Sarantow und Rathenow Wodka in die Gläser, so unbefangen, als sei er der Gastgeber. »Wir sind Gäschäftsleutä. Und wir habben Gäschäft für Sie.«

»Was kann mir Ihre Organisation vorschlagen? Sie sehen mich erstaunt.«

»Nicht spiellen Thäater.« Burjew grinste und hob sein Glas. »Nasdrowje!«

Er kippte den Wodka mit einem Schluck hinunter, und Sarantow tat es ihm nach. Rathenow nippte nur an seinem Glas. Die Stimmung der Russen wurde fröhlich. Burjew goß noch einmal ein.

»Sibirskaya langä nicht gähabt. Immär nur normalär Wodka. Dankä.« Er lehnte sich in dem tiefen Sessel zurück und blickte wieder auf die Pistole. »Macht uns Sorgän, die Pistolä.«

»Ich lege sie erst weg, wenn ich weiß, warum Sie zu mir gekommen sind.«

»Nicht um töttän. Nein. Gägänteil! Läbän!« Burjew, er schien der Wortführer zu sein, blickte hinüber zu Sarantow. Der nickte ihm zu. »Fangän wir an.«

»Ein guter Vorschlag!« erwiderte Rathenow. Er war ganz ruhig, sein Herz schlug nicht schneller, sein Puls raste nicht, sein Kopf war frei. Es ist doch merkwürdig, dachte er. In der Stunde der größten Gefahr wird man zum Helden. Wer hätte das gedacht?

»Wir wissänn, daß Sie Mitglied där Triadän sind...«

Rathenow zog die Pistole an sich. »Das ist ein Irrtum! Ich bin zu einer Mitarbeit gezwungen worden.«

»Was auch ... Sie kassierän Schutzgäld von Chinäsän. Sie sind Grassandalä ... lustigär Nammä. Wir habben Sie beobachtät ... halbäs Jahr lang. Sie kännän Organisationn, Kopf von Organisationn, Geheimnis von Organisationn. Sie wissän viel. Und Sie liäben Chinäsin ...« Jetzt war es Sarantow, der sprach. Burjew nickte nur Beifall. »Chinäsin muß in paar Wochen raus ...«

»Woher wissen Sie das denn?« Rathenow starrte Sarantow erstaunt an.

»Wir habbän guttä Inſormation. Unsär Geheimnis. Wir machän Vorschlag. Jätzt du, Gregor.«

Burjew beugte sich etwas vor, nahm wieder einen Schluck Wodka und schnalzte mit der Zunge.

»Vorschlag Nummär eins: Du bist Sklavä där Triadän. Nix Verbrächär, bekanntär Wissenschaftlär. Reich, man sieht ... du sagst uns, wo Triadän am bästän träffän. Nännst uns Triadän-Killär. Wir dir gäbenn Paß für China-Freundin. Du und sie dann wägg. Ist Vorschlag gutt?«

Rathenow spürte ein Kribbeln unter der Kopfhaut. »Was für einen Paß?« fragte er und tat sehr uninteressiert.

»Was du willst habbän. Könnän alläs bringän ... jädäs Land. Am bästän Deutschland. Mit guttäm Bild und bästäm Stämpell.«

»Ich soll Ihnen also die Triaden ans Messer liefern?«

»Nix Mässärr.« Sarantow winkte wie empört ab. »Nur Informationn. Du dann frei, wäg mit Chinäsin, und wir dich bäschützän. Bringän in Sicherheit. Wo du willst.«

»Zum Beispiel in die Schweiz?«

»Schweiz? Ganz leicht.« Burjew goß sich wieder Wodka ein. So schnell bekam er nie wieder einen Sibirskaya. »Heißt also: Du verrätst Wahrheit?« rief Burjew begeistert. »Ich wußtä, mit klugäm Mann gutt verhandäln. Und Liebä bästäs Argumänt.«

»Stopp!« Rathenow behielt die Pistole in der Hand. Die Russen zogen die Augenbrauen hoch. »So einfach ist das nicht. Ich muß hier noch einiges ordnen, was für mich wichtig ist. Ich muß eine Unterkunft mieten, die Flugscheine besorgen, meine Spuren verwischen, die Bankkonten auflösen ... man kann doch nicht so einfach weggehen, als besuche man einen Biergarten! Schließlich komme ich nicht mehr nach München zurück. Ich muß die Verwaltung dieses Hauses regeln, für die Putzfrau ein Konto einrichten.«

»Du willst alläs behaltän?« Burjew und Sarantow waren zum freundschaftlichen Du übergegangen. Es spricht sich für einen Russen leichter, wenn er Brüderchen denkt und nicht Herr. »Wozu? Du nicht mähr kommän nach Münchän. Wänn Triadän in Münchän kaputt, immär noch läbbän Triadän, die suchän nach dir. Gäbben nie Suchä auf. Du und Chinäsin verschwindän. Für immärr.«

Er hat recht, dachte Rathenow. Es gibt kein Zurück mehr. Viele werden überleben und nicht zögern, ihren Blut-Eid auszuführen. Die Russen werden niemals die Triaden vertreiben können, dazu sind die Chinesen zu mächtig, zu international. So wie es der Polizei niemals gelingen wird, in die Struktur dieses Bundes einzudringen. Das habe ich jetzt erkannt. Wir müssen spurlos verschwinden, uns quasi in Luft auflösen. Es hat uns nie gegeben. Welch ein Schicksal. Welch eine Zukunft. Liyun und ich werden wirklich allein sein auf dieser Welt.

»Wann?«

Burjew verstand die kurze Frage sofort. »Alläs vorbäreität. Brauchän nur noch Bild von Chinäsin. Flugtickäts sind da, Wohnung auch. In Adälbodän. Wir habbän gädacht an alläss. Habbän Auswahl mitgäbracht: Frankreich, Spaniän, Portugal, Schwädänn, Schweiz ... übärall Quartier für Freundä. Also Adälbodän.« Burjew erhob sich und trank noch einen Sibirskaya. »Kommän in drei Tagän wieddär. Dann alläs klar.«

Rathenow brachte die Russen an die Tür. Dort gaben sie sich die Hand. Bevor sie aber ins Freie traten, hatte der kleine Sarantow noch etwas zu sagen.

»Wir ährlichä Leutä. Wenn du Bätrug an uns ... dann ...« Er machte mit der rechten Hand die Geste des Halsabschneidens. »Ist klar? Pistolä nutzt nichts. Guttän Abänd.«

Rathenow schloß hinter ihnen die Tür.

Liyun bekommt einen gültigen deutschen Paß. Man mußte sich darauf verlassen, daß er absolut perfekt gefälscht war. Die Flugtickets bis Zürich lagen bereit, eine Wohnung war in Adelboden im Berner Oberland gemietet. Dort würde ihn wirklich keiner suchen. Er kannte Adelboden; vor etwa zehn Jahren war er zum Skilaufen dort gewesen. Ein schöner Kurort mit internationalem Flair und einer sehenswerten uralten Kirche, in der auch Konzerte stattfanden. Aber das konnte nur eine Zwischenstation sein ... um für immer zu verschwinden, war Adelboden zu nah, vielleicht schon im Griff der Triaden von Luzern. Ein Land mußte man auswählen, weit weg von München und den anderen »Drachenstädten« wie Amsterdam, Rotterdam, London, Manchester oder Paris, New York und San Francisco, Sydney oder Rio, Lissabon oder Chicago. Wo war man sicher? Wo gab es keine Triaden? Min Ju sagte: Wir sind überall. Auch in Dubai oder auf den Bahamas? Auf Barbados oder in Mexiko? Auf Tahiti oder Madagaskar?

Wo gab es ein Fleckchen Erde, wo er mit Liyun ohne Angst leben konnte?

Mein Gott – wo ist man sicher auf dieser Welt?

Und – konnte man den Russen vertrauen?

In der Nacht arbeitete Rathenow den Informationsplan aus, der gegen einen Paß für Liyun und die übrigen Papiere ausgetauscht werden sollte. Er enthielt die wichtigsten Hinweise und bedeutete, wenn die Russen ihr Wissen ausnutzten, einen der blutigsten Kämpfe zwischen zwei rivalisierenden Banden in der Bundesrepublik. Rathenow nannte die Namen Min Ju und Ninglin, das China-Restaurant »Der Schwarze Mandarin« und einige Mitglieder, die er kennengelernt hatte. Er legte eine Liste von den Lokalen an, die Schutzgelder an die Triaden gezahlt hatten und die er eingetrieben hatte, und er nannte auch den geheimen und nur wenigen bekannten Namen des Großen Daih-Loh von Amsterdam, der Zentrale der europäischen Bruderschaften der Triaden. In der »Drachenstadt« Amsterdam liefen alle Fäden auf dem Kontinent zusammen.

Von seiner Dokumentation fertigte Rathenow drei Fotokopien an und verschloß sie in seinem Tresor, wo auch seine Tagebücher lagen. Hoffentlich geht es gut, dachte er. Fall nicht auf einen Trick der Russen herein! Erst die Papiere, dann das Material. Und von Adelboden aus werden wir uns den Platz suchen, wo uns kein Verfolger findet.

Am nächsten Mittag kam Liyun nach München zurück. Sie schleppte zwei Koffer mit sich, die Rathenow auf ein Kofferwägelchen wuchtete und zu seinem Auto schob. Liyun folgte ihm, schweigsam und in sich gekehrt.

»War es so schlimm?« fragte er, als sie im Wagen saßen. Liyun nickte und starrte auf den Bahnhofsvorplatz mit seinem irrsinnigen Verkehr.

»Es war furchtbar«, sagte sie nach einer Weile und schluckte mehrmals. »Frau Frantzen hat geweint, und Herr Frantzen hat auf dich geschimpft. Er hat dich einen Spinner genannt. Einen Phantasten, dem die Realität verlorengegangen ist.« Sie faltete die Hände, und erst jetzt bemerkte Rathenow, daß sie zitterten. »In wenigen Wochen ist alles vorbei, Bi Xia. Da muß ich zurück nach China ... Keiner will mich haben.«

»Das ist gar nicht mehr wichtig, kleine Niang Niang.« Er legte den Arm um ihre Schulter und zog sie an sich. »Ich habe einen Paß für dich ...«

»Du hast?« Sie wirbelte auf dem Sitz herum und warf beide Arme um seinen Nacken. In ihren traurigen Augen blitzten wieder Freude und Hoffnung auf. »Du hast meinen Paß verlängert bekommen? Aber wie denn? Ich habe den Paß doch bei mir.«

»Es ist ein anderer Paß, Liyun. Ein falscher ...«

»Das ... das geht doch nicht ...«

»Ein deutscher Paß für dich. Du bist eine Deutsche.«

»Unmöglich. Jeder sieht doch, daß ich eine Chinesin bin!«

»Es hat alles seine Logik.« Rathenow startete seinen BMW und fuhr hinaus nach Grünwald. Während der Fahrt erzählte er von den russischen Besuchern und dem Vorschlag der Russen-Mafia. Liyun war entsetzt. Ein paarmal rief sie dazwischen: »Das geht nicht! Das ist unmöglich!« Und nach der anfänglichen kurzen Freude wurde sie jetzt von neuer Furcht gepeinigt.

»Von einem Gangster zum anderen!« sagte sie, als Rathenow seinen Bericht beendet hatte. »Soll unser ganzes Leben nur von Verbrechern abhängig sein?«

»Liyun, ich muß den Krallen der Triaden entkommen!«

»Und kommst in die Krallen der Russen. Wo ist da ein Unterschied?«

»Die Russen wollen nur meine Information ... dann lassen sie uns in Ruhe.«

»Und das glaubst du? Du bist wirklich ein Phantast, wie Dr. Frantzen sagt.«

»Danke!« Rathenow reagierte ausgesprochen sauer. »Ich habe alles nur für dich getan, Liyun! Ich wäre nie in diese Lage gekommen, wenn ich dich nicht lieben würde und Angst hätte, dich zu verlieren.«

»Ich weiß es.« Sie senkte wieder den Kopf und verbarg ihr Gesicht hinter dem schwarzen Vorhang ihrer Haare. »Ich habe dir Unglück gebracht. Schick mich nach China zurück ...«

»Was redest du da für einen Unsinn! Mein Leben ist sinnlos geworden ohne dich!«

»Meins auch ... aber wer fragt danach? Ich will nicht, daß du meinetwegen alles aufgibst!«

»Liyun!« Er bremste so scharf, daß der Wagen ins Schleudern und erst auf einem Fahrradweg zum Stehen kam. »Ich verkaufe alles, verlasse Deutschland und komme mit dir nach Kunming.«

»Wieder in die Hand der Triaden? Dann kannst du auch in München bleiben.« Sie hatte sich am Armaturenbrett festgeklammert, die Beine gegen das Bodenblech gestemmt. »Willst du uns umbringen?«

»Liyun! Es gibt jetzt nur noch diesen einzigen Weg! Ich muß den Russen vertrauen, um von den Triaden befreit zu werden. Sie haben für uns in Adelboden, im Berner Oberland, eine Wohnung bereitgestellt. Ehe uns die Schweizer Triaden aus ihrer ›Drachenstadt‹ Luzern finden, sind wir längst aus der Schweiz verschwunden. Spurlos. Für immer.«

»Aber die Russen kennen unser Versteck.«

»Auch sie nicht. Adelboden wird nur eine Station sein ... und dann lösen wir uns auf in Schweigen.«

»Und wovon sollen wir leben?«

»Ich werde meine Bankkonten auflösen und alles in Dollars umtauschen. Es wird für einige Jahre reichen.«

»Und dann? Wenn du hundert Jahre alt wirst?«

»Ich werde keine hundert.«

»Ich will aber, daß du hundert Jahre wirst. Du kannst keine Arbeiten mehr veröffentlichen – es gibt dich ja nicht mehr. Und an einer Uni kannst du auch nicht arbeiten.«

»Auch das habe ich überlegt«, sagte Rathenow und startete den Wagen wieder. »Der Münchener Polizei werde ich Min Ju und Ninglin schenken, bevor die Russen aktiv werden. Für dieses Zuckerl muß die Polizei etwas tun.«

»Du bist ein Spinner, Bi Xia! Was du da denkst, ist unmöglich.«

»Warten wir es ab. Ich habe gestern nacht in Gedanken alles durchgespielt. Es ist der einzige Weg in unsere Freiheit.«

In der Nacht lag Liyun wieder in Rathenows Arm und genoß die Wärme seiner Haut. Aber sie schlief nicht. Sie lagen noch immer im Gastzimmer; Franziska hatte ihre Kleider noch nicht abholen lassen. Hoffte sie doch, daß das »chinesische Abenteuer« bald vorbei sei? Rathenows Schlafzimmer betrat Liyun nicht mehr.

»Dort stinkt es!« sagte sie trotzköpfig. »Die Luft ist verpestet!«

Wohin werden wir fliehen? dachte sie in dieser langen Nacht. Wo können wir zusammenleben? Wo kann ich seine Frau sein? Wo kann ich ein Kind von ihm bekommen? Ein Kind möchte ich von ihm ... dann wird er immer um mich sein, wenn er zu den Ahnen gegangen ist. In seinem Kind wird er weiterleben und in dem Kind des Kindes und immer von Kind zu Kind ... das ist das ewige Leben. Bi Xia ... wir sterben nie! Aber ich brauche einen Platz, wo unser Kind überleben kann ...

Als sie aufwachte, war heller Tag. Rathenow stand schon in der Küche, kochte Eier, stellte das Frühstücksgeschirr auf das große Tablett, um es in den Wintergarten zu tragen.

Und er kochte eine Suppe für Liyun. Eine Nudelsuppe mit ausgewässerten Xiang Gu, den chinesischen Pilzen.

An diesem Mittag klingelte Gregor Antonowitsch Burjew an Rathenows Tür. Er kam diesmal allein wie ein guter Freund und umarmte Rathenow nach russischer Art. Er wollte das Paßfoto von Liyun abholen. Der Paß war schon hergestellt und lag in der unbekannten Zentrale der Russen-Mafia von München. Ihr deutscher Chef Leonid Iwanowitsch Streletkin – das Hauptquartier lag in Moskau – war sehr zufrieden mit Burjew.

»Wenn sein Material gut ist«, hatte er gesagt, »halten wir unser Versprechen. Betrügt er uns, liebe Genossen ... eine Kalaschnikow ist schneller als seine Beine. Prüfen wir alles genau.«

Burjew nahm das Foto entgegen. Er sah sekundenlang Liyun selbst, als sie durch die Halle lief. Er blickte ihr verzückt nach und steckte das Foto ein.

»Ist schöööönä Madtka«, sagte er mit Kennermiene. »Gratulierä. Kommä morgän wiedär mit Paß. Du hast allä Unterlagän?«

»Bis in alle Einzelheiten. Aber ich gebe sie nicht eher heraus, bis ich den Paß habe. Einen einwandfreien Paß!«

»Paß ist ächt wie mein Arsch!« Burjew grinste lustig. »Ist das Bäweis?«

»Ich lasse mich überraschen. Nicht von deinem Arsch, sondern von dem Paß!«

»Du Spaßvogäl.« Burjew umarmte Rathenow wieder. »Mänsch ohnä Arsch ... nix wärt ... Mänsch ohnä Paß, gar nichts wärt ... Bis morgän!«

Rathenow sah ihm nach, wie er in einen unauffälligen VW-Golf stieg und mit Vollgas aus dem Tor preschte. Morgen also war der entscheidende Tag für sein und Liyuns Leben.

Was mußte er mitnehmen? Was war wichtig für eine Flucht ins Nichts? Anzüge, Unterwäsche, Hemden, Schuhe, Strümpfe ... das alles konnte man wieder kaufen in einem fernen Land. Wertsachen wie seine Ikonen, die Münzsammlung, die Originalgraphiken von Chagall, Picasso und Dali? Seine Buddha-Sammlung? Die unersetzbaren Teppiche und Wandgobelins?

Dreißig Kilogramm darfst du mitnehmen, dachte er. Einen großen Koffer ich, einen großen Koffer Liyun. Alles andere muß zurückbleiben, zum Verkauf fehlt die Zeit und fehlen die Käufer. Man muß sie erst suchen, aber wer sollte sie suchen? Dr. Freiburg – die Triaden würden meine Adresse aus ihm herauspressen. Ein Kunsthändler? Auch ihn würden sie greifen und das für den Verkauf eingerichtete Bankkonto überwachen. Ich würde an das Geld nie herankommen – das ist der Preis für unsere Freiheit! Soll an einem Chagall unser Leben hängen? Alles, was ich besitze, wird zurückbleiben müssen; den Dr. Hans Rathenow gibt es nicht mehr.

Gemeinsam mit Liyun schrieb er auf, was er mitnehmen wollte: seine Arbeitsunterlagen, seine Themenmappe, die Recherchen-Akten, die Dias, einige wichtige Bücher, ein Handlexikon, Fotokopien seiner Tagebücher und die letzten Briefe, die er noch schreiben wollte.

Und seine Schreibmaschine mußte mit, seine alte, gute mechanische Olympia Monica, auf der er seit über zwanzig Jahren seine wissenschaftlichen Arbeiten und auch seine Bücher geschrieben hatte.

»Ohne sie bin ich nur ein halber Mensch!« sagte er, als Liyun meinte, überall auf der Welt gäbe es Schreibmaschinen. »Von ihr trenne ich mich nicht. Sie ist das Treueste, was ich bisher besessen habe. Niang Niang, das kannst du nicht verstehen, du hast kein Schriftstellerherz.«

Mitnehmen wollte Rathenow auch seine Kameraausrüstung, die ihn überallhin auf seinen Reisen begleitet hatte. Ob am Amazonas oder bei den Ureinwohnern Australiens, ob in Alaska oder auf Feuerland ... sie war sein drittes Auge geworden, und das hatte manchmal mehr gesehen, als er in der Erinnerung behalten hatte. Als alle Gegenstände auf dem breiten Bett gestapelt waren und Rathenow zwei große Koffer aus einer der Bodenkammern holte, sagte Liyun:

»Bi Xia, du hast etwas Wichtiges vergessen: ein Blatt Reispapier ...«

»Welches Reispapier?« Er suchte einen Sinn in Liyuns Worten. Reispapier?

»Denk an Lijiang ... das kleine Lamakloster auf dem Berghang. Der Mönch hat dir auf ein Stück Reispapier einen Glückwunsch geschrieben. Glück, ein langes Leben, Reichtum, Gottes Segen ... mit dem Pinsel hat er geschrieben, nur für dich ...«

»Ja, jetzt erinnere ich mich. Ein kalligraphisches Kunstwerk ist es.«

»Hast du es noch?«

»Aber ja. Es liegt bei meinen Graphikmappen.«

»Nimm es mit ...« Ihre Stimme wurde ganz ernst. »Es sind die Glückwünsche eines Heiligen. Wir können sie brauchen ...«

Und noch etwas nahm Rathenow mit, nahm es aus dem Rahmen und rollte es zusammen: die Batik von dem tanzenden Bai-Mädchen und den drei Tauben, die Liyun ihm geschenkt hatte. Für ihn war diese Batik wertvoller als alle Gemälde. Sie war Liyuns heimliche, stumme Liebeserklärung gewesen.

Dann hatten sie die Koffer gepackt, saßen Hand in Hand auf der Bettkante und sahen die Koffer an.

»Das ist von dem großen Rathenow übriggeblieben«, sagte Liyun, und ihre Stimme zitterte. »Zwei Koffer ...«

»Es ist genug. Ich habe dich, Niang Niang.«

»Ein ganzes Leben, das man an zwei Griffen wegtragen kann. Und alles ist meine Schuld ...«

»Nein, alles ist unsere Liebe! Das Leben ist vernünftiger geworden: Wir brauchen nur uns. Wir sind befreit von allem Tand und leben nur füreinander. Es gibt keine Verpflichtungen mehr, keine Termine, keine Zwänge, kein Hetzen nach Anerkennung und keine Demonstration des Wohlstands. Dieser ganze Schmäh ist jetzt vorbei; ich habe ihn immer gehaßt. Jetzt gibt es nur noch dich und mich, und damit ist für uns die Welt vollkommen.« Er gab einem der Koffer einen Tritt, aber der war so schwer, daß er nicht umkippte. »Jetzt schreibe ich die Abschiedsbriefe, Liyun. Wenn man aus dem Leben entflieht, schreibt man einen letzten Brief.«

Bis zum späten Abend schrieb er an diesen Briefen.

An die Verlage, die seine Arbeiten und Reiseerzählungen publiziert hatten. Er trug ihnen auf, von den Honoraren gleich 55 % an das Finanzamt zu überweisen, zuzüglich 7 % Umsatzsteuer. Mit der Abwicklung aller anderen Aufgaben beauftragte er seinen Steuerberater.

An alle Verlage, von denen er Zeitschriften oder Zeitungen bezog, um die Abonnements zu kündigen.

An Dr. Freiburg, der mit den Worten schloß: »Hiermit also verabschiede ich mich von dir und diesem bisherigen Leben. Du warst ein guter, lieber, treuer Freund, oft eine Stütze, manchmal ein Ärgernis, aber immer ein Mensch, auf dessen Herz und Verstand ich vertrauen konnte. Wir waren wie Brüder, wir haben ein Vierteljahrhundert miteinander durchlebt und Situationen gemeistert, die ich nicht schildern kann, weil sie nicht jugendfrei sind. Du bist und bleibst ein Ferkel – aber bleib so, auch wenn ich Dich nicht mehr rausschmeißen kann. Grüße alle Bekannten von mir, und sag ihnen zum Abschied, daß sie mich am Arsch lecken können. Du natürlich nicht; für Dich müßte es Schlimmeres geben! Leb wohl, such mich nicht – Du wirst mich nicht finden. Ein lieber Tritt in den Hintern ... Dein Hans.«

Der letzte Brief war an das Polizeipräsidium München adressiert. Ein normales Kuvert, kein Absender, billiges Kopierpapier und nur ein paar Zeilen:

»An das Kommissariat für organisierte Kriminalität.
In vier Tagen werde ich bei Ihnen anrufen, genau um zehn Uhr vormittags. Bitte seien Sie um diese Zeit am Apparat.
Ich habe Ihnen etwas zu erzählen.«

Rathenow las alle Briefe noch einmal, bevor er sie Liyun gab. Auch sie las sie langsam und gründlich und fragte dann: »Was willst du von der deutschen Polizei?«

»Warte es ab. Laß uns erst in Adelboden sein.«

»Willst du ein doppeltes Spiel spielen? Russen gegen die Triaden und die Polizei gegen alle?«

»Du bist ein ungemein kluges Mädchen, Niang Niang. So schließt man eine gute Lebensversicherung ab.«

Sie klebte die Kuverts zu. Er nahm sie ihr ab und sagte:

»Und jetzt gehen wir zum letztenmal in Deutschland ganz fein essen. Ins ›Gourmet‹ meines Bekannten Otto Koch.«

Aber Liyun saß an diesem Abend nur still am Tisch und aß nur ein paar Bissen.

Auch auf der Fahrt nach Grünwald blieb sie still und sprach kaum ein Wort.

»Hast du Angst?« fragte er einmal.

»Ja. Du weißt, daß wir in Adelboden nicht sicher sind ... aber du sagst, daß uns dort keiner finden wird!«

»In wenigen Tagen sind wir weg aus Adelboden. Irgendwohin ...«

»Irgendwohin ... das ist kein guter Name für einen Ort, wo wir leben können ...«

Er wußte, daß sie recht hatte, aber es war immerhin der erste Schritt in die Freiheit, der erste Schritt in das neue Leben.

Burjew und Sarantow erschienen am frühen Morgen, umarmten Rathenow wieder, gingen in den Salon, als seien sie hier zu Hause, und legten den Paß für Liyun auf den Tisch. Es war – auf den ersten Blick – ein echter deutscher Paß, schon etwas abgegriffen, wie ein langjähriger Paß aussehen muß, und lautete auf den Namen: Wang Liyun, geboren am 3. Juni 1966 in Bremen. Augen schwarzbraun. Größe 1,62 m. Besondere Kennzeichen: keine. Ausgestellt in Bremen am 1. Mai 1989. Gültig bis 1999. Unterschrift, Stempel ... alles korrekt.

»Gutt so?« feixte Burjew. »Guttäs Arbeit.«

»Und hier Flugkartän und Adrässä Adälbodän.« Burjew wedelte mit den Tickets in der Luft herum. »Wo Dokumäntation? Wir habbän gähaltän Wort wie Ähränmann ...«

»Einen Augenblick.« Rathenow ging in sein Arbeitszimmer, holte die Schriftstücke aus dem Tresor und legte sie vor Burjew auf den Tisch. Die Russen sahen sich schnell an. Rathenow reagierte ebenso schnell auf den Blick. Er zog die Papiere an sich, und seine Hand schnellte nach vorn. »Erst Paß, Tickets und Adresse!«

»Ärst Kontrollä.« Burjew wölbte die Unterlippe vor. »Kontrollä immär gutt!«

»Wir sollten uns vertrauen, Burjew. Schließlich geht es um mein Leben.«

»Loggik ist auf deinär Seitä. Hier alläs, was nötigg ist ...«

Er reichte Rathenow Paß, Flugkarten und die Adresse in Adelboden hinüber, und Rathenow übergab ihm die Papiere. Schon ein flüchtiges Durchblättern befriedigte Burjew. Es war genau das, was Genosse Natschalnik erwartet hatte. Er faltete die Papiere zusammen und steckte sie in seine Rockinnentasche.

»Wir dankän!« sagte er dabei. »Sähr zufriedän. Flug morgän 18 Uhr. Gutäs Flug.«

»Ich danke Ihnen. Aber ich warne Sie. Den Bunker von Min Ju unter dem ›Schwarzen Mandarin‹ kann man nicht so einfach stürmen. Ich habe es ja beschrieben ... es sind mehrere Panzertüren zu sprengen, und das Hauptquartier hat drei unterirdische Ausgänge, die in den Kellern von völlig harmlos aussehenden Mietshäusern enden. Besitzer dieser Häuser ist die Firma ›Heimbau und Garten‹ ... sie gehört den Triaden. In den Häusern wohnen Scharfschützen.«

Sarantow grinste fast mitleidig. »Wir nicht dumm! Wärden Plan machän wie im Krieg. Habän altä Offizierä bei uns. Können wartän. Habbän Zeit. Nix Eilä. Angriff wie im Kriegg. Plötzlich. Sind da, wänn keinär ahnt. Habbän euch Deutschä auch bäsiegt ...«

Burjew und Sarantow verließen erfreut das Haus. Sie umarmten Rathenow wieder und küßten ihn dreimal auf die Wangen ... rechts, links, rechts ... »Du guter Kamärad.«

Rathenow warf die Tür hinter ihnen zu und rannte die Treppe hinauf zu Liyun. Sie lag auf dem Bett und starrte an die Decke. Er warf sich neben sie und wedelte mit den Dokumenten.

»Dein Paß!« rief er und warf ihn ihr auf die Brust. »Du bist Deutsche, in Bremen geboren. Und hier die Tickets nach Zürich. Und hier die Wohnung in Adelboden. Außenschwandt, Haus Nummer 79! Wir haben alles, alles! Morgen abend verlassen wir Deutschland ... für immer!« Er beugte sich über Liyun und küßte sie. »Und noch eine gute Nachricht: Die Russen wollen nicht sofort angreifen. Sie wollen einen taktischen Plan entwickeln. Bis dahin ist ihnen die Polizei längst zuvorgekommen!«

»Und dann werden sie uns aus Rache töten ...«

»Wie denn? Wir werden dann nicht mehr in Adelboden sein! Wir sind Geister der Luft geworden. Niang Niang – wir haben es geschafft ...«

Am frühen Nachmittag ließ sich Rathenow bei den Bankdirektoren seiner Banken melden und trug ihnen seine Wünsche vor. Überall hörte er das gleiche Stöhnen:

»Sie wollen Ihr Konto und Ihre Festgelder auflösen? Herr Rathenow, das sind ja ... Und eine Bar-Abhebung?«

»Ich habe eine große Transaktion vor«, antwortete Rathenow. »Bitte, beschaffen Sie das Geld bis morgen um 11 Uhr. Ich komme es dann abholen. Ich lasse 5000 DM stehen für noch fällige Rechnungen. Mein Verlag wird weiterhin die Honorare an Sie überweisen.«

Er ließ bei seinen drei Besuchen jedesmal völlig geknickte Bankdirektoren zurück. In seiner Tasche hatte er die letzten Kontoauszüge. Insgesamt wiesen sie die Summe von umgerechnet 378 950 US-Dollar aus. Kein ganz großes Vermögen, aber doch ein weiches Polster für einen Neubeginn. Bei bescheidener Lebensweise konnte es über ein Jahrzehnt reichen. Gut angelegt, mit Zinsen und Zinseszinsen noch länger. Und bis dahin konnte er sich eine neue Tätigkeit suchen. Liyun würde nicht hungern müssen.

Am Abend schrieb er handschriftlich sein Testament und setzte Frau Wang Liyun zu seiner Alleinerbin ein. Auch das war eine Sicherheit für sie.

Das Testament hinterlegte Rathenow am nächsten Morgen bei einem Notar, bevor er seine Bankkonten abräumte. Mit einer großen Ledermappe voller Dollarscheine kam er zurück und ließ Liyun in die Tasche hineinblicken.

»Wahnsinn!« sagte sie und ließ einige Bündel durch ihre Finger gleiten. »Totaler Wahnsinn! Und damit willst du durch die Zollkontrolle? Sie werden dich für einen Drogenhändler halten!«

»Ich werde das erklären können. Ich habe die Kontenlöschungs-Belege bei mir.«

»Es wird Schwierigkeiten geben. Ist es nicht besser, wir fahren mit deinem BMW in die Schweiz? Warum sollten sie an der Grenze gerade deinen Wagen durchsuchen?«

»Ich habe wirklich eine verdammt kluge Frau!« Rathenow schlug sich an die Stirn. »Ich bin ein Idiot! Daß ich darauf nicht gekommen bin? Warum fliegen? Mit dem Wagen ist es viel unproblematischer, und wir sind in Adelboden beweglich. Manchmal hat man ein Brett vor dem Kopf.« Er klatschte in die Hände. »Niang Niang, bist du bereit? Wir fahren in einer Stunde los!«

»Ich bin bereit, Bi Xia.« Sie sprang vom Bett herunter. »Aber mein Visum für die Schweiz?«

»Du hast einen deutschen Paß und bist Deutsche. Du brauchst kein Visum mehr.«

Das Gepäck war im Wagen, die Dollars lagen im Hohlraum des Ersatzreifens, Liyun hatte Jeans und einen dünnen Pullover angezogen und Rathenow einen sportlichen Anzug.

Noch einmal ging Rathenow durch alle Räume seines »prunkvollen Sarges« und nahm Abschied. Sein Leben rollte dabei vor seinen Augen ab, und er gestand sich, daß es bis zum Tode seiner Frau ein schönes, ideales, erfolgreiches und vorzeigbares Leben gewesen war.

Er nahm Abschied von seinen geliebten Teppichen, von den Bildern und Skulpturen, seinem Schreibtisch, von seiner gepflegten Hausbar mit den Batterien von Wodkaflaschen, die sie beherbergt hatte, von seiner Bibliothek.

Noch einmal ließ er den CD-Player laufen, auf voller Lautstärke. Tschaikowskys Klavier-Konzert Nummer eins mit Richter und Karajan. Wie oft war dieses Konzert ihm innerer Halt gewesen und hatte ihm neue Kraft gegeben, wenn er sich elend fühlte.

Rathenow schaltete den CD-Player aus und verließ gesenkten Hauptes das Haus, das ihm seine Tante vererbt hatte. Liyun saß im Wagen und wartete auf ihn.

»Wie geht es dir?« fragte sie leise und zog seine Hand an ihre Brust.

»Miserabel ...«

»Mir auch. Und ich bin an allem schuld.«

»Sag das nie wieder, hörst du? Sag das nie wieder!« Er schob sich hinter das Lenkrad und startete den BMW. »Blick nach vorn ... nicht zurück!« Er streckte den Arm aus. »Die Zukunft liegt da, nicht hinter uns!«

»Fahr los!« Sie nickte und legte den Arm um seine Schulter. »Fahr, Bi Xia!«

Er trat das Gaspedal durch, schoß hinaus auf die Straße und blickte sich nicht mehr um. Auch in den Rückspiegel sah er nicht ... dieser Schritt, den er jetzt getan hatte, konnte nicht mehr rückgängig gemacht werden.

Die Schweizer Grenzkontrolle sah nur die Pässe an und winkte sie dann durch.

Am späten Nachmittag erreichten sie Thun und fuhren die Serpentinen hinauf nach Adelboden. Auch das Haus in Außenschwandt fanden sie schnell. Die Nummer 79 war ein altes Bauernhaus mit dicken Balken und geschnitzten Balkonen. Als Rathenow an der Tür schellte, öffnete eine dralle Bäuerin.

»Grüeß Sie!« rief sie mit ehrlicher Freude. »Sie sind Dr. Rathenow ... man hat Sie bereits per Telefon angekündigt ... Treten Sie näher. Ich hab Ihnen einen Teller mit Bündner Fleisch hingestellt.«

»Wie schön ... ich habe einen großen Hunger.«

Zwei Zimmer, bäuerlich eingerichtet, aber komplett. Ein gewaltiges bemaltes Bett. Liyun stürzte darauf zu und warf sich in die Kissen.

»Hier ist es auch schön!« sagte sie und streckte die Arme nach Rathenow aus. »Es muß nicht immer groß und prunkvoll sein! Überall, wo ein Bi Xia lebt, ist ein Palast ...«

So einfach die Wohnung möbliert war, ein Telefon hatte sie doch. Rathenow hob ab, das Rufzeichen ertönte. Es gab also eine Verbindung zur Außenwelt.

Pünktlich um 10 Uhr rief er im Polizeipräsidium München

an. Die Telefonzentrale verband ihn sofort. Sie schien bereits Order bekommen zu haben. Eine forsche Stimme meldete sich: »Hier 13. Dezernat, Probst am Apparat.«

»Sie haben meinen Brief erhalten?«

»Ah, Sie melden sich also doch?« PP ließ das Gespräch auf Band mitlaufen. Er hatte auch den Lautsprecher eingeschaltet. Drei Beamte standen um ihn herum.

»Ich habe es Ihnen doch geschrieben.«

»Wir bekommen oft merkwürdige Schreiben.« PP räusperte sich. »Ich nehme an, Sie sind der Mann, der uns vor längerer Zeit schon mal einen Tip gegeben hat.«

»Ich möchte den Chef sprechen.«

»Mit dem sprechen Sie gerade. Hier ist das Dezernat für organisierte Kriminalität. Lassen Sie mich raten: Sie haben etwas über die Triaden auf der Pfanne?«

Rathenow lächelte vor sich hin. »Ihr Ton gefällt mir, Herr Probst. Nicht so verkrampft akademisch.«

»Sie mögen keine Akademiker?«

»O Gott, ich bin selber einer. Aber das ist ja völlig unwichtig. Sie haben richtig geraten, Herr Probst. Ich bin in der Lage, Ihnen alle wichtigen Namen der Münchner Triaden zu nennen, ihr Hauptquartier, Listen der Gaststätten, die Schutzgeld zahlen, Namen der kontrollierten Bordelle, Strategien des Drogenschmuggels und vor allem den Mörder, der in der letzten Zeit die schrecklich verstümmelten Leichen hinterlassen hat.«

PP sah seine Mitarbeiter fassungslos an. Die Beamten tippten sich an die Stirn. Da ruft ein Verrückter an. Das kann nicht wahr sein. Peter Probst winkte ab.

»Sie sind Chinese?«

»Nein, Deutscher.«

»Aha!« PP nickte seinen Beamten zu. Ihr habt recht – es ist ein Verrückter.

»Was heißt aha!« fragte Rathenow ungehalten. »Glauben Sie mir nicht? Unter einem Münchner Wohnviertel gibt es sogar einen goldenen Tempel.«

Die Mitarbeiter nickten PP zu. Total bekloppt! Aber hören wir weiter zu – das kann eine lustige Nummer werden.

»Interessant«, rief PP und setzte sich auf die Kante seines Schreibtisches. »Hochinteressant! Und wann fangen die Gottesdienste an?«

»Ich biete Ihnen die Vernichtung der Triaden an, und Sie machen sich lustig über mich! Noch ein Hinweis: Es wird in Kürze zu einem Krieg zwischen den Triaden und der Russen-Mafia in München kommen.« Das war der Satz, der PP dann überzeugte, keinen armen Irren in der Leitung zu haben. Auch seine bisher fröhlichen Beamten machten ernste Gesichter. Niemand wußte bisher von dem kommenden Bandenkrieg, alle Informationen waren unter die höchste Geheimhaltung eingestuft. Nur die Polizei war unterrichtet und wartete auf den Auslöser. Und jetzt war da ein Fremder, sogar ein Deutscher, am Telefon und wußte von den Vorbereitungen der Russen. Ein Insider? Eine Zufallsentdeckung? Auf jeden Fall – es war kein Bluff.

»Wie heißen Sie?« fragte PP gewohnheitsmäßig. Er hatte es kaum ausgesprochen, da erkannte er den Blödsinn dieser Frage.

»Später ...«

»Natürlich.«

»Und ich rufe aus dem Ausland an. Eine Fangschaltung hat also keinen Sinn.«

»Sie sind ein Fachmann?«

»Halb und halb – mehr Dilettant.«

»Was haben Sie anzubieten?«

»Das sage ich Ihnen, wenn Sie mich besuchen. Das vorweg: Es ist eine umfassende Dokumentation über die Münchner Triaden. Sie erlaubt Ihnen, den ganzen Bund oder die Brüderschaft – wie sie sich nennen – zu eliminieren. Die Triaden zu vernichten ist unmöglich – von Amsterdam aus wird eine neue Familie kommen. Aber Sie haben eine Zeitlang Ruhe in München.«

PP starrte seine Beamten an. Er ist bestens informiert. Amsterdam, die Europa-Zentrale. Wer weiß das schon außer Eingeweihten? »Wo sind Sie jetzt?«

»In der Schweiz. Wir können uns hier treffen. Bitte, denken Sie jetzt nicht fahndungsmäßig! Ich möchte Sie allein sprechen, nicht mit unauffällig-auffälligen Männern im Hintergrund. Ich glaube, mein Angebot ist so ehrlich, daß Sie mir Vertrauen entgegenbringen können. Ich versichere Ihnen: Es ist keine Falle! Ich bin ein unbescholtener Bürger und Wissenschaftler.«

»Woher haben Sie die intimen Kenntnisse?«

»Später ...«

»Warum wollen Sie Ihre Dokumentation uns übergeben?«

»Auch später. Alle Fragen können wir von Mann zu Mann klären. Ich möchte Ihnen vorschlagen, daß Sie in die Schweiz, nach Thun, kommen. Wir können uns dann im See-Hotel treffen.«

»Einverstanden.« PP machte sich Notizen. »Wie kann ich Sie erreichen, wegen der Terminabsprache?«

»Sie halten mich doch für einen Strohkopf! Herr Probst, ich brauche jetzt möglichst schnell einen Termin. Es eilt wirklich. Die Russen stehen gewissermaßen Gewehr bei Fuß! Sie müssen vor ihnen zuschlagen. Ist der Krieg erst mal ausgebrochen, kommt die deutsche Polizei wieder mal zu spät. Es ist dringend, Herr Probst.«

PP zog seinen Terminkalender zu sich heran und sah auf das Wochenblatt.

»Ich könnte übermorgen zu Ihnen kommen! Zu spät?«

»Gerade noch zu verantworten! Also bis übermorgen in Thun. See-Hotel. Woran erkenne ich Sie?«

»Ich werde die Abendzeitung in der Hand halten. Noch eine Frage!« Peter Probst wollte Klarheit. »Sind Sie der anonyme Informant, der uns vor einiger Zeit ...«

»Ich glaube, ich habe die Frage schon beantwortet: ja!«

Rathenow legte auf. PP ließ den Hörer auf die Gabel fallen.

»Er ist es, Leute! Es muß der silberhaarige Hinker sein, den unsere Zeugen beim Harlachinger Mord gesehen haben. Nein! Keine Einwände!« Er hob abwehrend beide Arme. »Und ich fahre wirklich allein in die Schweiz!« Er stockte und unterbrach sich selbst. »Verdammt! Ich habe etwas vergessen! Hat er eine Zeit genannt, wann er im See-Hotel ist? Ich glaube nicht.«

Man spulte das Tonband zurück und hörte sich noch einmal die Schlußsätze an. PP schüttelte den Kopf.

»Keine Zeit! Wie kann ich ihn jetzt fragen – wir haben seine Telefonnummer doch nicht.«

»Wir sollten so früh wie möglich in Thun sein«, sagte PPs Stellvertreter.

»Ich ... nicht wir!«

»Wir machen uns Sorgen um dich ... Solche Aktionen soll man nicht im Alleingang durchziehen.«

PP war sichtlich gerührt. »Jungs«, sagte er, »ich verspreche euch, das See-Hotel nicht zu verlassen und nur im Speisesaal oder sonstwo, wo Menschen sind, mit ihm zu reden. Nie allein! Er wird mich ja nicht vor allen Menschen abknallen. Das könnten die Triaden hier in München einfacher haben, dazu brauchten sie nicht in die Schweiz zu fahren. Bornemann, erkundige dich, ob es eine Frühmaschine München–Zürich gibt. Wenn ja, sofort buchen. Von Zürich aus nehme ich einen Mietwagen und fahre nach Thun. Soll eine hübsche Stadt sein.« Er stieß sich von der Schreibtischkante ab und zog seine Krawatte wieder zum Kragen hinauf. »Und jetzt gehe ich zum Chef und berichte und lasse mir die Spesen für den Ausflug in die Schweiz bestätigen.«

In Adelboden war Rathenow nachdenklich geworden. Er spielte in Gedanken noch einmal alle möglichen Situationen durch. Ihm wurde klar, daß – wie man es auch inszenierte – eine Begegnung mit dem Leiter des 13. Dezernates ein gewagtes Spiel war. Er brauchte gar keine Begleitung, er kam wirklich allein ... aber im Hintergrund, unter den Gästen des Hotels, saßen drei oder vier Schweizer Kriminalbeamte, die München als Amtshilfe erbeten hatte. Andererseits, sagte er sich, ist die Besprechung mit diesem Peter Probst auch die einzige Chance, für immer der Rache der Triaden zu entfliehen.

Liyun stand am Fenster des Schlafzimmers und blickte in das weite Adelbodener Tal und auf den Kranz der bizarren Berge. Die Koffer standen noch unausgepackt in der Mitte des Zimmers.

»Es ist schön hier«, sagte sie, als Rathenow eintrat. »So still, so friedlich.«

»Da solltest du mal den Winter erleben, wenn hier die Ski-rennen stattfinden.«

»Dann ist hier alles voller Schnee?«

»Tief verschneit.«

»Ob ich jemals Schnee sehe ... außer auf Bildern und Post-karten? Einmal einen Schneeball machen und dich damit bewerfen, mich einmal im Schnee wälzen ... das muß herr-lich sein.«

»Ich fürchte, diese Freude kann ich dir nicht machen. Wo wir einmal leben werden, wird es keinen Schnee geben. Zum Beispiel in der Karibik – da hat es noch nie geschneit.« Er setzte sich auf die Kante des breiten Bettes und zeigte auf die Koffer. »Du hast noch nicht ausgepackt?«

»Nein! Ist das nötig? Fahren wir nicht sofort weiter?«

»Wir werden bestimmt zehn Tage hierbleiben. Es hängt davon ab, wie schnell oder langsam die Behörden arbeiten.«

»Du hast mit der Polizei in München gesprochen?«

»Ja. Der Chef des 13. Dezernats kommt nach Thun. Über-morgen.«

»Ich habe Angst, Bi Xia ...«, sagte sie leise. »Sie werden dich verhaften.«

»Dann bekommen sie kein Wort aus mir heraus.«

»Sie werden dich dazu zwingen!«

»Das dürfen sie nicht. Es gibt in Deutschland keine Folter. Wenn sie mich in Thun verhaften, verbrennst du sofort alle Papiere über die Triaden. Dann stehen sie weiter vor einer undurchdringlichen Mauer, vor dem lächelnden Schweigen. Das weiß Herr Probst ganz genau! Es gibt für sie nur den Weg, kooperativ zu sein.«

»Ich habe trotzdem Angst.« Sie setzte sich neben ihn und legte ihren Kopf an seine Schulter. »Du bist für sie auch ein Triade – und einem Verbrecher gegenüber gibt es kein Ehrenwort.«

Mit dem ersten Flugzeug war PP nach Zürich geflogen und dann mit einem Mietwagen weiter bis nach Thun gefahren. Wie geplant. Nur hatte er den dringenden Rat des Polizeiprä-sidenten nicht in die Tat umgesetzt: Er hatte die Schweizer

Polizei nicht um Amtshilfe gebeten. Er spürte in sich eine Spannung, die sich wie ein Druck auf seine Brust legte, als er in der klaren Morgensonne den Thuner See vor sich sah, betupft mit den weißen Punkten einiger Segler. Es war noch zu früh für den großen Ansturm der Wassersportler ... und bestimmt auch noch zu früh für die Begegnung mit dem geheimnisvollen Informanten.

Peter Probst parkte vor dem Hotel, ging durch die mit Geschmack eingerichtete Halle und betrat die lange, verglaste See-Terrasse, auf der einige Hotelgäste frühstückten. Probst hielt die Abendzeitung in der Hand und sah sich fragend um. Ein Kellner kam auf ihn zu und fragte nach seinen Wünschen.

»Frühstück zunächst. Nachher sehen wir weiter.«

Er ließ sich an einen Tisch direkt am Fenster führen, setzte sich und sah sich um.

Natürlich zu früh! Welch eine Dummheit, nicht nach der Zeit gefragt zu haben. Wenn bis nach dem Frühstück niemand gekommen ist, dachte PP, geh ich am See spazieren und schaue ab und zu mal ins Hotel.

Er faltete die Abendzeitung auseinander, aber er begann nicht, wie die meisten Leser, mit der Politik oder dem Sport, sondern mit der Kulturseite. Ihn interessierte die Kritik über die Oper ›Carmen‹, die vor zwei Tagen in München Premiere gehabt hatte.

Er hatte kaum die ersten Zeilen gelesen, als sich ein Herr aus einem Sessel der Halle erhob und auf ihn zuging. Peter Probst bemerkte ihn erst, als er vor seinem Tisch stand. Mit einem Ruck sah er auf.

»Herr Probst?« fragte Rathenow.

»Richtig.« PP stand auf und gab ihm die Hand. Ein fester Händedruck und ein plötzliches, unerklärbares Vertrauen. »Sie haben mich nicht getäuscht. Sie sind der anonyme Informant. Sie haben sich nur das Haar gefärbt.«

»Sieht man das?«

»Ja, wenn man genau hinguckt. Im Scheitel wachsen die weißen Haare nach.«

»Setzen wir uns doch.«

Sie nahmen Platz, und der Kellner brachte aus der Halle ein halb ausgetrunkenes Glas Wodka mit Orangensaft nach.

»Wie konnten Sie wissen, daß ich so früh komme?« fragte Peter Probst.

»Die hilfreiche Logik: Bei einer so wichtigen Aktion kann es nie früh genug sein. Ich wußte, daß Sie das erste Flugzeug nehmen.«

»Kommen wir, ohne lange Umschweife, sofort auf Ihren Vorschlag zu sprechen.« PP trank einen Schluck Kaffee. »Sie sitzen schon lange in der Halle?«

»Ja. Ich wollte sehen, ob Sie wirklich allein kommen.«

»Unter den Gästen hier könnten Beamte sitzen.«

»Nein. Es sind wirklich Hotelgäste.«

»Sie wohnen im See-Hotel?«

»Natürlich nicht.« Rathenow lächelte. »Sehe ich so dumm aus? Ich wohne irgendwo hier in der Nähe. Ist das wichtig?«

»Nein.« PP schnitt ein Brötchen auf, bestrich es mit Butter und belegte es mit Schinken. Rathenow gefiel die lässige Art, wie Probst ein so heißes Problem anging, und das machte ihn noch sympathischer. »Was haben Sie anzubieten?«

»Die gesamten Münchener Triaden.«

»Das ist ein großes Wort. Und für mich persönlich ein Reizwort.«

»Das kann ich nachempfinden. Die Polizei tappt wie blind herum.«

»Bitte, sprechen wir nicht davon! Das regt meine Galle auf.« Probst biß in sein Schinkenbrötchen. »Also, Sie behaupten, Sie seien im Besitz aller Unterlagen über die Triaden: Namen der Triadenführer, ihre Killerkommandos, ihr Hauptquartier, ihre Pläne – so sagten Sie doch am Telefon ...«

»Ja, nur mit einem Unterschied: Ich behaupte nicht ... ich *habe* diese Unterlagen.«

»Wie können Sie das beweisen? Wie kommen Sie als Nichtchinese zu diesen bisher nie bekannt gewordenen Fakten?«

»Nur ein kleiner Beweis, Herr Probst: Denken Sie an den Toten im Olympiapark. Voriges Jahr. Er blieb unbekannt.«

»Er war so entsetzlich zugerichtet, daß man ihn nicht

mehr identifizieren konnte. Das einzige, was wir feststellen konnten, war: Er war ein Chinese. Und damit war für mich klar: ein Triadenopfer. Wir haben, wie immer, gründlich ermittelt. Aber wir rannten nur gegen eine Mauer des Schweigens.«

»Der Tote hieß Zhong Yushan, ein chinesischer Gastwirt aus München.«

PP legte sein Brötchen auf den Teller. Er hatte plötzlich keinen Appetit mehr.

»Welches Lokal?«

»Das erfahren Sie später. Ich kenne auch den Mörder.«

»Herr ... Wie soll ich Sie anreden?«

»Sagen Sie einfach Hans.«

»Herr Hans, Sie machen sich strafbar! Sie sind verpflichtet ...«

»O Gott, nein! Kommen Sie mir jetzt nicht mit dem Gesetz. Ich weiß das alles. Ich wollte Ihnen nur einen kleinen Beweis geben, daß ich bestens unterrichtet bin.«

»Das war kein Beweis. Ein Name! Sie können mir viele chinesische Namen nennen, und nichts stimmt.«

»Sie können alles, was ich Ihnen übergeben werde, später nachprüfen. Genauer gesagt: Sie werden in einer einmaligen Großrazzia die Triaden von München zerschlagen können.«

»Also gut, wo ist das Material? Und warum übergeben Sie es mir? Doch nicht als gesetzestreuer Bundesbürger ...«

»Ja und nein.« Rathenow blickte hinaus auf den sich langsam belebenden See und sah dann wieder Peter Probst an. »Ich möchte Ihnen die Geschichte eines Mannes erzählen – fast klingt sie wie ein schauriges Märchen –, der aus Liebe zu einer Frau sein bisheriges Leben aufgeben mußte. Beachten Sie: mußte! Es gab für ihn keinen Ausweg als den Tod, seinen und den der Frau ... aber er wollte leben, leben mit ihr. Das ist die Ausgangssituation und auch die Endphase. Ich fange an ...«

Und so erzählte Rathenow von seinem unglaublichen Schicksal ... von seiner Reise nach China bis zu seiner gelungenen Flucht mit Hilfe der Russen-Mafia, von den 36 Blut-Eiden bis zu Ninglins Morden und Greueltaten, von den

Schutzgeld-Touren bis zur Vorbereitung der Triaden für einen gnadenlosen Krieg gegen die Russen. Er verschwieg nichts ... nur Namen nannte er nicht, nicht einen einzigen. Und natürlich gab er keinen Hinweis auf den »Schwarzen Mandarin«.

Als er mit seiner Erzählung zu Ende war, sagte er:

»Können Sie das verstehen, Herr Probst?«

PP schwieg lange und blickte über den Thuner See. Was er in der letzten halben Stunde gehört hatte, war so ungeheuerlich, so unglaublich, so einmalig, daß es schwer war, es für wahr zu halten. Ein Deutscher als Triade aus Liebe. Das Experiment, die Schutzgeldeintreiber durch Deutsche zu ersetzen und somit völlig der Observation der Polizei zu entziehen. Die Methoden der chinesischen Unterwelt. Der goldene Tempel unter der Erde ... PP war überzeugt, daß der Mann die Wahrheit sagte.

»Verstehen?« sagte er gedehnt. »Menschlich vielleicht. Ich betone: vielleicht. Als Kriminalbeamter muß ich anders denken.«

»Hätten Sie das Mädchen hinrichten und sich dann selbst den Kopf abschlagen lassen? Hätten Sie das Mädchen wirklich geopfert? Wäre das nicht auch ein Mord gewesen? Ich habe in meiner Rolle als Triade nie einen Menschen angefaßt.«

»Aber Sie haben die Morde miterlebt und haben keine Anzeige erstattet. Sie haben Schutzgelder eingetrieben und damit eine weitere schwere Straftat verübt. Soll ich Ihnen einmal aufzählen, was Sie, ohne daß ich Anspruch auf Vollständigkeit erhebe, schon auf der Latte haben? Erstens: Paßvergehen und Paßfälschung; zweitens: Mitglied einer kriminellen Organisation; drittens: Mittäterschaft bei Mord und schwerer Körperverletzung; viertens: Verdunklung bekannter krimineller Straftaten; fünftens: Täterschaft in Verbindung mit leichter Körperverletzung, denn Ihre Schutzgeldeintreibung ist nicht nur Erpressung, sondern auch eine Körperverletzung, und sechstens: Entziehung einer Strafverfolgung durch Flucht in das Ausland. Da stecken gut und gern fünfzehn Jahre Staatspension drin. Ist Ihnen das klar?«

»Ich wurde dazu gezwungen, Herr Probst!«

»Das ist kein Argument. Die Entscheidung lag immer bei Ihnen selbst.«

»Ich hätte also das Mädchen töten lassen sollen?«

»Es war eine Drohung. Ob sie es wirklich getan hätten ...«

»Sollte ich es darauf ankommen lassen? Ich habe die Fotos gesehen!« rief Rathenow.

»Wir haben selbst Fotos genug von Triadenopfern. Grauenhaft. Aber ob in Ihrem Fall ... das sind nur Hypothesen.«

Rathenow erhob sich abrupt. »Sie sind also an der Dokumentation, die sämtliche Namen enthält, nicht interessiert?«

»Aber doch! Setzen Sie sich, Herr Hans.« Peter Probst blickte Rathenow an, als wolle er sagen: Mann, ich möchte nicht in deiner Haut stecken. Und die Russen haben dich hierher in die Schweiz gebracht! Junge, Junge ... »Ich könnte es mir leichtmachen«, fuhr er fort. »Ich könnte um Amtshilfe bitten und Sie verhaften lassen. Die Schweizer sind sehr hilfsbereit.«

»Auch für diesen Fall ist vorgesorgt.« Rathenow setzte sich wieder. »Bevor ich zu Ihnen kam, habe ich meine Frau – nennen wir das Mädchen so – angerufen und ihr aufgetragen: Wenn ich in drei Stunden nicht zurück bin, verbrenne sofort alles Material. Dann haben Sie nichts in der Hand, nicht mal ein Geständnis, denn wir sind unter uns und haben keinen Zeugen für das Gespräch.«

»Sie besitzen eine bemerkenswerte kriminelle Intelligenz. Wie also soll es weitergehen?«

»Ich möchte Ihnen die Dokumentation verkaufen.«

»Das ist absolut verrückt!«

»Sie denken jetzt an Geld? Irrtum, Herr Probst. Ich brauche kein Geld. Ich schlage einen Tausch vor: Alles über die Münchner Triaden mit Namen, Adressen und Ortsangaben gegen eine neue Identität für mich und meine Frau und einen sicheren Platz zum Überleben. Das heißt: einen neuen Paß für uns beide mit Namen, die Ihre Behörde aussucht.« Er griff in die Brusttasche seines Sakkos und legte zwei Paßbilder vor PP hin. »Hier sind die Fotos.«

Peter Probst nahm die Bilder vom Tisch und hielt sie

nebeneinander. »Der Weißhaarige, von dem die Zeugen gesprochen haben – das ist er! Und das China-Mädchen ... entzückend. Aber – ist sie nicht ein wenig zu jung für Sie? Ein halbes Kind...«

»Sie ist 26.«

»Was? Das sieht man ihr nicht an!«

PP warf die Fotos auf den Tisch zurück und legte beide Hände über sie, als wolle man sie ihm wegnehmen. »Auf welchen Namen lauten Ihre jetzigen Pässe?«

»Das ist für eine neue Identität nicht wichtig. Maßgeblich sollten die neuen Namen sein.«

»Ich könnte Sie mit diesem Foto identifizieren, Herr ... Hans!«

»Was hätten Sie davon? Meinen richtigen Namen ... aber keine Dokumentation über die Triaden.«

»Wissen Sie, daß dies Erpressung ist?«

»Nein! Es ist Notwehr. Notwendiger Schutz, um überleben zu können.«

»Über diesen einmaligen Tausch kann nur das Bundeskriminalamt, ja, nur der Innenminister entscheiden. Ich bin hier völlig überfordert und habe keinen Einfluß auf irgendwelche Entscheidungen. Was Sie da vorschlagen, ist einmalig in der Kriminalgeschichte Deutschlands. Ich nehme an, der Fall wird bis nach Bonn zum Innen- und Außenministerium gehen!«

»Und wie lange kann das dauern?«

»O Himmel, wer weiß das? Dieser komplizierte Instanzenweg...«

»Wir haben aber keine Zeit, Herr Probst. Erstens werden die Russen vorher angreifen, und der Bandenkrieg beginnt, und zweitens müssen wir so schnell wie möglich die Schweiz verlassen, denn die Triaden werden ihre Bruderschaft in Luzern auf uns hetzen. Wir sind überall, hat der Daih-Loh von München gesagt.«

»Zum Teufel, dann schützen Sie sich und Ihre – Frau, indem Sie mir heute noch die Unterlagen geben.«

»Nur im Tausch. Neuer Paß gegen Informationen, mit denen Sie die Triaden zerschlagen können. Auch das ist ein einmaliger Vorgang und wird Sie berühmt machen, Herr Probst. Es ist noch nie gelungen, eine ›Drachenstadt‹ zu säubern und eine Triadenfamilie festzunehmen. München wird zum Vorbild werden und Sie vielleicht Polizeipräsident.«

»Darauf lege ich keinen Wert.« PP steckte die Paßfotos ein. »Ich werde den irrsinnigen Tausch vorschlagen. Aber wie kann ich Sie unterrichten?«

»Ich rufe bei Ihnen an. Jeden Tag. Und wenn Sie sagen: Es ist okay, dann treffen wir uns wieder hier im See-Hotel von Thun. Einverstanden?«

»Ich muß wohl. Aber ob ich die anderen maßgebenden Herren davon überzeugen kann? Da wage ich keine Vorhersage. Die Bürokratie ist eine schwerfällige Maschinerie. Aber das wissen Sie ja.«

»Denken Sie und Ihre Herren immer daran: Es bleibt nur wenig Zeit. Die Triaden und die Russen stehen bereit loszuschlagen.«

PP und Rathenow trennten sich wie gute Bekannte.

Als habe jemand auf einem bröckelnden Felsen einen Stein losgetreten, der nun mehr und immer mehr Steine mitriß und schließlich als alles vernichtende Steinlawine zu Tal donnerte, so überschlugen sich jetzt die Ereignisse.

Während Rathenow jeden Tag beim 13. Dezernat anrief und immer wieder hörte: Noch keine Entscheidung, lief durch die Familie 14K der Triaden eine Welle der Wut und der Anklagen.

Es begann damit, daß Hong Bai Juan Fa nicht mit dem Schutzgeld bei Min Ju erschien, das er am Montag, nach dem guten Sonntagsgeschäft, hätte einkassieren sollen. Min wartete großzügig noch einen Tag, dann rief er, ziemlich verwirrt, bei Rathenow an. Niemand nahm den Hörer ab, obgleich es schon 23 Uhr war.

Große innere Unruhe erfaßte Min Ju. Zuerst dachte er, daß sein bester Cho Hai der Polizei doch in die Finger geraten sei, was eigentlich unmöglich war, wenn es nicht irgendwo einen

Verräter gab. An etwas anderes dachte Min Ju überhaupt nicht – er vertraute Hong Bai Juan Fa völlig, so wie man einem Bruder vertraut, deshalb hatte er ihn in der letzten Zeit auch nicht mehr überwachen lassen. Außerdem hatte Hong Bai Juan Fa den Blut-Eid geleistet und den symbolischen weißen Hahn geköpft. In Gedanken hatte Min Ju noch viel mit ihm vor, wollte ihn zum Abteilungsoffizier ernennen und zum Führer aller Grassandalen im oberbayerischen Bezirk. Er hatte vom Gao Lao in Hongkong schon die Erlaubnis bekommen und wollte ihn damit zu seinem Geburtstag überraschen. Es mußte also etwas Außergewöhnliches geschehen sein.

Min Ju fuhr mit seinem schwarzen Jaguar nach Grünwald. Er traf auf die Putzfrau, die gerade von außen die Fenster putzte. Min grüßte höflich und zeigte auf die offene Haustür.

»Ist Herr Rathenow zu sprechen?« fragte er.

»Nein!« Die Putzfrau musterte den dicklichen Chinesen und schüttelte den Kopf. »Der Herr Doktor ist verreist.«

»Verreist?« In Min Ju schlug eine Alarmglocke an. »Und der Gast aus China?«

»Das Fräulein ist auch verreist.«

»Mit ihm?«

»Ich nehme es an. Sie sind beide fort.«

»Für wie lange?«

»Woher soll ich das wissen? Aber lange können sie nicht wegbleiben – sie haben kaum Garderobe und Wäsche mitgenommen ...«

»Danke.«

Min Ju ging zurück zu seinem Wagen, setzte sich hinein und legte die Stirn gegen das Armaturenbrett. Das Erkennen der Wahrheit warf ihn einfach um, riß sein Herz auf und machte ihn für ein paar Minuten handlungsunfähig. Dann kehrte die Vernunft wieder, er startete den Wagen und fuhr zurück in die Innenstadt.

Hong Bai Juan Fa ist geflohen, dachte er und fühlte, wie es kalt in seinem Inneren wurde. Er hat seine Familie verraten, er hat die 36 Blut-Eide gebrochen, er ist jetzt der am meisten gesuchte Feind der Triaden geworden. Er hat alles zerstört, er hat mich verraten, er, mein Lieblingsschüler, den ich in mein Herz geschlossen, der eine so große Zukunft hatte. Jetzt wird er gejagt werden, ganz gleich, wo er sich zu verstecken sucht. Wir werden ihn hetzen – von Kontinent zu Kontinent –, bis wir seinen Kopf zwischen seine Füße legen können. Welch ein dummer, untreuer Mensch ist er. Ich hätte nie vergessen dürfen, daß er ein Europäer ist und kein Chinese. Ein Mensch, der kein Gesicht hat ...

Min Ju ließ alle seine Verbindungen spielen. Im Flughafen von München erreichte es die Crew der staatlichen chinesischen Fluggesellschaft CAAC, daß man ihnen die Passagierlisten der Flüge der drei letzten Tage zeigte. Das war zwar nicht erlaubt, aber unter Flugkameraden ... was soll's? Es war ein voller Erfolg. Auf einer Liste der Swiss-Air stand der Name Hans Rathenow. Wang Liyun war nicht eingetragen, aber vier andere chinesische Namen, die uninteressant waren. Nur – der Fluggast Rathenow war nicht zum Abflug erschienen, die Maschine ohne ihn nach Zürich geflogen.

Für Min war das ein erster Hinweis. Die Schweiz. Natürlich die Schweiz! Da fühlte man sich sicher und war nahe an Deutschland.

Min rief seinen Freund, den Daih-Loh der Schweiz, in Luzern an. Er schickte ihm per Fax Fotos von Rathenow und Liyun und sagte am Telefon:

»Es sind Verräter.«

»Verstanden, Bruder. Wir kümmern uns um die beiden.«

Die Schweizer Triaden wurden in Alarmbereitschaft versetzt. Das Foto Rathenows und Liyuns wurde vervielfältigt und hundertfach verteilt. Die große Jagd begann. Die Jagd auf einen Ehrlosen, wie Min gesagt hatte. Ihm würde kein langes Leben bleiben – die Augen der Triaden waren überall.

Wie es seine Pflicht war, meldete Min den Vorfall auch per Fax dem großen Gao Lao in Hongkong. Er schrieb dazu: »Es ist meine Schuld, ich gestehe es. Ich habe mich in Hong Bai Juan Fa getäuscht oder besser gesagt: Er hat mich getäuscht. Das große Experiment ist mißlungen. Wir haben daraus gelernt, nie einem Weißen zu trauen. Nur ein Chinese kann unser wirklicher Bruder sein ...«

Die Antwort aus Hongkong erfolgte zwei Tage später. Auch per Fax. Sie lautete:

»Verehrter Bruder Min Ju. Der Große Rat hat Dein Versagen mit großem Kummer aufgenommen. Wir sind sehr traurig. Aber Dir gebührt Freude: Du wirst dem Geist Deiner Ahnen folgen und als ein klügerer Mensch wiedergeboren werden. Die Reinheit des Ewigen wird dem Schmutz Deines Irdischen folgen. Wir grüßen Dich, Min Ju.«

Und unter den Text, ein kalligraphisches Meisterwerk – selbst Todesurteile waren in der chinesischen Tradition kleine Kunstwerke – hatte der Maler ein schönes, naturgetreues Ohr gemalt.

Für einen Triaden das Symbol des Todes.

Als das Fax in Mins Büro unter dem »Schwarzen Mandarin« einlief, saß Ninglin neben ihm und sah und las den Text des Gao Lao von Hongkong ebenfalls. Nicht Min, sondern Ninglin legte das Blatt auf den Tisch und sah Min Ju mit harten Augen an. Der Blick des Vollstreckers.

»Ich habe mich geirrt«, sagte Min Ju mit fester Stimme. »Ich habe mich oft geirrt – ich war zu gütig zu dieser Welt. Ninglin, gehen wir …«

Wie immer trug er seinen schwarzen Anzug, ebenso wie Ninglin – es war die Uniform der 14K von München, von den anderen Chinesen die »Schwarzen Mandarine« genannt und ängstlich verehrt. Mins Schritte waren fest und sicher, kein Stocken oder Zögern zeigte an, daß es sein letzter Gang war. Im Tempel vor dem goldenen Buddha blieb er stehen, legte die gefalteten Hände an die Brust und verbeugte sich tief. Dann zündete er sieben große Räucherstäbchen an und steckte sie in den goldenen Topf.

Eine Minute versank er in einem Gebet. Als er sich umdrehte, stand Ninglin hinter ihm, das Kaiserschwert in beiden Händen.

»Triff genau, Ninglin!« sagte Min Ju mit einer Stimme, die schon dem Irdischen entglitt. »Du warst ein guter Bruder. Tu jetzt deine Pflicht.«

Min Ju kniete vor dem goldenen Buddha nieder, beugte den Kopf weit hinunter und bot seinen dicken, glänzenden

Nacken dar, in den jetzt doch der Schweiß lief. Er schloß die Augen und stützte sich mit beiden Händen auf dem roten Teppich ab.

Ninglin hob das Schwert, schwang es weit empor und fixierte mit starrem Blick Mins Nacken, und das Flackern der Öllampen zuckte über dem blanken Stahl und dem edelstein-besetzten Griff. Ninglin hielt den Atem an – und dann sauste das Schwert mit ungeheurer Kraft hinunter und trennte Mins Kopf vom Rumpf. Ein Blutstrom schoß gegen den Altar. Mins Körper stürzte nach vorn. Der schwarze Anzug war schnell von Blut durchtränkt.

Mit unbewegtem Gesicht trat Ninglin neben Min Ju, hob seinen Kopf an den Haaren auf, streckte ihn dem goldenen Gott entgegen und legte ihn dann zwischen die Füße des Heiligen aller Heiligen.

Die blutige Klinge des Schwertes vor sich her tragend, verließ Ninglin den Tempel. Sein Schritt war fest und bestimmt, als marschiere er in einer Parade. Erst in Mins Büro verließ ihn die Starre. Er warf das Schwert in eine Ecke, schrieb einen kurzen Text und faxte ihn nach Hongkong:

> Der große Min Ju ist bei seinen Ahnen. Die Götter werden ihm verzeihen. Ich habe ihn geliebt wie meinen Vater – aber ich habe den Blut-Eid erfüllt. Aisin Ninglin, der Einsame ...

In dieser Nacht ging das Haus Rathenows in Grünwald in Flammen auf.

Sieben Feuerwehren kämpften gegen das Inferno, aber es war sinnlos. Fünf Fässer Benzin waren im ganzen Haus ausgeschüttet worden, und als die Feuerwehren am nächsten Morgen abrückten, standen nur noch die geschwärzten Außenmauern.

Ein Feuerwehrmann sah sich bei der Abfahrt um und nickte seinem Kameraden zu.

Der Brand von Grünwald, zweifellos eine Tat der Triaden, gab anscheinend den letzten Anstoß. Die Behörden arbeiteten plötzlich schneller als gewohnt. Peter Probst legte es dem

Polizeipräsidenten auf den Tisch: zweifelsfrei Brandstiftung. Benzinreste wurden gefunden. Täter dürfte bekannt sein. Überführung der Täter nicht möglich, da Bandenverbrechen. Und unter vier Augen sagte PP zu dem Präsidenten:

»Will man noch mehr Beweise? Herr Hans ... das ist Dr. Hans Rathenow, der Besitzer der Villa. Die Lebensgeschichte, die er mir erzählt hat, paßt genau. Herr Präsident, wenn wir jetzt noch zögern, haben wir den Kampf gegen die Triaden endgültig verloren. Zum Zuschlagen aber brauchen wir die Dokumentation, sonst bleiben wir die doofen Bullen ...«

»Ich werde sofort bei den Ministerien nachsuchen«, sagte der Polizeipräsident. »Aber bedenken Sie: So etwas hat es in Deutschland noch nie gegeben.«

Nach 14 Tagen hörte Rathenow in Adelboden endlich Peter Probsts Stimme sagen:

»Okay, Dr. Rathenow. Wir können tauschen.«

»Sie haben meinen Namen herausbekommen? Gratuliere!«

»Das war nicht schwer. Wenn eine Villa in Grünwald abbrennt, die einem Dr. Hans Rathenow gehört, und die Brandstifter sind die Triaden, und in der Schweiz lebt ein Mann, der sich Hans nennt und ein Triade war ...«

»Sie haben mein Haus angezündet? Schade, ich hatte einige gute Chagalls und Picassos. Und ein Gemälde, das meine Mutter zeigte.«

»Materielle Dinge kann man verschmerzen ... wichtiger ist, daß Sie Ihr Leben gerettet haben. Ich bin morgen gegen Mittag bei Ihnen in Thun. Diese Aktion ist von höchster Ebene genehmigt worden. Ein einmaliger Vorgang, über dem strengstes Stillschweigen liegt. Nur eine Handvoll hoher Beamter weiß davon.«

»Und wie heiße ich jetzt?«

»Neugierig?«

»Ich platze.«

PP lachte und klappte die Pässe auf. »Man hat Ihnen einen schönen Namen verpaßt, schöner als Rathenow. Sie heißen ab sofort Dr. Holger Fresius ... Und die junge chinesische Dame heißt Yang Chunli. Klingt das nicht wie ein exotischer Blumenname? Bis morgen, Dr. Fresius ...«

Rathenow warf den Hörer hin, stürmte in das kleine Wohnzimmer, breitete die Arme weit aus und rief: »Wir haben die Pässe. Wir haben sie! Morgen beginnt das neue Leben ... meine kleine Chunli ...«

»Wer ist Chunli?« fragte Liyun irritiert.

»Yang Chunli hieß einmal, vor langer, langer Zeit, Wang Liyun ...«

»Mein neuer Name? Und wie heißt du?«

»Ich bin Dr. Holger Fresius ...«

»Wie schrecklich!« Liyun schlug die Hände zusammen. »Das kann kein Chinese aussprechen. Für mich bist du nur mein Bi Xia ...«

»Und du meine Niang Niang.«

Sie lief in seine ausgebreiteten Arme und hing an seinem Hals. »Für immer?« rief sie.

»Für immer.«

Sie küßten sich, aber dann stellte Liyun die entscheidende Frage: »Und wo verstecken wir uns?«

»Das wird mir morgen Herr Probst sagen.«

»Weit weg von Deutschland ... Ich will von Deutschland nichts mehr hören und erst recht nichts mehr sehen. Keiner versteht, daß Liebe mächtiger ist als Gesetze.«

»Darin wird Deutschland sich nie ändern.«

»Und deshalb, Bi Xia ... weit weg von Deutschland ...«

Am nächsten Tag fand der Austausch statt, den PP »historisch« nannte, weil es so etwas noch nie gegeben hatte.

Sie saßen wieder auf der Seeterrasse des Hotels, ein etwas kühler Tag mit Regenschauern, auf dem blanken See kein Segel, die Strandbäder leergefegt. Peter Probst zeigte hinaus. »Die richtige Abschiedsstimmung. Oder weint der Himmel, weil wir uns auf diesen Handel ohne Beispiel eingelassen haben?«

»Die Pässe bitte.« Rathenow hielt ihm die Hand, mit der Handfläche nach oben, hin.

»Die Dokumentation bitte.«

Rathenow legte die dicke Mappe auf den Tisch. Auch die Fotokopien seiner Tagebücher waren dabei. Peter Probst legte seinerseits die Pässe vor sich hin.

»Darf ich einen Blick hineinwerfen?« fragte er.

»Immer noch mißtrauisch?«

»Ein deutscher Beamter erkennt nur Realitäten an, Herr Dr. Fresius.«

»Bitte.« Rathenow schob die Mappe über den Tisch, griff aber gleichzeitig sofort nach den Pässen. Keine Tricks, mein Lieber. Peter Probst schlug wahllos eine Seite auf und las ein paar Sekunden. Dann klappte er den Deckel zu. »Unglaublich!« Seine Stimme hatte den forschen Ton verloren. »Wenn das wirklich stimmt ...«

»Sie haben mein Ehrenwort. Und Sie werden der Held von München werden. Verlieren Sie keine Zeit, kann ich Ihnen nur immer wieder sagen ...«

»Ich fliege mit der nächsten Maschine zurück. Der Großeinsatz ist schon besprochen ... uns fehlte nur noch Ihr Material.«

Sie standen auf und drückten sich fest die Hand.

»Weidmannsheil!« sagte Rathenow. Und jetzt zitterte seine Stimme.

»Weidmannsdank!« PP unterdrückte seinen Impuls, Rathenow kurz zu umarmen.

»Und ... haben Sie eine Adresse für uns?«

»Auch das. Durch Amtshilfe der spanischen Behörden konnten wir für Sie ein kleines Haus mieten. In dem Ort Agulo, nahe der Playa de Agulo. Auf Gomera. Kanarische Inseln. Garantiert – da findet Sie kein Triade!« Er zeigte auf die Pässe in Rathenows Hand. »Der Zettel steckt in Ihrem Paß. Das Haus ist ab sofort frei. Es gehört einem Weinhändler, sagte man mir.«

»Das ist für mich der richtige Hausherr!« Rathenow lachte und gab PP noch einmal die Hand. »Ich danke Ihnen von ganzem Herzen.«

Und dann fuhren sie davon. PP mit seinem Leihwagen zur Autobahn, Richtung Zürich; Rathenow über den Ort Frutingen zur Straße nach Adelboden.

Sie sahen sich nie wieder ...

In derselben Nacht, in der PP wieder in München in seinem Bett lag, kehrte Ninglin von einer kurzen Liebesstunde in einem der von den Triaden kontrollierten Bordelle zu seiner Wohnung zurück. Nach Mins Hinrichtung wartete man in der Familie auf die Ankunft eines neuen Daih-Loh, der die Leitung in München übernehmen sollte. Er war bereits angekündigt, ein Bruder der Triade von Amsterdam, den der Gao Lao in Hongkong bestimmt hatte. Er hieß Shao Houli, sollte dreißig Jahre alt sein, sehr jung für einen Daih-Loh, und ihm ging der Ruf voraus, daß er ein Meister im Erwürgen mit einer Seidenschnur sei. Ninglin war gespannt.

Als er seinen Wagen abgeschlossen hatte und den Vorgarten seines kleinen Bungalows betrat, stellte sich ihm ein kleiner Junge in den Weg, bekleidet mit einer Hose und einer Jacke aus blauem Stoff, wie man sie zu Maos Zeiten getragen hatte. Ninglin blieb belustigt stehen.

»Du Grashüpfer, was tust du noch so spät auf der Straße?« fragte er gutgelaunt. »Geh nach Hause! Was willst du von mir? Warum stehst du in meinem Garten? Willst du betteln? Nur wer arbeitet, hat ein Recht auf Geld, das merke dir. Aus einer tauben Nuß kommt nie ein Trieb.«

»Ich wollte dich ansehen ...«

»Nun hast du mich gesehen.«

»Ja ...«

»Und nun – lauf nach Hause, ehe dich die Nachtgeister fressen.«

Der Junge blieb stehen und spreizte die Beine, wie er es von den Cowboys in den Wildwestfilmen gesehen hatte.

»Ich bin Zhong Lihong, der Sohn von Zhong Yushan und seiner Frau Su Kun.«

»Ist das was Besonderes?«

»Ja. Du hast meinen Vater umgebracht!«

Bevor der überraschte Ninglin sein Messer ziehen konnte, hatte der Junge einen Revolver in der Hand und schoß. Die Kugel schlug in Ninglins rechten Oberschenkel und warf ihn gegen einen nahen Baumstamm.

»Bist du verrückt?« schrie er. »Wirf sofort den Revolver weg! Ich habe ihn nicht getötet, deinen Vater Yushan ...«

»Su Kun, meine Mutter, hat es gesagt. Du hast ihn abgeholt und getötet und ihn in den Olympia-Park geworfen! Keiner konnte ihn mehr erkennen, so hast du ihn mißhandelt.«

Der Junge hob eiskalt die Waffe, zielte und schoß Ninglin in das andere Bein. Ninglin heulte auf und fiel auf die Knie. Er fühlte plötzlich wahnsinnige Angst, die gleiche Angst, über die er bei seinen Opfern immer gelacht hatte.

»Ich habe ihn nicht töten wollen!« schrie er. »Ich habe deinen Vater immer geliebt ... aber ich hatte den Befehl dazu. Ich mußte gehorchen. Ich mußte ihn töten, sonst wäre das Ungehorsam gewesen. Lihong – ich schwöre dir ...«

»Yushan, mein Vater, ist durch deine Hand gestorben. Sein Sohn läßt jetzt seinen Mörder auch durch seine Hand sterben.«

Der Junge sagte es ganz leidenschaftslos, ganz ruhig, wie ein Erwachsener, der von guten Dingen erzählt. Ninglin versuchte, sein Messer aus der Tasche zu holen. Auch im Werfen von Messern war er ein Meister. Der Junge erkannte diese Bewegung und schoß zum drittenmal. Diesmal in Ninglins Arm.

Der Killer heulte auf. Es klang wie die Schreie seiner Opfer, bevor er ihnen mit seiner kleinen, scharfen Axt den Brustkorb spaltete oder einen Arm abhieb.

Der Junge kam drei Schritte näher und starrte in Ninglins blutunterlaufene Augen. »Wir lebten so zufrieden in München. Unsere ›Shanghai-Stuben‹ waren bei allen beliebt, aber du hast meinen Vater wegen ein paar Mark umgebracht, die er dir nicht zahlen wollte. Du hast ihn ausgelacht und getötet. Hör mich an – ich lache auch!«

Der Junge stieß ein paar Laute aus, die eher wie unterdrücktes Schluchzen klangen. Dann ging er um Ninglin herum, hob den Revolver und schoß ihm in das Genick. Ninglin fiel nach vorn. Er lebte noch zwei Sekunden, dann kam das Todesröcheln.

Zhong Lihong sah seinen Revolver an. Vier Schüsse hatte er abgefeuert, zwei Patronen waren noch in der Trommel. Er blickte auf den zusammengekrümmten toten Körper, hob noch einmal die Waffe und feuerte die beiden Geschosse in

Ninglins Rücken. Dann warf er den Revolver neben ihn an den Baumstamm und verließ mit ruhigen Schritten den Vorgarten. Er stieg auf sein Fahrrad, das neben dem Haus an einer Hecke lehnte, und fuhr durch die helle Nacht nach Hause. Seine Mutter Su Kun erwartete ihn und stürzte weinend auf ihn zu.

»Lihong, Lihong, wo warst du?« rief sie. »Ich habe gedacht, nun haben sie mir auch dich weggenommen! Wo warst du – du kannst doch nicht einfach weglaufen in der Nacht. Lihong, mein Liebstes ...«

Sie drückte ihn an sich und weinte weiter. Lihong ließ das eine Weile über sich ergehen, dann befreite er sich aus den Armen der Mutter, trat zwei Schritte zurück und reckte sich empor.

»Ich habe meinen Vater gerächt, Mama. Ninglin ist tot. Jetzt können wir nach Amerika zu Tante Hua fahren ...«

An einem Freitag morgen bestiegen ein Herr Dr. Fresius und seine Begleiterin, eine schöne Chinesin, die viele Männerblicke auf sich zog, ein Flugzeug der Iberia nach Madrid.

In Madrid verließen sie den Flughafen, nahmen sich ein Taxi und fuhren davon.

Sie ließen damit ihre Vergangenheit hinter sich.

Es gab keinen Dr. Rathenow mehr und keine Wang Liyun.

Nur noch ein Telefongespräch mußte Rathenow führen. Es drängte ihn danach. Er rief Dr. Freiburg an.

»Hans!« hörte er Freiburg aufschreien. »Mein Gott, wo bist du? Sag, wo du jetzt bist!«

»In einer anderen Welt.«

»In Amerika?«

»Nein ...«

»Dein Haus ist abgebrannt!«

»Ich weiß. Unwichtig.«

»Ich flehe dich an: Wo bist du?«

»Alter Junge, du wirst wieder von mir hören – nur wann, das weiß ich noch nicht. Es kann lange dauern. Mach's gut!«

Er legte auf und sah Liyun an, die neben ihm stand.

»Das war der letzte Gruß an die Vergangenheit«, sagte er. »Von dieser Minute an gibt es nur noch dich und mich in einer Welt, die nur uns ganz allein gehört und wo uns keiner sucht und findet. Darf man das Glück nennen?«

»Ja.« Liyun streichelte seine Hand. »Es ist wirkliches Glück, mein Bi Xia.«

EPILOG

Die »Casa del Vino« lag etwas außerhalb des Ortes Agulo an einem flachen Berghang, zu dem eine Schotterstraße hinaufführte.

Von der überdeckten Veranda hatte man einen herrlichen Blick über den Ort mit seinen verschachtelten Häusern, den Strand und den unter dem blauen Himmel blau und silbrig glänzenden Atlantik. Im Hafen lagen Fischerkähne und ab und zu ein weißer Ausflugsdampfer, der von Teneriffa oder Las Palmas, den Nachbarinseln, herüberkam. Ein Blumen- und Kakteengarten umgab das Haus. Einige hohe Bananenstauden und Orangenbäume wuchsen an den Rändern der Treppe, die von der Straße zur Casa führte. Ein großes, rundes Wasserreservoir war in den Felsen gesprengt und versorgte das Anwesen zu jeder Zeit mit frischem Wasser. Das Haus war ockergelb gestrichen, hatte ein rotes Ziegeldach und grüne Fensterläden – ein lustiger Farbklecks gegen die vulkanischen Felsen.

Die Bewohner dieses kleinen Schmuckstücks kannte jeder in Agulo. Der Señor mit den silbernen Haaren und dem weißen Bart saß oft mit seiner wunderschönen chinesischen Frau in den Bodegas, aß Maiskuchen und trank mit großem Verstand den besten Wein. Sie besuchten auch die Dorffeste und tanzten sogar mit im Kreise der Gomese, und die Chinesin hatte einmal ganz Agulo in helle Aufregung und Begeisterung versetzt, als sie im Karneval, den man auch auf Gomera mit Umzug und Straßentanz feierte, in einem spanischen Kostüm auf der Plaza zusammen mit dem Señor einen Fandango tanzte, einen andalusischen Paartanz mit Kastagnetten-Geklapper und begleitet von den Gitarren dreier Bananenarbeiter, die in der Finca neben ihrem Haus wohnten. Der Bürgermeister war so begeistert, daß er der Señora seine gestickte Bauchschärpe um den schlanken Körper wickelte. Eine spanische Chinesin – wo gab es das noch einmal?

Der beliebte Fremde von Agulo wohnte jetzt zwei Jahre in der Casa del Vino. Er hatte das Haus ein wenig umgebaut und verhandelte nun schon über ein Jahr mit dem Besitzer Señor Antonio Gomez Trajillo über einen Verkauf. Aber der Weinhändler, der jetzt eine Firma in San Sebastián de la Gomera betrieb, wies alle Geldangebote des Dr. Fresius ab, sogar eine Zahlung in Dollars.

»Ich bin in diesem Haus geboren«, sagte er. »Meine Mama hat dort vierzig Jahre lang gewohnt, mein Papa ist darin gestorben, sechs Kinder sind in ihm zur Welt gekommen – wie kann man so ein Juwel verkaufen? Glauben Sie mir, Señor – wenn ich es verkaufen würde, dann nur an Sie! Aber solange ich lebe, gebe ich es nicht her.«

Womit Señor Fresius sein Geld verdiente, darüber hatte man in den Bodegas lange diskutiert. Manche sagten, er sei einfach reich, andere, er habe Fabriken in Deutschland, bis der Bürgermeister allen Spekulationen ein Ende setzte, indem er preisgab:

»Auf der Anmeldung steht: Er ist Ethnologe. Und er schreibt ein Buch. Und davon lebt er. Manchmal malt er auch – aber schlecht.«

»Was malt er denn?« Der Bodega-Wirt zeigte sich sehr interessiert. Ein paar Bilder eines Fremden an den Wänden machten sich immer gut. Und man konnte damit bei den Badegästen werben: Seht her, das ist von einem ganz bekannten Maler. Seit zwei Jahren ist er Bürger von Agulo. Will gar nicht mehr weg, so gut gefällt es ihm bei uns. Diese Bilder hat er hier gemalt. Meisterwerke ... seht sie euch an! Das würde sich rumsprechen und viele neue Gäste bringen.

»Er malt vor allem Blumen und unsere Stadt und die Playas und die Aussicht vom Mirador da Carbonera über die Hügel und das Meer...«

»Das kann ich gebrauchen!«

»Nur haben alle Gemälde einen Fehler.« Der Bürgermeister zwinkerte dem Bodega-Wirt zu. »Sie sehen alle chinesisch aus.«

Die Enttäuschung des Wirtes dämpfte die Kauflust. Aber weil es Señor Fresius war, verzieh er ihm sogar die Verfremdung der spanischen Landschaft, was eigentlich einer Beleidigung von ganz Gomera gleichkam.

»Er ist eben ein besonderer Mann, unser Señor Fresius«, sagte er. »Es kann nicht jeder einen Blick für die Schönheit unserer Insel haben.«

Aber das war ein Irrtum.

Als Rathenow und Liyun vor zwei Jahren im Hafen von San Sebastián de la Gomera landeten, nachdem sie in Los Christianos auf Teneriffa zwei Tage warten mußten, bis sie einen Platz auf dem Pendelschiff bekamen, und dann mit einem Taxi in die Berge von Enchereda und auf abenteuerlichen Serpentinen wieder hinunter bis zur Küste von Agulo fuhren, war Liyun zunächst still geworden und sah, in die Polster zurückgelehnt, auf die wild-romantische Landschaft der Insel. Rathenow sprach sie nicht an. Er ahnte, was sie dachte, und er sah, daß sie die Tränen unterdrückte und sich auf die Lippen biß, um ihr Zittern nicht zu verraten.

Und dann standen sie vor dem Haus des Señor Trajillo, vor dem Blumengarten, den Bananen und Orangen und der die ganze Breite des Hauses einnehmenden Veranda mit ihren zierlichen weißen Säulen. Am Fuß der Treppe, auf einem Mauerpfeiler, sonnte sich eine weiß-rot getigerte Katze und hob nur träge den Kopf, als das Taxi bremste. Der Fahrer drehte sich zu Rathenow und Liyun um und streckte den Arm aus.

»Da!« Es war außer »Gutes Bier« das einzige deutsche Wort, das er kannte. Und dann auf spanisch: »Ihre Casa del Vino, Señor.«

Zögernd stieg Liyun aus und zuckte zusammen, als sie Rathenows Arm um ihre Hüfte spürte.

»Wir sind am Ziel«, hörte sie ihn sagen. »Das ist unser Haus ...«

Sie blickte hinauf und umfaßte alles mit einem langen Blick. Die ockergelben Wände, das rote Dach, die grünen Läden vor den Fenstern, die Veranda, die Blumenbeete, die sich um das Haus zogen und es wie ein heiteres, sonnenüberflutetes Bild einrahmten, die Treppe aus den Steinen des Vulkangebirges, die Palmen und großen Farne, die Kakteen und die getigerte Katze – und über allem ein unendlicher blauer Himmel und zu ihren Füßen die leuchtenden Häuser der Stadt und das leicht gekräuselte Meer, in dem im Dunst der Hitze wie ein dunkler Strich die Küste von Teneriffa sich abhob.

»Gefällt es dir?« fragte Rathenow, selbst überwältigt von der Schönheit dieses Fleckchens Erde. »Niang Niang – unsere letzte Station ...«

»Es ist wie ein Traum, Bi Xia.« Sie warf sich herum und drückte ihr Gesicht an seine Brust. »Ich will hier nie, nie wieder weg. Wir haben unsere kleine Welt gefunden.«

Das war vor zwei Jahren gewesen.

Jetzt hatten Señor Dr. Fresius und Señora Yang Chunli Spanisch gelernt – sie schneller und besser als er. Wieder einmal zeigte sich, daß Asiaten wahre Sprachgenies sind und sich in jede Sprache hineindenken können. Rathenow hatte da größere Mühe; er paukte wie in der Schule Grammatik und einwandfreie Sätze, während Liyun einfach drauflosplapperte, keck und unbekümmert, wie es ihre Art war. Und wenn in der ersten Zeit ihr Spanisch sich über alle Sprachregeln hinwegsetzte – im Ort, in der Bodega, beim Kaufmann, die Bauern, alle verstanden sie, lächelten sie an und sagten dann untereinander: »Die Señora ist eine gute Frau.«

Während Liyun einkaufte, kochte und den herrlichen Garten pflegte, schrieb Rathenow wieder an seinem ersten Roman. Bisher hatte er ja nur wissenschaftliche Arbeiten geschrieben und Reiseerzählungen, die aber überraschend gut ankamen. Doch ein Roman – das war etwas völlig anderes, und Rathenow hatte große Schwierigkeiten. Immer wieder zerknüllte er die Seiten, die er am Tag vorher geschrieben hatte. Nie war er zufrieden. Wie hat einmal ein bekannter Schriftsteller, den die ganze Welt las, gesagt: »Ein Buch zu schreiben, einen Roman, ist die blutsaugendste Knochenarbeit, die ich kenne.«

Rathenow schrieb jeden Tag einige Stunden. Dann lag er auf der Veranda und erholte sich, half Liyun im Garten und werkelte mal da, mal dort, bis sie sagte: »Laß das, Bi Xia ... du machst mehr kaputt, als nötig ist!« Oder er fuhr hinunter nach Agulo, setzte sich unter den Sonnenschirm einer Hafenkneipe und skizzierte in einem Malblock Menschen, Gesichter und Situationen. Das war das Neueste: Er begann zu malen. Liyun nahm diese neue Leidenschaft schweigend hin. Nur einmal fragte sie, eine der Skizzen in der Hand haltend: »Was ist das?«

»Ein alter Fischer«, antwortete er.

»Ach ja.« Sie gab ihm das Blatt zurück. »Ich dachte, es ist eine tote Ziege.«

Zwei Tage lang war Rathenow darauf beleidigt und blieb einsilbig. Erst in der dritten Nacht war er zur Versöhnung bereit.

Ein Jahr später bekam Liyun ein Kind. Ein Mädchen. Sie nannten es Ying-Regina, und es wurde im Haus geboren, was Señor Trajillo sehr freute und ihn bewog, sich als Pate zur Verfügung zu stellen. »Das ist Tradition!« rief er und umarmte Rathenow. »Wer in diesem Haus wohnt, muß auch in diesem Haus Kinder kriegen! Verstehen Sie jetzt, Señor Fresius, daß ich das Haus nie verkaufen kann?«

Eines Abends saßen Liyun und Rathenow auf der Terrasse und sahen auf das rot und golden schimmernde Meer und den flammenden Abendhimmel. Ying-Regina schlief schon lange in dem neu eingerichteten Kinderzimmer. Sie war ein braves Mädchen, schrie wenig und schlief viel. »Das hat sie von dir«, hatte Rathenow einmal gesagt. Und Liyun hatte gefaucht: »Und von dir die ›Langnase‹. Schrecklich.«

»Wir müssen etwas besprechen, Liyun«, sagte Rathenow jetzt.

»Etwas Ernstes? Deine Stimme klingt so anders ...« Sie sah ihn fragend an. »Was ist es? Ist es etwas Böses?«

»Es betrifft uns, Niang Niang...«

»Uns? Dann kann es nichts Böses sein. Wir sind glücklich.«

»Wir haben nun ein neues Leben begonnen, wir haben ein Haus, und wir haben ein Kind – hast du nie daran gedacht, daß wir heiraten könnten?«

Sie schwieg und blickte in die untergehende Sonne. »Manchmal schon«, antwortete sie zögernd.

»Ich möchte, daß wir heiraten, ich habe es immer gewollt – aber es wird nie möglich sein.«

Ihr Kopf fuhr herum. »Warum? Liebst du mich nicht mehr?«

»Liyun, wie kannst du so etwas fragen?« Er nahm ihre Hände und spürte, wie sie zitterte. »Wir könnten nur unter meinem Namen Rathenow heiraten ... aber den gibt es nicht mehr. Es gibt auch keine Wang Liyun mehr, sondern eine Yang Chunli. Wir müßten als Dr. Fresius und Frau Yang heiraten – aber die haben beide keine Geburtsurkunden. Ohne Papiere wird niemand uns trauen – wir sind ein Nichts. Liyun ... Es gibt weder einen Rathenow noch eine Wang Liyun. Wir sind amtlich nicht vorhanden.«

»Wir werden nie heiraten können?«

»Nicht, solange ich nicht wieder Rathenow sein kann. Aber ob das jemals möglich sein wird ...«

»Dann sind wir Geister?«

»So ähnlich ...«

»Auch Geister können lieben und in alle Ewigkeit zusammenbleiben. Wer es nicht glauben will, dem zeigen wir es! Ein Papier mit einem Stempel – ist das so wichtig?«

Damit war das Thema für alle Zeit zwischen ihnen erledigt. Niemand sprach mehr darüber; ihre eigene kleine Welt brauchte kein amtliches Dokument. Und außerdem – wer fragte hier danach? In Agulo waren sie Señor und Señora Fresius, und man vergaß nie, daß der Bürgermeister der Señora seine Bauchschärpe umgebunden hatte.

Ying-Regina war acht Monate alt, als der Bürgermeister zur Casa del Vino hinauftelefonierte.

»Da ist mit dem Schiff ein Mann gekommen«, sagte er.

»Ein Deutscher. Er hat nach Ihnen gefragt. Er ist jetzt unterwegs zu Ihnen, Señor. Ich hielt es für meine Pflicht, Ihnen das zu sagen.«

»Das ist sehr nett von Ihnen. Danke.«

Rathenow legte auf und lief hinaus in den Garten. Liyun saß mit Ying-Regina unter einem Schatten spendenden, breitkronigen Mimosenbaum und spielte mit ihr. Die Kleine quiekte vor Freude. Sie war ein bemerkenswert schönes Kind geworden ... zartgliedrig wie die Mutter, die gleichen großen Mandelaugen, aber Nase und Kinn hatte sie von Rathenow, und die Wangenknochen waren nicht so ausgeprägt wie bei Liyun.

»Wir bekommen Besuch, Niang Niang!« rief Rathenow. »Aus Deutschland!«

»Mein Gott!« Liyun drückte das Kind an ihre Brust. »Keiner weiß doch, wo wir sind! Wer ist das? Wo kommt er her? Ich habe Angst.«

»Mir ist das auch ein Rätsel. Aber wir werden gleich Klarheit haben. Liyun, bleib mit Ying im Garten! Laß dich nicht blicken! Versteck dich!«

»Und wenn er gekommen ist, um dich zu töten?«

»Ich werde meine Pistole in der Hand halten und nur durch die Tür mit ihm sprechen.« Rathenow lief ins Haus zurück und verriegelte die Tür. Liyun verschwand mit Ying zwischen den Bananenstauden.

Nach fünf Minuten hielt ein Taxi unten an der Treppe. Ein Mann mittleren Alters in einem hellgrauen Sommeranzug stieg zum Haus empor. Er trug einen weißen Strohhut und sah damit aus wie der typische Tourist.

Rathenow entsicherte die Pistole, als der Mann an der Tür klingelte.

»Ich bin hier!« rief Rathenow durch das dicke Pinienholz. »Was wollen Sie?«

»Herr Rathenow ...«

»Hier wohnt kein Rathenow! Ich bin Dr. Fresius!«

»Ich weiß. Entschuldigen Sie, wenn ich den früheren Namen gebrauchte. Bei uns laufen Sie selbstverständlich unter Ihrem früheren Namen.«

»Was heißt ›bei uns‹?«

»Ich komme aus München. Ich bin Kriminaloberinspektor Willy Hensch vom 13. Dezernat.«

Rathenow starrte auf die Tür. Kriminalpolizei. 13. Dezernat. Er hatte gehofft, nie wieder etwas davon zu hören. Und nun? Da flog ein Beamter von München nach Teneriffa und fuhr dann mit einem Schiff hinüber nach Gomera – es mußte etwas Ungeheures passiert sein. Warum schickte Peter Probst einen seiner Männer zu ihm? Jetzt, nach zwei Jahren?

»Können Sie sich ausweisen? Treten Sie zwei Schritte zurück, und zeigen Sie Ihren Ausweis!« rief Rathenow durch die Tür.

Willy Hensch trat zurück und holte seinen Ausweis aus der Tasche. Rathenow sah ihn durch das Fenster neben der Tür. Kein Trick, ihn zu überlisten – es war wirklich die deutsche Polizeimarke. Er öffnete die Tür, behielt aber seine Pistole in der Hand. Der Mann, der sich Hensch nannte, sollte sie deutlich sehen.

Hensch trat ins Haus und zeigte lächelnd auf die Waffe. »Nicht nötig, ich bin echt. Ich soll Ihnen einen Gruß von meinem Chef, Oberrat Probst, bestellen.«

»Danke. Und deswegen kommen Sie extra herüber nach Gomera?«

»Natürlich nicht.«

Sie setzten sich draußen auf die Veranda, und Willy Hensch kam ohne Umschweife sofort zum Thema.

»Als wir Ihnen vor zwei Jahren dieses Haus in Gomera vermittelten, Herr ... wie soll ich Sie nennen?«

»Fresius. Der bin ich jetzt.«

»Herr Fresius – also, vor zwei Jahren waren wir überzeugt, daß diese Insel der ideale Zufluchtsort sei, vor allem mit der neuen Identität. Zwei Tage nach Ihrem Verschwinden aus Adelboden lief in München eine Razzia ohne Beispiel an. Über fünfhundert Beamte, sieben Staatsanwälte und eine Sondereinheit mit Scharfschützen durchkämmten nach Ihren Plänen München und Oberbayern. Ihre Angaben stimmten.«

»Hat Herr Probst daran gezweifelt?«

»Wir konnten die meisten der Triaden festsetzen, nur einige wenige entkamen.«

»Da fängt schon die Gefahr an.«

»Die Flüchtigen sind unbedeutend. Praktisch ist die 14K in München vernichtet, und da wir einmal in Schwung waren, haben wir die Russen-Mafia gleich mitkassiert. Soweit das möglich war – da lagen uns nur lückenhafte Erkenntnisse vor. Aber es war ein großer Erfolg, der von allen Medien gewürdigt wurde.« Hensch trommelte mit den Fingern auf die Lehne der weißen Bank, auf der sie saßen. »Aber dann, vor genau zwei Wochen, erfuhren wir, daß einige Triaden aus München auf Gran Canaria aufgetaucht waren. Auf Gran Canaria gibt es in den Touristenzentren eine Menge chinesischer Lokale. Kein Problem, dort unterzutauchen. Und ein chinesischer Wirt hat der spanischen Polizei verraten, daß die Canaria-Triaden intensiv nach einem Dr. Holger Fresius suchen.«

»Sie ... sie haben meinen neuen Namen? Mein Gott, woher denn?« In Rathenow stieg Panik auf. »Den Namen kennt niemand!«

»Nur ein kleiner Kreis im Präsidium, im Bundeskriminalamt und im Innenministerium. Irgendwo muß eine undichte Stelle sein, durch die Informationen sickern. Wir vermuten den ›Maulwurf‹ im Präsidium oder im Ministerium, aber wir haben keine konkreten Hinweise. Sicher ist nur – es gibt diesen Maulwurf.«

»Wie Min Ju sagte: Wir sind überall und haben überall Freunde. Geld ist wichtiger als Moral!«

»Genau das ist es! Und wir befürchten, daß man sehr bald erfährt, daß sich der gejagte Dr. Fresius alias Rathenow auf Gomera versteckt. Wer den Namen kennt, weiß auch, wo er ihn suchen kann.«

»Und das bedeutet?« fragte Rathenow heiser.

»Genau das, woran Sie jetzt denken: Sie müssen Gomera verlassen.«

»Wann?«

»Sofort. Ich nehme Sie mit dem Schiff nach Teneriffa mit. Es kann sich unter Umständen nur um Stunden handeln, bis mit dem nächsten Schiff aus Los Christianos das Killerkommando der Triaden hier landet. Wir *müssen* mit dem Schiff da unten«, er zeigte zum Hafen hinunter, wo an der Pier das weiße Schiff lag, »sofort die Insel verlassen. Dann fliegen wir von Teneriffa zurück aufs Festland und dann weiter. Wohin, das erfahren wir in Madrid.« Hensch sah Rathenow bittend an. »Können Sie in zwei Stunden reisefertig sein?«

»Ich muß wohl.« Rathenow stand von der Gartenbank auf. »Bitte, warten Sie einen Augenblick. Gehen Sie ins Haus – Sie treffen genau auf die Hausbar. Bedienen Sie sich.«

Er ließ Hensch allein und lief in den Garten. Liyun war nirgendwo zu sehen, und auch Ying-Regina hörte er nicht. »Liyun!« rief er und blieb unter dem Mimosenbaum stehen. »Liyun! Wo bist du?«

Sie kam aus ihrem Versteck, den Bananenstauden, heraus. Sie hatte die Hand auf Yings Mund gepreßt. Die Kleine strampelte wild und schrie in Liyuns Hand hinein.

»Wer ist der Mann?« fragte Liyun.

»Er kommt aus München. Von der Kripo.«

In ihren Augen standen plötzlich Zorn und Widerstand. Sie nahm die Hand von Yings Mund, und die Kleine brüllte befreit los. »Wir haben nichts mehr mit ihnen zu tun!« rief sie und übertönte mit ihrer hellen Stimme das Schreien des Kindes. »Was will er hier?«

»Uns abholen.« Rathenow holte tief Luft. Es hatte keinen Sinn, jetzt nach beruhigenden Worten zu suchen. Man kann eine niederschmetternde Wahrheit nicht schönreden. »In zwei Stunden müssen wir Gomera verlassen.«

»Verlassen?« Liyun setzte das Kind auf den Boden. Es krabbelte über das Gras und hörte auf zu brüllen. »Wir ... wir müssen unser Paradies verlassen?«

»Es gibt kein Paradies mehr auf dieser Erde! Für uns schon gar nicht – Liyun, wir müssen das Nötigste zusammenpakken.«

»Was ist geschehen?«

»Die Triaden haben unsere neuen Namen und suchen auf den spanischen Inseln nach uns. Es ist nur noch eine Frage von Stunden, bis sie die neue Adresse haben. Die Polizei erwartet ein Killerkommando!«

»Es wird nie auf die Insel kommen. Sie werden doch alles kontrollieren.«

»Liyun, denk an die Worte von Min Ju ... Wir sind überall – es gibt keinen Ort, wo man sich vor uns verstecken kann! Die Triaden haben eine Bruderschaft auf Gran Canaria. Sie brauchen kein Ausflugsschiff. Sie haben sicherlich eigene Boote, schnelle Yachten, und mit denen landen sie an einer einsamen Stelle von Gomera und kommen dann zu uns. Es ist für sie wie ein Spaziergang. Und wenn uns die Polizei wirklich beobachten und bewachen sollte – du kennst doch die Chinesen. Sie haben Zeit, viel Zeit. Einmal wird die Polizei sich zurückziehen, denn sie kann ja nicht ein Jahr oder länger um unser Haus stehen. Und dann sind sie da und nehmen Rache. Ein Triade vergißt nie! Liyun, wir müssen heute noch die Insel verlassen.«

Liyun nahm Ying auf den Arm, und zusammen rannten sie zum Haus zurück.

Willy Hensch hatte sich einen Whisky eingeschüttet, mit viel Eis und Wasser, und zeigte deutliche Zeichen von Ungeduld. Er blickte auf seine Armbanduhr.

»Wir haben nur noch eineinhalb Stunden Zeit. Wir müssen das Schiff bekommen. Kann ich Ihnen beim Packen helfen?«

»Danke. Es geht ganz schnell. Wir haben ja Übung darin.«

Die ganze Bitterkeit eines verlorenen Lebens lag in diesem einen Satz.

Liyun drückte Ying-Regina an sich. Das Kind sah mit großen Augen den fremden Mann an. »Sie haben ein sehr schönes Kind«, sagte Hensch gepreßt. »Es ist so schön wie Sie ...«

»Wer hat uns verraten?« fragte Liyun. Ihr Blick ließ Hensch zur Seite sehen. Er kam sich elend und hilflos vor.

»Wir wissen es nicht, Frau Yang. Wir wissen nur, daß irgendwo bei uns vertrauliche Vorgänge weitergegeben werden. Jetzt sind Sie ein Opfer dieser Schweinerei!«

Und wieder, wie vor zwei Jahren, packten Rathenow und Liyun zwei Koffer und einen kleinen dazu für Ying-Regina.

Wie damals in Grünwald nahmen sie nur das Nötigste mit: die Manuskripte, Unterlagen, die CD mit dem Klavierkonzert Nummer eins von Tschaikowsky, Hemingways »Der alte Mann und das Meer« und Scholochows »Der stille Don«, die alte Schreibmaschine, ein bißchen Unterwäsche, drei Kleider, zwei Anzüge, Schuhe, Hemden, alles, was man für den Übergang ins Normale braucht ... und die Batik mit dem tanzenden Bai-Mädchen und den drei weißen Tauben.

»Fertig!« sagte Rathenow, als er aus dem Schlafzimmer herauskam. Willy Hensch lief schon ungeduldig hin und her. »Wir können.«

»Es ist auch höchste Zeit. Ich habe bei der Hafenmeisterei angerufen. Sie warten auf uns und geben die Ausfahrt erst frei, wenn wir an Bord sind. Das Taxi steht schon vor der Tür.«

»Und wer regelt das alles mit dem Haus?«

»Das übernehmen die Kollegen von der Guardia Civil. Gehen wir?«

»Ja.«

Liyun mit Ying auf dem Arm, dann Rathenow, zum Schluß Willy Hensch stiegen die Steintreppe hinunter, vorbei an den blühenden Büschen und Palmen und der sich sonnenden weiß-roten Tigerkatze, die sie »Tigris« getauft hatten. Sie stiegen in den Wagen. Der Chauffeur und Hensch verstauten das Gepäck im Kofferraum. Liyun hob Ying auf Rathenows Schoß. Dann wollte sie die Tür öffnen. Rathenow hielt ihre Hand fest.

»Wohin? Was willst du?«

»Ich will von Tigris Abschied nehmen.«

»Nein! Bleib sitzen! Bitte! Und wenn wir abfahren, sieh dich nicht um, blick nicht zurück – wie damals in Grünwald! Nimm Abschied mit dem Herzen, aber nicht mit den Augen! Man soll nicht trauern, wenn man etwas verliert. Das Neue wartet schon. Es gibt immer wieder einen Anfang.«

»Unser schönes Paradies, Bi Xia ...« Sie preßte den Kopf an seine Schulter und begann zu weinen. »Wir waren so glücklich. Was wird jetzt kommen?«

»Ich weiß es nicht, Niang Niang.« Rathenow drückte das Kind an sich und legte den anderen Arm um Liyuns Nacken.

»Die Welt ist groß genug für drei Menschen, die nichts wollen als leben. Nur – ich habe eine schreckliche Ahnung.«

»Wir werden nie Ruhe finden«, sagte Liyun leise, und ihre Tränen rannen Rathenow über den Hals.

»Ja. Das wird unser Leben sein – gejagt von den Triaden, immer in Angst, immer auf der Flucht...«

»Aber überall, wo wir sein werden, ist unsere Liebe, Bi Xia, und überall wird es schön sein, weil wir zusammen sind. Was auch geschieht – ich bin so glücklich, wenn du Niang Niang zu mir sagst...«

Sie fuhren ab, die Schotterstraße hinunter nach Agulo und zum Hafen, wo das Schiff auf sie wartete, und sie blickten nicht zurück, hielten sich umschlungen, Ying-Regina zwischen sich.

Eine kleine glückliche Familie, die vor dem Tod floh.

In Teneriffa stiegen sie in das nächste Flugzeug nach Madrid, blickten hinunter auf den blauen Atlantik, die weißen Häuser, die Bananenplantagen, die Baranquos und den immer mit Schnee bedeckten Gipfel des Teide, der sich mit atemberaubender Majestät in den Himmel erhob und in der Sonne wie Diamantenstaub glitzerte. Ying spielte mit kleinen Holzklötzchen, die ihr die Stewardeß gegeben hatte.

»Bi Xia«, sagte Liyun und legte ihre Hand auf Rathenows Hand. Er hob sie an seine Lippen und küßte sie. Unter ihnen verschwand die Küste von Teneriffa. »Das Leben ist überall schön, wo wir sind – weil es uns gibt.«

Das Flugzeug stieg steil in das Blau des Himmels. Liyun, Rathenow und Ying-Regina saßen Hand in Hand – und aus den Bordlautsprechern tönten spanische Volkslieder.

»Gleich gibt es was zu essen!« sagte Rathenow und küßte Liyun auf das linke Ohr. »Hast du Hunger?«

»Und wie!« Sie lachte. »Du auch?«

»Ich könnte dich auffressen, Niang Niang...«

Man hat nie wieder von ihnen gehört.

Wo sie jetzt leben, weiß niemand.

Nur in Deutschland erschien ein Roman von Holger Fresius.

Er wurde kein Erfolg.

Wer kannte schon Holger Fresius?

Ein unbekannter Schriftsteller, von dem keiner wußte, wo er wohnte ...

Heinz G. Konsalik
bei Blanvalet

Roman. 480 Seiten.
DM 42,80

Ein brisantes Thema – ein explosiver Roman!
Erneut hat Heinz G. Konsalik brennend aktuelle Ge-
schehnisse unserer Zeit aufgegriffen – die skrupellosen
Machenschaften der Plutonium-Mafia –, und daraus die
akribisch recherchierte und packende Geschichte einer
internationalen Verschwörung geschaffen.

DANK

Wie in vielen meiner Romane, vor allem in denjenigen der letzten fünf Jahre, verknüpft auch die hier erzählte Story Fiktion und Tatsachen. Viele ergreifende und packende Szenen verdanken ihre Wirkung also der Phantasie des Romanciers. Aber das soll nicht verdecken, daß ich den Hintergrund wie stets sorgfältig und exakt recherchiert habe und daß vor allem die Arbeitsweise der Triaden und der russischen Mafia tatsachengetreu geschildert ist.

Mit einer Ausnahme: Manchmal verzichtete ich darauf, mir bekannte Verbrechen so erschreckend und so brutal zu schildern, wie sie sich in Wirklichkeit abgespielt haben.

Die Einzelheiten sind mir von verschiedenen Gewährsleuten und Experten überlassen oder zugespielt worden. Ihnen bin ich für ihre Unterstützung sehr verbunden. Mein besonderer Dank aber gilt den Beamten des Münchener 13. Dezernats, die mich mit wertvollen Hinweisen im Rahmen ihrer Befugnisse unterstützten und mir einen umfassenden Einblick in die organisierte Kriminalität verschafften, die heute in der Bundesrepublik – und das nicht einmal im verborgenen – immer mehr zu einem Problem wird.

Seit dieser Zeit aber weiß ich auch – und das möchte ich hier ganz deutlich aussprechen –, was diese Beamten, die nicht einmal entsprechend bezahlt werden, leisten müssen, und ich bewundere ihr Engagement.

München, im September 1994
Heinz G. Konsalik

GOLDMANN

Heinz G. Konsalik

Eine angesehene Familie (6538)
Aus dem Nichts ein neues
Leben (43512)
Bluthochzeit in Prag (41325)
Duell im Eis (8986)
Engel der Vergessenen (9348)
Der Fluch der grünen Steine (3721)
Der Gefangene der Wüste (8823)
Das Geheimnis der sieben
Palmen (3981)
Geliebte Korsarin (9775)
Eine glückliche Ehe (3935)
Das goldene Meer (9627)
Das Haus der verlorenen
Herzen (6315)
Heimaturlaub (42804)
Der Heiratsspezialist (6458)
Heiß wie der Steppenwind (41323)
Das Herz aus Eis / Die grünen Augen
von Finchley (6664)
Ich gestehe (3536)
Im Tal der bittersüßen Träume (9347)
Im Zeichen des großen Bären (6892)
In den Klauen des Löwen (9820)
Der Jade-Pavillon (42202)
Kosakenliebe (9899)
Ein Kreuz in Sibirien (6863)
Der Leibarzt der Zarin (42387)
Leila, die Schöne vom Nil (9796)
Liebe am Don (41324)
Liebe auf dem Pulverfaß (9185)
Die Liebenden von Sotschi (6766)
Das Lied der schwarzen Berge (2889)
Manöver im Herbst (3653)
Ein Mensch wie du (2688)
Morgen ist ein neuer Tag (3517)
Ninotschka, die Herrin
der Taiga (43034)

Öl-Connection (42961)
Promenadendeck (8927)
Das Regenwald-Komplott (41005)
Schicksal aus zweiter Hand (3714)
Das Schloß der blauen Vögel (3511)
Schlüsselspiele für drei Paare (9837)
Die schöne Ärztin (3503)
Die schöne Rivalin (42178)
Der schwarze Mandarin (42926)
Schwarzer Nerz auf zarter Haut (6847)
Die schweigenden Kanäle (2579)
Sie waren Zehn (6423)
Die strahlenden Hände (8614)
Die Straße ohne Ende (41218)
Eine Sünde zuviel (43192)
Tal ohne Sonne (41056)
Die tödliche Heirat (3665)
Transsibirien-Expreß (43038)
Und alles nur der Liebe wegen (42396)
Unternehmen Delphin (6616)
Der verkaufte Tod (9963)
Verliebte Abenteuer (3925)
Wer sich nicht wehrt … (8386)
Wer stirbt schon gerne unter Palmen …
1: Der Vater (41230)
2: Der Sohn (41241)
Westwind aus Kasachstan (42303)
Wie ein Hauch von Zauber-
blüten (6696)
Wilder Wein (8805)
Wir sind nur Menschen (42361)
Zwei Stunden Mittagspause (43203)

Stalingrad. Bilder vom Untergang der
6. Armee (3698)
Die fesselndsten Arztgeschichten.
Herausgegeben von Heinz G. Konsalik
(11586)

Goldmann · Der Taschenbuch-Verlag